어떤 학문이든, 아니 어떤 일이든 숲을 훑어보는 일과 나무를 톺아보는 일은 함께 해야 한다. 그런 뜻에서 이 책은 구약성서 연구에 바탕이 되는 여러 분야의 숲을 훑어보는 데 집중한다. 구약성서를 제대로 이해하기 위해서는 본문 자체의 성격이나 역사는 물론, 주변 세계의 배경도 살펴보아야 한다. 실제로 고고학적 배경에서 성서의 본문과 그 전승이 어떤 관계를 보여주는지를 탐구하는 것도 중요한 분야다. 구약성서의 배경을 탐구하기에 앞서 우리는 본문 자체에 어떤 세계관이 녹아 있는지, 또 그것이 독자들에게 어떤 영향을 줄 수 있는지도 고려해야 한다. 특히 구약성서의 다양한 장르는 어떤 특성을 가지고 있는지, 그 장르들에 대해 그간 어떤 연구가 이루어졌는지도 살펴볼 필요가 있다. 이 모든 요소들을 각 분야의 전문가들이 통합적인 시각에서 서술한 이 책은 분명히 독자들을 구약성서 세계의 그 깊고 푸른 숲으로 잘 안내해 줄 것이다.

김정훈 | 부산장신대학교 구약학 교수

구약학 연구는 다층적이며 다방면적이다. 구약의 배경에 관한 연구로부터, 구약 본문에 대한 연구, 고대 근동 언어 및 문화, 고고학, 문학 이론, 역사 이해, 고대 종교관에 이르기까지 다양하다. 본문 자체 연구에 있어서도, 오경, 역사서, 예언서, 지혜 문학, 묵시 문학, 시문학 등 다양한 연구거리가 있다. 물론 구약학의 중요한 자리를 차지하는 구약신학은 말할 것도 없다. 이 책에서 영미권의 저명한 복음주의 학자들은 20세기 마지막 4반세기 기간에 구약학 각 분야에서 일궈진 학문적 성취를 일목요연하게 요약하고 평가한 후 전망을 내놓는다. 비록 출간 후 또 다른 20년이 흘렀지만 이 책이 염두에 두었던 당시 구약학의 현주소와 지금 구약학의 현 지경은 대동소이하다. 이 점이 이 책의 지속적인 가치를 입증한다. 구약을 사랑하는 성서학도에겐 적극 추천도서이며, 구약학 전공자에겐 필독서다. 더 나은 구약학 연구를 위한 디딤돌이 되기에 충분하다.

류호준 | 백석대학교 신학대학원 구약학 교수

구약학의 광대한 세계에 관심은 있지만 어디서부터 시작해야 할지 모르는 이, 선불리 들어섰다 길을 잃지는 않을지 주저하는 이에게 이 책을 길잡이로 삼으라고 권하고 싶다. 전통적 구약학 분야들의 일람은 물론 고대 근동학, 문헌학, 고고학, 사회학, 사해 문서 등 전통적 경계를 폭발적으로 확산시킨 20세기 구약학의 눈부신(때로 어지러운!) 발전을 이처럼 유려하게 정리하기란 결코 쉬운 일이 아니다. 치밀하고 방대한 각주를 제시해 전문가와 신학도에게 유용한 도구를 제공하면서도, 구약성서를 깊이 알고자 하는 일반 독자에게 어려움이 없을 평이하고 명료한 서술로 다듬어낸 필진과 편집진의 수고가 돋보인다. 이 책의 또 다른 강점은 탁월한 균형감이다. 저자들의 신학적 입장은 대체로 보수적이지만 이 책은 어떤 신학적 입장에서도 수긍할 수 있는 학문적 성과들을 엄선해 제시함으로써 폭넓은 설득력을 확보하고 있다. 기획은 쉽지만 제대로 실행하기는 어려운 안내서 장르에서 보기 드문 수작이어서 기쁘게 추천한다.

유선명 | 백석대학교 신학대학원 구약학 교수

20세기 후반에 구약 연구의 다양한 분야에서 발전된 연구사를 개관한 본서가 한국어 번역서로 출간된 것이 기쁘다. 본서는 석·박사 과정에 있는 신학생들에게 없어서는 안 될 참고문헌이다. 특히 고대 근동의 저술 활동을 엿볼 수 있는 다양한 종류의 기록 자료에 대한 개관은 구약 연구에 새 안목을 열어줄 것이다. 연구사의 개관을 넘어서 더 나은 연구를 위하여 제시된 제안들에 전적으로 동의하지는 않지만 미래의 연구에 가치가 있고 유익하다고 본다. 그리고 본서의 방대한 참고자료는 구약학자들에게 오아시스 같다.

장미자 | 전 에스라성경대학원대학교 구약학 교수

이 책의 목표는 구약 연구의 다양한 분야를 한 권으로 요약하는 것이다. 따라서 구약학에 대한 거대한 숲을 그려내고 있다. 그런데 그 숲속으로 들어가면 다양한 나무들도 만나게 된다. 이 나무들은 각각 나름대로 유명하고 중요한 것들이다. 이 책은 구약학이 품고 있는 다양한 주제들을 총망라하고 있다. 각 분야별로 탁월한 학문성을

인정받고 있는 구약학 전문가들이 동원되어 이러한 대대적인 작업을 감당해냈다. 이 책은 특히 20세기 후반에 이루어진 구약학의 발전상을 중점적으로 다루고 있다. 21세기의 구약학은 이 시기에 이루어진 학문적 발전에 전적으로 기초하고 있다. 방대한 구약학 전체를 한 권으로 조망하고, 구약학의 현주소를 자세하게 그려내고 있는 이 책은 특히 구약학 초보자들에게 큰 도움이 될 것이다. 구약학의 맥을 정확히 짚어주고 미래의 방향으로 친절하게 안내하는 구약학 가이드북의 출현이 구약학도들의 가슴을 뛰게 할 것이다.

차준희 | 한세대학교 구약학 교수

구약학이라는 학문에는 창세기, 신명기 등 책별 연구뿐 아니라 본문비평, 고고학, 구약언어학, 이스라엘 종교사, 구약신학, 이스라엘 역사 등 여러 세부 영역이 있다. 해당 분야 전문가가 아니면 깊이 알 수 없을 만큼 각 분야는 전문화되어 있는데, 세부 영역에 대한 소개는 일반 개론서에서도 찾아보기 힘들다. 이 책은 구약학의 제 분야 연구를 개괄한 유용한 참고서로, 20세기 후반의 연구 동향을 복음주의 시선에서 개괄한 책이다. 각 장은 중량감 있는 해당 분야 전문가에 의해 집필되어 수준 높고 깊이 있는 이해를 제공한다. 구약학에 관심 있는 신학생, 목회자에게 중요한 참고도서가 될 것이다.

홍국평 | 연세대학교 신과대학 구약학 교수

『현대 구약성서 연구』는 구약학의 각 분야에서 중요한 참고자료로 자리매김 할 빛나는 작품이다. 구약학에 입문하는 초보자나 숙련된 신학도 모두에게 유용한 도구가 될 것이다. 기고자들은 모두 뛰어난 능력을 갖춘 학자들이며 그중 몇몇은 자신의 분야를 선도하고 있다. 모든 논문들이 가독성이 뛰어나며, 필요한 증거자료들을 제시하고 있다. 학문적 작업들에 대한 평가는 신중하고 공정하다. 본서는 정선된 정보를 균형감 있게 제시함으로써 독자들을 최신 구약학 연구 동향의 흥미진진한 세계로 인도할 것이다.

월터 브루그만(Walter Brueggemann) | 컬럼비아 신학교

우리는 모든 주제에 관련된 지식이 역사상 그 어느 때보다 빠른 속도로 증가하는 시대에 살고 있다. 본서는 우리가 현대 구약학계의 흐름과 어깨를 나란히 할 수 있도록 도와주는 아주 이례적인 지침이다. 구약학계의 현 주소를 파악하고자 하는 이에게 각자의 분야에서 탁월한 전문가로 인정받는 학자들에 의해 저술된 이 논문들은 필수 불가결한 자료다.

T. **데스몬드 알렉산더** (T. Desmond Alexander) | 유니언 신학교

『현대 구약성서 연구』는 아마 구약학계의 현재 상황을 설명해주는 최고의 시도일 것이다. 이미 구약학계에 큰 기여를 한 권위 있는 학자들이 놀라울 정도로 방대한 양의 문헌을 검토한 후에 최근 수십 년간 간행된 수많은 논문과 단행본 가운데 가장 주요한 작품들을 독자들에게 소개하고 있다. 모든 논문들이 다양한 이슈들과 논쟁들에 대해 탁월한 논평을 제공해주는데, 그중 일부는 그 자체로도 논의 중인 이슈에 대해 생각할 거리를 제공하는 유용한 자료 역할을 한다. 구약을 가르치는 모든 이에게 최고로 유용한 자료가 될 것이다.

패트릭 D. **밀러** (Patrick D. Miller) | 프린스턴 신학교

지난 30년간 이루어진 구약학 연구 분야의 진척상황에 대해 궁금해 하는 학생이라면 이 책이 최선의 해답이 될 것이다. 기고자들의 면면을 통해 우리는 복음주의 구약학계가 여전히 생명력 있고, 학술적이며, 예리한 지성으로 무장하고 있음을 발견할 수 있다.

세계구약학회 북리스트

구약학계에 몸담고 있는 사람이라면 복음주의자든 아니든 누구나 반드시 소유해야 할 책이다.

로버트 허바드 (Robert Hubbard Jr.) **「테멜리오스」**

The Face of Old Testament Studies

A Survey of Contemporary Approaches

현대 구약성서 연구

브루스 K. 월키 · 고든 J. 웬함 · H. G. M. 윌리엄슨
R. W. L. 모벌리 · 트렘퍼 롱맨 외 지음

데이비드 W. 베이커 · 빌 T. 아놀드 엮음

강소라 옮김

목차

집필진

머레이 R. 아담스웨이트 멜버른 대학교에서 박사학위를 취득했으며, 동 대학교 고대문학 및 고고학 센터 연구원이자 고대 근동 역사 교수다.

빌 T. 아놀드 히브리유니온 대학에서 박사학위를 취득했으며, 미국 켄터키주 애즈버리 신학교의 구약학 교수다.

데이비드 W. 베이커 런던 대학교에서 박사학위를 취득했으며, 미국 오하이오주 애슐랜드 신학교의 구약학 교수다.

찰스 E. 카터 듀크 대학교에서 박사학위를 취득했으며, 미국 뉴저지주 세톤홀 대학교의 종교학 교수다.

마크 W. 샤발라즈 UCLA에서 박사학위를 취득했으며, 미국 위스콘신주 위스콘신 대학교의 역사학 교수다.

데이비드 디워트 토론토 대학교에서 박사학위를 취득했으며, 캐나다 밴쿠버 리젠트 대학의 성서언어학 교수다.

에드윈 C. 호스테터 존스홉킨스 대학교에서 박사학위를 취득했으며, 미국 메릴랜드주 에큐메니칼 신학연구소의 성서학 교수다.

데이비드 M. 하워드 미시간 대학교에서 박사학위를 취득했으며, 미국 루이지애나주 뉴올리언스 침례신학교의 구약학 교수다.

개리 N. 크나퍼스 하버드 대학교에서 박사학위를 취득했으며, 미국 펜실베이니아주 펜실베이니아 주립대학교의 고전학 및 고대지중해학 교수이며 학과장이다.

V. 필립스 롱 케임브리지 대학교에서 박사학위를 취득했으며, 미국 미주리주 카버넌트 신학교의 구약학 교수다.

트렘퍼 롱맨 예일 대학교에서 박사학위를 취득했으며, 미국 캘리포니아주 웨스트몬트 대학의 종교학과 학과장이다.

R. W. L. 모벌리 케임브리지 대학교에서 박사학위를 취득했으며, 영국 더럼 대학교의 신학과 교수다.

존 N. 오스왈트 브렌다이스 대학교에서 박사학위를 취득했으며, 미국 미시시피주 웨슬리 신학교의 구약학 연구교수다.

브루스 K. 월키 댈러스 신학교에서 신학석사학위를, 하버드 대학교에서 박사학위를 취득했으며, 캐나다 밴쿠버 리젠트 대학의 성서학과 명예교수 겸 미국 플로리다주 리폼드 신학교의 구약학 교수다.

고든 J. 웬함 런던 대학교 킹스 칼리지에서 박사학위를 취득했으며, 영국 첼튼햄 글로스터셔 대학의 구약학 교수다.

H. G. M. 윌리엄슨 케임브리지 대학교에서 박사학위를 취득했으며, 영국 옥스퍼드 대학교의 히브리어 흠정교수다.

알 월터즈 암스테르담의 자유대학교에서 박사학위를 취득했으며, 캐나다 온타리오주 리디머 대학의 종교신학 교수다.

K. 로슨 영거 셰필드 대학교에서 박사학위를 취득했으며, 미국 일리노이주 트리니티인터내셔널 대학교의 구약학 교수다.

서문

1981년에 제작된 영화 「불의 전차」(*Chariots of Fire*)에서, 육상 코치인 샘 머사비니(Sam Mussabini)는 해럴드 에이브러햄스(Harold Abrahams) 선수가 연습하는 것을 지켜보다 그에게 다가간다. 그리고 말하기를 "난 당신에게 승리를 가져다줄 수는 없지만, 몇 발자국 더 앞서가게 해줄 수는 있을 것 같소"라고 말한다. 이런 사상이 바로 모든 학문 연구의 바탕이 되고 있으며, 구약 분과도 예외는 아니다. 학자들은 텍스트를 분석할 때 여러 가지 다양한 방법, 즉 고대의 방법, 포스트모던 방법, 다른 학문에서 차용한 방법, 또는 그 분야 내에서 발전시킨 방법을 이용한다. 이러한 모든 방법은 완전한 이해에 도달하기 위해 고안된 것이 아니라 단지 학문에 대한 우리의 이해를 한 발짝 더 전진시키기 위한 것이다. 본서의 목적은 구약 연구의 다양한 분야에서 이루어진 약간의 진보를 기록하고 전달하는 것이다.

70여 년 전에 세계구약학회(the Society for Old Testament Study)에서는 "구약 연구의 다양한 분야에 대한 전반적인 최근 동향을 알리기 위한" 총서를 출범하였다.[1] 최근에는 "성서와 신학 연구를 위한 자료"(Sources for Biblical and Theological Studies)라는 총서가 구약 연구 각 분야에서 다양한 주제들을 발전시켰던 세미나 발제문과 발췌록을 재출판하고, 각 주제들의 발전사를 추적함으로써 옛 총서와 동일한 목표를 이루고자 하였다.[2] 그 외에도 구약 연구 역사의 다양한 주제들을 다룬 여러 단행본들이 발간되었다.[3]

20세기 구약학 발전상에 나타나는 두드러진 특징은 바로 다양한

1 G. W. Anderson, "Preface," in *Tradition and Interpretation: Essays by Members of the Society for Old Testament Study,* ed. G. W. Anderson (Oxford: Clarendon, 1979), v. 이전의 책들은 다음과 같다. *The People and the Book: Essays on the Old Testament,* ed. A. S. Peake (Oxford: Clarendon, 1925); *Record and Revelation: Essays on the Old Testament by Members of the Society for Old Testament Study* ed. H. W. Robinson (Oxford: Clarendon, 1938); *The Old Testament and Modern Study: A Generation of Discovery and Research: Essays by Members of the Society,* ed. H. H. Rowley (Oxford: Clarendon, 1951).

2 D. W. Baker가 편집하고 인디애나주의 Eisenbrauns 출판사에서 출간한 시리즈는 다음 분야를 다루었다. 구약신학(*The Flowering of Old Testament Theology: A Reader in Twentieth-Century Old Testament Theology, 1930–1990*, ed. B. C. Ollenburger, E. A. Martens, and G. F. Hasel [1992]), 문예비평(*Beyond Form Criticism: Essays in Old Testament Literary Criticism*, ed. P. R. House [1992]), 신명기(*A Song of Power and the Power of Song: Essays on the Book of Deuteronomy*, ed. D. L. Christensen [1993]), 창세기 1–11장(*"I Studied Inscriptions from before the Flood": Ancient Near Eastern, Literary, and Linguistic Approaches to Genesis 1–11*, ed. R. S. Hess and D. T. Tsumura [1994]), 예언서(*"The Place Is Too Small for Us": The Israelite Prophets in Recent Scholarship*, ed. R. P. Gordon [1995]), 구약 연구의 사회과학적 접근(*Community, Identity, and Ideology: Social Scientific Approaches to the Hebrew Bible*, ed. C. E. Carter and C. L. Meyers [1996]).

3 가장 자세하게 다룬 책으로 다음을 보라. H.-J. Kraus, *Geschichte der historisch-kritischen Erforschung des Alten Testaments*, 2d ed. (Neukirchen-Vluyn: Neukirchener Verlag, 1969); 최근의 글로는 다음을 보라. D. A. Knight and G. M. Tucker, eds., *The Hebrew Bible and Its Modern Interpreters* (Philadelphia: Fortress; Chico, Calif.: Scholars Press, 1985); 그리고 J. L. Mays, D. L. Petersen, and K. H. Richards, eds., *Old Testament Interpretation: Past, Present, and Future: Essays in Honor of Gene M. Tucker* (Nashville: Abingdon, 1995).

방법론의 흥망성쇠다. 그중 몇 가지는 비교인류학적 연구에 기원을 둔 것인데(예를 들어 인보동맹[amphictyony]의 개념), 비교 대상이 될 만한 평행구절의 부족으로 인해 관심 밖으로 밀려났다. 하지만 그런 현상은 지금까지 지속적으로 학제적 통찰력을 싹 틔우고 제공해온 사회인류학적 연구방법에 대한 전반적인 부정을 의미하는 것은 아니다. 그러한 통찰력은 해당 분야의 논의에서만 아니라 고고학과 예언을 다루는 장에서도 발견된다. 다른 방법론들은 문학 분석에서 태동한 것들인데, 여기서는 다른 문학 작품에서 가져온 새로운 해석 기법들을 끊임없이 성서에 적용한다. 문학 분석 방법론 중에서도 일부는 성서 문학에 적용하기에 비생산적이고 부적절한 것으로 판명되어서 얼마 지나지 않아 도태되었다. 하지만 이런 비생산적인 시도가 문학 분석 자체의 효용가치를 떨어뜨리는 것은 아니다.

하지만 20세기 후반에 나타난 방법론 중에는 그 전제부터 잘못된 것도 있었다. 특히 허무주의를 채택한 방법론들이 좋은 예다. 이 허무주의는 본서에서는 다루지 않을 윤리 문제뿐만 아니라 해석에 있어서까지 절대적인 것을 혐오하는 포스트모던 사조에서 파생되었다. 어떤 문학적 접근법에서는 개별 독자를 의미 결정에 있어 유일하고 최종적인 중재자로 여겼다. 그러나 모든 해석이 동등하게 타당하다고 주장하는 방법론은 결국 각 해석의 모든 가치를 부인하는 결과를 낳는다. 또한 역사에 대한 새로운 접근법이 등장했는데, 실재하는 증거가 하나뿐인 경우—종종 구약에 기록된 일부 사건에 대한 증거가 구약성서의 기록 자체뿐인 것처럼—그 증거를 무효한 것으로 간주하는 접근법이다. 이런 방법론은 "역사성 없는 역사"(ahistorical history), 즉 증거 없이도 역사가 기록될 수 있다는 입장을 옹호한다.

본서의 목표는 구약 연구의 다양한 분야를 한 권으로 요약하는 것인데 특히 20세기 후반의 발전상을 중점적으로 다룰 것이다. 본서의 특징 가운데 하나는 다른 진영에서도 그 업적을 인정받는 보수진영 학자들의 공헌에 주목했다는 점이다. 일부 기고자들은 다양한 방법으로 이 학자들의 업적을 강조한 반면에, 다른 기고자들은 보수주의 학자들의 공헌을 단순히 일반적인 논의에 포함시켰다. 후자의 방법은 특별한 가치가 있다. 왜냐하면 학자들의 공헌은 그들이 보여준 통찰력과 안목으로, 즉 그들이 표방하는 진영의 색깔에 의해서가 아니라, 이해를 목표로 한 경주에서 그들이 몇 발짝을 더 보탤 능력이 있는지의 여부로 결정되어야 하기 때문이다. 신학계에서 "자유주의" 또는 "보수주의"라는 낙인은 논쟁에 앞서 이미 그가 표방하는 입장에 대한 오해를 불러왔으며, 다양한 신학적 스펙트럼을 가진 학자들 중에 그런 배타적인 입장을 취하는 자들에게 걸림돌이 되어왔다. 그러므로 우리는 독자들이 "전제"에 기초하여 평가하기보다는 "가치"(merit)를 기준으로 논쟁 및 주장의 진정성과 기능성을 평가하고 존중해주기를 바란다.

본서의 논문들은 1970년부터 현재까지의 발전상에 초점을 맞추고 있지만 때로는 배경 설명을 위해 그 이전의 연구도 언급하였다. 본서에 실린 대부분의 논문은 1997년까지 마무리된 글이며, 1999년 4월까지 부차적인 수정 작업을 거쳤다. 따라서 각 논문의 논의가 종결되는 시점도 다소 유동적인데, 결과적으로 본서는 구약 연구의 일반적인 역동성과 지속적인 변화까지도 반영하게 되었다. 지속적으로 변화하는 학문의 윤곽을 제시하는 것은 우리의 몫이지만, 각각의 논문이 제시하는 궤도를 따라가는 작업에 자발적으로 참여하는 것은 독자들의 몫이다.

약어

AAAS	*Annales archeologiques arabes, syriennes*
AASOR	Annual of the American Schools of Oriental Research
AB	Anchor Bible
ABD	*Anchor Bible Dictionary,* ed, D. N. Freedman et al., 6 vols. (New York: Doubleday, 1992)
ABR	*Australian Biblical Review*
ABRL	Anchor Bible Reference Library
AfO	*Archiv für Orientforschung*
AGJU	Arbeiten zur Geschichte des antiken Judentums und des Urchristentums
AJA	*American Journal of Archaeology*
AJBA	*Australian Journal of Biblical Archaeology*
AJSL	*American Journal of Semitic Languages and Literature*
ALUOS	Annual of Leeds University Oriental Society
AnBib	Analecta biblica
ANEP	*Ancient Near East in Pictures Relating to the Old Testament,* ed. J. B. Pritchard, 2d ed. with supplement (Princeton: Princeton University Press, 1969)
ANET	*Ancient Near Eastern Texts Realtion to the Old Testament,* ed. J. B. Pritchard, 3d ed. with supplement (Princeton: Princeton

University Press, 1969)

ANETS	Ancient Near Eastern Texts and Studies
AnOr	Analecta orientalia
AOAT	Alter Orient und Altes Testament
AOS	American Oriental Series
ARAB	D. D. Luckenbil, *Ancient Records of Assyria and Babylonia,* 2 vols. (Chicago University of Chicago Press, 1926-27)
ARM	Archives royales de Mari
ASORDS	American Schools of Oriental Research Dissertation Series
ASTI	*Annual of the Swedish Theological Institute*
ATD	Das Alte Testament Deutsch
ATJ	*Ashland Theological Journal*
ATLA	American Theological Library Association
AUSS	*Andrews University Seminary Studies*
BA	*Biblical Archaeologist*
BaM	*Baghdader Mitteilungen*
BAR	*Biblical Archaeology Review*
BASOR	*Bulletin of the American Schools of Oriental Research*
BBB	Bonner biblische Beiträge
BBR	*Bulletin for Biblical Research*
BBVO	Berliner Beiträge zum Vorderen Orient
BEATAJ	Beiträge zur Erforschung des Alten Testaments und des antiken Judentums
BETL	Bibliotheca ephemeridum theologicarum lovaniensium
BFC	*Beyond Form Criticism: Essays in Old Testament Literary*

Criticism, ed. P. R. House, SBTS 2 (Winona Lake, Ind.: Eisenbrauns, 1992)

BHT	Beiträge zur historischen Theologie
Bib	*Biblica*
BibInt	*Biblical Interpretation*
BibOr	Biblica et orientalia
BibRev	*Bible Review*
BJS	Brown Judaic Studies
BKAT	Biblischer Kommentar: Altes Testament
BLS	Bible and Literature Series
BN	*Biblische Notizen*
BSac	*Bibliotheca Sacra*
BT	*Bible Translator*
BTB	*Biblical Theology Bulletin*
BWANT	Beiträge zur Wissenschaft vom Alten und Neuen Testament
BZ	*Biblische Zeitschrift*
BZAW	Beihefte zur Zeitschrift für die alttestamentliche Wissenschaft
CAH	*Cambridge Ancient History*
CBQ	*Catholic Biblical Quarterly*
CBQMS	Catholic Biblical Quarterly-Monograph Series
CHJ	*Cambridge History of Judaism*
ConBot	Coniectanea biblica, Old Testament
CRAIBL	*Comptes rendus de l'Académie des inscriptions et belles-lettres*
CR:BS	*Currents in Research: Biblical Studies*
CRINT	Compendia rerum indaicarum ad novum testamentum

CThM	Calwer theologische Monographien
CTJ	*Calvin Theological Journal*
CTM	*Concordia Theological Monthly*
DBSup	*Dictionnaire de la Bible, supplément*
DJD	Discoveries in the Judaean Desert
DSB-OT	Daily Study Bible-Old Testament
DSD	*Dead Sea Discoveries*
EA	EI Amarna Tablets
EBC	*Expositor's Bible Commentary,* ed. F. E. Gabelein, 12 Vols. (Grand Rapids: Zondervan, 1979-88)
EBib	Études bibliques
EI	*Eretz Israel*
ETL	*Ephemerides theologicae lovanienses*
EvQ	*Evangelical Quarterly*
EvT	*Evangelische Theologie*
ExpTim	*Expository Times*
FAT	Forschungen zum Alten Testament
FB	Forschung zur Bibel
FOTL	Forms of the Old Testament Literature
FRLANT	Forschungen zur Religion und Literatur des Alten und Neuen Testaments
HAR	*Hebrew Annual Review*
HAT	Handbuch zum Alten Testament
HBT	*Horizons in Biblical Theology*
HeyJ	*Heythrop Journal*

HS	*Hebrew Studies*
HSM	Harvard Theological Review
HSS	Harvard Semitic Studies
HTR	*Harvard Theological Review*
HUCA	*Hebrew Union College Annual*
ICC	International Critical Commentray
IDBSup	*Interpreter's Dictionary of the Bible,* supplementary volume, ed. K. Crim (Nashville: Abingdon, 1976)
IEJ	*Israel Exploration Journal*
ILBS	Indiana Literary Biblical Series
Imm	*Immanuel*
INJ	*Israel Numismatic Journal*
Int	*Interpretation*
IRT	Issues in Religion and Theology
ISBE	*International Standard Bible Encyclopedia,* ed. G. W. Bromiley, rev. ed., 4 vols. (Grand Rapids: Eerdmans, 1977-88)
ITC	International Theological Commentary
JAAR	*Journal of the American Academy of Religion*
JANES	*Journal of the Ancient Near Eastern Society of Columbia University*
JAOS	*Journal of the American Oriental Society*
JARCE	*Journal of the American Research Center in Egypt*
JBL	*Journal of Biblical Literature*
JBS	Jerusalem Biblical Studies
JCBRF	*Journal of the Christian Brethren Research Fellowship*

JCS	*Journal of Cuneiform Studies*
JEA	*Journal of Egyptian Archaeology*
JETS	*Journal of the Evangelical Theological Society*
JHNES	Johns Hopkins Near Eastern Studies
JITC	*Journal of the Interdenominational Theological Center*
JJS	*Journal of Jewish Studies*
JNES	*Journal of Near Eastern Studies*
JNSL	*Journal of Northwest Semitic Languages*
JQR	*Jewish Quarterly Review*
JQRSup	Jewish Quarterly Review Supplement
JSem	*Journal for Semitics*
JSJ	*Journal for the Study of Judaism in the Persian, Hellenistic and Roman Period*
JSOT	*Journal for the Study of the Old Testament*
JSOTSup	Journal for the Study of the Old Testament-Supplement Series
JSS	*Journal of Semitic Studies*
JTC	*Journal for Theology and the Church*
JTS	*Journal of Theological Studies*
JTT	*Journal of Translation and Textlinguistics*
KAI	*Kanaanäische und aramäische Inschriften,* ed. H. Donner and W. Röllig, 2d ed., 3 vols. (Wiesbadem: Harrossowitz, 1966-69)
KAT	Kommentar zum Alten Testament
KHCAT	Kurzer Hand-Commentar zum Alten Testament
KTU	*Die Keilalphabetischen Texte aus Ugarit,* ed. M. Dietrich, O. Loretz, and J. Sanmartín, AOAT 24 (Neukirchen-Vluyn:

	Neukirchener Verlag, 1976)
LB	*Linguistica Biblica*
LCL	Loeb Classical Library
LUÅ	Lunds universitets årsskrift
LXX	Septuagint
MARI	*Mari, Annales de Recherches Interdisciplinaires*
MDOG	*Mitteilungen der deutschen Orient-Gesellschaft*
MSU	Mitteilungen des Septuaginta-Unternehmens, Abhandlungen der Akademie der Wissensachaften in Göttingen, Philologisch-historische Klasse
MT	Masoretic Text
NABU	*Nouvelles assyriologiques brèves et utilitaires*
NAC	New American Commentary
NBD	*New Bible Dictionary*, ed. D. R. Wood, 3d ed. (Leicester and Downers Grove, Ill.: InterVarsity, 1996)
NCB	New Century Bible
NEAEHL	*New Encylopedia of Archaeological Excavations in the Holy Land*, ed. E. Stern, 4 vols. (Jerusalem: Israel Exploration Society; New York: Simon & Schuster, 1993)
NICOT	New International Commentary on the Old Testament
NIDBA	*New International Dictionary of Biblical Archaeology*, ed. E. M. Blaiklock and R. K. Harrison (Grand Rapids: Zondervan, 1983)
NIDOTTE	*New International Dictionary of Old Testament Theology and Exegesis*, ed. Willem A. VanGemeren, 5 vols. (Grand Rapids: Zondervan, 1997)

NT	New Testament
NTCS	*Newsletter for Targumic and Cognate Studies*
NVBS	New Voices in Bilical Studies
OBO	Orbis biblicus et orientalis
OBT	Overtures to Biblical Theology
OG	Old Greek
OIP	Oriental Institute Publications
OLA	Orientalica Lovaniensia analecta
OLP	*Orientalia lovaniensia periodica*
Or	*Orientalia (Rome)*
OrAnt	*Orients antiquus*
OT	Old Testament
OTE	*Old Testament Essays*
OTL	Old Testament Library
OTS	*Oudtestamentische Studiën*
PEQ	*Palestine Exploration Quarterly*
PIBA	*Proceedings of the Irish Biblical Association*
PTMS	Pittsburgh Theological Monograph Series
RAI	Rencontre assyriologique internationale
RB	*Revue biblique*
RelSRev	*Religious Studies Review*
ResQ	*Restoration Quarterly*
RevB	*Revista bíblica*
RevExp	*Review and Expositor*
RevQ	*Revue de Qumran*

RSO	*Rivista degli studi orientali*
RTL	*Revue théologique de louvain*
RTR	*Reformed Theological Review*
SAIW	J. L. Crenshaw, *Studies in Ancient Israelite Wisdom: Selected, with a Prolegomenon,* Library of Biblical Studies (New York: Ktav, 1976)
SANT	Studien zum Alten und Neuen Testament
SAOC	Studies in Ancient Oriental Civilization
SBFLA	*Studii biblici franciscani liber annuus*
SBLDS	Society of Biblical Literature Dissertation Series
SBLMS	Society of Biblical Literature Monograph Series
SBLSBS	Society of Biblical Literature Sources for Biblical Study
SBLSCS	Society of Biblical Literature Septuagint and Cognate Studies
SBLSP	*Society of Biblical Literature Seminar Papers*
SBLWAW	Society of Biblical Literature Writings from the Ancient World
SBT	Studies in Biblical Theology
SBTS	Sources for Biblical and Theological Study
ScrHier	Scripta hierosolymitana
SEÅ	*Svensk exegetisk årsbok*
SemSup	Semeia Supplements
SHANE	Studies in the History of the Ancient Near East
SJOT	*Scandinavian Journal of the Old Testament*
SOTS	Society for Old Testament Study
SR	*Studies in Religion*
SSN	Studia semitica neerlandica

ST	*Studia Theologica*
STDJ	Studies on the Texts of the Desert of Judah
StPohl	Studia Pohl
SWBAS	Social World of Biblical Antiquity Series
SWJT	*Southwestern Journal of Theology*
TBT	*The Bible Today*
TBü	Theologische Bücherei
TDOT	Theological Dictionary of the Old Testament, ed. G. J Botterweck, H. Ringgren, and H-J. Fabry (Grand Rapids: Eerdmans, 1974-)
ThStud	Theologische Studiën
TJ	*Trinity Journal*
TLZ	*Theologische Literaturzeitung*
TOTC	Tyndale Old Testament Commentaries
Trans	*Transeuphratène*
TRu	*Theologische Rundschau*
TS	*Theological Studies*
TUMSR	Trinity University Monograph Series in Religion
TynBul	*Tyndale Bulletin*
TZ	*Theologische Zeitschrift*
UF	*Ugarit-Forschungen*
USQR	*Union Seminary Quarterly Reivew*
VT	*Vetus Testamentum*
VTSup	Vetus Testamentum, Supplements
WBC	Word Biblical Commentary

WIAI	*Wisdom in Ancient Israel: Essays in Honour of J. A. Emerton*, ed. J. Day, R. P. Gordon, and H. G. M. Williamson (Cambridge: Cambridge University press, 1955)
WMANT	Wissenschaftliche Monographien zum Alten und Neuen Testament
WTJ	*Westminster Theological Journal*
ZA	*Zeitschrift für Assyriologie*
ZAH	*Zeitschrift für Althebräistik*
ZAW	*Zeitschrift für die alttestamentliche Wissenschaft*
ZDPV	*Zeitschrift des deutschen Palästina-Vereins*
ZPEB	*Zondervan Pictorial Encyclopedia of the Bible*, ed. M. C. Tenney, 5 vols. (Grand Rapids: Zondervan, 1975)
ZTK	*Zeitschrift für Theologie und Kirche*

제1장

구약의 텍스트

Al Wolters
알 월터즈

구약 본문비평은 히브리 성서 텍스트의 전승사를 다루고 그 텍스트의 번역과 해석을 위한 권위 있는 출발점을 회복하는 데 목적을 둔다. 본문비평은 대체로 현존하는 히브리어 사본들과 고대 번역본들 특히 70인역(그리스어), 타르굼(아람어), 페쉬타(시리아어), 그리고 불가타(라틴어)를 기초로 이루어진다. 본서에서 다루는 기간(대략 1970-1996년) 동안 이 성서학의 하부 분과에서는 학자들의 활동이 대단히 활발하게 이루어졌다. 새로운 히브리 성서 텍스트들이 출간되었고, 고대 역본들에 대한 비평본이 완성되어갔으며 구약 텍스트의 역사와 본문비평의 목표에 대한 새로운 중심적인 이론들이 개발되었다. 이 주요 발전과 더불어 텍스트 전승과 텍스트 재구성에 관한 보조적인 견해들을 집중적으로 다룬 수많은 연구가 진행되어왔다. 아래의 개요에서는 이 기간에 이루어진 특정 연구들의 구체적인 실례를 다루는 대신 주요 흐름만을 일

별하려 한다.[1]

사해 사본

사해 성서 사본들의 연이은 출간은 20세기의 구약 텍스트 연구에

1 1970년 이래 구약 본문비평을 개략적으로 훌륭하게 다룬 백과사전 항목, 단행본, 또는 챕터들 중에서 특별히 다음의 글들이 주목할 만하다: S. Talmon, "The Old Testament Text," in *The Cambridge History of the Bible,* vol. 1, *From the Beginnings to Jerome,* ed. P. R. Ackroyd and C. F. Evans (Cambridge: Cambridge University Press, 1970), 159–99; reprinted in *Qumran and the History of the Biblical Text,* ed. F. M. Cross Jr. and S. Talmon (Cambridge, Mass.: Harvard University Press, 1975), 1–41; R. W. Klein, *Textual Criticism of the Old Testament: From the Septuagint to Qumran* (Philadelphia: Fortress, 1974); D. Barthélemy, "Text, Hebrew, History of," *IDBSup,* 874–84; E. Würthwein, *The Text of the Old Testament: An Introduction to the Biblia Hebraica,* trans. E. F. Rhodes (Grand Rapids: Eerdmans, 1979); B. K. Waltke, "The Textual Criticism of the Old Testament," *EBC,* 1:211–28; P. K. McCarter Jr., *Textual Criticism: Recovering the Text of the Hebrew Bible* (Philadelphia: Fortress, 1986); A. R. Millard, "The Text of the Old Testament," in *International Bible Commentary,* ed. F. F. Bruce (London: Marshall Pickering; Grand Rapids: Zondervan, 1986), 11–13; F. E. Deist, *Witnesses to the Old Testament* (Pretoria: NG Kerkboekhandel, 1988); M. J. Mulder, "The Transmission of the Biblical Text," in *Mikra: Text, Translation, Reading, and Interpretation of the Hebrew Bible in Ancient Judaism and Early Christianity,* ed. M. J. Mulder and H. Sysling, CRINT 2/1 (Assen: Van Gorcum; Minneapolis: Fortress, 1990), 87–135; E. Tov, "Textual Criticism, Old Testament," *ABD,* 6:393–412; idem, *Textual Criticism of the Hebrew Bible* (Minneapolis: Fortress; Assen/Maastricht: Van Gorcum, 1992); B. K. Waltke, "Old Testament Textual Criticism," in *Foundations for Biblical Interpretation,* ed. D. S. Dockery et al. (Nashville: Broadman & Holman, 1994), 156–86; E. R. Brotzman, *Old Testament Textual Criticism: A Practical Introduction* (Grand Rapids: Baker, 1994); J. E. Sanderson, "Ancient Texts and Versions of the Old Testament," in *New Interpreter's Bible* (Nashville: Abingdon, 1994), 1:292–304. Tov의 글은 이제 학문적 표준서가 되었다. 비전문가들에게 가장 적합하고 간략하게 논의를 다룬 글은 Sanderson의 글이다. Waltke는 보수신학 관점의 최고 대변자다(Millard와 Brotzman도 보라).

지대한 영향을 주었다. 그 발견으로 텍스트 연구 분야 전체에 혁명이 일어났다고 말해도 과언이 아니다. 왜냐하면 사해 사본의 발견으로 학자들은 예전에 사용할 수 있었던 필사본보다 1000년 이상 앞서는 수십 개의 필사본들(또는 단편들)에 접근할 수 있게 되었기 때문이다. 많은 성서 두루마리들은 발견 후 바로 출판이 되었지만, 불행히도 출판되지 못한 두루마리도 적지 않았다. 출판의 지연 문제가 1980년대와 1990년대 초에 엄청난 분쟁거리가 되었다. 그러나 1990년대 중반에 이르러서는 사실상 모든 성서 자료들이 다양한 형태로 출판되었으며, 그중 대부분이 "Discoveries in the Judean Desert" 시리즈에 포함되었다.[2]

이 발견의 전반적인 공헌은 제2성전이 파괴된 기원후 70년에 이르기까지 약 300년의 기간 동안 구약 텍스트에 상당한 다양성이 존재했음을 알게 되었다는 점이다. 특히 마소라 텍스트(MT)뿐 아니라 사마리아 오경과 70인역 대본(*Vorlage*, parent text)의 선구자적 역할을 하는 텍스트 형태가 그 시기에 존재했다는 사실도 실제 사본을 통해 확인되었

2 1992년까지 출판된 사본들과 참고문헌 자료를 종합적으로 정리한 다음 책을 보라. H. Scanlin, *The Dead Sea Scrolls and Modern Translations of the Bible: How the Dead Sea Scroll Discoveries Have Influenced Modern English Translations* (Wheaton: Tyndale, 1993), 특히 pp. 41–103. 1992년 이래로 성서 텍스트를 수록한 DJD 시리즈 책들이 다음과 같이 출간되었다: *Qumran Cave 4, IV: Palaeo-Hebrew and Greek Biblical Manuscripts,* ed. P. W. Skehan, E. Ulrich, and J. E. Sanderson, DJD 9 (Oxford: Clarendon, 1992); *Qumran Cave 4, VII: Genesis to Numbers,* ed. E. Ulrich et al., DJD 12 (Oxford: Clarendon, 1994); *Qumran Cave 4, IX: Deuteronomy, Joshua, Judges, Kings,* ed. E. Ulrich et al., DJD 14 (Oxford: Clarendon, 1995); *Qumran Cave 4, X: The Prophets,* ed. E. Ulrich et al., DJD 15 (Oxford: Clarendon, 1997). 다음도 보라. E. Ulrich, "An Index of Passages in the Biblical Manuscripts from the Judaean Desert (Genesis – Kings)," *DSD* 1 (1994): 113–29; and idem, "An Index of Passages in the Biblical Manuscripts from the Judaean Desert (Part 2: Isaiah – Chronicles)," *DSD* 2 (1995): 86–107.

다. 기원후 1세기 말이 되어서야 원-마소라 텍스트 유형(자음 텍스트로, 후에 중세 마소라 학파의 작업을 통해 마소라 텍스트[MT]로 발전한다)이 유대교 내에서 히브리 성서의 유일한 증거 텍스트로 등장했다. 분명한 것은 예수와 사도들의 시대를 아우르는 제2성전 시대 말기의 구약성서 텍스트가 지금까지 추측했던 것보다 훨씬 다양했다는 것이다.

그러한 다양성을 보여주는 몇 가지 예를 제시하고자 한다. 사마리아 오경은 마소라 텍스트와 많은 주요한 측면에서 현저한 차이를 보인다고 알려져 있다. 그중 일부는 구체적으로 사마리아 신학과 관련된 차이점들이고, 일부는 난해한 텍스트를 조화시키기 위한 확장이다. 그런데 조화를 위한 이러한 확장을 수용하면서도 사마리아 신학에 따른 수정을 반영하지 않은 텍스트 유형이 사해 사본 중 여덟 개의 성서 두루마리에 반영되어 있다. 사마리아 오경이 이러한 텍스트 유형에 분파적인 수정을 가미한 후기 단계의 형태라는 추론은 타당한 것처럼 보인다.

70인역 대본의 경우도 이와 유사하다. 70인역과 마소라 텍스트가 가장 현저하게 차이를 보이는 부분이 예레미야서인데, 70인역 텍스트가 마소라 텍스트보다 1/7 정도 짧다. 따라서 사해 문서 가운데서 70인역의 짧은 텍스트를 반영한 두 개의 히브리어 사본 단편(4QJer[b, d])이 발견되었다는 사실은 이례적인 관심거리가 되었다. 그것만큼 극적이지는 않으면서도 상당히 의미심장한 또 다른 사본들이 있는데, 바로 다양한 세부적 측면들이 70인역의 근거가 된 것으로 추정되는 텍스트 유형을 반영하는 것으로 보이는 쿰란의 성서 사본들이다.

하지만 유대 사막에서 발견된 대부분의 성서 사본이 원-마소라(proto-Masoretic) 텍스트 유형에 속한다는 점 또한 사실이다. 예를 들어 대 이사야 사본(1QIsa[a])은, 종종 마소라 텍스트의 수정을 요구하기는 하지만, 틀림없이 마소라 텍스트의 선구자 역할을 하는 이사야서 텍스트다.

텍스트의 다양성을 설명하는 가설들

사해 두루마리 텍스트의 증거에 비추어볼 때 제2성전 시대 후반에 확실히 존재했던 성서 텍스트 형태의 다양성을 어떻게 설명할 것인가? 학자들은 이러한 다양성을 설명하기 위해 여러 가설을 발전시켰다. 첫 번째 가설은 소위 세 지방설(local text theory)인데, 윌리엄 F. 올브라이트(William F. Albright)가 주창했고, 그의 제자 프랭크 M. 크로스(Frank M. Cross)가 발전시켰다. 크로스에 의하면 사본에서 발견되는 텍스트의 다양성은 70인역, 사마리아 오경, 마소라 텍스트의 기초가 된 주요 세 텍스트 유형과 관련이 있다. 덧붙여 이 주요 세 텍스트 전승은 각각 이집트, 팔레스타인, 바빌로니아라는 세 지역과 관련이 있다.[3]

쉐마르야후 탈몬(Shemaryahu Talmon)은 다른 가설 즉 크로스의 주요 세 텍스트 유형이 지역적으로 다른 곳에서 발전된 전승이 아니라, 지금은 없어졌지만 훨씬 더 다양했던 텍스트들의 잔재라는 가설을 주창했다. 탈몬은 텍스트 유형들이 종교적으로 강한 유대관계를 가진 사회 그

3 F. M. Cross Jr., "The Evolution of a Theory of Local Texts," in *Qumran and the History of the Biblical Text,* ed. F. M. Cross and S. Talmon (Cambridge, Mass.: Harvard University Press, 1975), 306–20. Albright가 1955년에 처음 제안한 지방설에 대한 설명이 이 책에 반복되었다("New Light on Early Recensions of the Hebrew Bible," 140–46). 쿰란 발견 전에 H. M. Wiener에 의해 비슷한 견해가 이미 나왔다는 것은 주목할 만하다. H. M. Wiener, "The Pentateuchal Text—A Reply to Dr. Skinner," *BSac* 71 (1914): 218–68, 특히 221; 다음을 보라. Tov, *Textual Criticism,* 185 n. 44.

룹들에 의해 만들어지고 보존되었다고 강조한다. 70인역으로 대표되는 텍스트 전승을 보존한 것은 교회였으며, 사마리아 텍스트 유형을 보존한 것은 사마리아 분파였고, 마소라 텍스트를 보존한 것은 랍비 유대교였다는 것이다. 아마도 유대교 안의 여타 종교 그룹에 의해 보존된 다른 텍스트 전승도 있겠지만, 그 전승들은 그 당시 종교 그룹과 함께 없어졌다. 지금까지 남아 있는 세 전승은 유대교와 그 분파의 종교적 풍토를 반영하는 다양한 텍스트들의 잔재다. 탈몬 가설의 또 다른 특징은 본문비평의 문제를 보다 광범위한 전승사비평의 문제로부터 분리하지 않는다는 점이다.[4]

임마누엘 토브(Emanuel Tov)는 쿰란에서 발견된 다양한 텍스트들이 기본적으로 세 가지 텍스트 유형으로 압축된다는 크로스와 탈몬 가설의 핵심 전제에 이의를 제기했다. 사해 두루마리의 성서 텍스트를 면밀히 분석한 그는 텍스트 유형을 셋이 아닌 다섯 가지로 분류하는 편이 더 적절하다고 결론지었다. 토브는 크로스와 탈몬이 인지한 세 유형에 덧붙여, 독특한 "쿰란 철자법"으로 기록된 텍스트 유형과 "비동맹(unaligned)" 텍스트 즉 다른 네 텍스트와 확실한 연관성이 없는 텍스트 유형을 식별해냈다. 토브의 분석에 따르면 이 다섯 종류의 텍스트는 통계적으로 다음과 같은 분포를 보인다. "원-마소라" 사본이 60퍼센트, "쿰란 철자법"에 따라 기록된 사본이 20퍼센트, "사마리아 오경의 선조" 사본 및 70인역과 유사한 사본을 합하여 5퍼센트, 그리고 비동맹 성서 사본이 15퍼센트를 차지한다.[5]

4 S. Talmon, "The Textual Study of the Bible—A New Outlook," in *Qumran and the History of the Biblical Text,* 321–400.

5 Tov, *Textual Criticism,* 114–17.

마지막으로 살펴볼 것은 크로스의 제자 유진 울리히(Eugene Ulrich)의 견해다. 그는 최근에 쿰란 성서 사본들이 보여주는 텍스트의 다양성에 대해 자기 나름의 가설을 내놓았다. 그는 토브에 반대하여, "쿰란 철자법"이나 어떤 사본들의 "비동맹적"인 입지가 고유한 텍스트 유형을 규정하는 기준이 될 수는 없다고 주장했다. 그는 탈몬과 유사한 방식으로 (그러나 탈몬처럼 종교 그룹을 강조하지는 않으면서) 단순히 세 개 또는 다섯 개의 제안들로 제2성전 시대 성서 텍스트의 다양성을 정당하게 다룰 수는 없다고 강조한다. 대신에 그는 성서 각 책(또는 책의 일부)에 대한 일련의 "문서본들"(literary editions)을 정경 형성을 향한 성서 텍스트의 전반적인 발전과정에 있어서의 일시적 단계로 간주한다. 각각의 판본들은 새로운 종교적 상황에 대응하는 창조적인 편집자에 의해 만들어졌으며, 후대 서기관들의 수정을 염두에 둔다면 이런 판본들을 "기저 텍스트"라 부를 수도 있을 것이다. 탈몬처럼 울리히도 "하등", "고등" 비평의 여러 관심사를 장기적인 성서 텍스트 발전의 한 견해로 통합하려 하였다.[6]

6 E. Ulrich, "Pluriformity in the Biblical Text, Text Groups, and Questions of Canon," in *The Madrid Qumran Conference: Proceedings of the International Congress on the Dead Sea Scrolls, Madrid, 18–21 March 1991,* ed. J. T. Barrera and L. V. Montaner (Leiden: Brill, 1992), 37–40; idem, "Multiple Literary Editions: Reflections toward a Theory of the History of the Biblical Text," in *Current Research and Technological Developments on the Dead Sea Scrolls: Conference on the Texts from the Judaean Desert, Jerusalem, 30 April 1995,* ed. D. W. Parry and S. D. Ricks, STDJ 20 (Leiden: Brill, 1996), 78–105.

고대 번역본들과 사마리아 오경

유대 사막에서 발견된 성서 텍스트의 상당수는 원-마소라 텍스트로 분류될 수 있지만, 그럼에도 학자들은 쿰란의 발견물들로 인해 고대 사회에서의 텍스트의 다양성에 관심을 가지게 되었다. 역설적으로, 최근의 고대 번역본 연구계에서는 반대의 결과가 나타나고 있다. 예전에는 번역본들이 마소라 텍스트에서 파생되어 나간 독법들의 존재를 증거하는 것이라고 간주했지만, 지금은 원-마소라 텍스트 전승이 수많은 고대 번역본의 기초였음이 점점 더 확실해지고 있다.

70인역(Septuagint)

최근의 70인역 연구가 좋은 예다. 1970년 이래 "괴팅겐 70인역 프로젝트"에 속한 여러 책들이 출간되었고, 그와 병행하여 보조적인 연구물들이 등장했다.[7] 역사상 가장 포괄적이고 신뢰할 만한 70인역 편집본이 거의 완성되어감에 따라, 학자들은 70인역의 바탕이 된 대본이 예전에

7 *Septuaginta, Vetus Testamentum Graecum Auctoritate Societatis Litterarum Gottingensis Editum* (Göttingen: Vandenhoeck & Ruprecht, 1931–). 지금까지 출판된 20권 중에서 다음의 책들이 1970년 이후에 나왔다: *Esdrae liber I* (ed. R. Hanhart, 1974); *Deuteronomium* (ed. J. W. Wevers, 1977); *Iudith* (ed. R. Hanhart, 1979); *Iob* (ed. J. Ziegler, 1982); *Numeri* (ed. J. W. Wevers, 1982); *Tobit* (ed. R. Hanhart, 1983); *Leviticus* (ed. J. W. Wevers, 1986); *Exodus* (ed. J. W. Wevers, 1991). 부가적인 연구는 다음의 시리즈 Mitteilungen des Septuaginta-Unternehmens (MSU), Abhandlungen der Akademie der Wissenschaften in Göttingen, Philologisch-historische Klasse (Göttingen: Vandenhoeck & Ruprecht)를 보라.

추측했던 것보다 마소라 텍스트와 훨씬 더 많은 유사성을 보인다는 점을 깨닫기 시작했다. 일례로 70인역에 자주 적용된 번역기법의 연구를 통해 비-마소라 대본(non-Masoretic Vorlage)을 반영하는 것으로 여겨졌던 그리스어 번역들이 많은 경우 마소라 텍스트와 동일한 히브리어 텍스트에서 유래했음이 분명해졌다. 이것은 J. W. 위버즈(J. W. Wevers)의 70인역 모세 오경 텍스트 연구에서 가장 두드러진 결론 중 하나이다.[8] 달리 말하자면, 70인역의 대본(parent text)이 종종 원-마소라 텍스트 전승과는 다른 텍스트 유형을 나타내고 있음은 확실하지만, 때때로 그 다름의 정도가 생각했던 것보다는 훨씬 미미하다는 것이다. 이를 잘 보여주는 예는 출애굽기 25-31장(성막을 지으라는 하나님의 지시)과 35-40장(그 지시를 수행하는 내용)이다. 70인역은 이 두 평행 텍스트를 번역할 때 단어와 배열에 있어 상당히 다르게 번역했다. 예전에는 이 차이점을 출애굽기 35-40장에 대해 마소라 텍스트와는 현저히 다른 번역 대본을 사용한 증거로 받아들였다. 하지만 위버즈는 이제 그런 가정이 불필요하다고 주장한다. 출애굽기 35-40장의 70인역 텍스트는 다른 번역가가 동일한 히브리어 마소라 텍스트를 출애굽기 25-51장과는 다른 방식으로 의역한 것으로 이해할 수 있다는 것이다.[9]

최근 70인역 연구의 두 번째 결과는 원래의 그리스어 텍스트(소위 구그리스어)가 일련의 개정과 교정을 거쳐 원-마소라 텍스트 유형

8 다음을 보라. R. Hanhart, "Zum gegenwärtigen Stand der Septuagintforschung," in *De Septuaginta: Studies in Honour of John William Wevers on His Sixty-fifth Birthday,* ed. A. Pietersma and C. Cox (Mississauga, Ont.: Benben, 1984), 3–18, 특히 8–9를 보라.

9 J. W. Wevers, "The Building of the Tabernacle," *JNSL* 19 (1993): 123–31. 이 소논문은 Wevers가 쓴 다음의 책에 나오는 자세한 연구의 대중적인 요약이다. *Textual History of the Greek Exodus,* MSU 21 (Göttingen: Vandenhoeck & Ruprecht, 1991).

을 상당히 반영하게 되었다는 점을 확증했다는 것이다. 첫 번째 예로 들 수 있는 것은 소위 **카이게** 교정본(*kaige* recension, 또는 "원-테오도티온"[proto-Theodotion])으로서, D. 바르텔레미(D. Barthélemy)의 연구를 통해 세상에 알려졌다.[10] 이 교정본의 연대는 기원전 1세기 중엽으로 추정된다. 이 교정본은 70인역의 사무엘-열왕기서와 오리게네스의 헥사플라(Hexapla)의 다섯째 그리스어 번역(Quinta)에 반영되었고,[11] 특히 사해 사본에서 발견된 그리스어 소예언서 사본에 반영된 것으로 가장 잘 알려져 있다. 이 사본은 토브에 의해 1990년에 출간되었다.[12] 텍스트의 관점에서 볼 때, 이 사본은 구그리스어 텍스트를 원-마소라 히브리어 텍스트에 맞추어 개정한 것임이 확실하다. 이와 유사하게 P. J. 젠트리(P. J. Gentry)는 최근의 연구를 통하여 70인역 욥기 텍스트에서 "아스테리스코스"(※) 표식이 되어 있는 자료가 기원후 1세기 초에 원-마소라 히브리어 텍스트를 반영하도록 개정된 부분이라고 주장했다.[13] 원-마소라 텍스트를 반영하는 또 하나의 구그리스어 개정본은 오리게네스의 헥사플라(기원후 3세기)의 다섯째 칼럼이며, 이것은 70인역 텍스트 전승 중에서도 특별한 영향력을 가진 자료다.[14] 소그리스어 번역본들(아래를 보라) 또한 마소라 텍스트를 반영하는 70인역 개정본으로

10 D. Barthélemy, *Les devanciers d'Aquila,* VTSup 10 (Leiden: Brill, 1963).

11 Tov, *Textual Criticism,* 145.

12 E. Tov, *The Greek Minor Prophets Scroll from Nah.al H. ever,* DJD 8 (Oxford: Clarendon, 1990).

13 P. J. Gentry, *The Asterisked Materials in the Greek Job,* SBLSCS 38 (Atlanta: Scholars Press, 1995), 494–98. Gentry는 오리게네스의 70인역 판본(헥사플라에서 다섯째 단)에 아스테리스코스(※)로 표시되어 있는 단어는 히브리어 텍스트에는 나오지만 구그리스어 텍스트에는 안 나오는 자료들이라고 주장했다.

14 다음을 보라. Deist, *Witnesses to the Old Testament,* 143–46; Tov, *Textual Criticism,* 25; Sanderson, "Ancient Texts and Versions," 301.

간주될 수 있다.[15]

70인역과 관련하여 한 가지 더 주목해야 할 사실이 있다. 사해 사본의 발견이 한편으로는 70인역의 기초가 되는 독특한 텍스트 유형에 대한 확고한 사본상의 증거를 제공하기도 했지만, 다른 한편으로는 그리스어 텍스트를 통해 추정할 수 있는 히브리어 텍스트의 독법을 상대화시키는 역할을 하게 되었다. 쿰란 발견 이전에는 70인역과 마소라 텍스트가 일치하지 않을 때 70인역의 히브리어 대본(*Vorlage*)이 더 오래되어 원본에 더 가까운 것으로 가정하는 경향이 있었다. 그러나 이제 더 이상 그런 가정은 정당화될 수 없다. 이제는 원-마소라 텍스트 전승의 시기를 70인역과 동시대까지 추적해 올라갈 수 있으며, 사실상 원-마소라 전승이 70인역의 기초가 된 텍스트 유형보다 더 광범위하게 나타났었다고 추정되기 때문이다. 70인역의 독특한 독법을 자동적으로 더 오래된 것으로 간주하는 일은 더 이상 허용되지 않는다.[16]

소그리스어 번역본들(Minor-Greek Versions)

전통적으로 이 명칭은 고대 자료에서 종종 "삼형제"로 알려진 테오도티온(Theodotion), 아퀼라(Aquila), 그리고 심마쿠스(Symmachus)의 그리스어 번역본을 지칭한다. 지금까지 테오도티온(기원후 2세기에 살았던)의 번역으로 알려졌던 번역본이 사실은 기원전 1세기의 카이게 개정본이라는 점이 확실해졌기 때문에, 여기서는 아퀼라와 심마쿠스 번역본만

15 Tov도 같은 의견이다. Tov, *Textual Criticism,* 145–47.
16 다음을 보라. Würthwein, *Text of the Old Testament,* 64.

을 논의하기로 한다. 아퀼라는 기원후 125년 정도에 아주 문자적인 그리스어 번역본을 내놓았고, 심마쿠스는 기원후 200년 무렵에 보다 자유롭고 관용적인 번역본을 내놓았다. 두 번역본 모두 카이게 개정본에 기초한 것으로 보이며, 시종일관 원-마소라 텍스트 전승을 염두에 두었던 것으로 보인다.[17] 최근에 아퀼라와 심마쿠스 번역본에 대한 연구가 활발하게 이루어지고 있다.[18]

타르굼(Targums)

타르굼들은 종종 번역이라기보다는 바꿔 쓰기(paraphrases)에 가깝지만, 어떤 텍스트들에 대해서는 아주 문자적인 번역을 했기 때문에 어떤 히브리어 선조 텍스트 유형을 사용했는지 확실히 판단할 수 있는 경우들이 많이 있다. 쿰란에서 나온 욥기 타르굼을 제외한 모든 타르굼에 반영된 히브리어 텍스트는 원-마소라 전승과 아주 가깝다.[19] 1970년대에 두 종류의 중요한 타르굼 비평본이 완성되었다. 하나는 A. 슈퍼버(A. Sperber)의 『고대 사본과 인쇄본에 근거한 아람어 성경』(*The Bible*

17 Tov, *Textual Criticism,* 146–47.

18 Aquila에 대해 다음을 보라. K. Hyvärinen, *Die Übersetzung von Aquila,* ConBOT 10 (Lund: Liber Läromedel-Gleerup, 1977); and L. L. Grabbe, "Aquila's Translation and Rabbinic Exegesis," *JJS* 33 (1982): 527–36. Symmachus에 대해 다음을 보라. J. G. Luis, *La versión de Símaco a los Profetas Mayores* (Madrid, 1981); and A. Salvesen, *Symmachus in the Pentateuch,* JSS Monograph 15 (Manchester: University of Manchester Press, 1991).

19 Tov, *Textual Criticism,* 149; Sanderson, "Ancient Texts and Versions," 303.

in Aramaic Based on Old Manuscripts and Printed Texts)이고[20] 다른 하나는 A. 디에즈 마초(A. Díez Macho)의 『네오피티 I』(*Neophyti I*)이다.[21] 후자는 1965년에 바티칸 도서관에서 발견된 팔레스타인 타르굼 사본을 편집한 것으로, 그 연대는 기원후 1, 2세기나 4, 5세기로 다양하게 추정된다.[22] 주요 타르굼을 영어로 번역하고 학문적인 주석을 달아놓은 마틴 맥나마라(Martin McNamara)의 업적도 언급할 필요가 있다.[23]

페쉬타(Peshitta)

새로운 구약 페쉬타의 비평본 전집이 1966년부터 출간 중이다: *The Old Testament in Syriac according to the Peshitta Version: Edited on Behalf of the International Organization for the Study of the Old Testament by the Peshitta Institute, Leiden.*[24] 전 세계에서 모인 학자들로 구성된 팀이 "라이덴 페쉬타"의 편집을 맡았으며, 이제 거의 완성 단계에 있다. 이 기념비적인 작업이 시작되면서 시리아어 성서 텍스트 전승과 관련된 단행

20 4 vols. (Leiden: Brill, 1959–73).

21 5 vols. (Madrid: Consejo Superior de Investigaciones Científicas, 1968–78).

22 Tov, *Textual Criticism,* 150.

23 M. McNamara et al., eds., *The Aramaic Bible: The Targums* (Wilmington, Del.: Glazier, 1987–). 지금까지 19권이 출판되었다.

24 Leiden: Brill. 1996년에 아가, 토빗, 에스라4서의 견본판이 출판된 이후 다음 책들이 출간되었다: 찬미가 또는 송시, 므낫세의 기도, 외경 시편, 솔로몬의 시편, 토빗, 에스드라1서, (3서)(1972년); 바룩의 묵시록, 에스드라4서(1973년); 열왕기서(1976년); 창세기, 출애굽기(1977년); 사사기, 사무엘(1978년); 잠언, 솔로몬의 지혜서, 전도서, 아가(1979년); 열두 예언서, 다니엘-벨-용(1980년); 시편(1980년); 욥기(1982년); 에스겔(1985년); 이사야(1985년); 레위기, 민수기, 신명기, 여호수아(1991년); 역대기(1998년).

본과 논문이 다수 등장했고, 19세기에 출판되어 시대에 뒤떨어진 페쉬타 번역본을 점점 대체하고 있다.[25]

라이덴 페쉬타와 관련된 새로운 연구들로 인해 시리아어 성서 텍스트의 전승 역사를 어느 정도 설명할 수 있게 되었다. 이 역사는 세 단계로 나눌 수 있다. 첫 단계는 기원후 6세기에 종결되었고, 둘째 단계는 대략 7세기와 8세기를 아우르며, 셋째 단계는 9세기에 시작되었다. 페쉬타 인쇄본의 대부분은 마소라 텍스트로부터 시간적으로 격차가 큰 셋째 단계 사본을 반영하는 반면에 라이덴 페쉬타의 텍스트는 일반적으로 둘째 단계 사본을 반영한다. 소수의 사본이 첫째 단계의 텍스트(라이덴 페쉬타의 제2 본문비평장치에 수록되어 있다)를 보존하고 있는데, 그것은 마소라 텍스트와 매우 유사한 히브리어 텍스트를 상당히 문자적으로 번역한 것으로 보인다. 페쉬타 텍스트는 시리아어 수정 과정을 거치면서, 아주 가까웠던 마소라 텍스트의 초기 단계로부터 점점 멀어져 갔다. 결국 셋째 단계의 페쉬타 공인 텍스트(textus receptus)에서 발견되는 표준 히브리어 텍스트와의 차이점들은 대부분 히브리어 대본(*Vorlage*)이 달라서가 아니라 시리아 전승 자체 내의 발달 과정에서 기인한 것이다. 가장 초기 형태의 페쉬타는 실질적으로 마소라 텍스트라고 할 수 있는 히브리어 선조 텍스트에 대한 증거가 된다.[26]

25 다음을 보라. P. B. Dirksen, "The Old Testament Peshitta," in *Mikra,* 255–9

26 다음을 보라. M. D. Koster, "Peshitta Revisited: A Reassessment of Its Value as a Version," *JSS* 38 (1993): 235–68.

불가타(Vulgate)

다른 고대 번역본과 달리 구약의 라틴어 번역인 불가타는 오랫동안 완전하고 믿을 수 있는 비평본이었다. 그리스어 원본을 기초로 한 외경과 시편을 제외한다면, 불가타의 텍스트 또한 마소라 텍스트에 상응하는 히브리어 **대본**(*Vorlage*)을 기초로 번역되었음이 확실하다.[27]

사마리아 오경(Samaritan Pentateuch)

사마리아 오경은 번역은 아니지만, 편의상 고대 번역본들과 함께 다루고자 한다.[28] 쿰란에서 사마리아 선조 텍스트들이 발견된 이래로, 이 분파적 텍스트 유형에 대해 많은 연구가 이루어지고 있다.[29] 본서에서 대상으로 삼은 기간 중에 L. -F. 지롱-블랑(L. -F. Girón-Blanc)은 사마리아 오경 창세기의 비평본을, A. 탈(A. Tal)은 사마리아 오경 타르굼 연구 3권을, H. 쉐하데(H. Shehadeh)는 아랍어 번역본에 관한 책을 출간했다.[30] 특히 쿰란 사마리아 오경의 선조 텍스트 중 하나인

27 Tov, *Textual Criticism,* 153. 다음도 보라. B. Kedar, "The Latin Translations," in *Mikra,* 299–338, 특히 322.

28 Brotzman도 같은 의견이다. Brotzman, *Old Testament Textual Criticism,* 64–69.

29 사마리아 오경에 대한 연구 역사를 간편하게 요약한 최근의 글을 다음에서 보라. B. K. Waltke, "Samaritan Pentateuch," *ABD,* 5:932–40. 다음도 보라. Idem, "The Samaritan Pentateuch and the Text of the Old Testament," in *New Perspectives on the Old Testament,* ed. J. B. Payne (Waco: Word, 1970), 212–39.

30 L.-F. Girón-Blanc, *Pentateuco hebreo-samaritano, Génesis* (Madrid: Consejo Superior de Investigaciones Científicas, 1976); A. Tal, *The Samaritan Targum of the Pentateuch,* 3 vols., Texts and Studies in the Hebrew Language 4 (Tel Aviv: Tel Aviv University

4QpaleoExod^{m}에 대한 주디스 샌더슨(Judith Sanderson)의 연구는 주목할 만하다.[31] 그녀는 70인역, 마소라 텍스트, 사마리아 오경에 나타난 히브리어 텍스트 전승은 본래 서로 상당히 유사했지만, 70인역은 상대적으로 이른 시기에 독자 노선을 걷기 시작하여 텍스트를 확장하는 경향을 보이고 있으며, 마소라 텍스트와 사마리아 오경은 일정 기간 유착 관계를 유지했다고 결론지었다. 기원전 100년을 전후로 사마리아 오경의 선조 전승이 원-마소라 전승으로부터 분리된 후에 몇 가지 주요한 확장이 이루어졌다. 마지막으로, 사마리아 오경의 정경 형태는 수차례의 분파적 확장을 통해 완성되었는데, 이 확장은 특히 예루살렘 대신 그리심(Gerizim) 산을 제의의 중심지로 묘사한다.[32] 이 전체적인 그림을 통해 내릴 수 있는 결론 중 하나는 다른 전승들이 보여주는 확장의 영향을 덜 받은 원-마소라 전승이 텍스트의 초기 단계를 보존하고 있다는 것이다.[33] 샌더슨이 다른 문맥에서 말했던 것처럼 "사해에서 발견된 사마리아 오경의 선조 사본과 (정경적) 사마리아 오경에는 조화와 명료화를 위한 확장의 예가 상대적으로 적다는 것이 분명하다. 그런 확장을 제외하면, 사마리아 오경은 마소라 텍스트 배후에 놓인 텍스트와 실제적으로 일치한다."[34] 월키가 (크로스를 인용하여) 역설적으로 주장한 것처럼 "텍스트로서 사마리아 오경의 주요한 가치는 그것이 간접적으로 마소라 텍스트가 '최상의, 모범이 되는 텍스트'임을

Press, 1980–83); H. Shehadeh, "The Arabic Translation of the Samaritan Pentateuch: Prolegomena to a Critical Edition" (Ph.D. diss., Jerusalem, 1977).

31 J. E. Sanderson, *An Exodus Scroll from Qumran: 4QpaleoExodm and the Samaritan Tradition,* HSS 30 (Atlanta: Scholars Press, 1986).

32 Ibid., 311.

33 Ibid., 312.

34 Sanderson, "Ancient Texts and Versions," 299.

증거한다는 데 있다."[35]

원-마소라 전승의 특권적 지위

고대 번역본과 사마리아 오경에 대한 20세기 후반의 연구를 통해 마소라 텍스트와 그것의 선조 텍스트들과 관련하여 역설적인 상황이 드러나게 되었다. 원-마소라 텍스트가 한편으로는 많은 텍스트 전승 중의 하나에 불과하지만, 다른 한편으로는 그 텍스트가 특권적인 지위를 누렸던 것으로 보인다는 것이다. 원-마소라 텍스트는 사마리아 오경보다 더 오래된 단계의 텍스트를 보존하고 있는 것으로 간주되었을 뿐 아니라, 기원전 1세기 이후에는 계속 표준서—70인역을 수정하는 데 기준으로 사용되었던—로서 그리고 타르굼, 페쉬타, 불가타와 같은 새로운 번역을 시작하는 데 있어 적절한 출발점으로 여겨졌던 것 같다. 대략 기원후 100년부터 원-마소라 텍스트가 유대인 공동체에서 권위 있는 유일한 텍스트로 여겨졌다는 것은 논쟁의 여지가 없는 사실이다. 다시 말해 마사다, 나할 헤베르(Nahal Heber), 그리고 무라바아트(Murabba'at, 기원후 1세기 후반이나 2세기로 추정됨)에서 발견된 모든 히브리어 성서 사본이 원-마소라 텍스트 유형에 속한다는 것이다.[36] 그렇다면 이런 질문을 던질 필요가 있다. 원-마소라 전승은 어떻게 그런 특권적인 지위

35 Waltke, "Samaritan Pentateuch," *ABD,* 5:938.

36 E. Tov, "The History and Significance of a Standard Text of the Hebrew Bible," in *Hebrew Bible/Old Testament: The History of Its Interpretation,* vol. 1, ed. M. Saebø (Göttingen: Vandenhoeck & Ruprecht, 1996), 49–66, 특히 63.

를 갖게 되었는가? 그리고 텍스트 전승 역사에서 원-마소라 전승은 어느 시점까지 거슬러 올라갈 수 있는가?

이 질문에 대한 한 가지 대답은 마소라 텍스트에 이르기까지의 텍스트 전승은 서력기원이 시작되는 시점을 전후하여 유대 랍비들에 의해 수행된 계획적인 표준화 과정의 결과라는 것이다. 따라서 크로스의 영향력 있는 가설에 따르면, 원-마소라 텍스트는 계획적인 교정의 산물로서 그 당시 존재하던 다양한 텍스트 유형(textual families)에 의존하여 완성된 것이다.[37] 결과적으로 "새로운 표준 교정본의 보급은 확실히 기원후 1세기 중엽에 일어났다."[38]

원-마소라 텍스트의 출현에 대한 이러한 견해는 버틸 알브렉슨(Bertil Albrektson)에 의해 혹독하게 비난을 받았다.[39] 그는 이 견해를 지지하는 많은 근거들(동시대 알렉산드리아의 그리스어 본문비평가들과의 유사성; 랍비 아키바의 해석학적 원리의 요구사항들; 성전의 세 두루마리에 대한 랍비 전승; 새로운 교정본의 증거로서 무라바아트 사본)이 면밀한 검토를 견뎌낼 수 없을 것이라고 지적했다. 또한 마소라 전승의 텍스트처럼 일관성이 없고, 중자탈락과 중복오사, 단어 분절 오류, 그리고 다른 텍스트상의 결함들을 가지고 있는 텍스트가 사본과 여러 텍스트 전승들을 세심하게 비교하여 나온 결과일 수는 없다고 설득력 있게 주장했다.[40] 그러면서 알브렉슨은 이 특정 텍스트 유형이 남아 있는 것은 아마도

37 다음을 보라. F. M. Cross Jr., "The Contribution of the Qumrân Discoveries to the Study of the Biblical Text," *IEJ* 16 (1966): 81–95, 특히 94–95; reprinted in *Qumran and the History of the Biblical Text,* 278–92, 291–92.

38 Ibid., 95 (reprint, 292).

39 B. Albrektson, "Reflections on the Emergence of a Standard Text of the Hebrew Bible," *Congress Volume: Göttingen, 1977,* VTSup 29 (Leiden: Brill, 1978), 49–65.

40 Ibid., 59.

단순히 역사적인 우연일 것이며, 그 텍스트 유형은 "로마의 팔레스타인 점령 이후 바리새파 서기관들이 우연히 남겨놓은 것"이었다고 주장하였다.[41]

하지만 그와 동시에 알브렉슨은 바리새인들이 선호했던 그 텍스트 유형이 유대 폭동 이전에도 이미 특별한 지위를 누리고 있었을 것이라고 주장했다. "그 텍스트 유형은 성서 말씀을 정성껏 관리하고 주의 깊게 돌보는 일에 헌신된 집단들 속에서 다루어졌다. 그러므로 대체로 그 텍스트 유형은 고풍스럽고 신뢰할 만하며, 소위 저급한 텍스트에 나타나는 많은 오류들이 없었다고 보는 것이 타당하다."[42] 다른 학자들도 마소라 텍스트 배후에 있는 텍스트 전승이 기원후 1세기 말 이전부터 특권적 지위를 누렸던 것으로 지적했다. 마소라 텍스트는 이미 쿰란 발견물 중에서 가장 지배적인 텍스트 유형(토브에 따르면 모든 성서 사본의 60%)이며,[43] 기원전 1세기에 카이게 교정본이 구그리스어 텍스트를 수정할 때 표준으로 삼았을 뿐 아니라, 유대 종교 지도자들이 특별하게 보존해왔을 그런 사본이었다.

우리는 이 분야의 표준서인 토브의 『구약 본문비평』(*Textual Criticism of the Hebrew Bible*)에서도 이 점을 강조하는 것을 발견할 수 있다. 토브는 "마소라 텍스트 자음 체계의 기원"(The Early Origins of the Consonantal Framework of M [= MT])이라는 단락에서 원-마소라 텍스트 전승에 대해 다음과 같이 기술한다.

41 Ibid., 63.
42 Ibid.
43 Tov는 1996년 그의 소논문 "Standard Text"에서 40%라고 했는데(p. 60), 이것은 오류인 듯하다. 같은 글 64페이지에 그는 다른 데서와 마찬가지로 60%라고 언급한다.

그것은 유대교의 권위 있는 영적 중심(바리새파의 중심?)에서, 아마도 성전을 거점으로 한 집단 내에서 유래했을 것이다. 마소라 텍스트를 필사하고 보존하는 일을 위임 받은 자들은 성전 서기관들이었을 것이다. 비록 이러한 추측이 증명될 수는 없지만, 성전에서 특정 사본들을 자세히 살피기 위해 검열자(מגיהים, *magihim*)를 고용했다는 사실이 이를 지지해준다.[44]

토브는 또한 쿰란의 규범에 따라 성서 텍스트를 필사한 서기관들이 "아마도 원-마소라 텍스트를 사용했을 것"이라고 주장한다.[45] 이는 다시 한번 이 텍스트 전승이 오래되었으며, 초기부터 권위 있는 것이었음을 시사한다. 일반적으로 "기원전 3세기의 것으로 추정되는 가장 초기의 쿰란 발견물들은 무엇보다도 마소라 계열의 텍스트, 즉 원-마소라 텍스트를 정확히 필사하는 전통이 존재했음을 입증해준다."[46]

마소라 텍스트 전승이 유서 깊고 권위 있는 것이었다는 토브의 견해는 A. S. 반 더 우드(A. S. van der Woude)의 견해와 아주 비슷하다. 반 더 우드는 더 나아가 구약 텍스트 역사에서 마소라 텍스트에 특권적 지위를 부여했다.[47] 예를 들어 그는 기원전 2세기에 이미 이 텍스트 유형

44 Tov, *Textual Criticism,* 28 (cf. 190).

45 Ibid., 114. 다음도 보라. L. H. Schiffman, *Reclaiming the Dead Sea Scrolls* (Philadelphia: Jewish Publication Society, 1994), 172. Schiffman은 이 가능성을 확실한 것으로 본다. "쿰란의 텍스트 유형[즉 '쿰란 규칙'에 사용된 성서 사본들—A. W.]을 점검하여 그것이 본래 원-마소라 텍스트를 기반으로 했음을 발견했다."

46 Tov, "Standard Text," 57.

47 A. S. van der Woude, "Pluriformity and Uniformity: Reflections on the Transmission of the Text of the Old Testament," in *Sacred History and Sacred Texts in Early Judaism: A Symposium in Honour of A. S. van der Woude,* ed. J. N. Bremmer and F. García Martínez (Kampen: Kok Pharos, 1992), 151–69. 동일 소논문의 대중적인 글은 다음에 나온다. A. S. van der Woude, "Tracing the Evolution of the Hebrew Bible," *BibRev* 11 (1995): 42–45.

을 따른 구그리스어 개정본들이 존재했다고 주장한다.[48] 그는 다음과 같이 대담한 새로운 가설을 제안한다.

> 예루살렘 성전을 중심으로 한 종교계에는 상당히 단일화된 텍스트 전승이 지속적으로 존재해왔다. 다시 말해 기원전 마지막 몇 세기 동안 팔레스타인 유대교에는 구약에 대한 복수 형태(pluriform)의 전승 외에 기본적으로 정형화된 전승이 존재했다. 무슨 뜻인가 하면, 예루살렘을 제외한 장소에서는 70인역 텍스트나 사마리아 오경 텍스트와 흡사한 성서 사본 또는 원-마소라 전승과 비교할 때 관점이 다른 성서 사본들이 이미 유포되어 있었던 반면에 예루살렘에서는 원-마소라 텍스트 전승만이 유통되었다는 것이다.[49]

최근에 토브가 그와 비슷한 견해를 주장하고 있으며, 로렌스 H. 쉬프만(Lawrence H. Shiffman)도 비슷한 결론에 도달했다.[50] 이 학자들의 의견이 옳다면, 마소라 텍스트는 히브리 성서의 다른 고대 증거 사본들보다 월등히 높은 정통성을 주장할 수 있는 텍스트 전승인 것이다.

48 Van der Woude, "Pluriformity and Uniformity," 161.

49 Ibid., 163.

50 Tov, "Standard Text," 64: "그러므로 쿰란 발견물에서 텍스트 변형이 확실히 나타나는데 그 변형을 넘어서면 아마도 바리새인들의 표준서를 반영하는 단일 텍스트 유형(textual family)을 발견할 수 있을 것이다"; Schiffman, *Reclaiming the Dead Sea Scrolls,* 171–73.

구약 본문비평의 목표

이 단락의 제목은 월키가 쓴 유용한 소논문의 제목과 같다.[51] 월키는 자신의 논문에서 히브리 성서 본문비평의 과업에 대해 최근 학자들이 주장하는 다섯 가지 접근 방법을 제시한다. 그 방법들은 다음과 같다.

1. **원문을 복원하라**. 여기서의 목표는 저자의 "고유한 어구"(*ipsissima verba*)를 복원하는 것, 즉 "저자가 대중에게 전하고자 했던 바로 그 텍스트를 찾아내는 것"이다.
2. **최종 텍스트를 복원하라**. 여기서의 임무는 저자 자신의 "고유한 어구"(*ipsissima verba*)가 아닌 **최종 편집자**의 "고유한 어구"(*ipsissima verba*)를 복원하는 것으로서, 여기에는 성서의 특정한 문학 단위(literary unit)가 진화 과정을 거쳤다는 가정이 포함되어 있다. 대부분의 현대 본문비평은 이런 목표하에 진행된다.
3. **확증된 가장 초기 텍스트를 복원하라**. 여기서의 목적은 편집자들의 최종 텍스트가 아니라 실제 증거 텍스트들(textual witnesses)이 사용한 가장 초기 형태의 텍스트 형태를 복원하는 것이다. 이것은 "히브리 대학교 성서 프로젝트"(Hebrew University Bible Project)와 "세계성서공회 히브리어 구약 텍스트 프로젝트"(UBS Hebrew Old Testament Text Project)의 접근법으로서, 목표의 대상으로 삼은 텍스트는 일반적으로 기원전 2세기의 것이다. 이들 프로젝트에서는 추정적인 수정을 허용하지 않는데, 원칙상 그러한 수정을

51 B. K. Waltke, "Aims of OT Textual Criticism," *WTJ* 51 (1989): 93–108.

지지하는 사본이 존재하지 않기 때문이다.

4. **확증된 텍스트들을 복원하라**. 본문비평가가 이러한 과제를 수행하는 데 있어 염두에 두는 최종 목표는 특정 종교 공동체가 수용한 텍스트인데, 텍스트의 종류는 공동체마다 다를 수 있다. 이것은 제임스 A. 샌더스(James A. Sanders)나 브레버드 차일즈(Brevard Childs)와 같은 정경비평학자들의 방침이며, 차일즈는 유대인이 받아들인 텍스트인 마소라 텍스트에 초점을 두었다.
5. **최종 텍스트"들"을 재구성하라**. 여기서 본문비평가는 특정한 책이나 단락(pericope)이 동일한 정경 안에서 두 개 이상의 형태를 가질 수 있다는 점을 알아야 한다. 다시 말해 둘 또는 더 많은 형태의 텍스트가 동등하게 유효하며 따라서 동등하게 원 상태로 복원되어야 한다는 것이다.

월키는 성서의 각 책들마다 서로 다른 본문비평상의 목표를 설정할 필요에 대해 다음과 같이 역설한다.

> 본문비평가의 목표는 책의 성격에 따라 달라져야 한다. 책이 단일 저자의 작품이라면 비평가는 그 저자의 원본을 재구성하는 것을 목표로 삼아야 할 것이다. 편집된 텍스트라면 비평가는 최종적 정경 텍스트를 복원하는 데 중점을 둬야 할 것이다. 최종 텍스트가 하나 이상 존재한다면, 비평가는 그의 자료를 문학비평가와 정경비평가에게 넘겨서 텍스트가 최종적인 정경 텍스트로 만들어져가는 과정 중에 있는지, 아니면 하나 이상의 정경

형태가 존재했는지를 결정해야 할 것이다.[52]

이제 월키가 1989년에 지지했던 다소 절충적인 이 접근법을 토브와 울리히의 견해와 비교해봐야 한다. 토브는 기본적으로 성서 각 책의 문학적 발전과 텍스트 전승을 구분한다. 많은 경우 정경을 구성하는 책들은 토브가 말하는 "완성된 문학 작품" 단계에 이르기까지 여러 단계의 문학적 발전 과정을 거쳤을 것이며, (원-)마소라 텍스트로 정착된 완성본은 이제 텍스트 전승의 첫 단계를 밟게 되는 것이다. 본문비평의 목표는 토브가 명명한 "원본"(the original text)에 해당하는 완성된 문학 작품을 복원하는 것이다.[53] 토브는 "원본"을 이렇게 정의함으로써 문학적 발전의 초기 단계(예를 들어 70인역과 몇몇 쿰란 성서 사본에서 발견된 짧은 예레미야서)나 후대의 미드라쉬식 발전(에스더와 다니엘에 추가된 비정경 문헌)을 대변하는 모든 텍스트를 본문비평의 대상에서 제외시키려 한다. "원본"을 설명하는 데 있어 중요한 것은 이 원본과 마소라 텍스트와의 관계다.

본문비평 작업을 진행할 때 모든 텍스트의 근원이 되었을 하나의 독립적인 텍스트만을 고려해야 한다는 입장은 텍스트상의 근거보다는 사회-종교적, 역사적인 논의를 근거로 한 것이다. 마소라 텍스트에 반영된 문학적 결과물들의 바탕에는 유대교에서 수용한 정경 개념이 자리하고 있다. 따라서 우리가 고려해야 할 대상은 초기 단계나 후기 단계의 텍스트가 아니

52 Ibid., 107 – 8.
53 Tov, *Textual Criticism,* 171.

라 오직 마소라 텍스트다.[54]

토브는 복원해야 하는 텍스트가 문학적 발전 단계의 마지막 산물 그 자체임을 강조하기 위해서 이 텍스트가 원저자의 말과 다를 수도 있음을 애써 강조한다.

> 역설적인 주장이지만, 설사 성서 저자들의 정확한 어구—예를 들면 예언자들의 말—가 보존되었다 하더라도 그것은 텍스트 재구성에서 최종 형태의 텍스트보다 덜 중요하다. 예를 들어 만약 예레미야가 그의 서기관인 바룩에게 불러주었던 바로 그 두루마리(렘 36장을 보라)가 발견되었다 하더라도, 그 두루마리는 신명기 역사가에 의해 개작된 최종본 예레미야서에 비해 본문비평상의 가치는 더 적다고 할 수 있다.[55]

간략히 말해, 토브의 견해는 바로 "최종 정경 형태로서의 텍스트가…본문비평의 목표"라는 것이다. 월키도 근본적으로 이러한 토브의 견해에 동의한다고 밝혔다.[56]

한편 울리히는 본문비평의 목표를 정경의 원래 마소라 형태로 제한하려 하지 않았다.[57] 그의 견해에 따르면, 비평가는 히브리어 성서의 전체 진화 과정에서 식별되는 다양한 모든 "문서본"(literary editions)을 복원하는 데 목표를 두어야 한다.[58] 이 진화의 특징은 "원본에 충실하게

54 Ibid., 172.
55 Ibid., 178.
56 Ibid., 189.
57 Waltke, "Old Testament Textual Criticism," 175.
58 Ulrich, "Multiple Literary Editions."

전승되다가 때때로 새로운 개정 확장본으로 도약하는 현상이 나타난다"는 것이다.[59] 70인역, 사마리아 오경, 마소라 텍스트에 나타나는 텍스트 유형들에는 쿰란의 다른 많은 성서 사본들에서처럼 다양한 문서본들이 반영되어 있다. 복원된 가장 초기 편집본은—이것도 아마 더 오래 전에 존재했다가 지금은 사라진 또 다른 편집본을 기초로 작성되었겠지만—"기초 텍스트"(base text)로 불릴 수 있다. 이 기초 텍스트는 뒤를 잇는 편집본의 시작점이 되며, 편집본들은 보통 확장의 과정을 거친다.[60] 울리히는 토브의 의견에 다음과 같이 명백하게 이의를 제기한다.

> 그러므로 "히브리 성서의 본문비평"의 대상은 단일 텍스트가 아니다. 본문비평의 목적 또는 기능은 문학적인 성장과 서기관들의 전승을 통해 결과적으로 정경 문서로 정착된 텍스트들의 역사를 재구성하는 것이지, 단지 개별적인 이문(variants)들을 평가하여 어느 것이 더 "월등"하거나 "원래의 것"인지를 결정하는 것이 아니다. "원본"(original text)은 히브리어 성서에 사용하기에는 산만한 개념이다.[61]

울리히는 성서 텍스트 발전의 전 과정에 동등하게 정경적인 권위를 부여해야 한다고 보았다. 따라서 그는 쉬프만과도 의견을 달리하는데, 쉬프만은 (토브에 동의하여) 11QPs^{a}을 비정경적 편찬물로 여긴다. 울리히는 그의 글에서 이 시편 사본이 전적으로 정경적인 지위를 갖는다고 결론짓는다. "11QPs^{a}와 위에 언급한 다른 사본들은 정경 문서—권

59 Ibid., 90.
60 Ibid., 98.
61 Ibid., 98–99.

위 있는 성서로서 자격을 갖춘—의 복합적인 문서본들의 변형(variants)으로 보아야 한다.[62]

구약 본문비평의 목표에 있어 토브와 울리히의 의견은 일치하지 않는다. 하지만 성서 텍스트가 실제로 어떻게 진화했는지에 대해서는 그들의 의견이 그다지 다르지 않을 것이다. 그들이 다른 의견을 보이는 부분은 주로 마소라 텍스트에 부여된 규범적 지위(normative status)에 관한 것이다.

세 가지 대규모 본문비평 프로젝트

여기서는 앞서 구약 텍스트에 관한 학문적 논의를 요약한 것을 배경으로 삼아서 최근 본문비평 분야에서 진행되는 세 가지 주요한 공동 프로젝트를 간단히 언급할 것이다.

첫 번째는 히브리 대학교 성서 프로젝트다. 이것은 알레포 사본(10세기)을 기초로 한 히브리 성서 비평본이다. 지금까지는 이사야서와 예레미야서만 출판되었다.[63] 이 비평본은 히브리 성서의 표준 편집본인 *Biblia Hebraica Stuttgartensia*와 여러 면에서 중요한 차이점을 가지고 있다.[64] 이 비평본은 네 가지 종류의 본문비평 장치(고대 번역본, 제2성전 시대 이후의 히브리어 사본, 중세 사본에 나타나는 자음상의 이형, 그리고 중

62 Ibid., 105.

63 M. H. Goshen-Gottstein, ed., *The Hebrew University Bible: The Book of Isaiah,* 2 vols. (Jerusalem: Magnes, 1975–81); and C. Rabin, S. Talmon, and E. Tov, eds., *The Hebrew University Bible: The Book of Jeremiah* (Jerusalem: Magnes, 1997).

64 Stuttgart: Deutsche Bibelgesellschaft, 1967–77.

세 사본에 나타나는 모음체계와 강세의 차이점)를 제공하고, 추측에 의한 교정을 수행하지 않으며, 경쟁하는 독법들 간에 가치평가를 하지 않는다. 결과적으로, 이 비평본이 완성된다면 독자적인 본문비평 작업을 위한 인쇄본 중에서는 텍스트상의 이문들을 모아놓은 가장 신뢰할 만한 자료가 될 것이다.

이 프로젝트와 관련하여 1960년 이래로 *Textus*라는 간행물을 발행하고 있으며, 이 간행물은 전적으로 히브리 성서의 본문비평만 다룬다.

두 번째 프로젝트는 세계성서공회(United Bible Societies)가 후원하고 히브리어 구약성서 텍스트 분석 위원회(Committee for Textual Analysis of the Hebrew Old Testament)와 협력하여 진행하는 히브리어 구약성서 텍스트 프로젝트(Hebrew Old Testament Text Project)다. 이 프로젝트의 목적은 세계성서공회가 후원하는 다양한 성서 번역들을 위해 신뢰할 만한 구약 본문비평 주석을 발행하는 것이다. 이 위원회가 내놓은 첫 번째 결과물은 "히브리어 구약성서 텍스트 프로젝트의 예비 및 중간보고서"(*The Preliminary and Interim Report on the Hebrew Old Testament Text Project*)였다.[65] 그러나 훨씬 더 비중 있는 출판물은 도미니크 바르텔레미(Dominique Barthélemy)가 준비한 위원회의 최종보고서로서, 지금까지 세 권이 출간되었다.[66] 이 방대한 보고서는 주의 깊은 본문비평 연구를 담고 있는 기념비적인 작품이며, 성서 텍스트의 역사와 해석에 관한 풍성한 정보를 수록하고 있다. 연구의 대부분은 현재 주요 성서 번

65 5 vols. (New York: United Bible Societies, 1973–80).

66 D. Barthélemy, ed., *Critique textuelle de l'Ancien Testament*, vol. 1, *Josué, Juges, Ruth, Samuel, Rois, Chroniques, Esdras, Néhémie, Esther*; vol. 2, *Isaïe, Jérémie, Lamentations*; vol. 3, *Ezéchiel, Daniel et les Douze Prophètes*, OBO 50 (Fribourg: Éditions universitaires; Göttingen: Vandenhoeck & Ruprecht, 1982, 1986, 1992).

역본에 채택된 마소라 텍스트의 차이들을 평가하는 데 주력하고 있지만, 구약 본문비평의 역사와 구약성서의 다양한 증거 텍스트들을 다룬 바르텔레미의 여러 논문들도 수록되어 있다.[67] 위원회는 텍스트의 역사를 네 단계로 나누었다. (1) 문학적 분석의 영역인 텍스트의 선역사 시대, (2) 확증된 가장 초기 형태의 텍스트, (3) 성전 파괴 이후 유대 랍비들이 권위를 부여한 표준 텍스트, (4) 기원후 9세기와 10세기의 마소라 텍스트. 구약성서 텍스트 분석 위원회는 제2단계 특히 원-마소라 텍스트를 복원하는 것을 목표로 삼았다.

바르텔레미는 현대의 주석서와 번역본에 제안되거나 수용된, 마소라 텍스트에 대한 수백 가지의 수정사항을 면밀히 검토한 후에 그중 대부분이 부적합한 제안이라고 결론지었다. 제2권에서는 검토된 800개의 수정사항 중 78개만이 개연성이 있다고 평가했으며, 그것들도 대부분 실질적으로 텍스트의 의미에는 아무런 영향을 주지 않는 것들이었다.[68] 간략히 말해, 이 책들은 전통적인 히브리어 텍스트를 대대적으로 지지하고 입증하는 것이다.

마지막으로 세 번째 공동 프로젝트는 세계성서공회가 진행한 "히브리어 구약성서 텍스트 프로젝트"의 부산물이다. 이것은 *Biblia Hebraica*의 새로운 비평본으로 텍스트 주석과 이문 목록을 포함한다. 이 프로젝트는 23명의 학자로 구성된 팀에 의해 진행되고 있으며, 2002년까지 작업을 완수할 예정이다.[69]

67 각각 다음을 보라. "L'histoire de la critique textuelle de l'Ancien Testament depuis ses origines jusqu'à J. D. Michaelis," in *Critique textuelle,* 1:*1–*65; "Introduction," in *Critique textuelle,* 3:i–ccxlii.

68 P. Dion, review of *Critique textuelle,* vol. 2, in *JBL* 107 (1988): 738.

69 다음을 보라. A. Schenker, "Eine Neuausgabe der Biblia Hebraica," *ZAH* 9 (1996):

신학적 이슈들

20세기 후반 구약성서 텍스트 연구의 가장 현저한 특징 중 하나는 성서학자들이 새로운 발견과 가설을 통해서 제기된 깊은 신학적 이슈들을 다루지 못했다는 것이다. 물론 이따금 예외도 있었다. 예를 들어 브로츠만은 "본문비평과 성서의 영감"이라는 간략한 논문—월키는 이것을 가리켜 "특별한 공헌"이라고 표현했다—을 쓰기는 했지만, 그 논문의 주요 골자는 본문비평을 통해서 영감된 원본(inspired autographs)을 복원할 수 있다는 주장이었다.[70] 다른 글에서 월키는 "최초의 원본"(original autographs)이라는 표현은 동일한 정경 문서나 성서의 단락(pericope)에 동일하게 영감된 두 가지 원본이 존재할 가능성을 포용할 수 있도록 수정되어야 할지도 모르겠다고 지적했으나, 이 주제를 더 발전시키지는 않았다.[71] 이상한 일이지만 영감된 원본의 개념과 신학적으로 아주 밀접한 관계를 가진 복음주의자들도 이러한 방향으로는 연구를 거의 진척시키지 않았다.

이와 관련해서 바르텔레미가 최근에 J. 모린(J. Morin), L. 카펠(L. Cappel), R. 시몬(R. Simon)을 포함한 17세기의 논의를 토대로 구약 본문비평 역사와 관련하여 진행한 몇 가지 가치 있는 연구들에 주목할 필요가 있다.[72] 여기서는 마소라 텍스트와의 관계에서 영감의 개념, 그리

58–61.

70 Brotzman, *Old Testament Textual Criticism,* 22–24. Waltke가 쓴 서문을 다음에서 보라. Brotzman, *Old Testament Textual Criticism,* 10.

71 Waltke, "Aims of OT Textual Criticism," 107.

72 D. Barthélemy, *Critique textuelle,* 1:10–20; and idem, "L'enchevêtrement de l'histoire textuelle et de l'histoire littéraire dans les relations entre la Septante et le texte Massorétique," in *De Septuaginta,* 21–40.

고 영감이 원저자의 작품에만 제한되지 않을 가능성 등을 논의하고 있다. 바르텔레미가 지적한 것처럼, 현대 역사비평의 출현으로 논쟁점들이 바뀌기는 했지만 문제가 되는 기본적인 신학적 주제들은 변하지 않았다. 나는 구약 본문비평 분야가 21세기에 더 지대한 관심을 둬야 하는 부분은, 성서 텍스트가 발전해온 자취를 보다 정확하게 추적하는 작업을 포함하여, 바로 이런 주제들이라는 점을 강조하고 싶다.

제2장

구약 시대 금석학 이해

Mark W. Chavalas, Edwin C. Hostetter
마크 W. 샤발라즈, 에드윈 C. 호스테터*

시리아-메소포타미아

지난 세대에는 폭발적으로 많은 금석학(epigraphic) 자료들이 시리아와 이라크(고대 시리아-메소포타미아)에서 출토되어 구약 세계의 큰 틀을 형성하는 데 실마리가 되어 주었다. 자료가 방대하기 때문에 나는 가장 중요한 금석학적 발견들과 그에 대한 재평가, 그리고 구약에 대한 이해를 증진시키는 자료들을 연대순으로 살펴보겠다.

* 시리아-메소포타미아에 관한 부분은 Mark W. Chavalas가 썼고, 팔레스타인과 이집트에 관한 것은 Edwin C. Hostetter가 썼다.

우루크 시대(기원전 약 4000-3000년)

인류 역사에서 (고대 설형문자 형태로의) 글쓰기(writing)에 대한 최초 증거는 우루크 시대에 나타난다. 우루크(Uruk)라는 용어는 메소포타미아 남부의 도시인 우루크(성서의 에렉[Erech])에서 유래한 것이다. 학자들은 우루크에서 나온 문서들을 새롭게 다룸으로써 그것들의 출처와 목적을 재평가할 수 있게 되었다.[1] 기원전 3100년의 것으로 추정되는 5천개 이상의 고문서 판과 파편이 우루크 지역에서 발견되었는데 대부분은 신전 구역 내의 은신처에서 발견되었다. 이 문서들은 얼렌마이어(Erlenmeyer) 모음집을 통해 보완되었는데, 그 모음집은 고대의 회계 관습을 조명해준다.[2] 앞에 언급된 재평가의 결과로서, 어떤 이들은 글쓰기가 언어를 전달하는 수단으로서가 아니라 정보를 기록하는 체계로서 시작되었으며 도시와 경제의 팽창으로 인한 수요 증가의 결과로서 발전했다고 주장하였다. 글의 진화에 대한 이해에 대해서도 재평가가 이루어졌다. 고문서에 적힌 특별한 기호의 용도와 형태가 일률적이기 때문에 많은 이들은 상형문자(아마도 훼손되기 쉬운 재료에 기록된)가 더 이른 시기에 나타났을 것이라고 생각했었다. 확실히 근동 지방에도 글과 관련된 일련의 전조들이 나타나기 시작했다. 여러 신석기 유적지에서 이미 기원전 9000년경에 숫자를 세기 위한 기호들(일반적으로 기장[token]이라 불리는)을 사용했다.[3] 초기 우루크 시대에 기장들은 점차 자

1 H. Nissen et al., eds., *Archaic Bookkeeping: Early Writing and Techniques of Economic Administration in the Ancient Near East* (Chicago: University of Chicago Press, 1993).

2 대략 80개의 문서가 있다. 이 문서들은 다른 유물들과 함께 초기 기록에 대한 최근의 전시 물품이었다(Nissen et al., eds, *Archaic Bookkeeping,* ix-xi에서 논의되었듯이).

3 다음을 보라. D. Schmandt-Besserat, *Before Writing,* 2 vols. (Austin: University of Texas

취를 감추고 그 대신 음각으로 기호가 새겨진 점토판이 사용되다가 곧 상형문자로 대체되었다. 음각 문서에 사용된 많은 기호들은 이후에 원시 설형문자 텍스트에도 등장한다.[4] 그래서 어떤 이들은 원시 문자의 출현은 당면한 문제를 해결하기 위한 수단이었으며,[5] 따라서 글쓰기는 정보를 기록하는 과정에서 그다음 단계에 나타난다고 주장한다.[6]

초기 청동기 시대(기원전 약 3000-2100년)

남부 메소포타미아에서는 기원전 제3천년기까지도 글쓰기가 구술언어를 반영하는 의사소통 수단으로 자리 잡지 못했다. 게다가 문학적인 용도로 글을 기록한 것은 청동기 중기에 이르러서인데, 아부 살라비크(Abu Salabikh)의 발견물이 이 사실을 증명한다.[7] 라가쉬 왕 우르난쉐(Urnanshe of Lagash)의 군사적 승리에 관한 문서가 히바(Hiba)에서 발견되었는데,[8] 이곳은 지금까지 텔로(Telloh)로 여겨졌다가 최근 들어 라가

Press, 1992). 기록의 선구자로서 보다 오래된 기장(tokens)에 대한 비평으로 다음을 보라. S. Lieberman, "Of Clay Pebbles, Hollow Clay Balls, and Writing: A Sumerian View," *AJA* 84 (1980): 339–58.

4 Schmandt-Besserat, *Before Writing,* 1:141–50.

5 Nissen et al., eds., *Archaic Bookkeeping,* 116–24.

6 Nissen, *The Early History of the Ancient Near East, 9000–2000 B.C.* (Chicago: University of Chicago Press, 1988), 214.

7 R. Biggs, *Inscriptions from Tell Abu Salabikh* (Chicago: University of Chicago Press, 1974); and R. Biggs and J. N. Postgate, "Inscriptions from Abu Salabikh, 1975," *Iraq* 40 (1978): 101–17.

8 V. Crawford, "Inscriptions from Lagash, Season Four, 1975–1976," *JCS* 29 (1977): 189–222.

쉬(Lagash)라는 이름의 수메르 도시라는 것이 밝혀졌다.[9]

우루크, 우르(Ur), 니푸르(Nippur) 지역에서 남부 메소포타미아 아카드 시대(기원전 약 2350-2150년)의 것으로 보이는 비문상의 증거들이 존재하기는 하지만, 이 시기에 북부 메소포타미아 지방 외곽에서 발견된 문서는 거의 없었다. 그러나 텔 슬레이마(Tell Sleima)의 함린(Hamrin) 분지에서 아카드어 문서가 출토되어 그 지역의 고대 이름이 아왈(Awal)이었음을 밝혀주었다.[10] 최근에는 멀리 시리아의 마리 지역에서 40개 이상의 문서가 발견되었다.[11]

이 시기에 가장 괄목할 만한 금석학 유물들은 시리아에서 발견되었는데 사실 시리아 지역은 최근까지도 메소포타미아 본토와 비교할 때 기록 자료가 (부분적으로는 고문서 관련 자료의 결핍으로 인해) 많지 않은 것으로 인식되어왔었다. 수천 개의 설형문자 점토판이 주로 텔 마르디크(Tell Mardikh, 고대의 에블라[Ebla])의 궁전 문서 보관소에서 발견되었는데, 그 고문서는 그때까지 알려지지 않았던 셈족 언어인 에블라어로 기록되어 있었다.[12] 에블라에서 발굴된 주요 고문서들은 아주 이른 시기부터 수메르 설형 문자가 대대적으로 사용되었음을 보여준다. 시리아가 문화적인 측면(특히 문학과 관련해서)에서 어느 범주에까

9 Crawford, "Lagash," *Iraq* 36 (1974): 29 – 35.

10 F. Rashid, "Akkadian Texts from Tell Sleima," *Sumer* 40 (1984): 55 – 56. 더 많은 수메르어 문학 문서가 텔 하다드에서 발견되었다. A. Cavigneaux and F. al-Rawi, "New Sumerian Literary Texts from Tell Hadad (Ancient Meturan): A First Survey," *Iraq* 55 (1993): 91 – 106.

11 J.-C. Margueron in H. Weiss, "Archaeology in Syria," *AJA* 95 (1991): 711.

12 에블라 문서 전집이 다음에서 출판되고 있다. G. Pettinato et al., Materiali epigrafici di Ebla (Naples: Istituto Universitario Orientale di Napoli, 1979 –); and A. Archi et al., Archivi reali di Ebla: Testi (Rome: Missione Archeologica Italiana in Siria, 1981 –).

지 메소포타미아에 의존했는지를 밝히는 것은 그리 단순한 문제가 아니다. 에블라의 많은 종교 문서에 상응하는 문서들이 남동부 지역에서도 발견되었지만, 에블라어로 기록된 주문(incantations)들에 대하여는 평행 자료가 발견되지 않았을 뿐만 아니라,[13] 그런 주문들은 시리아의 고유 상황을 나타내는 지명과 신들의 이름으로 특징지어진다. 에블라와 위에 언급한 마리(성서 학도에게는 문서 보관소로 잘 알려진) 지역에서는 이 시기 동안 문자 체계, 언어, 달력을 공유한 것으로 나타난다.[14] 아마도 마리의 문화를 에블라가 수용한 것으로 보이며 그 반대는 아닐 것이다.[15]

시리아에 있는 카부르(Khabur) 평원의 최초의 성층암 금석문 유물이 최근 텔 모잔(Tell Mozan, 기원전 약 2300-2200년)에서 발견되었다. 기원전 제3천년기 말엽의 것으로 추정되는 2개의 성층암 설형문자 서판을 발굴한 것이다. 그 서판들은 아카드어로 기록된 행정문서로 추정되는데, 서판에는 후르리어, 수메르어, 아카드어 고유 명사가 포함되어 있었다.[16] 더구나 텔 모잔에 대한 최근의 발굴을 통해서 모잔이 실제로 기원전 제3천년기에 후르리의 수도였던 우르키쉬(Urkish)라는 사실을 확증한 것은 금석학 연구에 있어 대단히 중요한 업적이었다.[17] "우르키쉬

13 W. Hallo, "The Syrian Contribution to Cuneiform Literature," in *New Horizons in the Study of Ancient Syria,* ed. M. Chavalas and J. Hayes (Malibu: Undena, 1992), 72.

14 다음을 보라. I. Gelb, "Mari and the Kish Civilization," in *Mari in Retrospect,* ed. G. Young (Winona Lake, Ind.: Eisenbrauns, 1992), 197–200.

15 다음을 보라. Gelb, *Thoughts about Ibla: A Preliminary Evaluation,* Syro-Mesopotamian Studies 1.1 (Malibu: Undena, 1977), 15.

16 다음을 보라. L. Milano, et al., *Mozan 2: The Epigraphic Finds of the Sixth Season* (Malibu: Undena, 1991), 1–34.

17 G. Buccellati and M. Kelly-Buccellati, "Urkesh: The Firt Hurrian Capital," *BA* 60 (1997): 77–96.

왕 툽키쉬(Tupkish)"라는 이름과 함께 그의 왕비와 여러 신하의 이름이 새겨진 인장 자국이 발견되었다. 대부분의 인장은 우크니툼(Uqnitum) 왕비와 그녀의 수행원들의 것으로 밝혀졌다. 어떤 학자들은 셈족 에블라와 동등한 후르리 서기관 전통이 이 지역에 존재했을지도 모른다고 제안하기도 했다.[18]

중기 청동기 시대(기원전 약 2100-1600년)

우르 제3왕조(기원전 2100-2000년)와 구바빌로니아 시대(기원전 2000-1600년)에 아주 정교한 개인 필사 전통이 남부 메소포타미아에 존재했다. 그래서 라르사(Larsa), 이신(Isin), 마쉬칸-샤피르(Mashkan-Shapir) 같은 지역의 주거지에서 금석학 유물의 발견이 증대되었다.[19] 이신의 한 집에서 금석학 유물이 발견되었는데 그 집은 서판을 준비하고 기록하며, 서기관을 교육시키던 집이었다. 게다가 20개 이상의 경제 관련 문헌이 멀리 페르시아 만에 있는 바레인에서도 발견되었다.[20] 텔 알-리마(Tell al-Rimah, 고대 카타라[Qattara])에서 출토된 서판은 그 연대가 샴

18 다음을 보라. G. Wilhelm, *The Hurrians* (Warminster: Aris & Phillips, 1989), 77-79, and Buccellati and Kelly-Buccellati, *Mozan I: The Soundings of the First Two Seasons* (Malibu: Undena, 1988), 31.

19 J.-L. Huot, *Larsa et 'Oueili: Travau de 1983* (Paris: Éditions recherche sur les civilisations, 1987); C. Walker and C. Wilcke, "Preliminary Report on the Inscriptions, Autumn 1975, Spring 1977, Autumn 1978," in *Isin-Isham n Bah. rīμ yam t II,* ed. B. Hrouda et al. (Munich: Verlag der bayerischen Akademie der Wissenschaften, 1981), 91-102; E. C. Stone and P. Zimansky, "Mashkan-shapir and the Anatomy of an Old Babylonian City," *BA* 55 (1992): 212-18.

20 B. Andre-Salvini가 출판을 준비 중이다.

시아다드(Shamshi-Adad)의 통치 시대까지 소급하는 것으로 추정된다.[21] 가장 흥미 있는 서판은 카라나(Karana) 지역 통치자의 아내인 일타니(Iltani)의 문서로서 여성 서신에 대한 정보를 준다.[22]

하라둠(Haradum, 유프라테스 강 유역에 있는 바빌로니아 국경의 작은 마을)에서는 삼수일루나(Samsuiluna) 제26년(기원전 1723년)부터 암미사두카(Ammisaduqa) 제18년 또는 제19년(기원전 1627년)까지의 것으로 추정되는 50개 이상의 문헌이 발견되었다.[23] 문헌들은 민가와 행정관장 저택에서 발견되었으며, 여기에는 편지, 법률문서, 행정문서, 종교의식 문서, 문서발송부 등이 포함되어 있었다. 이 문헌들에 묘사된 하라둠의 모습은 행정체계, 원로들, 그리고 촌장을 둔 독립적인 작은 마을이다. 편지의 내용으로 그곳에 지방교역, 수상교통, 양모, 농업생산품과 노예의 교역이 존재했음을 알 수 있다. 인명 자료를 통해 다양한 민족이 혼재한 가운데 서부 셈족 출신이 다수를 차지했다는 사실을 추측할 수 있다. 하라둠은 그로부터 한 세기가 조금 더 지나서, 이주해온 유목민에 의해 혹은 유프라테스 강의 범람으로 인해 파괴되었다.

우리는 테르카(Terqa)와 슈바트 엔릴(Shubat Enlil)에서 최근 발견된 금석학 유물을 통해 시리아 지역에서 필사 활동이 증가했음을 알 수

21 J. Eidem, "Some Remarks on the Iltani Archive from Tell al Rimah," *Iraq* 51 (1989): 67–78; J. Durand and D. Charpin, "Le nom antique de Tell al-Rimah," *RA* 81 (1987): 115ff.; S. Dalley et al., *The Old Babylonian Tablets from Tell al-Rimah* (London: British School of Archaeology in Iraq, 1976).

22 다음을 보라. Dalley, *Mari and Karana: Two Old Babylonian Cities* (London: Longman, 1984). 카라나는 지금 카타라로 알려져 있다; Eidem, "Some Remarks on the Iltani Archive from Tell al Rimah"를 보라; and Durand and Charpin, "Le nom antique de Tell al-Rimah."

23 F. Joannès, "Haradum et le pays de Suhum: d'après la documentation cuneiform à l'époque babylonienne ancienne," *Archéologia* 205 (1985): 56–59.

있다. 테르카에서는 마리의 멸망(기원전 1760년경)과 바빌로니아의 멸망(기원전 1595년경) 간의 소위 암흑기를 자료화할 수 있는 금석학 문서들이 발견되었다. 그 당시 테르카는 아마도 유프라테스 강 중류에 있는 카나 왕국의 수도였을 것이다. 고대 언덕의 정상 근처에서 대규모의 공공건물이 발견되었다. 그 건물에서는 지금까지 30개가 넘는 카나(Khana) 시대 서판이 발견되어 카나 연대기의 재평가를 촉구했다.[24] 테르카는 암미사두카(Ammisaduqa)와 삼수디타나(Samsuditana)의 재위 기간 동안 바빌로니아의 통치하에 있었던 것 같다.[25] 이 왕국은 그때까지 알려지지 않은 후르리(Hurrian) 이름을 가진 몇 왕들이 통치한 것으로 밝혀졌는데, 이로 볼 때 그 왕국은 다음 시대(기원전 1600년 이후)에 미타니(Mitanni)의 통치를 받았음을 보여준다. 한편 텔 레일란(Tell Leilan)의 구바빌로니아 시대 명칭이 슈바트-엔릴(Shubat-Enlil)이었음이 밝혀졌다.[26] 이와 관련된 설형문자 문서보관소가 두 개의 거대한 사원에서 발견되었다.[27] 마지막으로 텔 비아(Tell Bi'a)에서 샴시아다드(Shamshi-Adad, 기원전 1814-1781년) 통치 시기의 것으로 추정되는 60개 이상의 경제 관련 문서가 발견되었다. 그중 한 문서에서 투툴(Tuttul)이라는 도시를 언급하고 있는데, 이를 통해 그 유적지 이름을

24 테르카 문서에 대해서는 다음을 보라. O. Rouault, *Terqa Final Reports 1: L'Archive de Puzurum* (Malibu: Undena, 1984). 카나(테르카) 연대기에 대해서는 다음을 보라. A. Podany, "A Middle Babylonian Date for the Hana Kingdom," *JCS* 43–45 (1991–93): 53–62; and M. Chavalas, "Terqa and the Kingdom of Khana," *BA* 58 (1996): 90–103.

25 그러나 다음을 보라. G. Buccellati, "The Kingdom and Period of Khana," *BASOR* 270 (1987): 46–49.

26 H. Weiss, "Tell Leilan and Shubat Enlil," *MARI* 4 (1984): 269–92.

27 수메르 왕 목록의 새로운 단편을 포함하여; 다음을 보라. C. Vincent, "Tell Leilan Recension of the Sumerian King List," *NABU* 11 (1990): 8–9.

알 수 있게 되었다.[28]

후기 청동기 시대(기원전 약 1600-1200년)

최근에 후기 청동기 시대에 속한 시리아에서 발견된 문서 보관소들은 히타이트, 미타니, 아시리아가 어떻게 이 지역을 행정적으로 지배했는지를 조명해주었다. 이 문서들이 특히 중요한 이유는 히타이트 시대의 시리아 중심부(예를 들어 카르케미쉬[Carchemish], 할라브[Halab=Aleppo], 와수카니[Wassukani])에서는 그와 같은 자료들이 나오지 않았기 때문이다. 텔 하디디(Tell Hadidi, 고대의 아주[Azu])는 유프라테스 중류에 자리잡은 미타니(Mitanni)의 중요한 거점도시다. 이 도시에서는 후기 청동기 시대의 것으로 추정되는 일련의 법률문서가 발견되었다.[29] 이 시기에 영향력을 행사하던 또 다른 시리아의 도시로는 우가리트(Ugarit)가 있는데, 이곳은 성서 연구에 도움이 되는 방대한 양의 비교 자료를 보유한 문서자료실로 잘 알려져 있다. 보다 최근에는 300점 이상의 문서들이 우가리트에서 출토되었는데, 그중 일부는 우르테누(Urtenu)라는 관리의 집에서 발견되었다. 문헌들은 주로 행정문서이며, 대부분은 아카드어로, 그리고 몇몇은 우가리트어로 기록되었다. 우르테누의 집에 대한 발굴 작업은 아직 완료되지 않았다.[30]

28 E. Strommenger in H. Weiss, "Archaeology in Syria," 143-44.

29 R. Dornemann, "Tell Hadidi: A Millennium of Bronze Age City Occupation," in *Archeological Reports from the Tabqa Dam Project—Euphrates Valley, Syria,* ed. D. N. Freedman, 44 (Cambridge: ASOR, 1979), 144-49.

30 M. Yon in H. Weiss, "Archaeology in Syria," 139. P. Bordreuil and D. Pardee는 현재 가

이 시기의 시리아-메소포타미아 유물 가운데 최근 발견된 가장 중요한 것들은 아마도 유프라테스 강 중류의 에마르[Emar]에서 발견된 유물들일 것이다. 그곳에서는 거의 2천 점에 달하는 후기 청동기 시대의 서판들과 단편들이 출토되었다.[31] 에마르 지역의 다양한 설형문자 자료에는 히타이트어와 후르리어로 기록된 의료문서와 점술문서뿐 아니라 아카드어로 기록된 법률문서, 편지, 제의문서가 포함되어 있다.[32] 400개 이상의 제의문서가 에마르 M1 성전의 필사실에서 발견되었다. 그중 절반 정도는 아나톨리아나 메소포타미아의 고문서에서는 발견되지 않는 에마르 고유의 종교 풍습을 묘사하고 있다.[33] 에마르 제의문서에서 가장 중요한 것은 축제문서로서, 유프라테스 중류 지방 특유의 종교의식을 보여준다.[34] 에마르의 문서자료(예언, 주문, 제의, 지혜문학 등)는 우가리트 자료만큼이나 성서 연구에 기여를 할 것으로 보인다.[35] 최근에 시리아의 다수 지역에서 중기 아시리아 왕들 특히 살만에셀 1세(Shalmaneser I, 기원전 1273-1244년)의 통치와 관련된 문헌 정보가 많

장 최근의 문서를 출판 준비 중이다.

31 에마르와 문서 유물에 대한 최근 연구를 위해서는 다음을 보라. *Emar: The History, Religion, and Culture of a Bronze Age Town,* ed. M. Chavalas (Bethesda: CDL Press, 1996). 80개 이상의 문서가 텔 문바카(고대 에칼테) 근처에서 발견되고 있다. 가장 최근의 문서에 대한 논의는 다음을 보라. W. Mayer, "Die Tontafelfunde von Tall Munbaqa/Ekalte 1989 and 1990," *MDOG* 125 (1993): 103–6. 다음도 보라. D. Arnaud, *Recherches au pays d'Astata: Emar VI.1–4: Les textes sumériens et accadiens* (Paris: Éditions recherche sur les civilisations, 1985–87).

32 D. Arnaud, "La bibliothèque d'un devin Syrien à Meskéné-Emar (Syrie)," *CRAIBL* (1980): 375–87.

33 에마르 종교에 대해서는 D. Fleming, The Installation of Baal's High Priestess at Emar: A Window on Ancient Syrian Religion, HSS 42 (Atlanta: Scholars Press, 1992)를 보라.

34 Fleming, "The Rituals from Emar: Evolution of an Indigneous Tradition in Second Millennium Syria," in *New Horizons,* ed. Chavalas and Hayes, 2–4.

35 Hallo, "Syrian Contribution to Cuneiform Literature," 82–87.

이 발견되었다. 여기에는 텔 프라이(Tell Fray)의 유물, 텔 셰이크 하마드(Tell Sheikh Hanad)와 텔 아무다(Tell Amouda)의 600개 이상의 문서와 단편, 그리고 텔 추에라(Tell Chuera)에서 출토된 투쿨티 니누르타 1세(Tukulti Ninurta I, 기원전 1244-1208년) 시대의 것으로 보이는 40점의 문서가 포함되어 있다.[36] 이런 자료들은 그 당시 이 지역에 아시리아의 복잡한 행정체계가 존재했음을 보여준다.

초기 철기 시대(기원전 약 1200-600년)

시리아-메소포타미아의 초기 철기 시대는 주로 아시리아가 지배하던 시기였다. 아시리아의 수도 니느웨에서 최근에 산헤립(Sennacherib)의 도시 북쪽 성벽 축조를 기념하는 비문이 발굴되었다.[37] 더 장대한 발견물은 아시리아 수도의 하나인 니므롯(Nimrud) 지역의 왕실 무덤에서 나왔다.[38] 지하 벽돌무덤에서는 아슈르나시르팔 2세(Ashurnasirpal II, 기

36 A. Bounni and P. Matthiae, "Tell Fray, ville frontière entre hittites et assyriens au XIIIe siècle av. J. C.," *Archéologica* 140 (1980): 30–39; H. Kühne, "Tell seh Hamad/ Dur-katlimu: The Assyrian Provincial Capital in the Muhafazat Deir Az-Zor," *AAAS* 34 (1984): 160–79; 텔 아무다에서 나온 것으로 일컬어지는 서판에 대해서는 다음을 보라. P. Machinist, "Provincial Governance in Middle Assyria and Some New Texts from Yale," *Assur* 3 (1982): 67–76; 텔 추에라에 대해서는 다음을 보라. W. Orthmann in H. Weiss, "Archaeology in Syria," 120–22.

37 D. Stronach and S. Lumsden, "UC Berkeley's Excavations at Nineveh," *BA* 55 (1992): 227–33.

38 A. Fadhil, "Die in Nimrud/Kalhu aufgefundene Grabinschrift der Jaba," *BaM* 21 (1990): 461–70; idem, "Die Grabinschrift der Mullissu-Mukannisat-Ninua aus Nimrud/ Kalhu und andere in ihrem Grab gefundene Schrifttäger," *BaM* 21 (1990): 471–82.

원전 884-859년)와 살만에셀 3세(Shalmaneser III: 기원전 858-824년)의 비문이 함께 발견되었다. 무덤에는 풍부하게 구색을 갖춘 보석, 귀걸이, 청금, 상아, 구슬, 도자기로 장식된 관 뚜껑이 있었다. 시파르(Sippar, 오늘날의 아부 하바[Abu Habba])에서는 후기 바빌로니아 시대 도서관이 발견되었는데, 대부분의 소장품은 문서를 기록한 서판들로서 니푸르를 비롯한 다른 보관소 자료들의 복사본들도 포함되어 있었다. 복사본들 중에는 아카드 왕 마니쉬투슈(Manishtushu)의 새로운 역사적 비문과 와이드너 연대기(Weidner Chronicle)의 연장본이 포함되어 있었다.[39]

또한 시리아에서는 최근에 초기 철기 시대 문헌 자료가 발견되었다. 가장 인상적인 것은 텔 파카리야(Tell Fakhariya)에 있는 실물 크기의 커다란 현무암 동상의 발견이었다. 독특한 것은 그 동상에 새겨진 이중 언어로 기록된 비문이었다. 비문의 2/3는 아카드어(아시리아 방언)로 기록되었고 1/3은 고대 아람어로 기록되었는데, 이것은 현재까지 확인된 가장 오래된 아람어 비문이다.[40]

시리아-메소포타미아 금석학 자료가 언제나 성서와 직접적인 연관성을 갖는 것은 아니지만, 이스라엘의 문서 기록자들이 속해 있던 고대 근동 세계의 문학적 전통에 대한 다수의 증거를 지속적으로 제공해 준다.

39 J. N. Postgate et al., "Excavations in Iraq," *Iraq* 49 (1987): 248–49; and F. al-Rawi and A. George, "Tablets from the Sippar Library II: Tablet II of the Babylonian Creation Epic," *Iraq* 52 (1990): 149ff.

40 A. Abou-Assaf et al., *La statue de Tell Fekherye et son inscription bilingue assyroaraméene* (Paris: Éditions recherche sur les civilisations, 1982).

팔레스타인과 이집트

이 단락에서는 성서와 고대 이스라엘을 이해하는 데에 중요한 금석문의 예를 다루고자 한다. 첫 번째 금석문 그룹은 팔레스타인에서 발견된 것이고, 두 번째 그룹은 이집트에서 발견된 것이다. 비록 선별 과정은 주관적이었지만, 그 결과는 독자의 성서에 대한 배경 지식을 향상시킬 것이다.

팔레스타인 금석문

아라드 도편(Arad Ostraca)

고고학자들은 1962-1976년 사이에 아라드에서 히브리어, 아람어, 아랍어, 그리스어 도편을 발굴했다.[41] 히브리어 텍스트들은 다른 언어로

41 J. C. L. Gibson, *Textbook of Syrian Semitic Inscriptions,* 3 vols. (Oxford: Clarendon, 1971–82), 1:49–54; R. Hestrin, *Inscriptions Reveal,* 2d ed. (Jerusalem: Israel Museum, 1972), 영어 부분, pp. 3–37, 75; R. B. Lawton, "Arad Ostraca," *ABD,* 1:336–37; A. Lemaire, *Inscriptions hébraïques,* Littératures anciennes du Proche-Orient 9 (Paris: Cerf, 1977–), 1:145–235; J. Lindenberger, *Ancient Aramaic and Hebrew Letters,* SBLWAW 4 (Atlanta: Scholars Press, 1994), 99–110; P. K. McCarter Jr., *Ancient Inscriptions: Voices from the Biblical World* (Washington, D.C.: Biblical Archaeology Society, 1996), 119–20; D. Pardee et al., *Handbook of Ancient Hebrew Letters: A Study Edition,* SBLSBS 15 (Chico, Calif.: Scholars Press, 1982), 24–67; J. Renz, *Handbuch der althebräischen Epigraphik* (Darmstadt: Wissenschaftliche Buchgesellschaft, 1995), 1:40–43, 347–53; K. A. D. Smelik, *Writings from Ancient Israel: A Handbook of Historical and Religious Documents,* trans. G. I. Davies (Edinburgh: Clark, 1991), 101–15; and J. A. Soggin, *Introduction to the Old Testament,* 3d ed.,

기록된 텍스트들보다 보존 상태가 나았으며 기원전 10세기에서 6세기, 특히 유다 왕정 말기의 작품들이었다. 특히 18통의 히브리어 서신이 발견되었는데 이 서신들은 라기스 서신(Lachish Letters)과 비교했을 때 길어야 10년쯤 전에(기원전 598/597년) 기록된 것으로 보인다(아래를 보라). 이 도편들은 주로 여러 사람과 장소에 양식을 분배하는 문제를 다루고 있다. 한 도편은 에돔의 위협을 방비하기 위해 보급 물자보다는 라마트-네게브(Ramath-negeb)로의 파병을 촉구하는 내용이었다. 다른 도편에서는 예루살렘에 있는 야웨의 성전을 언급하였다. 이러한 언급은 제1성전 시대의 금석학 자료로부터 얻을 수 있는 대단히 희귀한 정보다. 수집된 서신의 대부분은 아라드 요새의 병참장교나 사령관으로 추정되는 엘리아십(Eliashib)에게 보낸 것으로 보인다.

벧산 비석(Beth-shan Stelae)

이집트 왕 세티 1세(Seti I, 기원전 1306-1290년)와 람세스 2세(Rameses II, 기원전 1290-1224년)는 벧산에 자신들이 그 지역을 탐사한 것을 기념하는 현무암 비석을 세웠다.[42] 왕위 계승 직후에 세티는 하마트(Hammat)라 불리는 도시 근처에 기반을 둔 한 동맹이 벧산을 공격했다는 전갈을 받았다. 한 기념비에 기록된 텍스트에서는 세 여단이 그 동맹을 물리쳤

trans. J. Bowden, OTL (London: SCM; Louisville: Westminster/John Knox, 1989), 558–59.

42 Y. Aharoni et al., *Macmillan Bible Atlas,* 3d ed. (New York: Macmillan, 1993), 38–41; and McCarter, *Ancient Inscriptions,* 45–46.

고, 이집트가 하루 만에 가나안 도처까지 지배할 수 있었다고 선언한다. 세티의 후기 비문에 따르면, 아피루(*'apiru*)의 대항군은 야르무타산(Mount Yarmuta)—아마도 벧산에서 북으로 약 11킬로미터 떨어진 고원에 있는 잇사갈의 자르무트(Jarmuth)—에서 분란을 일으켰다(수 21:29).

람세스의 벧산 비석은 아시아(또는 가나안 출신 사람)에 대한 승리를 상투적인 용어로 기술하고 있다. 즉위 제5년에 북쪽 오론테스(Orontes)의 카데쉬(Kadesh)로부터 남쪽 아스글론(Ashkelon)까지 그의 통치에 대항하여 반란이 일어났다. 그러나 그의 군사 원정으로 대부분의 피해를 복구할 수 있었으며, 즉위 제9년에 비석을 세울 무렵까지 팔레스타인 지역을 재확보했다.

달리예 파피루스(Daliyeh Papyri)

파피루스에 기록된 연대는 기원전 375/365년부터 335년까지, 즉 페르시아 황제인 아닥사스다 2세와 3세(Artaxerxes II, III) 그리고 다리우스 3세(Darius III)의 통치시기로 추정된다.[43] 발견된 문서는 차용증서, 권리증서, 계약서, 가장 흔하게는 노예매매 계약서, 양도증서, 또는 해방문서를 포함한다. 문서 자체의 증언에 의하면 파피루스는 사마리아의 도시에서 작성되었다. 그런 사적인 문서들과 직접적인 관련이 있는

43 F. M. Cross, "Daliyeh, Wadi ed-," *ABD,* 2:3–4; D. M. Gropp, "Samaria (Papyri)," *ABD,* 5:931–32; McCarter, *Ancient Inscriptions,* 122–25; Soggin, *Introduction,* 567; and J. Zsengellér, "Personal Names in the Wadi ed-Daliyeh Papyri," *ZAH* 9 (1996): 182–89.

와디 에드-달리예 근처의 광야 동굴에서는 200여명의 남녀, 아이들의 유골의 잔해가 발견되었는데 그들은 동시에 죽음을 맞이한 것으로 보인다. 이것은 알렉산드로스 대왕(Alexander the Great)이 기원전 332년에 도착한 뒤 얼마 안 되어 사마리아의 명문 가족들이 무리를 이루어 이곳으로 피신해 왔다가 함께 죽음을 맞았다는 것을 보여준다.

파피루스에 나오는 여러 관리의 이름은 분명히 기원전 5세기 느헤미야의 대적 산발랏의 후손인 사마리아 지배층의 것임이 틀림없음을 보여준다(느 2; 4; 6장). 노예매매 계약서에 나오는 이름들을 통해서 인구의 대부분이 야웨 신앙을 가졌다고 결론내릴 수 있다. 하지만 심지어 유대인조차도 방면과 관련된 아무런 세부조항도 없이 영구적으로 팔렸는데, 이것은 명백히 출애굽기 21:2과 신명기 15:12의 율례를 위반하는 것이다.

데이르 알라 텍스트(Deir 'Alla Texts)

요르단 동편의 데이르 알라에서 발견된 기원전 8세기의 성소 비문은 지진으로 산산조각 나 있었다.[44] 발굴자들은 파편들을 조합해서 두 개의 큰 조각을 만들었고 그 외에도 작은 조각들을 조합해냈다. 첫 번째 석회반죽 조각들의 짜 맞춰진 조합은 브올의 아들인 예언자 발람의 책으로 밝혀졌다. 어느날 밤 신들이 꿈에 그를 방문한다. 다음 날 발람은 금식하고 울면서 자기의 환상을 천상회의와 관련시킨다. (천상회의 모티

44 H. J. Franken et al., "Deir 'Alla, Tell," *ABD,* 2:129–30; McCarter, *Ancient Inscriptions,* 96–98; Smelik, *Writings,* 80–88; and Soggin, *Introduction,* 559.

프에 대해서는 시 82:1을 보라. 또한 왕상 22:19에 의하면 예언자도 그것을 목격했다.) 천상회의는 끔찍한 재난을 선고했는데, 그 재난은 명백히 지구를 어둠에 빠뜨리고 모든 생명을 파괴하는 것과 관련된다.

신들이 밤에 메시지를 가져오고 예언자가 아침에 그것을 보고한다는 내용은 우리에게 민수기 22장에 나오는 발람의 소환을 연상시킨다. 민수기에서도 발람은 이스라엘인이 아닌 이방 예언자로 등장한다. 히브리 사람들은 텔 데이르 알라에서 남쪽으로 40킬로미터 정도 떨어진 곳에 진을 쳤고, 그곳에서 발람과 조우한다. 성서와 성서 외 이야기 둘 다 하나님을 묘사하는 형용사 "샤다이"(*Shaddai*)를 사용하는데, 영어로는 대개 "Almighty"(전능한)라고 번역한다(예를 들어 민 24:4, 16을 보라). "산 중의 하나"(one of the mountains)를 의미하는 것으로 보이는 "전능한"이라는 칭호는 천상회의에서 결정을 내리는 주신들에게 사용되었는데, 아마 가나안 전통에서도 지배적인 신들이 그리스 신화의 올림포스 신들처럼 한 산에 모였기 때문일 것이다. 족장들은 "야웨"(Yahweh)라는 이름을 알기(출 6:3) 전에는 아브라함의 하나님을 "샤다이"로 알았다.

호르바트 우자 도편(Horvat Uza Ostraca)

17개의 도편—하나를 제외하고는 모두 히브리어로 기록된—이 1983년 제2차 발굴기간 동안에 호르바트 우자 성채에서 발견되었다.[45] 복원된 에돔어 편지는 여섯 행의 텍스트를 담고 있는데, 그 내용은 상당한

45 I. Beit-Arieh, "'Uza, Horvat," *ABD,* 6:772–74; Lindenberger, *Ancient Aramaic,* 117–18; and McCarter, *Ancient Inscriptions,* 99–100.

양의 식료품 분배나 차용한 곡물에 대한 지불 등을 다루는 것으로 보인다. 인사말로 수취인의 건강을 묻고 있고, 에돔의 우두머리 신인 카우스(Qaus)의 이름으로 복을 빌고 있다.

이것은 알려진 것 중에 설화나 강화와 관련하여 기원전 6세기의 것으로 추정되는 유일한 에돔어 문헌이다. 유다가 기원전 7세기에 호르바트 우자를 다스렸다는 점을 고려하면, 그 도편들은 바빌로니아가 그 지역을 정복하기 직전에 에돔 사람들이 요새를 습격했다는 것을 시사한다. 여기에는 에돔의 유다 침입 초기 단계에 대한 중요한 증거가 있다. 결과적으로 그곳에는 이두매(에돔이라는 용어에서 파생된 지명)라는 지역이 세워졌다.

케테프 힌놈 두루마리(Ketef Hinnom Scrolls)

예루살렘의 힌놈 골짜기가 동쪽으로 내려다보이는 한 동굴무덤에서 1979년에 은박으로 만든 작은 두루마리 두 개가 발견되었다.[46] 각 두루마리 표면에는 20줄 정도의 글귀가 새겨져 있었다. 이 정교한 세공품은 기원전 7세기 말이나 6세기 초의 것으로 보인다. 아마도 두루마리를 원통모양으로 둥글게 말아서 구멍을 뚫은 다음 끈에 꿰어 목에 걸고 다녔던 것 같다.

각 두루마리의 텍스트 일부는 민수기 6:24-26의 소위 아론 계열의 축복기도문을 요약한 형태와 유사하다. 성서는 이스라엘 제사장들에게

46 McCarter, *Ancient Inscriptions,* 121–22; E. Puech, "Palestinian Funerary Inscriptions," *ABD,* 5:127; Renz, *Handbuch,* 1:447–56; and Smelik, *Writings,* 160–62.

이런 식으로 사람들을 축복하라고 가르친다(22-23, 27절). 두루마리의 내용은 지금까지의 금석학 기록 중 가장 오래된 성서 구절 인용인 것 같다. 혹은 반대로 그 두루마리의 문장이 민수기에서 최종 형태를 갖춘 선구자적인 문헌일 수도 있다. 어느 쪽이든지 간에, 이것은 "야웨"라는 완전한 신의 이름을 포함하고 있는 금석문으로서 예루살렘에서 발견된 가장 오래된 증거물이다.

키르베트 엘-콤 비문(Khirbet el-Qôm Inscriptions)

키르베트 엘-콤은 구약성서 시대에서 발견된 가장 긴 히브리어 묘비문 중의 하나다.[47] 비문의 연대는 기원전 8세기 말로 추정된다. 무덤 주인인 우리아(Uriah)는 축복받은 사람이라고 묘사되는데, 왜냐하면 그가 야웨의 아세라(Asherah)에 의해 대적들의 손에서 구출되었기 때문이다. 성서에서도 이 중요한 여신의 이름을 언급하는데, 대부분의 경우 아세라라는 용어가 예배에 사용되는 신성한 나무나 막대기를 가리키기는 하지만 말이다. 아세라라는 이름을 가진 제의 도구는 아마도 같은 이름의 신과 관계가 있는 듯하다. 고대 이스라엘 주변 지역에서 숭배되던 많은 여신들은 지배적인 신들의 제의적인 현존을 의인화한 것으로서 종종 그들의 배우자였다. "야웨의 아세라"는 제의 장소에서 야웨를

47 R. Deutsch et al., *Forty New Ancient West Semitic Inscriptions* (Tel Aviv: Archaeological Center Publication, 1994), 27–30; J. S. Holladay Jr. et al., "Kom, Khirbet el-," *ABD,* 4:98; Hestrin, *Inscriptions,* 영어 부분, 3; McCarter, *Ancient Inscriptions,* 110–11; Renz, *Handbuch,* 1:199–211; and Smelik, *Writings,* 152–55.

구체화하고 접근 가능하게 해주는 나무 막대와 같은 가시적인 표식이나 형상을 뜻한다고 볼 수 있다. 야웨의 아세라는 의인화되고, 신격화되고, 그의 배우자로 간주되었다.

1994년에야 비로소 엘-콤에서 발견된 소위 석수의 비문(stonecutter's inscription)이 학자들에게 알려졌는데, 그 비문의 내용은 다음과 같다. "너의 석수는 복이 있도다! 그가 노인들을 이곳에 안장하여 쉬게 할 것이다!"[48] 명백히 전통적인 이런 표현들을 통해, 고대인들은 매장을 직업으로 하는 석수들이 사람들을 그들의 노년에—어릴 때나 혹은 왕성히 활동할 때가 아니라—무덤에 안장시키기를 기원하고 있다.

쿤틸레트 아즈루드 단편(Kuntillet 'Ajrud Fragments)

1975/1976년의 유적 발굴을 통해 제의 활동의 중심지로 추정되는—혹은 대상들의 숙소(caravanserai)일 가능성도 있지만—쿤틸레트 아즈루드에서 기원전 9세기 말 또는 8세기 초의 것으로 추정되는 몇몇 히브리어 비문이 출토되었다.[49]

두 줄로 기록된 잉크 비문은 회벽에서 떨어져 나온 것으로, "테만(Teman)의 야웨"(또는 남부지방의 야웨)에게 기원하는 내용이다. 깨진 채로 발견된 두 개의 거대한 곡식 저장용 항아리(pithoi) 중 하나에도 동

48 McCarter, Ancient Inscriptions, 111–12.
49 Ibid., 106–9; Z. Meshel, "Kuntillet 'Ajrud," *ABD*, 4:106–7; Renz, *Handbuch*, 1:47–64; and Smelik, *Writings*, 155–60. 또한 본서 14장의 Arnold의 논의를 보라.

일한 기원문이 적혀 있었다. 항아리에 이어지는 "그가 당신을 축복하시고 당신을 지켜주시기를"이라는 축복 문구는 민수기 6:24의 제사장 축복기도문과 놀랍게도 유사하다. 다른 그릇에서는 사마리아의 야웨에게 기도한다. 확실히 히브리인의 하나님이 다양한 모습으로 숭배되었음을 알 수 있다. 테만의 야웨는 쿤틸레트 아즈루드에서의 국지적인 숭배 형태였던 반면에, 사마리아의 야웨는 이스라엘의 수도에서 숭배되던 형태였다. 이러한 구별은 오늘날 우리가 루르드의 성모 마리아(Mary of Lourdes)와 파티마의 성모 마리아(Mary of Fatima)를 구별한다고 해서 마리아가 한 명 이상임을 의미하지는 않는 것과 마찬가지다. 더욱이 두 그릇 모두 야웨의 아세라를 언급하고 있다(위의 "키르베트 엘-콤 비문"을 보라).

라기스 서신(Lachish Letters)

라기스에서 발견된 질그릇 조각에 새겨진 언어는 기원전 6세기 초에 유다에서 통용되던 대중 히브리어인 것으로 나타났다.[50] 그 조각들이 속하는 연대는 유다의 패망 전, 즉 기원전 586년에 바빌로니아 군대에 의해 라기스, 예루살렘, 아세가(Azekah, 참조. 렘 34:7)와 같은 도시가 멸

50 R. A. Di Vito, "Lachish Letters," *ABD,* 4:126–28; Gibson, *Textbook,* 1:32–49; Lemaire, *Inscriptions,* 1:83–143; Lindenberger, *Ancient Aramaic,* 99–103, 110–16; McCarter, *Ancient Inscriptions,* 116–19; Pardee, *Handbook,* 67–114; W. H. Propp, "Lachish," *The Oxford Companion to the Bible,* ed. B. M. Metzger and M. D. Coogan (New York: Oxford University Press, 1993), 418; Renz, *Handbuch,* 1:405–38; Smelik, *Writings,* 116–31; Soggin, *Introduction,* 558; and J. Woodhead et al., "Lachish," *NBD,* 660–61.

망하기 전 시대에 속한다. 비록 학자들이 오랫동안 그 기록들의 연대를 멸망 이후로 추정해왔지만, 589년 이전으로 보는 것이 더 합당하다. 도편에서 유다 사람들에게 유다 왕국 안팎을 여행할 자유가 있었다고 묘사하는 것으로 보아 아직 바벨로니아가 침공하지 않은 시기였던 것으로 보인다. 이러한 전시(戰時) 서신은 시드기야의 조공 거부와 느부갓네살[Nebuchadnezzar]의 보복 징벌 사이에 기록된 것으로 볼 수 있다.

한 하급 간부(호샤야[Hoshaiah]라는 그의 이름이 한 번 언급됨)가 그의 상급자(이름은 자우쉬[Jaush]로, 세 번 언급됨)에게 편지를 보냈다. 상급 간부는 아마도 라기스 수비대를 지휘하고, 호샤야는 자우쉬의 관할하에 전초부대를 책임지고 있었던 것 같다. 도편 제3번은 호샤야 부대의 파견대가 이집트까지 동행하지 않을 수 없도록 만든 원정 활동에 대한 보고다. 유다는 그 당시 이집트의 도움을 필요로 했던 것으로 알려져 있다(겔 17:15).

모압 석비(Moabite Stone)

디반(Dhiban, 성서의 디본[Dibon])의 고대 유적지에 검은색 현무암 석비가 쓰러져 있었다. 여기에는 기원전 840년 또는 830년 무렵의 모압어로 적힌 34행의 비문이 새겨져 있었다.[51] 모압 왕 메샤는 자신의 업적

51 J. A. Dearman et al., "Mesha Stele," *ABD,* 4:708–9; Gibson, *Textbook,* 1:71–83; Hestrin, *Inscriptions,* 영어 부분, pp. 30–32; McCarter, *Ancient Inscriptions,* 90–92; Smelik, *Writings,* 29–50; Soggin, *Introduction,* 553–54; and J. A. Thompson, "Moabite Stone," *NBD,* 777.

을 찬양하는 비문을 건립할 것을 명령했다. 그는 인접한 이스라엘로부터 자기 나라를 해방시켰고 다양한 건축 프로젝트를—부분적으로 이스라엘인 노예들을 동원해—진행시켰다. 성서는 또한 그 당시에 모압과 이스라엘 사이에 분쟁이 있었음을 말해준다(왕하 3장).

메사의 기록에는 구약성서의 전반적인 내용과 관련하여 두 가지 흥미로운 평행구절이 등장한다. 첫째, 야웨가 이스라엘 백성에게 진노하여 그들을 버리고, 그들을 대적들의 손에 넘김으로써 그들을 겸비케 한 후에야 태도를 바꾸어 그들을 구원해낸 것처럼, 그모스(Chemosh)도 모압 백성에게 동일한 일을 행한다. 둘째, 모압의 국가 신인 그모스가 내린 분명한 명령에 따라 메사는 "진멸"을 명했고, 그모스를 위해 여러 도시의 피정복자를 제의적인 목적으로 학살했는데, 이는 야웨를 위한 히브리인의 성전(holy war) 관습과 아주 유사하다.

샤론 평야 사발(Plain of Sharon Bowls)

청동 사발 다섯 개가 현대의 하데라(Hadera) 남쪽 엘리아킨(Eliachin) 지역에서 발견되었다.[52] 사발에 새겨진 글자(페니키아어로 기록된 것 하나를 제외하고는 아람어로 기록되었음)의 연대는 페르시아 시대 초기인 기원전 6세기나 5세기로 추정된다. 그 사발들은 아쉬타르(Ashtars)라 불리는 흥미로운 신들의 무리를 위한 성소에 바쳐진 봉헌물이었다. 이 제의는 샤론 평야지역에서 번창한 듯하다. 그릇 두 개는 기증자의 목숨을 구해

52 Deutsch, *Forty,* 69–89; and McCarter, *Ancient Inscriptions,* 100–102.

주거나 보전시켜준 데 대한 감사의 표시로 드려진 것이었다.

모압 왕 메사(Mesha)의 석비에는 서부 셈족의 신인 아쉬타르가 불가사의한 방식으로 언급되었다. 그 신의 이름은 500년 전 시리아의 해변도시인 우가리트의 신화 문학에서 아쉬타르로 부상하기 시작했다. 아쉬타르에 상응하는 여성형태는 아쉬타르트(Ashtart) 또는 아스타르테(Astarte, 성서의 아스다롯)로서 잘 알려진 페니키아/가나안 여신이다. 또한 메소포타미아에서 그에 대응하는 신은 이쉬타르(Ishtar) 여신이다.

사마리아 도편(Samaria Ostraca)

질 좋은 포도주와 고운 기름이 담긴 항아리들을 사마리아 궁으로 배송했음을 증명하는 여러 장의 영수증이 발견되었다.[53] 대다수 영수증에 기록된 연대는 왕의 통치 제9년, 10년 또는 15년인데, 어떤 왕인지는 명시하지 않고 있다. 대부분의 연대는 기원전 770년대, 다시 말해 여로보암 2세의 치세 기간에 가장 잘 들어맞으며, 일부는 여로보암의 부친 요아스의 치세 기간인 기원전 790년대에 속한다.

도편에는 상품의 원산지가 표시되어 있는데, 지리학적으로 므낫세 지파 영토 내의 씨족 지역들임을 알 수 있다. 그 장소들은 수도 주변 20킬로미터 이하의 거리에 밀집해 있다. 바알 요소를 포함하는 인

53 Gibson, *Textbook,* 1:15–13; Hestrin, *Inscriptions,* 영어 부분, 7; I. T. Kaufman, "Samaria Ostraca," *ABD,* 5:921–26; Lemaire, *Inscriptions,* 1:21–81; McCarter, *Ancient Inscriptions,* 103–4; Renz, *Handbuch,* 1:79–109; Smelik, *Writings,* 51–62; and Soggin, *Introduction,* 554–55.

명들은 야웨 요소를 포함하는 인명들과 인접한 지역에서 나타난다. 이것은 그들이 혼합종교를 가진 민족임을 암시할 수도 있고 아닐 수도 있다. 사울이 자기 아들들에게 이스바알(Ishbaal, 바알 요소를 포함)과 요나단(Jonathan, 야웨 요소를 포함)이라는 이름을 지어준 것(삼하 4:1, 4)을 보면 히브리 사람들이 그들의 이름에 바알이나 야웨의 요소를 혼합적으로 사용했음을 알 수 있다. 또한 호세아 2:16을 보면 8세기 중반 또는 후반까지 신자들이 야웨를 "바알"이라고 부르는 것에 거부감을 느끼지 않았던 것 같다.

실로암 터널 비문(Siloam Tunnel Inscription)

예루살렘의 수원지로 물이 흘러 들어오는 터널 입구 근처의 벽에 여섯 행의 글이 새겨져 있었다.[54] 언어는 고전 히브리어로서, 구약성서의 표준적인 산문체를 상기시킨다. 터널을 통해 고대 예루살렘의 주요 상수원인 기드론(Kidron) 골짜기의 기혼(Gihon) 샘에서 성벽 안쪽 튀로포에온(Tyropoeon) 골짜기의 끝자락에 위치한 실로암 연못까지 물이 공급되었다. 비문은 터널 공사의 극적인 최종단계를 기술하고 위대한 토목 공사의 성공을 경축한다. 양방향에서 두 팀이 남북으로 터널을 파기 시

54 R. B. Coote, "Siloam Inscription," *ABD,* 6:23–24; Gibson, *Textbook,* 1:21–23; J. A. Hackett et al., "Defusing Pseudo-Scholarship: The Siloam Inscription Ain't Hasmonean," *BAR* 23.2 (1997): 41–50, 68; Hestrin, *Inscriptions,* 영어 부분, 40–41; McCarter, *Ancient Inscriptions,* 113–15; Renz, *Handbuch,* 1:178–89; J. Rogerson et al., "Was the Siloam Tunnel Built by Hezekiah?" *BA* 59 (1996): 138–49; Smelik, *Writings,* 64–71; Soggin, *Introduction,* 555; and D. J. Wiseman, "Siloam," *NBD,* 1101–3.

작했고 중간 지점에서 만난 것이다.

이 프로젝트를 진행시킨 왕이 유다의 히스기야 왕이었으며 비문이 기원전 701년 직전에 기록되었다는 것은 거의 확실하다. 최근에 이러한 합의에 대해 강력한 반론이 제기되었으나 다수의 학자들에 의해 면밀하게 반박되었다. 히스기야는 아마도 아시리아 왕 산헤립의 포위 공격에 대비하여 터널 공사에 착수했을 것이다(대하 32:2-4, 30; 왕하 20:20을 보라). 몇 세기 후 집회서 48:17에서 그 업적을 상기한다. "히스기야는 그의 도성을 견고하게 하고 그 한복판으로 물을 끌어들였다. 그는 쇠 연장으로 바위를 뚫고 저수 동굴을 만들었다."

텔 단 비문(Tel Dan Stela)

1993년과 1994년에 현무암 세 조각이 발견되었는데 그것은 비문이 새겨진 기념비의 파편이었다.[55] 학자들은 이 아람어 비문 조각들의 내용을 서로 연결지어 번역하는 데는 실패했다. 하지만 전체적인 줄거리를 알 수 있을 만큼의 내용은 남아 있었다. 기원전 9세기 중반의 것으로 추정되는 이 뛰어난 조각물은 그것을 만들도록 명령했던 자의 영토에 이스라엘이 침입했다고 묘사한다. 그는 당시에 왕위에 오른 자였는데, 그의 신 하다드(Hadad)의 도움으로 그 침입을 가까스로 막아냈다고

55 F. H. Cryer, "King Hadad," *SJOT* 9 (1995): 223–35; McCarter, *Ancient Inscriptions*, 86–90; W. M. Schniedewind, "Tel Dan Stela: New Light on Aramaic and Jehu's Revolt," *BASOR* 302 (1996): 75–90; and T. L. Thompson, "Dissonance and Disconnections: Notes on the *bytdwd* and *hmlk.hdd* Fragments from Tel Dan," *SJOT* 9 (1995): 236–40.

한다. 텍스트는 이스라엘과 유다의 군주인 요람과 아하시야를 각각 언급한다. 그리고 가장 중요한 점은 유다 왕조를 "다윗의 집"으로 묘사했다는 것이다. 일부 학자들은 세 조각이 하나의 비석에서 나왔다는 점과 다윗의 집을 언급했다는 점을 부인했다. 하지만 논쟁에도 불구하고 이 두 전제를 지지하는 증거는 거의 확실하다.

단에 비문을 남긴 아람 사람은 다메섹 왕 하사엘(Hazael)임이 거의 확실하다. 기념비는 아마도 열왕기하 8:28-29에 기록된 사건들을 암시한 듯하다. 요람은 요르단 동쪽 평원의 이스라엘 전초기지인 라못-길르앗(Ramoth-Gilead)에서 하사엘의 군대와의 전투 중에 부상을 당한 후 회복을 위해 길보아 산기슭에 있는 이스르엘까지 이동했다. 요람과 함께 아람을 상대로 싸운 유다 왕 아하시야는 그곳에서 요람과 합류했다.

텔 시란 청동병(Tell Siran Bottle)

1972년에 암만에서 북서쪽으로 약 10킬로미터 떨어진 요르단 대학교 캠퍼스에서 학생들은 심하게 침식된 고고학 현장을 발굴했다.[56] 출토된 철기 시대 자료 중에는 구리, 납, 주석의 합금으로 주조된 병이 있었는데, 표면에는 글자가 새겨져 있었다. 병에는 밀과 보리 등의 곡물이 담겨 있었고, 내부는 금속 뚜껑으로 봉인되어 있었는데, 뚜껑은 병 길이 만한 핀으로 단단하게 고정되어 있었다. 이 작은 청동병의 표면에는 기원전 약 600년의 것으로 추정되는 완전하고 판독 가능한 금석문

56 A. Lemaire, "Epigraphy, Transjordanian," *ABD,* 2:561–62; McCarter, *Ancient Inscriptions,* 98–99; 그리고 Smelik, *Writings,* 90–91.

이 새겨져 있었다. 그 텍스트는 암몬 족속의 언어와 역사에 관한 자료를 제공해주므로 그 가치가 높다. 그러나 역사 정보는 아직 분명치는 않다. 병에서 거론된 두 번의 암미나다브(Amminadab)라는 이름 중 하나가 신아시리아 황제인 아슈르바니팔(Ashurbanipal)이 7세기 전반에 맞닥뜨렸던 왕을 가리키는 것인지 혹은 두 사람의 암미나다브가 앞서 언급한 왕의 이름을 딴 후손들로서 7세기 후반의 인물들인지 확실히 말할 수는 없다.

야브네-얌 도편(Yavneh-Yam Ostracon)

이 법적 청원서는 기원전 7세기 마지막 10년 동안에 야파(Jaffa[욥바]) 에서 남쪽으로 14킬로미터 떨어진 곳에서 기록되었다.[57] 그것이 발견된 요새에는 행정 판사뿐만 아니라 주변 지역을 다스렸던 왕실 총독의 사무실이 구비되어 있었던 것 같다. 한 농장 노동자가 그 지역 총독에게 상환을 위한 상소를 냈다. 곡식의 일당 수확량을 채우지 못했다고 호샤야(Hoshaiah)라는 감독자가 원고의 의복을 압수하였다. 수확자는 자신이 정말로 일당량을 채웠으며, 그 사실을 그의 동료가 증명할 수 있다고 주장했다. 궁극적으로 그는 총독에게 부당하게 압수된 옷을 돌려줄 것을 탄원했다. 이 문서는 채권자가 담보로 취한 옷을 어두워지기

57 Gibson, *Textbook,* 1:126–30; Hestrin, *Inscriptions,* 영어 부분, 26; Lemaire, *Inscriptions,* 1:259–68; Lindenberger, *Ancient Aramaic,* 96–98; McCarter, *Ancient Inscriptions,* 116; Pardee, *Handbook,* 15–24; Renz, *Handbuch,* 1:315–29; Smelik, *Writings,* 93–100; and Soggin, *Introduction,* 556–58.

전에 돌려줄 의무를 가진다는 출애굽기 22:26-27(22:25-26 MT)과 신명기 24:12-13 내용을 암시했을지도 모른다. 호샤야의 행위가 그런 상황과 정확하게 맞지는 않지만 그는 분명히 하나님의 율법 정신을 위배했다.

이집트 비문

아마르나 서신(Amarna Letters)

현재의 텔 엘-아마르나 지역은 고대에 아크타톤(Akhetaten)으로 불리었다.[58] 아멘호테프 4세(Amenhotep IV, 후에 아크나톤[Akhenaten]으로 불림)는 아크타톤을 이집트의 수도로 삼았고, 이는 그의 직속 후계자들에게로 이어졌다. 기원전 14세기 후반 약 60년간 아크나톤은 이전 왕인 아멘호테프 3세(Amenhotep III)나 자신의 계승자 투탕카멘(Tutankhamun)처럼 광범위하게 주변 국가들과 서신을 주고받았다. 아마르나 서신의 일부는 다른 강대국—아시리아, 바빌로니아, 하티, 미타니—왕들이 동료인 이집트 왕에게 보낸 편지였다. 그러나 점토판 대부분은 가나안과 시리아에 있는 이집트 가신(vassal)들이 보낸 것이었다. 몇몇 서신은 사실상 이집트 왕이 가신이나 먼 국가의 군주에게 발송한

58 W. Helck, "Amarna-Briefe," *Lexikon der Ägyptologie,* ed. W. Helck and E. Otto (Wiesbaden: Harrassowitz, 1972), 1:173–74; McCarter, *Ancient Inscriptions,* 16; N. Na,aman, "Amarna Letters," *ABD,* 1:174–81; W. H. Propp, "Amarna Letters," *Oxford Companion to the Bible,* 22; G. Rachet, *Dictionnaire de la civilisation égyptienne,* 75; and M. J. Selman, "Amarna," *NBD,* 28.

편지의 사본이었다. 이집트 법정에 보낸 서신의 언어에는 발신자 지역의 방언이 반영되어 있었다. 이러한 이유로 아마르나 서신은 이 시대를 연구하는 언어학자들에게 특별한 관심을 받는다. 특히 가나안 필사자의 실수들을 통해 토착 방언과 밀접하게 관련된 후기 히브리어의 원역사에 대해 알 수 있게 되었다.

동등한 주권국 사이를 오간 편지 내용은 주로 특사 교환과 비싼 선물의 교환에 관한 것이었으며 가끔은 외국 공주와 이집트 왕의 결혼 문제를 다루기도 한다. 시리아-팔레스타인 서신은 이스라엘 역사 초기의 게셀, 세겜, 하솔, 아스글론, 가사, 라기스, 예루살렘, 르호브, 므깃도, 타나크, 아코와 같은 도시들의 변천을 설명한다. 이런 내용은 이 시기가 불안, 음모, 도시 간 분쟁의 시기임을 증거한다. 예를 들어 세겜의 라바유(Labayu)와 그의 아들들은 중앙 산지의 영토를 확장하기 위해 강력한 동맹을 형성했다. 므깃도의 비리디야(Biridiya)는 이집트 당국의 지지를 받아 반대동맹 세력을 형성하여 세겜 동맹을 물리쳤다. 그 동안 예루살렘의 아브디헤바(Abdiheba)는 이집트에 보내는 조공이 게셀의 밀킬루(Milkilu)와 라바유의 매복으로 인해 제때에 도착하지 못할 것임을 이집트 왕에게 "경고"했다. 그러나 다른 편지에서 헤브론의 슈와르다타(Shuwardata)가 아브디헤바를 악한으로 규정한 것을 볼 때 이러한 불평은 계략이었을지도 모른다.

사자의 서(Book of the Dead)

사자의 서는 죽은 자를 부활시키고 사후세계에서 당할 위험에 대비하여 안전을 제공하기 위해 구상된 정교한 마법주문의 편집물이다.[59] 이 편집물은 시신을 미라화(mummification) 하고 매장하는 전 과정에 걸쳐 행하는 제의 행위를 반영한다. 대개 파피루스 두루마리에 기록되었으며, 기록된 주문은 죽은 자와 함께 묻혔다. 대부분의 마법주문은 죽은 자가 음료와 음식과 신선한 공기를 선물로 받고 저승에 거주하는 악어와 괴물과 대적할 수 있게 해주는 것들이다.

신왕국 시대 초에 "사자의 서"는 완성되어가는 과정에 있었다. 초기에는 전통적인 자료가 상당한 비중을 차지하였으며, 실제적으로 중왕국 시대 관 문서(Coffin Texts)의 계보를 잇는 것인데, 이 관 문서는 구왕국 시대의 피라미드 문서(Pyramid Texts)에서 유래한 것이다. 이 모음집이 정형화된 때는 사이스 왕조 시대(Saite Period, 제26왕조, 기원전 664-525년)로서 책에 나오는 약 200개의 주문을 일련의 "장"으로 구분하였다. 대량 생산된 사본을 누구나 구입할 수 있었으며 그 두루마리에 예비 망자의 이름만 적어 넣으면 되었다.

고대 이집트인 대다수는 사후의 육체적 부활에 대한 희망에 집착하였으며 그것을 성취하는 수단으로 마법에 의존하였던 것 같다. 그러나 사자의 서는 망자가 진실의 방(the Hall of the Two Truths)에 도달해서 오시리스와 다른 신들 앞에 결백을 선언할 것을 요구했다. 소위 부정 고백(Negative Confession)에서는 망자가 신들의 심판을 통과하기 위해서

59 J. Assmann, "Survey of Egyptian Literature," *ABD,* 2:384–85; M. Heerma van Voss, "Totenbuch," in *Lexikon der Ägyptologie,* 6:641–43; C. Lalouette, *Textes sacrés et textes profanes de l'ancienne Égypte,* Connaissance de l'Orient 54, 63 ([Paris]: Gallimard, 1984), 1:270–76; M. Lichtheim, *Ancient Egyptian Literature: A Book of Readings,* 3 vols. (Berkeley: University of California Press, 1973–80), 2:117–32; McCarter, *Ancient Inscriptions,* 59–60; and G. Rachet, *Dictionnaire de la civilisation égyptienne,* References Larousse: Histoire (Paris: Larousse, 1992), 167.

죄를 짓지 않았다는 길고 틀에 박힌 구절을 암송을 해야만 했다.

부바스티스 문(Bubastite Portal)

상형문자로 기록된 이 금석문은 쇼셍크 1세(기원전 945-924년)가 팔레스타인에서 정복한 장소를 주로 열거한다.[60] 대부분의 학자들은 이 출정이 열왕기상 14:25-26과 역대하 12:2-9에서 "시삭"의 침입에 대해 언급한 것과 관련된다고 믿는다. 실제적으로 성서는 유다의 요새화된 도시들에 대한 침공만을 언급한다. 사실상 부바스티스 문의 목록으로 판단하건대 예루살렘은 쇼셍크의 초기 목표물이었던 것 같다. 그의 군대는 가사를 통과해서 게셀 그리고 아얄론과 기브온—유다의 르호보암 왕이 시삭에게 엄청난 조공을 바친 장소로 추정되는—까지 진군했다. 르호보암의 이러한 굴복으로 이집트 왕은 남쪽 왕국은 남겨두고 북쪽으로 진군하였다. 문에는 여로보암 1세가 다스리던 이스라엘 왕국의 많은 주요 도시들이 열거된 반면에 유다의 주요 도시들은 몇 개만 언급된다. 쇼셍크가 어떤 이유에서 이전에 그의 피후견인(protege)이었던 여로보암—솔로몬에 맞선 반란이 실패로 돌아간 다음 이집트로 도망했었던—을 그렇게 서슴없이 공격했는지는 알 길이 없다.

60 Aharoni, *Macmillan Bible Atlas*, 91–92; and McCarter, *Ancient Inscriptions*, 56–57.

엘레판틴 파피루스(Elephantine Papyri)

기원전 5세기 경 나일 강에 위치한 엘레판틴 섬은 남쪽으로부터의 침략에 대비하기 위해 페르시아 점령지 내에 건설한 유대인 군사 주둔지였다.[61] 이 주둔지의 고문서 대부분은 아람어로 기록된 계약서와 서신으로서 당시의 풍습과 관습을 잘 보여주고 있다.

하나니아(Hananiah)라는 사람이 보낸 소위 유월절 파피루스는 식민지의 지휘관인 여다니아(Jedaniah)에게 유월절 또는 무교절을 정확하게 지킬 것을 지시한다(아마 하나니아는 성서에 나오는 느헤미야의 동생 하나니와 동일 인물일 것이다). 그러나 편지를 보낸 이유가 무교절 날짜를 확립하기 위해서인지 또는 엘레판틴의 유월절 의식을 예루살렘과 일치시키기 위해서인지는 추측만 할 따름이다. 다만 유월절 절기를 엘레판틴에 소개하기 위해서가 아니라는 점은 분명하다. 왜냐하면 이 파피루스보다 50년 전의 것으로 보이는 도편에서 유월절 축제를 이미 언급하고 있기 때문이다.

엘레판틴 섬의 거주민들은 페르시아의 정복자 캄비세스가 기원전 525년에 이집트에 진입하기 전, 이집트 왕 치세하에 야후(Yahu, 야웨[Yahweh]의 축약된 형태)를 위한 신전을 세웠다. 신전은 410년 무렵에 파괴되었다. 한 파피루스 편지에는 유대 총독(사마리아 총독의 아들들에게 보내는 사본 하나와 함께)에게 신전을 재건축하고 제사를 재개할 수 있도록 허락해달라는 청원이 들어 있었다.

61 Lindenberger, *Ancient Aramaic,* 53–70; McCarter, *Ancient Inscriptions,* 125–27; B. Porten, "Elephantine Papyri," *ABD,* 2:445–55; and Soggin, *Introduction,* 564–67.

저주 문서(Execration Texts)

이집트 사람들은 바람직하지 않다고 간주되는 자들이나 이집트의 통제 밖에 있는 사람들에게 공식적인 저주를 실행했다.[62] 저주 의식을 위해서는 먼저 진흙이나 돌 또는 나무를 이용하여 적의 형상을 만들거나 또는 적의 이름을 토기 위에 기록한 후에 저주 주문을 외우고 물건을 깨뜨린다. 수집된 그릇들의 대체적인 연대는 세누세르트 3세(Senusert III) 및 아메넴헤트 3세(Amenemhet III)와 4세의 치하인 제12왕조 중기나 말기(기원전 1991-1783년)로 추정된다. 작은 입상들(figurines)의 대체적인 연대는 그릇이 출현한 지 한 두 세대 뒤인 제12왕조 말이나 제13왕조 초(1783-1640년경)로 추정된다.

토기에서는 종종 하나의 동일한 지명과 관련하여 두 세 사람의 이름이 언급되기도 하는 반면 작은 입상들은 거의 예외 없이 각 장소에 하나의 족장 이름만을 기록한다. 토기는 정착이 완료되지 않은 상황에서 여러 씨족 지도자들이 각자의 구획을 다스리던 사회상을 반영하는 반면, 작은 입상은 도시화가 촉진되면서 한 명의 군주가 하나의 도시를 다스리던 사회상을 반영한다고 주장된다. 이것은 가나안과 시리아에서 중기 청동기 시대로의 변천, 즉 주로 유목 생활이나 성과 없는 촌락 생활을 하던 거류민들이 성벽도시로 운집하기 시작한 상황을 반영하는 것일 수 있다.

62 McCarter, *Ancient Inscriptions,* 42–43; and D. B. Redford, "Execration and Execration Texts," *ABD,* 2:681–82.

메르네프타 석비(Merenptah Stela)

기원전 1220년에 리비아 군대가 서부 사막에서 이집트 델타로 행군했다.[63] 이집트의 파라오 메르네프타(Merenptah)는 적군과 맞서 싸워 그들을 물리쳤고, 이집트 영토에서 그들을 몰아내었다. 파라오는 이 업적을 기념하는 승전시를 짓도록 지시했다. 상형문자로 기록된 텍스트의 마지막 두 행은 이스라엘을 포함한 아시아 서부국가들의 군대와 치른 별개의 전투를 묘사한 것으로 보인다. 이스라엘에 대한 언급은 이집트 문헌에서 유일한 것이며, 고대 근동 자료 전체에서도 알려진 것 중에 최초로 출현한 것이다. 여기서 "이스라엘"은 외국인임을 시사해주는 복합 한정사보다 선행한다(한정사는 계급이나 범주를 가리키기 위한 목적으로 단어에 추가되었다.) 이러한 기록은 13세기 후반에 이스라엘이 민족으로서의 정체성은 가지고 있었으나 아직 확고한 정치집단이나 국가로서의 체제를 갖추지는 못했음을 암시하는 듯하다.

해양 민족을 언급하는 금석문(Sea Peoples Inscriptions)

현대 역사가들이 "해양 민족"으로 지명한 집단은 아나톨리아와 에게해 도서 지역에서 유래한 것으로 보인다.[64] 이들은 해안 도시를 습격하고

63 Lichtheim, Ancient Egyptian Literature, 2:73–78; and McCarter, Ancient Inscriptions, 48–50.
64 McCarter, *Ancient Inscriptions,* 53–54; and R. Stadelmann, "Seevölker," *Lexikon der Ägyptologie,* 5:814–22.

노략질하는 해적으로 살거나 무력 분쟁이 있는 지역에서 용병으로 복무했다. 서로 다른 두 기록에서 기원전 12세기의 첫 사분기 동안 람세스 3세(Rameses III)와 해양 민족 간에 발생했던 충돌을 언급하고 있다. 람세스 3세 통치 8년차의 궁정실록에는 해양 민족 연합(팔레스타인, 트제케르, 셰켈레시, 덴옌, 웨세시의 동맹)이 이집트 영역으로 진출했음이 기록되었다. 그는 동맹군을 저지하고 물리친 것과 그들을 이집트 영토로부터 몰아낸 것을 자랑스럽게 기록하였다. 두 번째 기록은 람세스가 죽은 직후 그의 자비와 업적을 열거하기 위해 만든 문서의 서문에서 발견된다. 이 파피루스의 일부는 그가 덴옌, 트제케르, 팔레스타인, 셰르덴, 웨세시와 같은 해양 민족에 대항하여 승리를 거두었다고 기록한다.

샤바카 석판(Shabaka Stone)

이 석판은 기원전 약 710년에 제25왕조 또는 쿠쉬 왕조의 이집트 왕인 샤바카(Shabaka)의 명령으로 기록되었다.[65] 서론에서는 샤바카 왕이 훨씬 이전에 존재했던 필사본에 근거하여 이 석판을 만들게 했다고 주장하는데, 그 사본은 원래 가죽, 파피루스, 목재 같은 썩기 쉬운 재료 위에 기록되었으며, 결과적으로 지금은 "벌레 먹은" 상태가 되었다고 한다. 이집트학 전문가들은 지금까지도 그 저작의 연대를 구왕국 시대로 소급하는 것이 정당한지 아니면 제25왕조로 보아야 하는지의 문제로 의

65 Lalouette, *Textes,* 225–30; Lichtheim, *Ancient Egyptian Literature,* 1:51–57, 3:5; McCarter, *Ancient Inscriptions,* 58–59; and F. T. Miosi, "Memphite Theology," *ABD,* 4:691–92.

견이 엇갈린다.

연대 문제와 상관없이 그 텍스트는 이집트의 수도로서 멤피스의 새로운 지위 혹은 갱신된 지위를 드높이며, 멤피스의 수호신 프타(Ptah)를 우주의 창조자로 높인다. 프타는 과거의 전통에서 세상의 창조자로 간주되었던 태양신 레(Re)보다 우월하다. 고대 이집트에서는 대개 창조가 물질적인 방식으로—특히 성적 생식의 모델을 통해—설명되었던 반면 프타는 홀로 자신의 생각과 언어를 통해 창조하는 것으로 묘사된다. 학자들은 이러한 방식을 창세기 1장에 기록된 이스라엘 하나님의 창조 방식과 비교한다.

두 형제 이야기(Tale of Two Brothers)

이 이야기가 파피루스에 기록된 것은 제19왕조(기원전 1307-1196년) 말이었지만, 그 이야기의 골자는 그보다 적어도 천년은 더 앞서는 것이다.[66] 이야기는 창세기 39장에 나오는 요셉과 보디발의 아내에 관한 이야기와 아주 유사하다. 이야기의 전반부에서는 바타(Bata)가 자기 형 아누비스(Anubis)의 집에 살고 있음을 밝힌다. 어느 날 젊은 목동 바타는 농부 아누비스를 도와 그의 밭에서 씨를 뿌리고 있었다. 아누비스가 바타에게 씨를 더 가져오라고 집에 보냈을 때 아누비스의 아내는 바타를 유혹했다. 하지만 헛수고였다. 부인은 경멸감을 느껴 그날 저녁에 그녀의 남편 앞에서 그를 중상한다. 아누비스는 격노했고 바타는

66 Assmann, *ABD,* 2:381; Lalouette, *Textes,* 2161–72; Lichtheim, *Ancient Egyptian Literature,* 2:203–11; and McCarter, *Ancient Inscriptions,* 48.

도망쳐야 했다. 그러나 곧 진실은 밝혀졌고 형제는 화해했다. 이야기의 후반부에서는 이집트의 파라오가 바타를 이집트 전역의 황태자로 삼았다.

제3장

구약에 대한 고고학적 조명

Mark W. Chavalas, Murray R. Adamthwaite
마크 W. 샤발라즈, 머레이 R. 아담스웨이트*

시리아-메소포타미아

그동안 시리아와 이라크(고대 시리아-메소포타미아)에서의 고고학 연구 조사를 통하여 구약성서의 역사, 종교, 문화에 대한 이해를 증진시켜주는 많은 양의 배경 정보가 제공되었다.

그러나 걸프전의 발발로 이라크에서의 고고학 연구가 중단되었다. 유적지는 폭파되었고, 박물관은 약탈되었으며, 수천 개의 유물을 빼앗겼고, 도굴이 성행했다. 더구나 오늘날 이라크의 사회 여건으로는 작업을 재개하기가 쉽지 않다. 이 때문에 고대 이라크를 연구하는 학자들은 작업 환경이 더 나은 지역(예를 들어 터키, 키프로스, 또는 시리아)으

* 시리아-메소포타미아를 다루는 부분은 Mark W. Chavalas가 썼고 이집트와 팔레스타인을 다루는 부분은 Murray R. Adamthwaite가 썼다.

로 떠나거나, 또는 잠깐 멈추어서 지난 수년 동안 이라크에서 이루어진 고고학적 연구를 되짚어보는 시간을 가졌다. 전쟁이 발발하기 직전 몇 년간 이라크의 고고학 연구에서는 강조점의 전환이 있었다. 진행 중이던 여러 개의 장기 프로젝트 외에 와르카(Warka), 아부 살라비크(Abu Salabikh), 이신(Isin), 라르사(Larsa), 니느웨(Nineveh), 니므롯(Nimrud), 카르 투쿨티-니누르타(Kar Tukulti-Ninurta), 키시(Kish), 젬데트 나스르(Jemdet Nasr), 그리고 니푸르(Nippur) 지역에서 또 다른 프로젝트들이 새로 시작되거나 재개되었다.[1] 이라크에서의 임박한 댐 건설 계획 때문에 국립유물기구(the State Antiquities Organization)는 함린 분지(Hamrin basin), 하디타(Haditha)댐 프로젝트, 에스키 모술(Eski Mosul)댐 지역(지금은 사담[Saddam]댐 구조 프로젝트라 부름)을 포함한 이라크의 여러 지구에서 대규모의 구조 작업 캠페인을 벌였다.[2]

시리아의 상황은 크게 달랐다. 이라크와 비교하면 시리아는 지난 세대까지 고고학 조사가 성행하는 지역이 아니었다. 그러나 지금은 60개 이상의 고고학 원정대가 시리아에 주둔해 있으며, 이들 대부분은 구약성서를 조명해주는 시대에 관심을 두고 있다.[3]

이라크와 마찬가지로 시리아에서도 지난 세대에는 댐 건설을 비롯

1 일반적인 개요는 다음을 보라. M.-T. Barrelet, ed., *L'Archéologie de l'Iraq du début de l'époque Néolithique à 333 avant notre ère: Perspectives et limites de l'interpretation anthropologique des documents* (Paris: Éditions du Centre National de la Recherche Scientifique, 1980).

2 다음을 보라. *Researches on the Antiquities of Saddam Dam Basin Project and Other Researches* (Baghdad: State Organization of Antiquities and Heritage, 1986); and M. Roaf, "A Report on the Work of the British Archaeological Expedition in the Eski Mosul Dam Salvage Project," *Sumer* 39 (1980): 68–87.

3 다음을 보라. H. Weiss, "Archaeology in Syria," *AJA* 95 (1991): 683–740; *AJA* 98 (1994): 101–58; 그리고 *AJA* 101 (1997): 97–149.

한 기타의 발전 계획들로 위협받는 지역들에 대한 다양한 구조 프로젝트가 진행되었으며, 그 지역에 대한 우리의 이해에 혁신적인 변화를 가져다준 주요 프로젝트들도 진행되었다. 티시렌(Tishreen)댐 프로젝트로 인해 많은 유적지를 탐사하여 환경 정보를 수집했고, 구조 작업이 필요한 몇몇 지역을 선정했다. 댐으로 인해 시리아 북부 카부르 분지에 위치한 20개 이상의 유적지가 위험에 처해지자 시리아 정부는 카부르 평지의 환경을 연구할 국제 팀을 소집했다.

현재는 정치 문제로 시리아와 이라크의 고고학 연구 조사가 분리되어 있지만 나는 이 둘을 함께 논의하고자 한다. 이 논문에서 모든 세부적인 문제를 다룰 수는 없으므로 성서 세계의 배경을 이해하는 데 특별한 중요성과 관련성을 가진 고고학 연구에 강조점을 둘 것이다. 각각의 시대는 독립적으로 다루어질 것인데, 신석기 시대에서 시작하여 철기 시대로 마칠 것이다.

신석기 시대(Neolithic Period: 기원전 약 8000-4000년)

이전 세대의 고고학 연구를 통해 근동 지역의 초기 신석기 시대의 문명(기원전 약 5200년의 할라프[Halaf] 시대 이전)이 생각했던 것보다 훨씬 더 넓게 분산되어 있었다는 점이 드러났다. 게다가 우연한 발견들과 구조 프로젝트를 통해 이 문명이 레반트에서 융성했던 것이 아니라, 지중해 연안부터 시리아 동부와 이라크 북부까지 광범위한 지역에 걸쳐(도자기와 석기의 관점에서) 동일한 형태의 물질문화가 존재했다는 수많은 증거가 나타났다. 구소련의 한 조사 팀이 이라크 북부의 모술에서 북쪽으로 약 60킬로미터 떨어진 곳에 위치한 신자르(Sinjar) 지역을 조사했다. 그들은 주로 막잘리야(Maghzaliyah)의 유적지를 탐사했는데 거기에서 이라크에서 발견된 것과는 전혀 유사하지 않은 흑요석 칼과 다른 문화적 유품들을 발견했다.[4] 이것이 유일한 경우는 아니며, 이미 수많은 국제 팀이 에스키 모술댐 프로젝트 지역에서 레반트 남부의 나투프(Natuf) 시대의 것과 유사한 유물들을 발견했다.[5] 이라크 북부 전역에 걸쳐, 특히 신자르에서 발견된 다수의 새로운 유적지에서는 농경의 시작과 정착 생활로의 전환에 대한 새로운 증거들이 발견되었다. 이러한 사실은 움 다바기야(Umm Dabagiyah)와 텔 에스-사완(Tell es-Sawwan)의 유적지에서도 증명되었다.[6] 이라크 북부와 마찬가지로 시리아도 선사 신석기 시대에 카부르와 발리크(Balikh) 지역에 거점을 둔 중요한 문화 요충지였다. 고고학자들은 위의 두 지역을 체계적으로 탐사했으며, 텔 아부 후레이라(Tell Abu Hureyra), 텔 무레이비트(Tell Mureybit), 텔 아스와드(Tell Aswad)에서 신석기 시대의 층을 보여주는 증거가 발견되었다.[7] 특히 카부르 분지 프로젝트는 새로운 곡물과 가축의 개발에서부터

4 N. Bader, *Earliest Cultivators in Northern Mesoptamia: The Investigations of Soviet Archeological Expedition in Iraq at Settlements Tell Magzaliya, Tell Sotto, Kültepe* (Moscow: Nauka, 1989).

5 J. Huot et al., eds., *Préhistoire de la Mésopotamie: La Mésopotamie préhistorique et l'exploration recente du Djebel Hamrin* (Paris: Éditions recherche sur les civilisations, 1987); 그리고 J. Oates, "The Background and Development of Early Farming Communities in Mesopotamia and the Zagros," *Proceedings of the Prehistoric Society* 39 (1973): 147–81.

6 D. Kirkbride, "Umm Dabagiyah," in *Fifty Years of Mesopotamian Discovery,* ed. J. Curtis (London: British School of Archaeology in Iraq, 1982), 11–21. C. Breniquet, "Tell es-Sawwan 1988–1989: Comte rendu des fouilles menées par la DAFIQ," *Orient Express* 1.1 (1991): 7–8.

7 시리아 선사 시대의 일반적인 묘사에 대해 다음을 보라. A. Moore, "The Prehistory of Syria," *BASOR* 270 (1988): 3–12.

동물을 이용한 경작과 새로운 저장기술에 이르기까지, 농업기술의 혁신에 대한 증거를 제공해주었다.

이전 세대의 시리아-메소포타미아 연구 덕분에 할라프 시대(Halaf Period: 기원전 약 5200-4800년)에 대해서도 더 잘 알 수 있게 되었다. 야림 테페(Yarim Tefe) 구릉지에서의 연구를 통해 할라프 물질문화가 시리아 북부, 이라크, 터키 남부로 급속하게 퍼져나간 것처럼 보이는 현상을 이해할 수 있는데, 이는 앞선 시대에서도 동일하게 발견되는 현상이었다.[8] 최근에는 시리아의 바리크 계곡 상부에서의 탐사를 통해 다수의 소규모 할라프 시대 유적지(그중에는 텔 사비 아브야드[Tell Sabi Abyad]처럼 보다 큰 규모의 항구적인 정착지도 포함되어 있다)가 드러나 할라프 문화의 기원에 대해 더 많은 것을 알 수 있게 되었다.[9] 이전에는 후기 우바이드(Ubaid) 시대에 기원을 둔 것으로 알려졌던 인장들이 텔 사비 아브야드에서 발견되었는데 이는 시리아에서 가장 이른 시기의 것이다. 이라크의 제리아 북부에서도 키르베트 가르소우르(Khirbet Garsour)를 포함하여 다수의 작은 유적지 대한 연구가 진행되었다.[10] 할라프 문화의 행정체계와 농경체계는 다수의 대규모 정착지를 포함하지 않았음이

8 N. Merpert and R. Munachev, "The Earliest Levels at Yarim Tepe I and Yarim Tepe II in Northern Iraq," *Iraq* 49 (1987): 1–37. Arpachiyah in northern Iraq was also excavated by I. Hijara; 다음도 보라. Idem et al., "Arpachiyah 1976," *Iraq* 42 (1980): 131–54. 다음도 보라. N. Yoffee and J. J. Clark, eds., *Early Stages in the Evolution of Mesopotamian Civilization: Soviet Excavations in Northern Iraq* (Tucson: University of Arizona Press, 1993).

9 P. Akkermans, *Excavations at Tell Sabi Abyad* (Oxford: British Archaeological Reports, 1989).

10 T. Wilkinson, "The Development of Settlement in North Jezira between the Seventh and First Millennia B.C.," *Iraq* 52 (1990): 49–62.

거의 분명하다.[11] 오늘날에는 할라프 문화가 근동에 침투한 것이 아니라 근동과 일체를 이루는 필수적인 요소라는 이론이 지배적이다.

이라크 남부는 최근까지지도 정착생활이 늦게 이루어진 지역으로 간주되었다. 왜냐하면 에리두(Eridu)에서는 우바이드 시대(기원전 5000년경) 이전의 항구적인 정착지가 확인되지 않기 때문이다. 그러나 텔 엘-우엘리(Tell el-'Ouelli, 라르사에서 약 3킬로미터 거리에 있는) 같은 마을의 유적지에 대한 탐사를 통해 남부에서 더 이른 시기에 정착 생활이 시작되었음이 밝혀졌다. 발굴을 통해 이 작은 유적지가 외견상 평등한 사회체제를 유지했으며 대외무역은 거의 없었던 것으로 드러났다.[12] 우엘리는 그 지역에서 유례 없이 완전한 형태로 발달한 농경과 관개기술을 보유했음을 보여주었다. 그러나 발굴자들은 우엘리의 지하수면(water table) 때문에 유적지의 초기 층을 밝혀내는 데는 실패했다. 우엘리에서의 탐사를 통해 우바이드 시대가 갑작스럽게 출현한 것이 아니라 선행하는 문명에서 필연적으로 이어져온 것임을 확인할 수 있었다. 이라크 남부의 우바이드 문화는 북쪽과 시리아의 유프라테스 지역으로 확장된 첫 번째 문화였다.[13] 시리아의 다양한 유적지들, 예를 들어 텔 브라크(Tell Brak), 텔 레일란(Tell Leilan), 텔 함맘 알-투르크만(Tell Hammam

11 S. Campbell, "The Halaf Period in Iraq: Old Sites and New," *BA* 55 (1992): 182–87.

12 J. Huot et al., "Ubadian Village of Lower Mesopotamia: Permanence and Evolution from Ubaid 0 to Ubaid 4 as Seen from Tell el Oueilli," in *Upon This Foundation: The Ubaid Reconsidered,* ed. E. Henrickson and I. Thuesen (Copenhagen: Museum Tusculanum Press, 1989), 19–42; and J. Huot, "The First Farmers at Oueilli," *BA* 55 (1992): 188–95.

13 J. Oates, "Ubaid Mesopotamia Reconsidered," in *The Hilly Flanks and Beyond: Essays in the Prehistory of Southwestern Asia Presented to Robert J. Braidwood,* ed. T. C. Young et al. (Chicago: University of Chicago Press, 1984), 251–81; 그리고 I. Thuesen, "Diffusion of Ubaid Pottery into Western Asia," in *Upon This Foundation,* 419–40.

al-Turkman), 자이단(Zaidan), 카르케미쉬(Carchemish), 삼사트(Samsat), 안디옥 평원에 있는 여러 구릉, 그리고 하마(Hama)는 공통적으로 우바이드 시대의 유물을 제공한다. 실제로 시리아의 할룰라(Halula)에서는 할라프 시대부터 우바이드 시대까지의 일련의 도자기 유형(entire ceramic sequence)을 볼 수 있다.[14]

우루크 시대(Uruk Period: 기원전 약 4000-3000년)

우루크 시대에 이라크 남부에서는 대규모의 도시화가 시작되었다. 최근 시리아와 이라크 북부(터키를 포함하여)에서의 고고학 발굴과 조사로 우루크의 외곽 지역으로의 팽창과 식민지화에 관련된 많은 문제를 탐구할 수 있게 되었다.[15] 하부 메소포타미아(lower Mesopotamia)는 새롭게 형성된 복잡한 사회 체계를 지탱할 천연자원이 부족했기 때문에 주민들은 자원을 주변에서 수입해야만 했을 것이다. 최근 발굴을 통해 이 지역에서 느슨한 연결고리를 가진 상호원조 체계가 발견되었는데, 이 체계는 비공식적인 제국 지배 양식을 채용한 것이었다. 이러한 체계는 전략적 요충지에 위치한 주둔기지와 수비대 간에 네트워크를 구축함으로써 이루어졌다. 우루크 "도시국가들"은 수시아나 평원(Susiana plain)과 티그리스 상류에 대한 직접적인 통제권을 가지고 있었을 뿐만 아니라 다른 지역들과의 무역 교류를 강화했던 것으로 나타난다. 그

14 M. Molist in H. Weiss, *AJA* 98 (1994): 105–6.
15 다음을 보라. G. Algaze, The *Uruk World System: The Dynamics of Expansion of Early Mesopotamian Civilization* (Chicago: University of Chicago Press, 1993).

들은 또한 무역을 거부하는 지역들을 상대로 주기적인 군사 원정을 했을 것으로 추정된다.[16] 북부에서는 도시 규모의 주둔기지 몇 군데가 발견되었는데, 이 기지들은 그 기지에 의존하는 마을들로 둘러싸여 있었다. 우루크 유물군을 포함한 도시화된 유적지가 존재한다는 사실은 문화의 연속성에 휴지기가 있었음을 보여주는 것이 아니라 토착적인 물질문화 환경에 대한 선별적인 침투현상이 있었음을 나타내는 것이다. 주둔기지는 유프라테스 강(텔 하부카 카비라[Tell Habuka Kabira], 제벨 아루다[Jebel Aruda], 카르케미쉬, 삼사트)과 카부르 강(텔 브라크)을 따라 발견되었고, 티그리스 강변의 니느웨에서도 발견되었다.[17] 이런 정착지는 규모가 크고 요새화되어 있었다. 정착지의 위치는 우루크가 정치적으로 강 하류에서 교역을 촉진하고자 했음을 시사한다. 작은 규모의 기지 또한 물길을 따라 존재했으며 이 기지들은 도시의 대규모 주둔기지들 간의 연결통로였다. 여러 주둔기지가 요새화된 상태였지만 주변의 내륙지역을 통제하려 했다는 증거는 나타나지 않는다. 오히려 이전의 무역망을 활용하면서 전략적인 위치를 점유하였기에 혹자는 그것을 비공식적인 제국이라고 부르기도 한다.[18]

이런 무역 관계는 다음의 젬데트 나스르 시대(Jemdet Nasr Period: 기원전 약 3000년)에 갑자기 중단되었다. 그러나 이 관계는 시리아 토착문화의 사회정치적 발전과 경제적 발전에 특별히 중대한 영향을 끼쳤

16 M. Larsen, "The Tradition of Empire in Mesopotamia," in *Power and Propaganda: A Symposium on Empires,* ed. M. Larsen (Copenhagen: Akademisk Forlag, 1979), 97.

17 See D. Sürenhagen, "The Dry Farming Belt: The Uruk Period and Subsequent Developments," in *The Origins of Cities in Dry-Farming Syria and Mesopotamia in the Third Millennium B.C.,* ed. H. Weiss (Guilford: Four Quarters, 1986), 7–44.

18 G. Algaze, "The Uruk Expansion: Cross-Cultural Expansion in Early Mesopotamian Civilization," *Current Anthropology* 30 (1989): 571–608.

다. 멀리 떨어진 지역의 여러 유적지에서는 우루크의 건축, 공예품, 도자기, 인장 풍습을 모방했다는 증거와 함께 제도상의 변화에 대한 증거가 나타났다. 우루크의 확장은 이라크 북부와 시리아를 가로질러 독립된 사회정치적 체계의 성장과 복합성을 증진하는 촉진제 역할을 한 것 같다.

초기 청동기 시대(Early Bronze: 기원전 3000-2100년)

초기 청동기 시대의 대표적인 현상은 이라크 남부와 수메르에 도시국가가 생성되었다는 것이다. 아부 살라비크에서 지속적인 연구가 이루어졌고 파라(Fara, 고대 슈루파크[Shurrupak])와 키쉬(Kish)에서의 연구가 재고되었지만,[19] 메소포타미아 초기 왕조(또는 초기 청동기) 시대(기원전 2900-2300년경)를 조명하는 데 가장 큰 영향을 끼친 것은 아마 최근 알-히바(al-Hiba, 고대 라가쉬[Lagash])에서의 대규모 발굴일 것이다. 그곳에는 흥미롭게도 타원형 외관을 가진 입갈(Ibgal) 신전이 있다. 이 신전은 카파제(Khafaje)에서 발견된 타원형 건축물이 생각처럼 특이한 것은 아니라는 사실을 보여준다.[20] 이제까지 발견된 가장 이른 시기의 양조장이 라가쉬에 있었으며 그 연대는 기원전 2500년경으로 추정된다.

19 J. N. Postgate, *Abu Salabikh Excavations,* vol. 1, *The West Mound Surface Clearance* (London: British School of Archaeology in Iraq, 1983); H. P. Martin, *Fara: A Reconstruction of the Ancient City of Shuruppak* (Birmingham: Chris Martin, 1988); P. R. S. Moorey, *Kish Excavations, 1923–1933* (Oxford: Clarendon, 1978).

20 D. Hansen, "Royal Building Activity at Sumerian Lagash in the Early Dynastic Period," *BA* 55 (1992): 206–12.

도시의 대부분은 초기 왕조 시대 말에 버려졌다가 기원전 22세기에 구데아(Gudea)에 의해 재건되었음이 고고학 연구를 통해 드러났다.

초기 청동기 시대에 이라크 북부와 시리아의 토착 문화는 더 강력해졌고, 500년 이상 메소포타미아 남부에서의 침략도 없었다. 우루크 문화는 그 지역에 상대적으로 쉽게 침투할 수 있었지만, 수메르와 아카드의(Sargonic) 왕들은 지방 통치자와 성곽도시를 통제하기 위해서 무력을 행사해야 했고,[21] 결과적으로 남부 지역이 초기 도시화가 진행된 유일한 지역이 아님을 보여주었다.[22] 건지농법 지역에 새로운 유형의 거주지가 생기면서 이 거주지와 메소포타미아 남부 사이에 새로운 관계가 촉진되었다. 카부르 강 유역(텔 하무카르[Tell Hamoukar], 텔 레일란, 텔 모잔, 텔 브라크, 텔 추에라[Tell Chuera])과 시리아 연안의 알레포 평원 지역(비블로스[Byblos], 홈스[Homs], 에블라, 유프라테스의 카트나[Qatna])에서는 건지농법 및 양과 염소의 사육에 의존하였기 때문에 별다른 관개 시설 없이도 대규모로 밀과 보리를 경작할 수 있었다.[23] 또한 아카드 시대 유물이 이라크 북부에 있는 함린 분지 여기저기에서 발견되었다.[24] 초기 청동기 시대가 속한 천년기의 전반부 동안 이 지역에 정치경제 조직이 존재했었는지 여부는 현재까지 알려진 바가 없지만 아마도 중앙 통제 체계를 갖추지 않은 소규모의 조직이 작은 도시들을 중심으로 나

21 Algaze, "The Uruk Expansion," *Current Anthropology* 30 (1989): 601.

22 다음을 보라. I. Gelb, "Mari and the Kish Civilization," in *Mari in Retrospect,* ed. G. Young (Winona Lake, Ind.: Eisenbrauns, 1992), 122.

23 H. Weiss, "Introduction: The Origins of Cities in Dry-Farming Syria and Mesopotamia in the Third Millennium B.C.," in *Origins of Cities,* 1–6.

24 D. Hansen, "A Reevaluation of the Akkad Period in the Diyala Region on the Basis of Excavations from Nippur and in the Hamrin," *AJA* 86 (1982): 531–38.

타났던 것 같다.[25]

이러한 새 성곽도시들이 남부인들에 의해 시작되었는지 아니면 자체적으로 발생했는지는 분명하지 않다.[26] 이런 도시 중 하나는 시리아 북서쪽에 있는 텔 마르티크(고대 에블라)다. 이 지역은 남부에 있는 동시대 유적들과 대등한 수준의 복잡한 도시화를 이룬 유일한 유적지다.[27] 이 도시는 문화적 독립성을 보여주는 동시에 역사적으로는 이전 세대와의 연속성을 드러내는데, 설형문자의 이용을 포함하여 수메르와 많은 유사성을 갖고 있다.

유프라테스의 텔 하리리(Tell Hariri, 고대 마리[Mari])는 에블라와 마찬가지로 문화적으로 수메르 남부로부터 괄목할 만한 독립성을 보여준다. 최근 발굴을 통해 이 도시는 초기 왕조 제1기 말 또는 초기 왕조 제2기 초에 설립된 것으로 드러났다.[28] 발굴자들은 구릉지 남쪽 언덕에서 웅덩이와 도시를 가로지르는 운하 및 다수의 운하 지류를 발견한 것으로 보이는데, 이러한 시설들은 밀 생산을 용이하게 해주었을 것이다. 도시에는 큰 성곽, 세 개의 재건된 이쉬타르 신전, 그리고 거대한 사르곤 궁전이 있었다. 우르 제3왕조 시대의 묘를 연상시키는 작은 규모의 동시대(기원전 약 2100년) 무덤들이 발견되었다.

25 H. Weiss, "Tell Leilan and Shubat Enlil," *MARI* 4 (1985): 269.

26 H. Weiss in *Origins of Cities*, 2.

27 에블라에 관한 일반적인 연구는 다음을 포함한다. P. Matthiae, *Ebla: An Empire Rediscovered,* trans. C. Holme (Garden City, N.Y.: Doubleday, 1981); G. Pettinato, *The Archives of Ebla: An Empire Rediscovered in Clay* (Garden City, N.Y.: Doubleday, 1981); idem, *Ebla: A New Look at History,* trans. C. F. Richardson (Baltimore: Johns Hopkins University Press, 1991).

28 가장 최근의 발굴 보고서는 다음을 보라. *MARI* 1–6 (1982–90), and J. Margueron in Weiss, *AJA* 98 (1994): 130–31.

유프라테스 강변의 마리 북부에는 텔 아샤라(Tell Ashara, 고대 테르카[Terqa])가 있다. 이 유적지는 동시대 어느 도시에도 뒤지지 않는 대규모의 방어체계를 갖추고 있었다.[29] 유프라테스 중류에서 북쪽으로 올라가면 셀렌카히예(Selenkahiye)와 텔 하디디(Tell Hadidi)에서 기원전 제3천년기 말에 사람들이 거주했다는 증거가 나타난다.[30] 더 북쪽으로는 터키 국경 근처 유프라테스 강변 카르케미쉬 정남쪽에 위치한 티시린(Tishreen)댐 구조 프로젝트를 통해 그 지역이 거주지였으며, 기원전 제3천년기 후반에 거주지 수가 많이 증가했음을 밝혀냈는데, 그중 대표적인 곳이 텔 에스-스웨이하트(Tell es-Sweyhat)다.[31]

시리아 카부르 지역 탐사를 통해 메소포타미아 전통에 확고히 뿌리 박은 주요 인종 집단인 후르리인(the Hurrians)에 대해 많은 것을 알 수 있었다.[32] 후르리의 유적지 중 하나인 텔 추에라는 수메르 남부와 유사성을 보여준다.[33] 그곳에는 시리아 북부의 많은 거점도시들에서 볼 수 있는 상, 하부 성채의 뚜렷한 윤곽뿐만 아니라 그 시대의 양식을 반영하는 거대한 석조 건축물의 흔적도 남아 있다. 이 지역에서 발굴된 또

29 G. Buccellati et al., *Terqa Preliminary Reports 10: Introduction and the Stratigraphic Record* (Malibu: Undena, 1979), 42–83.

30 M. van Loon, "1974 and 1975 Preliminary Reports of the Excavations at Selenkahiye near Meskene, Syria," in *Archeological Reports from the Tabqa Dam Project—Euphrates Valley, Syria,* ed. D. N. Freedman, 44 (Cambridge: ASOR, 1979), 97–113; R. Dornemann, "Tell Hadidi: A Millennium of Bronze Age City Occupation," in ibid., 113– 51; idem, "Tell Hadidi: One Bronze Age Site among Many in the Tabqa Dam Salvage Area," *BASOR* 270 (1988): 13–42.

31 T. McClellan et al. in H. Weiss, *AJA* 95 (1991): 700–707; 텔 에스-스웨이하트에 대해서 다음을 보라. T. McClellan and R. Zettler in H. Weiss, *AJA* 98 (1994): 139–42.

32 다음을 보라. G. Wilhelm, *The Hurrians,* trans. J. Barnes (Warminster: Aris & Phillips, 1989).

33 W. Orthmann, "The Origin of Tell Chuera," in *The Origins of Cities,* 69.

다른 대규모 유적지는 텔 모잔(고대 우르케시[Urkesh])이다.[34] 그곳의 높은 구릉지에는 성곽과 함께 이 시기의 것으로는 가장 거대한 규모의 사축식(bent-axis) 신전 구조물이 있었다. 구조물의 벽은 1.6미터 두께였고 신상 안치소로 보이는 건물 안에는 사자상이 있었다. 이 시기의 텔 브라크에는 아카드 시대의 여러 큰 건물과 우루크 시대에서 아카드 시대에 이르는 독특한 일련의 도자기 유형이 나타났다.[35] 최근에는 중앙 카부르 하수 프로젝트를 통해서 라카이(Raqa'i) 유적지에 있는 작은 시골 공동체의 사회-경제 조직을 조사했다.[36]

시리아 카부르 평원의 이라크 국경 근처에 텔 레일란이 있다.[37] 마을의 하부는 다수의 가정집과 배수로가 있는 골목길, 구획도로 등 기원전 제3천년기와 제2천년기의 정착에 대한 증거를 제공한다.[38] 그 도시는 기원전 2600-2400년경에 세워진 것으로 보이며, 발굴에 참여한 학자들은 이후에 발생한 심각한 사회변동으로 텔 레일란이 계급 사회로 변화되었다고 추정하고 있다. 발굴자들은 텔 레일란 같은 유형의 많은 성곽 도시가 이 시기에 건축되었다는 것을 알아냈다.[39] 또한 이 도시

34 G. Buccellati and M. Kelly-Buccellati, *Mozan 1: The Soundings of the First Two Seasons* (Malibu: Undena, 1988); idem, "Urkesh: The First Hurrian Capital," *BA* 60 (1997): 77-96.

35 D. Oates and J. Oates, "Akkadian Buildings at Tell Brak," *Iraq* 51 (1989): 193-211; idem, "Excavations at Tell Brak, 1990-1991," *Iraq* 53 (1991): 127-46.

36 H. Curvers and G. Schwartz, "Excavations at Tell al-Raqa'i: A Small Rural Site of Early Northern Mesopotamia," *AJA* 94 (1990): 3-23.

37 H. Weiss, "Tell Leilan on the Habur Plains of Syria," *BA* 48 (1985): 5-35; 그리고 H. Weiss et al., "1985 Excavations at Tell Leilan, Syria," *AJA* 94 (1990): 529-82.

38 H. Weiss, "Tell Leilan 1989: New Data for Mid-Third Millennium Urbanization and State Formation," *MDOG* 122 (1990): 193-218.

39 H. Weiss, "The Origins of Tell Leilan and the Conquest of Space in Third Millennium Mesopotamia," in *Origins of Cities,* 83.

들은 남부의 중앙집권화한 국가들(사르곤의 아카드와 같은)과의 직접적인 접촉을 통해 형성된 것이 아니라 토착적이고 독자적인 과정을 통해 형성된 것으로 보인다. 이 지역의 도시화로 인해 남부 국가들이 사르곤 시대에 그 지역으로 이주했을지도 모른다.[40] 이런 여러 성곽 도시들은 남부의 성곽 도시보다 사실상 규모가 더 컸다.

중기 청동기 시대(Middle Bronze: 기원전 2100-1600년)

이신, 라르사, 텔 에드-데르(Tell ed-Der) 유적지에서의 발굴 작업과 함께[41] 시리아와 이라크의 중기 청동기 시대에 속한 다수의 중간 규모 유적지가 지난 세대에 발굴되었고, 그 결과 성서의 족장 시대를 이해하는 데 전반적인 도움을 주었다. 그 유적지 중 하나가 티그리스와 유프라테스가 합류하는 최북방 지역에 위치한 마슈칸-샤피르(Mashkan-Shapir)다. 이 도시는 주요 무역 중심지이자 라르사의 마지막 왕들이 살았던 곳이었다. 절정기는 짧았지만 그 도시의 건축 계획이 밝혀짐에 따라 지역적 도시화와 도시 계획을 이해하는 데 도움이 되었다.[42]

40 H. Weiss, "Third Millennium Urbanization: A Perspective from Tell Leilan," in *Tall al-Hamīdīya*, ed. S. Eichler et al., OBO Series Archaeologica 4.6 (Freiburg: Universitätsverlag, 1990), 2:163.

41 예컨대 B. Hrouda, ed., *Isin-Išān Bahrīyāt,* vols. 1–2 (Munich: Verlag der Bayerischen Akademie der Wissenschaften, 1977–81); J. Huot, ed., *Larsa et 'Ouelli, travaux de 1978–1981* (Paris: Éditions recherche sur les civilisations, 1983); L. de Meyer, ed., *Tell ed-Der,* I–IV (Louvain: Peeters, 1977–84).

42 E. C. Stone and P. Zimansky, "Mashkan-shapir and the Anatomy of an Old Babylonian City," *BA* 55 (1992): 212–18.

키르비트 에드-디니예(Khirbit ed-Diniye, 고대 하라둠[Haradum], 마리에서 남동쪽으로 90킬로미터 거리의 유프라테스 중류 이라크 지역에 위치)는 새로운 강변 도시로서 기원전 18세기(마리 멸망 이후)에 생긴 것으로 보인다. 또한 바빌로니아의 변경 지대로서 100년 이상 존속한 도시였다. 1980년대에 이라크의 프랑스 고고학사절단(Délégation Archéologique Française en Iraq)은 그 유적지에서 6차에 걸쳐 방대한 구조 프로젝트를 연달아 수행하였다.[43] 하라둠 유적지는 매우 작지만 성곽 요새를 갖추고 있었다. 그곳은 계획도시의 중심지로서 곧게 뻗은 도로들이 직각으로 가로지르는 매우 규칙적인 도시 구획을 보여준다. 시리아-메소포타미아에서 이처럼 규칙적인 도시계획의 예를 발견하는 것은 드문 일인데, 학생들은 이곳에서 매우 정교한 도시 계획을 엿볼 수 있는 기회를 가지게 된다.

이 시기(시리아 역사에서 구시리아 시대로 불리는 시기)에 시리아는 메소포타미아 남부와 친밀한 문화적 유대관계를 지속해왔다. 다수의 주요 정치 중심지에서 발굴이 이루어졌는데 그중 슈바트-엔릴(텔 레일란)[44]은 그 당시 아시리아의 중심지였으며 샴시아다드 1세(Shamshi-Adad I, 기원전 1814-1781년)의 통치하에 있었다. 분명한 사실은 그의 치세하에 카부르 강 상류 삼각지가 최초로 주도권을 획득했다는 것이다. 이전에 그 지역은 한 번도 연합 정치 체계로 통합된 적이 없었다. 그러

43 C. Kepinski-LeComte et al., *Haradum I: Une ville nouvelle sur Le Moyen-Euphrate (XVIIIe–XVIIe siècles av. J.-C.)* (Paris: Éditions recherche sur les civilisations, 1992).

44 텔 레일란은 일반적으로 슈바트 엔릴과 동일 지역으로 받아들여졌다. D. Charpin, "Šubat-Enlil et le pays d'Apum," *MARI* 4 (1985): 129–40; H. Weiss, "Tell Leilan and Shubat Enlil," *MARI* 4 (1985): 269–92; 그리고 R. Whiting, "Tell Leilan/Šubat-Enlil: Chronological Problems and Perspectives," in *Tall al-Hamīdīya,* 2:167–218를 보라.

나 그의 통치가 끝나고 얼마 되지 않아 그 지역은 다시 소규모의 상대적으로 독립적이며 연합되지 않은 도시국가 형태로 회귀했는데, 이 도시국가들은 기원전 제3천년기의 정치 조직체와 아주 흡사했다.[45]

마리에서 북쪽으로 약 50킬로미터 떨어진 곳에 테르카(Terqa)가 있었다. 그곳은 중기 청동기 시대 말에 중요성을 갖기 시작한 지역이었다.[46] 이 유적지에서 상당한 양의 건축 관계 자료(신전 복합 건물, 행정 관청 지역, 일반 주택의 존재를 증명하는)가 출토되었다. 유적지의 연대는 마리의 멸망(기원전 약 1760년)과 (구)바빌로니아의 멸망(기원전 약 1595년) 사이, 소위 어둠의 시대로 추정된다. 이 시기에 테르카는 유프라테스 중류에 있는 카나(Khana) 왕국의 수도였음이 거의 확실하다. 또한 테르카는 이 시기에 아모리의 주요 거점이었고, 따라서 족장 시대의 전반적인 문화 환경에 대해 조명해준다.

후기 청동기 시대(Late Bronze: 기원전 1600-1200년)

메소포타미아 남부지역 대부분이 18세기 말까지 약 4세기 동안 버려져 있었다는 증거가 새로운 연구를 통해 나타났다. 이러한 장기간의 탈도시화는 아마도 부분적으로는 유프라테스 강 흐름의 변화에 기인한

45 이 시기의 카부르 지역 부지 조사에 대해 다음을 보라. D. Oates, "Walled Cities in Northern Mesopotamia in the Mari Period," *MARI* 4 (1985): 585–94.

46 일반적인 조사는 다음을 보라. M. Chavalas, "Terqa on the Euphrates," *BA* 59 (1996): 90–103; G. Buccellati, "The Kingdom and Period of Khana," *BASOR* 270 (1988): 43–61.

것으로 보인다.[47] 최근 이라크 중부 딜바트(Dilbat) 유적지에 대한 탐사를 통해 이 시기에 대한 지식적 공백을 메울 수 있게 되었다.

같은 시기에 시리아의 상황은 상당히 달랐다. 시리아는 이집트와 아나톨리아(히타이트족)의 지배하에 고통으로 신음하고 있었고, 카부르 지역(미타니)에서 후르리족의 강력한 왕조 시대를 견뎌내야 했으며, 덧붙여서 유목민들의 압력과 정착민들, 특히 아람 사람들의 압력을 견뎌야만 했다. 후르리족(미타니 왕국)은 바빌로니아의 폐허에서 일어나 카부르 지역에서 다시 주도권을 잡았고, 샴시아다드 1세 이래 처음으로 시리아를 통일했다.

이 시기에 가장 영향력 있는 시리아 도시 중의 하나는 우가리트(Ugarit)로 성서학 분야에서 잘 알려진 곳이다. 그곳은 하티(Hatti)에 조공을 바치는 지중해 연안에 위치한 교역의 거점이었다. 이 유적지의 예술과 건축은 독립된 문화 전통을 보여주며 시리아에서 이전에 행해졌던 발굴의 결과물과는 다른 양상을 보여주었다. 최근에 행해진 수로학 조사(hydrographic surveys)를 통해 우가리트 도시의 물이 구릉지를 에워싸 흐르는 작은 두 강으로부터 공급되었음을 밝혀냈다.[48] 또한 돌무더기의 잔해가 발견되었는데, 그것이 강물을 막는 댐 역할을 했을 것이라고 추측하고 있다. 이 연구로 고고학자들은 도시 입구의 위치를 밝힐 수 있었다.[49]

이 시기 후반에 시리아의 대부분은 정치적으로 하티의 지배하에 있

47 J. Armstrong, "West of Edin: Tell al-Deylam and the Babylonian City of Dilbat," *BA* 55 (1992): 219–26.

48 Y. Calvert and B. Geyer, "L'eau dans l'habitat," *RSO* 3 (1987): 129–56.

49 M. Yon, "La ville d'Ougarit au XIIIe s. av. J.-C.," *CRAIBL* (1985): 705–21; idem, *The City of Ugarit at Tell Ras Shamra* (Winona Lake, Ind.: Eisenbrauns, 1998).

었다. 그러나 우가리트 외에도 유프라테스의 에마르처럼 독립된 문화 전통을 가진 번성하는 거점도시들이 여럿 있었다. 에마르 지역에 특히 건축과 관련하여 히타이트인이 존재했던 증거가 있기는 하지만[50] 히타이트 거민의 대대적인 유입은 확실히 없었으며 에마르 문화는 히타이트의 정치와·관료체계에 크게 영향 받지 않았다.

초기 철기 시대(Early Iron: 기원전 1200-600년)

기원전 제1천년기 니느웨의 인근지역에 대한 정보를 얻기 위해 니느웨에 대한 발굴 작업이 재개되었는데, 이것은 초기 발굴 작업에서 간과되었던 부분이다.[51] 결과적으로 이제는 도시의 전반적인 설계를 밝힐 수 있게 되었다. 산헤립(Sennacherib, 기원전 705-681년경)은 도시를 전면적으로 재설계하기 위해 도시의 주요한 구성요소들을 새로 기획했다. 가장 눈부신 부분은 최남단의 출입항구인 할지 관문(Halzi Gate)에서의 작업이었다. 이 항구가 마지막으로 활발하게 사용되었던 시기는 기원전 612년, 니느웨의 멸망 직전인 것으로 보인다. 방어시설을 강화하기 위해 주민들이 급박한 조치를 취한 것으로 나타났다. 관문 부근에는 많은 사람들이 무참히 살해된 흔적이 있었다. 구리와 철로 된 많은 화살촉이 해골들과 함께 발견되었다. 우리는 동맹군이 북쪽의 수비군들을

50 G. Beckman, "Hittite Administration in Syria in Light of Texts from Hattusa, Ugarit, and Emar," in *New Horizons in the Study of Ancient Syria,* ed. M. Chavalas and J. Hayes (Malibu: Undena, 1992), 41–49.

51 D. Stronach and S. Lumsden, "UC Berkeley's Excavations at Nineveh," *BA* 55 (1992): 227–33.

제압할 수 있었던 이유를 새롭게 추측해볼 수 있다. 수비군들은 코스르(Khosr) 강이 범람하는 동안 북쪽과 남쪽 관문을 동시에 방어해야만 했던 것이다. 니느웨의 멸망에는 분명히 강의 범람이 관련되었다.

청동기 시대 초기에 시리아는 아시리아 제국이 출현할 때까지 최소한 4세기 동안 파괴와 분열의 시기를 겪었다. 그러나 에블라 북쪽의 텔 아피스(Tell Afis) 유적지는 시리아 해안지역이 "어둠의 시대"를 지나는 동안 이 북부의 경제 중심지가 정치적·경제적으로 안정되었음을 보여준다.[52] 텔 아흐마르(Tell Ahmar)가 잘 보여주는 것처럼 후기 철기 시대(기원전 9세기와 그 이후)에는 유적지의 규모가 극적으로 증대되었다.[53]

구약성서의 일반적인 지리문화적 배경을 조명해줄 시리아-메소포타미아의 고고학 자료를 요약하는 데는 아마도 여러 세대가 필요할 것이다. 이 지역에서 나오는 지극히 방대한 정보를 통해 우리는 성서 세계를 더 잘 이해할 수 있게 되었다.

이집트와 팔레스타인

이집트에 대한 성서의 첫 언급은 족장 아브라함의 기사에 나타난다. 아브라함은 기근을 피해서 이집트에 갔으며 자기 아내 사라의 정체를 숨기려다가 어려움에 처한다(창 12:10-20). 이 이야기에 나오는 왕 혹은 파라오를 마네토(Manetho)의 목록이나 이집트 기록을 통해 알려진 왕

52 S. Mazzoni in H. Weiss, *AJA* 95 (1991): 729–32.
53 G. Bunnens, *Tell Ahmar: 1988 Season* (Leiden: Brill, 1990).

과 동일시하려는 시도는 위험할 것이다.[54] 바로 이런 이유로 그 사건은 본장에서 강조하는 점들에 대해 좋은 본보기가 된다. 다시 말해 이집트와 관련된 성서 텍스트에서 아직까지 해결되지 않았거나 적어도 느슨한 결말을 보여주는 문제들을 다시 한번 짚고 넘어가자는 것이다. 이런 문제들은 역사상의 상호관계—예를 들어 출애굽기의 파라오에 대한 해묵은 질문—에 관한 문제나 한때 확정되었다고 여겼던 성서 지명들의 확인도 포함하고 있다.

또 다른 문제는 팔레스타인과 이집트의 고고학에 대한 성서의 관계, 그리고 특히 일부 고고학자들의 결론과 관련된 것이다. 20세기 전반에 걸쳐 올브라이트(Albright) 학파는 상당한 영향력을 행사해왔다. 일부는 올브라이트가 탁월한 지위를 점유했다고 평가할 것이다. 그러나 1971년에 일어난 그의 죽음 이래로 무대는 상당히 변했다. 그의 결론들의 대부분은 폐기되거나 최소한 이의가 제기되었다. 한 가지 예는 아브라함의 낙타들과 관련된 오래된 밤나무에 관한 것이다. 낙타 사육이 기원전 약 1100년이 되어서야 시작되었다는 올브라이트의 주장은 주로 디글랏-빌레셀 1세(Tiglath-pileser I, 기원전 1115-1077년)의 부서진 방첨탑(Broken Obelisk) 비문 증거에 기초하였다. 지금은 이 방첨탑을 아슈르-벨-칼라(Ashur-bel-kala)의 것으로 보는데, 그 내용에 박트리아 낙타의 사육이 언급되어 있다.[55] 리핀스키(Lipinsky)는 유감스럽게도

54 기원전 3세기 이집트의 제사장인 마네토는 이집트 역사를 30왕조로 배열했다. 그의 역사는 다른 고대 저자들에 의해 단편적으로만 보존되었다. 번역본으로는 다음을 보라. *Manetho,* trans. and ed. W. G. Waddell, LCL (London: Heinemann; Cambridge, Mass.: Harvard University Press, 1940).

55 A. K. Grayson, *Assyrian Royal Inscriptions,* vol. 2 (Wiesbaden: Harrassowitz, 1976), no. 89; idem, *Assyrian Rulers of the Early First Millennium B.C. II (858–745 B.C.),* Royal Inscriptions of Mesopotamia, Assyrian Periods 3 (Toronto: University of Toronto

이 학파가 이른 시기의 사육에 대한 현재의 상당한 고고학 증거를 무시하거나 발뺌하려 했다고 주장한다.[56] 어느 경우든 증거의 부재(이 경우에는 비문 간의 불일치)는 부재의 증거가 아니라는 고고학 원리는 지금도 유효하다. 족장 기사 및 초기 이스라엘과 관련해서 레드포드(Redford), 반 시터즈(Van Seters), 톰슨(Thompon), 위틀램(Whitelam) 등과 같은 "역사적 미니멀리스트"들은 이전 올브라이트의 합의점을 논박했다.[57] 우리는 현재 성서 고고학에 있어 올브라이트 이후의 단계에 살고 있다. 아마 우리는 올브라이트의 합의점에 관한 학자들의 부정적인 여러 가지 판단을 받아들여야 할지도 모른다. 하지만 이 문제를 다른 방법, 즉 초기 이스라엘과 관련하여 성서 자료에 대한 좀 더 긍정적인 접근을 통해 풀어갈 수도 있을 것이다.

우리가 흔히 갖게 되는 인상과는 달리, 이와 관련된 여러 이슈들에 대한 주된 접근법은 오늘날 유행처럼 번지고 있는 "올브라이트 공격"에 착수하는 것이 아니다. 그렇다고 올브라이트의 전통적 이론을 보강하기 위해서 새로운 증거를 제시하는 것도 아니다. 오히려 새로운 증거에 비추어 전통적 접근이 막다른 골목에 이르렀다는 것과 새로운 접근법이 요구된다는 점을 보여주는 것이다. 일부 문제들은 더 나은 증거가

Press, 1996), 103–4.

56 M. Ripinsky, "Camel Ancestry and Domestication in Egypt and the Sahara," *Archaeology* 36.3 (1983): 26.

57 D. B. Redford, *A Study of the Biblical Story of Joseph* (*Genesis 37–50*), VTSup 20 (Leiden: Brill, 1970); idem, *Egypt, Canaan, and Israel in Ancient Times* (Princeton: Princeton University Press, 1992); J. Van Seters, *Abraham in History and Tradition* (New Haven: Yale University Press, 1975); T. L. Thompson, *Early History of the Israelite People* (Leiden: Brill, 1992); K. Whitelam, "Recreating the History of Israel," *JSOT* 35 (1986): 45–70.

입수될 때까지는 미해결인 채로 남아 있어야 한다. 어떤 문제들의 경우에는 만일 다른 방법을 채택한다면 해답이나 해결에 이르는 길을 찾을 수도 있을 것이다. 본장에서 집중하여 다룰 내용은 요셉 이야기의 특징, 레드포드가 최근 역사성에 대한 이의를 제기한 것에 비추어 출애굽-정복 문제, 그리고 기원전 제1천년기 동안의 이집트인과 이스라엘인의 접촉에 관한 것이다. 마지막으로 나는 기브아를 모델로 삼아 팔레스타인 유적지들의 위치를 탐구하려 한다. 문학 방면에서는 잠언과 아메네모페의 가르침(Teaching of Amenemope)의 관계에 대한 오래된 질문이 최근 수십 여 년간 철저하게 논의되었기 때문에 그것을 언급하고자 한다.[58]

요셉 이야기: 관점과 문제

이런 내러티브 모음을 소개할 때 우리는 레드포드와 같은 역사적 미니멀리스트와 맞닥뜨리게 된다. 그는 요셉 이야기의 몇몇 세부사항과 지역적 특성에 관한 요소들이 진정성을 보인다는 점을 인정하기는 하지만 그의 주요 결론은 이 내러티브들이 기원전 제1천년기에 속하며 그 시대를 반영한다는 것이다. 키친(Kitchen)은 그에 대한 답변으로 언어학적 문제와 지역적 특색의 문제에 대해 몇 가지 중요한 점을 지적하기는 하지만 요셉의 정확한 역사적 위치에 대해서는 언급하지 않았다.[59]

58 예를 들어 J. Ruffle, "The Teaching of Amenemope and Its Connection with the Book of Proverbs," *TynBul* 28 (1977): 29–68, 그리고 주석들을 보라.

59 K. A. Kitchen, "Review of Redford, *Study of the Biblical Story of Joseph*," *OrAnt* 12

그러므로 먼저 언어학적 문제와 지역적 특색에 관한 문제를 순서대로 논의해보겠다.

왕의 술잔 맡은 자와 떡 굽는 자 에피소드

여기서 우리는 술 고르는 임무를 맡은 왕의 집사(Royal Butler, 이집트어로 *wb3 nsw*)와, 왕 앞에서 시음을 한 후에 왕에게 술을 바치는 왕의 술잔 맡은 자(Royal Cupbearer, 이집트어로 *wdpw nsw*)의 차이에 주목해야 한다.[60] 어느 직책이 히브리 용어로 마쉬케 멜레크-미츠라임(*Mašqeh melek-miṣrayim*, 창 40:1)과 사르 하마쉬킴(*sar hammašqim*, 창 40:2)으로 이해됐는지 분명히 말하기는 어렵다. 버고트(Vergote)는 전자가 왕의 술잔 맡은 자(*wdpw*)를 나타낸다고 주장했다. 그러나 키친은 "집사"(*wb3*)가 좀 더 정확한 동의어라고 주장한다.[61] 이와는 대조적으로 왕의 떡 굽는 자는 아직까지 이집트 문헌을 통해서 규명되지 않은 직책이지만 그런 직책이 있었다는 것은 분명하다. 고대에는 이들 모두 책임이 매우 큰 직책이었다. 집사와 술잔 맡은 자는 왕이 술을 마시기 전에 왕의 술

(1973): 233–42.

60 둘은 종종 문학에서 구별되지 않는다. 예를 들어 E. M. Blaiklock, "Cupbearer," *NIDBA*, 143. 그러나 적절한 표제어를 다음에서 보라. R. O. Faulkner, *A Concise Dictionary of Middle Egyptian* (Oxford: Oxford University Press for the Griffith Institute, 1976), 58, 73.

61 J. Vergote, *Joseph en Égypte: Genèse chap. 37–50 à la lumière des études égyptologiques récentes* (Louvain: Publications universitaires, 1959), 33; K. A. Kitchen, "Review of Vergote, *Joseph en Égypte*," *JEA* 47 (1961): 159. Also G. J. Wenham, *Genesis 16–50*, WBC (Waco: Word, 1994), 381.

에 대한 책임을 졌다. 왕의 떡을 굽는 자의 임무는 아마 다양한 종류의 빵들에 대한 품질 관리를 감독하는 일이었을 것이다. 어떤 이집트 문헌에서는 다양한 종류의 식사용 빵, 페이스트리, 과일빵, 케이크 등이 등장하는데 특히 장례식이나 신전 제사의 맥락에서 언급되고 있다.[62] 람세스 3세(Rameses III) 시대의 해리스 파피루스(Harris Papyrus)에는 신전 제물 목록에 적어도 30가지 이상의 구운 빵 종류가 나열되어 있다.[63]

궁정에서 벌어지는 음모들 때문에 음식을 통해 왕을 독살하려는 시도로 인한 위험은 늘 상존했다. 술잔 맡은 자와 왕의 떡 굽는 자의 투옥은 필시 왕에 대한 그런 음모를 반영할 것이다. 한편 이 둘이 요셉과 같은 감옥에 투옥된 것은 감옥이 "(왕의) 시위대장"(*sar haṭṭabbaḥim*, 즉 보디발)에게 속해 있었고 또한 왕궁과 가까운 곳에 있었다는 점을 시사한다.[64] 이러한 결론이 무난하게 여겨지며, 또한 궁정 음모라는 주장에 무게를 더 실어준다. 이집트에서는 그러한 음모가 발생했을 때 모든 용의자를 체포 및 투옥하여 각각 차례대로 심문한 후에 사건의 책임자로 여겨지는 사람(들)의 죄를 물어서 (대개 사형을) 선고했고, 결백한 사람들은 복직시켰다. 실례로 람세스 3세의 왕위를 탈환하여 그의 아들 중 한

62 다음에서 지적한 것처럼: W. A. Ward, "Egyptian Titles in Genesis 39–50," *BSac* 114 (1957): 43–45.

63 J. H. Breasted, *Ancient Records of Egypt,* 5 vols. (Chicago: University of Chicago Press, 1906–7), 4: §§238, 291에 실린 해리스 파피루스(Harris Papyrus)를 보라.

64 이집트 감옥에 관한 정보에 대해서는 다음을 보라. W. C. Hayes, *A Papyrus of the Late Middle Kingdom in the Brooklyn Museum* (Brooklyn: Brooklyn Museum, 1955; reprinted 1972), 37–42. C. F. Aling은 (*Egypt and Bible History* [Grand Rapids: Baker, 1981], 37) 중왕국 시대 테베에 있던 유명한 대감옥에 시선을 집중시킨다. 그는 이곳이 요셉이 갇혔던 실제 감옥이었을 것이라고 추측한다. 그러나 제12왕조의 왕은 파이윰 지역에 있는 이츠타비에 거주했었다. 다음을 보라. J. Baines and J. Málek, *Atlas of Ancient Egypt* (Oxford: Phaidon; New York: Facts on File, 1984), 40.

명에게 주려는 음모가 하렘에서 발생했다.[65] 수사 과정에서 용의자들은 한 명씩 "취조실"로 소환되었고, 차례차례 협의가 인정되어 형벌에 처해지거나, 피고가 고귀한 가문 출신인 경우에는 자살하도록 유도되었다. 흥미롭게도 공모자 중 몇몇은 궁정 집사였으며, 심지어 취조자 중 한 명도 공모자라는 사실이 밝혀졌는데, 그는 파이 베스(Pai-Bes)라는 궁정 집사였다.

고센 땅

"고센"이라는 이름은 구약성서의 열한 곳에서 야곱의 확대가족이 거주한 장소로 언급된다. 첫 번째 텍스트는 요셉이 그의 아버지에게 처음으로 거주지를 약속하는 창세기 45:10이며, 마지막 텍스트는 출애굽 시에 있었던 큰 우박에 대해 묘사하는 출애굽기 9:26이다. 히브리 성서에서는 언제나 "고센 땅"(*'ereṣ gošen*)으로 언급되기 때문에 고센이 지역을 가리킨다는 인상을 준다. 이러한 인상은 창세기 47:11을 통해 더욱 보강된다. 그 구절에서는 동일한 지역(또는 동일하게 보이는 지역)을 "람세스의 땅"(*'eres ra'meses*)이라고 부른다. 이집트 기록에 *Gsmt*라는 표현이 등장하는데, 이것은 *Šsmt*로도 읽을 수 있다. 따라서 그 단어가 성서에 나오는 고센을 가리키는지는 확실하지 않다. 왜냐하면 두 음가를 가진 첫 번째 기호(first biliteral sign)를 어떻게 읽느냐에 따라 의미가 달라지기 때문이다.[66] 오래 전에 내빌(Naville)은 (A. H. 가디너에 반하여) *Gsmt*

65 *ANET,* 214–16.

66 *NBD* (483)에서 Kitchen은 이 주석을 관련 없는 것으로 제외하나 *ZPEB* (2:779)의 서

가 정확한 독법이며 셈어 필사에서는 *m*과 *n*을 바꿔 쓸 수 있다고 주장했다.[67]

그러나 70인역은 다른 인상을 준다. 창세기 45:10과 46:34에서 70인역은 "아라비아의 게셈 땅에서"(*en ge Gesem Arabias*)로 읽는다. 그것이 정확한 독법이라면 이 독법은 적어도 이집트 기념비의 *Gsmt*와 일치한다. 그리고 70인역의 창세기 46:28, 29에서는 모두 "영웅들의 도시에서"(*kath' Heroon polin*)라고 읽는다. 후자는 이 도시를 창세기 47:11에 언급된 지역인 "람세스의 땅에"(*eis gen Ramesse*) 위치시킨다.

고센이라는 도시의 이름이 그 도시가 속한 지역의 명칭에서 유래했을 것이라는 의혹은 4세기의 순례자인 에게리아(Egeria)의 기록에서 유래한다. "그들은 그곳에 위치한 성채의 이름을 따라 오늘날 클리스마(Clysma)로 알려진 장소에 도착했으며, 우리는 고센 땅으로 가서 소위 '아라비아의 도시'로 알려진 곳으로 가기를 원했다. 그 도시의 이름은 그 지역의 명칭에서 유래하는데 그 지역은 '아라비아 땅, 고센 땅'이라 불린다."[68] 에게리아가 70인역을 염두에 두었다는 것은 분명하지만, 그녀가 지역 전통을 반영한다는 점도 확실하다. 왜냐하면 그녀는 성서

문에서는 이 동등성의 가능성을 지지하며 Montet와 Van Seters를 인용하면서 좀 더 수용적이다(J. Van Seters, *The Hyksos: A New Investigation* [New Haven: Yale University Press, 1966], 146, 148를 보라). H. G. Stigers, *Theological Wordbook of the Old Testament,* ed. R. L. Harris, G. L. Archer, and B. K. Waltke, 2 vols. (Chicago: Moody, 1980), 1:174에서는 *Gsmt* 독법이 훨씬 더 명확하다고 주장한다. W. A. Ward, "Goshen," *ABD,* 2:1076에서는 독법에 대해 보다 회의적이나 Naville의 구체적인 주장(E. Naville, "Geography of the Exodus," *JEA* 10 [1924]: 28–32)을 연구한 것 같지는 않다.

67 Naville, "Geography of the Exodus," 28–32.

68 *Egeria's Travels to the Holy Land,* trans. and ed. J. Wilkinson, rev. ed. (Jerusalem: Ariel; Warminster: Aris & Phillips, 1981), 100–101.

의 지명과 관련하여 지역주민들에게 문의했다고 말하기 때문이다.[69] 같은 맥락에서 이것을 확증할 수 있는 다른 실마리는 요세푸스(Josephus)에게서 발견되었다. "[파라오는] 그때 [야곱이] 헬리오폴리스에서 자기 자녀들과 함께 살도록 허락했다. 그 이유는 그곳에 왕 소유의 목자들이 목초지를 소유하고 있었기 때문이었다."[70] 그는 70인역의 "헤룬 폴린"(*Heroon Polin*)을 헬리오폴리스(Heliopolis), 다시 말해 유명한 레-아툼(Re'-Atum) 숭배의 중심지인 이우누(Iunu)로 보았다. 델타 남단에 있는 이 도시는 일반적으로 성서에 나오는 고센으로 인식된 지역에서 남쪽으로 너무 멀리 떨어져 있다. 새커리(Thackeray)는 70인역의 "헤룬"에 더 적합해 보이는 지역은 비돔(Pithom, 오늘날의 텔 에르-레테바[Tell er-Reteba])이라고 주장한다.[71]

그러나 헤룬에 대한 다른 가능성이 있다. 그리스의 지리학자 겸 천문학자인 프톨레마이오스(Ptolemy)는 그의 저서 『지리학』(*Geographica*)에서 파쿠사(Phacusa/Phakussa)라는 도시를 언급한다. 그는 이 도시가 아라비아 노모스(nome, 고대 이집트의 행정구역)의 수도라고 기록하였다.[72] 파쿠사는 현대의 칸티르에서 남쪽으로 7킬로미터 떨어진 곳에 위치한 파쿠스(Fakus)와 동일하다는 것을 쉽게 알아차릴 수 있다.[73] 칸티

69 Ibid., 101.
70 Jewish Antiquities 2.7.6 §188.
71 H. St. J. Thackeray, *Josephus: Jewish Antiquities, Books I–IV,* Loeb Classical Library (London: Heinemann; Cambridge, Mass.: Harvard University Press, 1930), 243 n. z.; Albright, *BASOR* 140 (1955): 31 n. 19. 그곳을 나중에 아라비아의 게셈(느 6:1, 6)과 관련 있다고 한 제안은 근거가 없다. T. F. Wei는 "Pithom," *ABD,* 5:377에서 비돔을 적어도 가능한 대안으로 본다; 다음도 보라. J. W. Wevers, *Notes on the Greek Text of Genesis* (Atlanta: Scholars Press, 1993), 787.
72 Ptolemy *Geographica* 1.4.5, 53.
73 Ward, "Goshen," 1076.

르(Qantir)는 오늘날 제19왕조의 람세스의 궁전이 위치한 고대의 피-람세스(Pi-Rameses)로 간주되는데, 예전에는 힉소스(Hyksos)의 수도인 아바리스(Avaris)라고 여겨졌었다.[74] 파쿠사라는 이름을 아바리스 인근 동부 삼각주 도시인 파-케스/쿠스(Pa-Kes/Kus)로 추정한다면, 우리는 고센이라는 이름의 후기 형태를 볼 수 있는데, 한정사 *p3*가 쿠스라는 단어에 주어져 있다. 쿠스(Kus)는 70인역 *Gesem*의 음소 *g-s*와 관련될 수도 있다. 이스라엘인이 이곳에 본거지를 두었다면, 북쪽으로 피-람세스(람세스)와 동남동쪽으로 피-툼(비돔)은 서로 인접한 지역에 있게 된다. 이것은 "람세스가 아라비아(즉 고센) 땅에서 6킬로미터 떨어져 있다"라는 에게리아의 보고와 일치한다.[75] 그렇다면 여기서의 핵심은 바로 고대 역본과 고대 저자가 중요한 실마리를 제공하는 전통을 잘 보존했을 것이라는 사실이다.

요셉의 연대적 배경

요셉 이야기의 연대를 좀 더 일반적으로 결정하려면 이집트 체류 기간을 살펴보아야 한다. 전통적으로 요셉의 시대는 출애굽기 12:40의 430년과 늦은 출애굽 연대인 1275년의 조합을 통해 초기 힉소스 시대

74 다음에 나오는 주장을 보라. Van Seters, *Hyksos,* 127–49; M. Bietak, *Avaris and Piramesse* (Oxford, 1986), 271–83; E. P. Uphill, "Pithom and Raamses: Their Location and Significance," *JNES* 27 (1968): 308–16에서도 제안되었다; J. J. Bimson, *Redating the Exodus and Conquest*, 2d ed., JSOTSup 5 (Sheffield: Almond, 1981), 30–43, esp. 33–40; Aling도 마찬가지다. Aling, *Egypt,* 65–69. 최근에는 Kitchen(*ZPEB,* 5:14) 또한 이 부지를 피-람세스의 것으로 옹호했다.

75 *Egeria's Travels*, 102 n. 15.

인 기원전 1700년경으로 산출되었다. 그러나 일부 텍스트는 힉소스 연대에 반대되는 것으로 나타나는 것 같다. 예를 들어 창세기 41:14을 보자. 힉소스 파라오는 왜 요셉에게 수염을 깎으라고 했는가? 이집트인들은 깨끗하게 면도했고 반면에 "아시아인들"은 항상 수염을 길렀다는 것이 이집트 미술이 보여주는 일반적인 내용이다.[76] 또한 창세기 43:32을 보면 궁정에는 히브리인과 확실하게 거리를 두기 원하는 이집트인으로 가득했음이 분명하다. 왜냐하면 그들은 아시아 목자들을 혐오했기 때문이다. 이것은 힉소스 궁정의 상황과 일치하지 않는다. 마지막으로, 파라오가 힉소스 왕조의 군주였고 실제로 "목자-왕" 전통이 정확한 것이라면, 왜 창세기 46:34에서는 야곱이 비슷한 배경을 가진 왕에게 자신의 목자 역할을 비하했을까? 이 모든 텍스트는 (힉소스인이 아니라) 이집트인이 통치하던 시대를 암시한다. 그러므로 요셉은 힉소스 시대가 아닌 때에 존재했다. 출애굽의 후기 연대 옹호자인 파이퍼(C. F. Pfeiffer)조차 힉소스 배경에 불편을 표현한다.[77]

훨씬 더 적합한 배경은 아마도 제12왕조의 세누세르트(세소스트리스) 3세(Senusert[Sesostris] III)나 그의 후계자인 아메넴헤트 3세(Amenemhet III)일 것이다. 다음 단락에서 이 점을 좀 더 분명하게 밝힐 것이다. 여기서는 엘-카타나(el-Khata'na) 또는 고센 지역에 제12왕조의 유물이 풍부하다는 것을 지적하는 것으로 만족하겠다.[78] 한편 또 다른 출애굽의 후기 연대 옹호자인 키친이 요셉 이야기에 등장하는 많은 이

76 다음에서 일하는 이집트 이발사를 그린 우세르-헤트의 무덤 장면을 참조하라. *ANEP*, no. 80.

77 C. F. Pfeiffer, *Old Testament History* (Grand Rapids: Baker, 1973), 52.

78 *Atlas of Ancient Egypt*, 177–78.

름(사브낫바네아[Zaphenath-panea], 아스낫[Asenath], 보디베라[Potiphera], 창 41:45)은 중왕국 시대에 속하며, 더 늦은 시기의 것은 아니라고 주장했다는 점이 흥미롭다.[79]

요셉의 토지 개혁 주도

창세기 47:13-26의 기사는 궁정이 단계적으로 몰수한 품목이 처음에는 토지, 그다음에는 가축, 마지막으로는 이집트 농민 자신들이었다고 기록한다. 창세기 47:25에는 이 과정의 마지막 단계가 어떻게 실행되는지 묘사되어 있는데, 사람들은 요셉에게 "당신이 우리의 목숨을 구했습니다.…우리는 파라오의 종이 되겠습니다"라고 말한다. 이처럼 그들은 생명 유지의 대가로 자신들을 궁정에 팔았다.

이집트에 이런 관습이 있었는지에 관해 달리 알 방법은 없지만, 고대 근동의 다른 지역에서는 이런 관습이 존재했다는 사실이 밝혀졌다. 어떤 아마르나 문서는 제18왕조 시대에 시리아-팔레스타인에서 그런 관습이 실행되었음을 언급하고 있다. 후기 아시리아 시대의 니푸르 문서도 그것을 입증하며, 중기 아시리아 법률에도 그러한 관습을 암시하는 구절이 있다.[80] 그러나 이러한 관습을 입증하는 문서는 후기 히타이

79 K. A. Kitchen, "Genesis 12–50 in the Near Eastern World," in *He Swore an Oath: Biblical Themes from Genesis 12–50,* ed. R. S. Hess, G. J. Wenham, and P. E. Satterthwaite (Cambridge: Tyndale, 1993), 80–86.

80 각각 다음을 보라. EA 75:13–14; 81:39–40; 85:13–14; 90:36–9; W. L. Moran, *The Amarna Letters* (Baltimore: Johns Hopkins University Press, 1992), 번역을 위해서는 앞에 인용한 곳을 보라; A. L. Oppenheim, "Siege Documents from Nippur," *Iraq* 17 (1955): 69–89. *ANET,* 183 §39, 다음에 논의되었다. Oppenheim, "Siege Documents," 75.

트 시대부터 중기 아시리아 시대에 걸쳐 유프라테스 중류에 있는 에마르 지역에서 가장 많이 발견되는데, 적어도 17개 이상의 문서가 현존한다. 어떤 문서에는 기근의 시대("곤경의 해", *i-na MU KALA.GA*와 변형들)에 개인적으로 자신을 의탁하는 내용이 나오는가 하면 다른 문서에는 가족 구성원을 팔아넘기는 내용이 등장하기도 한다. 후자에 속하는 한 가지 예는 이미 잘 알려져 있다. 네 아이의 발 도장을 찍고 내용을 기록한 계약서가 발견되었는데, 그중 3개의 내용이 복구되었다.[81]

이처럼 에마르 기근 문서는 모두 사적인 계약서이지만, 후로비츠(Hurowitz)가 관찰한 것처럼 이 문서들에는 전문적인 용어인 "*bullutu*"(생명을 유지시켜주다)가 많이 나타난다.[82] 다른 문서들에서는 "*palāhu*"(돌보다)라는 용어가 사용되었다. 이것은 창세기 47:25에 나오는 הֶחֱיִתָנוּ(*heheytanu,* "당신이 우리를 살렸습니다")라는 표현과 비교된다. 이 표현은 궁정 행정부가 기근 동안 생명을 유지할 기본적인 식량을 제공했기 때문에 이집트인들이 공인된 관습에 의해 자신들이 궁정의 노예가 되었음을 스스로 인정했다는 것을 말해준다. 그래서 그들은 자신들의 동산과 부동산까지 포함하여 대대적으로 노예상태에 들어간 것이다. 이로써 궁정이 에마르 문서에서의 노예 소유자/판매자 역할을 대신하는 셈이다.

81 피터스(Peeters) 출판사에서 출간될 나의 논문 "Late Hittite Emar," 제4장, 단락 B를 보라. 발 도장에 대한 최초의 논의를 다음에서 보라. E. Leichty, "Feet of Clay," in *DUMU-E2-DUBBA: Studies in Honor of Åke W. Sjöberg,* ed. H. Behrens, D. Loding, and M. T. Roth (Philadelphia: Samuel Noah Kramer Fund, University Museum, 1989), 349-56; 그리고 나의 "Emar's Window on the Old Testament: A Preliminary View," *Buried History* 29 (1993): 82-86도 보라.

82 V. A. Hurowitz, "Joseph's Enslavement of the Egyptians (Genesis 47:13-26) in the Light of Famine Texts from Mesopotamia," *RB* 101 (1994): 355-62.

에마르에서 발견된 다수의 기근 문서는 "곤경의 시대에" 토지를 구매하는 현상이 발생했다는 점도 밝힌다. 이런 거래에 에마르 지역의 왕가도 연루되었다는 점은 의미심장하다. 하지만 그들은, 우리의 예상과는 달리, 헐값에 토지를 사들인 것은 아니었다.[83] 전체적으로 볼 때 이런 유형의 거래는 대개 사적인 구매였다.

이런 문서들은 기근으로 인해 노예가 되는 일이 이미 사회적으로 용인된 과정이었다는 점과 그런 환경에서 구입자의 의무는 "생명을 유지시켜주는 것"(*bullutu*)이었다는 점을 밝혀준다. 이 문서들에서 *bullutu*와 *palāhu*는 법률 용어(*termini technici*)로서의 구속력을 갖는다. 이러한 절차가 후기 청동기 시대 문서에 잘 입증되어 있는 것으로 볼 때 이 절차가 이전 시대의 표준 법률 절차를 반영하며 적법한 선례에 기초한다고 가정할 수 있다. 정황증거에 불과하기는 하지만, 이런 증거로 볼 때 창세기 47장의 시대 배경은 제2천년기 중반이 아니라 초반이라고 할 수 있을 것이다. 따라서 우리는 창세기 47장 기사가 있는 그대로 실제적인 절차를 반영하고 있으며, 요셉의 시대에 일어난 실제 사건과 관련이 거의 없는 내용들을 후대에 편집한 것이 아니라 실제로 일어난 사건을 기록한 동시대의 통일성 있는 내러티브라고 보아야 할 것이다.

이 토지 개혁이 언제 일어났는지에 대해서는 배튼필드(Battenfield)의 주장을 살펴볼 필요가 있다. 그는 잘 알려진 세누세르트 3세(Senusert III)의 행정 개혁이 요셉의 연대를 알려준다고 주장한다.[84] 세누세르트

83 "곤경의 시대"에는 토지 가격이 올랐다. 이것을 확증하기 위해서는 좀 더 많은 예가 필요하다. 나의 논문 "Late Hittite Emar," 단락 B, 제 5장; E. Leichty, "Feet of Clay"; 그리고 나의 "Emar's Window on the Old Testament"를 보라.

84 J. R. Battenfield, "A Consideration of the Identity of the Pharaoh of Genesis 47," *JETS* 15 (1972): 77–85.

3세의 통치하에 지방 장관들(nomarchs)은 전통적으로 누려오던 권력을 고관들(viziers)에게 빼앗겼으며, 그 후 고관들이 나라 전체의 행정을 담당하게 되었다. 배튼필드는 이것이 정확히 창세기 47장에 나오는 요셉의 권력 집중화라고 주장한다. 배튼필드는 힉소스가 시리아-팔레스타인에서 도입해온 봉건체제하에서 권력이 다시 지방 장관들에게 돌아갔다고 (먼저 델타 지역에서, 그 후에 이집트 전역에서) 설명을 덧붙였지만, 이러한 발전상은 후대에 일어난 것이었다.[85]

토지 개혁의 시기와 관련하여 또 다른 문제가 있다. 아래에서 자세히 다루겠지만, 출애굽의 연대를 전통적인 "초기 연대"(즉 투트모세 3세[Thutmose III])보다 더 이른 시기로 추정하면서 여전히 요셉이 제12왕조 시대(전통적으로 기원전 1878-1843년이지만 1836-1801년까지 낮춰질 수 있다)에 활동한 것으로 가정한다면, 둘 사이의 공백은 출애굽기 12:40의 430년보다 훨씬 더 짧아진다.[86] 여기서 70인역의 증거를 평가해야 한다. 70인역은 체류 시간과 관련해서 출애굽기 12:40의 "이집트 땅에서"라는 말 뒤에 "그리고 가나안 땅에서"(*kai en ge Chanaan*)를 덧붙였다. 사마리아 오경도 이를 지지하여 430년의 체류 기간을 족장들이 가나안에서 체류한 기간과 이스라엘이 이집트에서 체류한 기간을 합친 기간으로 취급한다. 학자들은 종종 70인역의 독법에 대해 양면적인 태도를 취하기도 한다. 그러나 이 독법은 전통적인 마소라 텍스트와는 조화되지 않지만, 갈라디아서 3:17에서 율법이 아브라함 때부터 430년 이

85 Ibid., 84, 각주 44, 45.

86 K. A. Kitchen, "The Basics of Egyptian Chronology in Relation to the Bronze Age," in *High, Middle, or Low? Acts of an International Colloquium on Absolute Chronology Held at the University of Gothenburg, 20th–22nd August 1987*, ed. P. Åström (Gothenburg: Åströms, 1987–89), 1:44–45.

후에 주어졌다고 주장한 바울의 발언과는 조화를 이룬다.[87] 그러나 쿰란 제2동굴에서 나온 출애굽기 사해 사본은 복원이 다소 미심쩍지만 마소라 독법을 지지하고 있다.[88] 체류기간을 215년(430년의 절반)으로 보는 것은 너무 짧기는 하지만(힉소스 시대가 단축될 수는 있다), 70인역 독법에 따른 이 짧은 체류 기간은 타당성의 범주 안에 있다.

출애굽과 정복: 역사성과 연대

아직까지도 풀리지 않은 출애굽 연대 문제에 대해서는 엄청난 양의 잉크가 소비되었기 때문에 여기서는 구체적인 사례를 논의하기보다는 앞으로의 연구를 위해 한계와 지침을 정하는 온건한 접근을 펼치려 한다. 이미 막다른 골목에 다다랐다고 판명된 몇 가지 방법에 대해서도 명확하게 짚고 넘어가야겠다. 최근 몇 년 동안의 여러 유적지 발굴을 통해 확실하게 드러난 증거로 인해 비평학자들은 출애굽을 이집트 역사와 조화시키려는 방법을 전적으로 포기하고 대신에 상당히 급진적인 접근법을 채택했다. 그리하여 거의 한 세기 동안 지속된 논의에서도 이 문제에 대한 해결점을 찾지 못했기 때문에 이제는 모든 가정들, "확립된 결론"(이라고 믿어왔던 것들), "역사적 기준점", 자료에 대한 문학적 분석, 추론에 근거한 이론 등 이 모든 것들을 심각하게 의심해보거

87 찬성과 반대 주장의 유용한 예를 다음에서 보라. L. J. Wood, *A Survey of Israel's History*, rev. ed., revised by D. O'Brien (Grand Rapids: Zondervan, 1986), 65–69.

88 M. Baillet, J. T. Milik, and R. de Vaux, eds., *Les "Petites Grottes" de Qumrân: Exploration de la falaise, les grottes 2Q, 3Q, 5Q, 6Q, 7Q à 10Q, le rouleau de cuivre*, DJD 3 (Oxford: Clarendon, 1962), 51.

나 적어도 재고해보아야만 한다. 이는 고통스러운 과정일 수도 있지만 복음주의자들은 증거의 패턴을 강조하는 역사적 미니멀리스트의 도전에 직면해야 한다. 예를 들어 레드포드(Redford)는 성서 기사가 이집트 역사나 다른 문명에서 알려진 사실과 일치하지 않기 때문에 성서를 폐기해야 한다고 주장한다.[89] 그 과정에서 레드포드는 그가 몽매주의자(obscurantist)라고 간주하는 보수적인 유대인, 기독교인, 그리고 무슬림에게 증거와 대면하라고 도전한다. 우리는 이 도전을 받아들여야 하며, 합일점을 찾기 위해서는 현존하는 패러다임을 벗어던질 각오를 해야 한다.

따라서 우리는 논의를 시작하기에 앞서 이 논쟁의 성서적 측면과 고고학적 측면을 신중하게 살펴볼 필요가 있는데, 그 논쟁들이 향후의 논의를 좌우하는 지표가 될 수 있다. 성서적 측면에서는 아래의 요점들을 확고한 것으로 수용해야 할 것이다.

성서 전승에 나타난 출애굽기

"출애굽과 정복"이라는 주제는 오경을 제외한 나머지 부분에도 도처에 퍼져 있고 일관성 있게 진술되고 있기 때문에 자의적으로 그것을 무시해서는 안 된다. 출애굽 시에 하나님이 행하신 위대한 구원을 송축하는 역사적 시편들(시 74:12-15; 77:15-20; 78:12-53; 103:7; 105:25-42; 114:1-4; 136:10-16)을 보거나 예언서(호 2:14-15; 렘 2:1-6; 겔 16:8-13) 또는 "제

89 다음을 보라. Redford, *Egypt, Canaan, and Israel in Ancient Times*, 257–63.

2출애굽" 주제(사 43:1-7; 렘 23:7-8)를 보더라도 출애굽은 역사에 토대를 둔 이스라엘 신앙의 중심부에 있다.

이러한 모든 (그리고 다른 여러) 구절을 살펴보더라도, 출애굽 전승과 차이를 보이는 전승이 지파들 사이에서 독자적으로 출현한 흔적은 없으며, 더군다나 출애굽 전승이 존재하지 않았다는 암시는 전혀 없다. 따라서 두 출애굽 이론(split-exodus theories)이 주장하는 대로 만일 독립된 "시나이"(Sinai) 지파 집단이 그 땅에 배경을 둔 "비-시나이"(non-Sinai)" 지파에 스며들었다면, 우리는 그런 사건이 발생하면서도 후자의 "전승"이 아무런 흔적을 남기지 않았다고 주장해야만 한다.[90] 이와 같이 출애굽과 정복 전승을 전적으로 거부하는 이론들도 동일하게 난관에 봉착하게 된다. 그들은 전승이 어떤 식으로든 이스라엘 백성의 의식 속으로 슬며시 기어들어오거나 아니면 갑작스럽게 들이닥쳤다고, 궁극적으로는 난데없이 생겨난 것이라고 주장해야만 한다. 그러나 최근의 고고학 연구를 바탕으로 역사적 미니멀리스트들은 장기적인 전쟁 중에 일어난 일련의 지역 정복 기사들이 하나의 정복 전승으로 통합되었다고 주장한다. 이 접근법은 출애굽 전승을 거의 완전히 무시한, 실제적인 텍스트나 전승 증거가 전혀 없는 순수한 가설일 뿐이다. 우리는 먼저 텍스트의 의미를 이해한 후에 고고학적 이슈를 대면해야 한다.

90 Kitchen은 특히 이 점을 입증한다. 다음을 보라. K. A. Kitchen, *Ancient Orient and Old Testament* (London: Tyndale, 1966), 71. 또한 다음도 보라. Idem, "Exodus," *ABD*, 2:701.

고고학적 고찰

텍스트 주해 연구에서 고고학 분야로 전환할 때 우리는 불가피하게 최근 팔레스타인의 발굴에서 얻어진 특정한 결론들을 접하게 된다. 또한 출애굽 연대를 확정하려면 다음과 같은 명백한 사실을 충족시켜야만 한다.

팔레스타인의 고고학

팔레스타인 전역에 걸친 유적 발굴을 통해 이집트가 후기 청동기 시대 말(기원전 1150년경)까지 이 지역을 계속 점령하고 있었다는 것이 분명해졌다. 때때로 이집트 점령의 증거는 분열왕국 시대로 추정되는 층(stratum)의 바로 아래에서 발견된다.[91] 이집트가 후기 청동기 시대에 그 지역을 점령했음을 보여주는 여러 증거들을 우선 라기스에서 찾아볼 수 있다. 신관체 문자들이 새겨진 토기 파편들이 후기 람세스 시대에 속하는 것으로 추정되는데, 이것은 이집트의 조세 제도가 시행되고 있었음을 보여준다.[92] 람세스 3세의 첫이름(prenomen)이 적힌 청동명판은 그것이 발견된 라기스 문루가 어느 시점 이후에(*terminus post quem*) 건설되었는지를 알려준다. 그뿐 아니라 P구역에 위치한 신전은 가나안적 요소들도 가지고 있지만 다른 여러 특징들로 볼 때 명백히 이집트

91 이것은 예를 들어 내가 라기스에서 참가했던 1987년 발굴에서 명백해졌다. 그러나 지금까지 이 시즌에 관한 보고서가 출판되었는지는 알지 못한다.

92 O. Goldwasser, "An Egyptian Scribe from Lachish and the Hieratic Tradition of the Hebrew Kingdoms," *Tel Aviv* 18 (1991): 248–52.

문화를 반영한다.[93]

므깃도(Megiddo)에서도 비슷한 양상이 나타났다. 가나안 궁전의 부속 지하실에서는 유명한 "므깃도 상아"가 발견되었는데 그중 하나에 람세스 3세의 이름이 적혀 있었다.[94] 벧산에서는 이집트 양식의 건물과 재사용된 것으로 보이는 람세스 3세의 입상이 발견되었다.[95] 그 건물에 대한 가장 적절한 해석은 벧산이 그 당시에 이집트 성채였다는 것이다. 헤브론 남부에는 후기 청동기 시대 내내 거주자가 없었다.[96] 요컨대 이 획기적인 특징 때문에 데이비스(P. Davies)나 톰슨(T. L. Thompson) 같은 역사적 미니멀리스트들은 성서 기사를 전부 내팽개쳤다.

이러한 모든 증거들은 후기 청동기 시대에 이집트인들이 팔레스타인에 실제로 터전을 잡고 살았음을 보여준다. 게다가 이러한 현상이 너무나 만연해 있어서 현재의 역사-연대기적 도식은 이스라엘인들이 기원전 1150년 훨씬 이전에 그곳에 존재했다는 견해와 조화를 이룰 수 없다. 따라서 그러한 역사-연대기적 도식을 여호수아 1-11장과 같은 일관된 정복 기사에 끼워 맞추는 것은 거의 불가능하다. 일부 학자들이 실제로 그런 시도를 하지만, 드러난 증거들로 볼 때 그러한 시도는 자기중심적 탄원에 불과하다. 마자르(A. Mazar), 톰슨, 갓월드(N. Gottwald) 같은 학자들은 그런 어떤 접근법도 포기했다. 그들은 성서 기사를 제쳐

93 전자에 관해서는 다음을 보라. D. Ussishkin, *Excavations at Tel Lachish 1978–1983* (Tel Aviv: Tel Aviv University, Institute of Archaeology, 1983), 176. 후자에 관해서는 다음을 보라. Idem, *Excavations at Tel Lachish 1973–1977* (Tel Aviv: Tel Aviv University, Institute of Archaeology, 1978), 10–25.

94 A. Mazar, *Archaeology of the Land of the Bible 10,000–586 B.C.E.*, ABRL (New York: Doubleday, 1990), 299.

95 Ibid., 297–98.

96 Ibid., 332. Bimson, *Redating*, 189. Bimson도 같은 점을 지적한다.

둬야 한다고 주장한다.[97] 대안으로 우시쉬킨(D. Ussishkin)과 다른 학자들은 이 증거를 따르면서, 여러 정복 연대 중 기원전 1150년 이후를 선호한다.[98]

발굴로 나타난 또 다른 사실은 후기 청동기 시대 팔레스타인에 성곽 요새 도시가 없다는 것이다. 실제로 정복 기사에 언급된 많은 도시들을 고고학적으로 조사한 결과 그 도시들이 후기 청동기 시대에 침입을 받은 흔적이 없는 것으로 나타났다.[99] 만일 빔슨(Bimson)과 연대 수정학파가 수많은 비난에도 불구하고 출애굽-정복 문제에 공헌한 것이 있다면, 이것이 하나의 확고한 결론이다.[100] 성서 기사는 이스라엘인들이 이러한 육중한 요새도시들 때문에 두려워했다고 말한다(민 13:28; 신 1:28을 보라). 따라서 여리고의 성벽뿐만 아니라 지역 전체를 가로지르는 성곽 요새도시 체계를 심각하게 받아들이려면 후기 청동기 시대를 정복 연대 배경에서 완전히 배제하거나 이것과 관련한 성서 기록을 무

97 다음을 보라. N. Gottwald, "Were the Israelites Pastoral Nomads?" *BAR* 4 (June 1978), 2–7; idem, "Response to William Dever," in *The Rise of Ancient Israel*, ed. H. Shanks (Washington, D.C.: Biblical Archaeology Society, 1992), 70–75. 다음의 대화를 보라. "Face to Face: Biblical Minimalists Meet Their Challengers," *BAR* 23.4 (1997): 26–42. N. P. Lemche, T. L. Thompson, W. Dever, P. Kyle McCarter Jr.는 자신들의 미니멀리스트 견해를 설명했다.

98 *Tel Lachish 1978–1983*, 170에서 암시하는 것처럼.

99 M. Kochavi의 요지를 보라. "The Israelite Settlement in Canaan in the Light of Archaeological Surveys," in *Biblical Archaeology Today: Proceedings of the International Congress on Biblical Archaeology, Jerusalem, April 1984*, ed. J. Aviram (Jerusalem: Israel Exploration Society; Israel Academy of Sciences and Humanities in cooperation with the American Schools of Oriental Research, 1985), 54–60. Likewise J. M. Miller, "Archaeology and the Israelite Conquest of Canaan: Some Methodological Observations," *PEQ* 109 (1977): 87–93.

100 Bimson, *Redating*, chap. 7; J. J. Bimson and D. Livingston, "Redating the Exodus," *BAR* 13.5 (1987): 45.

시해야 한다. 그러나 후자는 실행하기가 쉽지 않다. 왜냐하면 성곽 도시들은 이스라엘의 신앙을 기억하는 데 있어 "불신앙" 주제와 연결되어 있기 때문이다(시 106:24-26; 느 9:15-17; 그리고 아마도 시 95:9-11).

아마르나 시대 팔레스타인

아마르나 서신이 알려진 지 한 세기가 지났지만, 초기 연대설 옹호자들은 서신에서 나타난 아멘호테프 3세(Amenhotep III)와 아멘호테프 4세(아크나톤, Akhenaten) 통치 기간 중의 가나안 상황을 정당하게 다루지 않았다.[101] 초기 연대설의 도식을 따르자면 이스라엘은 그 땅에 거주하고 있었어야 하지만, 아마르나 서신이 보여주는 그림에 따르면 당시 가나안 땅에서는 작은 도시국가의 왕들이 서로 간에 살육전을 벌이면서 외부로는 이집트 파라오와 협상을 도모하는 상황이었다.[102] 이러한 상황은 명백히 아마르나 시대의 가나안이 정복 시대보다 앞선다는 후기 연대설을 강력하게 지지하는 것 같다.

메르네프타: 귀결점

유르코(Yurco)는 메르네프타(Merenptah)의 가나안 원정을 묘사한 카르

101 일부 초기 연대 옹호자들은 하비루가 여호수아 지도하에 가나안으로 들어간 이스라엘 사람들이라는, 지금은 이치에 닿지 않는 이론을 아직도 고수한다. Wood, *Survey*, 82–84; G. L. Archer, *A Survey of Old Testament Introduction* (Chicago: Moody, 1974), 265–71를 보라. Aling은 *Egypt*, 109–10에서 결국 그렇게 동일시하는 것을 거부하지만, 아마르나 현상을 설명하는 방법에 대해서는 분명치 않다.

102 R. K. Harrison, *Introduction to the Old Testament* (London: Tyndale; Grand Rapids: Eerdmans, 1969), 319를 보라.

나크의 부조(relief)를 복원했는데, 그 결과 이집트 제19왕조의 관점에서 조명한 이스라엘의 상황이 심각하게 변경되었다.[103] 이제 더 이상은 유명한 메르네프타 석비("Israel Stela")만을 독자적으로 다루는 것이 불가능해졌으며, 그렇다고 그것의 역사적 증언을 무시할 수도 없다. 메르네프타는 가나안의 몇몇 도시를 정복하고 이스라엘 군대를 전장에서 물리친 파라오로 여겨야만 한다. 이것은 곧바로 두 가지 중요한 문제를 야기한다. (1) 만일 후기 연대설이 사실이라면 이스라엘 군대가 가나안에 도착한 직후에 어떻게 이집트의 파라오와 교전할 수 있었겠는가? (2) 카르나크 성벽에 있는 "이스라엘 벽화"(Israel Register)에는 이스라엘 군대가 여섯 개의 살대를 가진 바퀴가 장착된 병거를 탄 것으로 그려 있지만, 성서의 견해로는 이스라엘 군대가 병거 운용 기술을 보유한 것은 훨씬 후대의 일이다.[104]

네게브

광야 여정 및 정복 초기와 관련 있는 네게브와 요르단 동편의 유적지들에도 위와 마찬가지로 아라드(민 21:1)와 호르마(민 21:2-3)의 정복이나 가데스 바네아에서의 주둔에 대한 성서 기사에 부합하는 청동기 시대 정착에 관한 증거가 나타나지 않는다. 아인 엘-쿠데이라트(Ain el-

103 F. J. Yurco, "Merenptah's Canaanite Campaign," *JARCE* 23 (1986): 189–215. 다음도 보라. Idem, "3,200-Year-Old Picture of Israelites Found in Egypt," *BAR* 16.5 (1990): 20-38; 그리고 A. F. Rainey의 이의 제기와 Yurco의 답변을 다음에서 보라. Yurco, *BAR* 17.6 (1991): 56–61.

104 이 점이 Rainey와 Yurco에게 문제가 되었음을 주목하라(각각 ibid., 59, 61). 그들은 각각 자기 나름대로(믿기지 않지만) 그것을 설명한다.

Qudeirat)로 판명된 마지막 유적지에서는 후기 청동기 시대나 초기 철기 시대 제1기의 유물은 전혀 발견되지 않았지만 통일왕국 시대에 그곳에 왕의 요새가 건설되었던 것으로 나타났다.[105] 텔 아라드는 종종 가나안의 아라드와 동일시되기는 하지만 이에 대해 의견의 일치가 주어지지는 않았는데, 그곳에서도 초기 청동기 시대와 통일왕정 시대 사이에 거주의 공백(occupational gap)이 존재한다.[106] 그러나 아하로니(Aharoni)는 가나안의 아라드를 텔 말하타(Tel Malhata; Tel el-Milh)로 보는데, 그곳에서 출토된 중기 청동기 시대 제2기의 유물들은 그 시기에 정착민이 있었음을 보여준다.[107]

텔 헤스반과 요르단 동편

요르단 동편과 관련해서 보다 심각한 문제가 제기된다. 요약하자면, 텔 헤스반을 성서의 헤스본과 동일시할 때 우리가 직시해야 하는 사실은 텔 헤스반에 철기 시대 제1기 이전 유물이 존재하지 않으며, 그런 사실에 비추어볼 때 이곳을 "아모리 왕국"의 수도로 간주하는 것은 시대착오적 발상이든지 아니면 이곳이 헤스본으로 잘못 동일시되었다는 것이다.[108] 일반적으로 모압에 대해서도 동일한 주장을 펼칠 수 있다. 이 지역에서도 후기 청동기 시대 유물은 거의 발견되지 않는다.[109] 하지만

105 Mazar, *Archaeology,* 330, 444; R. K. Harrison, "Kadesh Barnea," *NIDBA,* 275.

106 Mazar, *Archaeology,* 330.

107 Ibid., 330; Y. Aharoni, *The Land of the Bible: A Historical Geography,* trans. And ed. A. G. Rainey, 2d ed. (London: Burns & Oates; Philadelphia: Westminster, 1979), 215–16. 다음도 보라. Bimson, *Redating,* 190–91.

108 Mazar, *Archaeology,* 330; B. C. Chapman, "Heshbon," *NIDBA,* 236.

109 R. Ibach Jr., "Expanded Archaeological Survey of the Hesban Region," *AUSS* 16 (1978):

여기에 눈에 띄는 예외사항이 존재한다.

텔 헤스반은 앤드류스 대학교(Andrews University) 탐사단에 의해 1970년대에 6차에 걸쳐 발굴되었다. 여기서는 총 24개의 유적층이 확인되었는데, 그 시기는 철기 시대 제1기(기원전 1200년)부터 오토만 제국 시대(기원후 1870년)까지 아우르는 것이다.[110] 이러한 사실은 민수기 21:21-31과 신명기 2:30-35에 기록된 요르단 동편 정복 기사에 난제를 던져준다. 신명기 3:5은 바산 지역 도시들이 견고한 요새들이었다고 언급한다. 이러한 묘사는 헤스본(Heshbon) 지역에까지 적용될 가능성이 농후하다. 헤스반(Hesban)에서는 철기 시대의 유물증거조차 희귀하기 때문에 이 지역은 요새화되지 않은 시골 마을이었을 가능성이 크다.

그렇다면 텔 헤스반이 성서의 헤스본인지에 대해 의문을 제기할 수 있다. 설사 그 유적지의 본래 이름이 텔 헤스반이었다고 하더라도 말이다. 고대에는 정착민의 재배치에 따라 지명도 함께 이동했기 때문에 대안이 될 수 있는 유적지도 조사해볼 필요가 있다. 헤스반의 남동쪽 9킬로미터 지점에 위치한 텔 잘룰(Tell Jalul)이나 헤스반의 북동쪽 10킬로미터 지점에 위치한 텔 엘-우메이리(Tell el-'Umeiri)가 후보 명단에 오를 수 있을 것이다. 지표 조사를 통해 각각의 유적지는 확실히 중기와 후기 청동기 시대의 거주도시였음이 입증되었다.[111] 중요한 점은 앞의 두 지역에서는 후기 철기 시대와 특히 페르시아 시대의 거주 증거가 거

209–10, 213.

110 R. S. Boraas and L. T. Geraty, "1976 Heshbon Expedition," *AUSS* 16 (1978): 16, chart.

111 R. Ibach Jr., "An Intensive Surface Survey at Jalul," *AUSS* 16 (1978): 215–22; 텔-엘-우메이리에 관해서는 다음을 보라. Idem, "Expanded Archaeological Survey," 210.

의 발견되지 않은 반면 헤스반에서는 발견된다는 것이다.[112] 이러한 정황 증거는 당시의 인구 변화를 시사하는 것일 수 있다. 만일 텔 잘룰이 민수기 21:26의 헤스본이라면 그것은 빔슨(Bimson)이 제안한 중기 청동기 시대 후반 정복설에 잘 들어맞는다.

한마디로 고고학적 증거에 따르면 민수기에 언급된 유적지들 및 민수기 사건들을 반영하는 후기 시편들에 언급된 유적지들은 후기 청동기 시대 초기에도 말기에도 사람들이 거주하지 않는 지역이었다. 오인되었을 가능성이 있는 지명들로 인해 이런 상황에 약간의 조정이 가해질 수는 있겠지만, 일반적으로 이 결론은 아직 유효하다.

모든 논의의 유일한 결론은 후기 청동기 시대를 출애굽-정복의 연대 배경에서 배제해야 한다는 것이다. 이것은 또한 이 문제와 관련하여 종종 언급되었던 몇몇 팔레스타인 유적지의 "화재층"(burn levels)도 우리의 논의와 무관함을 암시한다.[113] 더 나아가 만일 출애굽 전통을 고고학 및 역사와 조화시키려 한다면 우리는 다른 장소, 다른 고고학 시대를 찾아야만 한다. 여기서 어떤 학자들은 초기 철기 시대를 지지하는가 하면(렌즈버그), 어떤 학자들은 다른 도식을 통해 중기 청동기 시대(빔슨, 리빙스턴)를 다시 옹호하고 있다.[114] 나는 후자의 접근을 찬성한다.

112 다음에서 철기 시대 결과를 참조하라. Ibach, "Expanded Archaeological Survey," 206–9.

113 Merrill은 다음에서 상당히 적절하게 주석적으로 논의하였다. E. H. Merrill, "Palestinian Archaeology and the Date of the Conquest: Do Tells Tell Tales?" *Grace Theological Journal* 3.1 (1982): 107–21. Merrill은 여호수아서가 모세 정복 정책을 이행했는지를 기록한다고 지적한다. 즉 이스라엘 사람들은 단지 도시를 점령했으나(*lākad*) 불태우지는(*śārap*) 않았다. 단순한 사실은 수 24:13에 기술한 것처럼 이스라엘 사람들이 도시 안에서 살기를 원했다는 것이다.

114 G. A. Rendsburg, "The Date of the Exodus and the Conquest/Settlement: The Case for the 1100s," *VT* 42 (1992): 510–27; Bimson and Livingston, "Redating the Exodus," 40–68. 다음도 보라. B. Wood, "Did the Israelites Conquer Jericho? A New Look at

해결을 위한 지침

이와 같은 요인들은 우리가 결코 관통할 수 없는 퍼즐을 제시하는 것처럼 보인다. 그러나 카르나크 성벽에 대한 유르코의 재구성을 통해 우리는 기본적으로 세 가지 대안을 제시할 수 있다. 이 대안과 다른 요인들을 통합하기 위해 나는 다음과 같은 명제들을 제안한다.

후기 연대설은 거부되어야 한다.

고고학적 논의 이전에 몇 가지 주석학적 요점들을 살펴보자. 출애굽기 1장의 연대를 후기로 가정하는 접근법은 1장의 시기가 한 사람의 통치 시대에 해당하는 상당히 짧은 시기라는 가정에서 출발한다. 보통 그 시대는 세티 1세(Seti I), 또는 보다 구체적으로 그의 아들이자 후계자인 람세스 2세(Rameses II) 시대와 동일시된다.[115] 이 견해로는 세티 시대의 도시에 "람세스"라는 이름을 부여하는 것은 시기상조다. 왜냐하면 세티는 단지 궁정만을 세웠을 뿐이기 때문이다. 그런데 이는 출애굽기 1:8-22 기사와 조화되지 않는다. 위 구절은 히브리 민족의 놀라운 인구 성장에 맞선 억압적인 조치들이 늘고 있다는 내용을 담고 있다. 먼저 두 "창고 도시"(*'are miskenot*)의 연이은 건축을 빌미로 히브리 민족을 노예화한다. 그러나 그 정책으로도 인구 억제에 실패하자 이후에는 농사일

the Archaeological Evidence," *BAR* 16.2 (1990): 44–59.

115 예를 들어 다음을 보라. Kitchen, *Ancient Orient,* 57, 각주 3; 또한 다음의 논의에 암시되었다. J. A. Thompson, *The Bible and Archaeology* (Exeter: Paternoster, 1962), 57–58.

(출 1:14)을 포함하여 모든 측면에서 노예제를 강화하고 확장한다. 마지막으로 억압적인 정책의 절정으로서 처음에는 히브리 산파들에게 영아 살해를 강요하였고 나중에는 이집트 자국민에게 고의적인 인종청소를 강요했다.[116] 이 마지막 단계가 되어서야 모세가 무대에 오른다. 확실히 긴 기간, 아마도 한두 세기 동안 일련의 "인구 통제"와 "사회공학적" 실험이 있었을 것이다. 왜냐하면 각각 계속되는 조치를 수행하고 그 효과를 평가하기 위한 시간이 필요했을 것이기 때문이다. 더구나 이야기를 자연스럽게 읽어보면 키친이 주장한 것처럼 도시 건축은 억압의 "시작"이지 끝이 아니라는 것을 알 수 있다.[117] 예를 들어 빔슨은 이집트에서의 노예 기간을 기원전 1700년경부터 출애굽 때까지로 보는데, 그는 출애굽 연대를 기원전 1470년으로 추정한다.[118] 이런 연대 접근법에서는 고고학 결과가 성서 해석을 통제하는 것을 알아차릴 수 있다.

출애굽 연대를 암시해주는 성서의 언급들에 대해서도 유사한 고찰이 필요하다. 출애굽 관련 문헌들에서는 일반적으로 출애굽기 12:40의 430년은 문자적으로 받아들이는 반면 열왕기상 6:1의 480년은 인위적인 것으로 간주한다. 그러나 여기서 고려해야 할 것은 본문이 480년을 솔로몬 재위 4년으로 규정하고, 동일한 본문에서 성전 완공 시기를

116 다음의 논의를 참조하라 W. H. Gispen, *Exodus*, Bible Student's Commentary (Grand Rapids: Zondervan, 1982), 32–38 (a trans. of *Korte Verklaring der Heilige Schrift*). Cassuto는 근본적으로 동일한 주석을 채택한다. 그의 주석을 보라. U. Cassuto, *A Commentary on the Book of Exodus*, trans. from the Hebrew by I. Abrahams (Jerusalem: Magnes, Hebrew University, 1967), 11–16; 또한 요약 형태이며 역사에 관련된 언급은 없지만 다음도 보라. B. S. Childs, *Exodus* (London: SCM, 1974), 14.

117 Bimson, *Redating*, 39, makes this same point contra Kitchen, *Ancient Orient*, 57 n. 3.

118 Bimson, *Redating*, 222.

솔로몬 제11년 후반기로 특정한다는 사실이다.[119] 이것은 숫자를 상징적으로나 표상적으로 다루었다기보다는 일반적인 계산을 따른 것처럼 보인다. 다시 말하자면, 480년에 대한 전통적인 해석은 "40년"(실제로는 25년)의 12세대라는 것인데, 이런 해석은 텍스트에 대한 주석보다는 이집트 역사와 조화시키기 위한 노력에 의한 것은 아닌지 고려해봐야 한다.[120] 이스라엘에게 출애굽은 영국의 노르만 정복이나 미국의 독립혁명과 같은 역사적 분기점이며 연대 계산의 시점이 되는 중추적인 사건이었다.

마지막으로 살펴볼 부분은 사사기 11:26이다. 이 텍스트에서는 요르단 동편의 정복과 입다 시대 사이에 300년의 시간이 흘렀다고 언급함으로써 480년이라는 숫자에 대한 문자적인 해석을 지지한다. 후기 연대 옹호자들은 자주 사사기 텍스트를 무시하거나 출애굽에 관한 논의에서 언급하지 않는다. 학자들은 그 증언을 비중 있게 다루기보다는 간략하게 논박해버리는 데 더 관심이 있는 것 같다.[121]

첫 번째 제안은 부정적이면서도 중요한 의미를 갖는다. 압제자 파라오는 세티 1세거나 람세스 2세이고 람세스 2세가 출애굽의 파라오

119 참조. Kitchen, *ABD,* 2:702. Kitchen은 480년을 수용하는 것을 "'게으름뱅이'의 해결책"으로 보았다. 그러나 *Ancient Orient,* 53에서는 거의 의심 없이 출 12:40의 430년을 받아들인다. 반면에 그에게 480년은 "선택된 숫자들의 합계"이다(*Ancient Orient,* 74). Redford, *Egypt,* 260. Redford는 480년에 대한 전통적인 취급법(즉 12 x 40세대에 각 25년씩)은 "요술과 수비학의 냄새를 풍긴다"고 말한다.

120 Kitchen, *ABD,* 2:702. Kitchen은 그가 생각하기에 실제적인 문제 즉 출 1:11의 람세스의 언급을 인용한다. 그것에 따라 출애굽은 "가장 빨라도 람세스 2세의 즉위를 앞설 수 없다"고 주장한다. 그는 다른 고고학 증거도 인용한다.

121 Woudstra가 다음의 책에서 이 점을 주목하였다. M. Woudstra, *The Book of Joshua,* NICOT (Grand Rapids: Eerdmans, 1981), 23. Kitchen, *Ancient Orient,* 74. Kitchen은 이 텍스트의 수치를 왕상 6:1과 거의 같은 방법으로 계산한다. 그의 유비가 흥미로울지는 모르나 결코 논증적이지는 않다.

라는 전통적인 후기 연대설은 지지될 수 없다. 그 이유는 다음과 같다.

1. 이스라엘이 이집트를 출발해서 광야에서 40년을 보내고, 땅을 정복하고, 그 후 정복 전쟁 중에나 정복 직후에 메르네프타(제5년)의 지휘하에 우수한 장비를 갖춘 이집트 군대와 교전하기에는 시간이 충분하지 않다. 정확한 연대에 대한 논쟁은 차치하고, 람세스 2세의 재위 67년 기간을 기원전 1279년부터 1213년까지, 그의 아들 메르네프타가 다스린 10년을 기원전 1213년부터 1203년까지로 추정할 수도 있다.[122] 람세스 통치 초기에는 히타이트에 맞선 전쟁이 있었고, 람세스 제21년에 조약으로 전쟁이 종결된다. 또한 이 시기에 피-람세스에 왕의 신도시인 성서의 람세스가 건축되었고(현대의 칸틸 지역임이 거의 확실하다),[123] 아마도 대략 1258년이나 1255년까지 거주지로 존재했을 것이다. 그러므로 출애굽이 그 이전에 일어났을 리는 만무하다. 여기서는 피-람세스가 출애굽 직전에 건축되었다고 가정할 수 있다. 그러나 이것은 전체적으로 출애굽기 1:7-14의 주석과 상충된다. 그 텍스트는 억압이 점점 증가하는 심각한 단계를 묘사하고 있으며 도시 건축은 그 억압의 처음 단계였다.[124] 게다가 이것은 이스라엘이 도착했을 때는 람세스가 이미 죽었거나 죽을 무렵이었다는 것을 의미한다. 다음으로는 메르네프타의 통치 초기를 고려해야 한다. 어느 시

122 Kitchen, "The Basics of Egyptian Chronology," 1:38–40.

123 다음에서 Bimson의 논의를 보라. Bimson, *Redating,* 33–40. Kitchen, *ZPEB,* 5:14. Kitchen은 이 유적지를 피-람세스의 유적지로 보는 것을 옹호한다.

124 다음을 보라. Bimson, *Redating,* 39. Aling, *Egypt,* 65–66, 69. Aling도 유사한 주장을 한다.

기를 고려해보아도 이스라엘이 1208년 무렵 이집트와 전쟁터에서 대면했을 때 이미 가나안 땅에 도착해 있었을 수는 없다. 이것을 카르나크의 아스글론 성벽에 대해 유르코가 재구성한 내용에 추가해야 한다. 그 성벽에는 이스라엘의 병거 부대(!)와 긴 겉옷을 입은 이스라엘 군인들이 그려져 있다. 유르코에게 이것은 이스라엘이 가나안 사회와 연합했고 가나안 사회에서 나왔다는 것, 따라서 결과적으로 그가 정복 전승의 상당 부분을 무시해야 함을 암시한다.[125]

2. 모세가 미디안에 체류한 동안 파라오가 죽었다는 사실은 람세스 2세(또는 다른 파라오)가 압제자 파라오인 **동시에** 출애굽의 파라오일 수는 없음을 말해준다. 잘 알려져 있듯이 람세스 2세 통치 이전에 칸틸에서 건축 활동이 있었다는 증거는 없다. 건축의 증거는 힉소스 시대, 그리고 중왕국 시대까지 거슬러 올라가야 발견된다.[126] 출애굽기 1:11에서 람세스가 언급되었다는 사실과 람세스 2세가 델타에서 피-람세스를 건축했다는 사실로 인해 그 사건이 바로 압제와 출애굽의 출발점이라는 결론이 도출되기에 이르렀다. 이는 또한 람세스가 압제자 파라오이며 출애굽의 파라오라는 또 다른 결론을 수반한다. 그러나 이는 모세의 미디안 체류 기간 막바지에 왕의 교체가 있었다는 출애굽기 2:23과는 상충된다.[127] 이 문제를 지적한 학자는 하이어트(J. P. Hyatt)다. 그는

125 Yurco, *BAR* 17.6 (1991): 61.
126 Bietak, *Avaris,* 271–73.
127 전통적인 결론은 출 2:23을 충분히 고려하지 않았다. 이것에 대해 다음을 보라. E. M. Yamauchi, *The Stones and the Scriptures* (London: Inter-Varsity, 1972), 44; Kitchen, *ABD,* 2:702; M. Noth, *The History of Israel* (London: Black, 1960), 120; J. Bright, *A*

람세스 때의 출애굽을 선택하고 출애굽기 2:23을 무시하거나, 아니면 "이스라엘 기념비"(Israel Stela)의 증거를 바탕으로 출애굽의 파라오로 메르네프타를 선택하고 광야 여정을 무시해야 한다고 주장한다.[128]

3. 후기 연대의 영향으로 사사 시대를 극단적으로 줄이면 심각한 문제가 야기된다. 사사직의 얼마 동안 특히 후반부의 시기가 겹친다는 것은 인정하지만, 사사기 텍스트는 아비멜렉의 실패한 왕권까지 최소한 250년 이상의 세월이 흘렀음을 나타낸다. 각각의 압제는 다음과 같이 공식화된 표현으로 소개된다. "이스라엘 자손이 또 악을 행하니라"(삿 3:7, 12; 4:1; 6:1; 8:33; 10:6; 13:1). 이는 분명히 연속적인 이야기처럼 들린다. 이것이 모든 사건들의 실제 형세를 나타낸다면 후기 연대가 주장하는 150년 이상의 많은 세월이 요구된다. 후기 연대 옹호자인 해리슨조차도 이런 문제점을 염두에 두고 있다.[129]
4. 마지막으로, 역대상 6:32-39에 나타난 다윗 시대의 고라부터 헤만까지 이르는 열아홉 세대는 적어도 450년의 기간을 나타내며, 이는 후기 연대에 적용하기는 너무 오랜 기간이다.[130] 크리스틴 테틀리(Christine Tetley)가 이런 사실이 갖는 영향력을 감쇠시키려 했지만, 적어도 계보 목록을 자의적으로 가정하고 일부 사람들의

History of Israel, 3d ed. (London: SCM, 1981), 123; E. W. Nicholson, *Exodus and Sinai in History and Tradition* (Oxford: Blackwell, 1973), 54.

128 J. P. Hyatt, *Exodus*, NCB (London: Oliphants, 1971), 43-44.

129 다음에서 그의 논의를 보라. *Introduction,* 330-31.

130 Bimson이 주장한 점을 다음에서 보라. Bimson, *Redating,* 88.

신원을 추론적으로 해석했음을 인정해야 했다.[131]

전통적인 초기 연대설 또한 성립되지 않는다

또 다른 부정적인 명제로서 제18왕조 때의 출애굽도 마찬가지로 불가능하다. 에일링(Aling), 데이비스(Davies), 우드(Wood), 메릴(Merrill)과 같은 보수적인 학자들은 열왕기상 6:1의 480년을 액면 그대로 채택하여 출애굽 후기 연대를 기원전 약 1447년, 고고학적으로 후기 청동기 시대 제1기로 본다.[132] 이 견해는 투트모세 3세(Thutmose III)를 압제자 파라오로, 아멘호테프 2세(Amenhotep II)를 출애굽의 파라오로 여긴다. 그러나 이 견해에도 몇 가지 결정적인 반박 내용이 있다.

1. 제18왕조 초기 동안 이집트의 수도는 남부에 있는 테베였다. 투트모세와 그의 아들 아멘호테프 2세가 멤피스에 대안궁을 갖고 있었지만 실제로 거기서는 가끔씩만 머물렀던 것으로 보인다.[133] 더구나 멤피스는 고센에서 며칠이 걸리는 거리에 있다. 그러므로 이 기본적인 반대 의견은 유효하다.
2. 투트모세 3세의 건축 활동은 주로 남부(카르나크)에서 수행되었다. 델타에서는 건설공사의 증거가 있는 반면에 칸틸(피-람세스

131 M. C. Tetley, "The Genealogy of Samuel the Levite," *Buried History* 33 (1997): 20–30, 39–51.

132 Aling, *Egypt,* 53–96; J. J. Davis, *Moses and the Gods of Egypt* (Grand Rapids: Baker, 1971), 16–33; Wood, *Survey,* 65–86; E. H. Merrill, "Palestinian Archaeology," 107–21

133 A. Gardiner, *Egypt of the Pharaohs* (Oxford and New York: Oxford University Press, 1961).

부지)이나 텔 에르-레테바(비돔)에서는 없었다.[134] 어쨌거나 그의 건축은 광범위하지도 않고 지연되지도 않았다.

3. 어느 견해를 채택하더라도 연대는 문제를 야기한다. 짧은 연대를 적용해서(키친) 투트모세 3세의 통치기간을 1479-1425년으로, 아멘호테프 2세의 통치기간을 1427-1400년으로 본다면, 출애굽을 기원전 1420년 무렵으로 재조정해야 한다는 점에서 초기 연대는 어긋나게 될 것이다.[135] 한편 일부 역사가들은 긴 연대기를 채택하여 투트모세의 통치기간을 1504-1450년으로 보는데, 이 연대는 허용할 수 있다 하더라도 너무 이르다.[136]
4. 재앙 내러티브를 실제 일어난 사건으로 읽는다면 재앙 때문에 이집트는 노예 노동력의 손실뿐 아니라 경제, 농업, 군사상에도 치명적인 영향을 받았을 것이다. 이 점을 부정하는 것은 궁극적으로 재앙의 전체 의미와 목적을 없애버리는 것이다. 그러나 이 시대는 정확히 이집트가 용맹을 떨치고 번영하며 군사적 확장을 이룬 시대였다. 이런 시기에 출애굽이 일어났다면, 출애굽 사건은 이집트에 별 상처를 남기지 않았거나 기껏해야 이집트가 잠시 퇴보했다가 신속하게 회복했다는 결론이 도출되었어야 할 것이다. 그런 문제 때문에 람세스 때의 출애굽은 똑같은 반대 의견에 직

134 Ibid., 188. 분명한 증거는 제18왕조 동안에 피-람세스/칸틸에 사람이 살지 않았다는 것이다. Bietak, *Avaris,* 273; Baines and Málek, *Atlas,* 176; W. H. Shea, "Exodus, Date of the," *ISBE,* 2:231. 여기서는 텔 엘-다바에서의 M. Bietak의 연구 조사를 언급하고 있다. 비돔과 관련해서 텔 에르-레테바에서 지금까지 발견된 가장 오래된 건물은 람세스의 아툼 신전이다. 다음을 보라. Kitchen, *ABD,* 2:703.

135 Kitchen, "Egyptian Chronology," 52.

136 *CAH,* 2.1:818–19에서처럼 W. C. Hayes를 따라. Gardiner, *Egypt,* 443. Gardiner는 투트모세 3세(1490–1436년)의 연대로 중간 연대를 제안한다.

면한다.

5. 투트모세 3세 이후 다음의 이집트 왕들은 몇 차례 팔레스타인으로 군사 원정을 떠났다. 아멘호테프 2세(제7년, 제9년), 호렘헵(Horemheb, 아마도), 세티 1세(제1년), 람세스 2세(제5년), 메르네프타(제5년). 그러나 이들의 군사 원정 중 어느 하나도 사사기나 사무엘상에 언급되지 않았다. 일부가 생략된 것은 설명이 될 수 있겠으나, 전체의 생략은 그렇지 않다. 다시 말해 위에서도 일부 지적했듯이 동일한 정도는 아닐지라도 람세스의 출애굽에도 동일한 반론이 적용된다.

해결에 이르는 길

위에서 살펴봤듯이 출애굽과 정복 시기를 후기 청동기 시대 어딘가에 위치시키는 것은 네모난 못을 둥근 구멍에 끼워 맞추려는 시도다. 성서 기사를 근본적으로 거부하는 것 역시 출구 없는 길이다. 그 일은 너무 거만한 방법이어서 추천할 수 없다. 남은 유일한 길은 연대를 다른 시기에서 찾는 것이다. 그래서 J. 빔슨(J. Bimson), B. 우드(B. Wood), D. 리빙스턴(D. Livingston)은 그 연대를 중기 청동기 말에서 찾았다. 결과적으로 그들은 중기 청동기 시대 제IIC기의 끝을 기원전 1400년 무렵으로 후퇴시킨다.[137]

137 다음의 도표를 보라. Bimson and Livingston, "Redating," 46–47. 중기 청동기 시대의 종결 연대를 재배치하지는 않았지만 유사한 접근법이 다음의 글에 나온다. B. Wood, "Did the Israelites Conquer Jericho?" 44–58; idem, "Dating Jericho's Destruction" (P. Bienkowski의 글에 논평), *BAR* 16.5 (1990): 47–49, 68–69.

아마르나 서신과 팔레스타인의 상황 문제가 남아 있다. 이것은 초기 연대설과 조화될 수 있다. 나는 위에서 쓴 것을 여기에 반복하지는 않겠지만 주요 요점을 간추리면 다음과 같다.

1. 라바유(Labayu)는 세겜 왕이 **아니었다.** 그리고 라바유와 세겜 왕을 연결하는 유일한 텍스트(EA 289)는 그렇게 해석될 수 없다. 라바유는 요르단강 동편에 있는 펠라(*pí–hi-li*)의 왕일 가능성이 더 농후하다. 더구나 EA 289:23의 *KUR Ša-ak-mi*가 세겜을 가리키는지 확신할 수 없다.[138] 라바유와 그가 다스렸을 제국은 중앙 산지에서 제거된 상태이므로, 초기 이스라엘이 가서 살 수 있도록 열려 있었다.
2. SA. GAZ 표의 여러 연구에서 나타나듯이 하피루(*hapiru*) 또는 하비루(*habiru*)는 아마 사회 추방자를 불명예스럽게 부르는 포괄적인 용어였을 가능성이 크다. 그러나 다른 문맥에서는 어떨지 모르겠지만 적어도 가나안 문맥에서는 이스라엘 사람들을 가리킬 수 있다.[139] 이로써 이브리(*'ibri*)와 하피루/하비루를 음성학적으

138 나의 글을 보라. "Lab'aya's Connection with Shechem Reassessed," *Abr-Nahrain* 30 (1992): 1–19, 특히 8–12를 보라. 이 논지를 부분적으로 지지하는 내용이 최근 벧산에서 발견된 설형문자가 새겨진 실린더에 나온다. W. Horowitz, "The Amarna Age Inscribed Clay Cylinder from Beth-Shean," *BA* 60 (1997): 97–102를 보라.

139 이 주제에 관련된 글은 중요하다. 특히 Greenberg의 연구를 보라. M. Greenberg, *The Hab/piru,* American Oriental Series 39 (New Haven: American Oriental Society, 1955); M. G. Kline, "The Ha-BI-ru—Kin or Foe of Israel?" *WTJ* 19 (1956): 1–24; *WTJ* 19 (1956): 170–84; *WTJ* 20 (1957): 46–70. 보다 최근의 연구로는 다음을 보라. M. B. Rowton, "Dimorphic Structure and the Problem of the *'apirû-'ibrîm,*" *JNES* 35 (1976): 13–20; N. Na'aman, "Habiru and Hebrews: The Transfer of a Social Term to the Literary Sphere," *JNES* 45 (1986): 271–88; N. P. Lemche, "Habiru," *ABD,* 3:6–10.

로 동일시하지도 않았으며 그럴 필요도 없다.

위의 두 요점과 더불어, 아마르나 가나안 지역에서는 소국 군주들이 여호수아의 지휘하에 이스라엘인들이 정복하지 못한 땅으로 기록된 도시들을 다스리고 있었다. 한편으로 그동안 다른 소국 군주들이 공동의 적으로 간주한 하피루는 이런 정황으로 볼 때 이스라엘과 동일시될 수 있다. 라기스(*La-ki-su*)와 같은 예외도 있지만, 사사 시대 동안에 이스라엘은 수차례의 압제와 침략으로 일부 영토와 도시를 적에게 빼앗겼다는 사실을 주목할 필요가 있다. 사무엘상 7:14은 이스라엘이 팔레스타인에게 빼앗겼던 영토를 회복했다고 기록한다. 팔레스타인과 관련하여 사실인 내용은 초기 정복자들과 관련해서도 사실일 것이다.

기원전 제1천년기의 이집트와 팔레스타인

제1천년기의 연대별 배열을 논의하기에 앞서 출애굽의 왕이 누군지 식별할 때 한 가지를 명심해야 한다. 어떤 견해든 성서적으로 입증된 후반기(즉 기원전 제1천년기)의 이집트 왕들과 일관되고 타당하게 맞아야 한다. 이 점에서 주석적 이해가 중요하다. 전통적인 가설에는 두 문제가 있다: "에티오피아 사람 세라"(Zerah, 대하 14:9)와 "이집트 왕 소"(So, 왕하 17:4)가 누구인지가 학자들의 수수께끼로 남아 있다. 한편 키친은 소를 오소르콘 4세로 확신한다.[140] 각 사람을 차례로 살펴보자.

140 K. A. Kitchen, *The Third Intermediate Period in Egypt, 1100–650 B.C.,* 2d ed. 부록과 함께 (Warminster: Aris & Phillips, 1986), 372–75. 다른 기고에 관해서는 아래를

에티오피아 사람 세라

별 다른 칭호 없이 "구스인"(제라크 하쿠쉬, 대하 14:9[14:8 MT])이라는 통칭만을 가진 이 사람은 종종 무시되거나 또는 언급되지 않은 이집트 왕(때로 오소르콘 1세[Osorkon I]와 동일시됨) 아래 있는 군대 장관으로 간주된다.[141] 이 견해는 역대하 14:9에서 세라에게 속한 군대와 역대하 12:2-3에서 시삭에게 속한 군대 사이의 유사점을 무시한 것이다. 세라와 시삭 모두 "병거와 군대를 거느리고 유다/예루살렘을 치러 나왔다/올라왔다"고 기록되어 있다. 어떻게 한 사람은 파라오(시삭)라고 인정하면서 다른 사람(세라)은 파라오가 아니라고 할 수 있는가? 구약에서는 군사력을 장군이 아닌 왕에게 돌리는 것이 보통이었다(참조. 출 14:7, 9, 파라오; 민 21:21-23, 시혼; 왕하 25:1, 느부갓네살). 이러한 주석적 이유 때문에 위의 설명은 설득력이 없다.

역사상으로 볼 때 이 사람은 분열왕국 시대에 속한다. 성서 텍스트에 따르면 아사 통치 기간, 아마 제14년 말이나 제15년 초인 듯하다(대하 15:10). 틸레(Thiele)의 연대기를 따르면 이 사건은 기원전 약 894년으로 추정된다.[142] 전통적인 연대기에 근거하든지 급진적으로 수정된 연대기에 근거하든지 간에 이 시기에는 세라처럼 용맹스러운 파라오가 없었던 것으로 보인다. 가능성 있는 유일한 제안은 바로 키친의 것인데, 세라는 늙어가는 오소르콘 1세를 대행한 누비아 혈통의 장군이

보라.

141 Ibid., 309.

142 E. R. Thiele, *The Mysterious Numbers of the Hebrew Kings*, rev. ed. (Grand Rapids: Zondervan, 1983), 82. Kitchen, *Third Intermediate Period,* 309. Kitchen은 연대를 897년으로 추정하는데 이것은 여기 논의에 아무런 영향을 끼치지 않는다.

었다는 것이다.[143] 위에서 언급한 주석 문제 이외에 이 파라오가 개인적으로든 대행적으로든 가나안으로 원정을 갔다는 역사적 증거가 없는 것은 문제가 있다. 패배한 전투에 대한 기록을 남기지는 않았으리라는 점을 고려한다 하더라도, 삼백 승의 병거와 다수의 보병 부대를 동원한 원정에는 아사와 대면한 사건 외에도 기록으로 남길 만한 승전 사례가 분명히 있었을 것이다. 그러나 그런 암시는 전혀 나타나지 않는다. 그래서 세라가 누군가에 대해서는 여전히 미스터리로 남아 있다.

"소"의 정체

열왕기하 17:4에 언급된 이 이집트 왕이 누군지에 대해 역사가들은 퍽이나 법석거렸지만 그의 신원에 대해 일치된 의견을 내놓지 못했다. 크리스텐센(Christensen)은 그가 테프나흐테 1세(Tefnakht, I)일 것이라고 제안했다.[144] 한편 "소"가 실제로는 사이스(Sais)라는 도시이며 이집트 왕이 결코 아니라는 주장도 있었다. 여전히 이 의견에 동조하는 자들이 있다.[145] 그러나 이 주장은 텍스트를 임의로 수정해야 가능하기 때문에 추천할 만하지는 않다. 즉 멜레크 미츠라임(이집트의 왕)앞에 "*el*"(-에게)

143 Kitchen, Third Intermediate Period, 309.

144 또한 다음에서 다양한 다른 후보자들의 요약을 보라. D. L. Christensen, "The Identity of 'King So' in Egypt (2 Kings XVII:4)," *VT* 39 (1989): 140–53. 이전 제안인 "시베, 이집트의 투르탄"은 지금은 없어졌다.

145 가장 최근에 J. Day, "The Problem of 'So, King of Egypt' in 2 Kings XVII 4," *VT* 42 (1992): 289–301, 특별히 293–94, 각주 25–30. 또한 다음을 보라. W. H. Barnes, *Studies in the Chronology of the Divided Monarchy of Israel* (Atlanta: Scholars Press, 1991), 131–35.

을 추가적으로 삽입해서 "소(=사이스 지역)에, 이집트 왕에게"로 읽음으로써 실제 왕은 이름 없는 채로 남겨진다. 키친은 이런 과정에 이의를 제기하면서 이스라엘에는 사이스나 서부 델타지역과 교섭이 없었다는 점을 지적하였다. 반대로 키친은 위에서 지적했듯이 이름이 축약되었다고 주장하며 그를 (오)소(르콘) 4세와 동일시한다.[146] 그러나 이스라엘의 호세아가 동부 델타 일부만을 다스렸던 약하고 이름뿐인 이 군주에게서 무슨 도움을 받으려고 했는지 키친은 만족스럽게 설명하지 못한다.[147] 호세아가 제22왕조와 수년간 동맹을 맺어왔다는 키친의 호소는 만족스러운 답이 아니다. 더구나 키친이 단언한 "동맹"은 그의 증거로도 잘 성립되지 않는다.[148] 외교적인 격언으로 "적의 적은 친구다"라는 말이 있는데, 이 경우에 공동의 적은 아시리아다. 역사가 잘 말해주듯이 이 격언은 최적의 시기에라도 동맹에 대해서는 미덥지 못한 원칙이다. 요약하자면, 제안된 모든 의견에는 심각한 문제가 있기 때문에 진정한 합의란 없다.

발람 텍스트

발람과 그의 말하는 나귀 기사는 성서 독자들에게 잘 알려진 것인데, 성서 텍스트의 주석적 문제를 떠나 발람 기사를 조명해주는 고고학 자

146 Kitchen, Third Intermediate Period, 372–75.

147 이 단명한 왕에 대한 이야기에 대한 Kitchen의 소개를 주목하라(ibid., 372).

148 Ibid., 375. Christensen은 이 점에 관해서 동의한다; 다음을 보라. "The Identity of 'King So.'"

료가 상당량 있다. 특히 요르단 동편의 데이르 알라로부터 주목할 만한 텍스트가 나왔는데, 발람을 언급할 뿐만 아니라 그의 예언도 포함하고 있다.

발람의 고향

원문에 따르면 발람의 고향은 (1) "'*mw*의 아들들"(베네 암모[그의 민족의 아들들], 민 22:5)의 땅 강 가 브돌과 (2) 아람-나하라임("두 강의 아람", 신 23:4)의 브돌로 알려진다. 성서의 아람-나하라임은 전통적으로나 현대에나 메소포타미아(유프라테스와 티그리스 사이의 전 지역)라고 부르는 지역이 아니라, 오론테스로부터 카부르까지의 북부 지역이다. 그 용어는 특히 유프라테스 굴곡 주변 지역, 고대 도시 에마르를 지나서 카르케미쉬 남부, 발리크와 유프라테스가 합류하는 투툴 강 하류까지를 가리킨다.[149] 그 명칭은 이집트의 신왕국 시대 출정 목록에 나오는 나하린과 동일시할 수 있다.[150] 나하린은 확실히 유프라테스 굴곡 지역과 일치한다. 여기까지는 명확하다. 마찬가지로 브돌은 일반적으로 살만에셀 3세(Shalmaneser III)의 쿠르크 석비(Kurkh Monolith Inscription)에 나오는 피투르로 여긴다. 피투르는 카르케미쉬 남부로 흘러 들어가는 유프라테스의 서부 지류인 사구르(오늘날의 사주르) 강변에 있다고 적

149 Cf. A. Malamat, "The Aramaeans," in *Peoples of Old Testament Times,* ed. D. J. Wiseman (Oxford: Clarendon, 1973), 140.
150 다음을 보라. Gardiner, *Egypt,* 178, 190, 194.

혀 있다.[151]

명백해 보이는 이 견해에 유일하게 남은 문제는 베네 암모(그의 민족의 아들들)와 관계가 있다. 올브라이트(Albright)에 따라 현대 번역은 *'Amaw*로 읽기 위해서 *'mw*의 마지막 어근에 완전한 자음의 형태를 부여한다. 그리하여 이 단어는 이드리미 비문(Idrimi inscription)의 아마에(Amae)와 동일하게 다뤄지는 듯하다. *'Amaw*는 아멘호테프 2세의 장관인 켄 아문의 무덤 비문에서 나타난다.[152] 올러(Oller)는 이 견해를 지지하며 그 지역이 아멘호테프 2세의 출정 목록에 나오지 않았다는 비판에 반대하지만, 히타이트, 아마르나, 또는 우가리트 고문서에서 언급이 없기 때문에 어려움이 있다.[153] 이 같은 문제점을 제외하면, 비록 올러가 아마에/우(Amae/u)의 위치에 대해 회의적이긴 하지만, 올브라이트의 견해가 자료와 상당히 깔끔하게 잘 들어맞는다.[154]

151 Albright가 이드리미 비문에 관한 논평에서 논의했던 것처럼 말이다. 다음을 보라. W. F. Albright, "Some Important Recent Discoveries: Alphabetic Origins and the Idrimi Statue," *BASOR* 118 (1950): 15 그리고 각주 13; 다음도 보라. Malamat, "Aramaeans," 141.

152 다음에 인용되었다. Albright, "Some Important Recent Discoveries," 15–16 n. 13.

153 G. H. Oller, "The Autobiography of Idrimi: A New Text with Philological and Historical Commentary" (Ph.D. diss., University of Pennsylvania, 1977), 182–85. 에마르 텍스트에서 Ama'u를 언급한 것은 빠진 것을 보충하는지도 모른다: Arnaud는 텍스트 9:3의 *ni-ši MEŠ ša A-me-e*를 "les gens d'Ameu"("아무의 사람들")로 번역한다. 다음을 보라. D. Arnaud, *Les textes syriens de l'âge du bronze récent,* Aula Orientalis Supplementa 1 (Barcelona: Sabadell, 1991), 33–34. 그러나 철자법과 해석의 문제로 인해 단정적인 진술은 금한다.

154 Layton은 성서 자료를 재해석하여 발람이 암몬의 데이르 알라 출신이었다고 결론 내린다. 다음을 보라. S. C. Layton, "Whence Comes Balaam? Num. 22,5 Revisited," *Bib* 73 (1992): 32–61.

데이르 알라의 발람 텍스트

1967년에 요르단 동편의 데이르 알라 유적에서 주목할 만한 아람어 단편들이 발견되었다.[155] 본서의 제 2장에서 논의되었기 때문에 여기서는 한 가지 측면만 다루겠다.

발람이 불러낸 신들인 *šdyn*과 *šgr*에 상당한 관심이 모아졌다. 앙드레 르메르(André Lemaire)는 호프타이저(Hoftijzer)가 복원한 *lš*[*gr*--]를 변경하여 *lš*[*m*]*š*, 즉 Sha[ma]sh(태양신, 6행; 호프타이저는 8행)로 읽었다.[156] 반면 14행(호프타이저는 16행)의 *šgr w'šrtr*을 "샤가르(Šaggar)와 아쉬타르('Aštar)"로 읽는 데는 의문의 여지가 없었다. 댈리(Dalley)와 테지어(Teissier)가 고찰하였듯이 북시리아와 마리 텍스트에서 샤가르는 남성 신이었음을 적용하면, 이 텍스트에서는 남성-여성 신이라는 표준적으로 동등한 쌍이 산출된다.[157] 그러므로 šgr가 우가리트, 마리, 구바빌로니아 텍스트에 나타나듯 실제로 신이라는 것을 주장할 수 있는 좋은 선례가 될 수 있다. 에마르 이름에 ^{d}30의 구성 요소가 있기 때문에 상형문자 도장에 따르면 Šaggar가 될 수 있다(예. ^{d}30-a-bu는 Šaggar-abu이다).[158]

그러나 진짜 관심은 "šdyn-신들"이 무엇인지 확실하게 입증하는 데 있다. 왜냐하면 그것이 신명기 32:17과 시편 106:37의 *šēdîm*(셰딤)과 분명한 연결이 있는 듯하기 때문이다. 이 용어의 전통적인 번역은 아카드

155 텍스트들의 초판을 다음에서 보라. J. Hoftijzer and G. van der Kooij, *Aramaic Texts from Deir 'Alla* (Leiden: Brill, 1976), 173–78 (사본), 179–82 (번역).

156 A. Lemaire, "Fragments from the Book of Balaam Found at Deir Alla," *BAR* 11.5 (1985): 34.

157 S. Dalley and B. Teissier, "Tablets from the Vicinity of Emar and Elsewhere," *Iraq* 54 (1992): 90–91.

158 Ibid., 90, 각주 43–53a.

어 *šēdu*(같은 의미)와 같은 어원인 "귀신들"이다. 그러나 데이르 알라 텍스트는 그 단어의 새로운 면을 알려준다. 여기에서 *šdyn*은 신들의 회의(*wnsbw ... mw'd*)에서 자리를 차지하고, 다른 신들(*'lhn*)과 함께 땅에 재앙을 보낼 것을 결의하는 신들이다. 그러나 *'lhn* 신들은 꿈이나 환상으로 발람에게 그 계획을 밝힌다. 이것은 민수기 22:8-9, 12, 19-20과 확실하게 평행을 이룬다. 따라서 *šdyn*은 신들의 집단이라고 결론을 내릴 수 있다. 이들은 요르단 동편과 가나안 본토에서도 숭배되었고 위의 두 성서 텍스트에 나오는 셰딤(*šēdîm*)과 동일한 것 같다.[159] 실제로 그들은 바알-브올 사건(민 25:3; 시 106:28)의 신들일 수도 있다. 민수기 31:16에 보면 이스라엘을 유혹해서 바알-브올에 있는 이방신들에게 희생제물을 드리게 한 사람이 바로 발람이었다. 따라서 시편 106편의 일반적인 문맥에서 *šdym*의 언급은 주목할 만하다. 아람어 텍스트에서는 그들이 바로 발람이 섬겼던 신들이기 때문이다.

팔레스타인의 두 유적지

하솔과 기브아 두 유적지는 각각 다른 이유로 중요하다. 전자는 새롭게 발견된 설형문자 서판 때문이고 후자는 제안된 현대의 지리적 위치의 불확실성 때문에 중요하다.

하솔

1991년에 하솔에서 발굴이 재개되어 원래의 출처가 불확실한, 부분적

159 Hackett의 통찰력 있는 논의를 참조하라. J. Hackett, *The Balaam Text from Deir 'Alla*, HSM 31 (Chico, Calif.: Scholars Press, 1980), 85–89.

으로 보존된 설형문자 서판이 세상에 나왔다.[160] 이 단편은 원시 이스라엘이나 초기 이스라엘 역사에 중요성을 지닐 수도 있었다. 이 서판은 젊은 여자를 양도하는 것과 관련하여 Ib-ni-[x]에게 보낸 편지의 일부이다. 벤 토르(Ben-Tor)는 그 이름을 Ib-ni-[^{d}IM], 다시 말해 마리 문서에서 하솔의 왕(^{URU}Ha-su-ra)으로 입증된 이브니 아두(Ibni-Addu)로 복원할 수 있다고 제안했다.[161]

성서에서 야빈(*yābîn*)은 하솔의 두 왕의 이름으로 나타난다. 하나는 정복 시대(수 11:1, 10)에, 다른 하나는 사사 시대(삿 4:2)에 나타난다. 야딘(Yadin), 말라마트(Malamat), 그리고 최근에 빔슨이 지적한 것처럼 이름에서 신명(神名)의 요소를 빼면 히브리어 야빈과 Ibni 접두사를 동등하게 조립할 수 있다는 주장이 있다.[162] 이브니를 접두사로 한 이름은 아모리 이름 가운데(특히 마리에서) 상당히 흔했기 때문에, 이름에서 신명의 요소가 무엇이든지 간에 하솔의 "야빈"이란 이름이 여럿이었을 거라는 주장은 상당히 납득 가능한 것이다. 이 서판의 이름과 성서의 야빈이 일치한다는 전제하에, 후자는 일부가 주장하는 것처럼 왕조의 칭호라기보다는 고유명사로 이해될 수 있다.[163]

160 W. Horowitz and A. Shaffer, "A Fragment of a Letter from Hazor," *IEJ* 42 (1992): 165–67.

161 마리 텍스트의 하수라/하솔에 대한 주석은 ARM 16.1.1, 14를 보라. 이브니-아두에 대한 마리 관련 자료는 다음에서 보라. ARM 16.1.2, 113.

162 Y. Yadin, *Hazor: With a Chapter on Israelite Megiddo,* Schweich Lectures, 1970 (London and New York: Oxford University Press for the British Academy, 1972), 5; idem, *Hazor: The Rediscovery of a Great Citadel* (New York: Random House, 1975), 16; A. Malamat, "Hazor: 'The Head of All Those Kingdoms,'" *JBL* 79 (1960): 17; Bimson, *Redating,* 181.

163 Kitchen이 이 입장을 옹호한다는 점을 주목하라. *Ancient Orient,* 68.

텔 엘-케다를 하솔과 동일시하는 데는 논쟁이 없다. 그러나 기브아의 사울 왕궁 유적지에 대한 논의는 이미 끝난 것으로 여겼으나 지금 다시 논쟁이 되었다. 올브라이트가 1922-1923년과 1933년에 예루살렘 북부에 있는 철기 시대 성채를 발굴한 후, 기브아는 텔 엘-풀 지역인 것으로 확신되었다. 그때까지만 해도 기브아는 오늘날의 제바라는 마을로 알려졌었다. 그런데 최근에 이전의 주장이 다시 힘을 얻고 있다. 특히 아놀드(Arnold)는 텔 엘-풀과 기브아를 동일시하는 것은 문학적-지형학적으로나 고고학적으로 지지할 수 없다고 주장하면서, 그 대신 과거의 게바(현대의 제바) 학설을 부활시켰다.[164] 텔 엘-풀의 주요 난점은 다음과 같다.

1. 사무엘상 14:16을 보면 기브아에서 사울의 파수꾼이 믹마스에 있는 팔레스타인의 혼란을 볼 수 있었다. 그러나 텔 엘-풀은 현대 묵마스(믹마스)에서 7킬로미터 떨어져 있다. 파수대 위에서라고 해도 그렇게까지 먼 거리를 바라볼 수는 없다. 하지만 게바라면 충분히 가능하다.
2. 관련 성구들은 이 유적지들이 예루살렘 자체가 아니라 예루살렘 북쪽 지역과 관련 있음을 드러낸다. 텔 엘-풀은 예루살렘 구시가지로부터 단지 4킬로미터 거리에 있다. 반면 기브온, 라마, 미스바, 믹마스와 같은 다른 부지들은 모두 텔 엘-풀의 북쪽에 있다.
3. 사무엘상 14:2에 따르면 사울과 그의 부하 600명은 기브아 변방

164 P. M. Arnold, *Gibeah: The Search for a Biblical City*, JSOTSup 79 (Sheffield: JSOT Press, 1990).

에 있는 석류나무(하림몬) 아래 머물렀다. 이곳은 틀림없이 사사기 20:45-47, 21:13에 언급된 석류나무/림몬 바위(셀라 하림몬), 즉 나무가 아니라 암석 구조물이다. 이것은 게바 산길의 남동쪽 2킬로미터에 있는 벌어진 석류 모양의 엘-자이아라는 동굴과 동일시될 수 있다. 그곳은 베냐민의 군대든지(삿 20:47) 사울의 군대든지(삼상 14:2) 간에 600명을 수용할 수 있었다.[165]

우리가 아놀드의 주장을 전면적으로 수용하든지 안 하든지 간에 그는 좋은 선례를 보여주었다. 또한 그의 주장은 팔레스타인 고대 유적지의 정확한 장소들이 밝혀지려면 아직 멀었다는 일반적인 사실을 보여준다.

위 주제들에 대해 아주 철저히 논의하지는 않았지만, 계속되는 연구를 통해 아직까지 풀리지 않은 문제들이 보다 자명해질 것이라고 희망한다.

165 더 자세한 것은 다음을 보라. Ibid., 제2장.

제4장

구약 연구의 문학적 접근법

Tremper Longman III
트렘퍼 롱맨

지난 4반세기 동안 행해진 구약에 대한 문학적 연구를 요약하고 평가하는 것은 쉽지 않은 과제다. 이 기간 동안에는 문학적 방법론과 적용에 관하여 그 전 한 세기 반 동안 출판된 것보다 더 많은 양의 책과 논문이 출간되었다.[1]

문학적 접근법은 본장에서 다루는 기간에 더욱 괄목할 만한 진보를 보이고 있다. 나는 이 방법론이 부흥한 시점에서 출발하여 초기의 역사

1 다음의 글이 이 점을 확인해준다. M. Minor, *Literary-Critical Approaches to the Bible: An Annotated Bibliography* (West Cornwall, Conn.: Locust Hill, 1992). 2,254개의 글 중에 대다수가 1980년 이후에 쓰였으며, 1970년 전에 쓰인 것은 거의 없다. 다음도 보라. Idem, *Literary-Critical Approaches to the Bible: A Bibliographical Supplement* (West Cornwall, Conn.: Locust Hill, 1996); and P. R. House, "The Rise and Current Status of Literary Criticism of the Old Testament," in *Beyond Form Criticism: Essays in Old Testament Literary Criticism,* ed. P. R. House, SBTS 2 (Winona Lake, Ind.: Eisenbrauns, 1992), 3–22; 이후로는 약어 *BFC*로 쓴다.

를 살펴본 후에, 이 방법론이 일시적으로 소멸한 원인을 탐구해보고자 한다. 다음으로는 근대의 시작을 알리는 형식주의를 넘어서 다양하게 변모한 문학적 연구들과 구약학 사이의 연관성을 추적할 것이다. 마지막으로 1990년대 후반 이 분야의 연구 현황을 기술한 후 앞으로의 연구를 위한 논제들을 제시하고자 한다.

구약의 문학적 접근법의 (재)탄생

성서학의 관점에서 볼 때 1981년 로버트 알터(Robert Alter)의 저작 『성서 내러티브의 기술』(*Art of Biblical Narrative*)의 출간은 하나의 분기점이 되었다.[2] 물론 그 이전에도 구약에 대한 문학적 연구를 주창하는 학자들이 있었으나,[3] 알터의 연구는 이 분야에서 유례를 찾아볼 수 없는 반향을 불러일으켰으며 성서 텍스트의 문학적 형태에 대한 관심을 부활시켰다. 그의 저서가 나오기 전에도 구약의 문학적 연구에 대한 시도가 간간이 있기는 했지만,[4] 그의 연구는 하나의 사조를 만들어냈다고 말할

2 R. Alter, *The Art of Biblical Narrative* (New York: Basic Books, 1981), 그러나 많은 사람들이 또한 이전의 Auerbach의 훌륭한 연구를 지목할 것이다. E. Auerbach, *Mimesis: The Representation of Reality in Western Literature,* trans. W. Trask (Garden City, N.Y.: Doubleday, 1957), 특히 "Odysseus' Scar(오디세우스의 흉터)"라 이름 붙여진 제1장.

3 그중에서도 특히 J. Muilenburg, "Form Criticism and Beyond," *JBL* 88 (1969): 1–18, reprinted in *BFC,* 49–69. Muilenburg는 그의 SBL 회장 연설문을 출간하면서 동료 성서학자들에게 성서 텍스트의 작은 단위와 그것들의 선역사를 넘어서 텍스트의 최종 형태의 수사학 구조에 열중하라고 요구한다. 성서의 양식비평 연구를 보충하라는 그의 도전에 이후 12년 동안 몇몇 학자들이 귀를 기울였다; 아래 각주 4번을 보라.

4 Muilenburg 외에도 초창기 연구들 중 주목할 만한 글은 다음과 같다. L. Alonso Schökel, *Estudios de Poetica Hebraea* (Barcelona: Juan Flors, 1963); D. J. A. Clines, *I, He, We, and They: A Literary Approach to Isaiah 53,* JSOTSup 1 (Sheffield: JSOT Press,

수 있다.

『성서 내러티브의 기술』이 출간될 당시 알터는 비교 문학을 전공한 저명한 문학 비평가였다. 이 책은 그가 구약에 대해 남긴 첫 번째 중대한 선언이었다. 알터의 책이 어떤 이유로 수많은 성서학자들의 상상력을 사로잡았는지를 설명하려면 어느 정도 추측이 불가피하다. 우선 그때까지 맹위를 떨치던 역사비평 방법이 점점 새로운 통찰력을 산출하지 못하고 있었다. 또한 역사비평 방법은 많은 성서 독자들의 관심이었던 최종 형태의 텍스트의 의미를 밝혀주기보다는 모호하게 만드는 경향이 있었다. 구약의 자료비평과 양식비평은 대부분 텍스트의 작은 단위에 집중했고 그것들의 선역사에 관심을 두었다. 알터에 의해 주장된 문학적 접근법은 이러한 통시적 방법들을[5] 버리지 않으면서도 우선순위를 재정비하여 성서 텍스트가 문학적 총체로서 그 텍스트의 최종 정황에서 검토될 수 있도록 만들어주었다.

1980년 이래 구약 학계 내에서 복음주의 학자들의 숫자가 증가하기 시작했는데, 그들이 문학적 접근법에 관심을 갖게 되었다. 왜냐하면 이 접근법이 텍스트의 최종 형태에 관심을 두고 성서의 책들을 여러 자료의 수집물로 보기보다는 완전한 작문으로 간주하는 성향을 가졌기

1976); idem, "Story and Poem: The Old Testament as Literature and Scripture," *Int* 34 (1980): 115–27, reprinted in *BFC,* 25–38; D. M. Gunn, *The Story of King David: Genre and Interpretation,* JSOTSup 16 (Sheffield: JSOT Press, 1980); D. Patte and J. F. Parker, "A Structural Exegesis of Genesis 2 and 3," *Genesis 2 and 3: Kaleidoscopic Structural Readings,* ed. D. Patte, *Semeia* 18 (1980): 55–75, reprinted in *BFC,* 143–61; S. Bar-Efrat, "Some Observations on the Analysis of Structure in Biblical Narrative," *VT* 30 (1980): 154–73, reprinted in *BFC,* 186–205.

5 Alter, *Art of Biblical Narrative,* 131–54. 결국 Alter는 창세기 내러티브들이 "혼합 예술"(composite artistry)의 최종 결과였다고 주장한다.

때문이었다. 문학적 접근법의 도움으로 복음주의 학자들은 내러티브의 역사성에 대한 의문들은 일단 접어두고, 성서의 기원에 대한 다른 견해를 가진 동료들과 대화를 지속할 수 있었다.[6] 또한 이 접근법으로 말미암아 다른 학자들이 접합이나 문맥의 단절을 발견하는 성서 텍스트에 대해서도 텍스트의 통일성을 변호하는 논의를 전개하는 것이 가능하게 되었다.[7]

6 문학적 방법을 다양하게 사용한 복음주의 학자들의 예로 다음을 보라. D. Tsumura, "Literary Insertion (A x B Pattern) in Biblical Hebrew," *VT* 33 (1983): 468–82; idem, "Literary Insertion, A x B Pattern, in Hebrew and Ugaritic," *UF* 18 (1986): 351–61; L. Ryken, *How to Read the Bible as Literature* (Grand Rapids: Zondervan, 1984); R. B. Chisholm Jr., "Structure, Style, and the Prophetic Message: An Analysis of Isaiah 5:8–30," *BSac* 143 (1986): 46–60; K. J. Vanhoozer, "A Lamp in the Labyrinth: The Hermeneutics of 'Aesthetic' Theology," *TJ* 8 (1987): 25–56; idem, "The Semantics of Biblical Literature: Truth and Scripture's Diverse Literary Forms," in *Hermeneutics, Authority, and Canon,* ed. D. A. Carson and J. Woodbridge (Grand Rapids: Zondervan, 1986), 53–104; idem, *Biblical Narrative in the Philosophy of Paul Ricoeur: A Study in Hermeneutics and Theology* (New York and Cambridge: Cambridge University Press, 1990); T. Longman III, *Literary Approaches to Biblical Interpretation* (Grand Rapids: Zondervan, 1987); B. G. Webb, *The Book of the Judges: An Integrated Reading,* JSOTSup 46 (Sheffield: JSOT Press, 1987); L. C. Allen, "Ezekiel 24:3–14: A Rhetorical Perspective," *CBQ* 49 (1987): 404–14; R. P. Gordon, *I and II Samuel: A Commentary* (Grand Rapids: Zondervan; Exeter: Paternoster, 1989); V. P. Long, *The Reign and Rejection of King Saul: A Case for Literary and Theological Coherence,* SBLDS 118 (Atlanta: Scholars Press, 1989); K. L. Younger Jr., *Ancient Conquest Accounts: A Study in Ancient Near Eastern and Biblical History Writing,* JSOTSup 98 (Sheffield: JSOT Press, 1990); P. R. House, *The Unity of the Twelve,* JSOTSup 97 (Sheffield: Almond, 1990). 이 글들은 복음주의자들에 의한 많은 문학적 연구 중의 일부일 뿐이다. 문학적 연구는 또한 복음주의 학자들이 쓴 주석서, 서문(다음을 보라. R. B. Dillard and T. Longman III, *An Introduction to the Old Testament* [Grand Rapids: Zondervan, 1994]), 그리고 다른 문헌 연구들에 엄청난 영향을 주었다.

7 이것의 훌륭한 예는 Wenham의 글이다. G. J. Wenham, "The Coherence of the Flood Narrative," *VT* 28 (1978): 336–48, reprinted in *"I Studied Inscriptions from before the Flood": Ancient Near Eastern, Literary, and Linguistic Approaches to the Old Testament,* ed. R. S. Hess and D. T. Tsumura, SBTS 4 (Winona Lake, Ind.: Eisenbrauns, 1994),

성서학의 다른 분야에서 이루어진 진보들도 문학적 접근방법의 수용을 용이하게 해주었다. 가장 두드러진 것은 브레버드 차일즈(Brevard Childs)가 전개한 정경비평(canon criticism)이었으며, 이 비평은 1970년 이후 구약학계에서 이루어진 중요한 진전이었다.[8] 정경비평 역시 성서 텍스트의 최종 형태에 초점을 맞추며 성서의 책들을 문학적 총체들로 여긴다. 사실 차일즈는 강력하게 그 영향력을 부인했지만, 존 바튼(John Barton)은 정경비평과 형식주의(formalism; 또는 신비평[New Criticism; 아래를 보라])라 불리는 문학적 전략 사이에 형식적 유사성이 있음을 설득력 있게 제시했다.[9]

마지막으로, 우리는 알터의 성서 텍스트 독법이 설득력을 갖는다는 점을 인정해야 한다. 그는 성서학자들에게 강의를 하는 대신에 그들에게 성서 텍스트를 어떻게 해석하는지를 보여주었고, 그것은 놀랄 만한 결과를 가져왔다. 알터가 『성서 내러티브의 기술』에서 성서 이야기, 특히 창세기의 이야기들을 다루는 방식은 그의 해석이 성서 텍스트의 의미를 드러내고 뜻을 밝혀준다는 점을 보여준다. 또한 그의 책은 광범위한 독자들에게 흥미를 주는 특별한—이전의 많은 양식비평적 텍스트 연구와는 결이 다른—책이었다.

436–47. 복음주의자들이 문학적 접근법을 성서 텍스트의 통일성을 지지하는 견해로 사용하는 유일한 사람들은 아니다. 다음도 보라. R. N. Whybray, *The Making of the Pentateuch: A Methodological Study*, JSOTSup 53 (Sheffield: JSOT Press, 1987); and I. M. Kikawada and A. Quinn, *Before Abraham Was: The Unity of Genesis 1–11* (Nashville: Abingdon, 1985).

8 그의 글 *Introduction to the Old Testament as Scripture* (Philadelphia: Fortress, 1979)을 보라.

9 J. Barton, *Reading the Old Testament: Method in Biblical Study* (Philadelphia: Westminster; London: Darton, Longman & Todd, 1984).

알터는 그의 문학적 분석 접근법을 거창한 사상이나 학파에 귀속시키지 않았으며, 그의 접근법은 일반적으로 형식주의 또는 신비평의 한 부류로 간주될 수 있다. 다시 말해 알터는 저자나 독자에 초점을 두지 않고 텍스트에 초점을 맞추었다는 것이다. 특히 그는 고대 히브리 문학의 관례들이 갖는 기능을 기술하고자 했다. 서로 다른 문화와 다른 기간의 문학 작품들 사이에는 유사성도 존재하지만, 고대 이스라엘 민족을 포함하여 모든 민족은 각기 나름의 방법으로 이야기를 들려주고 시를 쓴다:

> 모든 문화마다, 심지어 특정 문화의 매 시기마다 이야기를 전개하는 데 있어 독특하고 때로는 난해한 암호들을 만들어낸다. 그 암호에는 내러티브의 관점, 해설과 성격묘사 과정, 대화 처리에서부터 시간의 배열과 줄거리 정리까지의 모든 것이 포함된다.[10]

알터가 히브리 이야기와 시를 분석하는 목적은 텍스트의 문학적 관례들을 탐구하고 이해함으로써 그 텍스트가 의미하는 바를 찾아내는 것이다.

많은 학자들이 알터의 저서에서 영향을 받아 성서 내러티브를 문학적으로 읽으려고 시도했다. 수많은 성서학자들이 대체로 그의 방법을 따랐다.[11]

10 R. Alter, "How Convention Helps Us to Read: The Case of the Bible's Annunciation Type Scene," *Prooftexts* 3 (1983): 115.

11 Fokkelman이 선구자였다. J. P. Fokkelman, *Narrative Art in Genesis,* SSN 17 (Amsterdam: Van Gorcum, 1975), 11–45. 다른 이로는 다음의 학자들이 있다. A. Berlin, *Poetics and Interpretation of Biblical Narrative,* BLS 9 (Sheffield: Almond,

고대의 선구자들

나는 이 방법이 꽃을 피우기 전에 이따금씩 문학적 연구를 시행했던 뮐렌버그와 다른 이들의 글을 앞에서 언급했다.[12] 그리고 이어지는 연구를 통해 성서 내러티브와 시에 문학적 방법, 개념 그리고 통찰력을 적용하는 관례가 고대에 뿌리를 두고 있음이 밝혀졌다.

스티븐 프리켓(Stephen Prickett)은 성서 연구에 문학적 접근법을 도입한 것이 전혀 새로운 현상이라기보다는 고대에 실행되던 전통의 재결합이라고 설득력 있게 주장했다.[13] 그는 성서 연구에서 문학적 적용을 배제시킨 원인을 계몽주의의 기세로 보았다. 그는 특히 베를린 대학교가 설립된 1809년이 바로 문학적 연구와 성서 연구가 서로 행로를 달리한 때(상징적으로라도)라고 하였다. 그는 성서학 분과가 인문학 분과에서 분리되어 따로 신학과에 배치되는 순간 성서와 성서의 문학적 이해 사이에 "빙벽"이 세워졌다고 생각한다.

이전에는 성서를 문학적 견지에서 이해하는 것이 일반적이었다. 초기 교부들만 살펴보아도 이 주장이 일리가 있다는 것을 알 수 있다. 아우구스티누스(Augustine)와 히에로니무스(Jerome)는 고전 수사학과 시

1983); M. Weiss, *The Bible from Within: The Method of Total Interpretation* (Jerusalem: Magnes, 1984); J. Licht, *Storytelling in the Bible* (Jerusalem: Magnes, 1986); S. Bar-Efrat, *Narrative Art in the Bible,* BLS 17 (Sheffield: Almond, 1989). 다음의 Sternberg 또한 이 일반 사조 출신이다. 하지만 그의 책의 요지는 Alter가 성서 텍스트를 문학적 기능으로 축소시켜 결국 이념적인 목표를 무시하게 되었다는 것이다. M. Sternberg, *The Poetics of Biblical Narrative: Ideological Literature and the Drama of Reading,* ILBS (Bloomington: Indiana University Press, 1985).

12 각주 3과 4를 보라.

13 S. Prickett, *Words and the Word: Language Poetics and Biblical Interpretation* (New York and Cambridge: Cambridge University Press, 1986).

학 교육을 받았다. 자연스럽게 그들은 학교에서 배운 문학 원리를 성서 연구에 자주 적용했다. 그들은 종종 성서에 나오는 이야기와 시를 그들이 잘 아는 고전 문학과 비교했다. 결국 성서 텍스트는 곡해되고 잘못 평가되었다. 예를 들어, 히에로니무스는 히브리 시들을 자세히 살펴보고 그 시들의 형태를 히브리 시가 아닌 그리스 시와 라틴 시를 위해서 발전된 표현기법을 써서 기술했다.[14] 제임스 쿠걸(James Kugel)은 히에로니무스의 말을 인용한다.

> 그 무엇이 시편보다 더 음악적인가? 어느 것이 우리의 플라쿠스(Flaccus)나 그리스의 핀다르(Pindar)의 방식으로 지금은 약강격(iambs)으로 흐르고, 또 알카이오스격(Alcaics)으로 울리다가, 사포풍(Sapphic) 운율로 소리를 높이거나 반운각(a half-foot)을 따라가는가? 그 무엇이 솔로몬의 글보다 엄숙하고, 그 어느 것이 욥기보다 세련되었는가? 요세푸스(Josephus)와 오리게네스(Origen)가 말하듯 이 책 모두는 그 원문에서 6운율 또는 5운율 구절로 흐르는 것이다.[15]

히에로니무스가 보여준 문학적 접근의 예는 기독교와 유대교의 성서 해석 역사에서 수없이 나타난다. 그러므로 20세기 후반에 나타난 성서에 대한 문학적 연구가 구약 역사비평에 부당하고 불건전하게 집착한 결과로 생긴 틈을 재결합했다고 말할 수 있다.[16]

14 다음을 보라. J. Kugel, *The Idea of Biblical Poetry: Parallelism and Its History* (New Haven: Yale University Press, 1981), 149–56.

15 다음에 인용되었다. Ibid., 159–60.

16 Prickett은 다음과 같이 말한다: "시 가설로 성서 해석학을 논의하는 것은 이질적인 개념을 적용하는 것이 아니고 지난 150년 동안 비참하게 산산조각 났던 접근법의 전체

그러나 성서에 대한 문학적 연구의 재출현이 획일적인 성격을 띠는 것은 아니었다. 성서학자들은 형식주의가 그들 영역에서 유일한 문학적 접근방식이 아니라는 것을 아주 금방 알아차렸다. 몇몇 경쟁적인 해석 전략이 문학적 영역에 발을 내딛기 시작했다. 이러한 서로 다른 접근법들이 언제나 이해하기 쉬운 것은 아니었고 서로 관련되어 있는 것도 아니었다. 이런 점을 염두에 두고 다음으로 넘어가보자.

구약의 문학적 접근법의 개념도

형식주의가 성서학의 문학 접근법으로서 활발하게 활동하는 동안 다른 방법들도 각자 나름의 영향력을 펼쳤다. 사실 성서학은 문학 이론 분야의 상황을 반영하고 있다. 문학 이론은 대부분의 학문 연구처럼 다소 까다로운 분야다. 여기서는 서로 다른 사조들이 우위다툼을 한다. 새로운 문학 접근법들이 등장하는 속도도 빨라지고 있다. 그리고 얼마의 시간이 흐르고 나면 성서학자들은 새로운 방법을 자기의 것으로 소화하고 그것을 관심 텍스트에 적용한다.

나는 지난 몇십 년간 성서학자들이 채택해왔던 서로 다른 문학 연구 사조들을 조사하여 그것들이 출현한 순서대로 기술하려 한다. 하지만 새로운 접근법이 성서학에 소개되었다고 해서 이전 접근법들이 완전히 사라지는 것은 아니다. 새로운 접근법이 학계에서 전위적인(avant-garde) 역할을 수행하는 동안 이전의 접근법들도 서적과 논문에서 지속

를 회복하는 것이다."

적으로 자신의 역할을 감당한다.

현 시점에서 내가 할 수 있는 일은 서술하고 예증하는 것뿐이다. 위에서 알터와 다른 이들의 "숙독"(close reading)에 대해 설명했으니 이제는 다음 네 사조, 즉 구조주의와 기호학, 해체주의, 독자반응, 그리고 이념적 읽기(신역사주의뿐 아니라 특히 마르크스주의나 페미니스트 접근법들)에 대해 정의를 내리고자 한다. 이러한 작업을 간략히 끝맺은 후에는 현재 상황을 개괄하고, 이어서 문학적 접근법에 대해 최종적 평가를 내리고자 한다.

구조주의와 기호학

구조주의(Structuralism)와 기호학(Semiotics)이란 두 용어는 때때로 상호 교환적으로 쓰이기도 하고 약간 다르게 쓰이기도 한다. 그러나 문학 이론에서는[17] 둘 다 공통적으로 기호(a sign)로서의 문학 텍스트의 본질을 주시한다.

구조주의 사고의 역사에 대한 대부분의 연구는 스위스 언어학자인 페르디낭 드 소쉬르(Ferdinand de Saussure)의 선구자적인 저서와 함께 시작한다.[18] 기호의 본질에 대한 보다 풍부한 개념에 관심 있는 이들은

17 나는 문학 가설에서 이런 용어들을 사용하는 것과 그것들을 성서 연구에 적용하는 일에 관심을 두고 있다. V. P. Poythress가 지적했듯이, "구조주의는 '체계', 가설 또는 잘 공식화된 논지라기보다는 방법, 패러다임, 개인적 선호의 다양한 모음이다"("Structuralism and Biblical Studies," *JETS* 21 [1978]: 221). 아마도 가장 중요하게, 구조주의는 스스로를 "탐구하는 방법이 아니라 인간 문화에 대한 일반적 가설"이라고 주장한다는 점에서 광범위하다(Barton, *Reading the Old Testament,* 77–88).

18 그의 유작인 다음의 글을 보라. *Course in General Linguistics,* ed. C. Bally and A.

미국의 철학자 찰스 샌더스 퍼스(Charles Sanders Peirce)를 살펴볼 수 있다.[19] 이런 깔끔한 구분은 흥미롭고 중요하지만, 이 운동의 일반적 개요 및 그것을 성서에 대한 문학적 연구에 어떻게 적용할지를 전반적으로 다루고자 하는 우리의 목적에는 부합하지 않는다.

구조주의는 그 중심에 기호가 있다. 그것이 언어학 구조주의든지, 문학 구조주의든지, 또는 문화 구조주의든지 간에 말이다. 기호는 두 부분, 즉 기표(the signifier)와 기의(the signified)로 구성되는 것으로 여겨진다. 기표란 말, 텍스트, 문화를 뜻하며 기의는 그것들이 가리키는 것, 즉 개념이다.[20]

문학 텍스트가 갖는 기호로서의 본질에 초점을 맞추어보면 우리는 텍스트가 여러 개의 언어학적 기호와 말들로 구성되어 있음을 볼 수 있다. 구조주의가 주는 첫 통찰력은 문학 작품이 기호의 임의적 체계라는 것이다. 즉 문학 작품을 구성하는 기호들은 그것들이 상징하는 자연적이고 필연적인 관계가 아닌 자의적이고 틀에 박힌 관계를 갖고 있다. 언어의 자의적 본질은 서로 다른 언어들이 같은 사물, 상태, 또는 행동을 각각 다른 이름으로 부른다는 사실에서 설명된다. 만일 실제 "개"와 영어 단어인 "dog" 사이에 필수적인 연계성이 있다면 프랑스어로 개를

Sechehaye, trans. W. Baskin (London: Owen, 1959; reprinted, New York: McGraw-Hill, 1966).

19 언어와 문학에 응용된 기호학으로서 Peirce의 기호학을 기술한 것으로는 다음을 보라. M. Shapiro, *The Sense of Grammar: Language as Semiotic* (Bloomington: Indiana University Press, 1983), 25–102.

20 구조주의에 대한 유용한 일반적 논의로는 다음을 보라. J. Culler, *Structuralist Poetics: Structuralism, Linguistics, and the Study of Literature* (Ithaca: Cornell University Press; London: Routledge & Kegan Paul, 1975); T. Hawkes, *Structuralism and Semiotics*, New Accents (Berkeley: University of California Press; London: Methuen, 1977).

"chien"이라 하거나 독일어로 "Hund"라고 하지는 않았을 것이다.

구조주의 사고를 바탕으로 삼은 두 가지 관찰이 후에 점차 큰 중요성을 갖는다. 첫째, 소쉬르는 언어가 차이점들로 구성되었다고 주장했다. "언어 그 자체 안에는 오로지 차이점들만 존재할 뿐이다. 이보다 더 중요한 사실은, 비록 언어에 일반적으로 단 하나의 차이만 있다 하더라도, 존재하는 것은 오직 차이점들뿐이며, 실명사(positive terms)는 존재하지 않는다는 점이다."[21] Hat, cat, bat의 차이점은 한 글자가 다르다는 것이며, 언어는 이런 차이점들 위에 만들어진다.

구조주의의 문학적 통찰 중 중요한 한 가지는 문학이 언어 자체처럼 어떤 "관습"(conventions)에 의해 작동된다는 것이다. 언어학 체계의 구문론, 문법, 어휘 목록처럼 문학적 관습은 문학 전체에서 탐지되는 기저구조다. 어떤 언어에 능숙해지는 것은 모든 단어나 가능한 모든 구문론적 배열을 배운다는 의미가 아니라 언어의 기본 규칙을 배운다는 뜻이다. 문학에서도 마찬가지다. 문학적으로 능숙해지는 것은 그 문학을 완전히 안다는 의미가 아니라 주요 관례들 또는 문학적 장치 및 장르 등을 인지하는 것을 의미한다. 결국 구조주의적 사고에서 텍스트의 의미는 저자의 의도에서는 찾을 수 없고, 그 텍스트의 관습적인 암호에서 찾을 수 있다. 읽기는 "규칙이 다스리는 과정"이다.[22]

이 분석을 단순히 특정한 문화와 시기에 따른 원래의 문학적 관습들을 기술하는 것으로 이해한다면, 이런 종류의 분석은 알터가 실행한

21 Saussure, *Course,* 118.

22 Culler, *Structuralist Poetics,* 241. R. Scholes, *Semiotics and Interpretation* (New Haven: Yale University Press, 1982), 14. Scholes에 따르면 독자와 저자는 둘 다 "암호로 서로 교류하는 분리된 영혼들"이다.

형식주의와 다를 바가 없다. 그러나 몇몇 성서 내러티브의 구조주의적 분석은 텍스트의 뜻을 밝혀주기보다는 모호하게 만든다는 점에서 난해하다. 구조주의자들은 문학적 연구를 위해 "증명될 수 있고 반복될 수 있는" 텍스트 접근법을 제공하고자 한다. R. C. 컬리(R. C. Cully)는 이를 요약하여, 구조주의자들은 "정확한 진술과 정확한 분석 모델을 얻으려고 애쓴다는 점에서 과학적인 방법을 추구하는 자들"이라고 말할 수 있다고 하였다.[23] 이런 바람으로 인해 때때로 구조주의자들은 문학 텍스트를 대할 때도 수학 공식을 통해 해결되는 문제를 대하듯이 접근하기도 한다.[24]

난해성을 유발하는 이런 준과학적 추진력은 구조주의가 이항대립(binary opposition)에 집착하는 것과 관련이 있는지도 모른다. 구조주의자들은 기호 연구를 하면서 기호들(언어학적, 문학적 기호들을 포함하여)의 의미가 다른 기호들과의 대립을 통해 나온다고 생각하게 되었다.

최근에 성서를 구조주의/기호학 접근으로 연구한 한 예는 E. J. 반 볼데(E. J. van Wolde)의 창세기 2-3장 분석이다.[25] 이 연구에서 그녀는 민속학자인 A. J. 그레마스(A. J. Greimas)와 미국 철학자인 C. S. 퍼스(C. S. Peirce)의 통찰력을 합쳐서 창세기 2, 3장을 아주 기교적으로 분석했

23 R. C. Culley, "Exploring New Directions," in *The Hebrew Bible and Its Modern Interpreters,* ed. D. A. Knight and G. M. Tucker (Philadelphia: Fortress; Chico, Calif.: Scholars Press, 1985), 174.

24 Polzin은 욥기를 수학적 공식과 유사한 것으로 축소시킨다: Fx (a) : Fy (b) = Fx (b) : Fa-r (y). R. M. Polzin, *Biblical Structuralism: Method and Subjectivity in the Study of Ancient Texts,* SemSup (Philadelphia: Fortress, 1977), 75. 아래 van Wolde에 대한 소견을 보라.

25 E. J. van Wolde, *A Semiotic Analysis of Genesis 2–3: A Semiotic Theory and Method of Analysis Applied to the Story of the Garden of Eden,* SSN 25 (Assen: Van Gorcum, 1989).

다. 이 분석은 다양한 음운론적·운율학적·의미론적 언어유희와 같은 표현의 형태들에서 시작하여 담론적 형태(discursive form)에까지 이르렀는데, 이런 담론적 형태는 독자와 텍스트 간의 상호작용에서 나온 최종적 해석이다.[26]

반 볼데는 책 서두의 기호학 개요에서 언어, 문학, 실제의 기호적 본질에 접근하는 방법에 대한 요점을 잘 나타낸다. 그러나 그녀는 창세기 2-3장을 오직 초보자만 이해할 수 있는 일련의 공식으로 축소하면서 이 접근법이 준과학적이고 모호한 특성이 있음을 잘 설명한다. 이 공식들에 대한 설명과 그 주석적인 내용을 읽노라면 텍스트에 이런 뒤얽힌 접근법으로 다가갈 필요가 있을까 하는 의문이 생긴다. 왜냐하면 그녀가 내놓은 텍스트의 의미들에 대한 흥미로운 아이디어들은 숙독(close reading)의 일반적인 규칙들을 통해서도 쉽게 발견할 수 있기 때문이다. 오늘날 학자들 중에서 자신을 구조주의자로 여기는 사람이 거의 없는 것은 이런 이유에서다.[27]

26 Van Wolde는 독자의 관점을 포함해야 한다는 그녀의 방법론을 합리화할 소지를 Greimas보다는 Peirce의 글에서 찾았다. 다음을 참조하라. *Semiotic Analysis,* 23.

27 구약의 구조주의적 연구의 예로 다음을 보라: R. Barthes, "The Struggle with the Angel: Textual Analysis of Genesis 32:23–33," in R. Barthes et al., *Structural Analysis and Biblical Exegesis: Interpretational Essays,* trans. A. M. Johnson Jr., PTMS 3 (Pittsburgh: Pickwick, 1974), 21–33; R. Detweiler, *Story, Sign, and Self: Phenomenology and Structuralism as Literary Critical Methods,* SemSup (Philadelphia: Fortress; Chico, Calif.: Scholars Press, 1978); E. V. McKnight, *The Bible and the Reader: An Introduction to Literary Criticism* (Philadelphia: Fortress, 1985); D. Jobling, *The Sense of Biblical Narrative: Three Structural Analyses in the Old Testament (1 Samuel 13–31, Numbers 11–12, 1 Kings 17–18),* JSOTSup 7 (Sheffield: JSOT Press, 1978).

독자반응 접근법

신비평(형식주의)은 저자와 저자의 의도가 아닌 텍스트 자체에 문학적 관심을 둔다. "의도론의 오류"(intentional fallacy)[28]라는 개념을 통해 신비평주의는 저자의 일대기나 심리를 통해 문학 작품을 이해하려는 시도가 잘못된 것임을 보여주고자 한다. 구조주의와 기호학은 준과학적 틀을 지녔지만 오직 텍스트에만 집중함으로써 저자를 무시했다.

일반적으로 연구의 초점이 되는 텍스트와 관련해서도, 해석은 그 텍스트를 읽는 독자의 수만큼 다양하게 나타나는데, 이는 전혀 이상한 일이 아니다. 이것은 해석 과정에서 독자의 역할을 설명해준다. 독자들은 서로 다른 성, 인종, 경제적 관점에서 같은 텍스트를 읽게 되고, 이 모든 것들은 독자들이 텍스트를 이해하는 데 영향을 끼친다.

가장 일반화시켜 표현하자면, 독자반응 이론은 독자가 문학적 소통 행위에서 역할을 감당한다고 보는 문학적 접근이라고 할 수 있겠다.[29] 그러나 그 역할이 구체적으로 무엇인지에 대해서는 이 접근법의 지지자들 사이에서도 의견이 분분하다. 독자들은 마치 텍스트가 자신들과 전적으로 무관하기라도 한 것처럼 텍스트의 의미를 인지하고 설명하는 것 이상의 행동을 한다. 하지만 독자들은 텍스트의 의미를 자신의 상황에 맞게 형성하는 것인가 아니면 실제로 의미를 만들어내는 것인가?

28 1964년 Wimsatt과 Beardsley가 최초로 내놓은 의도론의 오류란 "저자의 의도, 의식적인 계획이나 목적을 해석하거나 평가하는 데서 생긴 오류로 밝혀진 것을 말한다"(다음을 참조하라. M. H. Abrams, *A Glossary of Literary Terms,* 4th ed. [New York: Holt, Rinehart, Winston, 1981], 83).

29 다음을 보라. W. S. Vorster, "Readings, Readers and the Succession Narrative: An Essay on Reception," *ZAW* 98 (1986): 351–62. 이 글은 *BFC,* 395–407에 재출간되었다.

W. 아이저(W. Iser)는 온건한 독자반응 접근법을 제시하였다. 이 접근법은 텍스트가 저자와 무관하며, 텍스트 자체가 해석자의 이해를 방해하는 역할을 한다고 본다.[30] 다시 말해 각 해석자들은 텍스트를 그들의 상황에 맞출 수는 있으나, 텍스트를 통해 자신들의 해석의 정당성을 입증해야만 한다.[31] 반대로 스탠리 피쉬(Stanley Fish)는 텍스트의 의미를 결정하는 것은 사실상 해석 공동체(interpretive community)라고 주장한다.[32] 텍스트에는 고유의 의미도 없으며 확정된 의미도 없다.

문학적 접근법의 다음 단계로 넘어가기 전에 나는 독자반응 비평의 한 부분인 소위 이데올로기 비평(ideological criticism)에 대해 기술하고자 한다. 이데올로기 비평은 텍스트를 확고한 이념적 관점에서 해석한다. 가장 잘 알려진 것으로는 페미니스트 해석이나 마르크스주의 해석이 있다.[33] 어떤 이는 신역사비평(New Historicism)을 이 항목에 넣을지

30 그의 저작물은 다음을 포함한다. *The Act of Reading: A Theory of Aesthetic Response* (Baltimore: Johns Hopkins University Press, 1978).

31 성서학자 E. V. McKnight도 비슷한 의견을 표명한다: "그러나 주체로서의(텍스트에 발맞추어 행동하는) 독자와 대상으로서의(텍스트에 의해 행동 당하는) 독자 사이의 관계는 반대가 아니라 동전의 양면과 같다. 독자가 대상이 되는 때는 오직 독자가 텍스트와 언어의 주체일 때이다. 주체로서 독자의 필요와 바람의 완전함이 교차하는 때는 독자가 대상이 될 때다(*The Bible and the Reader*, 128).

32 그의 글을 보라. *Is There a Text in This Class? The Authority of Interpretive Communities* (Cambridge, Mass.: Harvard University Press, 1980).

33 아래 Alice Bach의 글 외에도 중요한 페미니스트 글의 대표적인 목록은 다음과 같다: P. Trible, *God and the Rhetoric of Sexuality*, OBT (Philadelphia: Fortress, 1978); C. V. Camp, *Wisdom and the Feminine in the Book of Proverbs*, BLS 11 (Decatur and Sheffield: Almond, 1885); J. C. Exum, "Murder They Wrote: Ideology and the Manipulation of Female Presence in Biblical Narrative," *USQR* 43 (1989): 19–39; A. L. Laffey, *An Introduction to the Old Testament: A Feminist Perspective* (Philadelphia: Fortress, 1988; 다음의 제목으로 재출판되었다. *Wives, Harlots, and Concubines: The Old Testament in Feminist Perspective* [London: SPCK, 1990]); M. Bal, *Lethal Love: Feminist Literary Readings of Biblical Love Stories*, Indiana Studies in Biblical Literature

모르나, 나는 성서학계에 의도적으로 이 비평을 출발점으로 삼는 연구 분야가 있다고는 생각하지 않는다.[34]

페미니스트 해석은 확실한 이념적 관점을 가지고 텍스트에 접근한다. 이 해석의 시작은 여성이 인간 역사 대부분의—전체가 아니라면—기간을 통해 종속당해왔다는 견해다. 문학 작품에서 이런 종속의 내용을 종종 찾아볼 수 있다. 페미니스트 해석의 기능은 우선 문학 텍스트 또는 성서 텍스트에 나오는 가부장제를 밝혀내고 그 뒤 그 텍스트를 완전히 거부하든지, 아니면 그런 내용을 다 없애고 텍스트를 다시 이용하는 것이다.

앨리스 바흐(Alice Bach)의 도발적인 해석이 그런 예를 확실히 보여준다. 결론적인 분석에서 그녀는 민수기 5장의 "소타"(*Sotah*, 간음혐의를

(Bloomington: Indiana University Press, 1987). 다음도 보라. *The Bible and Feminist Hermeneutics,* ed. M. A. Tolbert, *Semeia* 28 (1983).

문학적 연구 영역 일반에서 마르크스주의 해석으로는 다음을 보라. F. Jameson, *The Political Unconscious: Narrative as a Socially Symbolic Act* (Ithaca: Cornell University Press, 1981). 다음도 보라. N. K. Gottwald, "Literary Criticism of the Hebrew Bible: Retrospect and Prospect," in *Mappings of the Biblical Terrain: The Bible as Text,* ed. V. L. Tollers and J. Maier (Lewisburg, Pa.: Bucknell University Press; London and Toronto: Associated University Presses, 1990), 27–44; F. O. García-Treto, "A Reader-Response Approach to Prophetic Conflict," in *The New Literary Criticism and the Hebrew Bible,* ed. J. C. Exum and D. J. A. Clines, JSOTSup 143 (Sheffield: Sheffield Academic Press, 1993), 114–24; T. K. Beal, "Ideology and Intertextuality: Surplus of Meaning and Controlling the Means of Production," in *Reading between Texts: Intertextuality and the Hebrew Bible,* ed. D. N. Fewell (Louisville: Westminster/John Knox, 1992), 27–40. 다음도 보라. *Ideological Criticism of Biblical Texts,* eds. D. Jobling and T. Pippin, *Semeia* 59 (1992).

34 다음을 보라. H. A. Veeser, *The New Historicism* (New York and London: Routledge, 1989). 비록 *Poststructural Criticism and the Bible: Text/History/Discourse* (ed. G. A. Phillips)라는 제목을 가진 *Semeia* 51(1990)이 당대 중요한 역사 철학자인 Michel Foucault와 Hayden White의 밀접한 영향을 보여주기는 하지만 말이다.

다룬 본문) 부분을 제대로 다루는 데 실패하는데,[35] 그 이유는 5장의 텍스트의 세계가 자손에 대한 약속에 따라 출산이 중요한 신학적 기능으로 자리 잡고 있는 장이라는 사실을 그녀가 인정하려 들지 않았기 때문이었다. 그녀는 또한 하나님이 물질적 도구(여자가 마시는 물)를 사용해서 역사하실 것이라고 말하는 텍스트의 세계도 인정하지 않는다. 결과적으로 그녀는 여자들이 남편의 질투 때문에 이상한 음료를 마시도록 강요를 받음으로써 몰인정하게 취급되었다고 보았다. 하나님은 그 의식의 배후에 있지 않았으며, 여자들이 부당하게 끔찍한 고난을 받아야 했고, 어느 경우든 그 질투의 근원은 이중 잣대와 남성의 성적 불안감이었다는 것이다.

이런 해석은 우리 각자의 해석 세계라는 환상에 머물고 있는 우리에게 충격을 던짐으로써 대단히 중요한 역할을 한다. 우리 모두는 텍스트를 한정된 전제에 입각해서 읽는다. 그렇기 때문에 각자의 "신앙적 입장"과 다른 견해를 갖고 있는 자들의 해석을 대함으로써 자신의 오해에 대해 경종을 울릴 필요가 있다. 그러나 그런 오해들도 결국은 텍스트에 관한 것이다. 아이저와 일부 학자의 전통에서는 텍스트가 최종적 의미를 결정한다. 우리는 이 점에서 우리의 해석에 대한 정당성을 입증해야 한다.

35 A. Bach, "Good to the Last Drop: Viewing the Sotah (Numbers 5:11–31) as the Glass Half Empty and Wondering How to View It Half Full," in *New Literary Criticism*, 26–54.

해체주의(Deconstruction)

형식주의(신비평)는 논의의 장을 저자의 의도에서 텍스트로 옮겨놓았다. 구조주의와 기호학 또한 텍스트를 조사하여 그 작품의 의미를 찾으려 한다. 독자반응비평은 이런 비평들에 이의를 제기하며 의미를 형성하거나 창조하는 데 있어 독자의 역할을 강조한다. 우리는 아마도 이전 생각의 흐름에 근거하여 이후의 동향을 예측할 수 있을 것이다. 의미의 소재(locus)를 파악하는 것이 쉽지 않기 때문에, 우리는 아마도 텍스트에는 확정적인 의미가 없을 것이라는 가능성도 고려해야 할 것이다.[36]

해체주의는 기호와 그 기호가 상징하는 대상 간의 관계에 이의를 제기하며 구조주의에 일격을 가했다.[37] 다시 말해 양자 간의 균열로 인해 문학적 소통이 불안정한 기반을 갖는다는 것이다. 해체주의는 구조주의가 표방하는 객관성과 과학성에 의문을 제기한다.

여기서 먼저 해체주의의 중요한 전제 하나에 대해 논할 것인데 이것은 이어지는 나의 평가와도 관련된다. 해체주의는 절대적 기표(an absolute signifier)가 존재한다는 점을 부인한다.[38] 즉 의사소통을 실행시

36 아래에서 알게 되겠지만 어떤 독자반응 접근법은 텍스트에는 결정적인 의미가 없다고 주장하며 이런 이유로 결국 독자가 의미를 창출해내야 한다고 말한다.

37 S. Moore, *Poststructuralism and the New Testament* (Minneapolis: Fortress, 1994), 13. Moore는 해체주의를 구조주의 언어학자들의 "전략적인 역할 바꿈"으로 표현한다. 문학적 방법으로서의 해체주의에 대한 유용한 개요를 다음에서 보라. J. Culler, *The Pursuit of Signs: Semiotics, Literature, Deconstruction* (Ithaca: Cornell University Press, 1981); idem, *On Deconstruction: Theory and Criticism after Structuralism* (London: Routledge and Kegan Paul, 1982); C. Norris, *Deconstruction: Theory and Practice* (London: Methuen, 1982); V. B. Leitch, *Deconstructive Criticism: An Advanced Introduction* (New York: Columbia University Press, 1983).

38 Abrams, *Glossary of Literary Terms,* 38. Abrams는 절대적 기표(the absolute signifier)를 "절대적 기초, 언어의 놀이 밖에서의 절대적 기초로 보았는데, 이것은 언어학 체계를

키는 문학적 과정 밖이나 위에는 어느 것도 어느 누구도 존재하지 않는다. 해체주의 지지자들은 절대적 기표에 대한 주장은 무엇이든지 간에 다 잘못된 로고스 중심주의(logocentrism)를 주장하는 것이라고 여겼다. 그 어느 것도 또 그 누구도—저자든 화자든 하나님이든—텍스트의 의미의 기초가 되지 못한다. 문학 텍스트에는 확정된 의미가 없으며, 해체주의적 분석의 일반적인 특징 중 하나는 텍스트에 고정된 의미를 부여하는 일을 막는 것이다.

해체주의와 가장 빈번하게 연관지어지는 것은 프랑스 철학자 자크 데리다(Jacques Derrida)의 연구다. 그는 1960년대 후반에서 1980년대에 이르도록 서구의 문학적 가설에 중대한 영향을 미쳤다. 문학적 가설에서 데리다의 영향력은 제프리 하트만(Geoffrey Hartman)과 예일 해체주의 학파를 통해 전수되었다.[39] 현재도 그 영향력이 있으나, 이전과 같이 철학과 문학 분야에서 누렸던 위세와 영향력은 더 이상 찾아볼 수 없다.

데리다는 글보다 말을 더 높게 평가하는 서구 철학의 전통에 반격을 가한다. 왜냐하면 적어도 플라톤 이후로는 글보다는 말이 순수한 사고에 더 근접해 있다고 여겨져 왔기 때문이다. 글은 저자로부터 한 발자국 더 떨어진 곳에서 의사소통을 한다고 여겨졌다. 그러나 데리다는 말보다 글이 우위에 있다고 주장한다. 그는 글이 모든 언어 행위를 규명한다고, 다시 말해 기호(sign)와 대상(referent)의 차이, 기표(signifier)와

중심에 둠으로써(즉 고정시키고 조직화함으로써) 구어 또는 문어로 된 담화의 특별한 의미를 고착시키기에 적합하다.

39 다음을 보라. Leitch, *Deconstructive Criticism,* 88, 116–21, 그리고 좀 더 일반적으로는 다음을 보라. C. Campbell, "The Tyranny of the Yale Critics," *New York Times Magazine,* Feb. 9, 1986.

기의(signified)의 차이를 확실하게 설명한다고 믿는다. 데리다의 극단적인 언어 회의주의는 문학적 소통 행위에 의구심을 불러일으킨다.

데리다의 글 배후에 놓인 기본적인 힘은 그가 기표와 기의 사이에 거리가 있다고 강조하는 데 있다. 여기서 그는 문학적 소통 가능성을 위협한다. 데리다는 기호에 고유의 의미가 없으며 기호 체계의 다른 요소와의 차이에서만 그 의미를 찾을 수 있다는 소쉬르의 전제를 기초로 삼았다. 그러므로 의미는 존재의 기능이 아닌 부재의 기능이다. 데리다의 "디페랑스"(differance, 차연)라는 개념이 여기서 유용하다. ("디페랑스"에서 모음 "a"는 이 단어가 신조어이며 "다르게 하다"[differ]와 "미루다"[defer]의 뜻을 가진 서로 다른 프랑스어 두 단어를 조합하여 만든 것임을 보여준다.) 언어학적 또는 문학적 기호의 의미는 다른 기호와의 비교를 통해 드러나는 차이에서 나오며, 그런 식으로 항상 미뤄지거나 지연된다. 해체주의는 우리를 "끝없는 미로"로 인도한다.[40] 의미는 결코 확정되지 않기 때문에 해석에 있어 말장난(pun)이라는 도구가 곧잘 사용되는 것이다.

이런 해석 전략은 기호와 그 기호가 상징하는 대상 간의 차이 때문에 문학 텍스트가 만들어낸 아포리아(aporia)를 찾으며 텍스트를 읽어 내려간다. 바로 이 아포리아 또는 "불확정적인 것"(undecidables)이 텍스트가 어떤 확정적인 의미도 만들어내지 않는다는 점을 보여줄 것이다. 그러므로 선택은 단 하나, 바로 텍스트와 노는 것이다.[41]

40 F. Lentricchia, *After the New Criticism* (Chicago: University of Chicago Press; London: Methuen, 1980), 166.

41 Derrida의 특징은 Plato, Rousseau, Saussure, Levi-Strauss, 그리고 Austin과 같은 중추적 철학자들을 분석한다는 것이다. Derrida는 그들의 본질적인 음성중심주의(phonocentrism; 쓰는 것보다 말이 더 우선)에 암시되어 있는 그들의 로고스중심주의

아래에서 곧 알게 되겠지만 해체주의는 성서학에서 여전히 활발하게 응용되고 있다. 그러나 해체주의는 현대 비평가들이 채택한 많은 해석 전략 중 하나에 불과하다. 성서 텍스트의 해체론적 분석의 한 예로, 피터 미스칼(Peter Miscall)의 다윗과 골리앗 이야기 분석을 보자.[42]

골리앗에 맞선 다윗 이야기에 대한 전통적인 해석은 그 이야기의 해설자로부터 나온다. 청년 다윗은 최전방에 있는 형들을 방문했다. 당시 이스라엘은 그 땅을 침투한 블레셋 사람들과 교전하고 있었다. 블레셋 사람들은 싸움을 종결시키는 방법으로 개인 결투를 제안했다. 그들은 자신만만했다. 왜냐하면 그들에게는 무적의 용사인 골리앗이라는 장수가 있었기 때문이다. 그는 거대했고 빈틈없이 무장을 하고 있었다. 반면 다윗은 미숙했고 심지어 이스라엘 군에 속하지도 않았다. 그럼에도 불구하고 골리앗의 도발은 다윗을 자극했으며, 그는 야웨의 편에 서기로 한다. 다윗은 갑옷이나 칼, 방패와 같은 무기를 거절하고 물맷돌 하나만 가지고 야웨를 의지하여 골리앗을 대면한다. 다윗은 야웨의 도움으로(삼상 17:45-47) 거인을 무찔렀고, 이스라엘은 그날 승리를 거두었다.

하지만 미스칼은 완전히 다른 해석을 내놓았다. 다윗은 신실하기보다는 교활하며 순진하기보다는 음흉했다. 결국 다윗은 무장도 안 한 채

(logocentrism; "존재의 형이상학"의 믿음)를 밝혀냈다. 그는 이들 철학가의 텍스트를 엄밀히 조사하여 기본적인 모순(aporia)을 찾아내는데 이 모순은 보통 철학가의 비유나 다른 수사학 장치를 사용하는 것을 포함한다. 이런 점에서 비유는 해결의 열쇠다. 왜냐하면 그것이 기호(sign)와 대상(referent) 사이의 차이를 드러내주기 때문이다. 철학자들에 반하여, 한 철학자가 비유를 이용함으로써 그 철학자의 진리 주장이 소설의 진리 주장과 다를 바가 없다는 것이 드러나기 때문이다.

42 다음을 보라. P. D. Miscall, *The Workings of Old Testament Narrative,* Semeia Studies (Philadelphia: Fortress; Chico, Calif.: Scholars Press, 1983), 57–83.

골리앗 주변을 맴돌았다. 다윗은 골리앗의 무기에 격퇴당하지 않을 만큼 접근해서 물맷돌을 한 번 돌려 골리앗을 죽였다. 이러한 분석은 텍스트에 고정된 의미가 없음을 보여준다. 해체론적 분석은 텍스트의 뜻을 확정하지 못함으로써 기본적으로 회의주의를 야기한다.[43] 이런 여지는 후기구조주의 시기에도 계속된다.

현대 후기 구조주의적 접근법(Contemporary Poststructuralist Approaches)

1940년 이래 문학 연구 분야에는 새로운 접근법들이 줄지어 생겨났다. 저자의 의도에 대한 관심은 없어지고 의미가 생성되는 장소를 모색하는 데 치중했다. 학자들은 처음에는 텍스트에 관심을 두었다가(형식주의/신비평주의/구조주의), 독자에게로 눈을 돌렸고(독자반응과 이념적 읽기), 마지막으로는 의미를 부정하기에 이르렀다.

많은 이들은 해체주의가 도달할 수 있는 극단의 상태에 이르렀다고 생각한다.[44] 의미를 부정한 후에는 대체 어디로 눈을 돌릴 것인가? 사실 대부분의 학자들은 거기서 더 이상 나가지 않았다. 1980년대 후반

43 다음 소단락에서 나타나겠지만 해체주의는 후기구조주의 접근법을 선도하는 영역이며, Miscall은 텍스트에 대한 두드러진 해체주의적 해석을 보여주는 가장 좋은 예다. 그의 다른 글은 다음을 포함한다. "Jacques Derrida in the Garden of Eden," *USQR* 44 (1990): 1–9; and *1 Samuel: A Literary Reading,* Indiana Studies in Biblical Literature (Bloomington: Indiana University Press, 1986). 다음도 보라. *Derrida and Biblical Studies,* ed. R. Detweiler, *Semeia* 23 (1982).

44 그러나 신역사주의의 견지에서 Derrida를 해석하는 데 기여한 Royle의 작업에 주목해야 한다. N. Royle, *After Derrida* (New York and Manchester: Manchester University Press, 1995).

과 1990년대 초에 해체주의는 심각한 정체를 겪었음에도 아직까지 살아남았다. 데리다의 사상이 시대에 뒤떨어진다고 선포하기에는 이른 감이 있지만, 해체주의는 이제 더 이상 문학 연구 분야를 지배하고 있지 않다.

어떤 학자들은 역사 쪽으로 다시 눈을 돌렸다. 신역사비평은 문학에 지시적인 의미가 없다는 사상을 비웃었다.[45] 대신 텍스트에 나타난 역사 배경을 지지했고 또한 역사의 텍스트적 배경을 주장했다.

그러나 적어도 성서학에서 오늘날의 문학적 연구를 나타내기에 가장 적절한 표현은 "다양한"과 "절충적인"이라는 형용사다. 한편으로는 위에 언급한 모든 방법들이 학계에서 여전히 사용되고 있다. 비록 전위파는 형식주의 너머로 옮겨갔지만 어떤 학자들은 여전히 형식주의를 유용하게 여긴다.[46] 해체주의는 폴 드 만(Paul de Man)이 파시즘에 연루된 것이 알려지면서 급속히 쇠퇴했으나 성서학자들은 여전히 해체주의를 이용하고 있다.

반면 이 분야의 선두적 접근법은 성서의 문학 연구에 다양하게 접근할 뿐 아니라 절충적이기까지 하다. 이 말은 이제 하나의 방법만을 채택하는 것이 아니라 다양한 접근법을 동시에 사용한다는 뜻이다. 성서학의 이런 추세는 최근에 이 분야의 활동적인 학자들이 쓴 두 권의 논문집, 『신문학비평과 구약성서』(*The New Literary Criticism and*

45 다음을 보라. Veeser, *New Historicism,* and *Semeia* 51.

46 다음 책에 나오는 여러 소논문들은 형식주의로 불릴 수 있는데 그 이유는 그것들이 다루고 있는 성서의 각 책의 의미를 이해하는 데 있어 본래의 문학적 관습을 기술하기 때문이다. L. Ryken and T. Longman III, *A Complete Literary Guide to the Bible* (Grand Rapids: Zondervan, 1993).

the Hebrew Bible)와[47] 『텍스트 읽기: 상호텍스트성과 구약성서』(*Reading Between Texts: Intertextuality and the Hebrew Bible*)[48]에 잘 드러난다.

이 두 저서는 26명의 학자가 쓴 글들을 수록하고 있다. 학자들은 세세한 부분에는 서로 동의하지 않을 수 있으나, 텍스트에 대한 문학적 접근이 무엇을 의미하는지에 대해서는 일반적으로 동의하고 있다. 이 접근법의 기초는 텍스트에 확정된 의미가 없다는 주장이다. 물론 이런 견해가 곧바로 해석의 목표를 형성한다. 만일 텍스트에서 밝혀질 의미가 없다면 해석자의 임무는 의미를 만들어내는 것이다. 이 포스트모던 세계에서는 우리가 저자의 의미를 알아낼 수 있다고 믿거나 심지어 텍스트 자체에 의미에 대한 실마리가 있다고 믿는 것은 잘못이며 말도 안 되는 것이다.[49] 의미가 있다고 한다면, 그것은 독자가 텍스트에 부여한 것이다.[50] 그렇다면 독자는 다양한 문화, 종교, 성별, 성적 선호, 사회경제적 배경을 갖고 있는데 그 누가 확정된 의미와 같은 원시적인 것을 주장할 수 있겠는가?

47 Ed. J. C. Exum and D. J. A. Clines, JSOTSup 143 (Sheffield: Sheffield Academic Press, 1993).

48 Ed. D. N. Fewell (Louisville: Westminster/John Knox, 1992).

49 물론 포스트모더니즘의 회의주의는 하나님을 부인하는 데서 흘러나온다. 이런 점 때문에 포스트모더니즘을 기독교의 세계관으로서 인정할 수 없다고 생각할 것이다. 그러나 Keegan은 주장하기를(나의 의견에는 성공하지 못한 것 같지만) 기독교 학자들은 여전히 포스트모던 접근법들을 유용하게 사용할 수 있으나, 이런 판단이 기독교식 성서 읽기를 하면 모더니즘에 대한 포스트모던의 비평으로부터 이득을 얻을 수 없다는 뜻은 아니라고 한다(T. J. Keegan, "Biblical Criticism and the Challenge of Postmodernism," *BibInt* 3 [1995]: 1–14). 나의 다음 글도 보라. "Reading the Bible Postmodernly," *Mars Hill Review* 12 (1998): 23–30

50 "텍스트는 독자에게 그것이 의미하는 무엇이든지 간에 그것을 의미한다, 어떤 의미들은 다른 독자에게 있어 얼마나 이상하고 용인하기 어렵게 보이는지에 상관 없이 말이다."; Clines와 Exum도 같은 의견이다. Clines and Exum, *New Literary Criticism,* 19.

성서 해석에 대한 최근의 문학적 접근법이 남긴 흔적들은 성서 텍스트의 확정된 의미를 부정하는 주장과 함께 어설프게 남아 있다. 클라인즈(Clines)와 엑섬(Exum)은 그들의 글에서도 텍스트 해석을 넘어 본문비평에까지 나아가고자 하는 소망을 피력했다. 그들은 문학의 세계관에 도전하는 해석법이 필요하다고 주장한다.[51] 이런 도전은 텍스트에 의미가 없다는 주장과 모순되어 보이나, 이 두 책의 기고자 대부분은 그들 각자의 절박한 관심사에 매몰되어 텍스트의 메시지를 훼손하는 것을 자기들의 임무로 느낀다는 인상을 준다.[52]

위에서 페미니스트적 독자반응비평과 관련하여 언급된 앨리스 바흐(Alice Bach)의 "소타"(*Sotah,* 민 5장)에 대한 소논문이 이 원리들을 잘 설명해준다.[53] 우선, 그녀는 페미니스트, 해체주의, 심리분석 접근을 포함한 다양한 문학적 방법들을 사용한다. 둘째, 그녀는 여성의 관점에서 텍스트 저변의 이념을 구성한다. 이 점에서 그녀는 텍스트, 즉 간음 혐의가 있을 때 행해야 되는 의식에 관한 설명은 남자의 성적 불안감을 위장한 것이며 신의 이름으로 여자의 성을 통제하려는 것이라고 주장한다. 그 뒤에 바흐는 텍스트의 뜻을 해석하거나 만들어내는 것을 넘어 텍스트를 비판하면서 기본적으로 그 텍스트가 얼마나 악하고 불공평

51 Ibid., 14.

52 다음을 보라. D. J. A. Clines, *Interested Parties: The Ideology of Writers and Readers of the Hebrew Bible,* Gender, Culture, Theory 1 (Sheffield: Sheffield Academic Press, 1995). 여러 글을 모아놓은 이 책에서 Clines는 히브리 성서를 왼쪽에서 오른쪽으로 읽자고(영어와 달리 히브리어는 오른쪽에서 왼쪽으로 읽어야 맞다) 주장한다. 이것은 성서의 텍스트를 "흐름과 어긋나게" 읽는 현대의 성서 비평가들을 Clines식의 상투적인 관용구로 표현한 것으로 보인다. 즉 그들은 자신들의 독법이 마음에 들지 않기 때문에 그들의 현대적 편견의 관점에서 텍스트와 논쟁을 벌인다. 특별히 이 책의 제2장에 실린 Clines의 글("The Ten Commandments, Reading from Left to Right")을 보라.

53 Bach, "Good to the Last Drop," 26–54.

하며 말도 안 되는지를 지적한다.

그녀는 확정된 의미를 부정하기 때문에, 누군가가 그녀의 해석이 텍스트의 확정된 메시지를 밝히지 못했다고 지적해도 놀라지 않을 것이다. 하지만 "소타"는 그런 성적 불안감을 다루는 것이 아니라 창세기 12:1-3의 자손에 대한 약속을 성취하는 데 있어 부계의 중요성에 대해 말하는 것이다. 또한 이 텍스트는 여성의 권리를 업신여기는 사상을 반영하고 있지 않다. 다시 말해 결백한 여인이 남자의 속좁음 때문에 화를 당하고 있는 것은 아니다. 오히려 하나님이 그 의식을 주관하고 있으며 결백한 여인은 그 결백이 입증될 것이고 거짓말한 여인은 정죄당할 것이다.[54]

앨리스 바흐의 글이 작금의 문학 연구의 일반적 추세를 나타내고 있지만, 두 책에서 가장 인상적인 글은 클라인즈가 쓴 "물 위에 세워진 세계(시편 24편): 독자반응, 해체주의, 맞춤비평"(A World Established on Water (Psalm 24): Reader-Response, Deconstruction, and Bespoke Criticism)이다.[55] 이 글에서 그는 시편 24편을 세 가지 읽기 전략을 따라 분석했다. 시편 24편에 대한 그의 연구 자체보다는 그가 지지하려는 방법론이 오히려 더 중요하고 흥미로웠는데 "맞춤비평"(bespoke criticism)이 특히 더 그랬다. 그는 성서 텍스트에는 의미가 없으며 공동체가 해석을 수용하는 것이 중요하다는 전제하에 자신을 "맞춤 해석자"로 표현했는데, 이는 "맞춤 재단사"와의 유비에 근거하였다. "맞춤 재단사"라는 용어는 재단사가 고객의 특성에 맞게 옷감을 재단한다는 점을

54 더구나 성서를 이중 잣대를 가지고 비난하는 것은 옳지 않다. 다윗 또한 밧세바와의 간음에 대한 책임을 졌다.

55 *New Literary Criticism*, 79-90.

상기시킨다. 그래서 클라인즈는 텍스트에는 확정된 의미가 없으므로 우리가 우리의 대상 그룹, 즉 고객의 필요를 충족시킬 수 있는 해석을 재단해야 한다고 주장한다.[56]

아마 독자들이 텍스트가 어떤 권위나 확정적인 의미를 가진다는 확신을 잃게 된다면, 이런 해석이 논리적 귀결이 될 것이다. 텍스트의 권위와 의미를 인정하는 해석을 조롱하면서, 자신의 상품에 더 높은 값을 매기려고 술수를 부리는 자들에게 화려하고 정중하지 못한 유비들을 제안하는 것은 어렵지 않은 일일 것이다. 그러나 클라인즈에게는 다른 선택지가 있다. 첫째는 전제를 세울 때, "의심의 대가"인 마르크스, 니체, 프로이트의 연구에 기초하는 대신 권위 있는 텍스트 자체에 기초하는 것이다.[57] 다른 길은 클라인즈처럼 텍스트에 의미가 없음을 인정하고 그냥 입을 다무는 것이다. 아마도 저자는 1960년대에 향수를 느끼는지, 실존주의가 절망감 때문에 무의미함을 인정했던 것이 포스트모더니즘이 텍스트에 대한 유희와 이념적 조작을 통해 무의미함을 수용했던 것보다 훨씬 더 고귀하고 정직하다고 생각한다.

56 Ibid., 87.

57 문학에 대한 기독교적 이해를 쌓기 위한 훌륭한 첫 단계로 Edwards의 책을 보라. 그 책은 또한 해체주의의 유용한 점들도 고려한다. M. Edwards, *Towards a Christian Poetics* (London: Macmillan; Grand Rapids: Eerdmans, 1984). 다음도 보라. K. J. Vanhoozer, *Is There a Meaning in This Text? The Bible, the Reader, and the Morality of Literary Knowledge* (Grand Rapids: Zondervan, 1998).

문학적 연구와 함께 미래로

우리는 지난 25년간의 문학 연구와 성서의 활동상을 간단히 살펴보았다. 보다 더 자세히 다루고자 한다면 책 한 권을 새로 써야 할 것이다. 이 시기의 성서 해석에서 문학적 접근에 대한 관심이 전례 없는 것이었다고 말하는 것은 일반적으로 과장이 아니다.

실로 이 관심사가 대단해서 한때는 우리가 성서학의 패러다임 전환, 즉 역사와 통시성에 대한 집착을 버리고 "있는 그대로의" 텍스트에 관심을 두는 쪽으로 전환하는 과정에 있는 것으로 확신할 정도였다.[58] 그러나 돌이켜보면 그렇게까지 전향한 학자는 많지 않으며, 문학 연구에 있어 역사비평 관점에서나 복음주의 관점에서 역사의 문제들로 되돌아가는 움직임이 활발하다.[59] 그럼에도 오늘날 문학적 접근법을 채택한 많은 학자들이 성서를 연구할 때 여전히 역사적(또한 신학적, 이념적) 의문들을 "배제함으로써" 텍스트를 이해하는 데 손해를 입는다.

물론 유행하는 문학적 접근법에 대한 도전이 없었던 것은 아니다.[60] 그러나 성서를 연구하는 사람이라면 그 누구라도, 서로 다른 문학 접근법의 다양성과 이 접근법들을 이해하고 적용하는 데 필요한 전문적

58 D. Robertson, "Literature, the Bible as," *IDBSup,* 548; and J. D. Crossan, "'Ruth amid the Alien Corn': Perspectives and Methods in Contemporary Biblical Criticism," in *The Biblical Mosaic,* ed. R. Polzin and E. Rothman, Semeia Studies (Philadelphia: Fortress; Chico, Calif.: Scholars Press, 1982), 199.

59 전자에 대해서는 특히 다음을 보라. V. P. Long, *The Art of Biblical History* (Grand Rapids: Zondervan, 1994). 후자에 대해서는 최근에 나온 오경의 구성 연구의 역사와 문학적 이슈를 민감히 다룬 Carr의 책을 보라. D. Carr, *Reading the Fractures of Genesis: Historical and Literary Approaches* (Louisville: Westminster/ John Knox, 1996).

60 가장 두드러진 것은 Kugel의 글이다. J. Kugel, "On the Bible and Literary Criticism," *Prooftexts* 1 (1981): 99-104.

이고 철학적인 복잡함에 압도당하면서도, 이 접근법을 피해갈 수 없다. 오늘날 이루어지는 성서의 문학적 연구는 대부분 절충적이며, 서로 다른 접근법들이 제안되어 경합을 벌이고 있다.

무어(Moore)와 카아(Carr)는 생략, 중복, 긴장감이 담긴 성서 내러티브를 읽을 때 취할 수 있는 세 가지 기본적인 자세가 있다고 지적했다.[61] 첫째는 내러티브를 서로 다른 텍스트 전승(자료비평)을 모아놓은 결과물로 보는 것이다. 이것은 좀 더 전통적인 역사 접근일 것이다. 둘째는 생략, 반복, 긴장감을 모든 문학의 기능으로 이해하는 것이다. 모든 문학은 "결정적일 수 없다." 모든 문학은 궁극적으로 자기전복적이다(subverts itself). 바로 이 지점에서 해체주의와 후기 구조주의가 시작된다.[62] 셋째는 서사비평(narrative criticism)이다. 텍스트에는 빠진 것, 이유 없는 반복, 긴장감들이 나타난다. 텍스트 이해에 도움이 될 고대의 문학적 관례를 알 필요가 있다. 이 영역에서 궁극적인 모순은 존재하지 않는다.

나는 세 번째 견해를 지지한다. 다른 접근법들도 성서 텍스트의 본질을 조명해주지만, 가장 효과적인 방법은 이 소논문 처음에 소개한 접근법, 즉 형식주의다.[63] 그러나 나는 텍스트의 문학적 본질을 탐구하는 것은 해석의 한 측면일 뿐이므로 이를 역사와 신학에 중점을 둔 접근법을 비롯한 다른 접근법들로 보충해야 한다고 생각한다.

61 Moore, *Poststructuralism and the New Testament,* 66–71; Carr, *Reading the Fractures,* 10–11.

62 후기 구조주의는 텍스트에 내부 분열이 있다고(확정된 의미를 금지하는 것) 주장하는 것뿐 아니라 읽는 주체도 마찬가지라고 덧붙인다.

63 나의 좀 더 상세한 설명을 다음 책에서 보라. *Literary Approaches to Biblical Interpretation;* and L. Ryken and T. Longman III, eds., *A Complete Literary Guide to the Bible*. 참고문헌도 보라.

제5장

모세 오경: 새로운 패러다임을 찾아서

Gordon J. Wenham
고든 J. 웬함

30년 전만 해도 오경 연구는 무난하게 합의점에 도달하는 것처럼 여겨졌다.[1] 벨하우젠(J. Wellhausen)의 『이스라엘 역사 서설』(*Prolegomena to the History of Israel,* 1878)이나 드라이버(S. R. Driver)의 『구약 문학 개론』(*Introduction to the Literature of the Old Testament,* 1891)과 여러 주석서를 통해 대중화된 문서설(documentary hypothesis)은 학계에서 거의 일반적으로 수용되었다. 문서비평이 처음 주창되었을 때에는 이에 대해 강력하게 반발하는 움직임들도 있었으나, 1970년대에 이르러 이런 반발들은 기억에서 사라졌으며, 진지한 구약학자로 인정받기 원하는 모든 이들은 J(야웨문서), E(엘로힘문서), D(신명기문서), P(제사장문서)와 이 문서들에 대한 합의된 연대를 신봉해야 했다.

1 G. J. Wenham, "Trends in Pentateuchal Criticism since 1950," *The Churchman* 84 (1970): 210–20.

문서설의 19세기 형태는 몇몇 측면에서의 갱신을 통하여 20세기에는 더욱 접근하기 용이한 형태를 취하게 되었다. 예를 들어 알트(A. Alt)는 그의 글 "조상들의 하나님"(The God of the Fathers, 1929)에서 창세기에 묘사된 족장들의 종교는 반유목민의 특징을 나타내는 것이며, 하나님이 이들에게 한 약속 중에 적어도 몇 가지는 족장 시대로 거슬러 올라가는 것이라고 주장했다.[2] 그러므로 가장 초기 오경 문서인 J와 E도 족장들이 살았던 시대보다 거의 천년이 지난 뒤에야 문서화되었겠지만, 그럼에도 그것들은 여전히 진정한 역사 전승의 핵심을 보존하고 있는 것이다. 알트는 그의 글 "이스라엘 율법의 기원"(The Origins of Israelite Law, 1934)에서도 마찬가지로 주장하기를 오경의 결의론적(casuistic, "만일 사람이…하거든") 율법들은 고대 근동의 법률 공식을 반영하는 것으로서 아마도 정착 후 얼마 안 되어 가나안인들로부터 차용했을 것이며, 필연적(apodictic, "너는…하지 말지니라") 율법들은 이스라엘에 고유한 것으로서 아마도 시내산과 같은 언약 배경에서 파생되었을 것이라고 하였다.[3] 그렇다면 둘 중 어느 율법도 모세 시대까지 거슬러 올라갈 수는 없지만, 그 기원은 문서설에서 추정하는 연대보다 훨씬 더 모세의 시기에 가까웠을지도 모른다.

알트의 제자들은 계속해서 족장 시대 및 모세 시대의 "성서 기사"들과 "역사적 실재" 간에 본질적인 연속성이 있다고 주장하였다. 폰 라트(G. von Rad)는 그의 글 "육경의 양식비평적 문제"(The Form-Critical

2 다음에 재출판되었다. A. Alt, *Kleine Schriften zur Geschichte des Volkes Israel,* vol. 1 (Munich: Beck, 1953), 1–78; 영역본은 *Essays on Old Testament History and Religion,* trans. R. A. Wilson (Garden City, N.Y.: Doubleday; Oxford: Blackwell, 1968), 1–100.

3 *Kleine Schriften,* 1:278–332; *Essays,* 101–71.

Problem of the Hexateuch, 1938)에서 육경의 현재 형태는 신명기 26:5-9에 보존되어 있는 아주 오래된 신조—야곱의 시대부터 가나안 정복까지의 이스라엘 역사를 요약하고 있는—에서 발전한 것이라고 주장하였다.[4] 동일한 형태의 사고방식이 오늘날에도 육경의 형태를 지배하고 있다. 그러므로 육경의 본질적인 케리그마는 몇 세기를 거치면서도 변하지 않았으며, 다만 후대의 이야기꾼들(retellers)이 부족한 부분을 채워넣음으로써 그것을 더 풍성하게 만들었다는 것이다. 폰 라트는 그의 뛰어난 창세기 주석(1949)에서도 그와 유사한 방식으로 문서설의 틀에 따른 신학적 해석을 제시하는데, 여기에는 기독교의 주제인 죄, 은혜, 약속이 두드러졌다.[5]

폰 라트가 오경에 등장하는 가장 이른 시기의 신학과 가장 늦은 시기의 신학 간의 연속성을 강조하는 경향이 있다면, 알트의 다른 제자인 노트(M. Noth)는 초기 이스라엘의 역사와 사회상에 대해 그와 같은 경향을 보여준다. 노트는 그의 저서 『이스라엘 12지파의 체계』(*The System of the Twelve Tribes of Israel,* 1930)에서 이스라엘의 12지파 연맹, 그들의 계약적 조직, 그리고 중앙 성전에서의 예배는 사사 시대 초기에 기원을 둔다고 주장했다.[6] 그 후 노트는 『오경 전승의 역사』(*A History of Pentateuchal Traditions*)에서 문서자료 J와 E의 배후에는 사사 시대에 기원을 둔 (아마도 구두 전승인) 공통의 G(*Grundlage,* 기초자료)가 있었다고

4 G. von Rad, *Das formgeschichtliche Problem des Hexateuchs* (Stuttgart: Kohlhammer, 1938); 영역본은 *The Problem of the Hexateuch and Other Essays,* trans. E. W. Trueman Dicken (New York: McGraw Hill; Edinburgh: Oliver & Boyd, 1966), 1–78.

5 G. von Rad, *Genesis,* ATD (Göttingen: Vandenhoek & Ruprecht, 1949); 영역본은 *Genesis,* trans. J. H. Marks, 2d ed., OTL (Philadelphia: Westminster; London: SCM, 1972).

6 M. Noth, *Das System der zwölf Stämme Israels* (Stuttgart: Kohlhammer, 1930).

주장했다.[7] G에는 다섯 가지 주요 주제가 있다. 이집트 탈출, 가나안 입성, 족장들과의 약속, 광야에서의 인도, 마지막으로 시내산에서의 계시다. 다시 말하자면 노트의 연구 흐름은 오경 자료들이—그 자료가 후기 연대로 추정되는 점을 고려한다면—초기 이스라엘에 대해 보다 정확한 모습을 제공한다고 주장하는 것이다.

대서양을 가로질러 올브라이트(W. F. Albright)와 그의 제자들, 그리고 스파이저(E. A. Speiser)와 고든(C. H. Gordon)을 비롯한 동료 학자들은 족장 기사들과 기원전 제2천년기 법률 간의 유사성, 그리고 성서 전승의 본질적인 역사성을 증명하는 것으로 보이는 사회 관습들을 목록화했다. 더 나아가 그들은 오경에 실린 많은 시문학 작품들의 연대를 아주 이른 시기로 추정했으며(예. 창 49장, 민 23-24장, 신 33장), 후기 산문 내러티브를 지지하기 위해 그러한 시들을 근거로 삼았다. 그런 증거를 기초로 드 보(R. de Vaux)는 "이 전승들의 역사적 기초는 확고하다"고 단언하였고, 브라이트(J. Bright)는 "우리는 아브라함과 이삭과 야곱이 실제 역사적 인물이었음을 전적으로 확신할 수 있다"고 주장하였다.[8] 그러므로 이 모든 연구들의 개괄적인 결론은, 모세 오경이 텍스트에 기술된 사건들보다 몇 세기 후에 기록된 자료를 근거로 저술되었음에도, 그것은 초기 이스라엘의 역사와 신학에 대해 상당히 근거 있는 기사라는 것이다.

7 Trans. B. W. Anderson (Englewood Cliffs, N.J.: Prentice-Hall, 1972); 원래 독일어 판은 *Überlieferungsgeschichte des Pentateuch* (Stuttgart: Kohlhammer, 1948).

8 R. de Vaux, *The Early History of Israel,* vol. 1, trans. D. Smith (Philadelphia: Westminster; London: Darton, Longman & Todd, 1978), 200; 원래 프랑스어 판은 *Histoire ancienne d'Israel* (Paris: Gabalda, 1971); J. Bright, *A History of Israel,* 2d ed. (Philadelphia: Westminster; London: SCM, 1972), 91.

아마도 구약학계에 갓 입문한 학생들은 모순들, 예를 들어 모세의 성서 기사와 비평적인 설명 간에 모순이 존재한다는 사실에 충격을 받았을 수도 있지만, 벨하우젠의 회의론에 익숙한 학생들은 20세기 중반의 비평적 입장이 편안하게 느껴질 것이다. 벨하우젠은 다음과 같이 기술하였다. "우리는 족장들에 대한 역사적 지식을 얻을 수는 없으며, 다만 족장에 대한 이야기가 이스라엘 백성들 안에서 일어났던 시기에 대해서만 알 수 있다. 후대의 이야기가 무의식적으로…빛바랜 고대 속으로 투사되었으며 거기에서 찬란한 신기루처럼 빛을 발하고 있는 것이다."[9] 한편에서는 알트 학파의 전승사 접근법과, 다른 한편에서는 올브라이트 학파의 고고학적 접근법이 문서설에 대한 학문적 불안감을 안정시켜서, 결과적으로 1960년경에는 문서설이 거의 일반적으로 "현대 비평의 보증된 결과들"의 하나로 받아들여졌다.

그러나 1970년대에 이르러 이 안정된 합의점이 붕괴되기 시작했다. 자료 분석 원칙에 대한 이의가 제기 되었다. 자료 자체의 연대가 불확실한 것으로 간주되었으며 고고학적 평행자료의 적법성에 대한 의구심이 있었다. 1980년대에 이 논쟁은 심화되었고 20년이 넘도록 해결의 실마리는 보이지 않는다. 이제 한편에서는 전통적으로 가장 초기의 주요 자료로 여겨졌던 J 자료가 D 자료보다 후대의 것으로서 포로기 이후 자료라고 주장하는 자들이 있다. 다른 한편에서는 J와 E의 존재를 부인하며 대신에 창세기부터 신명기에 이르기까지 신명기문서의 층이 관통한다고 주창하는 사람들이 있는 반면에, 노트는 창세기부터 민수기까지 어떤 신명기문서의 흔적도 발견할 수 없다고 주장하였다. 대체

9 J. Wellhausen, *Prolegomena to the History of Ancient Israel,* trans. J. S. Black and A. Menzies (1885; reprinted, Cleveland: World, 1965), 318–19.

적으로 이러한 방법들을 수용한 학자들은 성서에 대한 고고학적 평행 자료의 가치에 대해 상당히 회의적인 태도를 보이며 모세 오경을 허구로 보는 경향이 있다. 다른 학자들은 완전히 다른 방향으로 나아가 전통적으로 가장 나중의 자료로 여겨졌던 P 자료는 사사 시대의 요소들과 함께 왕정 시대로부터 처음 등장했을 것이라고 주장한다. 또 다른 학자들은 J 자료와 신명기의 연대가 전통적인 비평에서 제시된 것보다 더 오래된 것이라고 주장한다. 문서설(documentary hypothesis)의 다양한 형태들은 더 이상 대변자들을 찾지 못했고, 그 대신 19세기 초에 그러했던 것처럼 단편설(fragmentary hypothesis)과 보충설(supplementary hypothesis)이 새로이 지지를 받게 되었다. 또 다른 학자들은 텍스트가 어떻게 유래되었는지에 대한 연구를 그만 두고, 그 대신 텍스트의 최종 형태와 의미에 집중한다.

오늘날 오경 연구 분야에 헌신하는 학자들 사이에도 의견의 일치는 존재하지 않는다. "각자 그 소견에 옳은 대로 행한다." 의심할 나위 없이 전통적인 문서설과 함께 자랐고 그것을 버릴 의향이 없는 사람들로 구성된 단호하고 침묵하는 대다수 집단이 있으며, 합의된 대안적인 설명이 없기 때문에 당분간은 두고 보자는 정책(wait-and-see policy)이 확실한 명분을 갖는 셈이다. 학계는 오경 연구에 대해 신선하면서도 신뢰할 만한 새로운 패러다임을 요구하지만, 아직까지는 어떤 새로운 제안도 학자들의 상상력을 자극하지 못하고 있다.

방법론의 다양성으로 인해 다양한 결론들이 도출되었는데, 그것은 현대 오경 연구 학계를 특징짓고 있다. 따라서 지난 몇십 년간에 출현한 다양한 접근법을 만족스럽게 고찰한다는 것은 결코 쉬운 일이 아니다. 그리하여 본고에서는 논의의 발전을 주도한 몇몇 접근법들을 살펴보고 그것들의 장단점을 평가한 후에 미래의 연구를 위한 제안으로 마치고자 한다.

오늘날 학계가 보여주는 한 가지 확실한 동향으로는 전통적인 자료비평에서처럼 텍스트를 자르는 것에 반대하여 텍스트를 하나의 통일체로 대하는 추세를 들 수 있다. 어떤 이들에게 이것은 문학 가설의 신비평(New Criticism)이나 정경비평(canonical criticism)에서 촉구된 방법론적 원리이며, 다른 이들에게는 그 동기가 보다 실용적이며 자료비평 주석에 대한 불만에서 생겨난 것으로 간주된다. 요셉 이야기에 대한 J/E 분석을 포기하게 만든 가장 큰 요인은 실용주의였던 것으로 보인다. 1968년에 와이브레이(R. N. Whybray)는 간략한 논문을 썼는데, 거기에서 그는 창세기 37-50장의 일반적인 자료 분석이 적절치 못하며 요셉 이야기는 보통 알고 있는 것보다 훨씬 더 통일성을 지닌 이야기라고 주장했다.[10] 다음으로 1970년에 레드포드(D. B. Redford)는 요셉 이야기를 자세히 연구하여, 원래 독립된 두 자료로서 J와 E가 뒤섞인 것이 아니라, 유다 자료(J)가 후에 르우벤 자료(E)에 의해 확대되었다고 주장하였다. 폰 라트는 이 새로운 주장들을 평하면서, 이 주장들이 요셉 이야기를 실질적으로 단일 이야기로 이해할 수 있는 길을 열어주기는 했지만, 오경의 나머지 부분에 존재하는 J와 E의 중복을 여전히 설명하지 못한 채로 남겨두었다고 지적했다. 그는 이것을 "오경 내러티브 자료에 대한 종합적인 새로운 분석을 통해 설명해야 하며, 이러한 분석은 절실히 필요하다"고 말했다.[11] 폰 라트가 1971년에 사망했기 때문에 아마도 이것들이 그가 쓴 마지막 글일지도 모른다. 다음 10년간 그의 요청에

10 R. N. Whybray, "The Joseph Story and Pentateuchal Criticism," *VT* 18 (1968): 522–28.

11 Von Rad, *Genesis,* 440.

대해 다양한 답변이 시도되었다. 그러나 이 종합적인 새로운 분석들을 살펴보기 전에 우리는 요셉 이야기를 종합적으로 읽기 위한 몇 가지 제안들에 주목할 필요가 있다.

코우츠(G. W. Coats)는 두 권의 책과 여러 논문들을 통해 창세기 37-50장의 대부분은 통일성을 갖는다고 주장하였으며, 도너(H. Donner), 험프리즈(W. L. Humphreys), 롱에이커(R. E. Longacre), 슈바이처(H. Schweizer), 그리고 화이트(H. C. White) 등의 학자들도 그와 견해를 같이했다.[12] 베스터만(C. Westermann)도 그의 창세기 주석 제3권에서 요셉의 이야기를 통일성 있게 다루자는 제안을 지지하였다.[13] 이들은 창세기 37장과 39-45장이 하나의 자료에서 나온 이야기를 구성하고 있다는 점에 대해 대략적인 일치를 보았으나, 창세기 38장(유다와 다말 에피소드), P와 유사한 형태의 목록(46:8-27)을 포함하고 있는 46-50장, 요셉의 흉년 구제 기사(47:13-26), 야곱의 축복(49장), 야곱 사이클의 다양한 상호연계성(25-35장), 그리고 회복된 형제의 화해(50:15-21)

12 G. W. Coats, *From Canaan to Egypt: Structural and Theological Context for the Joseph Story,* CBQMS 4 (Washington, D.C.: Catholic Biblical Association, 1976); idem, *Genesis, with an Introduction to Narrative Literature,* FOTL (Grand Rapids: Eerdmans, 1983); idem, "The Joseph Story and Ancient Wisdom: A Reappraisal," *CBQ* 35 (1973): 285–97; idem, "Redactional Unity in Genesis 37–50," *JBL* 93 (1974): 15–21; H. Donner, *Die literarische Gestalt der alttestamentlichen Josephsgeschichte* (Heidelberg: Winter, 1976); W. L. Humphreys, *Joseph and His Family: A Literary Study* (Columbia: University of South Carolina Press, 1988); R. E. Longacre, *Joseph: A Story of Divine Providence* (Winona Lake, Ind.: Eisenbrauns, 1989); H. Schweizer, *Die Josefgeschichte* (Tübingen: Francke, 1991); H. C. White, *Narration and Discourse in the Book of Genesis* (Cambridge: Cambridge University Press, 1991); idem, "The Joseph Story: A Narrative Which 'Consumes' Its Content," in *Reader Response Approaches to Biblical and Secular Texts,* ed. R. Detweiler, *Semeia* 31 (1985): 49–69.

13 C. Westermann, *Genesis 37–50,* BKAT 1.3 (Neukirchen-Vluyn: Neukirchener Verlag, 1982); 영역본은 J. J. Scullion (Minneapolis: Augsburg; London: SPCK, 1986).

등에 대해서는 의견을 달리했다. 이처럼 서로 간에 명백한 관련성이 없는 에피소드들을 볼 때 우리가 다양한 자료에 기원을 둔 텍스트를 다루고 있다고 말할 수 있지 않겠는가?

장르와 내용을 근거로 자료의 다양성을 인정하는 것은 어려운 일이 아니지만, 그와 동시에 어떤 시기에는 편집자나 저자가 이러한 자료들을 서로 연결된 것으로 간주했다는 점도 분명하다. 다양한 자료들의 존재를 가정하는 현대의 추세는 현대 독자들이 저자에게 자명하게 여겨지는 연관성을 감지하지 못했음을 뜻하는 것일까? 이러한 노선을 따라, 예를 들면 험프리즈와 알터는 창세기 38장과 그 전후의 장들 간에 존재하는 단어와 주제에서의 연결점들에 주목했고, 그 결과 38장은 문맥상으로 이질적인 부분이 아니며, "우리가 이 가족에게서 목격한 사실들에 관해 대조적인 주석을 제공할 뿐만 아니라, 앞으로 일어날 일들에 대한 예언적 조망을 제공해준다"고 주장했다.[14]

창세기 46-50장의 논쟁점들은 보다 복잡하기 때문에 여기서 다룰 수는 없다. 다만 여기서는 요셉 이야기가 47:26까지 계속된다는 점을 코우츠가 설득력 있게 주장했다는 사실을 언급하는 것으로 충분할 것이다. 그런가 하면 롱에이커는 48-50장에 등장하는 야곱의 축복에 대해 다음과 같이 말한다. "야곱의 축복은 시문학이라는 점에서…만일 창세기 전체에서가 아니라면 '야곱 이야기'(*toledot ya'qob,* 즉 37-50장) 내에서 정점(high point)으로 의도된 듯하다.…이 장에서…우리는 태동하고 있는 국가—유다 지파와 요셉 지파가 각각 남쪽과 북쪽에서 두드러지

14 Humphreys, *Joseph and His Family,* 37; R. Alter, *The Art of Biblical Narrative* (New York: Basic Books, 1981), 3–12.

는 역할을 맡게 될—의 전조를 볼 수 있다."[15] 이와 동일한 맥락에서 슈바이처는 창세기 50:14-26에서 요셉의 형제들이 자비의 탄원을 되풀이한 사건의 중요성을 강조했다. "만일 누군가가 이 장면을 제거한다면 그 사람은, 요셉 이야기 전체의 클라이맥스는 아니더라도, 적어도 창세기 50장의 클라이맥스를 제거하는 것이다.[16] 더 나아가 나의 주석서에서 나는 22:1-25:10과 35:1-29에서 발견할 수 있는 아브라함 이야기와 야곱 이야기의 결론이 어떻게 48:2-50:14에서 발견할 수 있는 요셉 이야기 결말과 평행을 이루는지 보여주고자 했다.[17] 이것은 창세기의 이야기들이 다양한 자료들로부터 구성된 것이 아니라는 사실을 증명하지는 못하지만, 적어도 지금까지 알려진 것보다 일관성 있는 편집 방침 또는 저작 방침이 작용했음을 암시한다.

요셉 이야기를 하나의 통일체로 읽는 데는 단지 문서설의 원형에 약간의 수정을 가하는 것만으로 충분하다. 반 시터즈(J. Van Seters)의 『역사와 전승 속의 아브라함』(*Abraham in History and Tradition*)과[18] 함께 오경에 대해 완전히 새로운 패러다임의 윤곽이 드러나기 시작했다. 그는 여러 논문과 다음의 두 저서에서 그의 논지들을 발전시켜 나갔다. 『역사에 대한 프롤로그: 창세기의 역사가로서 야웨문서 저자』(*Prologue to History: The Yahwist as Historian in Genesis*)와 『모세의 생애: 출애굽기-민수기의 역사가로서 야웨문서 저자』(*The Life of Moses: The Yahwist as*

15 Longacre, *Joseph*, 23, 54.
16 H. Schweizer, "Fragen zur Literaturkritik von Gen 50," *BN* 36 (1987): 68.
17 *Genesis 16–50*, WBC (Dallas: Word, 1994), 461–62.
18 J. Van Seters, *Abraham in History and Tradition* (New Haven: Yale University Press, 1975).

Historian in Exodus–Numbers)가 그것이다.[19] 이 저서들은 급진적인 책으로서 자료 분석의 전통적 기준을 상당 부분 무시하고, 자료들의 내용, 연대, 그리고 상호관계에 대해 완전히 새로운 관점을 제공했으며, 마지막으로 오경의 책들은 역사적 전승을 거의 포함하지 않기 때문에 차라리 관념적인 허구로 이해되어야 한다고 주장했다. 나는 이 책들을 출판 연대 순으로 다룰 것인데, 특히 다른 학자들에게 가장 큰 영향을 끼친 첫 번째 저서에 관심을 집중할 것이다.

『역사와 전승 속의 아브라함』(*Abraham in History and Tradition*)은 제목을 통해 짐작할 수 있는 것처럼 두 부분으로 구성된다. 첫 부분은 올브라이트, 스파이저, 고든, 그리고 창세기와 기원전 제2천년기 메소포타미아 간의 평행자료들이 창세기 기사의 역사성을 증명한다고 주장하는 자들의 입장을 비난한다. 반 시터즈는 그들의 주장에 반하여, 족장들의 유랑민 생활양식은 후기 신아시리아 시대나 신바빌로니아 시대, 즉 기원전 7-6세기에 오히려 더 잘 들어맞는다고 주장한다.[20] 그뿐 아니라 그는 아브라함과 이스마엘의 자손 목록과 신아시리아와 신바빌로니아 문헌에 나오는 인명들 간의 유사성을 발견한다.[21] 다음으로 반 시터즈는 결혼, 입양, 매매, 계약 체결과 관련된 사회 풍습 및 관례에서 창세기와 고대 근동 간의 유사성에 눈을 돌린다.[22] 그는 성서 기사를 기원전 제2천년기 초기 문헌과만 비교하는 것은 잘못됐다고 주장하는

19 *Prologue to History: The Yahwist as Historian in Genesis* (Louisville: Westminster/ John Knox, 1992); *The Life of Moses: The Yahwist as Historian in Exodus–Numbers* (Louisville: Westminster/John Knox, 1994).

20 *Abraham,* 13–38.

21 Ibid., 39–64.

22 Ibid., 65–103.

데, 왜냐하면 어떤 관습들은 제2천년기와 제1천년기 사이에 거의 변하지 않았으며 실제로 성서의 어떤 관습들은 제2천년기 중동의 관습보다는 제1천년기의 관습과 오히려 더 유사하기 때문이라는 것이 그의 논지다. 마지막으로 그는 창세기에서 족장들이 방문한 것으로 언급되는 지역들을 살펴본 후, 고고학적 증거들은 제2천년기 초에 그 지역의 거주 환경이 성서 전승의 묘사와 일치하지 않는다고 단언한다.[23] 특히 창세기 14장에 나오는 아브라함과 왕들 간의 전쟁 이야기는 바빌로니아 포로기에 한 유다인이 창작한 것으로 보인다고 주장한다.

톰슨(T. L. Thompson)은 『족장 내러티브의 역사성』(*The Historicity of the Patriarchal Narratives*)이라는 오해의 소지가 있는 제목의 책에서 창세기의 역사성을 반대하는 반 시터즈의 주장을 지지하였다.[24] 톰슨의 저작은 반 시터즈의 것보다 훨씬 더 상세할 뿐만 아니라 공정한 판단력을 보여주고 있다. 그는 창세기에 대한 고고학적 변론들을 특징짓는 오류들에 관심을 두었으나, 대안을 제시함에 있어 창세기 전승을 훨씬 후대의 배경에 위치시킨 반 시터즈처럼 독단적이지는 않았다. 이 두 권의 책이 발간된 이후로 학자들은 창세기 기사의 고대성과 진정성에 대한 주장이 스파이저와 다른 이들이 주장한 것만큼 확고한 것은 아님을 인정했다. 그러나 이것은 개연성의 무게가 반대방향으로 기울었다는 의미는 아니다.[25]

23 Ibid., 104–22.

24 T. L. Thompson, *The Historicity of the Patriarchal Narratives: The Quest for the Historical Abraham,* BZAW 133 (Berlin and New York: de Gruyter, 1974).

25 더 자세한 논의는 다음을 보라. A. R. Millard and D. J. Wiseman, eds., *Essays on the Patriarchal Narratives* (Winona Lake, Ind.: Eisenbrauns; Leicester: Inter-Varsity, 1980); 그리고 논의를 간단히 평가한 것은 다음을 보라. Wenham, *Genesis 16–50,* xx–xxviii.

여기서는 반 시터즈가 그의 역사적 논증을 창세기 자료비평에 새로운 방식으로 접근하기 위한 도약의 발판으로 삼았다는 것을 주목하는 것으로 충분할 것이다. 반 시터즈는 이전의 비평적 접근법들을 검토한 후 전통적인 자료비평가들이 채택한 여러 기준들을 고수하면서 그 자신의 방법론을 요약했다. 오직 에피소드의 중복만이 서로 다른 자료의 존재에 대한 명백한 증거가 된다(예. 12:10-20과 20장, 또는 15장과 17장). 이야기 내에서의 반복은 복수의 자료에 대한 증거가 될 수 없는데, 왜냐하면 그러한 반복은 단순한 문학적 기교일 수 있기 때문이다. 다른 기준에 의해 다른 출처를 가진 것으로 분석된 자료들을 확증하는 데 독특한 단어들이 도움을 줄 수는 있겠지만, 단어의 변형이나 신명(divine names)의 차이만을 근거로 출처의 다름을 주장하는 것은 적절하지 않다.[26] 마지막으로 그는 올릭(Olrik)의 서사 규칙들—궁켈이 창세기 주석에서 처음 적용한—이 전승 가운데 본래 구전으로 된 자료들을 식별하는 데 훌륭한 지침이 된다고 제안한다.[27]

이제 반 시터즈는 창세기 12-26장의 중복 내러티브 연구에 착수한다. 그는 자기 아내가 누이인 것처럼 행세하는 족장에 대한 세 가지 이야기에서 전승의 세 단계를 발견할 수 있다고 주장한다. 구전에 가장 가까운 최초의 내러티브 유형은 12:10-20이다. 다음으로는 20:1-18인데, 이것은 첫 번째 이야기에 대한 지식을 암시하기 때문에 두 번째로 쓰인 것으로 간주된다. 마지막은 26:1-11로, 12장과 20장 모두를 암시하고 있으므로 셋 중에 맨 마지막에 쓰였을 것이다. 전통적 자료비평에 따르면 12장과 26장은 같은 자료(J)에 속한 반면 20장은 E 자료에 속

26 Van Seters, *Abraham*, 155–57.
27 Ibid., 159–61.

한다. 그러나 반 시터즈는 26장만을 J 자료로 간주해야 한다고 주장한다. 창세기 12:10-20은 아브라함의 생애 가운데 세 가지 에피소드만을 담은 초기 전승의 한 부분이었다. 이 부분은 후에 전통적으로 E 자료로 분류되는 20-21장에 실린 몇몇 자료에 의해 확장되었다. 다음으로 진정한 야웨문서 저자(Yahwist)가 등장하는데, 그는 창세기 12-26장에서 제사장문서(P)를 제외한 나머지 대부분을 책임진다. 물론 26:1-11도 야웨문서에 속한다. 반 시터즈는 일반적으로 J에 속하는 것으로 간주되는 자료들에 상당한 통일성이 있다고 주장하며, 이 자료가 성서 역사에서 전통적으로 수용되는 것보다 후대의 것이라고 간주하는 경향이 있다. 예를 들어 창세기 15장을 논의하면서 그는 창세기 15장이 신명기 신학이나 제2이사야와 유사성을 가진다고 지적하며, 지리적 경계(15:18-21)가 다른 어느 시기보다도 포로기에 잘 들어맞는다고 주장한다.[28] 그는 P 자료가 본래 J를 보충한 것이며 그 연대는 포로기 이후라고 본다. 14장 역시 후대의 것으로서 "동방의 왕들"은 페르시아인들을 가리키는 우회적인 표현이며 18-20절(멜기세덱과 아브라함)은 14세기 후기에 혼합주의가 발생했음을 증거한다고 주장한다. 결과적으로 반 시터즈에 의하면 창세기는 기원전 300년경에야 현재의 형태를 갖춘 것이다.[29]

이후의 저작에서 반 시터즈는 그의 비평적 결론이 오경의 다른 부분에도 적용된다는 것을 보여주려 하였다. 『역사 서설』(*Prologue to History*)에서는 아브라함에 대해 논했던 이전 책에서 다루지 않았던 창세기의 다른 부분을 다루었다. 대부분은 창세기 1-11장의 원역사와 관련된 것이었으며, 이 내용을 고대 근동 신화 그리고 그리스 신화와 비

28 Ibid., 263-78.
29 Ibid., 304-8.

교하였다. 반 시터즈는 원역사가 메소포타미아 자료뿐 아니라 제1천년기 후반에 활동한 그리스의 고대 작가들과도 유사성을 갖는다고 생각한다. 그는 야웨문서 저자가 바빌로니아 포로기에 활동했다고 가정할 때 이런 현상이 설명될 수 있다고 주장한다. 그는 또한 야곱과 요셉의 이야기를 구약에서 약속을 다루는 다른 텍스트들과 비교하는데, 특히 그가 보기에 J 자료의 연대가 후대임을 확증해주는 제2이사야와 비교하였다.

그는 『모세의 생애』를 통해 문서설의 순서를 재배치하는 그의 작업을 완료했다. 그는 이전 저서에서처럼 JE자료를 야웨문서 저자에게서 나온 단일체로 보았고 후기 연대를 주장하였다. 기본적으로 야웨문서 기자는 신명기 사가의 역사(신명기-열왕기)에 대한 서론을 제공하고 있으며 자유롭고 창조적인 방식으로 이전 저작들의 내용을 차용하여 자신의 글을 썼다는 것이다. 따라서 신명기에서 간략하게 언급된 요르단 동편 정복 기사나 금송아지 사건이 전면적인 기사로 등장한다. 여호수아가 이스라엘의 군대장관을 만난 사건은 불타는 떨기나무 기사의 모델이 되었다. 모세가 예언자가 되기를 꺼려한 사건은 이사야와 예레미야의 소명기사의 모델이 되었으며 억압받는 땅에서의 탈출이라는 아이디어는 제2이사야에 기원을 둔 것이다.

> 모세의 소명은 오경에서 야웨문서 저자의 특징을 잘 반영하고 있다. 포로기의 저자로서 야웨문서 저자는 신명기 역사(DtrH)와 예언자 전승 전체를 광범위하게 사용하여 모세와 출애굽 이야기를 형성했다. 모세의 소명기사는 예언자의 소명 전승의 시작이 아니라 모세가 모든 예언자 중 가장 위대한 인물이 되어가는 과정의 결말이다. 모세는 이사야와 에스겔처럼 신의 현현을 경험하였는데 그것은 촛대(the menorah)가 의미하듯이 이후

영원토록 지속될 하나님의 임재를 의미하는 것이었다. 그는 마지못해 예언자가 되어서 예레미야처럼 백성들의 불신앙 때문에 괴로워한다. 백성에게는 구원을 전하고 이방 지도자들에게는 심판을 경고하는 이중 사명이 모세에게 주어졌다. 제2이사야에서처럼 족장의 하나님은 출애굽의 구원을 베푼 하나님으로 드러난다.[30]

반 시터즈의 접근법은 획기적이다. 그것은 율법이 예언서 이후에 출현했다는 벨하우젠의 근본적인 견해를 응용한 것으로 볼 수 있다. 벨하우젠은 오경의 율법들이 예언서 이후에 출현했다고 주장했고, 반 시터즈는 율법과 내러티브를 포함한 오경 전체가 예언서 이후에 등장했으며 예언서를 모방한 것이라고 보았다. 반 시터즈의 견해가 옳다면 오경의 역사성은 전통적인 문서설에서보다 더욱 심각한 국면을 맞게 될 것이다. 반 시터즈의 견해는 문서설의 극단적인 예로 볼 수도 있지만 J(E)의 편집 연대가 빨라야 포로 시대라는 주장을 받아들이는 학자는 생각보다 많으며, 특히 블룸(E. Blum)과 레빈(C. Levin)이 대표적이다(아래를 보라). 그러므로 이 방법론에 대한 평가는 현대의 다른 견해들을 검토한 후에 내리는 것이 마땅하겠다. 이 시점에서는, 반 시터즈의 견해가 설득력이 있지는 않지만 결정적이고 적절한 반론을 찾기가 어렵다고 말하는 정도로 해두겠다. 이것은 최근 논의에 가장 문제가 되는 것 중 하나인 일치된 학문적 기준과 출발점이 결여되었음을 시사한다. 반 시터즈가 북미에서 오경 연구 분야의 반체제 인사를 대표한다면, 독일에서는 롤프 렌토르프(Rolf Rendtorff)에게 그 직함을 부여할 수 있

30 Van Seters, *Life of Moses,* 63.

을 것이다. 그의 저서 『오경 전승 과정의 문제』(*The Problem of the Process of Transmission in the Pentateuch*, 1977)는 문서설과 그 결론을 수정한 책이 아니라 그 가설에 노골적으로 이의를 제기한 책이다.[31] 렌토르프에 따르면 벨하우젠의 저작에 설명된 자료비평 방법과 궁켈이 처음 실행했던 양식비평 방법은 근본적으로 양립할 수 없다. 그러나 궁켈과 그의 후계자들(노트, 폰 라트 등)은 두 방법을 통합하려 하였다. 한편으로는 양식비평을 이용하여 전승의 구전 단계에서 오경 전승이 어떻게 발전했는지를 설명하려 했으며, 다른 한편으로는 이 구전 전승들이 문학 자료인 J, E, P 등으로 굳어지게 되었다고 주장했다.

렌토르프는 양식비평적 접근이 올바른 출발점이며 이 방법으로 큰 단위들을 설명해내야 된다고 믿고 있다.

> 우리 앞에 놓여 있는 그대로의 오경 전체는 더 이상 출발점이 아니며 오히려 구체적인 개별 텍스트인 "가장 작은 문학적 단위"가 출발점이 되어야 한다. 이 작업은 정반대의 방향으로 진행되어야 한다. 각각의 텍스트의 문맥은 그것이 얼마나 방대하든지 간에 이 방법의 관심사가 아니며 해석자의 최우선적인 관심이 되어서도 안 된다.[32]

그는 족장 내러티브에 대한 논의를 통해 그의 방법을 설명해 나간다. 그는 요셉 이야기에서 시작하는데, 대부분의 사람들은 이것이 독립

31 R. Rendtorff, *Das überlieferungsgeschichtliche Problem des Pentateuch,* BZAW 147 (Berlin: de Gruyter, 1977); 영역본은 *The Problem of the Process of Transmission in the Pentateuch,* trans. J. J. Scullion, JSOTSup 89 (Sheffield: JSOT Press, 1990).

32 Ibid., 23.

적으로 존재하는 고유한 이야기라고 생각한다. 궁켈의 제안을 따르면 야곱 이야기는 두 사이클, 즉 야곱과 에서를 다루는 하나의 사이클과 야곱과 라반을 다룬 또 하나의 사이클이 결합된 것이다. 그러나 아브라함과 이삭을 다루는 이야기들은 촘촘하게 짜인 사이클로 구성되어 있지 않다. 각각의 에피소드는 오히려 독립적인 듯한데 이러한 사실은 이 에피소드들이 구전 전승의 초기 단계에 어떠했는지를 암시해준다. 이후에 하나님의 자손, 땅, 그리고 축복에 대한 약속이 이야기들에 첨가되어 서로 연결되었다. 약속에 관한 문구의 차이(예. 때로는 "땅", 때로는 "자손들", 때로는 "너에게", "너의 자손들에게")는 에피소드들이 통합되는 과정에 여러 단계를 거쳤다는 단서를 제공한다. 가장 단순한 형태의 신의 약속들이 아브라함 이야기를 하나로 구성해가는 와중에 다른 주제들에 대한 다른 이야기들이 동시에 진행되고 있었다(예. 원역사, 요셉 이야기, 출애굽, 시내산). 그러나 이 단계에서는 창조로부터 정복에 이르기까지 문서 자료가 전해지고 있다고 말할 수는 없다. 이야기의 모든 부분들이 연결되어 오경과 유사한 긴 내러티브를 이룬 것은 신명기 사가 또는 그와 유사한 누군가가 등장한 후였다. 그들은 흩어져 있던 이야기 모음들을 연결시키기 위해 종종 땅에 대한 약속을 발전시켜나갔다.

그리하여 렌토르프는 야웨문서 저자나 엘로힘문서 저자에 대해 말하는 것은 상당한 오해를 불러일으킨다고 하였다. 왜냐하면 오경이 되어가는 과정에서 J 또는 E 전승이 이스라엘 초기 역사를 전체적으로 다루는 통일성 있는 문서로 존재했던 단계가 결코 없었기 때문이다. P 자료에 대해서 말하는 것도 정당하지가 않다. 어떤 자료를 P 자료라고 정하는 기준은 종종 순환논법이며 단지 아전인수 격일 뿐이다. 창세기 23장에 대해 그는 다음과 같이 말한다. "이런저런 방법들을 다 동원한 후에도 창세기 23장을 P 내러티브의 일부로 받아들일 타당한 이유는 찾지 못했으나 반대할 이유는 많이 있다."[33] 렌토르프에 따르면 창세기에는 추정되었던 것보다 P 자료의 수가 적으며, 그것은 신명기 층과 마찬가지로 원래 독립된 내러티브 모음들을 서로 연결시켜주는 보조층일 뿐이다.

그의 책에는 문학비평 방법과 연대 추정에 대해 난색을 표하는 부분이 많다.[34]

> 오경의 연대를 추정할 확실한 기준이 없다는 것을 인정해야 한다. 오경의 각 "자료"의 연대는 결국 학자들의 합의로 명맥을 이어가는 순전히 가설적인 추론에 의해 정해진다. 그러므로 오경 연구가 비평적이고 방법론에 대해 민감하기 위해서는 현재까지 수용되고 있는 연대를 전반적으로 재검토할 준비가 되어 있어야 한다.[35]

그는 야웨문서 저자 연대를 통일왕국 시대로 추정하는 것이 입증이라기보다는 합의에 불과하다고 믿지만, 그럼에도 그는 오경과 관련하여 후대 연대를 옹호하지는 않는다. 그는 J 자료의 연대를 후대로 산정하는 자들을 공공연하게 비판했다. 실제로 그는 오경의 전체 형태를 만들어낸 신명기 편집자가 보통 추정되는 때보다 두 세기 전에 그 일을 했을지도 모른다고 주장한다.[36] 또한 그는 "내러티브에서든 혹은 율법에서든 간에 '제사장문서적' 섹션의 연대를 포로기나 포로기 이후로 추

33 Ibid., 156.
34 예를 들어 자료 분할의 언어학적 기준에 대해서는 다음을 보라. Ibid., 113, 118.
35 Ibid., 201 – 2.
36 Ibid., 203.

정하는 것도 위와 마찬가지로 추측이나 합의의 결과이지 명백한 기준에 의한 것은 아니라고 지적한다.[37]

이 책에서 렌토르프는 문서설을 전체적으로 반박하려 들지는 않았으며 오히려 방법론과 관련된 토론 주제를 제시하려 했다.[38] 이런 점에서 그의 저서는 성공적임에 틀림없으며 그의 제자 에르하르트 블룸(Erhard Blum)은 두 권의 방대한 저서에서 렌토르프의 방법론을 오경 전체에 걸쳐 실제로 적용하였다. 이제 블룸의 저서를 살펴보자.

『족장사의 구성』(*Die Komposition der Vätergeschichte*)에서 블룸은 족장 이야기가 지나온 여러 발전 단계를 추적했다.[39] 가장 초기의 요소는 창세기 25, 27, 31장에 나오는 야곱과 에서 그리고 야곱과 라반 사이의 투쟁 이야기에 나타난다. "분명히 이 텍스트의 연대는 다윗의 에돔 정복 전이라고 할 수 없다."[40] 이 텍스트는 창세기 27-33장의 다른 이야기들이 합쳐지면서 더 확대되었다. 이스라엘에 대한 관심, 벧엘과 같은 북쪽 성소, 그리고 야곱의 아들 중 요셉의 특별한 지위를 다루는 내용으로 인해 이 자료의 연대는 통일왕국 시대와 요시야가 벧엘 성소를 파괴한 시기 사이로 추정된다.

전승 발전의 다음 단계는 25장에서 시작하여 50장에서 끝나는 야곱과 그의 아들들 이야기를 끼워 넣은 것이다. 이 이야기들이 북쪽 지파들(예. 요셉 지파)과 관련이 있다는 점과 유다의 지도력에 주목한다는 점은 유다가 북부의 주도권을 쥐고 있을 때 이 이야기들이 첨가되었음

37 Ibid.
38 Ibid., 181.
39 E. Blum, *Die Komposition der Vätergeschichte,* WMANT 57 (Neukirchen-Vluyn: Neukirchener Verlag, 1984).
40 Ibid., 202–3.

을 가리킨다. 블룸은 이러한 점이 요시야 왕의 재위기간을 가리킨다고 주장하는데, 요시야는 실제로 그 지역을 지배하려고 시도했었다.

그 동안에 유다와 그의 이웃인 모압과 암몬에 관한 이야기가 남왕국에 퍼졌다. 이들 관계는 아브라함과 롯의 내러티브(창 13, 18-19장)에 잘 반영되어 있다. 이것들은 야곱 내러티브에 덧붙여져서 "족장사 1"(*Vätergeschichte* 1)을 형성한다. 블룸에 따르면 이것은 빨라도 사마리아의 멸망 때와 예루살렘 멸망 사이에 형성된 것임에 틀림없다.[41]

"족장사 2"(*Vätergeschichte* 2)는 포로기 동안에 형성되었다. 여기에는 아브라함 이야기(예. 12, 16, 21, 22, 26장의 일부)가 들어갔고, 그 이야기에 자손에 대한 약속, 땅의 선물, 그리고 축복의 내용이 연결되었다.

포로기 이후 아마도 530-500년 사이에 족장 역사는 신명기 사가(D)의 편집을 통해 처음으로 오경 나머지 부분과 연결되었을 것이다.[42] 창세기에서는 15, 18장, 22:16 이하, 24장 등에서 신명기 사가의 손길이 확연히 나타나는데, 또한 그는 아마도 아비멜렉을 다루는 20, 21장도 삽입한 것으로 보인다. 이 편집자는 아브라함의 믿음과 순종에 대한 하나님의 응답(예. 15:6; 22:16-18; 26:2-5)을 강조하였고, 포로기 이후 공동체의 중대사였던 공동체 외부 사람과의 결혼 문제(24장)에 관심을 두었다.

신명기 역사층(layer)처럼 제사장문서층도 오경 전체에서 발견되는 또 다른 유일한 층이다. 블룸의 두 번째 저서인 『오경의 구성 연구』(*Studien zur Komposition des Pentateuch*)에서는 먼저 오경의 신명기 역사적

41 Ibid., 297.
42 Ibid., 392.

편집을 다루었고 그다음에는 P 텍스트를 다루었다.[43] J와 E는 언급되지 않았으나 어떤 점에 있어서 블룸의 D층은 반 시터즈가 말하는 후대에 확장된 J와 비슷하다. 그렇지만 블룸이 P를 정의하고 연대를 추정하는 방식은 전통적인 오경 비평에서와 거의 유사하다. 그는 P를 자료가 아닌 층으로 여긴다. 그렇지만 그는 톨레도트(*tôlĕdōt*) 공식과 17장 그리고 렌토르프가 반신반의하는 23장과 같은 구절들을 여기에 포함시킨다.

C. 레빈(C. Levin)의 『야위스트』(*Der Jahwist*)는 렌토르프-블룸의 접근법에 대해 답한 책이다.[44] 레빈은 야웨 자료와 관련하여서는 보충설, 즉 J를 계승하는 판본들이 생겨나서 J가 확장되었다고 보는 게 옳다고 주장한다. 그는 또한 완전한 E 자료는 없다는 렌토르프와 블룸의 의견에 동의한다. 오직 창세기 미드라쉬인 창세기 20-22장만을 E로 볼 수 있다. 그러나 렌토르프와 블룸이 원래 구전 자료가 후대에 J가 되었음을 강조하는 반면 레빈은 J가 자료들을 이용했다고 주장한다. 레빈은 그가 주장하는 J가 반 시터즈의 후대 J 그리고 블룸의 "족장사 2"(*Vätergeschichte* 2)와 대략적으로 일치한다고 주장한다. 하지만 그는 J가 창세기 2장에서 민수기 24장까지 이어지는 이스라엘 역사 이야기를 작성했다고 생각한다.[45] 오경의 첫 편집자를 신명기 사가로 보는 렌토르프나 블룸과는 반대로 레빈은 J가 중앙 성소를 요청하는 신명기 사가를 의식적으로 반박했다는 입장을 취한다.[46] 이것은 J가 아브라함과 다른 족장들이 여러 곳에서 단을 쌓았다는 것(예. 12:7, 8; 13:18; 28:16)을

43 E. Blum, *Studien zur Komposition des Pentateuch,* BZAW 189 (Berlin and New York: de Gruyter, 1990).
44 C. Levin, *Der Jahwist* (Göttingen: Vandenhoeck & Ruprecht, 1993), 34.
45 Ibid., 34.
46 Ibid., 430.

기록하고, 또한 어디에서나 단을 쌓도록 허용한 제단법(출 20:24-26)을 출애굽기 21-23장에 나오는 율법의 서두에 위치시킨 데서 드러난다. 따라서 레빈은 왕실 포로 중 한 사람이 고국 귀환에 대한 소망을 주고 유형지에서 실제적인 예배 프로그램을 제공하기 위해 J를 썼다고 주장한다. J는 엘레판틴 식민지 시기와 같은 포로 초기를 겨냥한 것이었다. J는 신명기적 율법보다는 후대에 나왔지만 J의 내용에 익숙한 것으로 보이는 신명기 역사와 제2이사야보다는 앞선다.

J는 초기 자료들을 국가 기원 이야기로 일관성 있게 편집한 후 여러 장소들(J^s)을 보충해 넣었으며 그 뒤에 P를 추가했다. P는 J와 합쳐지기 전에는 단독 자료였으므로, 레빈은 이 지점에서 그가 문서설을 따랐음을 인정한다. 마지막으로 그 자료에는 또 다른 추가물(R^s)이 있었다. 그리하여 레빈에 따르면 사경(the Tetrateuch)은 일반적으로 문서설이 주장하는 J + E + D + P의 순서가 아니라, J + P + D + 다른 추가물 순으로 발전했다.

지혜서 연구로 잘 알려진 R. N. 와이브레이(R. N. Whybray)는 『오경의 형성: 방법론 연구』(*The Making of the Pentateuch: A Methodological Study*)에서 오경에 대한 논의로 회귀한다.[47] 부제에서 이 책의 초점이 오경 연구가들의 방법론에 대한 논의라는 것을 알 수 있다. 제1장에서는 문서설을 체계적으로 도식화하는 데 사용된 비평방법들을 설명하고 평가하였다. 제2장에서는 전승사 방법을 살폈고 제3장에서는 그 나름의 제안을 내놓았다.

와이브레이는 문서설, 단편설, 그리고 보충설이 상호 배타적이지 않

47 JSOTSup 53 (Sheffield: JSOT Press, 1987). 요셉 이야기에 관한 그의 이전 논의를 다음에서 보라. "The Joseph Story and Pentateuchal Criticism," *VT* 18 (1968): 522–28.

다고 서두에 밝힌다. 실제로 전형적인 문서설의 지지자들은 주요 문서들인 J, E, 또는 P와 들어맞지 않는 부분에서는 단편설이나 보충설을 이용해 설명했다. 실제로 오경의 발전을 설명하는 모든 형태에 대해서,

> 가장 타당하지 않은 것은 문서설이다. 왜냐하면 단편설이나 보충설로는 상대적으로 간단하고 논리적인 과정들이 이해되며 동시에 완성된 오경이 한결같지 않은 점도 설명되는 것처럼 보이는 반면 문서설은 이스라엘이 자체의 기원을 역사적으로 어떻게 이해해왔는지에 대한 가정에 있어서도 훨씬 더 복잡하기만 한 것이 아니라 지나치게 한정적이기 때문이다.[48]

와이브레이는 두 가지 근본적인 이유에서 문서설을 반대했다. 첫째, 문서설은 비논리적이고 자기 모순적이며, 문서설을 통해 설명할 수 있다고 단언했던 문제들을 설명하는 데 실패했다. 오경은 여러 자료들로 쪼개졌다. 왜냐하면 현 텍스트에 과다한 반복과 모순점이 있다고 간주되었기 때문이다. 문서설은 원 자료들이 모순적이지도 않고 반복적이지도 않았다는 가정하에 원 자료들을 재구성하려고 노력한다. 그러나 자료들이 서로 연결될 때 반복적이고 모순적인 이야기들이 생겨났다. 와이브레이는 묻는다. 왜 우리는 히브리 저자들의 저술 방법이 급진적으로 변했다고 추정하는가? 초기 저자들이 모순이나 반복을 참아내지 못했다면, 왜 후대의 저자들은 그것에 저항하지 않았는가? 그러나 만일 후대 저자들이 그런 특징들에 신경을 쓰지 않았다면 왜 초기 자료에는 모순과 반복이 없었다고 가정해야 하는가? 설사 자료들이 존재한다

48 Ibid., 18.

해도 어떻게 자료들을 분리해낼 수 있는가? "그러므로 그 가설은 다음의 가정, 즉 일관성이 여러 문서의 특징인 반면 비일관성이 편집자들의 특징이라는 가정하에서만 유지될 수 있다."[49]

둘째, 와이브레이는 문서설이 오경에 나오는 반복과 문체상의 변형을 설명하려 하지만 그런 요소들은 일반적으로 다른 문학 작품에서와 마찬가지로 다른 방식으로 이해될 수도 있다고 주장한다. 예를 들면 다른 종교 문헌에도 신의 이름이 다양하게 등장하는데, 어째서 창세기에 나오는 하나님의 여러 이름은 여러 다른 자료들에 기인한다고 주장하는가? 때로 신학적인 이유로 어떤 이름을 다른 이름보다 더 선호할 수도 있을 것이며 어떤 경우는 저자가 무의식적으로 변화를 주었을 수도 있다. 반복은 종종 문체적 이유로, 또는 뭔가를 강조하기 위해서 사용된다(예. 수사학적 효과를 위해 또는 시의 평행법에서). 이제는 반복되는 구절에 대한 연구가 텍스트의 의미와 저자의 기교를 이해하는 데 큰 도움이 될 수 있다는 것이 잘 알려져 있다. 또한 와이브레이는 J 또는 E의 신학을 기술하는 작업이 설득력을 갖기에는 그 토대가 지나치게 제한적이라고 주장한다. 그러나 이것이 상대적으로 긴 텍스트에 적용될 때에도 그러하다면, 렌토르프와 블룸이 소위 "편집용 구절들"을 토대로 편집층을 밝혀내려 하는 것이 얼마나 더 납득이 안 가는 일이겠는가.

와이브레이는 문서설의 분석 기법이 복잡하기도 하고 바람직하지도 않다고 주장한 후에 제2장에서는 궁켈과 노트의 전승사 접근법을 더 신랄하게 비판한다. 그는 전승비평가의 일이 자료비평가의 일보다 훨씬 더 어렵다고 주장한다. 적어도 후자는 부분적으로 남아 있는 텍스

49 Ibid., 49.

트를 다루지만, 전자는 확실한 증거가 없는 가설적인 재구성을 다룬다.

> 문서설은 단순히 실재하는 텍스트를 풀어 헤쳐서, 그 안에 여러 자료가 섞여 있다는 것을 보여주고 그것이 어떻게 현재의 형태로 배열되었는지를 설명하려는 시도에 불과하다. 앞서 언급했듯이 문서비평가는 오경에 있는 내용을 뛰어넘어 이해할 수 있다고 생각지 않았으며, 현재 실재하지 않고 또한 직접적인 증거도 없는 자료의 초기 형태를 알아낼 수 있다고 생각하지도 않았다. 이것은 보다 더 근본적인 가정을 토대로 해야만 가능할 것이다.[50]

여기에는 이러한 전승들이 구전에 기원한다는 가정, 그 전승들이 수 세기 동안 충실하게 전수되었다는 가정, 그리고 이스라엘의 전수 형태는 다른 문화의 전수 형태와 비슷하다는 가정 등이 포함된다. 와이브레이는 이런 가정들을 지지할 근거가 거의 없고 이스라엘의 구전 전승 과정을 알려주는 만족할 만한 정경 이외의 평행자료(extrabiblical parallels)도 거의 없다고 주장한다. 그것은 단지 방대한 추론일 뿐이다. "노트의 오경 전승의 자세한 재구성 중 상당한 부분은 '한 추론 위에 또 다른 추론을 쌓아 올려서' 만들어진 결과다."[51] 그는 요지를 설명하기 위해 노트가 어떻게 민수기 32:36의 롯 이야기가 벧하란(Beth-haran)이란 지명에서 나왔다고 생각했는지 요약한다. "이 일련의 추측들 즉 '하란 전승'의 기원과 사멸에서부터 달리 입증되지 않은—그리고 확실히 불필요한—신(deity)인 하란에 대한 추론에 이르기까지 구체적인 증거

50 Ibid., 138–39.
51 Ibid., 194.

가 있는 특징이 하나도 없다. 그러나 각각의 추론은 다른 추론의 근거를 제공하기 위해 만들어진 것이다."[52] 노트의 방법론이 가지는 특징은 "가설 위에 가설을 과도하게 쌓고 가장 박약한 '단서'를 토대로 전체 '전승사'를 구성하는 것"이다.[53]

렌토르프와 블룸은 스스로를 전승비평가라고 주장하지만, 와이브레이는 다만 그들이 구전 단계에서 문서 단계로 이어지는 특징적인 발전 과정을 인정한다는 점에서만 맞는 표현이라고 주장한다. 왜냐하면 그들의 텍스트 분석방법은 차라리 전통적인 자료비평과 더 가깝기 때문이다. 그는 그들의 결론이 그다지 설득력이 없다고 생각한다. "렌토르프는 단지 소수의 문헌 자료들과 편집자들로 특징지어지는 비교적 단순한 문서설을 당혹스럽게 많은 자료들과 편집자들로 대치한 것뿐이다."[54] 와이브레이는 블룸의 접근법이 렌토르프의 접근법보다 복잡하고 독단적이면서도 논증력은 더 떨어진다고 평가한다.

그렇다면 와이브레이가 주장하는 바는 무엇인가? 문서비평가들과 전승비평가들이 제안하는 대부분의 복잡한 재구성에 대한 그의 불가지론적 입장은 명백하다. 그는 그들이 내놓는 대부분의 가설은 좋게 말해서 입증할 수 없는, 최악의 경우 비논리적인 추론이기 때문에, 차라리 오경의 형성 과정에 대해 모르는 부분이 많다는 사실을 인정하는 편이 나을 것이라고 주장한다. 현대 문학비평(참조. 알터와 클라인즈)에서는 오경이 정교하게 구성된 작품임을 입증했는데, 이는 오경이 한 저자의 작품이며 미드라쉬 같이 계획성 없이 생겨난 최종 결과물이 아니라

52 Ibid., 196.
53 Ibid., 198.
54 Ibid., 210.

는 것을 보여준다. 그렇다면 반 시터즈가 주장하였듯이 오경을 6세기 후반에 한 저자가 쓴 작품이라고 가정하자. 와이브레이는 반 시터즈가 주목한 그리스 역사가들과의 유사성이 타당하다고 보았는데, 그들은 초기부터 당대까지 자기 민족의 역사를 저술하던 사람들이었다. 물론 그들은 때때로 문헌 자료들을 참조한다고 스스로 주장하고 있기는 하지만, 그들은 분명히 그 자료를 자기 나름대로 수정하여 기록했으며 구전 자료를 재진술할 때는 더더욱 그러했다. 그리스 저자들은 동일한 내용을 반복하거나 문체를 변형하는 일에 별로 거리낌을 갖지 않았는데, 그렇다면 왜 히브리 문학에서 이와 같은 특징들이 발견될 때는 서로 다른 자료나 서로 다른 문서층으로 인한 것이라고 생각해야만 하는가? 반 시터즈나 렌토르프가 오경을 본래 후대 야웨문서 저자나 신명기 사가가 쓴 문학 작품으로 간주한 것은 제대로 방향을 설정한 것이었지만, 그것을 논리적인 결론으로 이끌어가는 데는 실패했다. "(소수의 추가된 부분이 존재할 가능성을 인정한다면) 한 사람의 역사가가 기록한 완성된 저작으로서 오경의 '최초의' 판본이 '최종' 판본이 되지 못할 이유는 없는 것 같다."[55] 와이브레이는 반 시터즈, 렌토르프, 그리고 블룸은 P 자료를 J의 후대 자료로 보는 반면 하란(M. Haran)과 후르비츠(A. Hurvitz)는 P를 포로기 이전 자료로 본다고 지적한다. 결국 P 자료는 오경 저자가 사용한 자료 중 하나일 뿐인 셈이다. 내러티브 대부분은 민간설화를 바탕으로 한 것이거나 저자가 만들어낸 것이다. 이 말은 "현재 형태의…모세의 전체 작품"을 포함한 이야기 대부분을 가공 작품으로 여겨야 한다는 의미가 된다.[56]

55 Ibid., 232–33.
56 Ibid., 240.

와이브레이의 오경 연구는 지난 30년간 오경 비평이 진행되어오던 경향에 대해 논리적인 결론을 내린 것으로 보인다. 오경이 그 전체 형태를 갖추기 시작한 때가 6세기라고 주장하면 주장할수록 오경을 단일 저작으로 읽어야 한다는 주장과 세밀한 해체적 분석에 대한 반동은 거세지고 있다. 한편으로 와이브레이는 복잡한 이론을 좋아하는 대륙과 대립되는 영국의 상식적인 전통을 구현했다고 볼 수도 있다. 그의 저서는 오경 연구에 있어 거의 2세기 동안 당연시되어온 방법론을 강력하고 확실하게 비평한 책이다. 그러나 비록 내가 오경의 저작에 있어 와이브레이의 모델(한 명의 대표 저자가 다양한 자료를 이용했다는)이 기본적으로 옳다고 생각하기는 하지만,[57] 그는 텍스트에 면밀한 주의를 기울임으로써 그의 주장을 증명해내지는 못했으며 오경이 아주 늦은 시기의 작품인지 혹은 픽션으로 받아들여야 하는지를 보여주지는 못했다.

최근의 오경 연구는 전승비평 견해를 반대하는 학자들에 의해 선도되고 있지만, 그럼에도 많은 연구들이 이런 견해들을 당연한 것으로 받아들이고 있다. 과격한 논쟁에 반대한 사람 중 K. 베르게(K. Berge)는 『야위스트의 시간』(*Die Zeit des Jahwisten*)이라는 책에서 다양한 방법으로 비평가의 시계를 되돌려놓으려 시도하였다.[58] 이 책의 요지는 J가 다윗과 솔로몬 때인 기원전 10세기에 쓰였다는 것이다. 베르게는 나라(창 12:20)와 이방 나라에 대한 승리의 약속(27:27-29)이 다윗-솔로몬 왕국 시대와 일치한다고 주장한다. 족장들과 함께하시겠다는 하나님의 약속

57 나는 나의 주석에서 Whybray와 관계없이 동일한 점을 강조했다. *Genesis 1–15,* WBC 1 (Waco: Word, 1987). 자세한 것은 나의 다음 글을 보라. "The Priority of P," *VT* 49 (1999): 240–58.

58 K. Berge, *Die Zeit des Jahwisten,* BZAW 186 (Berlin: de Gruyter, 1990). 그는 E를 개별적인 자료로 본다.

은 족장들의 기억과 광야에서의 방랑생활이 여전히 인식되고 있었음을 보여준다. 그는 신명기문서와 제2이사야 간에 존재한다고 추정되는 유사점이 미약한 것들이며, 설령 그것들이 타당하다고 해도 유사한 사상이 유사한 저작 시기를 뜻하는 것은 아니라고 생각한다. 여기서 비중 있게 다루어져야 할 사실은 그러한 유사성들이 모두 가장 그럴듯한 기원으로서 하나의 동일한 시점, 곧 왕정 시대 초기를 가리킨다는 점이다.[59]

전승비평 입장을 지지하는 다른 중요한 작품은 S. 부러(S. Boorer)의 『맹세로서의 땅에 대한 약속』(*The Promise of the Land as Oath*)이다.[60] 부러는 창세기에서 신명기에 이르기까지 오경 전체에서 하나님이 족장들에게 하신 약속 때문에 이스라엘에게 땅을 주신다는, 신명기 역사적 관점에서 언급하는 구절들을 점검하였다. 그녀는 각 구절을 신명기와 비교한 후에 그 구절들이 다음과 같은 순서로 기록되었다고 결론을 내린다. 출애굽기 32:13과 33:1, 민수기 14:23a, 신명기 10:11, 신명기 1:35, 그리고 민수기 32:11 순이다. 부러는 이 결과물로 야위스트의 편집 연대를 신명기 이후로 추정하는 반 시터즈의 견해와 그 텍스트 중 어떤 것은 신명기 역사층에서 나왔다는 렌토르프의 견해가 불가능하게 되었다고 주장한다. "우리의 연구 결과는 오경 형성에 대한 벨하우젠의 전반적인 개념에 상당히 근접하며, 노트가 주창한 둘째 패러다임의 특징과도 어느 정도 유사하다."[61] 그녀는 자신의 결론을 지지하는 증거를

59 Ibid., 313.

60 S. Boorer, *The Promise of the Land as Oath: A Key to the Formation of the Pentateuch*, BZAW 205 (Berlin: de Gruyter, 1992).

61 Ibid., 437.

장황하게 제시했지만, 그것은 지나치게 편협하여 설득력이 없다.

유럽과 미국의 오경 연구가들은 내러티브, 특히 창세기 내러티브에 관심을 집중시켰다. 반면 일반적으로 P 문서로 간주되는 율법과 규례는 창세기-민수기의 절반 이상을 차지함에도 별 관심을 두지 않았다. 그러나 이스라엘과 미국의 유대인 학자들은 종종 다른 패러다임의 오경 비평을 선호한다. Y. 카우프만(Y. Kaufmann)을 따라 A. 후르비츠(A. Hurvitz), M. 하란(M. Haran), J. 밀그롬(J. Milgrom), 그리고 M. 바인펠트(M. Weinfeld)는 P가 D보다 시대적으로 우선하며, 사실상 J와 동시대 자료라고 주장하였다.[62]

I. 놀(I. Knohl)은 P 자료에 관하여 수용되는 여러 견해를 강하게 반박하는 중요한 책을 내놓았다.[63] 전통적인 문서설에 따르면 P 자료에는 여러 구성요소가 있다. 이른 시기의 섹션 중 하나는 성결법전(Holiness Code: H; 레 17-26장)인데 그 연대는 포로기 초기로 추정되며, 제사장문서(Priestly code: P) 대부분의 연대는 그보다 한 세기 후로 추정된다. 더 나아가 일반적으로 H에는 P로부터 삽입이나 편집적 수정이 가해졌다고 여겨진다.

62 Y. Kaufmann, *The Religion of Israel: From Its Beginnings to the Babylonian Exile,* trans. and abridged by M. Greenberg (Chicago: University of Chicago Press, 1960); A. Hurvitz, *A Linguistic Study of the Relationship between the Priestly Source and the Book of Ezekiel* (Paris: Gabalda, 1982); M. Haran, *Temples and Priestly Service in Ancient Israel* (Oxford: Clarendon, 1978; reprinted, Winona Lake, Ind.: Eisenbrauns, 1995); J. Milgrom, *Leviticus 1–16: A New Translation with Introduction and Commentary,* AB 3 (New York: Doubleday, 1991); M. Weinfeld, "Social and Cultic Institutions in the Priestly Source against Their Ancient Near Eastern Background," in *Proceedings of the Eighth World Congress of Jewish Studies,* vol. 5 (Jerusalem: World Union of Jewish Studies, 1983), 95–129.

63 I. Knohl, *The Sanctuary of Silence: The Priestly Torah and the Holiness School* (Minneapolis: Fortress, 1995).

놀은 이 모든 점에 이의를 제기한다. 그는 탈무드의 비평 분석에 사용된 방법들을 동원하여, H가 P 자료를 편집한 것이며 그 반대는 아니라고 주장한다. 그는 절기와 관련하여 민수기 28-29장의 P 버전과 레위기 23장의 H 버전을 비교한 후 후자가 P 텍스트를 H의 관점에서 확장한 것임을 보여주었다. 예를 들어 레위기 23:39-43은 P 텍스트인 23:33-38을 보충한 것으로 보인다. 레위기 23:21의 처음과 마지막 구절은 가운데 구절의 부연 설명(glosses)인 듯하다. 부연 설명을 가려내는 놀의 기준은 "그 설명을 없애도 원 문장의 논리적인 순서가 흐트러지지 않는 경우"다.[64] 레위기 23:2, 4에는 이중 표제가 등장함으로써 2-3절이 추가된 부분임을 나타낸다. 레위기 23장을 이런 식으로 자세히 분석하여 놀은 P와 H의 특징들을 규명한다. 예를 들어 P에서는 하나님이 3인칭으로 등장하지만 H에서는 1인칭으로 나타난다. P는 제의적인 문제(예. 안식일 제사)에 관심을 두는 반면 H는 도덕적 문제(예. 안식일에 일하지 말라)에 관심을 둔다. 놀은 언어학적 기준, 신학적 기준, 내용과 관련된 기준을 복합적으로 사용하면서 P 자료가 H에 의해 광범위하게 편집되었다고 지속적으로 주장한다. 이런 예들은 출애굽기, 레위기, 민수기에서 볼 수 있다. 놀은 "PT(Priestly Torah) 자료를 HS(Holiness School)가 편집한 흔적이 많이 있다. 그러나…그 반대의 증거는 전혀 없다"고 말한다.[65] HS가 PT를 편집한 것이지 그 반대는 아닐 뿐 아니라 "HS는 토라 편집이라는 큰 기획의 장본인이며 이 일에는 PT의 율법

64 Ibid., 12.

65 Ibid., 204. Knohl은 H와 P가 항상 바르게 구별되지 않는다고 믿기 때문에 그의 H와 P에 대한 정의는 전통적인 정의와 항상 일치하지는 않는다. 이런 이유로 그는 HS = Holiness School(성결학파) 그리고 PT = Priestly Torah(제사장문서의 율법)로 본다.

두루마리를 편집하고 다시 쓰는 일과 그것들을 비-P 자료와 혼합하는 일이 포함되어 있다"는 것이다.[66] 다시 말해 놀은 HS를 단지 오경의 자료로만 보지 않고 오경의 최종 편집자로 본다. 그의 입장에서 HS는 전통적인 문서설의 P와 그 성격이 유사하다.

놀은 HS와 PT의 내용을 설명한 후 거기에 나타난 주요 종교 사상을 분석한다. PT는 창세기 시대와 모세 시대를 엄격히 구분한다. 창세기 시대에 하나님은 엘로힘 또는 엘 샤다이로 알려졌지만 모세 시대부터는 야웨로 알려졌다. 초기 시대는 중재자 없는 계시, 인류에 대한 하나님의 직접적인 관심, 그리고 징벌을 위한 하나님의 개입이 그 특징이다. 모세 시대에 하나님은 모세에게만 말씀하셨고 징벌과 속죄의 주체를 비인격적으로 표현했으며, 하나님이 하신 것으로 돌려지는 행위는 거의 없었다. PT는 모세 시대에 신인동형론적 표현을 사용하기를 꺼렸으며, 하나님의 존귀하심을 강조하고자 했다. "모세 시대에는 비인격적이고 비신인동형론적 언어를 통해 거룩하신 이의 존귀와 경이로움을 표현하였다."[67] 실제로 놀은 PT가 제의에 기도나 노래 또는 찬양을 연결시키지 않았다고 생각한다. 그는 찬양이나 기도가 다른 장소에서 그리고 이스라엘의 예배에 사용되었다고 인정한다. 그러나 "PT의 묘사는 이상화된 접근법으로서 제사장적 제의를 행하는 제한된 구역 밖에서

66 Ibid., 6. 참조. 101: "HS는 출애굽기, 레위기, 민수기의 최종 형태에 책임을 지고 있다. JE의 전승 옆에 P전승을 갖고 있는 장소에서는 HS의 편집 흔적이 분명하다. 이 편집 기획의 성격으로는 다양한 전승을 위한 틀을 창조하도록 기교적으로 만들진 변환기 문장들; P언어와 비-P언어의 혼합; 그리고 눈에 띄는 에스겔서 언어와의 유사성을 들 수 있다. 주로 PT에 속했던 문장들조차도 HS가 편집한 흔적을 갖고 있으며 이것은 PT가 HS를 개별 두루마리 형식으로 소유하게 되었다는 것과 그것들을 편집하고 결합한 것은 바로 HS라는 것을 가리킨다.

67 Ibid., 146–47.

는 실행된 적이 없었음이 확실하다."[68] PT는 땅, 농업, 왕권, 행정 절차에 관심이 없었고 오직 제의에만 관심을 두었다. 더구나 PT는 모세가 받은 도덕법 중 어느 것도 알지 못하는데, 그들에게 모세가 받은 모든 율법은 제의와 관련된 것이었다. 마지막으로 PT는 시내산에서 맺어진 하나님과 이스라엘 간의 관계를 쌍무적 언약(*bĕrît*)이 아니라 일방적으로 신이 부여한 조약(*'ēdût*)으로 받아들였다. 이 관계는 "상벌 관계와는 무관했다. 인간들은 자신의 진짜 신분을 알고 행위에 대한 어떤 보상을 기대하지 않고 '사랑을 통해 경배하는' 백성들로 바뀌었다."[69] 이런 수준의 신학적 추상화와 하나님에 대한 고귀한 개념은 타의 추종을 불허하는 덕목으로서 중세 시대 유대인들이 철학과 교류할 때까지 명맥을 유지했다.

반면 HS에서는 제사장적 신학이 발전했는데 여기에는 성결 사상과 예배 중심 사상이 예배 밖의 일상생활에 관여하는 하나님에 대한 일반화된 개념—즉 제사장뿐 아니라 모든 이스라엘이 거룩하기를 바라는 하나님, 성전뿐 아니라 전 나라를 거룩하게 여기는 하나님—과 통합되었다. "PT에 따르면 하나님의 현존의 결과인 성결은 제의적 영역으로 제한된다.…반면 HS는 하나님의 성결이 성전 너머로 퍼져나가 그 마음속에 하나님이 거하는 모든 회중의 거주지를 아우른다고 믿는다."[70]

더욱이 HS는 레위기 19장의 율법이 보여주는 것처럼 성결에는 도덕과 사회 정의가 포함된다고 여긴다. "도덕과 사회 정의를 성결 개념으로 흡수시키고 공동체 모두가 성결한 삶을 살도록 요구하면서 HS는

68 Ibid., 149.
69 Ibid., 158.
70 Ibid., 185.

이스라엘 국가에 존재하는 여러 유형의 신앙과 제의를 통합한다. HS는 성결을 이루는 것이 국가 전체의 최우선 과제라고 생각했으며, 바로 그것이 이스라엘을 주변 국가들과 구별 짓는 요소라고 보았다."[71]

HS와 PT의 서로 다른 신학적 입장을 분석한 후 놀은 마지막으로 그것들의 역사적 위치를 논의한다. 놀에 의하면 레위기 17장은 HS의 기록 연대가 제의의 중앙집권화가 이루어진 시기임을 알려주는데, 왜냐하면 본문에서 성막이 아닌 곳에서의 희생제사를 금지하기 때문이다. 따라서 그는 HS가 히스기야나 요시야의 개혁과도 연결될 수 있다고 생각한다. 그는 히스기야 시대가 더 유력하다고 보는데, 왜냐하면 8세기에 몰렉 숭배가 사회적 문제였기 때문이다. 또한 8세기는 사회적 양극화가 이루어진 시기로서 HS는 레위기 25장의 희년 조항을 통해 이 문제에 대응하고자 했다. 아모스나 이사야 같은 8세기 예언자들은 제사 의식을 무참하게 비난했고 도덕적 순결을 요구했다. HS는 성결이 도덕성을 포함하고 있으며 제의에도 고유한 역할이 있다고 주장함으로써 예언자들의 맹습에 반격을 가했다. "그러므로 순수하게 제의적인 개념에서의 도덕적 정화는 예언자들이 가한 비난의 영향으로 P 집단 자체에서 나왔다는 것을 알 수 있다."[72] 사회적·도덕적 문제에 대한 예언자들의 설교는 오로지 제의적 성결에만 몰두해 있는 제사장들을 그들의 내향적인 세계로부터 이끌어내서 대중적인 관심사와도 상호 교류하도록 만들었다. 따라서 놀은 HS가 나타난 연대를 8세기 후반 경으로 추정한다. 제사장들은 오랜 기간 문서기록 작업을 이어오다가, 최종적으로 포로기 말기, 혹은 시온으로 귀환한 직후에 HS의 관점에서 오

71 Ibid., 198.
72 Ibid., 215.

경 전체를 편집하였다.

PT는 HS 이전에 기록되었다. 아마도 솔로몬 성전이 세워진 10세기 중반에 출현했을 것으로 보인다. "예루살렘에 '왕의 성전'이 설립되고 왕궁에 예속되어 있는 폐쇄적인 엘리트 제사장 계층이 생겨난 것이 PT의 발전을 이끈 배경의 전부라고 말해도 좋을 것이다."[73] PT의 고상함과 추상성을 이유로 후대 연대를 가정할 필요는 없다. "시문학, 시가, 지혜문학의 융성이라는 요소를 덧붙이자면 우리는 이때가 모든 장르에서 이스라엘 문학이 가장 융성했던 시기라고 일반화시켜 말할 수 있겠다."[74]

놀의 저서는 오경 연구와 관련하여 합의된 견해를 깨뜨리는 상당히 고무적인 작품이었다. HS가 P 텍스트를 편집했다는 분석은 여러 면에서 설득력이 있다. 그는 여러 P 텍스트가 HS에 의해 편집되었다는 주장을 훌륭하게 옹호하였다. 그가 사용한 방법론과 결론들은 자료비평과 편집비평이 수행하는 대부분의 연구방법이나 연구결과보다 균형 있고 실증적이며 HS의 신학적 입장을 능란하게 설명한다. 그러나 P에 대한 견해와 연대 추정에 관한 논의는 근거가 충분치 않은 것 같다. 그는 논의를 주장함에 있어 침묵으로부터의 논증에 지나치게 의존하는 경향이 있다. PT가 뭔가를 언급하지 않은 것은 그것을 믿지 않았기 때문이라거나, PT에는 도덕적 명령이 없으므로 여기서 성결에 대한 개념은 순전히 제의적이라는 식이다. 그러나 우리는 PT의 원본이 어떤 형태인지 알지 못하며 오직 HS가 편집한 형태만 알고 있을 뿐이다. 그러므로 한때 PT에 어떤 내용이 있었는지는 확실하지 않으며 지금의 PT

73 Ibid., 221–22.
74 Ibid., 222 n. 78.

에는 HS가 선택한 부분들만 남아 있다. 사실 PT는 도덕적 조항들, 예를 들어 출산의 임무(창 1:28), 안식일 준수(창 2:1-3), 살인(창 9:6), 그리고 음식 규례로 시작한다. 그리고 열국의 아비인 아브라함에게 완전하라고 강력히 제안한다(창 17:2). 놀은 이런 점들을 인식했지만 이런 규례들이 이스라엘에게뿐 아니라 모든 사람에게 적용되는 것이라고 생각했다. 도덕적 계명들이 사라진 것은 시내산 계시에서다. 다시 말하지만 우리는 PT가 여기에서 무엇을 말했어야 하는지 알 수 없다. 십계명이 포함되지 않거나 전제되지 않는 시내산 기사를 상상할 수 있는가? 그러나 창세기 1, 9, 17장의 기사를 시내산 법률제정 앞에 위치시켰다는 것은 그 기사들에 특별한 영향력을 부여한 것이고 PT가 도덕적 문제에 관심이 있음을 강조하는 것이다.

마찬가지로 예배 시에 무엇을 말하고 무슨 송가를 불렀는지 구체적으로 밝힐 수는 없겠지만, 그럼에도 뭔가 발언을 했을 것이라고 추정할 수 있는데, 왜냐하면 그것이 고대 근동의 관행이었고 구약 텍스트와도 일치하기 때문이다. 그러나 놀은 여기서도 반대의 가정을 했다. 제사와 더불어 찬양과 기도를 드렸다는 구체적인 언급이 없다면 침묵했다는 뜻이라는 것이다. 그러나 고고학자들이 얘기하듯, "증거의 부재가 부재의 증거는 아니다." 만약 PT가 솔로몬 시대 즉 놀이 시인들의 활동이 왕성했던 시기라고 평가한 시대의 성전 예배를 기술하기 위해 기록되었다면, 텍스트가 아주 적막한 성전을 보여주는 것은 평범한 일이 아니라고 할 수 있다. 놀은 기도를 언급하는 두 텍스트를 지적한다(레 16:21과 민 5:19).

마찬가지로 구약의 율법에 관한 여러 텍스트가 도덕적 문제를 다루고 있고 그것을 성결의 한 부분으로 그리고 있는데 PT만 그렇지 않다는 것은 뜻밖이다. 추정되는 원래의 PT는 그런 문제들을 다루었지만 그 구절들이 다른 것으로 대치되었거나 HS에 의해 다시 고쳐 쓰였을까?

J. 주스튼(J. Joosten)은 PT가 HS보다 연대상 앞서 있다는 놀의 견해를 받아들여 성결법을 주석적으로 훌륭하게 연구했으나, 성결학파가 놀이 제안한 만큼 오래 활발했는지에 의문을 가졌다.[75] 그에 따르면 후르비츠는 P와 H가 사용하는 고풍스런 어휘를 바탕으로 그 연대를 포로기 이전으로 강력하게 주장했으며 추정된 연대는 H에 암시된 청중에 의해 확증되는 것으로 보았다.[76] 청중들은 가나안 땅에서 살고 있었으나 시내산에서 율법을 받는 것을 상상하도록—이 사건들이 자기들의 상황과 관련 있다는 것을 각자에게 각인시키기 위해—권면 받았던 것으로 이해된다. 텍스트에서는 이스라엘 민족이 진정한 자치권을 누리는 것으로 기록되었다. 그들은 포로기나 포로기 이후에 살았을 때처럼 이방 세력에게 신세를 지고 있지 않았다. 이것은 "게르"(*gēr*, 이방인 거주자)라는 표현에서 분명히 나타나는데 이는 유대인으로 귀화한 자, 즉 가장 중요한 종교적·도덕적 율법들(예. 우상숭배, 신성모독, 그리고 성관계)을 지킬 의무는 있으나 이스라엘의 예배에 참여하도록 강요되지는 않는 자들을 가리키는 것이 아니라 진짜 외국인을 가리킨다.[77] 하나님이 그 땅에서 그의 백성과 실제로 함께 거한다는 것은 H의 근본적인 사상인데, 이것은 이스라엘이 포로기간 동안 성전을 잃어버린 사실과 조화될 수 없다. 주스튼은 텍스트에서 왕이 언급되지 않은 점을 근거로

75 J. Joosten, *People and Land in the Holiness Code: An Exegetical Study of the Ideational Framework of the Law in Leviticus 17–26,* VTSup 67 (Leiden: Brill, 1996), 16 n. 82.

76 다음을 보라. Hurvitz, *Linguistic Study.*

77 Joosten, *People and Land,* 63–70.

H가 수도에 거주하는 자들이 아닌 시골 사람들, 아마도 시골의 제사장에 의해서 만들어졌다고 주장한다.[78] 주스튼은 이 모든 주장이 빈약하다는 점을 인정하면서도 다음과 같이 결론짓는다. "그렇지만 왕정 시대 저작설을 반박할 만한 주장은 아직 알려진 바가 없다. 반대로 연대추정에 있어 가장 적절한 방법이라고 할 수 있는, 후르비츠가 개발한 언어학적 방법에 따르면, 포로기 이전 시대가 가장 유력하다."[79]

E의 실재 여부와 J, H, P의 연대 추정에 관한 이 모든 논란 속에서도 광범위한 합의를 이룬 한 가지 점은 신명기와 신명기 역사의 연대다. 1805년에 데 베테(de Wette)가 신명기의 율법은 모든 제사를 예루살렘 성전 한 곳으로 제한하는 데 목적을 두었다고 주장한 이래[80] 학자들은 일반적으로 신명기 법전의 구성이 기원전 622년의 요시야의 종교개혁 프로그램이거나 또는 그 결과물이라고 받아들였다. 그리고 M. 노트(M. Noth)가 현재의 신명기는 이스라엘의 통일된 역사를 다룬 최초의 책이며, 이를 뒤따르는 역사서들이 곧 전기 예언서라고 주장한 이래 위의 견해는 널리 받아들여졌다. 그러나 근래에 C. 베스터만(C. Westermann)은 각 책들이 역사를 제시하는 방법에 차이를 보이며 통일된 역사를 구성하지 않는다고 지적했다.[81]

J. G. 맥콘빌(J. G. McConville)은 『신명기의 율법과 신학』(*Law and Theology in Deuteronomy*)이라는 책에서 신명기와 요시야의 개혁 간의 연

78 Ibid., 163.

79 Ibid., 9, 인용은 207.

80 W. M. L. de Wette, *Dissertatio critica-exegetica qua Deuteronomium a prioribus pentateuchi libris diversum* (Jena, 1805).

81 C. Westermann, *Die Geschichtsbücher des Alten Testaments: Gab es ein deuteronomistisches Geschichtswork?* (Gütersloh: Chr. Kaiser, 1994).

계성에 대해 간접적으로, 그러나 아주 심각하게 이의를 제기했다. 첫째, 그는 신명기가 백성들로 하여금 율법에 순종하도록 격려하기 위해 율법의 정확성보다는 신학적 수사학을 중요시했다고 주장한다. 따라서 신명기 법전과 구약의 다른 책들의 차이점은 역사적 발전상이 아니라 신학적인 동기라는 것이다. 둘째, 그는 신명기가 P보다 후대에 나왔다는 이스라엘/유대교의 입장을 뒷받침한다. 셋째, 그는 제단의 장소, 불경스런 도살, 절기, 제사장 직무에 관한 율법을 요시야의 개혁과 연결했기 때문에 오해가 발생했다고 주장한다. 이들 율법 어디에서도 요시야의 개혁을 특징짓는 제의적 관습과 관련된 혁명적 요소는 나타나지 않는다. "반대로 제의적 관습에 연속성이 있었다는 흔적과, 신명기가 일반적으로 요시야 시대보다 훨씬 이전 시기를 특징짓는 상황들에 대한 법률 조항들을 담고 있다는 암시들이 존재한다."[82] 맥콘빌은 신명기의 연대 추정에 대해 그보다 더 독단적이기도 어려울 것이라고 주장하는 한편, "법률 조항들은 신명기가 스스로를 약속의 땅에 도달하기에 앞서 선포된 말씀이라고 소개하는 것과 조화를 이룬다"고 말한다.[83] 대다수의 오경 연구가들이 창세기의 자료비평에만 관심을 가지고 있기 때문에 맥콘빌의 저서는 널리 알려지지 못했지만, 새로운 비평 패러다임이 나오게 된다면 맥콘빌의 논의를 고려해야 할 것이다.

지금까지 나는 오경 연구에 있어 통시적인 접근법들, 즉 오경이 세월 속에서 어떻게 변화했는지를 추적하는 방법들만을 논의했다. 그러

82 J. G. McConville, *Law and Theology in Deuteronomy,* JSOTSup 33 (Sheffield: JSOT Press, 1984), 155.

83 Ibid. McConville은 그의 견해를 다음의 글에서 정리했다. J. G. McConville and J. G. Millar, *Time and Place in Deuteronomy,* JSOTSup 179 (Sheffield: JSOT Press, 1994), 89–141.

나 그런 연구들에는 추론이 많았고 와이브레이가 말했듯이 텍스트를 재구성하여 가설 위에 가설을 쌓아 올리는 일이 포함되었다. 그러나 지난 몇십 년간 공시적인 방법들이 두각을 나타냈다. 이 방법들은 특정한 시기에 주어진 텍스트의 형태에 주목하고 이전 단계들과 무관하게 그 형태와 문학 양식 그리고 의미를 논의한다. 공시적 연구방법은 통시적 연구에도 다소간 영향을 미쳤다. 반 시터즈, 렌토르프, 블룸, 그리고 와이브레이의 연구는 모두 이러한 신비평의 통찰력을 어느 정도 채택했다. 그러나 전적으로 공시적인 몇몇 연구들은, 비록 통시적 연구의 타당성을 완전히 부인하는 것은 아니지만, 고의적으로 그것을 피하거나 또는 부차적인 것으로 간주했다.

D. J. A. 클라인즈(D. J. A. Clines)는 이러한 새 연구의 도래를 알린다.[84] 그는 입증 불가능한 자료비평의 추론에는 지대한 관심을 쏟으면서 오경의 현재 형태를 소홀히 다루는 현실을 안타깝게 여긴다. 그는 통시적 연구의 타당성을 부인하지는 않지만 학자들이 거기에 보인 관심이 과도하다고 생각한다.

> 주제와 구조들에 대한 논의가 극도로 "주관적"임을 알게 될 가장 건전한 역사비평 학자가 어느 추정적인 시기에 가상의 청중―그가 시기를 정확히 간파했다 하더라도 그의 청중에 대해서 아주 불충분한 지식만을 갖고 있으며, 주어진 자료가 공동체를 얼마나 대표하고 공동체에 얼마나 수용될 수 있는지와 같은 중요한 질문을 전혀 다루지도 않으면서―을 대상으로 쓰인 어떤(때로는 추정적인) 문서의 중요성을 설명하는 데 주저하지 않

84 D. J. A. Clines, *The Theme of the Pentateuch,* JSOTSup 10 (Sheffield: JSOT Press, 1978).

을 것이라는 점이 아이러니하다.[85]

클라인즈는 계속해서 주제와 줄거리, 주체, 의도, 내러티브 형식을 구별한다. 어떤 작품의 주제는 그것의 "중심 사상 또는 지배적인 사상"이며 "오경의 주제는 족장에게 준 약속 또는 축복에 대한…부분적인 성취"라고 주장한다.[86] 약속은 자손, 신과 인간의 관계, 그리고 땅에 대한 것이다. 그의 책 나머지 대부분은 이것들이 오경의 다른 여러 부분에서 어떻게 발전되는지를 보여주는 한편, 이 주제를 인지함으로써 독자들이 오경 가운데 민수기처럼 종종 복잡하고 비논리적인 것으로 간주되는 책들에서도 일관성을 발견할 수 있음을 증명하는 데 집중한다. 클라인즈는 그의 책 제10장에서 오경의 주제를 이해하는 것이 어떻게 포로기 공동체—이스라엘이 타국에서 방황하는 이야기를 자신들의 포로생활을 예시하는 이야기로 읽었을 법한 공동체—의 필요에 적합한지를 제시한다. 클라인즈는 주제와 같은 주요한 문학적인 주제들에 관심을 가질 때 역사적인 문제들이 명료해지는 경우도 있기 때문에, 공시적 연구와 통시적 연구가 서로 대립 관계에 있는 것으로 보면 안 된다고 주장한다.

텍스트의 최종 형태를 강조하는 다른 연구들은 좀 더 짧은 섹션들을 다루곤 한다. G. A. 렌즈버그(G. A. Rendsburg)는 『편집비평적 창세기 연구』(*The Redaction of Genesis*)에서 창세기 전체를 다루었으며 J. P. 포켈만(J. P. Fokkelman)과 M. 피쉬베인(M. Fishbane)은 야곱 사이클(25-35장)을 포함한 창세기 일부분을 다루었다.[87] 창세기 내러티브에 관한 최근

85 Ibid., 14.
86 Ibid., 18, 29.
87 G. A. Rendsburg, *The Redaction of Genesis* (Winona Lake, Ind.: Eisenbrauns, 1986); J.

작품에는 L. A. 터너(L. A. Turner)와 R. 시렌(R. Syrén)의 책이 있다.[88] 그 밖에 창세기 일부를 다룬 소논문과 책들로는 J. 리히트(J. Licht), R. 알터(R. Alter), M. 스턴버그(M. Sternberg)의 저작들이 있다.[89] 오경의 다른 부분에 대한 연구는 적지만 R. W. L. 모벌리(R. W. L. Moberly)가 출애굽기 32-34의 최종 형태에 대해, D. T. 올슨(D. T. Olson)은 민수기의 최종 형태에 대해, R. 폴진(R. Polzin)은 신명기의 최종 형태에 대해 연구를 진행했다.[90] R. 웨스트브룩(R. Westbrook)은 여러 책과 소논문을 통해 성서의 법률 특히 출애굽기 21-22장을 공시적으로 해석했다.[91] 이상의 간략한 목록을 통해 이제 텍스트의 최종 형태를 해석하는 데 주력하는 새로운 연구의 범위를 어느 정도 이해할 수 있을 것이다. 많은 부분이 흥미롭고 신선하지만 다른 연구들과 마찬가지로 타당성을 확증하기 위해서는 텍스트 자체를 고려하여 결론을 검토해야 할 것이다.

최종 형태 연구의 대부분은 현재 진행되는 통시적 연구에 대해 겉으로는 호의를 표하지만, 양극단에 선 두 분야를 취합하여 새롭게 통합

P. Fokkelman, *Narrative Art in Genesis,* SSN 17 (Amsterdam: Van Gorcum, 1975); M. Fishbane, *Text and Texture* (New York: Schocken, 1979).

88 L. A. Turner, *Announcements of Plot in Genesis,* JSOTSup 96 (Sheffield: JSOT Press, 1990); R. Syrén, *The Forsaken First-Born,* JSOTSup 133 (Sheffield: JSOT Press, 1993).

89 J. Licht, *Storytelling in the Bible* (Jerusalem: Magnes, 1978); R. Alter, *The Art of Biblical Narrative,* ILOS (New York: Basic Books, 1981); M. Sternberg, *The Poetics of Biblical Narrative* (Bloomington: Indiana University Press, 1985).

90 R. W. L. Moberly, *At the Mountain of God,* JSOTSup 22 (Sheffield: JSOT Press, 1983); D. T. Olson, *The Death of the Old and the Birth of the New: The Framework of the Book of Numbers and the Pentateuch,* BJS 71 (Chico, Calif.: Scholars Press, 1985); R. Polzin, *Moses and the Deuteronomist* (New York: Seabury, 1980).

91 예를 들어 R. Westbrook, *Studies in Biblical and Cuneiform Law* (Paris: Gabalda, 1988). 다음도 보라. J. M. Sprinkle, *"The Book of the Covenant": A Literary Approach,* JSOTSup 174 (Sheffield: JSOT Press, 1994).

하려는 시도는 거의 없었다. 예외로는 R. W. L. 모벌리(R. W. L. Moberly)의 『구약성서의 구약성서』(*The Old Testament of the Old Testament*)가 있다.[92] 먼저 그는 모세에게 야웨라는 이름이 알려지는 출애굽기 3장과 6장에서 두 구절을 살핀다. 첫째 구절에서 불붙은 나무 앞에 서 있는 모세는 하나님께 이름을 묻는다. 그가 들은 이름은 "나는 스스로 있는 자다"(즉 야웨)였다. 둘째 구절에서는 하나님이 간단히 자기를 소개한다. "나는 야웨라. 나는 전능자로서 아브라함과 이삭과 야곱에게 나타났다. 그러나 나를 야웨라는 이름으로 그들에게 알리지는 않았다"(출 6:2-3). 일반적으로 문서비평에서는 두 구절을 반복으로 간주하여 이 구절들이 오경 내러티브를 주자료인 출애굽기 3:14-15의 E와 출애굽기 6:2-3의 P로 분석하는 것을 합리화시킨다고 생각한다. 또한 그 구절들은 J자료와 대비될 수 있는데, 그 이유는 J자료가 족장 이야기에서 야웨라는 이름을 빈번히 사용하지만 E와 P는 야웨가 모세 시대에 새로 도입된 이름이라고 보기 때문이다.

그러나 모벌리는 출애굽기 6장이 단순히 3장을 반복하고 있지 않음을 보여준다. 실제로 내러티브의 플롯을 보면 출애굽기 6장이 3장을 뒤따르는 것으로 간주할 필요가 있다. 그러므로 여기서 자료를 구별하는 것이 옳다면(모벌리는 미심쩍어 한다) 이전 자료인 E와 후대 자료인 P 둘 다 모세가 경험한 종교적 체험과 다른 족장들의 체험 간에 차이가 있다는 점에 동의하는 셈이다. 그렇다면 어째서 하나님은 창세기에서 그렇게 빈번히 "야웨"로 언급되는가? 모벌리의 주장은 이것이 J자료의 특징을 나타내는 역사적 관점이 아니고 족장에게 말했던 하나님이 모

92 R. W. L. Moberly, *The Old Testament of the Old Testament*, OBT (Minneapolis: Fortress, 1992).

세에게 말했던 하나님과 동일함을 주장하는 방식이라는 것이다. 족장들이 하나님을 엘 샤다이, 엘, 또는 엘로힘으로 알고 있었다고 해서 그 하나님이 모세의 "야웨"와는 다른 신이라는 것을 뜻하지는 않는다. 창세기에서 야웨라는 이름을 사용함으로써 족장의 종교와 모세의 종교가 지속되고 있다는 점과, 족장의 역사가 모세의 야웨 신앙 관점에서 들려지고 있다는 점을 상기시키는 것이다. 그러므로 오경의 모든 추정 자료들에서는 시대 간의 연속성과 차이점이 동시에 나타난다.

모벌리는 텍스트를 따라 족장 시대와 모세 시대의 유사점과 차이점을 계속 조사해 나간다. 족장들은 하나님 한 분을 섬겼지만 모세의 유일신 종교의 특징인 배타주의는 없었다. 족장들은 대체적으로 가나안인들과 평화롭게 지내면서 모세의 율법대로 그들을 몰살하거나 쫓아내지는 않았다. 하나님은 족장들에게 직접적으로 자신을 계시했으며 그들은 스스로 제단을 쌓아 모세나 제사장의 중재 없이 제물을 바쳤다. 족장들은 할례를 행했지만 오경에서 창세기 이후에 두드러지게 나오는 안식일이나 음식에 관한 법들을 지켰는지는 확실치 않다. 마지막으로 "성결에 대한 개념은 출애굽 이후로 계속 하나님의 기본 성품이었으며 이스라엘이 지켜야 할 필수항목이었지만 족장 전승에는 완전히 빠져 있다."[93]

모벌리는 족장 이야기와 오경 나머지 부분의 관계는 구약과 신약의 관계와 같다고 주장한다. 동일한 하나님이 자신을 신구약 두 책에 계시했지만 그리스도가 오심으로 그분의 본질에 대해 아주 새로운 점이 밝혀졌다. 마찬가지로 시내산에서의 계시는 이스라엘을 다루시는 하나님

93 Ibid., 99.

과 관련하여 새로운 신학적 체제를 대변한다. 이것은 족장이 받은 이전 계시를 무효화하는 것이 아니고 그들의 신앙생활이 후대 사람들에게 탁월한 모범이 될 수 없다는 뜻도 아니며, 사실상 모세에게 주어진 계시가 이전에 알려지지 않았던 하나님의 성품과 목적에 대해—마치 그리스도의 오심이 그러한 것처럼—새로운 통찰력을 제공한다고 주장하는 것이다.

따라서 모벌리는 창세기, 출애굽기의 저자들의 생각을 꿰뚫는 것이 오경 연구의 새 방법에 필수조건이라고 생각한다. 그는 "야웨문서 저자"에 대해 더 이상 논의하는 것이 유용한지 의문을 품는데 그 이유는 그 명칭에는 그릇된 견해, 곧 "J는 야웨라는 이름이 모세 이전에 알려진 것으로 여기는 자료인 반면 E와 P는 그렇지 않은 자료"라는 생각이 반영되어 있기 때문이다. "우리의 논지가 옳다면 위와 같은 구별은 정당하지 않은데, 왜냐하면 오경의 모든 저자들은 야웨라는 이름이 처음으로 모세에게 계시되었다는 공통적이고 논란의 여지가 없는 전승을 갖고 있었음에도 족장사의 문맥에서는 야웨라는 이름을 자유롭게 사용했을 것이기 때문이다."[94]

모벌리는 자료들을 J, E, P로 명명하는 것 자체가 전반적으로 결함을 가지고 있다고 주장하는데, 왜냐하면 이러한 논의의 상당 부분이 자료들 간의 종교적 특성의 차이점을 상정하는 것에 의존하지만 사실상 그 차이점은 족장 시대와 모세 시대라는 시대적 격차에 기인하기 때문이다. 그는 다른 접근법을 선호한다. "다음과 같이 텍스트의 내용을 묘사하는 범주들을 적용하는 것이 가장 유익할 것이다. 족장 전승(아브라

94 Ibid., 177.

함, 야곱, 요셉 사이클 등으로 세분화됨); 모세 전승(이 또한 세분화됨)."[95] 이어서 비평가는 텍스트의 여러 섹션들을 가로지르는 연결어와 신학적 주제를 찾고 새로운 비평가설을 만들 수 있다. 이것은 렌토르프와 블룸이 채택한 방법과 유사한 것 같지만, 모벌리는 전승비평이 너무 많은 추측에 기반을 둔다고 지적한다.[96] 그는 또한 역사비평이 텍스트의 고유한 신학적 관점을 제대로 평가하기보다는 텍스트의 결을 거슬러 해석하려는 경향이 있다고 생각한다. 예를 들면 존 하(John Ha)는 창세기 15장의 목적이 쌍무적인 시내산 언약을 일방적인 신의 약속으로 대체하여 포로민들을 격려하는 것이라고 주장한다.[97] 하지만 이것은 창세기를 완전히 잘못 해석한 것이다. 왜냐하면 모세가 대변하는 야웨 신앙의 입장에서 족장들을 회고하는 창세기가 시내산 언약의 근간을 부인할 리가 없기 때문이다. "하(Ha)의 텍스트 독법은 오경을 읽는 논리와 역동성을 뒤집어 엎어버렸다."[98] 그러나 이런 식으로 텍스트를 그릇 해석하는 오경 연구가들이 많이 있다.

마지막으로, 족장 시대의 특이성—모벌리는 텍스트의 저자들도 이것을 인지하고 있었을 것이라고 생각하는데—에 대한 모벌리의 연구는 이 전승들의 역사성에 대한 반 시터즈와 다른 학자들의 회의주의적 견해가 부당함을 보여주었다. 오경의 저자들은 자기들이 동의하지 않는 그 시대의 대중 종교 관습을 단순히 과거 족장 시대에 투영했을 리가 없다. 저자들은 모세의 야웨 신앙을 믿었지만, 그들이 비난하기도

95 Ibid., 181.
96 Ibid., 180.
97 J. Ha, *Genesis 15: A Theological Compendium of Pentateuchal History,* BZAW 181 (Berlin: de Gruyter, 1989).
98 Moberly, *Old Testament,* 188.

싫고 차라리 지워버리고 싶은 다른 신앙과 관습들에 대해서도 기록하였다. 실제로 그들은 좀 더 나아갔다.

> 그들은 야웨 신앙과 배치되는 기풍과 관습을 담고 있는 전승을 윤색하여 그것을 아브라함(이스라엘의 믿음의 조상) 및 야곱/이스라엘(국가 이름의 기원)과 불가분리하게 연결시켰다. 적대적인 의견은 모두 자제했다. 그리고 그런 자료를 위에서 언급한 방법으로 모세의 야웨 신앙과 연결시키려고까지 했다. 그들은 아마도 직접적으로 은폐하는 것이 더 쉬울 뿐 아니라 출애굽기-신명기에 나타나는 야웨 신앙의 일반적인 배타적이고 논쟁적인 성격과 더 잘 맞는다고 생각했을 것이다.[99]

모세 오경에 관한 논쟁은 이렇게 계속된다. 오늘날처럼 학문적 양극화 현상이 두드러지는 상황에서는 때때로 논쟁이 지나치게 과격해짐으로써 논쟁에 참여한 당사자들은 상대편이 그들에게 가하는 정당한 비판을 무시할 위험이 있다.[100] 확실히 아직까지는 오경의 발전 과정을 이해하기 위한 새로운 패러다임에 합의를 보지 못했다. 많은 학자들은 오래된 자료비평의 주장들이 과장되었으며 텍스트의 최종 형태에 더 많은 관심을 쏟아야 한다고 생각한다. 그러나 비록 신비평 방법론들이 성서 내러티브에 대한 평가를 진전시킨 것은 사실이지만 오경의 기원에 관한 만족할 만한 새 모델을 제시하려면 신비평 방법론들도 온건한 역사비평(참조. 모벌리, 놀)을 접목시켜야만 할 것이다.

99 Ibid., 195
100 참조. G. J. Wenham, "Method in Pentateuchal Source Criticism," *VT* 41 (1991): 84–109.

제6장

구약의 역사기술(Historiography)

V. Philips Long
V. 필립스 롱

구약학 연구의 다양한 분과 중에 역사기술학은 가장 광범위하게 논의되었음에도 불구하고 명확하게 정의내리기 어려운 분야 중 하나다. 다양한 학자들의 서로 다른 의견과 관점으로 인해 이 지형의 윤곽선들은 전혀 다른 형태들을 띠게 되었을 뿐만 아니라, 연구의 적합한 목표가 무엇인지조차도 모호하다. 예를 들어 본장의 제목을 생각해보라. "구약의"라는 어구는 주격 소유격으로 이해되는가 아니면 목적격 소유격으로 이해되는가? 본고의 관심은 구약의 명백한 역사기술학적 저술들을 통해 드러나는 고대 이스라엘의 역사의식인가(주격 소유격), 아니면 고대 이스라엘의 "역사를" 쓰려는 최근의 다양한 시도인가(목적격 소유격)?[1] 다시 말해서 우리의 관심은 "성서의 역사, 즉 성서가 말하는 역

1 M. Tsevat, "Israelite History and the Historical Books of the Old Testament," in *The Meaning of the Book of Job and Other Biblical Essays* (New York: Ktav, 1980), 177–87

사"인가 아니면 "이스라엘의 역사, 즉 현대의 연구를 통해 제시하는 고대 이스라엘의 역사"인가? 요컨대 우리는 **이스라엘이 기록하는 역사**(*Israel's history writing*)에 관여하는가, 아니면 **우리가 이스라엘의 역사를 기록하는 일**(*writing Israel's history*)에 관여하려 하는가?

본서의 목적이 구약 **연구 분야**의 동향을 조사하는 것이기 때문에 본장에서는 자연스럽게 후자에 중점을 두겠다. 하지만 나는 제목이 담고 있는 모호성에 힘입어 전자에도 약간의 관심을 기울이고자 한다. 최근까지 이 둘은 상호 관련된 이슈들로 여겨졌고 오늘날에도 성서의 이스라엘과 역사적 이스라엘 사이의 간격은 논쟁거리로 남아 있다. 어떤 학자들은 이 둘을 좀 더 밀접하게 연결시키며(즉 "성서적 역사"를 "이스라엘 역사"의 특정 관점들에 대한 신뢰할 만한 문학적 표현으로 간주함), 다른 학자들은 이 둘이 실제적으로 관련이 없다고 본다(즉 "성서적 역사"를 고대 이스라엘 역사를 재구성하는 데 거의 관련이 없는 문학적 허구로 간주함).[2]

우리의 관심이 고대 이스라엘이 역사를 어떻게 기록했는지에 있든지 아니면 고대 이스라엘의 역사를 쓰는 일에 있든지 간에, 구약 역사기술에 대한 연구가 유동적이라는 사실을 인지하지 않고서는 오늘날

(인용은 177페이지).

2 후자의 견해 가운데 최근의 극단적인 예는 Davies인데 그는 다음의 구별을 주장하였다: "세 유형의 이스라엘이 있다: 하나는 문학적(성서적) 이스라엘, 또 하나는 역사상의 이스라엘(철기 시대 팔레스타인 북쪽 산지의 거주민), 그리고 세 번째는 '고대 이스라엘'로서 학자들이 앞의 두 개를 붙여서 만들어낸 이스라엘이다"(P. R. Davies, *In Search of "Ancient Israel,"* JSOTSup 48 [Sheffield: Sheffield Academic Press, 1992], 11). 대체로 이 기본적인 세 갈래의 구별은 유용하지만 학자들은 Davies가 갈라진 셋 사이에 박아 놓은 쐐기가 너무 커서 이 도식을 별로 좋아하지 않는 것 같다.

의 학문적 논의들을 제대로 이해할 수 없다.[3] 19세기와 20세기의 상당 기간 동안 주류 학문계를 지배했던 트뢸치(Ernst Troeltsch)식 역사비평은 (일부 그룹에서는 아직까지 이 방법론이 우위를 점하고 있기는 하지만) 더 이상 예전과 같은 패권을 누릴 수 없다. 지난 수십 년간 새로운 문학적 접근법들이 부상하여 전통적인 역사비평적 연구의 대안이 되었고 어떤 경우에는 이전의 결론들을 반박하고 나섰다. 그러나 이 분야 역시 통일된 견해를 제시하지는 못하고 있다. 로버트 모건(Robert Morgan)은 1960년대 후반 세속 문학비평의 역사를 "상충하는 견해들 간의 허리케인"이라고 묘사했다.[4] 문학비평가들은 우리가 구약성서에 문학적으로 접근하는 적절한 방식이 무엇인지에 대해 의견 일치를 보지 못하는 것 같다. 어떤 이들은 텍스트를 충분히 문학적으로 읽어야 텍스트의 진리 주장들(truth claims)—그것들이 역사적이든 신학적이든 그 무엇이든 간에—이 무엇인지 발견할 수 있다고 확신하며, 다른 이들은 성서 텍스트를 "순수한" 문학 즉 대부분 역사기록의 의도가 없어서 역사적 재구성을 위해서는 쓸모가 없는 문학으로 읽어야 한다고 생각한다.

전승사비평(통시적)과 현대 문학비평(공시적)에서는 성서 텍스트를 어떻게 읽을지(진행할지)에 대한 논의를 하고 있으나 다른 동시대의 접근법들은 텍스트에 전혀 관심을 보이지 않는다. 오늘날 사회-고고학 분야에서는 성서 텍스트를 버리거나 제쳐놓고 고고학 조사로 파헤쳐진 보다 "객관적인" 자료를 근거로 이스라엘 또는 팔레스타인의 참된 역사를 재구성할 수 있다고 주장한다. 그러나 인공유물 증거는 땅에서

3 R. Rendtorff, "The Paradigm Is Changing: Hopes—and Fears," *BibInt* 1 (1993): 34–53.
4 R. Morgan, with J. Barton, *Biblical Interpretation,* Oxford Bible Series (Oxford: Oxford University Press, 1988), 217; 또한 218도 보라.

부터 박물관 꼬리표를 달고 나오지는 않으며 고고학자들도 자료를 의미 있게 종합하려면 어떤 설명 방식에 집중해야 한다. 여기서 사회과학 분야는 앞으로 나아갈 준비가 되어 있고 기꺼이 그렇게 하려 든다. 성서 텍스트를 믿어서는 안 된다는 식의 논의가 이루어지는데 이는 성서 텍스트가 대부분의 고대문헌처럼 남자 엘리트(즉 교육 받은)계에서 나왔기 때문이라 한다. 오늘날 학자 대부분은 "아래로부터의 역사"(history from below)를 재구성하는 수단으로 측량화와 일반화라는 사회과학의 방법론으로 눈을 돌린다.[5]

이 문제를 다시 논의해야겠지만 지금은 간단하게 다음만 지적하고 넘어가려 한다. 즉 지난 25년 정도 사이에 "구약 역사기술" 연구에는 수십 년 전보다 변동이 두드러지게 더 많이 나타났다. 간단히 말해 이 분야는 유동 상태 또는 긍정적으로 말하자면 발효 과정에 있었다. 이는 아마도 나쁜 현상은 아닐 것이다. 학문분야가 유동적일 때는 기초를 재고할 기회가 생기고 필요하다면 보다 확실한 발판 위에 재건할 수 있게 된다.

그러나 재건하기 전에 그 분야의 현재 기초가 어떻게 놓였는지를 조사할 필요가 있다. 그러므로 다음 단락에서는 현 상태에 이르기까지 구약 역사기술 연구의 학문적 동향을 간단히 살펴보겠다. 그다음에는 현재 유력한 접근법들을 알아보고, 이스라엘 역사를 재구성하는 방법

5 다음을 보라. W. G. Dever, "'Will the Real Israel Please Stand Up?' Part II: Archaeology and the Religions of Ancient Israel," *BASOR* 298 (1995): 45 (이후로는 "Archaeology and the Religions"로). Dever는 남성 편견에 대한 고소는 성서 텍스트만 겨냥한 것이 아니라 전통 성서학과 심지어 고고학계를 겨냥한 것이라고 지적한다. 이 고소에 대한 승인이라고 할 수는 없으나 그 내용을 다음에서 보라. J. M. Miller, "Reading the Bible Historically: The Historian's Approach," in *To Each Its Own Meaning: An Introduction to Biblical Criticisms and Their Application*, ed. S. R. Haynes and S. L. McKenzie (Louisville: Westminster/John Knox, 1993), 25.

에 대한 의견 차이가 왜 그리 폭넓은지 그리고 결과에 차이가 왜 그리 많은지를 밝혀내고자 한다. 마지막 단락에서는 현 구약 역사기술 논의가 처한 난국을 헤쳐 나갈 방법을 모색해보겠다.

우리는 여기까지 어떻게 왔는가?
구약 역사기술 연구의 간략한 역사

고대 이스라엘 역사기술과 고대 이스라엘 역사 재구성에 관련된 학문 역사는 여러 곳에서 잘 살폈기 때문에 여기서 다시 전부를 반복하지는 않겠다.[6] 여기서는 특별히 그 광범위함과 간결함으로 인해 주목할 만한 존 헤이즈의 『이스라엘과 유대 역사』(*Israelite and Judaean History*)를 언급할 필요가 있다. 헤이즈는 먼저 헬레니즘 시대의 이스라엘과 유대 역사

6 다음은 언급되어야 할 여러 저서의 몇몇 예일 뿐이다: R. de Vaux, "Method in the Study of Early Hebrew History," in *The Bible in Modern Scholarship,* ed. J. P. Hyatt (Nashville: Abingdon, 1965), 15–29; J. H. Hayes, "The History of the Study of Israelite and Judaean History," in *Israelite and Judaean History,* ed. J. H. Hayes and J. M. Miller, OTL (London: SCM; Philadelphia: Westminster, 1977), 1–69; J. M. Miller, "Israelite History," in *The Hebrew Bible and Its Modern Interpreters*, ed. D. A. Knight and G. M. Tucker (Philadelphia: Fortress; Chico, Calif.: Scholars Press, 1985), 1– 30; J. R. Porter, "Old Testament Historiography," in *Tradition and Interpretation: Essays by Members of the Society for Old Testament Study,* ed. G. W. Anderson (Oxford: Clarendon, 1979), 125–62; H. G. Reventlow, "The Problem of History," in *Problems of Old Testament Theology in the Twentieth Century,* trans. J. Bowden (Philadelphia: Fortress, 1985), 59–124; J. A. Soggin, "Probleme einer Vor- und Frühgeschichte Israels," *ZAW* 100 Supplement (1988): 255–67; E. Yamauchi, "The Current State of Old Testament Historiography," in *Faith, Tradition, and History: Old Testament Historiography in Its Near Eastern Context,* ed. A. R. Millard, J. K. Hoffmeier, and D. W. Baker (Winona Lake, Ind.: Eisenbrauns, 1994), 1–36.

를 조사하고 그 뒤에는 중세, 그다음에는 르네상스부터 계몽운동까지의 발전상을 논의한다. 이어서 19세기의 발전상을 다루고 마지막으로 최근의 접근법을 간단히 살펴본다. 이 책은 1977년에 출판되었기에 마지막 단락의 내용은 갱신할 필요가 있으나 몇 가지 요인들과 각 단락에 수록된 방대한 참고문헌으로 인해 여전히 가치가 있다.

본고와 관련된 부분은 헤이즈가 "현대 역사기술의 기초는 르네상스에 놓여 있으며" 이 시기는 "지적·기술적 성취"와 더불어 "투쟁적인 인본주의"로 알려졌다고 주목한 부분이다.[7] 바로 이 시기에 "'중범위 이론에 따른 설명'—오늘날 사회, 경제, 지리, 기후에 대한 고찰로 부를 법한 것—"이 이용되기 시작했다.[8] 르네상스를 뒤따랐으나 여전히 르네상스의 기운이 감도는 17세기에 그로티우스(Grotius), 홉스(Hobbes), 스피노자(Spinoza)와 같은 사상가들의 글에서 현대 성서학자들이 수용하고 있는 가설들이 생겨났다. 예를 들어 성서를 다른 책처럼 취급해야 한다는 가설, 그리고 문학적 불일치나 반복 등이 오경의 모세 저작설과 같은 전통 관념을 불신하게 만들었다는 가설 등이다. 헤이즈가 지적하듯이 이 사상가들은 "종교적 권위와 계시에 대한 전형적인 유대교적·개신교적 견해에서 떠났으며 이들의 비판은 아마도 그런 움직임의 원인이라기보다는 그 결과였다"는 점을 주목할 필요가 있다.[9] 다시 말해 그로티우스, 홉스, 스피노자와 같은 사상가들은 새로운 비평방법의 발달로 인해 실재에 관한 과거의 모델을 버리게 된 것이 아니라, 반대로 실재에 관한 전통적·성서적 모델을 포기함으로써 새로운 방법론의 발달을 초

7 Hayes, "History of the Study of Israelite and Judaean History," 34.
8 Ibid., 39.
9 Ibid., 46.

래했다는 것이다.

18세기로 옮겨가면서 성서와 기독교는 이신론자(deists)에 의해 "전례 없는 신랄한 조사와 비평"을 받게 되었다.[10] 이신론자의 성서 접근 방법은 결코 획일화되지 않았으나 "일반적으로 성서 전승을 정제하고, 초자연적이고 기적적이고 믿을 수 없는 것을 걸러내고, 합리적인 믿음의 순수한 정수를 남기려 애썼다."[11] 여기서 합리적이란 말은 계몽운동의 근본 가설의 견지에서의 합리적이라는 의미다. 로버트 모건(Robert Morgan)은 라이마루스(Reimarus)를 18세기의 예외적으로 영향력 있는 전형적인 이신론자로 언급한다. 라이마루스는 "하나님의 존재는 인정했지만 계시나 기적 또는 초자연적인 개입은 인정하지 않았다."[12] 라이마루스는 그의 글에서 "성서의 계시와 기적을 바탕으로 한 전통 기독교를 파괴하고 그것을 계몽운동 또는 '이성의 시대'의 지성인 사이에서 인기 있는 합리적이고 자연적인 종교로 대치하고자" 했다.[13] 다시 한번 여기서 주목할 것은, 합리적이고 비평적인 방법들이 발달되고 응용된 것은 특정한(이 경우 합리적이고 자연주의적인) 실재의 모델에 전념했기 때문이었지, 새로운 실재의 모델을 억지로 수용하게 만든 새 방법들이 출현해서가 아니었다.[14]

19세기에는 두 세기 전에 시작된 동향을 기초로 하여 구약 역사기술학에 주요한 발전이 있었다. 헤이즈의 견해를 참조하여 다음과 같은

10 Ibid., 47.
11 Ibid., 48.
12 Morgan, *Biblical Interpretation,* 53.
13 Ibid., 53–54.
14 계몽운동 합리주의가 성서 역사 연구에 끼친 영향에 대해 다음을 더 보라. Ibid., 특히 제2장, "Criticism and the Death of Scripture," 그리고 제3장, "History and the Growth of Knowledge"; 다음도 보라. V. P. Long, *The Art of Biblical History,* Foundations of

점들을 제시할 수 있겠다.

1. 종교적 자유주의의 득세로 "이전 세대보다 신학적 지향에 있어 덜 독단적이면서 동시대 문화 및 사상과의 관계에서는 보다 진보적이며, 그 관점에서 보다 인본주의적"인 성향을 띰.
2. "과거 역사를 '실제 일어난 그대로' 재구성하려 할 뿐 아니라 그것이 가능하다고 믿는 역사 실증적 방법"의 발전을 포함한 "일반 역사기술학"의 진보.
3. 이스라엘과 이웃한 고대 근동의 이집트 및 메소포타미아의 언어가 해독됨.
4. 고대 근동 역사지리학 분야의 연구 수준 및 경쟁력의 신장.
5. "오경의 각 문서들의 특징, 내용, 연대는…이스라엘과 유대인의 삶의 종교적 발전을 이해하고 문서자료의 역사적 신빙성을 평가하는 데 아주 중요하다"는 믿음과 더불어 오경의 문서설이 점차적으로 우위에 오름.[15]

19세기에 등장한 위와 같은 발전상은 20세기 성서학계에서도 여전히 자각되었으나, 모든 요소들에 대해 이의가 제기되었으며 새로운 논쟁이 불가피하게 되었다.

Contemporary Interpretation 5 (Grand Rapids: Zondervan, 1994), 99–116; C. Westermann, "The Old Testament's Understanding of History in Relation to That of the Enlightenment," in *Understanding the Word: Essays in Honour of Bernhard W. Anderson*, ed. J. Butler, E. Conrad, and B. Ollenburger, JSOTSup 37 (Sheffield: JSOT Press, 1985), 207–19.

15 Hayes, "History," 54–55.

1. 19세기형 자유주의는 신정통주의와 신복음주의의 도전을 받았다. 이 운동들은 동시대 문화에 대한 관심을 묵살하지 않으면서 삶의 궁극적인 문제에 있어 단순한 인간적 관점보다는 신 중심의 관점이 더 우세하다고 강조하였다.
2. 실증적 역사는 일반적인 해석학의 발전과 과거의 "적나라한 사실들"(더 이상 관찰이 필요 없는)과 "역사적 사실들"(유효한 증거에 기반을 둔 확률 판단을 통해 오늘날 인지되는) 간의 차이가 두드러짐에 따라 상당한 긴장 상태를 겪게 되었다.
3. 이집트의 상형문자와 아카드의 쐐기문자가 해독되어 비교문학 연구에 완전히 새로운 지평이 열렸으며 성서 연구에 있어 비교 자료의 적절한 이용과 잠재적인 남용에 관하여 중요한 문제가 제기되었다.
4. "성지"(lands of the Bible)에 대한 고고학적·지리적 설명이 크게 증가하여 해답을 준 것만큼이나 문제도 많이 제기되었으며 그중에서도 이스라엘 역사의 재구성에 있어 텍스트 증거와 인공유물 증거의 상호 관련성에 관련한 문제가 제기되었다. 그리고 마지막으로,
5. 벨하우젠(J. Wellhausen)에 의해 19세기에 가장 효과적으로 활성화된 문서설은 20세기에 혹독하게 도전받았다. 실제로 이 시기에는 다른 문학 가설들과 함께 벨하우젠과 그의 추종자들의 일반적인 접근법 전체가 그러했다.[16]

16 예를 들어 Rendtorff는 "전통 문서설은 끝났다"고 믿는다(R. Rendtorff, "The Paradigm Is Changing," 44). 오경 학계의 현주소에 대해서 다음을 보라. D. A. Knight, "The Pentateuch," in *The Hebrew Bible and Its Modern Interpreters,* ed. D. A. Knight and G. M.

벨하우젠식 문학비평이 심각하게 도전 받을 뿐 아니라 많은 사람들에게 영향력을 잃었다는 사실은 구약 역사 연구에 폭넓은 함축적 의미가 있다. 왜냐하면 헤이즈가 주장하듯 "벨하우젠의 이스라엘 **역사** 재구성에 주로 영향을 끼친 것은…구약에 대한 그의 **문학적** 연구의 결과들"이기 때문이다(강조는 덧붙여진 것임).[17]

우리는 지금 어디에 있는가?
구약 역사기술에 대한 현대 접근법

위에서 제시했듯이 17-19세기에는 사람들이 세상을 보는 방법에 전면적인 변화가 있었다. 이런 세계관의 변화로 새로운 연구 방법이 개발되기 시작했고 이미 시행되고 있던 방법에 현저한 변화가 발생했다. 인간 역사에 신이 활동할 여지를 남겨두지 않았던 계몽주의적 실재 모델과 창조주 하나님이 "역사의 주"이며 무대의 주인공인 성서적 실재 모델[18]

Tucker (Chico, Calif.: Scholars Press, 1985), 263–96.

17 Hayes, "History," 63.

18 마찬가지로, D. N. Freedman, "The Biblical Idea of History," *Int* 21 (1967): 43: "역사에 대한 성서의 견해에서 고정된 점은 시작과 끝에 있다. 출발점은 하나님이 역사의 주인이며, 직접 결정했든 허락을 했든 간에 그의 결정 없이는 어떤 중요한 일도 일어나지 않는다는 확고한 신념이다"; G. B. Caird, *The Language and Imagery of the Bible* (London: Duckworth; Philadelphia: Westminster, 1980), 217–18: "성서 시대 사람들의 역사 해석 틀 안에서 가장 중요한 요소는 하나님이 역사의 주인이라는 신념이다. 그가 목소리를 내면 사건이 일어났다(사 55:11-12). 그러므로 사건의 경로는 그 자체로 준언어학 체계이며 그 경로 안에서 하나님은 자신의 성품과 목적을 나타내고 계셨다.…하나님의 역사-언어를 해석하는 데는 도덕적 판단이 요구되었고(렘 15:19; 참조. 히 5:14), 예언자의 임무는 자격 있는 해석자가 되는 것이었다.…그러므로 예언자는 백성들을 위해서 이 장(chapter)에서 역사가들에게 요구되었던 책임을 다했다"; M.

간에 급진적인 분열이 발생하여 "신앙"과 학문적 소명 둘 다에 충실하고자 하는 유대교와 기독교의 신실한 학자들에게 도전을 준 것은 놀랄 일도 아니다.[19] 자연히 명성 있는 모든 학자들은 자신들의 연구에 "과학적" 방법을 적용하고자 했으나 계몽주의의 순수한 자연주의적 전제는 유신론자들에게 긴장감을 불러일으켰다. 오늘날은 아마도 과거 어느 때보다 많은 학자들이 성서 문학을 다루는 데 있어 계몽주의 가설이 적합한지 의문을 품기 시작하고 있지만, 그럼에도 대부분의 경우는 여전히 그것을 당연한 것으로 받아들이는 것 같다. 따라서 구약 역사 연구의 현재 추이를 조사하고 설명하려면 동시대 학문분야가 자라온 뿌리에 더 주의를 기울여야만 한다. 계몽주의의 명백한 결과물 중 하나는 우리가 이제 다루게 될 역사비평 방법이다.

Delcor, "Storia e profezia nel mondo ebraico," *Fondamenti* 13 (1989): 33: "Di fatto, più che dei testimoni i profeti sono degli interpreti della storia, che non è altro che l'opera delle nazioni, ma diretta in ultima instanza da Dio che è il vero padrone degli eventi"(사실 예언자들은 증인 이상으로서 이야기[역사]의 해석자들이며 그 이야기의 내용은 다름아닌 국가에 얽힌 사건들이지만, 궁극적으로는 그 사건들의 참 주인인 하나님이 명령하신 것이다—나의 번역); J. M. Miller, "Reading the Bible Historically," 12: "성서는 하나님이 때때로 인간사로 인해 공공연하게 끼어드는 역동적인 자연 세계를 전제로 삼으며…"; 다음도 참조하라. H. W. Wolff, "The Understanding of History in the Old Testament Prophets" (trans. K. Crim), in *Essays on Old Testament Interpretation*, ed. C. Westermann (London: SCM, 1963 [원래는 독일어판, 1960]), 353–54; 영역본의 제목은 다음과 같다. *Essays on Old Testament Hermeneutics* (Richmond: John Knox, 1963).

19 Cf. W. Brueggemann, "The Prophetic Word of God and History," *Int* 48 (1994): 239–51; Westermann, "The Old Testament's Understanding of History."

역사비평 방법

역사비평은 예전에 누렸던 권세를 더 이상 누릴 수 없게 되었다. 오늘날은 사회과학 방법과 현대 문학적 접근(아래에서 논의된다)으로 학자들이 대안적 패러다임을 가지게 되었다. 그러나 역사비평 방법의 영향이 여전히 지속되어오고 있다는 사실을 간과해서는 안 된다. 그러므로 그것의 철학적 기초를 이해하는 것이 지혜로울 뿐 아니라 필수적이다.

D. F. 슈트라우스(D. F. Strauss)의 독창적인 저서인 『예수의 생애』(*Life of Jesus*)에 실린 아래의 표현이 성서를 역사비평적으로 접근하게 만든 전형적인 계몽주의의 논법이다. (슈트라우스가 신약 복음서의 역사성 또는 역사성의 결여에 집중하는 동안 구약 역사기술 연구에서도 동일한 철학적 프레임이 감지되었다.) 슈트라우스는 특정 기사(account)의 역사적 가치를 평가하는 기준을 제안하면서, 다음과 같이 주장한다.

> 특정 기사의 설명이 사건의 전말을 주관하는 이미 알려진 보편적 법칙과 충돌할 때 우리는 그 기사를 비역사적인 것으로 간주해야 한다. 이 법칙에 따르면 절대원인(absolute cause)은 모든 철학 개념 및 모든 신뢰할 수 있는 경험과 일치하기 때문에 어떤 임의의 행동이 개입함으로써 연쇄적인 이차 원인들이 교란되지는 않으며, 오히려 유한한 인과관계와 그것들의 상호 활동 집합이 생성되는 가운데 절대원인 그 자체가 나타난다. 그러므로 어떤 현상이나 사건을 기록한 기사에 하나님 자신(하늘에서 난 소리 등과 같은 신적 출현) 또는 초자연적 힘을 지닌 인간들(기적, 예언)이 그런 현상과 사건을 일으켰다고 명백하게 서술되었거나 암시되었을 경우 그런 기사는 비역사적인 것으로 다루어야 한다.[20]

내가 다른 데서 지적했듯이[21] 슈트라우스의 주장은 다음과 같은 삼단논법으로 축약된다.

1. 사건의 전말을 주관하는 이미 알려진 보편적 법칙에 상충되는 모든 기사는 비역사적이다.
2. 하나님이 자연적인 사건 전말에 개입했다고 보도하는 모든 기사는 사건의 전말을 주관하는 이미 알려진 보편적 법칙에 상충된다.
3. 그러므로 하나님이 자연적인 사건 전말에 개입했다고 보도하는 모든 기사는 비역사적이다.

위의 삼단논법이 **논리적으로 타당하다** 하더라도 각 전제가 사실일 경우에만 그것을 **존재론적으로 참되다**고 받아들일 수 있다. 이로써 중요한 문제가 제기된다. "사건을 주관하는 보편적 법칙"에 대한 지식은 어디서 오는가? 슈트라우스는 무슨 권한으로 "모든 철학 개념과 모든 확실한 경험"을 스스로 선포하는가? 어떤 근거로 "하나님은 자연적인 사건 전말에 결코 개입하지 않는다"라고 가정할 수 있는가? 슈트라우스의 전제는 이용 가능한 자료에 새로운 방법을 응용한 결과라고 볼 수 없으며 차라리 실재의 본질에 대한 **형이상학적** 전제로밖에 여길 수 없다. 즉 그 전제들 자체가 "신앙고백"이며 그 이상도 그 이하도 아니다.

이런 계몽주의 신조가 오늘날 구약 역사기술의 학문적 논의에 계

20 D. F. Strauss, *The Life of Jesus Critically Examined,* trans. G. Eliot, ed. P. C. Hodgson (Philadelphia: Fortress; London: SCM, 1972), 88.

21 *Art of Biblical History,* 110.

속 영향을 준다는 점에는 논란의 여지가 없다. 또한 그것이 학자들 가운데 한편으로는 자신의 종교적 신념이나 신앙 공동체에 대해, 다른 한편으로는 동료 학자들에 대해 신실함을 지키고자 하는 경건한 이들에게 긴장감을 불러일으킨다는 점에도 논란의 여지가 없다. 예를 들어 로버트 모건(Robert Morgan)이 말하듯이 신앙인으로서 성서학 연구를 수행할 때의 문제는 "종교 언어를 쓰지 않는 합리적 방법이 존재하는 문화에서 '우리가 섬기는 하나님'을 어떻게 의미 있게 전하느냐"에 달려 있다.[22]

합리적 방법론을 역사 연구에 응용하는 데 있어 에른스트 트뢸치(Ernst Troeltsch, 1865-1923)만큼 큰 영향력을 행사한 학자는 없다.[23] 트뢸치는 역사비평 방법에서 잘 알려진 세 원칙—비평, 유비, 상호관계—을 정립하는 공을 세웠으며 이는 슈트라우스의 『예수의 생애』(*Life of Jesus*)에 이미 예시되었다.[24] 각 원칙의 정확한 해석에 대해서는 다음 단

22 *Biblical Interpretation,* 275.

23 최근 Troeltsch의 저작에 대한 관심의 부활에 대해 다음의 예를 보라. R. Morgan, "Troeltsch and Christian Theology," in *Ernst Troeltsch: Writings on Theology and Religion,* trans. and ed. R. Morgan and M. Pye (Louisville: Westminster/John Knox, 1990), 208-33. Troeltsch 나름의 역사 방법을 명시한 것으로는 다음을 보라. "Ueber historische und dogmatische Methode in der Theologie," in E. Troeltsch, *Gesammelte Schriften,* vol. 2, *Zur religiösen Lage, Religionsphilosophie und Ethik* (Aalen: Scientia Verlag, 1962), 729-53; 영어를 사용하는 독자들은 그의 소논문도 참고할 수 있다. "Historiography," *Encyclopaedia of Religion and Ethics,* ed. J. Hastings, 13 vols. (Edinburgh: Clark, 1914), 4:716-23. 더 자세한 목록은 다음에서 보라. C. Brown, *History and Faith: A Personal Exploration* (Grand Rapids: Zondervan, 1987), 44 n. 22.

24 자료의 비역사성을 수립하는 데 있어 일차적인 부정적 기준(즉 "절대 원인"에 직접적으로 연루됨) 외에도 Strauss(*Life of Jesus,* 88)는 이차적 기준 두 가지를 언급한다: (1) 소위 "연속의 법칙으로서 이것에 따라 가장 격심한 변동과 가장 빠른 변화를 포함한 모든 사건들이 일련의 증가와 감소의 순서로 나타난다"(이것은 Troeltsch의 상호관계 법칙을 예상하고 있다); 그리고 (2) "모든 심리학 법칙은 인간이 자기 나름의 또는 일반 인간의 습관 형태에 전적으로 반대되는 방식으로 느끼고 생각하고 행동한다는 것

락에서 더 논의를 해야겠지만, 구약의 전통적인 역사비평에서는 "비평"을 자료에 대한 회의적인 관점을 전제하는 것으로 이해하려는 경향을 보이며,[25] "유비"를 다소 좁은 의미로 현재 인간의 경험이 과거의 "역사적인" 것을 제한하는 것으로,[26] "상호관계"를 잠재적인 역사상의 인과관계를 자연의 힘이나 인간의 중재에 제한하는 것으로 이해하려는 경향이 있다.[27] 트뢸치의 세 원칙을 구약에 적용하는 일이 심각한 문제를 초래한다는 것은 지극히 당연한 일이다.

밀러(J. M. Miller)에 따르면 역사비평 방법은 "고대 문헌이 인간사에 있어 신의 개입을 자주 언급하거나…특히 그 개입을 직접적이고 명시적인 방식으로 언급한다는 점에 대해" 불편해 한다. "초자연적이거나 기적적인 일을 특별히 부인하지 않는" 학자들조차도 그들이 저술한 역사책에서는 역사 속에 등장하는 "명백한 초자연적 행위"를 "중요한 사안"으로 다루지 않았으며 "평범하게 설명이 안 되는 독특한 역사적 사

이 개연성이 없다고 간주한다"(참조. Troeltsch의 유비의 법칙).

25 예를 들어 V. A. Harvey, *The Historian and the Believer: A Confrontation between the Modern Historian's Principles of Judgment and the Christian's Will-to-Believe* (New York: Macmillan, 1966), 111: "역사에서 지혜의 시작은 의심이다"; G. W. Ramsey, *The Quest for the Historical Israel: Reconstructing Israel's Early History* (Atlanta: John Knox, 1981; London: SCM, 1982), 7: "훌륭한 역사가의 우선적인 소양은 건전한 회의주의다"; Davies, *In Search,* 13: "쉽게 믿으면 역사가가 될 수 없다. 차라리 회의주의가 적절한 태도다"; 참고로 다음도 보라. J. Barr, *The Scope and Authority of the Bible* (Philadelphia: Westminster; London: SCM, 1980), 30–31.

26 Troeltsch 자신의 말을 따르면(다음에 언급되었다. W. J. Abraham, *Divine Revelation and the Limits of Historical Criticism* [Oxford: Oxford University Press, 1982], 100): "평범하고 친숙하거나 혹은 적어도 우리가 아는 대로 반복적으로 목격되는 사건 또는 조건들과의 조화는 진짜 일어났던 일 또는 제외해야 하는 일로 여겨지는 사건의 실재를 구별하는 표식이다."

27 셋째 법칙에 대해서는 ibid., 105–8를 보라.

건(곧 기적)에 관한 주장에는 회의적"인 태도를 보였다.[28]

그러므로 구약에 대한 계몽주의적 역사비평은 근본적으로 그것이 다루는 자료와 대치 상황을 보인다. 역사비평은 구약의 이야기를 도무지 **역사**로 받아들이지 않는데, 그 이유는 **이야기**가 본질상 "비역사적" 요소를 지나치게 많이 포함하고 있기 때문이다. 우리는 기껏해야 구약을 하나의 정보 덩어리로 간주할 수 있으며, 거기에서 (만일 존재한다면) "역사성 있는" 정보를 추출하기 위한 목적으로 사용해야 한다는 것이다. 또한 그 과정에는 위에서 요약한 역사비평의 기준들을 부단히 응용해야만 한다. 그러나 구약 역사기술의 핵심—하나님이 역사의 주체라는 관념—은 일반적으로 통용되는 역사적 방법론의 기본 가정에 의해 미리 부인된다.[29]

요약하자면 성서 텍스트 대부분의 가치—적어도 역사적인 관점에서라도—에 의혹을 던지는 역사비평 방법에는 뚜렷하게 비신학적, 더 나아가서 반신학적 경향이 있다. 왜냐하면 성서에는 신이 인간사에 능동적으로 개입하는 장면이 가득하기 때문이다. 폰 라트(G. von Rad)가 30여 년 전에 관찰했듯이,

> [이스라엘은] 자신들의 역사를 오로지 야웨의 보호 가운데 진행하는 여정으로 이해할 따름이었다. 이스라엘에게 역사는 오직 말과 행위를 통한 야웨의 자기계시로 이루어진 것이었다. 그리고 이 점에서 그들은 역사에 대한 현대적인 견해와 마찰을 피할 수 없었는데, 후자는 하나님을 제외하고

28 *The Old Testament and the Historian* (Philadelphia: Fortress, 1976), 17.

29 참조. J. Goldingay, *Approaches to Old Testament Interpretation,* updated edition (Leicester: Apollos; Downers Grove, Ill.: InterVarsity, 1990), 72–73.

서도 역사라는 그림을 그릴 수 있다고 주장하기 때문이다. 그들은 역사 가운데 신의 활동이 존재했다고 가정하기가 무척 어렵다고 생각한다. 현대의 역사 도식에는 신이 자연스럽게 등장할 자리가 없다.[30]

폰 라트는 이스라엘의 고유한 역사 개념과 "현대의 견해" 사이에 존재하는 근본적인 차이가 "구약의 역사적 해석"에 "일종의 위기"를 가져왔다고 정확히 지적했다. 실제로 두 개념은 서로 충돌할 수밖에 없는 위치에 놓여 있다. 그는 또한 "후대의 신학자들이 맞닥뜨리게 될 문제", 다시 말해 "이스라엘 역사에 나타난 현상들을 다양한 개념들과 함께 고찰하는 작업에 각각의 견해가 동등한 가치를 갖는다고 말할 것인가, 아니면 둘 중에 하나를 선택해야만 하는가"라는 문제를 정확히 예측했다.[31]

폰 라트가 처음 이 문제를 지적한 이후로 학계는 더욱 발전했으며, 이제는 많은 학자들이 선택의 필요성을 절감하고 있다.[32] 오늘날 트뢸치식 역사비평을 고수하는 자들에게 구약의 역사기록(이스라엘이 기록하는 역사로서)은 좀처럼 정당성을 인정받지 못하겠지만, 그럼에도 그것은 끊임없이 "재개념화" 된다. 예를 들어 밀러(Miller)는 "현대 역사비평

30 Von Rad의 원문, "Offene Fragen im Umkreis einer Theologie des Alten Testaments," *TLZ* 88 (1963): 402ff.는 다음 영역본에 그의 발문으로 실려 있다. *Old Testament Theology*, 2 vols., trans. D. M. G. Stalker (New York: Harper & Row; Edinburgh: Oliver & Boyd, 1962–65), 2:410–29 (인용은 418).

31 Ibid., 417–18.

32 J. Van Seters는 자신의 영향력 있는 저서 *In Search of History: Historiography in the Ancient World and the Origins of Biblical History* (New Haven: Yale University Press, 1983; reprinted, Winona Lake, Ind.: Eisenbrauns, 1997)에서 다음과 같이 표준적 접근을 명시한다. "역사가는 '그것이 실제로 어땠는지'를 말해야 하며 그렇기 때문에 신에 의한 기적, 직접적인 출현, 그리고 '물리적인' 개입은 제외해야 한다."

방법은 역사의 실재를 이해하는 방식에서 성서와 상당히 다르다는 점을 전제한다"고 지적한 후, "하나님이 인간사에 능동적으로 개입한다는 전통적 유대-기독교식 이해에 대한 가능성을 열어두었다면 역사비평 방법론은 모두 붕괴되었을 것이다"라고 언급한다. 밀러의 주장은 "현대의 비평적 역사가인 우리들은 고대 이스라엘에 대한 거의 모든 직접적인 정보의 출처로서 성서에 의존하는 동시에, 성서 기사의 역사적 주장을 20세기 후반의 역사적 실재 개념과 일치시킬 수 있도록 성서 기사를 재개념화해야 한다"는 것이다.[33]

"20세기 후반의 역사적 실재의 관념"에 대해서는 아래에서 다시 논의하겠으나 먼저 오늘날 주목받고 있는 두 가지 서로 다른 접근법을 살펴볼 필요가 있다. 아마도 부분적으로는 역사비평이 형이상학적 동인에 의해 구약성서가 역사 정보의 생생한 저장고로서는 "방법론적으로 자격상실"이라고 평가한 덕분에, 학자들은 점점 다른 유형의 연구에 착수했다. 이 중에서 두드러진 것은 일반적으로 광범위하게 "사회과학적 방법들"이라고 불리는 것들이다.

사회과학적 방법들

1986년에 출간된 J. M. 밀러(J. M. Miller)와 존 헤이즈(John Hayes)의 『고

33 "New Directions in the Study of Israelite History," *Nederduitse Gereformeerde Teologiese Tydskrif* 30 (1989): 152–53; cf. idem, "Reading the Bible Historically," 15: "성서 저자와 서구 사상을 반영하는 보다 '과학적이고' 실증적인 접근법에 의해 전제된 자연과 역사에 대한 역동적인 견해와 신 중심 견해 사이에는 명백한 긴장[이 있다]."

대 이스라엘과 유다의 역사』(*A History of Ancient Israel and Judah*)는[34] 역사적 방법론과 이스라엘 역사 재구성을 다루는 학자들에게 큰 관심거리였다. 특별히 관심을 끌었던 주제는 고대 이스라엘 역사의 재구성에서 성서가 어떤 역할을 했는가라는 문제였다. 그해 세계성서학회(Society of Biblical Literature)의 연례 모임에서는 밀러와 헤이즈의 접근법에 대한 논의가 활발히 이루어졌고, 그다음 해에는 *Journal for the Study of the Old Testament*에 그 논의에서 가장 두드러진 내용이 요약되어 출간되었다.[35]

1987년에 발행된 *JSOT* 39호의 서문에서 P. R. 데이비스(P. R. Davies)는 밀러-헤이즈의 책이 "성서의 문학적 증거를 우선적으로 수용했다는 점을 들어 그 책을 '성서적 역사'"라는 장르로 특징지었다.[36] 물론 밀러-헤이즈의 책이 성서가 묘사한 이스라엘 역사를 기본적으로 신뢰할 수 있다고 여긴 것은 아니었다. 나는 앞에서 밀러의 견해, 즉 성서가 말하는 바를 20세기 후반의 역사적 실재 개념과 일치시킬 수 있도록 재개념화해야 한다는 견해를 언급했었다. 그러나 이전 역사비평가들처럼 밀러와 헤이즈는 고대 이스라엘의 역사를 재구성하는 데 성서의 중요성을 여전히 고수하였다. 데이비스가 언급했듯이 그들이 이 견해를 고수한 것은 "신학적이거나 종교적인 이유에서가 아니라 실용적인 이유에서였다."[37]

데이비스는 밀러-헤이즈의 책이 "'성서적 역사'라는 장르의 종결"

34 London: SCM; Philadelphia: Westminster, 1986.
35 *JSOT* 39 (1987).
36 Ibid., 3.
37 Ibid

이길 바란다는 의사를 표명했다. 왜냐하면 그는 "이후로 새로운 방법론이 출현한다면 그것은 사회학, 인류학, 그리고 고고학을 아우르는 통합적인 사회과학적 방법론"일 것이라는 확신을 가지고 있었기 때문이다.[38] 데이비스의 서문이 활자화된 이후로 다른 많은 학자들도 이스라엘에 대한 "성서적" 역사의 실현가능성에 대해 그와 비슷하게 부정적인 견해를 나타냈으며, 사회과학적 방법론을 적용한 새로운 길을 모색하였다.[39]

물론 당시의 사회과학적 또는 사회인류학적 접근들이 유례가 없는

38 Ibid., 4.

39 관련 저서는 광범위하고 빠르게 늘어나고 있다. 다음은 일부 예일 뿐이다. N. P. Lemche, "On the Problem of Studying Israelite History: Apropos Abraham Malamat's View of Historical Research," *BN* 24 (1984): 94–124; idem, "Is It Still Possible to Write a History of Ancient Israel?" *SJOT* 8.2 (1994): 165–90; M. Weippert and H. Weippert, "Die vorgeschichte Israels in neuem Licht," *TRu* 56 (1991): 341–90; K. W. Whitelam, "Recreating the History of Israel," *JSOT* 35 (1986): 45–70; idem, "Between History and Literature: The Social Production of Israel's Traditions of Origin," *SJOT* 2 (1991): 60–74; idem, "Sociology or History: Towards a (Human) History of Ancient Palestine?" in *Words Remembered, Texts Renewed: Essays in Honour of John F. A. Sawyer,* ed. J. Davies, G. Harvey, and W. G. E. Watson, JSOTSup 195 (Sheffield: Sheffield Academic Press, 1995), 149–66. 여러 사회과학 접근법이 수용한 텍스트 반대의(antitextual) 입장을 비판한 것으로 다음을 보라. W. W. Hallo, "Biblical History in Its Near Eastern Setting: The Contextual Approach," in *Scripture in Context: Essays on the Comparative Method,* ed. C. D. Evans, W. W. Hallo, and J. B. White, PTMS 34 (Pittsburgh: Pickwick, 1980), 1–26; idem, "The Limits of Skepticism," *JAOS* 110 (1990): 187–99; S. Herrmann, "Observations on Some Recent Hypotheses Pertaining to Early Israelite History" (trans. F. Cryer), in *Justice and Righteousness: Biblical Themes and Their Influence,* ed. H. Reventlow and Y. Hoffman, JSOTSup 137 (Sheffield: Sheffield Academic Press, 1992), 105–16; Rendtorff, "Paradigm Is Changing," 34–53; Yamauchi, "Current State of Old Testament Historiography," 1–36. 독창적인 소논문 선집으로 유용한 책으로 다음을 보라. C. E. Carter and C. L. Meyers, eds., *Community, Identity, and Ideology: Social Science Approaches to the Hebrew Bible,* SBTS 6 (Winona Lake, Ind.: Eisenbrauns, 1996).

것은 아니며, 사실상 막스 베버(Max Weber)와 그 이전까지 소급한다.[40] 그러나 공정하게 말하자면 1960-70년대의 멘덴홀(Mendenhall)과 갓월드(Gottwald)를 시작으로 사회과학적 접근에 대한 관심이 부활했으며, "프릭(Frick), 플래너건(Flanagan), 쿠트(Coote), 할퍼른, 그리고 톰슨과 같은 미국의 젊은 성서학자와 유럽의 드 호이스(de Geus), 렘케 등의 연구를 통해 힘을 얻고 있다."[41]

이러한 다양한 사회과학적 접근법들의 공통점은 역사 변화를 초래한 장본인으로서의 "위대한 인물들"에 집중하는 "개별기술적 관심사"(idiographic concerns)를 강조하는 데서 탈피하여 사회, 경제, 지리, 기후적 관심 등(위에서 "중범위 이론에 따른 설명"이라고 언급된 것)과 같은 역사 변화의 "법칙들"을 강조하는 "보편적 관심사"(nomothetic concerns)를 강조하는 방향으로 나아가기를 원한다는 사실이다.[42] 많은 학자들은 시리아-팔레스타인 고고학이 이스라엘에 대한 "객관적" 또는 "과학적" 역사를 찾는 데 가장 전도유망한 분야가 될 것으로 기대했다. 다른 이들은 역사 연구를 자연과학적 방법론과 더욱 일치시키기 위해 사회학이나 인류학의 통계 방법에 주력했다. 가장 유망한 사회과학적 접근들은 "고도로 학제적인 접근방법"을 적용하고자 하는데, 이것은 물론 바람직한 일이기는 하지만 유감스럽게도 밀러가 지적하듯이 "이 다학제적 접근방법을 통해 두드러진 타개책이나 수긍되는 설명이 나왔다고 말할

40 초기 사회학적 연구로 다음을 보라. Dever, "Archaeology and the Religions," 37-38; C. Osiek, "The New Handmaid: The Bible and the Social Sciences," *TS* 50 (1989): 260-78.

41 Dever, "Archaeology and the Religions," 40.

42 Hayes, "History," 39를 따른다. 개별적/보편적 차이에 대해 다음을 보라. Long, *Art of Biblical History*, 135-44.

수는 없다—적어도 연구자의 방법론적 전제와 적용되는 모델보다는 수집된 다양한 자료에 의존하는 접근방법을 통해서는 전혀 나오지 않았다."[43]

사회과학적 접근법이 주로 보편적 관심사에 집중한다는 것을 고려할 때, 개인의 삶과 국가에 의미 있는 특정 사건들에 집중하는 개별성의 경향을 가진 구약 내러티브가 이스라엘 역사의 재구성에 있어 종종 거의 가치 없는—걸리적거리는 방해물이 아니라면—것으로 간주되는 것은 놀라운 일도 아니다. S. 헤르만(S. Herrmann)은 최근에 구약이 이스라엘 역사의 재구성에 두드러진 요인으로서 쇠퇴해가는 경향을 추적하였다.[44] 그는 18세기 아스트뤽(Astruc)의 저작에서 시작하여 벨하우젠, 궁켈(Gunkel), 알트(Alt), 베버(Weber), 노트(Noth), 올브라이트(Albright), 멘덴홀, 드 호이스, 갓월드, 렘케, 톰슨 등의 공헌을 간략하게 조사하였다. 헤르만의 고찰에 따르면 올브라이트까지의 학자들은 다소의 의견 차이를 보이기는 했지만 적어도 성서가 고대 이스라엘 역사를 재구성하는 데 중심적인 역할을 한다는 점에는 의견이 일치했다.[45] 그러나 이제는 더 이상 그렇지 않다.

1960년경 조지 멘덴홀의 책에서는 기존의 합의된 입장들을 반박하기 시작했다. 예를 들어 이스라엘 12지파가 "정복" 시기 또는 그 직전에 바깥으로부터 가나안 지역으로 진입했다는 점, 그 땅에 정착하기 전에

43 "Reading the Bible Historically," 25.

44 "Die Abwertung des Alten Testaments als Geschichtsquelle: Bemerkungen zu einem geistesgeschichtliches Problem," in *Sola Scriptura: VII Europäischer Theologen-Kongreß, Dresden 1990,* ed. H. H. Schmid and J. Mehlhausen (Gütersloh: Mohn, 1993), 156–65.

45 Ibid., 159.

그들이 유목민 또는 반유목민이었다는 점, 그리고 그들이 동질성을 가진 민족으로서 가나안인들과 구별되었다는 점 등을 반박했다. 학자들은 멘덴홀의 영향으로 이전의 합의점들에 대한 확신을 잃기 시작했을 뿐만 아니라, 합의된 영역의 바탕이 되었던 성서의 증거에 대해서도 확신을 잃기 시작했다.[46] 구약과 고대 이스라엘 역사 사이에 적어도 어느 정도의 중요한 관계가 있다고 보았던 선대 학자들과 달리 오늘날의 학자들은 역사 자료로서의 구약의 가치를 무시하거나 노골적으로 거부한다.[47]

위에서 지적했듯이 중요한 역사 자료로서 성서를 배제시키기는 했지만 그렇다고 해서 눈에 띄는 새로운 타개책을 만들어낸 것은 아니었다. 몇 가지 일반적 합의점 외에는 일치된 견해를 거의 발견할 수 없다. 멘덴홀은 갓월드를 신랄하게 비판하였으며,[48] 톰슨은 알스트룀을,[49] 데버는 톰슨과 알스트룀과 데이비스를,[50] 그리고 할퍼른은 모든 유형의 "미니멀리스트들"을 비판하였다.[51]

46 Ibid., 159-60.
47 마찬가지로 Ibid., 160-61.
48 Mendenhall, "Ancient Israel's Hyphenated History," in *Palestine in Transition: The Emergence of Ancient Israel,* ed. D. N. Freedman and D. F. Graf, SWBAS 2 (Sheffield: Almond, 1983), 91-102: "갓월드가 성서 역사의 기원에 대한 역사 기사를 제시하려 한 것은 정말 오류의 비극적 코미디다"(102).
49 Thompson, "Gösta Ahlström's History of Palestine," in *The Pitcher Is Broken: Memorial Essays for Gösta W. Ahlström*, ed. S. W. Holloway and L. K. Handy, JSOTSup 190 (Sheffield: Sheffield Academic Press, 1995), 420-34.
50 Dever, "'Will the Real Israel Please Stand Up?' Part I: Archaeology and Israelite Historiography," *BASOR* 297 (1995): 62-69 (hereafter "Archaeology and Israelite Historiography").
51 B. Halpern, "Erasing History: The Minimalist Assault on Ancient Israel," *BibRev* 11.6 (1995): 26-35, 47. Halpern은 미니멀리스트라고 말할 때 실제적으로 성서의 모든 자료의 연대를 페르시아 시대의 "후기 연대"로 보아 성서가 이스라엘 역사의 초기 시

오늘날 사회과학적 접근법이라는 다면적인 연구방법론에서 두드러진 몇 가지 요소 중 하나는 역사 자료로서 성서 텍스트의 중요성이 대체적으로 감소했다는 점이다. 예를 들어 톰슨은 주해와 역사적 재구성은 서로 분리하여 각각 독립적으로 수행하는 것이 최선이라고 주장한다.[52] 그러나 톰슨의 희망이나 예측과는 달리, 성서 텍스트를 별개로 다룬다고 해서 성서학의 위기가 해소되는 것은 아니다. 이는 단지 학자들을 성서 줄거리의 속박으로부터 해방시켜 그들 나름대로 구성한 이야기를 담은 단행본이나 교재를 저술할 수 있는 여지를 만들어주었을 뿐이다.[53] 이스라엘의 "과학적이고" 사회경제적인 역사가 어떠해야 하는지에 대해 합의된 사항은 거의 없다. 그리고 설령 오늘날 사회과학자

대에 대해서는 거의 말하지 않는다고 결론을 내린 저자들을 염두에 두고 있다. 특유의 솔직함과 적지 않은 아이러니로 Halpern은 다음과 같이 서술한다: "이 비평가들의 견해[그는 특별히 Thompson, Davies, Van Seters를 염두에 두고 있다]는 최근에 쓰인 책들에서 과거를 복구하는 일이 불가능하다고 전제된 것에 대한 절망을 표현하려 한 듯하다—물론 그들[비평가들]이 그 당시에 쓴 자기들의 책에서 '실제의' 과거로의 접근법을 제공하는 척했으면서도 말이다."(31). 더욱이 Halpern은 미니멀리스트 학자들이 자기 자신들에게서 벗어나 나름의 이야기를 쓰려고 한다면 꾸며진 그림, 예를 들어 열왕기에 의한 그림을 입증하는 고고학, 금석문 증거를 뿌리쳐야만 할 것이라고 주장한다. Halpern은 미니멀리스트들을 자극하는 것에 대한 가설을 갖고 있으며 그것을 말할 배짱도 있다: "동기 중 하나는 가톨릭에 대한 적대감, 다른 동기는 기독교에 대한 적대감, 또 다른 동기는 유대인에 대한 적대감, 또 다른 동기는 모든 종교에 대한 적대감, 또 다른 동기는 권위에 대한 적대감일 것이다"(p. 47). 다른 사람의 동기를 추측하는 일은 항상 모험이 따르지만 Halpern의 의견은 역사 재수정이 으레 그 사람의 세계관과 근본적인 신념 체계를 다소 반영한다고 정확히 강조한다. 나는 이 점을 인식하는 자들이 그렇지 못한 자들보다 왜곡된 영향력을 최소화하는 데 유리한 위치에 있다는 것을 덧붙일 수 있겠다.

52 참고문헌과 비평은 다음에서 보라. Herrmann, "Abwertung," 162

53 예를 들어 Lemche가 구약과 관계 없이 고대 이스라엘을 재구성한 것에 대해 F. H. Cryer는 다음과 같이 진술한다: "그는 유목생활, 민족성 등에 대한 현대 사회학적 연구모델을 제시한다. 그럼으로써 Lemche는 실제로는 새 '자료'를 쓰고 있는 것이다.… 즉 그는 그 나름으로 고안한 내러티브를 우리가 고찰하도록 제안하고 있다"(Herrmann, ibid.에서 인용).

들이 합의를 본다 해도 대부분의 학자들은 다음과 같은 R. 스멘트(R. Smend)의 말에 동의할 것이다. "이 주제를 다룬 오늘날의 가장 뛰어난 교과서보다는 구약 역사서를 읽음으로써 고대 이스라엘과 그 역사에 대해 더 많은 것을 배울 수 있다. 교과서의 저자가 이 사실을 인지할 때 그 책은 최고의 역할을 수행할 수 있을 것이다."[54]

이 말은 사회과학적 방법론이 공헌하는 바가 거의 없다는 뜻인가? 전혀 아니다. 분명한 것은 "아래로부터의 역사"를 기술할 여지가 있다는 것이다. 그러나 사회과학적 연구만을 바탕으로 기록된 역사는 전체적인 그림을 보여주지 못하며, 그것이 기록할 가치가 있는 유일한 역사는 아니다. 구약성서가 사회과학자들의 관심을 끌 만한 종류의 역사를 제공하지 않는다고 해서 보다 개별기술적(idiographic)인 성향을 띤 구약의 역사기술을 단순히 허구로 치부하는 것은 정당하지 않다. 심지어 렘케는 "초기 이스라엘 역사에 대한 구약의 모델이나 기사가 고고학적 자료에 의해 논파되어서 차라리 고려하지 않는 편이 낫다"고 판단되지 않는 한 "구약은 이스라엘 역사 그리고 선역사 연구에 가장 확실한 출발점[이 되어야 할] 것"이라는 점을 인정하였다.[55] 그러나 고고학적 탐구의 "확실한 결과"에 대한 렘케의 신뢰는 정당하게 보증된 것인가? 고고학 자료를 근거로 구약의 모델을 배제하는 것이 정당한가? 오늘은 확실한 결과라고 생각되었던 것이 내일은 무가치한 가설로 판명될 수도 있다. 따라서 과거 "성서 고고학"의 논의에서 얻을 수 있는 교훈이 있다면, 고고학이 "입증했다"거나 "논파했다"는 주장을 좀 더 신중하게

54 "Tradition and History: A Complex Relation" (trans. D. Knight), in *Tradition and Theology in the Old Testament,* ed. D. Knight (Philadelphia: Fortress, 1977), 66–67.

55 "On the Problem of Studying Israelite History," 121–22.

받아들여야 한다는 것이다.

결국 중요한 이슈는 읽기와 해석의 문제로 귀결된다. 한편으로는 물리적 증거들이 어떻게 "읽히고" 해석될 것인가 하는 문제이며,[56] 다른 한편으로는 성서 텍스트나 다른 텍스트가 어떻게 읽히고 해석될 것인가 하는 문제다. 나는 이미 벨하우젠의 역사적 결론이 그의 문학적 판단에 근거한 것임을 지적했다. 마찬가지로 사회고고학 가설과 성서 텍스트 간의 충돌이 발생할 때 그 충돌의 이유가 증거들(물리적 증거와 텍스트 증거 둘 다)을 어떻게 해석할 것인가라는 문제라는 점은 놀라운 일이 아니다. 이러한 사실은 구약 역사기술과 관련하여 (때로는 간과되어 온) 또 다른 현대의 지배적인 구약 접근방식인 문학적 접근으로 우리를 인도한다.[57]

현대 문학적 방법들

먼저 이 방법론에 대한 정의를 내리는 것으로 논의를 시작하는 것이 좋겠다. "문학적" 방법이 무엇을 의미하며, "현대"라는 수식어를 덧붙이는 이유는 무엇인가? 구약성서를 "문학"으로 규정하는 것이 적절한지에 대해서는 논쟁이 지속되고 있지만,[58] 오늘날 대부분의 접근법들은 문학에 대한 포괄적인 정의, 예를 들어 "기교적인 언어 표현과 설득력 있

56 참고: F. Brandfon, "The Limits of Evidence: Archaeology and Objectivity," *Maarav* 4 (1987): 5–43.

57 구약의 사회과학적 연구를 자세히 다룬 본서 제15장을 보라.

58 통찰력을 주는 최근의 논의로 다음을 보라. M. Z. Brettler, *The Creation of History in Ancient Israel* (London and New York: Routledge, 1995), 14–19

는 아이디어"로 특징지어지는 "예술의 형식을 갖춘 경험에 대한 해석적 진술"과 같은 정의를 전제한다.[59] 이런 의미에서 문학적 장르로 분류될 수 있는 구약의 문헌들은 확실히 문학적 접근법에 정당성을 부여한다. "현대"라는 수식어를 덧붙인 목적은 공시적이고 텍스트-내재적인 성향을 가진 "새로운" 문학비평 접근법을 통시적이고 발굴적인 성향을 가진 "구식" 문학비평과 구별하기 위한 것이다. 이전 비평은 텍스트를 추정적인 자료들로 세분화하여 후대에 첨가되고 편집된 부분들로부터 초기 자료를 구분해내고자 했다. 그들은 이른 시기의 자료를 변별해냄으로써 역사적 실재에 더 가까이 접근할 수 있을 것이라 여겼다. 최근 추세는 최종형태의 텍스트를 보다 심각하게 받아들이는 것인데, 이를 통해 텍스트의 "음성"을 회복할 수 있게 되었다.

그러나 현대 문학연구가 역사적 질문들과 무슨 상관이 있는가? 어떤 학자들은 더 이상 해체나 파편화에 의해 침묵하지 않고 제 목소리를 내게 된 성서 텍스트를 접함으로써 텍스트가 말하고자 하는 것이 (역사상의 과거에 대해 말하려 하는 것을 포함하여) 무엇인지를 보다 분명하게 들을 수 있는 기회를 가지게 되었다. 그러나 다른 이들은 이러한 문학적 방향전환을 성서 텍스트가 말하는 것이 역사적 재구성에 적당한지에 대해 이의를 제기할 수 있는 기회로 삼았다.[60] 어떤 이들은 이전의 통시적 역사비평과 새로운 공시적, "문학적" 접근이 그 목표와 방향에 있어 상당히 다르다고 (심지어 정반대라고) 여긴다. 그러나 바튼(Barton)

59 첫째 정의에 대해 다음을 보라. L. Ryken, *The Literature of the Bible* (Grand Rapids: Zondervan, 1974), 13. 둘째 정의는 A. Berlin, "On the Bible as Literature," *Prooftexts* 2 (1982): 324. 상세한 논의는 다음을 보라. Long, *Art of Biblical History,* 149–54.

60 그런 취지는 Barr, Davies, Lemche, Thompson, Whitelam 등의 저작에서 찾아볼 수 있다.

이 지적했듯이 이 둘 사이에는 상당한 공통점이 있다:

역사비평의 제 분야 중 명백히 가장 단편적인 분과라고 할 수 있는 자료분석(source analysis)—이에 대한 패러다임 전환이 일어났다고 주장하지만 여전히 전 세계적으로 번창하고 있는 분야다—을 예로 들자면, 확실한 것은 그런 비평을 가능하게 만든 개념은 본질적으로 문학적인 것이며, 하나의 텍스트를 그것의 각 부분이 유기적으로 결합된 살아 있는 총체로 보려는 시도와 관련된다는 것이다. 문학비평의 독일식 표현인 "*Literarkritik*"은 사람들이 때때로 주장하는 것처럼 잘못된 호칭은 아니다. 다양한 종류의 비평가를 구분 짓는 차이점은 그들이 감당하기 어려운 자료를 다룰 때 얼마나 빨리 포기하느냐에 달려 있다. 여타의 "최종 형태" 해석가들처럼 오늘날의 문학비평가들도 일반적으로 그들이 다루고 있는 텍스트 전체를 통합된 실체로 대할 수 있도록 총체적인 접근을 고수할 의무가 있다고 여긴다. 비록 그 과정에서 그 텍스트가 본래 누군가에 의해 지금과 같은 형태로 고안된 것이 아닐 것이라는 본능적인 의심을 억눌러야 할 필요가 있기는 하지만 말이다. 반면 자료비평가들은 그런 의심을 억누르지 않으며, 텍스트를 각각 일관된 형태를 보여주는 단락들로 분류하는 일에 만족한다. 그러나 두 경우 모두에 있어 근본적인 정신 작용은 문학적인 것이다. 둘 다 텍스트의 윤곽(*Gestalt*)에 관심을 두고서 텍스트를 알기 쉬운 전체로 파악하려 한다. 반면 역사비평가들은 현대의 문학비평가들과는 달리 텍스트가 그런 총체가 아닐 수 있다는 가능성을 받아들일 준비가 되어 있다. 그러나 양자 간의 차이는 해결 불가능한 문제라기보다는 대화를 통해 해결할 수 있는 것으로 보아야 할 것이다.[61]

바튼은 중요한 점을 지적했다. 너무나도 오랫동안 학자들은 새로운 문학적 접근의 결과가 이전 문학비평의 결과와 관련성을 갖는다는 사실을 인지하지 못했거나 혹은 인정하지 않았다.[62] 그러나 D. R. 홀(D. R. Hall)이 주장하듯 "문학적 관점이 오늘날 우리에게 어떠한 새로운 통찰을 주는지 물어야 할 뿐만 아니라, 문학적 관점의 부재가 과거 학자들의 방법론과 결론을 어느 정도로 무효하게 했는지도 물어야 한다."[63] 1983년 IOSOT(the International Organization for the Study of the Old Testament)의 기조연설에서 L. 알론소 쇠켈(L. Alonso Schökel)은 새로운(공시적) 방법론과 과거의 (통시적) 방법론 간의 상호작용이 보여줄 수 있는 네 가지 가능성을 제시했다. 상호 비난, 의사소통 거부, 역할 분담, 그리고 마지막으로 대화다. 쇠켈 자신은 "공공연한 분쟁이 되더라도" 대화를 선호하였다.[64] 문학비평의 신·구 방법론 간에 상호 대화가 필요하다는 쇠켈, 바튼 등의 주장은 환영 받았는데, 그 이유는 논리적으로 볼 때 주어진 텍스트의 어떤 특징—예를 들어 반복—이 한편으로는 저자가 다름을 암시하는 표지로, 다른 한편으로는 단일 저자의 독창성을

61 J. Barton, "Historical Criticism and Literary Interpretation: Is There Any Common Ground?" in *Crossing the Boundaries: Essays in Biblical Interpretation in Honour of Michael D. Goulder,* ed. S. E. Porter, P. M. Joyce, and D. E. Orton, Biblical Interpretation 8 (Leiden: Brill, 1994), 7.

62 예를 들어 Moberly의 다음 논의를 보라. R. W. L. Moberly, "The Relationship between the Study of the Final Text and the Study of Its Prehistory," in *At the Mountain of God: Story and Theology in Exodus 32–34,* JSOTSup 22 (Sheffield: JSOT Press, 1983), 22–27; 다음을 참고하라. V. P. Long, *The Reign and Rejection of King Saul: A Case for Literary and Theological Coherence*, SBLDS 118 (Atlanta: Scholars Press, 1989), esp. 7–20.

63 *The Seven Pillories of Wisdom* (Macon, Ga.: Mercer University Press, 1990), 110.

64 L. Alonso Schökel, "Of Methods and Models," *Congress Volume: Salamanca, 1983,* ed. J. A. Emerton, VTSup 36 (Leiden: Brill, 1985), 7–8. 다음도 보라. Long, *Reign and Rejection,* 10–14.

보여주는 표지로 간주될 수는 없기 때문이다. 다시 말해 어떤 요소가 복수 저자성의 증거인 동시에 단일 저자의 탁월함의 증거가 될 수는 없다는 말이다.

성서 텍스트를 개선된 문학적 독법에 따라 해석하는 일은 텍스트의 진리주장—그것이 신학적이든 역사적이든 그 무엇이든 간에—을 보다 명확히 파악하도록 해주어야 하지만, 사실상 어떤 현대 문학적 접근은 오히려 성서의 역사기술에 대한 관심을 약화시키는 경향이 있다는 사실을 인정해야 한다. 때때로 문학적 범주(예. 성격묘사, 줄거리, 관점, 속도)에 집중하다 보면 장르를 오해하여 실용문학(역사, 법률, 예배식, 설교 등)으로 쓰인 것을 순수문학(단순히 예술을 위한 예술)으로 잘못 해석할 수도 있다.[65] 이런 형태의 단순화가 초래하는 위험은 "문학으로서의 성서"라는 주제가 대두될 때마다 거론되곤 한다. 성서의 문학적 즐거움에 대해 T. S. 엘리엇(T. S. Eliot)은 다음과 같이 말했다.

> 나는 이 즐거움이 타당하다고 생각하면서도 그것이 남용되었음을 더 뼈저리게 느낀다. **오로지** 문학적 가치 때문에 글들을 즐기는 자들은 본질적으로 기생충과 같으며, 그 기생충 수가 너무 늘어나면 역병으로 번진다는 것을 우린 잘 알고 있다. 나는 "성서를 문학으로" 즉 "영어 산문의 가장 고귀한 기념비"로 여기는 성서의 황홀경에 빠져버린 문학가들을 비난할 수 있었다. 성서를 "영어 산문의 기념비"라고 말하는 자들은 기독교의 무덤에 놓인 기념비로서 성서를 추앙하는 것뿐이다. 내 말이 옆길로 새지 않도록 다음을 제안하는 것으로 충분하겠다. 클래런든(Clarendon), 기번(Gibbon),

65 이 오류에 대한 비판으로 다음을 보라. Long, *Reign and Rejection,* 13.

버폰(Buffon), 또는 브래들리(Bradley)의 작품이 각각 역사, 과학, 철학 분야에서 별로 중요하지 않다면 그 작품들은 문학적으로도 큰 가치를 가지지 못하는 것처럼, 성서가 영문학에 **문학적** 영향을 끼친 것은 성서를 문학으로 여겨서가 **아니라** 하나님의 말씀을 기록한 것으로 여겼기 때문이다. 오늘날 글쟁이들이 성서를 "문학"으로 논의한다는 사실은 아마도 성서의 "문학적" 영향이 **끝났음**을 시사하는지도 모른다.[66]

오늘날 이스라엘 역사를 재구성하는 데 있어 구약의 위치를 논할 때 종종 위와 같은 오류가 발생한다. H. H. 클레멘트(H. H. Klement)가 역사 연구에서 문학적 해석의 타당성을 논의하면서 경고하듯이 성서를 문학적으로 접근하는 것은 항상 단순화에 빠질 위험이 있으며 그로 인해 성서는 단순히 문학 작품으로 간주되고, 역사적 질문은 사라져버린다(*ausgeblendet*).[67] 다시 말해 문학적 접근에는 텍스트의 역사적 진리 주장에 대한 시각과 관심을 놓쳐버릴 위험이 내재되어 있다.

66 *Selected Essays: New Edition* (New York: Harcourt, Brace, 1950), 244–45; J. A. Fitzmyer, "Historical Criticism: Its Role in Biblical Interpretation and Church Life," *TS* 50 (1989): 250 n. 17에서 인용. 성서의 문학적 접근의 잠재성과 위험성에 대해 다음을 보라. T. Longman III, *Literary Approaches to Biblical Interpretation,* Foundations of Contemporary Interpretation 3 (Grand Rapids: Zondervan, 1987), 47–62; M. Sternberg, *The Poetics of Biblical Narrative: Ideological Literature and the Drama of Reading,* ILBS (Bloomington, Ind.: Indiana University Press, 1985), 제1장; A. C. Thiselton, *New Horizons in Hermeneutics: The Theory and Practice of Transforming Biblical Reading* (Grand Rapids: Zondervan; London: Marshall Pickering, 1992), 제13장, 특히 475–79, 502.

67 "Die neueren literaturwissenschaftlichen Methoden und die Historizität des Alten Testaments," in *Israel in Geschichte und Gegenwart,* ed. G. Maier (Wuppertal: Brockhaus; Giessen and Basel: Brunnen, 1996), 88.

결론

위에서 논의한 세 가지 접근법 각각의 목적, 관점, 잠재된 위험을 감안하면 오늘날 학자들이 고대 이스라엘 역사 및 역사기술에 대해 아주 다양한 견해를 고수하고 있다는 점은 놀랍지도 않다. 위에서 살펴보았고 또 내가 다른 데서 자세히 주장했듯이[68] 표준적인 역사비평 접근에서는 역사에 하나님을 논할 여지가 거의 없거나 아예 없으며, 사회과학 접근에서는 종종 구약 텍스트 자체를 논할 여지가 거의 없으며, 현대의 문학 접근에서는 역사적 관심사에 거의 관심을 보이지 않는 경우가 많다. 이 분야가 유동적인 것은 당연하다.

구약의 추동력이 약화되는 분야가 역사든 신학이든 또는 문학이든 간에 스턴버그(Sternberg)가 강력히 주장하는 것처럼 성서 내러티브가 "이념적·역사기술적·미학적 원칙들로 규정되는 다중적 복합체"라는 점을 생각할 때 유감이 아닐 수 없다.[69] 이 세 가지 추동력 중 하나라도 무시하거나 부인하는 방법은 결함이 있는 방법이다. 실제로 헤르만이 올바르게 주장하듯 "오늘날 이스라엘의 초기 역사 연구 자체에 나타난 위기는 대개 한쪽으로 치우친 가설로 인해 발생된 것들이다.[70]

그렇다면 우리는 여기서 어디로 가고 있는가? 진보를 위해서 새로운 방법이 필요한가? 아마도 아닐 것이다. 그러나 진보를 위해서는 각 방법을 이해하고 사용하는 데 알맞은 수정이 필요할 것이다. 다음 단락에서는 앞으로의 방법이 어떨 것인지에 대한 제안을 모색해보고자 한다.

68 *Art of Biblical History*, chap. 4.
69 *Poetics*, 41.
70 "Observations," 115.

우리는 여기서 어디로 가고 있는가?
구약 역사기술 연구에 진전이 있는가?

1985년에 출간된 구약 역사기술의 주요한 학문적 흐름을 다룬 유용한 연구서를 마무리하면서 J. M. 밀러(J. M. Miller)는 다음과 같이 기술한다. "현재 이 분야만큼 견고한 조사를 토대로 한 새로운 방법론을 필요로 하는 성서학 분야는 없을 것이다."[71] 10년 후 M. Z. 브레틀러(M. Z. Brettler)는 다음과 같이 간단히 표명한다. "이전에 합의된 것은 다 사라졌고, 그것을 대체할 새로운 방법론이 개발되는 조짐도 없다."[72]

물론 방법론과 관련하여 새로운 의견은 언제나 존재해왔다. 사실상 현재 성서학의 일반적인 특징은 바로 방법론적 접근법들이 빠른 속도로 뒤바뀐다는 점이다. 그러나 방법론적 측면에서 어떤 견해가 출현하든지 간에 그것이 실제로 설득력을 갖기 위해서는 학자들 자신이 (의식적으로든 무의식적으로든) 수용하는—혹은 당대 학자들이 채택한 방법론의 기초가 되는—모델이나 세계관을 심도 있게 다루어야만 한다. 오늘날은 고대 이스라엘의 역사와 역사기술 연구의 유동적인(**위기**라는 용어를 쓰기도 한다) 상태로 인해 가장 중요하고 기초적인 질문들과 씨름해야 하는 것처럼 느껴진다. 결국 V. A. 하비(V. A. Harvey)의 말처럼,

> 우리의 모든 판단과 추론[역사적인 것을 포함하여]은…신념을 배경으로 하여 출현한다. 우리는 우리의 견해와 해석에 현존하는 지식, 범주, 판단의 세계를 끌어들여야 한다. 추론은 수면 아래 깊숙이 놓여 있는 빙산의

71 "Israelite History," 1–30.

72 *Creation of History in Ancient Israel*, 6.

일각일 뿐이다.[73]

내가 주장하고 싶은 것은 이스라엘 역사와 역사기술이 나아가야 할 길에는 수면 아래의 빙산에 주력하는 작업이 포함되어야 한다는 것이다. B. A. 샤프스타인(B. A. Scharfstein)의 철학에 대한 발언이 우리 앞에 놓인 이 문제에 똑같이 적용될 수 있겠다. "우리는 주관성을 덜 숨기는 법을 배워야만 보다 객관적이 될 수 있다"[74]

이와 같이 하비는 역사적 판단에서 이념적 배경(실재의 모델, 세계관 등)이 갖는 중요한 역할을 올바로 강조한다. 또한 그는 "현대 세계관에 무분별하게 호소하는 일"에 대해서도 경고하는데,[75] 아이러니하게 하비도 자신의 논의에서 거의 그럴 뻔했다. "물고기가 물에 있듯이 우리는 역사 안에 있으며, 가능성과 현실성에 대한 우리의 생각은 현 시대와 관련되어 있다"는 그의 주장은 일리가 있다.[76] 또한 F. H. 브래들리(F. H. Bradley)가 말하는 역사 연구에 있어서의 "도덕법" 곧 "과거의 해석은 현대의 해석과도 일관되어야 한다"(하비가 기꺼이 인용하는)는 원칙도 어느 정도 일리가 있다. 그러나 이 고찰들은 적어도 **유일한** 현대 세계관이라는 것이 있는지에 대한 질문을 야기한다. 모든 현대인들은 획일화된 "현재에 대한 해석"을 공유하는가? 하비는 반복적으로 "우리"라는 표현을 무분별하게 사용함으로써 그가 어떤 대상에 대해 통일된 하나의 현대적 관점이 존재할 수 있다고 전제한다는 점을 무심코 드러낸다. 예를

73 *The Historian and the Believer,* 115.

74 M. Broshi, "Religion, Ideology, and Politics and Their Impact on Palestinian Archaeology," *Israel Museum Journal* 6 (1987): 32에서 인용.

75 *The Historian and the Believer,* 115.

76 Ibid., 114.

들어 그는 다음과 같이 기술한다. "우리는 1세기 사람들이 보았던 것처럼 세계를 볼 수는 없다.…우리의 기억에는 실재에 대한 새로운 비전이 지울 수 없는 방식으로 각인되어 있다.…우리는 새로운 지각을 소유하고 있다."[77]

이렇게 획일화된 "현대적" 세계관을 가정한 사람은 하비뿐만이 아니다. 일례로 렘케는 우선 "모든 사람이 자신의 운명을 하나님의 의지의 표현으로 간주하거나 그의 행동을 하나님이 승인했는지 혹은 거부했는지에 따른 결과로 간주"하는 "소위 인과관계에 대한 '원시적' 관념"에 대해 묘사한 후에, 이어서 이 고대 관점과 현대 관점을 대조한다. "우리가 생각하는 역사와 세계는 고대 사람들이 생각하는 것과 거의 정반대다. 그러므로 고대 근동에서 나온 문헌자료 하나를 바탕으로 사건의 역사적 경위를 재구성하려는 시도는 처음부터 승산이 없다."[78] 확실히 렘케가 생생한 역사적 정보를 제공하는 자료로서의 성서를 포기한 것은 단지 특정한 방법을 성서 텍스트에 적용한 결과라기보다는 "역사와 세계에 대한" 그의 관점과 성서의 관점이 대립했기 때문이다.[79]

여기서 또다시 "**유일한** 현대적 세계관이 존재하는 것처럼 일반화할 수 있는가"라는 질문이 제기된다. 하비, 렘케, 데이비스 등의 대답은 긍정적인 것처럼 보인다. 결국 "전자기기와 무선장비를 사용하고 현대의 의학적 발견의 혜택을 누리면서 그와 동시에 영과 기적이 존재하는 신

77 Ibid., 115.

78 "On the Problem of Studying Israelite History," 119–20.

79 또한 Davies의 주장을 참고하라: "무엇이 역사기술을 구성하는지 그리고 무엇이 과거를 구성하는지에 대한 현대적 이해는 성서와 다르다"("Method and Madness: Some Remarks on Doing History with the Bible," *JBL* 114 [1995]: 703).

약 세계를 믿는 것은 불가능하다"고 불트만이 가르치지 않았는가?[80] 그러나 확실한 것은 현대인들 모두가 불트만의 논리를 흥미진진하게 받아들이지는 않는다는 점이다. 물질세계와 이차 원인을 이해하도록 도와주는 과학적 진보는 결국 영적 세계와 절대자에 대한 신앙의 생명력을 파괴하고 마는가? 세속적인 유물론자라면 아마도 그런 개념에 매력을 느낄지도 모르나 유신론자들은 아닐 것이다. 물론 현대인들은 고대인들이 몰랐던 여러 가지를 이해하고 믿게 되었지만, 그럼에도 여전히 고대인처럼 유신론자로 남아 있다. 그리고 유신론자에게 하나님에 대한 신앙은 역사적 판단에 영향을 미치는 "이념적 배경" 가운데 가장 중요한 요소 중 하나일 것이다(유일한 요소는 아니더라도 말이다).

따라서 나는 구약의 역사기술에 관한 논의가 나아갈 길은 "원시" 대 "현대" 세계관이 아니라 "유신론" 대 "무신론" 세계관이라는 도식으로 논의를 구성함으로써 출발하는 것이라고 생각한다. 그리고 M. 스탠포드(M. Stanford)가 언급한 것처럼 역사가를 특징짓는 최종 형태와 색상이 그 사람의 "세계관"(*Weltanschauung*)에 의해 정해지듯이,[81] 나는 학자들이 글을 쓸 때 실재에 대한 자신의 핵심적인 신념을 밝히는 것이 중요하다고 생각한다. 나는 이것이 "개인적 객관성"(personal objectivity)이라는 신화를 지지하는 학문적 논의에서는 표준적인 관행이 될 수 없음을 알고 있다.[82] 그러나 학자들 사이에 의견의 불일치점이 진정 어디

80 Harvey, *The Historian and the Believer,* 114에서 인용.

81 *The Nature of Historical Knowledge* (Oxford: Blackwell, 1986), 96.

82 해석학적으로 깨어 있는 해석자들은 그들의 개인적 주관성을 바로 인정할 것이라고 확신한다. 그러나 여전히 일종의 객관성을 그들이 **선택한** 방법이라고 주장할 수 있다. 예를 들면 Davies는 다음과 같이 주장한다: "나는 역사적 지식에 해당하는 것은 무엇이며 어떻게 그것을 보증할 수 있는지에 대해 나와 동료 역사가들이 동의할 수 있는 방법으로 작업하기를 고집하는데, 왜냐하면 나는 어떤 경우에도 주관성을 벗어날 수

에 놓여 있는지를 결정하기 위해 세심한 주의를 기울이기까지, 우리는 계속해서 각자 딴소리를 늘어놓을 수밖에 없다. E. L. 그린스타인(E. L. Greenstein)이 강조하듯이, "당신의 근본적 가정으로부터 나온 추론에 우리가 이의를 제기하는 경우라면 우리는 어딘가에 도달할 수 있다. 그러나 우리가 실제로는 당신의 억측, 가정, 전제, 이념과 의견을 달리하면서도 당신의 추론에 이의를 제기한다고 착각하는 경우라면 우리는 그 어디에도 도달할 수가 없다."[83]

마지막으로 학자들은 자기가 받아들인 세계관과 자기가 사용하는 방법론의 배후에 놓인 세계관이 조화를 이루도록 주의를 기울여야 한다는 점을 강조하고 싶다. 모순이 발견되는 경우에는(예. 유신론을 표방하는 학자가 자신이 무신론적 방법론을 사용하고 있음을 인지했을 때) 자신의 핵심적인 신념을 바꾸든지, 모순되는 방법론을 거부하고 "하나님, 우주, 그리고 모든 것"에 대해 본인이 진리라고 믿고 있는 것과 일치하는 방법론으로 돌아서든지, 아니면 자신이 이해하고 있는 실재와 조화되도록 그 방법론에 필요한 수정을 가해야 할 것이다.

여기서는 앞서 논의한 세 가지 주요한 접근법을 유신론적인 이념적 배경과 조화시킬 수 있는 방법을 제안하겠다.[84]

없기 때문이다"("Method and Madness," 704). 그러나 Davies의 입장은 몇 가지 문제를 제기한다. "방법론" 자체가 가설을 바탕으로 하지 않는가? 다른 가설들 특히 반대적인 가설들(현대 역사가들이 고대 역사가와 공유할 수 있는 그런 가설들)도 가능하지 않은가? 이런 가설들은 방법론을 심각하게 수정해야 한다고 요구하지 않는가?

83 "The Role of Theory in Biblical Criticism," in *Proceedings of the Ninth World Congress f Jewish Studies: Jerusalem, August 4–12, 1985* (Jerusalem: World Union of Jewish studies, 1986), 167.

84 지면상 나는 간략히 의견을 피력했다. 더 자세한 것은 내가 쓴 *Art of Biblical History*의 제4장을 보라.

역사비평 방법의 근본원리를 정제하라

W. J. 에이브러햄(W. J. Abraham)은 『신의 계시와 역사비평의 한계』(*Divine Revelation and the Limits of Historical Criticism*)라는 매우 교훈적인 논의를 담은 책에서 신자는 스스로를 역사가로 믿지 않으면서도 계속해서 역사가라는 칭호에 대한 권리를 주장해야 하는지 묻는다. 에이브러햄은 역사비평 방법의 세 가지 중요한 원리가 적절하게 정의된다면 긍정적 대답이 가능하다고 주장한다. 예를 들어 비판의 원리(the principle of criticism)에 대한 정의는 체계적인 의심에서가 아니라 그 자료와 일치하는 증거를 사려 깊게 평가하는 데서 나와야 한다. 성서가 역사와 무관하거나 역사 정보를 전달할 수 없다고 여기는 자들의 경우에는 성서에서 중요한 역사적 정보를 끌어낼 수 있는지에 대해 회의를 품는 것이 적절한 "비평적" 태도일 것이다. 그러나 이런 견해를 공유하지 않는 자들에게 "체계적인 의심"이란 "성서를 다루는 데 있어 가장 부적절한 절차"일 것이다.[85] 유비의 원리(the principle of analogy)에 대해서 에이브러햄은 보다 넓은 정의를 지지한다. 이 정의에 의하면 개연성은 역사가나 당대인의 사적 경험에 대한 유비를 통해서만 평가되는 것이 아니라 역사가가 사적으로 알지 못하는 신념이 공정하게 논의될 때, 그리고 현재가 과거에 대한 열쇠일 뿐 아니라 과거도 현재에 대한 열쇠로 기능할 때 정당하게 평가될 수 있다.[86] 마지막으로 상호관계의 원리(the

85 G. Maier, *Biblical Hermeneutics,* trans. R. W. Yarbrough (Wheaton, Ill.: Crossway, 994), 24.

86 상세한 논의는 Abraham, *Divine Revelation*의 제5장을 보라. 달 착륙이라는 사건이 완전히 생소한데도 합리적인 논의를 통해 그것을 믿게 된 외딴 지역 집단의 예를 든다.

principle of correlation)에 대해서 에이브러햄은 물질적 정의보다는 형식적 정의를 옹호한다. 물질적 정의에 따르면 역사 변화는 자연적 원인이나 인간의 중재를 통해서만 발생할 수 있다. 형식적 정의에 따르면 중재는 인간적(human)이기만 한 것이 아니라 **인격적**(*personal*)인 것이며, 따라서 여기에 하나님이 다시 개입할 여지가 있다.[87]

물론 어떤 이들은 이런 절차에 반대하기도 한다. 예를 들어 데이비스는 단호한 태도로 다음과 같이 진술한다. "나는 역사의 재구성에 있어 신의 행위 또는 규정할 수 없거나 증명할 수 없는 원인을 논증의 요소로 인정하지 않는다. 설사 그런 요소들을 개인적으로 수용한다 해도 어떻게 그런 설명을 통합해서 역사방법으로 인지시킬 수 있는지 알지 못한다."[88] 그러나 여기서 간과해서 안 되는 것은 데이비스의 진술 자체가 신앙고백 즉 형이상학적 진술이라는 점이다.[89] 에이브러햄이 고찰하듯이 "역사가가 신학적 고려사항들을 부적절한 것으로 간주한다 해서 그가 신학과 완전히 결별한 것은 아니다. 그는 단순히 부정적인 신학 진술을 진리로 가정하고 있을 따름이다.…역사가가 신학 가설이 긍정적이지 않고 부정적일 경우에만 그 가설을 신뢰한다면 이는 의아한 일이다."[90] 요컨대 역사비평 방법의 기본원리가 에이브러햄이 제안한 방침을 따라 정제된다면, "신학에 의존하는 것은 더 이상 비역사적인 일로 간주되지 않을 것이다."[91] 역사가의 임무를 수행하는 데 있어 유

87 Ibid., 108.
88 "Method and Madness," 700.
89 다음을 보라. I. W. Provan, "Ideologies, Literary and Critical: Reflections on Recent Writing in the History of Israel," *JBL* 114 (1995): 586–606.
90 Abraham, *Divine Revelation,* 158.
91 Ibid.

신론자는 무신론자처럼 형이상학적 신념을 억누를 필요가 있다.

그러나 누군가는 다음과 같이 반대할지도 모른다. 하나님께는 모든 것이 가능한데, 바로 그 하나님이 역사에서 일정한 역할을 맡고 있다면 그것은 확률판단(역사학이 의존하고 있는 판단)을 불가능하게 만드는 것이 아닌가? 하나님이 기적을 베푸는 분이라는 성서적 견해를 고수하는 자들은 그들이 듣는 기적 기사의 가능성을 판단하는 능력을 잃은 것이 아닌가? 또한 "역사가들 중에 '성인 이야기' 즉 어떤 성인이 참수당한 후 자기 머리를 팔에 끼고 성당까지 수백 야드를 걸어 예배당에 들어가 거기서 송가를 불렀다는 이야기를 '전설'의 범주에 넣기를 주저할 사람은 거의 없"는 반면, "전통적인 신앙"은 현대인들이 그런 이야기를 불가능한 것으로 간주하여 거부한다는 사실을 쉽게 납득하지 못한다는 하비의 주장은 어떤가?[92]

이에 대한 답변으로 우리는 먼저 하비의 주장이 맞는지 질문해야 한다. 대부분의 "전통적인" 신자들이 직관적으로 기적 이야기를 단순히 부정해버리는 일을 꺼려하는 것은 사실이지만, 그들은 나름대로 어떤 비범한 이야기가 신빙성이 있는지를 판단하는 의식적인, 혹은 무의식적인 판단 기준들을 가지고 있다. 먼저 대부분의 신자들은 하나님이 기적을 쓸데없이 많이 일으키지 않는다는 가정에 동의할 것이다. 그러므로 전통적인 신자들은 하나님에게는 모든 것이 **가능하다**고 믿으면서도 모든 기묘한 이야기들이 **개연적**이라고 무비판적으로 받아들이지는 않는다. 더 나아가 어떤 사람들은 (그들의 알려진 성품과 언행의 일치로 인해) 증인으로서 다른 사람보다 더 신뢰할 만하다고 간주되는 것처럼,

92 *The Historian and the Believer*, 115–16.

전통적인 신자들도 어떤 정보 자료를 다른 자료보다 더 신빙성 있는 것으로 간주한다(예. 우리는 혼돈스럽고 일관성 없는 이야기를 늘어놓는 미지의 텍스트보다는 역사적 진리주장과 관련하여 일관성 있게 이야기하는 잘 알려진 검증된 텍스트를 더 신뢰할 것이다). 마지막으로 사려 깊은 신자라면 본질적으로 공식적인 상호관계 원리를 적용하여 이적 기사에 대해 물을 것이다. "하나님이 왜 그런 일을 하시기로 선택하셨을까? 이 기적 같은 이야기가 하나님의 역사라는 방대한 도식 안에 어떻게 들어맞는가?" 만족할 만한 대답이 나오지 않는다면 그 기사는 신뢰를 얻지 못할 것이다(또는 그럼에도 어떤 초자연적인 사건이 발생한 것처럼 보인다면 우리는 다른 성서 구절들, 예를 들어 마 24:24과 같은 구절에 제안된 방향으로 해결의 실마리를 찾아야 할 것이다). 사려 깊은 신자는 기적을 "마른하늘에 날벼락"이 아니라 세상을 주관하는 신의 광대한 계획과 관련된 특별한 신적 행위로 이해한다.

이 단락에서 나는 위에서 기술한 것처럼 방법론의 기본 원리가 정교하게 다듬어졌다는 가정하에, 역사비평 방법론이 일반적인 도식으로는 무신론적이지만 그럼에도 불구하고 유신론적 견해와 일맥상통할 수 있다고 주장하는 바다. 본질적으로 사회과학 방법들(예. 인류학, 고고학, 사회학)은 그 주장들이 개별적인(idiographic) 특성과는 구별되는 보편적인(nomothetic)특성과 일치하도록 제한될 때 유용하게 사용될 수 있다.

역사 재구성에서 사회과학의 주장을 제한하라

간략히 말하자면 사회과학은 사회와 문화의 일반적 특성을 다루는 데 적합하다. 그러나 특정한 사건이나 개인에 대해 말하기에는 적절하지 않다. 사회과학의 적절한 기능은 개인과 집단의 특정한 행위를 보다 잘 이해할 수 있는 배경 정보를 제공하는 것이다. B. 할퍼른(B. Halpern)이 말하듯이 사회과학의 주 기능은 "문화 안에 깃들어 있는 제도나 양식"을 기술하는 것인데, 이에 대응하는 급격한 운동이 학자들의 눈길을 끌고 있다.[93]

사회과학자들이 사회과학의 적절한 역할이 배경을 설명하는 것임을 인식할 때 그들의 노고는 가치 있는 작업이 될 것이다. 특정한 사건이 일어날 개연성에 대해 선언하기 시작할 때 그들은 자신들이 선택한 방법의 한계를 넘어서는 것이다. 그리고 고의로든 무의식적으로든 그들은 과거의 실재보다는 현재의 관심사를 빼닮은 역사를 써나가고 있는 셈이다. 다른 곳에서 이러한 잠재된 위험성에 대해 이미 언급했으므로 여기서 그 문제를 다시 장황하게 다루지는 않겠다.[94]

위에서 지적했듯이 고대 이스라엘에 대한 사회과학적 연구에서 특히 유감스러운 점은 종종 특정한 개인, 행위, 사건에 대한 최선의(또는 유일한) 증거라 할 수 있는 문학적 증거를 경시하는 경향이다. 여기서 내가 강조하고 싶은 점은 이러한 반문학적 경향이 이 방법론 자체에 필수불가결한 요인은 아니라는 것이다. 이스라엘의 초기 역사를 사회과학적으로 연구한 글에서 데버는 초기 이스라엘 역사를 재구성하는 데 있어, 고고학 조사의 적실성을 하나의 실례로서 강조한다.[95] 데버는 망

93 *The First Historians: The Hebrew Bible and History* (San Francisco: Harper & Row, 988), 122.
94 다음을 보라. *Art of Biblical History,* 135–49.
95 "Archaeology and Israelite Historiography," 61–80.

설임 없이 "고고학은 '성서를 증명하는' 데 쓰일 수 없다"고 상기시킨다. 그는 단지 "연대 추정이 가능한 철기 시대의 고고학적 증거와 성서 문학의 자료들이 동시대성을 암시하는 형태로 수렴되는 시점들이 있음"을 강조하는 것뿐이다. 데버에 따르면 이것은 "책임감 있는 역사가라면 부인할 수 없는 사실"이다.[96] 나는 최소한 이 점에는 기꺼이 동의할 수 있다.

데버의 주장, 즉 "고대 이스라엘에 관한 새로운 '믿을 만한 자료'는 완결된 저작인 히브리 성서에서가 아니라, 말하자면 '땅속에서'—유물이나 텍스트의 형태로—나올 것"이기 때문에 "고고학 자료가 우선할 것이며 미래에는 그것이 '일차' 자료, 특히 왕정 시대 이전 정보 대부분을 구성하게 될 것"인지는 확실하지 않다.[97] 데버의 주장에 어느 정도 설득력이 있는 것은 사실이다. 하지만 유념해야 할 점은 구약이 이미 완결된 책이지만 그 완결된 책을 이해하는 작업은 아직 끝나지 않았다는 것이다. 실제로 여러 부분에서 성서 텍스트가 지금까지 잘못 이해되어왔음이 드러난다. 때로는 고고학적 발견, 인류학적 통찰, 사회학적 고찰로 텍스트를 재고함으로써 그 텍스트에 대한 이해를 증진시키기도 한다. 어떤 때는 성서의 시문학, 서사비평 등에 대한 연구를 통해 향상된 문학적 역량이 유사한 효과를 가져오기도 한다. 핵심은 단순하다. 텍스트와 고고학적 유물 간의 상호관계를 증명하려면 먼저 그 텍스트와 유물이 모두 올바로 해석되었는지를 살펴봐야 한다는 것이다. 드보(de Vaux)가 사반세기보다 더 이전에 고찰했듯이 "고고학적 결과물이 본문비평의 결론에 반대되는 듯이 보인다면 그것은 어쩌면 고고학적

96 Ibid., 72.
97 Ibid., 71.

사실들이 충분히 밝혀지지 않았거나 확고히 정립되지 않았기 때문일 수도 있고, 아니면 텍스트가 잘못 해석되었기 때문일 수도 있다."[98] 이것은 다시 구약 역사기술을 책임 있게 다룰 사람들에게 문학적 의무가 요구된다는 점을 상기시킨다.

역사 재구성을 위한 현대 문학비평의 결과를 재고하라

위에서 나는 구약에 대한 현대 문학적 접근법을 구약 역사기술 방법론에 적용하는 문제를 논의할 때, 일부 문학비평가들이 단순화의 오류에 빠져 구약을 "순수"문학—오로지 예술을 위한 예술—으로 보는 경향을 지적했다. 이것은 유감스럽고 불필요한 일이다. 진정한 문학적 접근이라면 주어진 텍스트가 펼치는 진리주장이 어떤 것인지, 또 그것들이 순수하게 문학적인지 아니면 성서처럼 역사적이고 신학적인지를 저울질함으로써 그 문학 작품에 정당한 대우를 해주어야 한다. 성서 대부분은 실용문학으로 기록되어 정보를 나누고 순종을 명령하며 회개를 촉구한다. 이런 의도를 무시하거나 거부하고 성서 텍스트를 (자기 목적적) 순수문학 수준으로 축소하는 것은 정도를 벗어난 것이다.

구약의 여러 내러티브에 나타나는 명백한 역사적 진리주장을 무시하는 이유는 학자마다 다르다. 어떤 이들은 "정말 하나님이 ~라고 했는가?"(창 3:1)라는 질문을 고집하게 만드는 일종의 원초적 거부감으로 인

98 R. de Vaux, "On Right and Wrong Uses of Archaeology," in *Near Eastern Archaeology in the Twentieth Century: Essays in Honor of Nelson Glueck,* ed. J. A. Sanders (Garden city, N.Y.: Doubleday, 1970), 78.

해 그런 오류를 범한다. 어떤 이들은 신의 행위를 묘사하는 텍스트를 역사적으로 의심스럽게 바라보는 방법론적 속박으로 인해 오류를 범한다. 또 어떤 이들은 문학과 역사는 서로 배타적인 분과라는 고지식한 가정으로 인해 오류를 범한다. 첫 번째 유형의 오류를 바로잡기 위해서는 가슴과 마음에 근본적인 변화(성서가 "회개"라 부르는)를 가져와야 한다. 두 번째 유형의 오류를 바로잡기 위해서는 유신론적 실재와 조화를 이룰 수 있도록 방법론을 수정해야 한다. 세 번째 유형의 오류를 바로잡기 위해서는 단순히 문학과 역사가 상호배타적 개념이 아님을 주지할 필요가 있다. 세 번째 유형의 교정 작업에는 시각 미술에서의 유비가 도움이 될 것이다.

초상화는 예술인 동시에 역사다. 다시 말해 (역사적) 참고자료라는 목적을 가진 예술 작품이라는 것이다. 초상화를 대할 때 우리는 그 작품의 예술성(필법의 완성도, 훌륭하게 계획된 구성, 세부 묘사의 분별력 있는 선택)에 감탄할 수 있다. 그러나 이 모든 예술성이 역사적 목적(실제 인물 그대로의 뚜렷한 생김새를 포착하는 것)을 위한 것임을 인지하지 못한다면 우리는 핵심을 놓친 셈이다. 나는 이것을 오늘날 성서 연구에서의 몰역사적인(ahistorical) 문학적 접근법에 비유하고자 한다. 다른 한편으로는 초상화의 대상이나 역사적 의도는 완벽하게 인지하지만 그 작품에 담긴 예술적 매개들은 거의 이해하지 못하는 경우도 있다. 이런 경우 그 매개가 **어떤 방식으로** 의사소통하는지를 이해하지 못함으로써 그 매개가 **무엇을** 말하려는지 오해할 위험이 있다. 나는 이것을 역사적 정보를 찾으려 성서 텍스트를 파헤치지만 그 일을 정당하게 수행하는 데 필수적인 문학적 민감성을 결여한 채 접근하는 역사비평 방법에 비유하고자 한다.

초상화를 "읽고" 그 의미를 파악하는 최고의 방법은 역사적 관심사에 대한 이해와 더불어 그 작품에 사용된 예술적 매개에 대한 정당한 평가도 놓치지 않는 것이다. 따라서 구약 역사기술을 "읽는" 최고의 방법은 역사적 관심사를 이해할 뿐만 아니라 거기 사용된 문학적 기법도 제대로 평가하는 것이다. 요약하자면 초상화나 성서 텍스트의 예술적 기법을 이해하면 이해할수록 거기 담긴 (역사적) 주제도 더 잘 파악할 수 있다.

성서 텍스트에 대한 현대의 문학적 접근이 많은 것을 제공할 수 있다는 것은 이런 의미다. 그러한 접근이 몰역사적 오류를 피할 수만 있다면 말이다. 지난 이십여 년간 구약의 개별 텍스트를 문학적으로 읽는 신선한 방법이 눈에 띄게 증가하였다. 그리고 어떤 방법들은 이전의 열등한 독법을 바탕으로 한 역사 판단에 이의를 제기한다. 더욱 중요한 사실은 구약의 문학적 장르(특히 내러티브와 시)에 대한 작업, 혹은 시학에 대한 관심이 가히 폭발적이라는 것이다. 이런 연구는 성서 텍스트의 수사학에 대한 인식을 높여준다. 구약 역사기술에 관심 있는 역사가들은 거기에서 많은 것을 얻을 수 있을 것이다. D. 레빈(D. Levin)이 30여 년 전에 다른 상황에서 말했듯이 "역사비평가가 할 수 있는 일차적인 공헌 가운데 한 가지는 역사 기록에 적용된 수사적 기법을 기꺼이 이해하고 논의하고자 하는 지적인 독자가 되는 것이다."[99]

99 *In Defense of Historical Literature: Essays on American History, Autobiography, Drama, and Fiction* (New York: Hill and Wang, 1967), 23.

결론

헤르만을 인용하여 위에서 지적했듯이 구약 역사기술 혹은 이스라엘 역사 연구의 위기가 어느 정도는 "다소 한쪽으로 치우친 가설들" 때문이라면, 구약 역사 연구의 미래를 위한 최선의 희망은 다양한 방법을 적용하는 통합적인 접근에 있다. 다방면에 걸친 방법론적 접근법은 그 자체에 점검과 균형의 체계를 갖고 있다는 장점이 있다. 그런 체계에서는 어떤 한 가지 방법에서 얻어진 결과가 다른 방법을 통해 얻어진 결과에 의해 검토될 수 있다. 이 글에서 나는 구약 역사기술과 관련된 세 가지 방법론에 집중했다. 아울러 각각의 방법론을 유신론적 배경을 가진 성서학자들이 어떻게 수용하고 적용할 수 있을지에 대해 몇 가지를 제안했다. 구체적으로 말하자면 나는 역사비평 방법의 기준을 정제하고, 사회과학 방법의 주장을 제한하며, 현대 문학방법의 결과를 재고하자고 제안했다. 방법론에 적절한 수정이 가해졌다면 구약의 주요 추동력들—신학적·역사적·문학적 추동력—에 주의를 기울이는 통합적인 접근은 "고대 이스라엘인이 역사를 기술하는 작업"과 "고대 이스라엘에 관한 역사를 기록하는 일" 두 가지 모두를 정당하게 취급하는 최상의 방법이 될 것이다.

방법에 대한 논의 이외에도 나는 해석자에 의해 (의식적으로든 무의식적으로든) 수용되고 텍스트에 내포된 실재의 모델에 더 주의를 기울여야 한다고 역설하고자 했다. 세계관에 관련된 이슈들과 형이상학적 주요 신념들에 주목하는 것은 필수적이다. 왜냐하면 해석자와 텍스트 간에 긴장과 불일치가 나타나는 것은 특정한 관찰과 결과의 수준에서보다는 바로 그 수준에서이기 때문이다. 또한 나는 좀 더 자기반성적이 되고 개인의 근본적인 신념들에 대해 열린 마음을 가지라는 요청이 신앙을 "객관적인" 과학에 비견하고자 하는 사람들에 의해 도전 받을 수 있음도 지적했다. 그러나 J. 데게나르(J. Degenaar)가 주장하듯이 "이론적인 자기반성을 통해 역사기술은 한층 더 높은 수준으로 올라간다. 왜냐하면 역사가는 이제 그의 (숨겨진) 가정들을 고려할 것이기 때문이다."[100]

100 "Historical Discourse as Fact-Bound Fiction," in *Facts and Values: Philosophical Reflections from Western and Non-Western Perspectives,* ed. M. C. Doeser and J. N. Kraay, Martinus Nijhoff Philosophy Library 19 (Dordrecht and Boston: Martinus Nijhoff, 986), 76.

제7장

초기 이스라엘에 관한 최근 학계의 연구 동향

K. Lawson Younger, Jr.
K. 로슨 영거

최근 20여 년간 성서학계는 초기 이스라엘 연구에 급진적인 변화를 목격하게 되었다. 이 시기에 많은 학자들이 학계의 형세를 조사하고 재검토했다.[1] 한 연구조사에 의하면 이 주제를 다룬 문헌들의 숫자와 자료

1 연대순으로 몇을 예로 들면 다음과 같다. B. S. J. Isserlin, "The Israelite Conquest of Canaan: A Comparative Review of the Arguments Applicable," *PEQ* 115 (1983): 85–94; J. J. Bimson, "The Origins of Israel in Canaan: An Examination of Recent Theories," *Themelios* 15.1 (1989): 4–15; R. Gnuse, "BTB Review of Current Scholarship: Israelite Settlement of Canaan: A Peaceful Internal Process—Part 2," *BTB* 21 (1991): 109–17; R. S. Hess, "Early Israel in Canaan: A Survey of Some Recent Evidence and Interpretations," *PEQ* 125 (1993): 125–42; N. K. Gottwald, "Recent Studies of the Social World of Premonarchic Israel," *CR:BS* 1 (1993): 163–89; E. H. Merrill, "The Late Bronze/Early Iron Age Transition and the Emergence of Israel," *BSac* 152 (1995): 145–62; N. P. Lemche, "Early Israel Revisited," *CR:BS* 4 (1996): 9–34; D. Merling Sr., *The Book of Joshua: Its Theme and Role in Archaeological Discussions*, Andrews University Seminary Doctoral Dissertation Series 23 (Berrien Springs, Mich.:

들에 적용된 새로운 가설 모델들의 숫자가 기하급수적으로 불어났다.

N. P. 렘케가 최근에 "이 분야에서의 논쟁은 거의 끝났다"라고 선언했음에도 불구하고,[2] 가까운 장래에 이스라엘의 초기 역사에 대해 성서학자들 사이에 합의가 도출될 가능성은 점점 더 적어지고 있다. 뭔가 있다면, 경우에 따라 본연의 문제들을 흐리게 하는 과장된 미사여구일 것이다.[3] 왕정 시대 이전의 이스라엘에 대한 이와 같은 의견의 불일치는 동일한 자료를 바탕으로 다양한 재구성을 시도하는 학자들 사이에서도 발견된다.[4] 2000년대 들어 성서학 분야에서 도출된 명백한 합의

Andrews University Press, 1997), 1–105.

2 Lemche, "Early Israel Revisited," 9–34.

3 Dever와 Whitelam은 그들이 주고받은 *JSOT*의 글에서 고도의 수사학을 사용한다. W. G. Dever, "The Identity of Early Israel: A Rejoinder to Keith W. Whitelam," *JSOT* 72 (1996): 3–24; K. W. Whitelam, "Prophetic Conflict in Israelite History: Taking Sides with William G. Dever," *JSOT* 72 (1996): 25–44. Dever와 Lemche도 *CR:BS*의 글에서 마찬가지로 하였다: W. G. Dever, "Revisionist Israel Revisited: A Rejoinder to Niels Peter Lemche," *CR:BS* 4 (1996): 35–50; N. P. Lemche, "Response to William G. Dever, 'Revisionist Israel Revisited,'" *CR:BS* 5 (1997): 9–14; and of I. W. Provan, T. L. Thompson, and P. R. Davies in *JBL*: I. W. Provan, "Ideologies, Literary and Critical: Reflections on Recent Writing on the History of Israel," *JBL* 114 (1995): 585–606; T. L. Thompson, "A Neo-Albrightean School in History and Biblical Scholarship?" *JBL* 114 (1995): 683–98; and P. R. Davies, "Method and Madness: Some Remarks on Doing History with the Bible," *JBL* 114 (1995): 699–705. 이런 점에서 N. K. Gottwald의 제안이 조금 앞서 있다("Triumphalist versus Anti-Triumphalist Versions of Early Israel: A Response to Articles by Lemche and Dever in Volume 4 [1996]," *CR:BS* 5 [1997]: 15–42).

4 예를 들어 W. G. Dever, "The Late Bronze–Early Iron I Horizon in Syria-Palestine: Egyptians, Canaanites, 'Sea Peoples,' and 'Proto-Israelites,'" in *The Crisis Years: The Twelfth Century B.C. from beyond the Danube to the Tigris,* ed. W. A. Ward and M. S. Joukowsky (Dubuque: Kendall/Hunt, 1992), 99–110; I. Finkelstein, *The Archaeology of the Israelite Settlement* (Jerusalem: Israel Exploration Society, 1988); but cf. I. Finkelstein, "The Emergence of Israel: A Phase in the Cyclic History of Canaan in the Third and Second Millennia B.C.E.," in *From Nomadism to Monarchy: Archaeological and Historical Aspects of Early Israel,* ed. I. Finkelstein and N. Na'aman (Jerusalem:

사항 한 가지는 올브라이트 학파의 "정복 모델"이 더 이상 유효하지 않다는 것이다.

지난 20년 동안 고고학계에서는 단순히 도시 유적지(urban sites)를 발굴하던 데서 발전하여 지역 조사(regional surveys)로 연구를 확장하였으며, 이를 통해 초기 이스라엘의 배경이 된 소규모 부락 문화에 관한 중요한 자료를 산출하고 있다. 그러나 노만 갓월드(Norman Gottwald)가 적절하게 관찰한 것처럼, 쏟아지는 새로운 증거들과 신선한 가설들 속에서 성서의 기원 전승에 관한 복잡한 연구가 역사적 가치를 지니는가에 대해 근본적인 의구심이 생겨나기 시작했다. 요약하자면 과거에 이스라엘의 기원에 대한 재구성의 기초가 되어왔던 문학적 접근법의 쇠퇴는 고고학과 사회학적 접근을 통해 얻어진 지식들을 통해 보완되었다.[5]

이제 나는 서로 다른 모델들을 간략히 요약한 후에 몇 가지 요점들을 짚어보고자 한다. 아울러 여호수아서의 역할을 살펴보고, 모든 자료를 고려한 보다 종합적인 모델을 만들기 위해 몇 가지 제안을 하려고 한다.

Israel Exploration Society, 1994), 150–78; Gnuse, *BTB* 21 (1991): 109–17; N. K. Gottwald, *The Tribes of Yahweh: A Sociology of the Religion of Liberated Israel, 1250–1050 B.C.E.* (Maryknoll, N.Y.: Orbis, 1979); B. Halpern, *The Emergence of Israel in Canaan,* SBLMS 29 (Chico, Calif.: Scholars Press, 1983); N. P. Lemche, *Ancient Israel: A New History of Israelite Society,* trans. F. H. Cryer, Biblical Seminar 5 (Sheffield: JSOT Press, 1988); idem, *Die Vorgeschichte Israels: Von den Anfängen bis zum Ausgang des 13. Jahrhunderts v. Chr.,* Biblische Enzyklopädie 1 (Stuttgart: Kohlhammer, 1996); W. H. Stiebing Jr., *Out of the Desert? Archaeology and the Exodus/Conquest Narratives* (Buffalo, N.Y.: Prometheus, 1989); and K. W. Whitelam, *The Invention of Ancient Israel: The Silencing of Palestinian History* (London and New York: Routledge, 1996).

5 Gottwald, "Recent Studies," 163. 핵심적인 몇 가지 이슈를 다룬 중요한 책은 다음과 같다. *The Origins of the Ancient Israelite States,* ed. V. Fritz and P. R. Davies, JSOTSup 228 (Sheffield: Sheffield Academic Press, 1996).

이스라엘의 기원 모델

이스라엘이 가나안 외부에 기원을 둔다는 가설들

정복 모델(The Conquest Model)

이 견해의 추종자들은 이스라엘의 정착 과정이 다소 복잡했을지는 모르지만, 여호수아서의 성서 내러티브가 본질적으로 역사성이 있음을 고고학이 입증한다고 주장한다.[6] 이러한 고고학 증거는 여러 유적지(예. 하솔, 라기스)에서 13세기에 발생한 여러 차례의 갑작스럽고 강력한

6 W. F. Albright, "Archaeology and the Hebrew Conquest of Palestine," *BASOR* 58 (1935): 10–18; idem, "The Israelite Conquest of Canaan in the Light of Archaeology," *BASOR* 74 (1939): 11–23; idem, "The Role of the Canaanites in the History of Civilization," in *The Bible and the Ancient Near East: Essays in Honor of William Foxwell Albright,* ed. G. E. Wright (1961; reprinted, Winona Lake, Ind.: Eisenbrauns, 1979), 328–62. See also Y. Yadin, "Is the Biblical Account of the Israelite Conquest of Canaan Historically Reliable?" *BAR* 8 (1982): 16–28; idem, "Biblical Archaeology Today: The Archaeological Aspect," in *Biblical Archaeology Today: Proceedings of the International Congress on Biblical Archaeology, Jerusalem, April 1984* (Jerusalem: Israel Exploration Society, Israel Academy of Sciences and Humanities in cooperation with the American Schools of Oriental Research, 1985), 21–27; J. Bright, *A History of Israel,* 3d ed. (Philadelphia: Westminster, 1981), 132. Malamat는 기본적인 정복 모델을 따랐으나 그가 이해한 것은 훨씬 더 복잡하다. 다음을 보라. A. Malamat, "Israelite Conduct of War in the Conquest of Canaan," in *Symposia Celebrating the Seventy-Fifth Anniversary of the Founding of the American Schools of Oriental Research (1900–1975),* ed. F. M. Cross (Cambridge, Mass.: American Schools of Oriental Research, 1979), 35–55; idem, "How Inferior Israelite Forces Conquered Fortified Canaanite Cities," *BAR* 8 (1982): 24–35; idem, "Die Frühgeschichte Israels: Eine methodologische Studie," *TZ* 39 (1983): 1–16; idem, "Die Ero berung Kanaans: Die israelite Kriegsführung nach der biblischen Religion," in *Das Land Israel in biblischer Zeit,*ed. G. Strecker (Göttingen: Vandenhoeck &Ruprecht, 1983), 7–32.

파괴의 흔적들을 포함한다.[7] 여호수아서는 가나안 땅에 대한 세 차례에 걸친(중앙, 남부, 북부) 전격적인 기습공격을 서술한 것으로 이해되었는데, 그러한 이해는 고고학적으로 뒷받침되었다.

그러나 이 가설에는 상당한 문제점이 있다. 윌리엄 데버(William Dever)는 여호수아서에 나오는 장소와 일치할 가능성이 있는 열아홉 개의 유적지 중에서 오직 두 군데만 13세기에 파괴된 증거를 보여준다고 주장했다.[8] 따라서 고고학적 증거는 올브라이트 학파의 정복 모델이 잘못되었음을 보여주는데, 왜냐하면 이스라엘이 수많은 가나안 유적지들을 파괴했다고 주장하는 올브라이트 학파의 주장이 고고학 증거 자료와 상충하기 때문이었다.

그러나 이 모델은 여호수아서를 문자적으로 단순하게 대했기 때문에 처음부터 실패할 수밖에 없었다. 여호수아서 자체는 이스라엘에 의한 전면적이고 광범위한 파괴를 주장하지 않는다. 오히려 여호수아서는 명백히 다른 주장을 하고 있다(예. 수 11:13). 게다가 여호수아서의 정복 기사는 매우 선택적이며 도식화된 내러티브다. 더욱이 이 책은 가나안 땅에 이스라엘이 어떻게 출현했는지 대해 완전한 지식을 전달하려는 의도로 쓰이지 않았으며, 우리는 단순히 문자적으로 이 책에 접근해서도 안 된다. 예를 들어 남방의 도시를 정복하는 기사(수 10:28-42)는 사람들이 일반적으로 생각하는 것처럼 이 지역의 물리적 구조물들

7 P. Lapp은 다음과 같이 말한다. "해안 도시와 이스르엘 평야 밖에서…지층 증거는…13세기 후반에 거의 모든 중요 도시가 완전하게 파괴되었음을 강력하게…가리킨다." (Lapp, *Biblical Archaeology and History* [New York: World, 1969], 295; 다음도 보라. Idem, "The Conquest of Palestine in the Light of Archaeology," *CTM* 38 [1967]: 283–300).

8 Dever, "Israel, History of (Archaeology and 'the Conquest')," *ABD*, 3:545–58, esp. 548; 다음도 보라. Lemche, "Early Israel Revisited," 13–15.

에 대한 완전한 파괴를 의미하는 것으로 이해되어서는 안 된다.[9] 이 기사는 과장법을 특징으로 하는 반복적이고 전형적인 문체로 쓰였기 때문에 보다 주의 깊게 접근할 필요가 있다. 따라서 올브라이트가 자신의 모델을 제창했을 때, 고고학적 자료는 불가피하게 그 모델과 모순될 수밖에 없었을 것이다. 왜냐하면 그 가설을 지지하기 위해서는 성서를 지나치게 단순화시켜서 이해해야만 하기 때문이다.

평화적 이주 모델(The Peaceful Infiltration Model)

이 모델은 이스라엘인들이 유목/반유목 씨족 집단으로서 몇 세기에 걸쳐 서로 다른 여러 방향에서 점진적으로 그리고 평화로운 방식으로 사람이 살지 않는 가나안 산지(hill country)로 이주했다고 가정한다. 오랜 시간에 걸쳐 정착이 이루어졌고, 결국 이스라엘이 그 땅을 지배하게 되었다.[10] 야웨 신앙을 구심점으로 하는 느슨한 정치적 연맹이 발전했고,

9 K. L. Younger Jr., "The 'Conquest' of the South (Joshua 10:28–39)," *BZ* 17.2 (1995): 255–64.

10 A. Alt, "The Settlement of the Israelites in Palestine," in *Essays on Old Testament History and Religion,* trans. R. A. Wilson (Oxford: Oxford University Press, 1953), 135–69; M. Noth, *The History of Israel,* trans. P. R. Ackroyd, 2d ed. (New York: Harper & Row, 1960), 66–84; M. Weippert, *The Settlement of the Israelite Tribes in Palestine: A Critical Survey of Recent Scholarly Debate,* trans. J. D. Martin, SBT 2/21 (London: SCM, 1971), 1–146; J. M. Miller, "Archaeology and the Israelite Conquest of Canaan: Some Methodological Observations," *PEQ* 109 (1977): 87–93; J. Strange, "The Transition from the Bronze Age to the Iron Age in the Eastern Mediterranean and the Emergence of the Israelite State," *SJOT* 1 (1987): 1–19, esp. 18–19; A. Lemaire, "Aux origines d'Israël: La montagne d'Éphraïm et le territoire de Manassé (XIII–XIe siècle av. J.-C.)," in *La protohistoire d'Israël de l'exode à la monarchie,* ed. J. Briend et al. (Paris: Cerf, 1990), 183–292.

결과적으로 "12 지파" 인보동맹이 형성되었다.[11] 이 모델의 원래 형태는 가나안 사람들과 이스라엘 사람들 사이의 긴장이 근본적으로 농부와 유목민 사이의 긴장과 동일하다고 가정함으로써 군사적 갈등을 근본적으로 배제한다.

아담 제르탈(Adam Zertal)은 므낫세 지파의 거주 지역에 나타난 도자기의 분포로 볼 때 목축업에 종사하는 유목민들이 요르단 동편으로부터 건너와서 점차 서쪽 지역에까지 정착했음을 알 수 있다고 주장했다.[12] 하지만 이러한 주장도 반론을 피할 수는 없었으며,[13] 이주 모델을 강화하기에는 역부족이었던 것으로 보인다.

바룩 할퍼른(Baruch Halpern)의 판단에 따르면, 람세스 2세가 압제자 파라오였기 때문에(출 1:11) 메르네프타가 출애굽의 파라오였다.[14] 결과적으로 메르네프타 석비에 등장하는 이스라엘은 시리아로부터 요르단 동편 북부를 통과하여 남쪽으로 내려온 "이주자" 난민 그룹이었다. 이후에 이집트를 탈출한 노예들이 가나안 땅으로 유입되었으며 그들은 출애굽, 가나안 정복, 그리고 그들의 신인 야웨와 관련된 "신화"를 통해 이스라엘의 신앙을 변형시켰다.

11 인보동맹(amphictyony)이란 신과 신전에 대한 충성을 함께 맹세한 부족 및 도시들의 연맹이며, 일반적으로 6-12개의 부족 혹은 도시로 구성된다.

12 A. Zertal, "Israel Enters Canaan—Following the Pottery Trail," *BAR* 17.5 (1991): 28–47, 특히 36–41; idem, "The Trek of the Tribes As They Settled in Canaan," *BAR* 17.5 (1991): 48–49, 75.

13 W. Dever, "How to Tell a Canaanite from an Israelite," in *The Rise of Ancient Israel: Symposium at the Smithsonian Institution, October 26, 1991,* ed. H. Shanks et al. (Washington, D.C.: Biblical Archaeology Society, 1992), 26–60, 특히 49–51.

14 B. Halpern, "The Exodus from Egypt: Myth or Reality?" in *The Rise of Ancient Israel,* ed. Shanks et al., 87–113, 특히 102–8. 다음도 보라. Halpern, *Emergence of Israel in Canaan,* 117, 216.

이 모델은 여러 면에서 비판을 받았다.[15] 특히 인보동맹 개념을 고대 그리스에서 차용했다는 점 때문에 비난이 계속되었다.[16] 이 가설의 독창적인 주장을 뒷받침했던 인류학적 전제 역시 부정확한 것으로 판명되었다.[17] 그러나 이 가설의 최근 추종자들은 유목민 그룹들이 근동 전역에서 정착민들과 공생관계를 지속적으로 유지하면서 존재했음을 강조하였다.[18] 이 그룹들은 별다른 어려움 없이 가나안 산지로 이주하여 그곳을 차지할 수 있었을 것이다.[19] 이 그룹들이 가나안 내부에 기원을 두었는지 아니면 외부에서 유입되었는지는 현재 논쟁 중이며, 그 논쟁은 자연스럽게 민족성의 문제에 중점을 두고 있다.

15 Lemche의 비평을 보라. Lemche, "Early Israel Revisited," 11–13.

16 Gottwald, *Tribes of Yahweh,* 347–57.

17 M. Chaney's evaluation, "Ancient Palestinian Peasant Movements and the Formation of Premonarchic Israel," in *Palestine in Transition: The Emergence of Ancient Israel,* ed. D. N. Freedman and D. F. Graf, SWBAS 2 (Sheffield: Almond, 1983), 39– 90, 특히 43. Alt가 제시했듯이 이 이주 모델은 19세기 후반/20세기 초반의 베두인들에 대한 향수적 인류학—어떻게 목축생활이 실제 이루어졌는지 몰랐던—에 기반을 두고 있는 것 같다 (다음을 보라. Lemche, *Ancient Israel,* 19–21).

18 V. Fritz는 이 가설에 "공생설"이란 이름을 제안했다. 다음을 보라. "Conquest or Settlement?" *BA* 50.2 (1987): 84–100; idem, "The Israelite 'Conquest' in the Light of Recent Excavations at Khirbet el-Mehash," *BASOR* 241 (1981): 71–88. Noth는 이스라엘의 선조들이 가나안으로 들어간 때로 기원전 13세기를 선호하는 반면 Fritz는 더 이전인 기원전 14 또는 15세기로 본다. 반유목민들의 자취가 거의 남아 있지 않기 때문에, 정주 기간이 더 길었던 이스라엘은 고고학적으로 "눈에 띄게" 되었다. 이스라엘의 이주는 남쪽에서 유다 방향으로 진행되었으며 그들이 정주하게 된 이유는 후기 청동기 시대 말에 전체 가나안 사회에 영향을 미쳤던 변화된 경제 상태 때문이었다.

19 어떤 학자들은 이 유목민들을 아피루('*apiru*), 샤수(Shasu), 또는 출애굽의 이스라엘인과 연결시켰다. Weippert는 그들을 주로 이집트 문서와 유적(기원전 약 1500–1150년)에서 알려진 샤수로 보았다. 다음을 보라. M. Weippert "The Israelite 'Conquest' and the Evidence from Transjordan," in *Symposia,* ed. Cross, 15–34; idem, "Canaan, Conquest and Settlement of," *IDBSup,* 125–30. 다음도 보라. D. B. Redford, *Egypt, Canaan, and Israel in Ancient Times* (Princeton: Princeton University Press, 1992), 275–80.

이스라엘이 가나안 내부에 기원을 둔다는 가설들

봉기 모델(The Revolt Models)

멘델홀(Mendenhall). 조지 멘델홀의 재구성에서 이스라엘은 대규모의 "가나안 농민 그룹들"과, 야웨라는 신을 통한 속박으로부터의 구원에 대한 신화와 그 신에 대한 충성 서약을 중심으로 한 정치 구조를 도입해온 소규모의 핵심적인 "노예 그룹" 간의 연맹에 그 기원을 둔다.[20]

가나안의 반독립적인(semi-independent) 도시국가들은 주변의 농토와 마을을 다스리면서 한편에는 왕과 그의 도시민, 다른 한편에는 농민과 목축업자로 대변되는 뚜렷한 사회 계층을 만들어냈다. 결과적으로 도시인들이 농민과 목축업자를 압제했으며, 동시대의 금석문들을 통해 하비루/하피루(=히브리인)로 알려진 이탈자 그룹이 가나안 지역에 출현함으로써 농민들 사이에서 봉기를 부추긴 촉진제가 되었다.

따라서 가나안 정복은 실제적으로 존재하지 않았으며 그 대신 가나안 도시국가들의 조직망에 대항하는 소작농들의 봉기가 있었을 뿐이다. 그러나 멘델홀에 따르면 이 "봉기"는 정치적인 것이 아니라 "문화적이고 이념적인 혁명"이었다.[21]

갓월드(Gottwald). 멘델홀과 마찬가지로 갓월드는 고대 이스라엘의

20 G. E. Mendenhall, "The Hebrew Conquest of Palestine," *BA* 25 (1962): 66–87; idem, *The Tenth Generation: The Origins of the Biblical Tradition* (Baltimore and London: Johns Hopkins University Press, 1973); idem, "Biblical History in Transition," in *The Bible and the Ancient Near East,* ed. Wright, 32–53; idem, "Ancient Israel's Hyphenated History," in *Palestine in Transition,* ed. Freedman and Graf, 91–103.

21 Mendenhall, "Ancient Israel's Hyphenated History," 92.

기원을 "정복" 또는 "이주"가 아닌 "봉기"로 이해한다.[22] 하지만 그는 이스라엘의 기원을 근본적으로 마르크스주의 이데올로기와 일맥상통하는 정치적 혁명으로 이해했다는 점에서 멘덴홀과 큰 차이를 보인다. 그에게 있어 이스라엘의 기원을 이해하는 (그리고 적용하는) 열쇠는 마르크스주의의 해석적 틀이다. 따라서 "봉기"는 "응집력과 효율성을 갖춘 혁명적인" 농민 프롤레타리아 계급이 "봉건적인" 도시국가의 권력을 전복시킨 것으로 이해되어야 한다.[23] 이스라엘 민족의 기원은 그들의 사회경제적이고 종교적인 혁명에서 찾을 수 있다는 것이다.

인류학적으로 이 가설에는 (특히 렘케가 지적한 것처럼) 심각한 문제점이 내재한다.[24] 첫째, 유목민들은 평등주의적인 통치체계를 필요로 하지 않는다. 둘째, 농민들과 도시인들은 서로 대항하기보다는 종종 서로를 의지한다.[25] 셋째, 정착생활이 반드시 유목생활보다 더 진보된 형태라고 할 수는 없다.

성서 이외의 자료를 통해 분명히 알 수 있는 사실은 대다수의 경우에 하피루(*Hapiru*)라는 용어를 성서의 히브리인들과 동일시할 수는 없다는 것이다.[26] 이 둘을 동일시하기에는 너무나 많은 언어적·민족사회

22 다음을 보라. Gottwald, *Tribes of Yahweh,* 192–209.

23 Ibid., 586.

24 N. P. Lemche, *Early Israel: Anthropological and Historical Studies on the Israelite Society before the Monarchy,* VTSup 37 (Leiden: Brill, 1985).

25 Lemche는 갓월드의 다형적(polymorphic) 관점과 대비되는 전통적인 동양 사회의 이형적(dimorphic) 관점을 강조한다.

26 A. F. Rainey, "Who Is a Canaanite? A Review of the Textual Evidence," *BASOR* 304 (1996): 1–15; idem, "Unruly Elements in Late Bronze Canaanite Society," in *Pomegranates and Golden Bells: Studies in Biblical, Jewish, and Near Eastern Ritual, Law, and Literature in Honor of Jacob Milgrom,* ed. D. P. Wright, D. N. Freedman, and A. Hurvitz (Winona Lake, Ind.: Eisenbrauns, 1995), 481–96.

적·역사적 문제점들이 존재한다. 최근에 발견된 "하피루" 프리즘을 통해 이러한 주장은 더욱 설득력을 얻게 되었다.[27]

성서적으로도 문제점들이 존재한다. 여호수아서의 배후에 놓인 이념은 다른 고대 근동 정복 기사—즉 제국주의적인—의 근간이 되는 이념과 동일한 것이며, 따라서 "평등주의적, 농민의" 이스라엘 개념은 자기모순적인 전승 규범을 적용하는 것이다.[28]

이스라엘이 토착민이라는 가설들

최근 10여 년간 학계의 추세는 이스라엘을 가나안의 토착민으로 이해하는 것이었다.[29] 다양한 견해가 존재하지만 기본적인 전제는 이스라엘

27 다음을 보라. M. Salvini, *The Habiru Prism of King Tunip-Teššep of Tikunani* (Rome: Istituti Editoriali e Poligrafici Internazionali, 1996). 이 각기둥(prism)에는 438명의 남자 이름이 있으며 이들은 *Hapiru*로 불렸다. 어떤 이름들은 후르리족 이름, 다른 이름들은 셈족 이름이었고 모두 후르리 왕 투닙-테쉬셉(기원전 1500년경)에게 딸린 사람들(군인이나 종)이었다. 분명히 *Hapiru*는 민족을 지칭하는 이름이 아니다.

28 다음을 보라. K. L. Younger Jr., *Ancient Conquest Accounts: A Study of Ancient Near Eastern and Biblical History Writing,* JSOTSup 98 (Sheffield: Sheffield Academic Press, 1990), 255. "소작농의 반란"설에 대한 더 자세한 것은 다음을 보라. A. J. Hauser, "Israel's Conquest of Palestine: Peasants' Rebellion?" *JSOT* 7 (1978): 2–19; idem, "The Revolutionary Origins of Ancient Israel: A Response to Gottwald," *JSOT* 8 (1978): 46–69; and B. Halpern, "Sociological Comparativism and the Theological Imagination: The Case of the Conquest," in *"Sha'arei Talmon": Studies in the Bible, Qumran, and the Ancient Near East Presented to Shemaryahu Talmon,* ed. M. Fishbane and E. Tov, with W. W. Fields (Winona Lake, Ind.: Eisenbrauns, 1992), 53–67.

29 어떤 학자들의 견해는 평가하기가 애매하다. Ringgren은 다음과 같이 결론을 내린다. "나는 가나안 공동체의 사회변화가 이스라엘이라 부르는 그룹을 형성하도록 이끌었다고(또는 이 그룹의 형성이 사회변화를 초래했다고?) 생각한다. 이 그룹이 하비루(habiru)와 관련이 있는지는 불확실하나, 가능성이 없진 않다. 아마도 에돔/이집트적 요소가 이 그룹이 자신들의 신 야웨를 들여온 것으로 연결짓게 만든 것으로 보인다" (H. Ringgren "Early Israel," in *Storia e tradizioni di Israele: Scritti in onore di J. Alberto*

이 가나안 외부에 기원을 두지 않았다는 것이다. 이러한 견해는, 오경과 신명기 자료의 연대를 이전에 생각했던 것보다 훨씬 더 늦은 시기로 추정하여 그 자료들이 포로 귀환 이후 유대 공동체의 이념적인 산물이며 따라서 대부분의 경우 후대의 가공적인 전승들을 담고 있는 것으로 이해하는 오늘날의 일반적인 추세에 의해 더욱 강화되었다.

물론 이러한 경향에도 특별하고 개인적인 예외들이 다양하게 존재한다(예. 데버, 핑켈슈타인, 알스트룀, 쿠트). 이들은 고고학만으로도 국가로서 이스라엘의 기원을 대부분 설명할 수 있다고 여긴다. 고고학적 자료에 대한 다양한 해석들에는 몇 가지 중대한 차이점이 있기 마련이지만, 이들 대부분의 학자들 간의 차이점은 주로 철기 시대 제1기 중앙 산지 거주민의 민족성 문제와 관련된다. 따라서 질문은 다음과 같은 문제들에 집중된다. 이 중앙 산지 민족이 "이스라엘"인가 아닌가? 그들은 어디서 왔는가? 그들은 평지 가나안 도시국가에서 왔는가 아니면 동부 지역의 목축민들로부터 유래했는가? 가나안인과 이스라엘인 사이에 모종의 문화적 차이가 존재했는가?

데버(Dever). 데버는 이스라엘의 기원 문제와 관련된 이슈들을 다루는 수많은 글을 썼다.[30] 데버 자신의 견해도 변화를 겪기는 했지만 다

Soggin, ed. D. Garrone and F. Israel [Brescia: Paideia, 1991], 217–20, esp. 219–20).

30 이미 언급된 글들 외에도 다음을 보라. W. G. Dever, "Archaeology, Ideology, and the Quest for an 'Ancient' or 'Biblical' Israel," *Near Eastern Archaeology* 61 (1998): 39–52; idem, "Ceramics, Ethnicity, and the Question of Israel's Origins," *BA* 58 (1995): 200–213; idem, "The Tell: Microcosm of the Cultural Process," in *Retrieving the Past: Essays on Archaeological Research and Methodology in Honor of Gus W. Van Beek,* ed. J. D. Seger (Starkville, Miss.: Cobb Institute of Archaeology, 1996), 37–45; idem, "'Will the Real Israel Please Stand Up?' Archaeology and Israelite Historiography: Part I," *BASOR* 297 (1995): 61–80; idem, "Archaeology, Texts, and History: Toward an Epistemology," in *Uncovering Ancient Stones: Essays in Memory of H. Neil Richardson,*

음과 같이 정리할 수 있을 것이다. 그는 "원시 이스라엘"(proto-Israelites)의 출현에 대한 연구에 있어 후기 청동기 시대와 철기 시대 문화 간의 연속성과 불연속성이 모두 중요하다는 점을 강조한다. 평지의 후기 청동기 시대 유적들과 산지의 철기 시대 제1기 유적들 사이에는 물질문화—특히 도자기 목록—에서 명백한 연속성이 발견된다.[31] 그는 이러한 사실이, 철기 시대 제1기 유적지 주민들이 후기 청동기 시대 유적지의 정착민(특히 농촌의)으로부터 유래했음을 가리킨다고 평가했다.[32] 철기 시대 제1기 유적지의 거주민들은 "팔레스타인 중앙 산지의 최전방에 정착한 개척자 농부들이며, 철기 시대 제1기 이전까지 이 지역에

ed. L. M. Hopf (Winona Lake, Ind.: Eisenbrauns, 1994), 105–17; and idem, "The Collapse of the Early Bronze Age in Palestine: Toward a Systemic Analysis," in *L'urbanisation de la Palestine à l'âge du Bronze ancien,* ed. P. de Miroschedji (Oxford: BAR International Series, 1989), 235–46.

31 이와 유사한 노선을 따르는 연구로는 다음을 보라. Gottwald, "Recent Studies," 175–76. Callaway는 청동기 시대 제1기 정착자를 반유목민의 기원으로 보는 것을 반박하고, 그들을 해안 평야와 셰펠라로부터 온 가나안 주민으로 보기를 선호한다. 그는 이 난민들의 이동 원인을 블레셋인과 다른 "해양 민족들"의 등장으로 말미암은 압박과 갈등으로 보았다. 이 고지대 정착자들이 결국 이스라엘로 부상했으며, 결국 이스라엘의 기원은 궁극적으로 평야지대와 저지대의 가나안 마을들에서 찾아야 한다는 것이다. 다음을 보라. J. A. Callaway, "A New Perspective on the Hill Country Settlement of Canaan in Iron Age I," in *Palestine in the Bronze and Iron Ages: Papers in Honour of Olga Tufnell,* ed. J. N. Tubb (London: Institute of Archaeology, 1985), 31–49. 그러나 몇 년 후에 Callaway는 이스라엘이 그 기원을 수많은 다른 민족들에 두고 있다고 보았다. "짧게 말해 이스라엘은 철기 시대 제1기 가나안 지역의 수다한 민족들로부터 유래한 것으로 보이며 가나안 땅 민족들의 기원은 보다 일반화된 방식으로 그리고 여러 다른 방향에서 추적되어야 할 것이다"("The Settlement in Canaan," in *Ancient Israel: A Short History from Abraham to the Roman Destruction of the Temple,* ed. H. Shanks [Washington, D.C.: Biblical Archaeology Society, 1988], 53–84, 243–45, esp. 78). 더 자세한 것은 다음을 보라. D. Hopkins, *The Highlands of Canaan: Agricultural Life in the Early Iron Age,* SWBAS 3 (Sheffield: Almond, 1985).

32 다음도 참조하라. G. Ahlström, *Who Were the Israelites?* (Winona Lake, Ind.: Eisenbrauns, 1986), 26–36.

는 사람이 거의 살고 있지 않았다."[33] 그들은 "가나안 사회의 주변인으로서 유랑자가 된 농업 종사자들이었는데, 그들은 새로운 형태의 성벽이 없는 소규모 거주지를 형성했다."[34] 데버는 붕괴 모델을 이용하여 산지의 인구 증가 과정을 설명했다.[35] 이 정착민들은 생계를 위한 농업이나 소규모 목축과 밀접하게 관련된 고도의 기술을 실용화했는데 여기에는 계단식 경작지, 물 저장고, 석조 저장고(silos), 저장용 대형 "목이음"(collar-rim) 항아리, 그리고 철제 도구의 유입 등이 포함되었다. 이처럼 발전된 기술의 사용과 "네 개의 방과 정원을 갖춘 균일한 가옥들로 구성되는 집단 군락 계획"은 이 정착민들의 고유한 민족성을 증거한다.[36] "철기 시대 제1기 이스라엘의 기본적인 물질문화는 기원전 6세기 초 유다가 멸망하던 시기까지 만연"했기 때문에, 후대 이스라엘 왕국들과의 연속성을 강조하기 위해 이 그룹을 "원시 이스라엘"이라고 부르는

33 Dever, "How to Tell a Canaanite from an Israelite," 52.

34 Dever, "Late Bronze – Early Iron I Horizon in Syria-Palestine," 105.

35 Ibid., 105 – 7. 요인들로는 팔레스타인에서의 이집트 제국의 쇠퇴, 천연 자원의 고갈, 국제 교역 중단, 기술의 쇠퇴와 혁신, 그리고 해양 민족과 같은 민족들의 이동이 포함된다. 이것들은 나선형을 그리며 내려가면서 가속도가 붙어 시리아-팔레스타인의 청동기 시대의 문화가 확실히 분해될 때까지 멈추지 않는다. "일반적으로 붕괴는 중앙이 더 이상 주변으로부터 자원을 지켜내지 못할 때 일어나며 이때는 보통 '적법성'을 잃게 되고 그것을 통해 전통적으로 조직되어 있는 그룹들의 물자와 용역이 '뿌리뽑혀' 붕괴될 수 있다.…경제적 재난, 정치적 전복, 그리고 사회의 분열은 붕괴의 유력한 산물들이었다" (*The Collapse of Ancient States and Civilizations,* ed. N. Yoffee and G. L. Cowgill [Tucson: University of Arizona Press, 1988], 13). 다음도 보라. M. Liverani, "The Collapse of the Near Eastern Regional System at the End of the Bronze Age: The Case of Syria," in *Center and Periphery in the Ancient World,* ed. M. Rowlands, M. Y. Larsen, and K. Kristiansen (Cambridge: Cambridge University Press, 1987), 66 – 73. Similarly, I. Sharon, "Demographic Aspects of the Problem of the Israelite Settlement," in *Uncovering Ancient Stones,* ed. Hopfe, 119 – 34.

36 Dever, "Ceramics, Ethnicity, and the Question of Israel's Origins," 200 – 213.

것이 가장 적절할 것이다.[37] 데버는 철기 시대 제1기 사람들은 산지에 정착한 목축 유목민들이 아니었다고 강력하게 주장한다.[38]

핑켈슈타인(Finkelstein). 데버처럼 이스라엘 핑켈슈타인도 이스라엘의 기원에 대해 수많은 논문을 저술했으며 단행본도 출간했다. 데버의 경우처럼 그의 견해도 지난 10여 년간 발전을 거듭했다. 1988년에 핑켈슈타인은 이스라엘의 기원을 설명하면서 목축 유목 모델(a pastoral nomadic model)을 제안했다.[39] 유목인 그룹은 고고학적으로 탐지하기가 어렵지만, 핑켈슈타인은 신전들과 묘지들의 존재가 후기 청동기 시대에 그와 같은 그룹이 존재했다는 것을 증명하며, 그 그룹은 잠정적으로 고대 문서(대부분 이집트 문서)에 언급된 샤수(*shasu*)와 동일시될 수 있다고 주장했다. 이러한 "정착 목축인들"과 관련하여 다음과 같은 세 가지 증거가 있다.

1. 네 개의 방을 갖춘 기둥 있는 가옥.[40] 이것은 베두인족의 텐트를 환경에 맞게 성공적으로 개조한 것이다. 그러나 건축 형태는 보통 주위환경의 영향을 받기 때문에 이러한 가옥의 기원을 베두인/목축인 선조들에게서 찾기보다는 농촌생활의 발전에 따른 것

37 Dever, "How to Tell a Canaanite from an Israelite," 46.

38 Dever, "Ceramics, Ethnicity, and the Question of Israel's Origins," 200–213.

39 Finkelstein, *Archaeology of the Israelite Settlement.* 다음을 보라. D. Esse, review of *The Archaeology of the Israelite Settlement,* by I. Finkelstein, *BAR* 14.5 (1988): 8–10.

40 다음을 보라. Y. Shiloh, "The Four Room House: Its Situation and Function in the Israelite City," *IEJ* 20 (1970): 180–90; and A. Mazar, *Archaeology of the Land of the Bible (10,000– 586 B.C.E.),* ABRL (New York: Doubleday, 1990), 340–45, 485–89.

으로 간주하는 것이 더 나을 것이다.[41]

2. 곡물 저장을 위한 저장고(silo) 이용의 증가. 이 저장고는 "일반적으로 정착 과정에 있는 그룹 또는 지방 농촌의 조직사회를 특징짓는 것이다."[42] 그러나 더글러스 에스(Douglas Esse)는 그러한 저장고가 반드시 "정착" 과정에 있는 목축인 그룹을 암시하는 것은 아니라고 반박한다.[43]
3. 하체르 형식의 타원형 거주지. 이것은 목축생활과 농촌생활 사이의 중간 단계 즉 정착 과정을 반영한다. 그러나 이 거주형태는 정착 과정을 나타내기보다는 단순히 기능상의 필요에 의한 것일 수도 있다. 이러한 거주지는 목축인들을 위한 독특한 건축양식의 최종형태를 반영하는 듯하며, 이는 농촌 건축양식의 최종형태를 반영하는 네 개의 방을 갖춘 가옥 양식과 동시대의 것이다.[44] 핑켈슈타인은 이러한 건축물이 특정한 민족 그룹으로서의 이스라엘에 속한다고 이해했다. 그는 1991년과 그 이후의 글들에서 자신의 주장 가운데 민족과 관련된 부분을 개정했다.[45]

핑켈슈타인은 최근에 좀 더 복잡한 가설을 내놓았는데 이 가설은 초기 청동기 시대 제1기부터 철기 시대 제1기까지의 지역 연구 자료를

41 Esse도 그렇게 주장한다. Esse, review of Finkelstein, 10.
42 Finkelstein, *Archaeology of the Israelite Settlement,* 266.
43 Esse, review of Finkelstein, 10.
44 Ibid.
45 Finkelstein, "The Emergence of Israel in Canaan: Consensus, Mainstream and Dispute," *SJOT* 5.2 (1991): 47–59; idem, "Ethnicity and Origin of the Iron I Settlers in the Highlands of Canaan: Can the Real Israel Stand Up?" *BA* 59 (1996): 198–212, esp. 206.

바탕으로 하면서 브로델의 "장기지속"(*la longue durée*) 모델을 결합시킨 가설이었다. 그는 역사 전반에 걸쳐 저지대와 고지대에는 독특한 인구 분포 발전상이 존재했다고 주장한다.[46] 그는 기원전 제4천년기부터 제1천년기에 이르기까지 남부 레반트(Levant)의 세 지역 모두가 정복역사 전 기간에 걸쳐 주기적으로 융성과 쇠퇴를 반복했다고 주장한다. 저지대에서는 도시 문명이 생성과 소멸을 반복하고, 초원지역(steppelands)에서는 황무지 정치조직의 흥망성쇠와 발을 맞추어 정착민의 숫자가 오르내렸으며(특히 남부와 동부의 스텝지역에서 정착생활과 유목생활이 번갈아 나타남), 고지대에서는 간헐적인 쇠퇴와 함께 정착민 숫자의 변화가 있었다.[47]

기원전 제3천년기와 제2천년기에 중앙 산지에서는 세 차례의 대대적인 정착민 유입(금석병용시대와 초기 청동기 시대; 중기 청동기 시대 제2-3기; 그리고 철기 시대 제1기)이 있었고 두 차례의 쇠퇴기(중기 청동기 시대 제1기를 포함한 중간 청동기 시대; 후기 청동기 시대)가 있었다.[48] 세 차례의 정착민 유입 시기는 물질문화와 정치적 발달에서 일종의 유사성들을 보여준다. 이 세 번의 증가 시기는 모두 복합적인 정치체제를 만들어냈는데, 처음 두 차례는 쇠락한 반면 세 번째는 전면적인 국가형태로 발전했다.[49] 유목생활의 증거는 특히 두 차례의 쇠퇴기에 명백히 나타난다.

46 Finkelstein, "Emergence of Israel," in *From Nomadism to Monarchy*, ed. Finkelstein and Na'aman, 150–78.
47 Ibid.; idem, "Ethnicity and Origin of the Iron I Settlers," 207.
48 Finkelstein, "Ethnicity and Origin of the Iron I Settlers," 207.
49 Finkelstein, "Emergence of Israel," in *From Nomadism to Monarchy*, ed. Finkelstein and Na'aman, 171–77.

그리하여 핑켈슈타인에게 있어 이러한 거주 상황의 변동은 사회경제적 변화의 견지에서 가장 적절하게 설명된다. 정착 사회 또는 목축 사회로의 전환은 사회경제적 요인으로 말미암은 것이지, 새로운 그룹의 이주나 저지대로부터의 인구 유입에 따른 결과는 아니다. 초기 이스라엘은 "고지대에서의 정착인구 변동 및 지역 공동체의 발생과 몰락의 장기적인 순환과정의 최종단계라 할 수 있다.[50] 그것은 토착 유목 생활에서 중앙 산지 정착 단계로 전환하는 과정의 세 번째 단계였다.[51]

핑켈슈타인은 외부인의 유입이나 지역 거주민 또는 이방인의 이주와 같은 좀 더 광범위하고 단기적인 몇 가지 지역적·정치적·경제적·사회적 사건들을 인지했다. 주기적이지 않은 이런 현상들을 통해 주기적인 순환 과정의 여러 단계들 간에 존재하는 차이점이 설명된다. 그러므로 이스라엘을 비롯한 여러 "국가" 체제들이 남부 레반트에 출현하게 된 것은 장기 역사와 단기 역사의 상황이 맞물려 나타난 결과였다.[52]

핑켈슈타인의 통찰력이 도움이 되는 것은 사실이지만 우리가 기억해야 할 중요한 점이 있는데, 고대 근동 역사와 관련된 자료의 부족으로 인해 역사가가 순환 패턴을 밝히는 데는 한계가 있다는 것이다. 심지어 근대 역사에서도 그러한 패턴을 밝히는 데는 많은 어려움이 따른다. 그렇다면 기원전 제3천년기와 제2천년기의 역사에서는 얼마나 어려움이 크겠는가? 게다가 브로델식의 시간지속 개념에 내재하는 위험이 있다. 그것은 동시대 프랑스 아날 학파에 해당되는 비평이기도 한

50 Finkelstein, "Ethnicity and Origin of the Iron I Settlers," 207. Coote와 Whitelam의 유사성을 주목하라 (아래의 논의를 보라).

51 Finkelstein, "Emergence of Israel," in *From Nomadism to Monarchy,* ed. Finkelstein and Na'aman, 163–69.

52 Finkelstein, "Ethnicity and Origin of the Iron I Settlers," 209.

데, 바로 역사적으로 해명해야 할 것을 환경적 결정론으로 축소해버리는 것이다.

렘케(Lemche). 렘케는 이스라엘의 초기 역사에 관한 전승들은 역사적 재구성에 쓸모없을 정도로 후대의 것이라고 주장한다. "나는 우리가 성서의 기사에 의존해서는 안 되며 그것을 전설 자료와 같이 근본적으로 역사와 무관한 것으로, 다른 정보를 통해서 극히 예외적인 경우에만 사실로 입증될 수 있는 자료로 간주해야 한다고 주장한다."[53] 렘케는 대안적 재구성 방법으로서 제2천년기 팔레스타인의 사회적·경제적·문화적·정치적 발전상이 담긴 고고학 자료들에서 추출한 자료만을 기초로 삼아야 한다고 주장한다. 그는 이러한 모든 자료가 기원전 14세기부터 (재)지파화 과정이 점진적으로 진행되었으며 이스라엘이 이러한 진화 과정의 산물임을 보여준다고 여긴다.[54] 따라서 이스라엘은 부분적으로 아마르나 시대 도시국가 민중에 대한 사회적 주변화가 지속되고 강화된 결과물이라 할 수 있다.[55]

가장 논란이 된 것은 아마 가나안인들에 대한 렘케의 주장일 것이다.[56] 렘케는 성서에 나오는 가나안 전승이 철기 시대 제1기(기원전 1200-1000년경)의 민족적 상황을 역사적으로 정확히 반영하지 않는다고 주장한다. 제2천년기 자료에서 가나안이란 용어는 부정확하고 의

53 Lemche, *Early Israel,* 411–35 (quotation on 411); idem, *Ancient Israel,* 85–90, 100–102.

54 Lemche, *Early Israel,* 411–32.

55 Lemche, *Ancient Israel,* 85–91.

56 N. P. Lemche, *The Canaanites and Their Land: The Tradition of the Canaanites,* JSOTSup 110 (Sheffield: Sheffield Academic Press, 1991), 48–51; idem, *Prelude to Israel's Past: Background and Beginnings of Israelite History and Identity,* trans. E. F. Maniscalco (Peabody, Mass.: Hendrickson, 1998), 104–5.

미가 모호하며, 아마도 아나톨리아 동남쪽에서 이집트 국경까지의 넓은 지역 또는 그 지역 내에서 좀 더 작은 지역을 가리켰을 수도 있다는 것이다. "가나안인"이라는 이름은 서기관들이 지역 공동체나 왕국에 속하지 않았던 자들을 가리켜 부른 이름이고 "가나안"은 이방 나라를 뜻하는 말이었다. 구약성서에 등장하는 다른 "이스라엘 이전"(pre-Israelite) 민족들과 마찬가지로, 가나안인은 "팔레스타인의 주도권에 관한 이야기에서 악역을 맡은 문학적이고 이념적인 등장인물"로 간주되어야 한다.[57] 성서 저자들은 "가나안인"이라는 용어를 자기 조상들이 정복하고 빼앗은 땅에서 살았던 거주민들을 가리키는 데 사용했다.

그러나 최근에 레이니(Rainey)가 설명한 것처럼, 제2천년기 문헌 증거를 통해 그 시대에 "가나안"이라 불린 지리적 장소가 존재했음이 밝혀졌다.[58] 게다가 그 민족은 "가나안인들"로 알려졌으며 스스로도 그렇게 인식하고 있었다. 성서 저자들의 신학이 약간은 가미되었을 수도 있지만, 가나안인들이 이스라엘 백성보다 먼저 팔레스타인에 거주했던 민족이라는 사상은 문학적으로 가공된 것이 아니며, 가나안 땅에 대한 묘사도 후대 서기관들이 고안한 것이 아니다. 나아만(N. Na'aman)이 보여준 것처럼 "그들에 대한 기억은 사람들의 무의식 속에 각인되어 있었으며, 이스라엘의 서기관들은 역사기술을 위해, 혹은 교훈적이고 신학적인 목적을 담은 메시지를 전달하기 위해 그들에 대한 이미지를 환기시켰다."[59]

57 Lemche, *Canaanites and Their Land,* 51.

58 Rainey, "Who Is a Canaanite?" 1–15.

59 N. Na'aman, "The Canaanites and Their Land," *UF* 26 (1994): 397–418, 특히 415. Lemche가 이 소논문을 "너무 단순하고 적절치 않다"고 평가한 것은 본질적으로 Na'aman의 학문적 비평에 대한 응답이 될 수 없다. 이제 다음도 보라. N. Na'aman,

쿠트와 위틀램(Coote and Whitelam). 쿠트와 위틀램은 성서 내러티브를 이스라엘 초기 역사의 재구성을 위한 자료로 사용하지 않았다.[60] 그들은 역사가의 임무가 "역사와 인류학에 대한 비교 연구를 통하여 고고학적 증거를 설명하는 것"이라고 하였다. 쿠트와 위틀램은 프랑스의 "아날 학파"(*les Annales*)의 관점에서 자신들의 연구에 접근한 최초의 성서학자들로서 이스라엘의 기원을 팔레스타인 역사의 일부로 보고 성서에 나온 후기 자료와 이차 자료들을 근거로 그 기원을 추적하는 대신 그 영토 자체에서 잘 알려진 패턴을 따라 그 기원을 찾으려 했다. 이스라엘의 기원은 후기 청동기 시대 말에 발생한 경제적 쇠퇴의 맥락에서 찾아야 하는데, 이러한 경제적 쇠퇴의 원인은 가나안의 도시 경제의 궁극적인 기반이 되었을 뿐만 아니라 다양한 작업공정들 간의 연합을 활성화시킨 지역 간 교역의 붕괴였다. 따라서 이스라엘의 초기 역사는 두 극단, 다시 말해 "교역에 적극적으로 관여하던 소규모 도시국가들로 구성된 번창하는 체제"와 이러한 체제가 와해되어 "일련의 독립적인 자급자족 단위들을 이루는 상태" 간의 반복적이고 일상적인 흥망성쇠 과정의 일부라 할 수 있다. 후기 청동기 시대에서 초기 철기 시대로 전환하는 시기에 소작농, 무법자, 목축 유목민과 같은 다양한 그룹들이 산지 마을들에 정착하여 "스스로를 이스라엘이라 부르며 느슨한 동맹체 내에 최초로 정치적이고 민족적인 형태를 형성하였다."[61]

그러나 이러한 연구에 대한 주된 비판은 쿠트와 위틀램이 "장기간

"Four Notes on the Size of Late Bronze Age Canaan," *BASOR* 313 (1999): 31–37.

60 R. B. Coote and K. W. Whitelam, *The Emergence of Early Israel in Historical Perspective*, SWBAS 5 (Sheffield: Almond, 1987), 117–38.

61 Ibid., 136.

의 발전에 대한 역사 가설만을 적용한 채 역사가의 또 다른 과업인 해당 시기의 역사 자료를 면밀히 조사하는 작업을 게을리 했다는 것이다. 쿠트와 위틀램은 팔레스타인의 아마르나 서신에서 발견된 증거를 무시해버렸다!"[62]

톰슨(Thompson). T. L. 톰슨은 기원전 제2천년기 후반 지중해 동부 연안의 갈수기에 대한 증거가 초기 이스라엘의 기원을 설명해주는 핵심 요인이라고 주장한다.[63] 그는 팔레스타인 땅의 잦은 가뭄과 그로 인한 식량의 부족이 후기 청동기 시대에서 초기 철기 시대로 옮겨간 원인이었다고 평가한다. 톰슨은 철기 시대 제1기의 산지 정착촌에는 외부로부터의 유입에 대한 증거가 없으며, 이스라엘과 같은 독립체가 존재했다는 증거도 없다고 주장한다. 그는 이스라엘의 출현이 후기 청동기 시대에 이미 시작된 과정의 연속이며 팔레스타인 원주민들 내에서의 생존 전략을 반영하는 것으로 생각한다. 그는 철기 시대 제1기의 산지 정착민들은 재정착한 유목민들이 아니었으며(핑켈슈타인[1988]과 반대로) 오히려 동쪽으로 흩어진 저지대 주민들과 관련된다고 주장한다.[64] 톰슨은 엄청난 양의 잉크를 소비하면서 성서 텍스트가 팔레스타인 역사를 재구성하는 데 아무런 가치도 없다고 주장한다. 그는 모든 성서 텍스트가 페르시아 시대, 곧 "이스라엘 자체가 신학적 선언이자 전승에 의한 새로운 창작물이 되었던" 시대의 산물이라고 주장한다.[65]

62 Lemche, "Early Israel Revisited," 22. 아마르나 서신에 대한 논의를 아래에서 보라.

63 T. L. Thompson, *Early History of the Israelite People from the Written and Archaeological Sources,* SHANE 4 (Leiden: Brill, 1992), 216–19, 304–5. 여기서는 위의 Dever와의 유사성을 주목하라.

64 Ibid., 10–12 (특히 n. 48을 보라).

65 Ibid., 423. Thompson은 다음과 같이 진술한다. "창세기-열왕기 기사에 나오는 여러 가공적, 설화적인 특징은 명백하고 확실하게 입증될 수 있다. 반면 참고자료와 역사로

알스트룀(Ahlström). 알스트룀은 기원전 1200년 무렵 팔레스타인에 이스라엘이라 불리는 무언가가 존재했다는 점은 확실하지만, 그것이 구약의 이스라엘 민족일 가능성은 거의 없다고 주장한다.[66] 후기 청동기 시대에서 철기 시대로 넘어가던 시기의 팔레스타인 산지에는 여러 민족들이 섞여 살고 있었다.[67] 그중에는 다음과 같은 무리들이 포함되어 있다. (1) 해안 평야나 갈릴리의 도시에서 이탈해온 가나안인들, (2) 에게해 지역에서 이주해온 인도유럽인들(알스트룀이 해양 민족들 중 하나인 다누나[Danuna]족의 후예라고 생각하는 성서의 단 지파, 아마도 호메로스의 "*Danaioi*"),[68] (3) 아나톨리아에 기원을 둔 민족들, (4) 후르리족 배경을 가진 사람들, 그리고 (5) 기타 민족 그룹과 하위 그룹들.

알스트룀에 따르면 이 시기에 "이스라엘"은 민족을 지칭하는 이름이 아니라 지명이었다(메르네프타 비문의 해석을 근거로).[69] 오랜 세월이 지난 후에야 사울 왕은 팔레스타인 중앙에 위치한 자신의 국가 이름을 이스라엘이라 불렀다. 그 명칭이 성서에서의 "이스라엘"이라는 이념적 개념으로 변모한 것은 수 세기가 지난 후 포로기 유대인들의 선택에 의한 것이었다.

데이비스(Davies). 데이비스는 톰슨, 알스트룀, 렘케의 의견을 통합

서의 가치는 그리 크지 않으며 기껏해야 암시적이라고 말할 수 있다"(T. L. Thompson, "Gösta Ahlström's History of Palestine," in *The Pitcher Is Broken,* ed. S. W. Holloway and L. K. Handy, JSOTSup 190 [Sheffield: Sheffield Academic Press, 1995], 422).

66 아주 최근에, G. Ahlström, *The History of Ancient Palestine from the Palaeolithic Period to Alexander's Conquest,* JSOTSup 146 (Sheffield: Sheffield Academic Press, 1993).

67 Ahlström, *Who Were the Israelites?* 11–24; idem, "The Origin of Israel in Palestine," *SJOT* 5 (1991): 19–34.

68 그러나 Rainey는 적절하게 반대 의견을 내놓았다(Rainey, "Who Is a Canaanite?" 11).

69 Ahlström, "Where Did the Israelites Live?" *JNES* 41 (1982): 133–38; G. W. Ahlström and D. Edelman, "Merneptah's Israel," *JNES* 44 (1985): 59–61.

하였다.[70] 논의를 명확히 하기 위해 데이비스는 세 가지 유형의 "이스라엘" 다시 말해 역사적 이스라엘, 성서의 이스라엘, 그리고 고대 이스라엘을 구분하였다. "역사적 이스라엘"은 고대 근동 금석문에 언급된 이스라엘로서 메르네프타 석비에서 시작하여 제1천년기 아시리아 자료에 등장하는데, 대부분의 경우 그 명칭은 기원전 900-700년경 북쪽과 중앙 팔레스타인에 존재하던 소국가를 지칭한다. "성서의 이스라엘"은 구약 이스라엘로서 페르시아 후기와 헬레니즘 하스몬 시대의 유대인들이 자기 정체성을 합리화하기 위해(즉 예루살렘의 비참한 몰락과 유배기 후에도 이스라엘이 계속 존재하고 있음을 증명하기 위해서) 만들어낸 이념적인 개념이다. "고대 이스라엘"은 "역사적" 이스라엘과 "성서의" 이스라엘을 근거로 학자들이 만들어낸 이스라엘이다.[71] 데이비스는 철기 시대 제1기 중앙 산지의 주민들을 "역사적" 이스라엘로 간주할 근거가 없다고 주장한다. 사실 히브리 성서의 이스라엘은 후대의 문학적 착상이며 고고학적·역사적 근거가 없다.

위틀램(Whitelam). 위틀램은 용어를 대체할 필요가 있다고 주장했다.[72] 역사가는 이스라엘의 역사 대신 팔레스타인의 역사를 써야 하며, 성서의 이스라엘이라는 국가의 구성원을 뜻하는 "이스라엘인들"에 대해서만 논의하기보다는 고대 팔레스타인 지역에 거주했던 팔레스타인 사람들에 대해 논의해야 한다. 그들은 기원전 제2천년기와 제1천년기

70 P. R. Davies, *In Search of "Ancient Israel,"* JSOTSup 148 (Sheffield: Sheffield Academic Press, 1992).

71 Ibid., 11–25.

72 K. W. Whitelam, *The Invention of Ancient Israel: The Silencing of Palestinian History* (London and New York: Routledge, 1996). Lemche의 리뷰를 보라. "Clio Is Also among the Muses! Keith W. Whitelam and the History of Palestine: A Review and a Commentary," *SJOT* 10 (1996): 88–114.

에 레바논 산지에 거주했던 주민들과 동일한 특색을 보이는 부분이 있는가 하면 그렇지 않은 부분도 있다.

팔레스타인의 역사 중에 이스라엘과 유다 왕국의 짧은 시기는 소국가들이 융성했다가 사멸하는 격변기의 일부분이었다. 이런 국가들의 발생은 한 차례의 사건이 아니라—따라서 데버의 붕괴설과 같은 가설은 언급할 필요가 없다—오히려 경제적·사회적인 여러 요인과 함께 오랜 기간에 걸쳐 진행된 과정이었다. 고고학을 통해서는 철기 시대 제1기 초반의 이주민이 어떤 민족인지 단정할 수 없는데, 왜냐하면 그들이 단지 이런 과정의 일부분에 불과하기 때문이다.

고려할 요소들

역사 철학

의심할 나위 없이 요즘의 대세는 아날(*Annales*) 학파다. 더 정확히 말하자면 성서학자와 고고학자들이 "장기지속"(*la longue durée*)을 자주 인용하는 것으로 볼 때, 그들의 관심사는 브로델의 시간지속 개념(time scales)이다. 그러나 학자들이 이 용어를 사용한다고 해서 그들이 모두 아날 학파 철학자의 글을 읽었다는 뜻은 아니라는 점은 분명하다. 일단 아날 운동은 획일적이지 않다. 브로델은 하나의 견해일 뿐 유일한 견해는 아닌 것이다. 이 운동은 일관된 방법론이나 가설 또는 동일한 관점으로 결속을 유지했다기보다는 내러티브적이고 정치에 기반을 둔 역사에 대항하는 공통된 반응에 의해 단결을 이루었다. 그러나 심지어 이

것도 변해서 "제4대" 아날은[73] 내러티브 정치사로 회귀하고 있다.[74]

성서학자와 고고학자들이 자신들의 연구 이론을 뒷받침하기 위해 역사철학에 관심을 두기 시작한 것은 바람직한 일인데, 사실 아날 운동보다는 역사철학의 공헌이 더 크다고 할 수 있다![75] 나는 『고대 정복 기

73 "신역사주의"(New Historicism)가 구약의 역사기술 문제에 어떤 영향을 줄 것인지 평가하기란 어렵다. 신역사주의 책의 예로 다음을 보라. L. Rowlett, "Inclusion, Exclusion, and Marginality in the Book of Joshua," *JSOT* 55 (1992): 15–23; and esp. idem, *Joshua and the Rhetoric of Violence: A New Historicist Analysis,* JSOTSup 226 (Sheffield: Sheffield Academic Press, 1997). For an introduction to New Historicist methodology, 다음을 보라. P. Barry, *Beginning Theory: An Introduction to Literary and Cultural Theory* (Manchester: Manchester University Press, 1995), 172–90. 신역사주의를 다룬 소논문들도 다음에서 보라. *BibInt* 5.4 (1997).

74 정치적 내러티브에 대해 Goff의 글을 보라. J. Le Goff, "After Annales: The Life as History," *Times Literary Supplement* (14–20 April 1989), 394, 405. 아날 학파에 대한 개요로 다음을 보라. P. Burke, "Overture: The New History, Its Past and Its Future," in *New Perspectives on Historical Writing,* ed. P. Burke (University Park, Pa.: Pennsylvania State University Press, 1992), 1–23. 이 글이 아날 운동을 가장 적나라하고 간결하게 요약했다. 다음도 보라. J. Bintliff, "The Contribution of an *Annaliste*/Structural History Approach to Archaeology," in *The Annales School and Archaeology,* ed. J. Bintliff (Leicester: Leicester University Press, 1991), 1–33; P. Burke, *The French Historical Revolution: The Annales School, 1929–89* (Stanford: Stanford University Press, 1990); S. Clark, "The *Annales* Historians," in *The Return of Grand Theory in the Human Sciences,* ed. Q. Skinner (Cambridge: Cambridge University Press, 1985), 177–98; T. Stoianovich, *French Historical Method: The Annales Paradigm* (Ithaca and London: Cornell University Press, 1976); 그리고 A. B. Knapp, "Archaeology and *Annales*: Time, Space, and Change," in *Archaeology, Annales, and Ethnohistory,* ed. A. B. Knapp (Cambridge: Cambridge University Press, 1992), 1–21. 고고학 관련한 최근의 평가들을 보라. R. W. Bulliet, "*Annales* and Archaeology," in *Archaeology, Annales, and Ethnohistory,* 131–34; and A. Sherratt, "What Can Archaeologists Learn from Annalistes?" in *Archaeology, Annales, and Ethnohistory,* 135–42. 다음도 보라. P. Carrard, "Theory of a Practice: Historical Enunciation and the *Annales* School," in *A New Philosophy of History,* ed. F. Ankersmit and H. Kellner (Chicago: University of Chicago Press, 1995), 108–26.

75 예를 들어 Partner는 최근에 역사성에 관해 아주 중요한 글을 썼다. N. F. Partner, "Historicity in an Age of Reality-Fictions," in *A New Philosophy of History,* ed. F. Ankersmit and H. Kellner (Chicago: University of Chicago Press, 1995), 21–39.

사』(*Ancient Conquest Accounts*)의 첫 장에서 이런 몇 가지 문제들과 씨름했다.[76] 최근에 마크 브레틀러(Marc Brettler)는 이스라엘 역사를 연구하고 재구성하는 일과 관련하여 이런 중요한 문제들 몇 가지를 보다 설득력 있게 다루었다.[77] 그러나 성서학자들은 이 영역에서 보다 더 많은 것을 연구할 수 있고 또 그렇게 해야만 한다. 봉기 모델을 언급하면서 하우저는 성서학자들이 항상 주의를 기울여야 할 점들을 적절하게 요약했다. "한편으로는 일반적인 역사의 힘, 그리고 다른 한편으로는 특별한 인간의 정신, 이 두 가지는 상호작용하는 자극들로 가득한 광대한 미로이며, 따라서 이것을 근본적으로 하나의 요소로 축소한다는 것은 비현실적이다."[78]

고고학

농촌 지역 연구

최근 15년간 지역 인구 조사와 유목민에 대한 연구가 크게 증가했다.

다음도 보라. C. Lorenz, "Can Histories Be True? Narrativism, Positivism, and the 'Metaphorical Turn,'" *History and Theory* 37.3 (1998): 309–29.

76 Younger, *Ancient Conquest Accounts,* 25–58, 267–79.

77 M. Z. Brettler, *The Creation of History in Ancient Israel* (London and New York: Routledge, 1995). Cf. also M. Ottosson, "Ideology, History, and Archaeology in the Old Testament," *SJOT* 8 (1994): 207–23; R. Sollamo, "Ideology, Archaeology, and History in the Old Testament: A Brief Response to Magnus Ottosson's Paper," *SJOT* 8 (1994): 224–27.

78 Hauser, "Israel's Conquest of Palestine," 7.

결과적으로 팔레스타인의 역사, 특히 초기 역사에 대한 지식이 크게 늘어났다.

그럼에도 앤서니 프렌도(Anthony Frendo)는 최근에 저술한 논문에서 고대 근동 유목민의 생활을 밝히는 데 있어 고고학의 가능성과 아울러 한계점도 일깨워준다.[79] 예를 들면 목축생활에도 다양한 유형이 있고, 목축 유목생활은 단지 그중의 한 유형일 뿐이다. 더구나 목축생활의 여러 유형들은 고고학 자료에 적절히 반영되지 않을 여지가 있기 때문에 목축생활을 재구성하는 일이 훨씬 더 어려워질 뿐만 아니라 종종 자의적이 되어버리고 만다.[80] 따라서 자신이 연구하는 분야의 전문적인 기술을 얼마나 연마했든지 간에 고고학자들이 유목민의 물질문화 유적들을 만족스럽게 복원하지 못하는 경우들이 있다. 그러나 고대 근동의 특정 시대, 특정 지역에서 목축 유목민들의 유적이 전혀 발견되지 않았다고 해서 그들이 거기에 살지 않았다고 결론내리는 것 또한 옳지 않다.[81]

또한 우리는 근본적으로 지역 조사가 갖는 고유한 제한성과 주관성도 염두에 두어야 한다. 이러한 조사에 따른 모든 정보는 신중하게 주의를 기울여야만 유익한 도움을 줄 수 있는데,[82] 왜냐하면 그러한 조사

79 A. J. Frendo, "The Capabilities and Limitations of Ancient Near Eastern Nomadic Archaeology," *Or* 65 (1996): 1–23.

80 O. Bar-Yosef and A. Khazanov, "Introduction," in *Pastoralism in the Levant: Archaeological Materials in Anthropological Perspectives,* ed. O. Bar-Yosef and A. Khazanov, Monographs in World Archaeology 10 (Madison, Wis.: Prehistory Press, 1992), 3.

81 Frendo, "Capabilities and Limitations," 18, 23.

82 예를 들어 나는 최근에 Gal이 쓴 철기 시대 제2기 때의 갈릴리 연구조사(Zvi Gal, *Lower Galilee during the Iron Age,* ASORDS 8 [Winona Lake, Ind.: Eisenbrauns, 1992])를 이스라엘의 포로 이동 연구에 이용하여 디글랏 빌레셀 3세의 포로 수송의

는 본질적으로 정확성을 보증할 수 없기 때문이다. 밀러는 다음과 같이 정확히 지적한다. "지역 고고학 조사를 지휘했던 사람으로서 나는 고고학 조사들이 전적으로 신뢰할 만한 것은 아니라는 점을 밝히고 싶다. 수집된 자료는 지극히 선택적으로 추출된 견본을 의미할 뿐이며, 일반적으로 다양한 방향으로 해석이 가능하다."[83] 크리스타 섀퍼-리히텐버거(Christa Schäfer-Lichtenberger)는 다음과 같이 덧붙인다.

> 돌과 벽은 스스로 이야기하지 않으며, 그것들에 대한 묘사도 애매모호하다. 고고학 유물에서 나온 자료는 오직 언어의 형태로만 존재한다. 하지만 그것들도 언어학적 구조의 한 요소이기 때문에 해석을 필요로 한다. 고고학 유물에 대한 묘사는 본질적으로 해석의 일부이며, 따라서 그것은 다른 문학 표현 양식처럼 고고학자가 이야기 과정에서 어떤 것을 선택하고, 어떻게 설명하고, 또한 어디에 가치를 두느냐에 따라 달라질 수밖에 없다. 그리고 해설자나 관찰자의 관점에 따라 다양한 수준의 해석이 주어질 수 있다. 단일 자료에서 인접 환경을 유추하는 수준에 머물 수도 있고, 확대된 환경에서 지리적 지역이나 그 너머까지 관여하는 수준으로 확장될 수도 있다.[84]

단일 방향 정책(더 일반적인 아시리아의 양방향 정책에 대항하여)을 옹호하려 하였다. 그러나 지역 조사 정보는 증거의 일부일 뿐이며, 그것에만 의존하여 논지를 주장한 것은 아니다. 다음을 보라. K. L. Younger Jr., "The Deportations of the Israelites," *JBL* 117 (1998): 201–27.

83 J. M. Miller, "Is It Possible to Write a History of Israel without Relying on the Hebrew Bible?" in *The Fabric of History: Text, Artifact, and Israel's Past,* ed. D. V. Edelman, JSOTSup 127 (Sheffield: Sheffield Academic Press, 1991), 93–102, 특히 100.

84 C. Schäfer-Lichtenberger, "Sociological and Biblical Views of the Early State," in *Origins of the Ancient Israelite States,* ed. Davies and Fritz, 78–105, esp. 79–80.

민족성

논의의 핵심은 후기 청동기에서 철기 시대로 전환하는 시기에 산지로 이주한 사람들을 "이스라엘인들"과 동일시할 수 있는가라는 문제다.[85] 데버는 이들이 원시 이스라엘인들이라고 긍정적으로 대답한다.[86] 그는 도자기 연속층을 근거로 후기 청동기-철기 시대의 산지 주민들이 토착민이라고 주장한다.[87]

그러나 핑켈슈타인은 물질문화를 토대로 민족성을 파악하는 일은 "골치 아프고, 복잡하고, 신뢰할 수 없는 작업"이라고 생각한다.[88]

> 만일 철기 시대 제1기 고지대 유적지의 물질문화가 1100-1050년경까지

85 Williamson의 논의를 보라. H. G. M. Williamson, "The Concept of Israel in Transition," in *The World of Ancient Israel,* ed. R. E. Clements (Cambridge: Cambridge University Press, 1989), 141–61; W. E. Rast, *Through the Ages in Palestinian Archaeology: An Introductory Handbook* (Philadelphia: Trinity Press International, 1992), 110. "저수준 계획"(low level of planning)은 이 유적지들의 특징이다. 다음을 보라. Z. Herzog, "Settlement and Fortification Planning in the Iron Age," in *The Architecture of Ancient Israel: From the Prehistoric to the Persian Periods,* ed. A. Kempinski and R. Reich (Jerusalem: Israel Exploration Society, 1992), 231–74. 최근에 나온 중요한 두 글을 다음에서 보라. *Ethnicity and the Bible,* ed. M. G. Brett, Biblical Interpretation 19 (Leiden: Brill, 1996): M. G. Brett, "Interpreting Ethnicity: Method, Hermeneutics, Ethics," 3–22; and D. V. Edelman, "Ethnicity and Early Israel," 25–55. 이 주제를 다룬 새 책이 나왔다. 다음을 보라. K. L. Sparks, *Ethnicity and Identity in Ancient Israel: Prolegomena to the Study of Ethnic Sentiments and Their Expression in the Hebrew Bible* (Winona Lake, Ind.: Eisenbrauns, 1998).

86 Dever, "Revisionist Israel Revisited," 35–50; idem, "Cultural Continuity, Ethnicity in the Archaeological Record, and the Question of Israelite Origins," in *Avraham Malamat Volume,* ed. S. Aḥituv and B. A. Levine, *EI* 24 (Jerusalem: Israel Exploration Society, 1993), 22–33, esp. 33 n. 22.

87 다음을 보라. Dever, "Identity of Early Israel," 3–24, esp. 13–18.

88 Finkelstein, "Ethnicity and Origin of the Iron I Settlers," 203.

후기 청동기 시대 전통을 벗어나지 않았다면 이러한 출발점 전보다 1세기 이상 앞서는 13세기 후반에 뚜렷하게 구별되는 새로운 **인종집단**(*ethnos*)이 출현했다는 사실을 어떻게 알 수 있겠는가? 나는 그런 집단의 존재 여부에 이론적인 의문을 제기하는 것이 아니라 이 추론상의 "인종집단"을 파악하는 데 방법론적 문제가 있음을 말하는 것이다. 문질문화의 불연속성이 감지되는 경우에도 하룻밤 사이에 민족이 생겨났다는 것은 이해하기 힘든 주장인데, 연속성이 발견되는 경우에는 얼마나 더 그렇겠는가.[89]

민족적 자기 정체성의 형성에 대한 핑켈슈타인의 논증들이 데버의 입장을 논파하는 데 사용될 수 있다면, 그 논증들은 동일하게 핑켈슈타인 자신의 입장을 논파하는 데도 사용될 수 있다. 핑켈슈타인이 물질문화를 통해 민족의 정체성을 밝히는 데 있어 데버의 주장에 반대하기 위해 고고학 자료에 적용한 바로 그 "골치 아프고, 복잡하고, 신뢰할 수 없는 작업"이 자신에게도 관련되기 때문에, 핑켈슈타인은 이스라엘이라는 고유한 민족이 존재했음을 부인할 진정한 근거가 없는 것이다. 인류학적인 미사여구를 모두 동원한다 해도 고고학이 민족 정체성에 대해 (특히 기원전 제2천년기 후반의 민족 정체성에 대해) 권위 있게 말할 수 있는 입장은 아니라는 것이 확실하다.[90]

때때로 자료는 민족 정체성 논의에 있어 모순되게 사용되기도 한다. 한편에서 데버는 목이음 항아리가 발견되었다고 해서 그 유적지

89 Ibid., 198–99.

90 Edelman은 다음과 같이 주장한다. "왕정 시대 이전에 이스라엘이 민족을 이루고 있었는지에 대해서는 긍정적인 평가가 거의 없다"("Ethnicity and Early Israel," in *Ethnicity and the Bible,* 54).

의 거주민이 이스라엘 민족임을 뜻하는 것은 아니라고 주장한다. 항아리의 주둥이는 단지 도시와 시골에서 토기류의 기능이 다름을 보여주는 것뿐이다. 목이음 항아리가 이전 시대에도, 그리고 이스라엘과 확연히 다른 배경을 가진 요르단 동편에서도 발견되었기 때문에 그것을 "이스라엘 유형의 그릇이라고 부를 수는 없다."[91] 그럼에도 데버는 목이음 항아리들을 "원시 이스라엘" 민족을 암시하는 "불연속적이고 새로운" 징조들 중 하나로 간주한다.[92]

데버에 따르면 초기 이스라엘의 토기는 기원전 13세기 후반의 토기와 거의 동일하며 후기 청동기 시대 가나안 도시들에서 유래한 것이다.[93] 더 나아가 이스라엘의 문자도 가나안 문자 전승에서 발전한 것으로 보인다.

민족 정체성 논의에서 한 가지 유망한 단서는 양돈(pig husbandry)의 존재 여부다.[94] 청동기 시대에는 저지대와 고지대 모두 양돈을 시행했다. 철기 시대 제1기에는 셰펠라와 남부 해안 평지(텔 미크네/에그론, 텔 바타쉬, 아스글론)에서 돼지의 수가 크게 증가한 반면 중앙 산지의 가축 목록에서는 사라진 듯하다. 철기 시대 제1기에 고지대에서는 확실히 돼지가 금기시 되었지만, 원시 암몬 지역과 블레셋 여러 지역에서는 여전히 대중적이었다.[95] 양돈은 아마도 철기 시대 제1기 민족 정체성 연

91 Dever, "How to Tell a Canaanite from an Israelite," 26–60, esp. 43–44.

92 Dever, "Identity of Early Israel," 3–24, esp. 15.

93 Dever, "How to Tell a Canaanite from an Israelite," 40. Edelman의 경고를 보라. Edelman, "Ethnicity and Early Israel," 44.

94 아마도 고고학적으로 확인된 음식 체계는 민족성(또는 종교적인 음식문화 특징들?)을 반영할 수 있을 것이다. 다음을 보라. B. Hesse, "'Pig Lovers and Pig Haters': Patterns of Palestinian Pork Production," *Journal of Ethnobiology* 10 (1990): 105–205.

95 다음을 보라. B. Hesse, "Animal Use at Tel Miqne-Ekron in the Bronze Age and Iron

구에 있어 가장 유용한 항목일 것이다.[96] 이런 종류의 민족 지표가 가장 이상적이지만,[97] 자료가 많지 않고 허술하기 때문에 이 고지대 유적들의 금기 식품에 대해 단정적으로 결론을 내리는 것은 시기상조다. 철기 시대 제1기의 것으로 추정되는 백여 개의 유적지 가운데 일부만 발굴되었고, 조직적인 발굴 작업이 진행된 곳은 그중 몇 군데뿐이다.[98]

나의 생각에는 초기 이스라엘인이 많은 부분에서 가나안인과 문화적으로 큰 차이가 없다는 사실은 그리 놀라운 일이 아니다.[99] 성서 전승에서도 이스라엘이 레반트의 셈족에서 유래했다는 사실을 감추지 않는다. 고대 이스라엘인들이 어떤 식으로든 자신들을 다른 레반트 그룹들과 다르게 인지했다는 점은 확실하지만, 히브리어 성서도 (가장 이른 시기의 문서에서부터 가장 늦은 시기의 문서에 이르기까지) 지속적으로 이스라엘을 일반적인 아시아계 민족들과 연관 짓는다.[100] 그렇다면 우리는

Age," *BASOR* 264 (1986): 17–27; idem, "'Pig Lovers and Pig Haters.'"

96 L. E. Stager, *Ashkelon Discovered* (Washington, D.C.: Biblical Archaeology Society, 1991), 9, 19, 31; 그리고 Finkelstein, "Ethnicity and Origin of the Iron I Settlers," 206. 다음도 보라. Hess, "Early Israel in Canaan," 125–42.

97 이념 형태는 특히 문서에서 발견되었을 때 민족성을 파악하는 도구가 될 수 있다. 예를 들어 다음을 보라. C. Zaccagnini, "The Enemy in the Neo-Assyrian Royal Inscriptions: The 'Ethnographic' Description," in *Mesopotamien und seine Nachbarn: Politische und kulturelle Wechselbeziehungen im Alten Vorderasien vom 4. bis 1. Jahrtausend v. Chr.,* ed. H.-J. Nissen and J. Renger, BBVO 1, RAI 25 (Berlin: Dietrich Reimer, 1982), 409–24.

98 Edelman의 신중한 평가를 보라(Edelman, "Ethnicity and Early Israel," 47–49).

99 매장 관습으로 민족성을 알아낼 수도 있다. 예로 Gonen의 연구 결과를 보라. R. Gonen, *Burial Patterns and Cultural Diversity in Late Bronze Age Canaan,* ASORDS 7 (Winona Lake, Ind.: Eisenbrauns, 1992); 그리고 E. Bloch-Smith, *Judahite Burial Practices and Beliefs about the Dead,* JSOTSup 123 (Sheffield: Sheffield Academic Press, 1992). 현재 철기 시대 제1기 매장에 관한 자료는 상대적으로 적다. 다음을 보라. Edelman, "Ethnicity and Early Israel," 53–54.

100 이것은 놀라운 일은 아니다. 왜냐하면 지파 또는 씨족 정체성 또한 그런 감정들을 유

이스라엘 물질문화의 "결정적인 단서"가 될 수 있는 특징적인 증거를 찾아야 하는 것일까? 사실 성서에서는 이스라엘인들이 산지에 거주하는 다른 원주민들과 다르지 않게 살기로 작정하고 그들과 동화되는 모습을 보여준다(참조. 삿 3:5-6).[101] 확실히 역사의 어떤 시기, 특히 왕정이 시작되는 시기에는 이스라엘의 특징적인 모습들이 발현되는 것이 사실이지만, 그러한 특징들이 반드시 민족적 기원 문제와 관련된 것은 아니다.

성서 외 문서들

메르네프타 석비

성서 외에 "이스라엘"이라는 말이 처음 언급된 것은 메르네프타 석비(기원전 1207년경)다. "이스라엘은 황폐하고, 그 씨가 말랐다."[102] 최근 두 학자가 이 비문에 관련된 서로 다른 문제들과 텍스트 해석을 훌륭하게

출해낼 수 있기 때문이다.

101 고고학적으로 말하자면 고대 이스라엘과 가나안 사이는 종교적으로 별 차이가 없어 보인다. 그러나 다음의 중요한 점을 기억해야 된다. 종교적 믿음과 확신은 관련된 문헌이 있다 하더라도 추적하기가 어렵다. 그러므로 역사 속의 이스라엘이 믿었던 것과 믿지 않았던 것은 어느 정도는 항상 불분명하고 증명될 수가 없다. 다음을 보라. M. S. Smith, *The Early History of God: Yahweh and the Other Deities of Ancient Israel* (San Francisco: Harper & Row, 1990); J. C. de Moor, "Ugarit and Israelite Origins," in *Congress Volume: Paris, 1992,* ed. J. A. Emerton, VTSup 61 (Leiden: Brill, 1995), 205–38; 그리고 J.-M. van Cangh, "Les origines d'Israël et de la foi monothéiste: Apports de l'archéologie et de la critique littéraire," *RTL* 22 (1991): 305–26, 457–87.

102 다음을 보라. K. A. Kitchen, *Ramesside Inscriptions, Historical and Biographical,* 8 vols. (Oxford: Blackwell, 1975–90), 4:19.3–8.

요약하였다.[103] 하젤(Hasel)과 호프마이어(Hoffmeier) 두 학자는 비문에 등장하는 이스라엘이라는 표현을 고대 이스라엘의 기원과 관련된 역사 자료로 다루어야 한다고 올바로 지적하였다. 더 나아가 텍스트의 구성으로 볼 때 이스라엘이 가나안 지역 내에 존재하던 공동체로서(알스트룀에 반하여) 도시국가나 지역이 아니라 하나의 민족(아마도 정착생활을 하는)일 것이라는 주장이 힘을 얻는다. 이스라엘은 가나안의 정치 세력 목록에 그 이름이 오를 만큼 강력했다.

많은 해석자들이 철기 시대 제1기에 고지대에 자리 잡았던 새로운 민족 집단을 메르네프타 석비에 등장하는 "이스라엘"과 동일시한다. 예를 들어 데버는 이들에 대해 다음과 같이 진술한다. "이 민족 집단은 기원전 13세기 후반부터 '이스라엘인'이라 불렸던 자들과 거의 동일한 집단으로 추정된다.…그리고 잘 알려진 '메르네프타 승전비'에…'이스라엘'이라는 이름으로 기록될 만큼 충분히 자리 잡은 민족 집단이었다."[104] 핑켈슈타인은 주장하기를, 학자들 간에 메르네프타 석비에 등장하는 이스라엘의 규모, 사회경제적 상태(목축민인지 또는 정착민인지), 그리고 지리적 위치에 대해 일치된 견해가 없기 때문에 "기원전 1207년의 이스라엘과 2세기 뒤에 이스라엘 왕정 체제가 발현한 지역을 **무의식적으로** 연관 지으려 해서는 안 된다"고 하였다(강조는 덧붙여진 것

103 M. G. Hasel, "*Israel* in the Merneptah Stela," *BASOR* 296 (1994): 45–61. Hasel은 본고에서 다룰 수는 없는 여러 주제들을 능숙하게 논의한다(그렇지만 나는 이 문맥에서 *prt*을 "곡식"으로 해석한 것에 동의할 수 없다). 다음도 보라. J. K. Hoffmeier, *Israel in Egypt: The Evidence for the Authenticity of the Exodus Tradition* (New York and Oxford: Oxford University Press, 1997), 27–31, 44–46; 그리고 F. J. Yurco, "Merenptah's Canaanite Campaign," *JARCE* 23 (1986): 189–215.

104 Dever, "Cultural Continuity," 24.

임).[105] 그러나 메르네프타 비문에 따르면 이스라엘은 가나안에 살고 있었던 민족들 중 하나였다는 것이 분명하기 때문에, 산지의 물질문화 가운데 적어도 일부분은 이스라엘의 것일 가능성이 크다. 이런 점에서 데버가 이스라엘 후기 왕정 시대 물질문화와의 연속성을 주장한 것은 의미가 있다.

메르네프타 석비의 "이스라엘"(*ysr'r/l*)과 초기 성서 이스라엘(가장 이른 시기의 성서 텍스트에 등장하는) 간의 연관성을 부인하는 것은 살만에셀 3세의 쿠르크 기둥의 "이스라엘인"(kur*sir'alāia*)과 성서 이스라엘(소위 분열왕국의 신명기 역사 기사에 등장하는) 간의 연관성을 부인하는 것과 마찬가지다. 메르네프타의 인용구를 수용할 때 발생하는 한 가지 문제점은, 몇몇 학자들이 보기에 그 시기가 "역사적" 이스라엘의 재구성을 위해서는 지나치게 이르다는 것이다.

아마르나 토판 문서

이스라엘의 기원을 이해하기 위해서는 반드시 아마르나 서신에 대한 연구를 참조해야 한다.[106] 이 자료는 고대 이스라엘이 태동한 역사적 배경을 개괄하는 데 도움을 준다. 이 서신들을 통해 기원전 14세기 가나안 저지대와 고지대의 지형적·정치적·사회적·경제적 상황을 어느 정도 자세히 재구성할 수 있다.[107] 이 문서 자료는 **아피루**(*'apîrû*)의 정체를

105 Finkelstein, "Ethnicity and Origin of the Iron I Settlers," 203.
106 이와 관련하여 한 예를 다음에서 보라. Rainey, "Who Is a Canaanite?" 1–15
107 다음을 보라. N. Na'aman, *Borders and Districts in Biblical Historiography,* JBS 4 (Jerusalem: Simor, 1986); idem, "Historical-Geographical Aspects of the Amarna Tablets," in *Proceedings of the Ninth World Congress of Jewish Studies: Panel Sessions: Bible*

밝히는 데 있어서도 중요한 자료다.[108] 아마르나 서신의 존재는 고고학 자료에 관한 부정확한 결론을 방지하는 데 도움을 준다.[109]

지파 조직

초기 이스라엘 사회의 구성요소는 그것이 이스라엘 가정이건 가문이건 혹은 지파건 간에 이에 대한 성서와 고고학의 증거가 단편적이기 때문에 이해하는 데 어려움이 있다.[110] 가정(households)은 사회 구조의 가장 기본적인 단위를 의미하는 듯하며, 가문(*mišpāḥâ,* 확대 가족) 즉 같은

Studies and Ancient Near East, ed. M. Goshen-Gottstein (Jerusalem: Magnes, 1988), 17–26

108 Rainey, "Unruly Elements"; 다음도 보라. Idem, "Who Is a Canaanite?"; and Salvini, *HRabiru Prism,* 12–55.

109 다음을 보라. N. Na'aman, "The Contribution of the Amarna Letters to the Debate on Jerusalem's Political Position in the Tenth Century B.C.E.," *BASOR* 304 (1996): 17–27; idem, "Cow Town or Royal Capital?" *BAR* 23.4 (1997): 43–47, 67.

110 다음을 보라. Gottwald, *Tribes of Yahweh*, 228–341; Lemche, *Early Israel,* 245–90; L. Stager, "The Archaeology of the Family in Ancient Israel," *BASOR* 260 (1985): 1–36; J. W. Rogerson, "Was Early Israel a Segmentary Society?" *JSOT* 36 (1986): 17–26; idem, *Anthropology and the Old Testament* (Oxford: Blackwell, 1978; reprinted, Sheffield: JSOT Press, 1984); A. G. Auld, "Tribal Terminology in Joshua and Judges," in J. A. Soggin et al., *Convegno sul Tema: Le Origini di Israele* (*Roma, 10–11 Febbraio 1986*) (Rome: Accademia Nazionale dei Lincei, 1987), 87–98; Halpern, "Sociological Comparativism," in *Sha'arei Talmon,* 53–67; H. Cazelles, "Clans, état monarchique, et tribus," in *Understanding Poets and Prophets: Essays in Honour of George Wishart Anderson,* ed. A. G. Auld, JSOTSup 152 (Sheffield: Sheffield Academic Press, 1993), 77–92; F. Lambert, "Tribal Influences in Old Testament Tradition," *SEÅ* 59 (1994): 33–58; 그리고 S. Bendor, *The Social Structure of Ancient Israel: The Institution of the Family* (*Beit ,Ab*) *from the Settlement to the End of theMonarchy,* JBS 7 (Jerusalem: Simor, 1996).

조상을 둔 가족들로 이루어진 후손 집단이 보호 기능과 사회적 기능을 수행했던 것으로 보인다. 하지만 지파라는 개념은 정의하기가 어려운데, 왜냐하면 사회 그룹들은 다양한 방법으로, 다시 말해 혈통, 거주지, 공통 방언, 또는 종교에 의해 하나로 뭉칠 수 있기 때문이다. 구약에서 지파는 주거지와 혈통 그리고 아마도 공통 방언에 의해(삿 12:6에 의하면 에브라임 지파 사람들은 십볼렛이라는 단어를 발음하지 못했다) 서로 연결된 그룹들임이 분명하다. 현대의 부족 사회에 관한 연구에 의하면 구약의 지파 문화가 반드시 무리(band) 단계 이후에, 국가(state) 단계 이전에 나타나는 진화론적 단계가 아니라, 그 자체로서 형성된 사회형태일 수도 있다.[111] 지파(또는 부족)라는 용어는 핵심적인 동질성을 중심으로 주변에는 자율성과 다양성을 갖춘 어떤 종류의 조직에도 적용될 수 있다. 따라서 구약의 지파는 이방 민족이나 이스라엘 내의 다른 사회 단위에 맞서 상호 방위체제를 갖춘 가장 큰 규모의 사회 단위라 할 수 있다.[112]

인보동맹 가설을 거부한 것은 옳은 일이었지만, 그렇게 함으로써 성서학자들은 초기 이스라엘의 마을 공동체들이 보다 큰 규모로 통합되는 방식을 탐구하는 데 사용될 수 있는, 국가 이전 상태 주민들의 다양한 동맹 양식들을 인류학이 제공한다는 사실을 종종 망각했다. 이 지파 동맹체들은 중요한 정치, 경제, 사회, 종교적 목적을 실현시키기 위한 연맹들이다.[113]

111 Lambert, "Tribal Influences," 33–58.

112 Gottwald의 논의와 참고문헌을 보라. Gottwald, "Recent Studies," 178–80.

113 Gottwald는 다음과 같이 진술한다. "부족민들이 오로지 종교적 헌신으로 조직되고 연합되었다고 보는 성서적 전통들은 당연히 의심스럽지만, 학자들은 초기 이스라엘의 단일화에는 종교가 어떤 형태로든 관련이 되어 있다는 점을 배제해서는 안 되겠다"

제카리아 칼라이(Zecharia Kallai)는 최근에 이스라엘 12지파 체계를 다시 연구했다.[114] 그는 지파 조직의 네 가지 체계를 성서에서 찾아볼 수 있다는 사실에 주목한다. 그는 "모든 체계에서 여러 시조들(eponyms)이 기본적으로 하나의 집합을 이루는 현상" 그리고 "지파들의 지리적 분포와 지파들의 계통적 상호성 간의 접촉점"을 통해, 이 모든 도식이 하나의 공식화된 구조에서 유래했으며 그것으로부터 다양한 형태의 표상들이 출현했을 것이라는 추론이 설득력을 얻는다고 결론짓는다. 역사기술학의 기본적인 개념들 내에서 12지파 체계가 차지하는 위치는 그리 확고한 것이 아니다. 따라서 다양한 도식이나 혹은 그로부터의 변형을 창출해낸 이른 시기, 혹은 늦은 시기의 역사적 상황 같은 것은 애초에 존재하지 않는다. 다양한 문학적 양식들은 단지 이 체계들을 활용하고 적용한 방식일 뿐이며, 그것들은 표상적인 강조의 필요성을 반영한다고 볼 수 있다.

여호수아서의 역할

구약학자들이 올브라이트 학파의 "정복" 모델을 거부한 것 이외에 또 한 가지 의견 일치를 이룬 사안이 있다면 여호수아서가 역사의 재구성에 무가치하다는 점일 것이다. 그들은 여호수아서를 후대—이르게는 요시야 시대, 늦게는 하스몬 왕조 시대—의 이념적 역투사라고 본다.[115]

(ibid., 181).

114 Z. Kallai, "The Twelve-Tribe Systems of Israel," *VT* 47 (1997): 53–90.

115 전자에 대해서 다음을 보라. N. Na'aman, "The 'Conquest of Canaan' in the Book

많은 학자들이 역사의 재구성 과정에 여호수아서를 사용하는 데 반대하는 이유는 여호수아서와 사사기 간에 모순이 존재한다고 가정하기 때문이다. 그러한 가정들은 일반적으로 다음과 같이 표현되었다. 여호수아서는 "모든 이스라엘"이 완전한 정복을 이루었다고 제시하고 반면에 사사기는 그 정복이 "지파 단위"로 이루어진 불완전한 것이었다고 제시한다. 하지만 여호수아서 기사와 사사기 기사의 수사학적인 면을 고려하여 보다 나은 내러티브 읽기 전략을 적용한다면 그러한 표면상의 모순들을 제거할 수 있으며, 그러한 모순들이 극단적으로 단순화된 읽기 전략의 결과라는 것을 밝힐 수 있다.[116] 따라서 더 이상 여호수아서 10-11장은 역사적으로 부정확한 반면에 사사기 1장은 정확한 것이라고 말할 수는 없다는 것이다. 두 텍스트 모두 과거의 텍스트에 복합적이고 기교적인 형태의 가필이 행해졌다는 점을 고려하여 주의 깊게 읽어야만 한다.

of Joshua and in History," in *From Nomadism to Monarchy,* ed. Finkelstein and Na'aman, 218–81. 후자에 대해서는 다음을 보라. J. Strange, "The Book of Joshua: A Hasmonaean Manifesto?" in *History and Traditions of Early Israel: Studies Presented to Eduard Nielsen, May 8th, 1993,* ed. A. Lemaire and B. Otzen, VTSup 50 (Leiden: Brill, 1993), 136–41. 이 증거는 요시야 연대보다 확실히 더 유력하다. 텍스트에 그 시대의 이념이 얼마나 반영되었으며 또는 특정한 역사 사건들이 얼마나 반영되었는지 텍스트의 연대만으로 결정하기가 어렵다. 다음을 보라. T. C. Römer, "Transformations in Deuteronomistic and Biblical Historiography: On 'Book-Finding' and Other Literary Strategies," *ZAW* 109 (1997): 1–11.

116 여호수아서에 대해서는 다음을 보라. Younger, *Ancient Conquest Accounts,* 197–237, 310–21; idem, "The 'Conquest' of the South," 255–64; 삿 1장에 대해서 다음을 보라. Idem, "The Configuring of Judicial Preliminaries: Judges 1:1–2:5 and Its Dependence on the Book of Joshua," *JSOT* 68 (1995): 75–92. 사사기에서 *bĕnê yiśrā'ēl*(이스라엘의 아들들)이라는 어구가 61차례 나온다는 것은 아이러니하다 (다음을 보라. D. Block, "'Israel'—'Sons of Israel': A Study in Hebrew Eponymic Usage," *SR* 13.3 [1984]: 301–26). 사사기의 최종 편집자/저자는 이스라엘 백성들이 스스로를 단일민족으로 인지하고 있다는 것을 책 전체에서 확실히 나타내고 있다.

우리는 본문비평상의 난제, 사본의 훼손, 그리고 명백한 내적 모순이 있다는 점을 인정해야 한다.[117] 더 나아가 우리에게는 이러한 텍스트에 대해 최종적인 권위를 갖는 해석이 주어지지 않았다. 오히려 아직도 많은 연구가 필요하다. 문자적인 해석은 텍스트의 의미를 더욱 모호하게 만들 뿐이다.

여호수아서는 종종 고고학적 자료와 모순된다는 가정 때문에 신빙성 없는 것으로 간주되었다. 사실 여호수아서 기사와 고고학적 증거 간에 타협할 수 없는 모순들이 존재하는 것처럼 보이기도 한다(예를 들어 여리고, 아이, 그리고 기브온에 관련된 문제들).[118] 하지만 여호수아서와 고고학적 증거 간의 모순에 대한 주장은 주로 두 가지 오해에 기인한 것이다.

첫째, 그러한 주장은 여호수아서에 대한 "문자적"이고 표면적인 읽기에 근거한 것이다(올브라이트 학파와 "수정주의자"[revisionists]가 여호수아서를 그렇게 읽어왔고 여전히 그렇게 읽고 있다). 그들은 이스라엘이 그 땅을 "정복했다"는 진술이 이스라엘인들에 의한 대대적인 파괴를 의미한다고 주장한다. 따라서 고고학적 증거가 그러한 대대적인 파괴를 확증하지 않는다면 여호수아서는 틀린 것이다(사실 여호수아서가 틀린 것이

117 다음의 예를 참조하라. 수 15:63 ≠ 삿 1:8 ≠ 1:21. 다음을 보라. Younger, "Configuring of Judicial Preliminaries," 84 n. 27.

118 이것에 대한 최근의 간략한 논의로 다음을 보라. R. S. Hess, *Joshua: An Introduction and Commentary,* TOTC (Downers Grove, Ill., and Leicester: InterVarsity, 1996). Merling도 고고학적 토론에서 여호수아서의 역할을 다루고 있다 (Merling, *Book of Joshua,* 106–273). 특히 여리고에 대해 다음을 보라. B. G. Wood, "Did the Israelites Conquer Jericho? A New Look at the Archaeological Evidence," *BAR* 16.2 (1990): 44–58; P. Bienkowski, "Jericho Was Destroyed in the Middle Bronze Age, Not the Late Bronze Age," *BAR* 16.5 (1990): 45–46, 69.

아니라 해석이 틀린 것이다).

둘째, 그러한 주장은 고고학적 문제에 있어 강력하고 "완고한" 객관주의에 바탕을 둔다(다시 말해 성서 텍스트를 배제한 채 고고학만으로 모든 문제에 해답을 줄 수 있다는 것이다).[119] 많은 고고학자들은 이스라엘의 기원과 초기 역사를 다루는 데 있어 고고학이 히브리 성서보다 더 믿을 만하다고 선포함으로써 시리아-팔레스타인 고고학 자체가 다양한(때로는 자기 모순적인) 철학적 관점들(많은 경우 성서 자체에 근거를 둔 가정들을 포함하여)에서 파생된 주관적인 가정에 노출되어 있다는 점을 무시한다.[120] 고고학자들이 보여주는 이러한 지나친 낙관주의는 지엽적인 결과물들을 통해 전체적인 그림을 도출하려 함으로써 고고학과 텍스트 사이의 간격을 메워주기보다는 오히려 더 깊게 만든다.[121]

고고학 자료는 다양한 형태의 사건들에 대한 기록을 담고 있다. 예를 들어 엘리자베스 스톤(Elizabeth Stone)은 다음과 같이 주장한다. "통치 체제의 변화가 일반 대중에게 끼치는 영향력은 상당히 민감한 것이어서 고고학적으로 확인하기가 매우 어렵지만, 사회적이고 경제적인 변화들은 대중에게 직접적이고 강력한 영향력을 행사하기 때문에 그 흔적을 남겼을 가능성이 매우 크다."[122] 그렇기 때문에 고고학자들이

119 Dever가 고고학자들은 고대 팔레스타인의 **합법적인 역사만**을 써야 한다고 말한 것은 이 분야에 있어서 이런 과신을 나타낸 예다(강조는 덧붙여진 것임). Dever, "Identity of Early Israel," 19. Whitelam의 논평을 보라. Whitelam, "Prophetic Conflict in Israelite History," 35.

120 Miller, "Is It Possible to Write a History of Israel?" 101.

121 J. N. Postgate, "Archaeology and Texts—Bridging the Gap," *ZA* 80 (1990): 228–40, 특히 239.

122 E. C. Stone, *Nippur Neighborhoods,* SAOC 44 (Chicago: Oriental Institute, 1987), 32 n. 7.

발굴 현장에서 고고학적 자료들에 나타나는 파괴의 흔적들을 무엇과 관련시킬지를 결정하는 일이 반드시 쉬운 과제만은 아니다.

많은 고고학자들은 유적지에 현저한 파괴의 증거가 있을 때 그것을 단지 군사 행동이나 "정복"의 증거로만 간주한다. 이러한 판단은 적어도 세 가지 문제점을 가지고 있다. 첫째, 인류 역사에서 많은 경우에 (도심 전투가 아니라) 야전이 정복을 성취하는 데 결정적인 역할을 해왔다. 둘째, 한 도시를 정복하기 위해서 반드시 그 도시를 완전히 파괴하거나 혹은 부분적으로라도 파괴할 필요가 있는 것은 아니다. 셋째, 유적지에 대한 고고학적 발굴은 본질적으로 한 도시의 점령에 관한 세부적인 것을 밝혀주지 못한다. 사실 사람의 손으로 파괴시킨 것들을 식별해내기란 어려운 일이며, 따라서 고고학자들은 종종 그러한 점들을 조사 대상에 포함시키지도 않는다.[123]

J. N. 포스트게이트(J. N. Postgate)는 메소포타미아 배경에서의 고고학과 텍스트에 관한 이슈들을 다루지만, 그의 민감한 통찰력은 팔레스타인/성서 고고학에도 상당 부분 적용될 수 있다.

> 발굴 과정에서 관찰된 것들을 역사적으로 알려진 정치적 사건과 연결시키는 작업은 어느 정도 추측을 포함할 수밖에 없으며, 발굴자들이 너무 선부르게 "정치적" 사건과 연결시킴으로써 잘 알려진 몇몇 고고학적 논쟁의 원인을 제공하게 되었다. 트로이의 약탈이나 텔 마르디크의 초기 청동기

123 아시리아인들이 적어도 어떤 경우에는 불을 사용하지 않고 손으로만 파괴했다는 것은 명백하다. 일례로 "울후"라는 도시에 대한 사르곤의 정복 기사를 "Letter to the God"에서 보라(*ARAB* 2:87–88, §161; and W. Mayer, "Sargons Feldzug gegen Urartu–714 v. Chr. Text und Übersetzung," *MDOG* 115 [1983]: 65–132, esp. 88–93).

시대 궁전의 파괴를 둘러싼 논쟁만 생각해보아도 우리가 피해야 할 위험이 어떤 것인지 깨달을 수 있다. 파괴의 원인을 파악하는 일은 고고학 자료를 통해 인종을 식별하는 일만큼이나 위험한 것이며, 그렇기 때문에 많은 발굴가들은 그러한 일을 시도조차 하지 않는다. 반면에 정치적 사건의 관련성이 너무나 분명해서 무시할 수 없는 아시리아 제국의 멸망과 같은 상황도 분명히 존재한다. 그래서 니므롯(Nimrud)에 있는 나부 성전의 파괴와 황제의 알현실에서 일어난 봉신 조약문서 파기 사건을 그 당시 적의 공격과 연관 짓는 데 이의를 제기한 사람은 거의 없었다. 불확실한 요소들이 침투하는 때는 바로 고고학적 증거가 절대적이지 않고 관련된 사건이 포괄적이지 않은 경우인데, 이럴 때에는 확실히 해석적 틀을 적용할 필요가 있다. 각각의 경우에 양방향에서의 주의가 요구된다. 다시 말해 그 사건에 관한 역사적 증거가 무엇인지 주의해서 물어야 할 뿐 아니라, 그와 관련된 고고학적 자료를 철저히 살펴보아야 한다.[124]

더 큰 문제는 인구의 이동, 특히 유랑 집단의 이주를 고고학적으로 추적하는 일이 쉽지 않다는 것이다. 히타이트의 역사 내러티브, 서신, 그리고 조약문서들은 종종 민족들의 이동에 대해 언급하며, 그러한 이동을 막아야 할 필요성에 대해 언급한다. 하지만 이러한 민족 이동에 대해서는 알려진 바가 거의 없다.[125]

덧붙여 이러한 민족 이동의 막대한 중요성을 인식하는 것도 중요하다. 신세계로의 민족 이동은 세계사에 지대한 영향을 끼쳤다. 최근 러

124 Postgate, "Archaeology and Texts," 230–31.
125 G. Beckman, *Hittite Diplomatic Texts,* ed. H. A. Hoffner Jr., SBLWAW 7 (Atlanta: Scholars Press, 1996), 11–143.

시아의 유대인들이 이스라엘로 이주한 사건은 중동지역의 정치에 주목할 만한 반향을 일으켰다. 이 사건들에 대한 충분한 설명을 브로델의 장기지속 모델에서 항상 찾을 수 있는 것은 아니다.

보다 포괄적인 모델을 위한 제안

1. 여호수아서가 보여주는 그림의 복잡성을 인식하라

여호수아서를 해석할 때 종종 두 가지 점을 간과한다. 그 하나는 과장법이고 다른 하나는 이념과 선전(propaganda)이다. 고대 근동의 역사기술에 있어 과장법은 주요한 특징이다. 과장법의 사용을 인지함으로써 우리는 성서 기사들에 대한 오해를 방지할 수 있다. 이념과 선전의 이용 또한 중요하다(이 경우는 과장법이 이념을 부각시키는 동시에 독자들로 하여금 텍스트를 너무 문자적으로 해석하지 않도록 주의를 준다). 이 두 가지 점을 인식할 때 해석자는 여호수아서를 텍스트의 맥락에 따라 읽을 수 있다.

우리가 인지해야 할 또 한 가지 중요한 사실은 가나안 점령 과정이 단순하고 신속한 군사적 정복이 아니라 침투, 내분을 포함한 분쟁, 그리고 변혁과 재배치로 이루어진 복합적이고 장기적인 과정이었다는 점이다. 여호수아서 자체도 사사기와 마찬가지로 이스라엘의 기원에 대해서 그렇게 이해하고 있다(수 11:18; 13:1).

마지막으로 다른 성서 자료들(예. 삿 1장)의 복잡성을 인식하는 것도 중요하다. 하나의 증거를 다른 증거에 비해 지나치게 강조하는 것은 위험하다. 이것은 특별히 여호수아 10장과 사사기 1장 사이에서 행해진

일인데, 둘 중 어느 텍스트도 다른 하나에 비해 역사적으로 정확한 것은 아니다. 두 텍스트 모두 복잡한 해석 전략을 요구하는 구조를 가지고 있다.[126]

2. 고고학 자료가 보여주는 그림의 복잡성을 인식하라.

서로 다른 고고학적 방법론들은 나름의 한계성을 가지고 있음을 기억할 필요가 있다. 우리는 물질문화가 문자로 기록된 자료에 비해 논리적·필연적 우선권을 갖는다고 가정하는 오류를 피해야 한다. 이와 동시에 문자로 기록된 자료는 고고학적 증거를 바탕으로 해석되어야 한다.[127] 모든 자료는 그 자체의 맥락에서 해석되어야 하며, 그 해석은 다른 증거들에도 영향을 줄 수 있어야 한다. 문자로 기록된 자료들에 주어지는 특별한 비중은 다양한 요인들에 의해 결정되는데, 항상 염두에 두어야 할 점은 문서 자료가 갖는 이데올로기적 측면들이다. 각각의 경우에 양방향에서 주의를 기울이라고 했던 포스트게이트의 제안, 다시 말해 한 사건에 관한 역사적 증거가 무엇인지 주의해서 물어야 할 뿐

126 Younger, "Configuring of Judicial Preliminaries," 86–87. 이것은 S. Japhet이 역대기 사가(the Chronicler)가 대상 1-9장에서 이스라엘을 가나안의 토착민으로 제시했다고 보는 것에도 적용된다. 다음을 보라. Sara Japhet, "Conquest and Settlement in Chronicles," *JBL* 98 (1979): 205–18; idem, *The Ideology of the Book of Chronicles and Its Place in Biblical Thought,* Beiträge zur Erforschung des Alten Testaments und des antiken Judentums 9 (Frankfurt am Main: Lang, 1989).

127 실로암 터널 비문의 유명한 수수께끼(즉 *zdh*의 뜻)는 아마도 고고학과 지질학적 증거의 틀로 해석될 수 있을지도 모른다. 다음을 보라. Younger, "The Siloam Tunnel Inscription—An Integrated Reading," *UF* 26 (1994): 543–56.

아니라, 그와 관련된 고고학적 자료를 철저히 살펴보아야 한다는 제안은 이 경우에도 필수적이라 생각된다.

3. 고대 근동 사람들이 문서를 기록한 양식을 밝히기 위해 동시대 문학 작품들과의 비교 분석을 실시하라

고대 정복 기사에 비교문학 방법론을 적용해보면 역사가는 여호수아서의 정복 기사가 다른 고대 근동 민족들의 정복 기사와 흡사하다는 것을 알 수 있다. 이 방법론은 성서 텍스트에 대한 부적절한 일반화의 오류를 막는 데 도움을 줄 수 있다.[128] 이런 접근법은 경계선 그리기와 도시 목록 작성에,[129] 또는 성전 건축에 관한 성서 내러티브를 이해하는 데도 유용하다.[130]

128 Younger, *Ancient Conquest Accounts,* 258–60.

129 R. S. Hess, "Late Bronze Age and Biblical Boundary Descriptions of the West Semitic World," in *Ugarit and the Bible: Proceedings of the International Symposium on Ugarit and the Bible, Manchester, September 1992,* ed. G. Brooke, A. Curtis, and J. Healey, Ugaritisch-biblische Literatur 11 (Münster: Ugarit-Verlag, 1994), 123–38; idem, "A Typology of West Semitic Place Name Lists with Special Reference to Joshua 13–21," *BA* 59 (1996): 160–70; idem, "Asking Historical Questions of Joshua 13–19: Recent Discussion concerning the Date of the Boundary Lists," in *Faith, Tradition, History: Old Testament Historiography in Its Near Eastern Context,* ed. A. R. Millard, J. K. Hoffmeier, and D. W. Baker (Winona Lake, Ind.: Eisenbrauns, 1994), 191–205.

130 V. Hurowitz, *I Have Built You an Exalted House: Temple Building in the Bible in Light of Mesopotamian and Northwest Semitic Writings,* JSOTSup 115, JSOT/ASOR Monographs 5 (Sheffield: Sheffield Academic Press, 1992).

제안에 대한 결론

이러한 점들로 볼 때 우리는 고대 이스라엘의 기원이 복잡하며 단순히 하나의 요인을 통해 설명할 수 없음을 인식해야 한다. 브로델의 시간지속 개념을 통해 그 과정을 살펴보는 것도 물론 유익하지만, 우리는 고대 이스라엘의 기원에 관한 논의에서 정치적이고 개인주의적인 중요한 요소들도 경시해서는 안 된다. 그것은 침투와 변혁과 재배치를 포함하는 긴 과정이었다.

성서 텍스트는 다양한 무리들이 이스라엘에 포함되어 있음을 암시한다(예. 수 9장; 삿 4:11). 또한 세겜(수 8:30-35; 24:1, 32)과 같은 몇몇 지역들에 대한 정복 기사의 누락(정복 공백[conquest lacunae])은 이스라엘 사람들이 그 지역에 평화로운 방법으로 이주했음을 증명하는 듯하다.

그러나 이스라엘의 건립은 확실히 군사적인 정복(내분을 포함하여)을 동반한다.[131] 그 모든 복잡한 과정은 정치적·경제적·종교적·환경적인 상황들(때로는 명백하게 분리하기가 쉽지 않은)이 낳은 결과였다.[132] 이집트 제국의 붕괴 및 가나안 도시국가 체제의 와해 그리고 해양 민족들의 이주가 이스라엘 태동의 주요 요인이었다. 가뭄도 아마 한 몫을 했을 것이다. 이스라엘의 기원이 토착적인(유목 및 정착생활의) 요소들을 포함하고 있는 것은 사실이지만, 의심할 여지없이 이질적인 요소들도

131 이 시점에서 Mazar의 접근법이 유용하다. 그는 다음과 같이 말한다. "우리는 정복 전승을 복잡한 역사 과정에 대한 축약된 영상으로 이해해야 하는데, 이 과정 안에서 300년간의 이집트의 지배로 인해 약하고 가난해진 몇 개의 가나안 도시국가가 철기 시대 제1기에 새로운 국가 이스라엘에 의해 대치되었다"(Mazar, *Archaeology of the Land of the Bible,* 334).

132 이 요소들 몇몇에 대해 다음을 보라. F. S. Frick, "Ecology, Agriculture, and Patterns of Settlement," in *World of Ancient Israel,* ed. Clements, 67–93.

갖추고 있었다.

결론

우리는 성서 기사가 그 시대의 역사를 재구성하는 데 아무런 가치가 없다는 견해를 거부해야 한다. 우리는 또한 성서 기사가 역사의 재구성에 필요한 모든 것이라는 견해도 거부해야 한다. 성서 기사는 대단히 선택적이기 때문에 역사 재구성의 자료로는 **불완전**하다. 더구나 성서 기사를 해석하는 데는 상당한 노력이 요구되는데, 왜냐하면 성서의 서술들이 아주 복잡한 구조를 가지고 있기 때문이다.[133] 이러한 특징들이 때로는 성서 기사를 고려할 가치가 없는 것으로 전락시키는 변명거리로 오해받기도 했다. 그러나 성서 기사를 연구 대상에서 제외하는 것은 "모든" 증거(설사 현 상태에서는 편파적인 것으로 여겨진다 하더라도)를 고려해야 한다는 원칙을 어김으로써 역사적 재구성을 "제한"하는 것이다.[134] 이것은 마치 우리가 사르곤의 글에 편견이 존재한다고 해서 사마리아의 함락을 재구성할 때 사르곤의 연대기를 배제하는 것이나 마찬가지

133 이것이 바로 우리가 텍스트를 다양한 방법으로 읽어야 하는(또한 그것들을 미리 부적절하다고 낙인 찍지 말아야 하는) 이유다. 여러 가지 독법 가운데 역사가의 수고에 더 큰 보답을 주는 해석법도 있겠지만, 서로 다른 관점들은 새 전망을 보여준다.

134 최근 Whybray는 구약 역사서에는 믿을 만한 역사 자료가 어느 정도 있으며 역사를 구성할 때 이것을 실제 자료로 이용할 수 있다고 주장했다. 다음을 보라. R. N. Whybray, "What Do We Know about Ancient Israel?" *ExpTim* 108 (1996): 71–74. McConville의 발언도 보라. J. G. McConville, "Faces of Exile in Old Testament Historiography," in *After the Exile: Essays in Honour of Rex Mason,* ed. J. Barton and D. J. Reimer (Macon, Ga.: Mercer University Press, 1996), 27–44.

다. 고대와 현대를 막론하고 모든 역사기술을 대할 때에는 거기에 내재한 편견을 제거하는 과정이 필요하다. 얼마나 성공적으로 편견을 제거할 수 있는가는 경우에 따라 다르겠지만, 그럼에도 우리는 그런 노력을 기울일 의무가 있다. 우리가 성서 전승을 적절한 방식으로 읽는다면 그것은 생명력을 지닌 기사를 제공한다. 고대 근동 전반에 기원을 둔 정복 기사 전승에서도 물론 마찬가지다.

고고학에서 물질문화 유적은 고도로 부분적이고 선택적이다. 이러한 증거의 빈약성 때문에 고고학적 증거도 역사적 재구성의 자료로서 불완전한 성격을 지닌다. 물질문화 유적 또한 해석에 많은 공을 들여야 한다. 토기류의 경우에도 잘못 해석되고 잘못 이해되어온 것으로 알려져 있다.

따라서 모든 증거를 고려하고 모든 자료를 활용하는 방법론이 최선의 재구성을 제공할 것이라는 점은 명백하다.[135] 바로 이것이 고고학자와 역사학자가 목표로 삼아야 할 방향이다.[136]

135 Rendsburg의 최근 통합적 분석은 이러한 노선에 긍정적인 통찰을 제공한다. G. A. Rendsburg, "The Early History of Israel," in *Crossing Boundaries and Linking Horizons: Studies in Honor of Michael C. Astour on His 80th Birthday,* ed. G. D. Young, M. W. Chavalas, and R. E. Averbeck (Bethesda, Md.: CDL Press, 1997), 433–53.

136 다음의 책은 너무 최근에 나와서 본고에서 다루지 못했다. S. Ahituv and E. D. Oren, eds., *The Origin of Early Israel: Current Debate: Biblical, Historical, and Archaeological Perspectives,* Iren Levi-Sala Annual Seminar 1997; Beer Sheva 12 (Beersheba: Ben-Gurion, 1998).

제8장

왕정 시대 역사 연구: 발전과 우회

Gary N. Knoppers
개리 N. 크나퍼스

이스라엘 역사에서 현대 학자들이 가장 집중적으로 연구해온 시대는 통일왕국과 분열왕국 시대였다. 본장은 다분히 선택적인 간략한 연구 조사로서 지난 30년간 특정 이슈들과 관련하여 학문적 방법론이 어떻게 발전되고 변화되었는지를 다루려 한다. 어떤 부분에서는 재검토하거나 좀 더 자세히 연구할 가치가 있는 주제들을 언급한다는 점에서 전망적(prospective)이라 할 수 있을 것이다. 본장에서는 무엇보다도 왕정 시대 연구에 있어 중요한 방법론적 전환, 다시 말해 고고학과 금석학에 대한 고조되는 관심을 다룰 것이다. 다음으로 보다 세부적인 문제들, 다시 말해 통일왕국의 실재, 분열왕국 초기의 역사 배경, 아시리아의 원정으로 인한 영향, 그리고 바빌로니아 유수에 대한 새로운 해석에 대해 다루겠다.

자료 문제

왕정 시대 역사에 대한 연구의 최근 동향은 조사를 위한 자료로서 고고학과 금석학에 크게 의존하는 반면 상대적으로 문학적(성서) 텍스트에는 덜 의존하는 것이다.[1] 고고학과 금석학의 연구 결과를 이스라엘과 유다의 역사에 적용하려는 시도가 과거 학계에서도 연구의 한 부분이었음은 틀림없는 사실이다.[2] 과거에 고고학의 역할이 기본적으로 성서 연대기에 따라 기록된 이스라엘 역사를 지지하는 것이었다면, 오늘날의 추세는 성서 텍스트에 전혀 의존하지 않는 것이다. 나의 접근법은 성서 텍스트의 증언을 심도 있게 다루는 것이다. 따라서 나는 오늘날의 추세를 일별한 후에, 역사를 기록하기 위해서는 문학 자료를 이용해야

1 예를 들어 Thompson과 Holladay의 연구는 서로 방법론적, 이론적으로 다른 점이 많이 나타난다. T. L. Thompson (*Early History of the Israelite People: From the Written and Archaeological Sources,* SHANE 4 [Leiden: Brill, 1992], 306–7); J. S. Holladay ("The Kingdoms of Israel and Judah: Political and Economic Centralization in the Iron IIA–B [ca. 1000–750 B.C.E.]," in *The Archaeology of Society in the Holy Land,* ed. T. E. Levy [London: Leicester University Press, 1995], 368–74). 그러나 이들이 동의하는 한 가지는 바로 물질유물에만 전적으로 의존하여 과거를 재구성할 필요가 있다는 것이다.

2 M. Noth, *The History of Israel,* trans. P. R. Ackroyd, 2d ed. (London: Black, 1960), 204–16; W. F. Albright, *The Archaeology of Palestine* (reprinted, Gloucester, Mass.: Smith, 1971), 118–28; J. Bright, *A History of Israel,* 3d ed. (Philadelphia: Westminster, 1981), 183–228; J. A. Soggin, "The Davidic-Solomonic Kingdom," in *Israelite and Judaean History,* ed. J. H. Hayes and J. M. Miller, OTL (Philadelphia: Westminster; London: SCM, 1977), 332–80; S. Herrmann, *A History of Israel in Old Testament Times,* trans. J. Bowden (Philadelphia: Fortress, 1981), 131–86; A. Lemaire, "The United Monarchy," in *Ancient Israel: A Short History from Abraham to the Roman Destruction of the Temple,* ed. H. Shanks (Washington, D.C.: Biblical Archaeology Society; Englewood Cliffs, N.J.: Prentice-Hall, 1988), 85–108; G. Ahlström, *The History of Ancient Palestine from the Palaeolithic Period to Alexander's Conquest,* JSOTSup 146 (Sheffield: JSOT Press, 1993), 501–42.

한다는 점을 변론할 것이다.

고고학과 금석학 자료에 대한 의존도가 커진 데는 여러 요인이 작용했다. 첫째, 지난 25년간 이스라엘과 요르단에서 전례 없이 많은 고고학 발굴이 시행되었다. 따라서 왕정 시대의 역사를 새로이 구성하려면 결국 중요한 고고학, 금석학 자료를 적절히 다루어야만 한다. 둘째, "신"고고학과 같은 새로운 방법론을 적용함으로써 고대 팔레스타인의 일상생활—인구, 민족성, 거주 형태, 사회경제적 상황, 식생활 등—에 대하여 더 많은 것을 알게 되었다.[3] 고대 이스라엘 역사 대부분이 야웨의 활동, 그리고 왕, 제사장, 예언자와 같은 주요 인물의 활동에 관한 기록이기 때문에 새로운 인류학적·고고학적 접근법을 적용함으로써 우리는 과거에 대해 지금까지보다 더 완성도 높은 그림을 얻을 수 있다.

그러나 고고학적 증거에 대한 관심이 높아짐과 동시에 성서의 증거에 대한 재평가 작업이 이루어졌다. 아이러니하게도 이러한 재평가로 인해 서로 무관한 두 가지 발전상이 하나로 합쳐지는 현상이 나타났다. 성서를 문학작품으로 대하는 연구 방법이 발전함으로써 성서 저자들이 사용한 복잡한 작문 기법에 관심을 기울이게 되었다.[4] 이로 인해 고대 이스라엘 저자들이 자신들의 글을 통해 무엇을 주장하려고 했는지, 혹은 더 중요하게는 무엇을 주장하지 않았는지를 더 잘 이해하게 되었다. 그리고 이러한 과정에서 최근의 연구는 역사기술도 문학의 한 형태

3 다음을 보라. S. L. Dyson, "From New to New Age Archaeology: Archaeological Theory and Classical Archaeology—A 1990s Perspective," *AJA* 97 (1993): 195–206; S. Bunimovitz, "How Mute Stones Speak: Interpreting What We Dig Up," *BAR* 21.2 (1995): 58–67, 97; 그리고 본서 제15장에 나오는 C. Carter의 소논문을 보라.

4 Long의 연구 조사를 보라. V. P. Long, *The Art of Biblical History,* Foundations of Contemporary Interpretation 5 (Grand Rapids: Zondervan, 1993), 또한 본서 제6장에 실린 그의 글을 보라.

임을 강조하게 된다.[5] 고대 역사 기록의 한 예인 사무엘-열왕기와 역대기는 역사적 사건에 대한 이차 증언들이다. 새로운 문학적 접근법을 주창하는 학자들은 그들이 다루는 성서 각 권의 역사적 신빙성에 대해 논의하기를 꺼려한다. 실제로 일부 학자들은 자신들의 연구와 역사적 재구성을 통한 연구를 신중하게 구별한다.[6] 그럼에도 역사를 예술 작품으로서 다룰 때 얻을 수 있는 한 가지 효과는 성서 내러티브를 그것들이 묘사하는 외부적인 사건들로부터 분리시키는 것이다.[7]

이러한 새로운 문학비평의 등장과는 무관하게 전통적인 역사비평 학계에서는 구약성서의 보다 많은 책들(혹은 책의 부분들)의 연대를 포로기나 포로기 이후로 추정하는 경향을 보인다. 1970년대에만 해도 많은 학자들은 사무엘서 내의 내러티브 단락들—언약궤 내러티브(삼상 4:1b-7:1; 삼하 6장),[8] 다윗의 역사(삼상 16:14-삼하 5장),[9] 왕위 계승 내러티브(삼하 9-20장; 왕상 1-2장)[10]—을 통일왕국 시대의 문서로 간주했다.

5 이 발전의 중요성을 최근에 Provan이 강조했다. I. Provan, "Ideologies, Literary and Critical: Reflections on Recent Writing on the History of Israel," *JBL* 114 (1995): 585–606.

6 M. Sternberg, *The Poetics of Biblical Narrative,* ILBS (Bloomington: Indiana University Press, 1985), 24–26; D. M. Howard, *An Introduction to the Old Testament Historical Books* (Chicago: Moody, 1993), 23–58; Long, *Art of Biblical History,* 58–87.

7 물론 일부 문학적 연구에서도 어떤 내러티브를 역사적인 것으로 규정하는 데 이의를 제기한다. 예를 들어 Alter는 "산문 소설"(prose fiction)이란 명칭을 사용했다. R. Alter, *The Art of Biblical Narrative* (New York: Basic Books, 1981), 23–26.

8 예를 들어 P. D. Miller Jr. and J. J. M. Roberts, *The Hand of the Lord: A Reassessment of the "Ark Narrative" of 1 Samuel* (Baltimore: Johns Hopkins University Press, 1977); P. K. McCarter, *I Samuel,* AB 8 (Garden City, N.Y.: Doubleday, 1980), 23–26.

9 McCarter, *I Samuel,* 27–30에 참고구절이 있다.

10 또한 다윗의 궁정 역사라고 부른다. 다음을 보라. L. Rost, *The Succession to the Throne of David,* trans. M. D. Rutler and D. M. Gunn (Sheffield: Almond, 1982), 65–114; Noth, *History,* 205; P. K. McCarter, "Plots, True or False: The Succession Narrative as Court Apologetic," *Int* 35 (1981): 355–67; T. Ishida, "'Solomon Who Is Greater

특히 왕위 계승 내러티브는 세계 최초의 위대한 역사 작품 중 하나로 여겨졌었다. 이 내러티브는 텍스트가 다루고 있는 왕위 계승 사건 직후 아마도 솔로몬 치세하에 기록된 것으로서 궁정 정치에 대해 통찰력 있게 함축적으로 표현한 것으로 알려졌다.[11] 많은 학자들이 이 지배적인 해석에 이의를 제기하고 이 내러티브의 연대를 포로기 직전, 포로기, 또는 심지어 포로기 이후로 보았다.[12] 이러한 수정주의적 견해에도 반론이 없었던 것은 아니지만,[13] 사무엘서에 포함된 자료들의 연대 문제에 관하여 더 이상 일치된 견해는 존재하지 않는다.

두 번째 예를 들자면, 많은 학자들은 일반적으로 열왕기의 최종 형

Than David': Solomon's Succession in 1 Kings I–II in the Light of the Inscription of Kilamuwa, King of Y'DY-Sam'al," in *Congress Volume: Salamanca, 1983,* ed. J. A. Emerton, VTSup 36 (Leiden: Brill, 1985), 145–53.

11 G. von Rad, "The Beginnings of Historical Writing in Ancient Israel," in *The Problem of the Hexateuch and Other Essays,* trans. E. W. Trueman Dicken (New York: McGraw-Hill, 1966), 205–21; B. Halpern, *The First Historians: The Hebrew Bible and History* (San Francisco: Harper & Row, 1988).

12 왕위 계승 내러티브를 예로 들 수 있다. 다음을 보라. E. Würthwein, *Die Erzählung von der Thronfolge Davids—theologische oder politische Geschichtsschreibung?* ThStud 115 (Zurich: Theologischer Verlag, 1974); F. Langlamet, "Pour ou contre Salomon? La rédaction prosalomonienne de I Rois, I–II," *RB* 83 (1976): 321–79, 481–528; J. Van Seters, *In Search of History* (New Haven: Yale University Press, 1983), 277–91; J. A. Soggin, "Prolegomena on the Approach to Historical Texts in the Hebrew Bible and the Ancient Near East," in *Avraham Malamat Volume,* ed. S. Aḥituv and B. A. Levine, *EI* 24 (Jerusalem: Israel Exploration Society, 1993), 212–15.

13 다음 글을 보라. R. P. Gordon, "In Search of David: The David Tradition in Recent Study," 285–98; 그리고 A. Millard, "Story, History, and Theology," 37–64, both of which appear in *Faith, Tradition, and History: Old Testament Historiography in Its Near Eastern Context,* ed. A. Millard, J. Hoffmeier, and D. W. Baker (Winona Lake, Ind.:Eisenbrauns, 1994). Halpern의 연구도 관련된다. B. Halpern, "The Construction of the Davidic State: An Exercise in Historiography," in *The Origins of the Ancient Israelite States,* ed. V. Fritz and P. R. Davies, JSOTSup 228 (Sheffield: Sheffield Academic Press, 1996), 44–75.

태가 포로기에 기원을 둔 것으로 간주됨에도 불구하고(왕하 25:27-30) 열왕기상 11장에서 열왕기하 17장까지의 북왕국 역사가 포로기 이전 상황에 대해 여러 유익한 정보를 담고 있다고 여겨왔다.[14] 다른 학자들은 이 평가에 이의를 제기하고 신명기 역사의 최초 편집 시기를 포로기 이후로 보았다.[15] 최근에 출간된 라이너 알베르츠(Rainer Albertz)의 두 권짜리 이스라엘 종교사에는 이러한 관점의 전환이 분명하게 드러난다. 이 책은 포로기 이전보다는 포로기와 포로기 이후에 대해 훨씬 더 많은 지면을 할애했다.[16] 알베르츠는 현대의 추세를 반영하면서 오경과 전기 예언서의 많은 부분이 포로기 또는 포로기 이후의 작품이라고 추정한다. 따라서 후대의 작품으로 추정되는 책들의 범위는, 전통적으로 포로기 이후의 작품으로 알려진 책들에 대한 새로운 평가를 반영하는 것만큼이나 성서의 율법 자료와 역사 자료의 연대 추정에도 많은 전환이 있었음을 반영하고 있다.

성서 증거에 대한 재평가와 새로운 연대 추정은 역사적 재구성에도 영향을 끼쳤다. 저작 시기가 후대일수록 책의 저자와 그가 묘사하는 사건 간의 시간 간격이 더 커진다. 그러나 이러한 시간 간격은 후대의 저자가 이른 시기의 저자에 비해 정확성이 떨어진다는 것을 의미하지는 않는다. 만일 그렇지 않다면 연대 상으로 수천 년이나 떨어진 고대를

14 다음을 참고하라. G. N. Knoppers, *Two Nations under God: The Deuteronomistic History of Solomon and the Dual Monarchies,* vol. 1, *The Reign of Solomon and the Rise of Jeroboam,* HSM 52 (Atlanta: Scholars Press, 1993), 17–56.

15 예를 들어 Auld도 마찬가지다. A. G. Auld, *Kings without Privilege: David and Moses in the Story of the Bible's Kings* (Edinburgh: Clark, 1993).

16 R. Albertz, *A History of Israelite Religion in the Old Testament Period,* vol. 1, *From the Beginnings to the End of the Monarchy;* vol. 2, *From the Exile to the Maccabees,* trans. J. Bowden, OTL (Louisville: Westminster/John Knox, 1994).

다루는 모든 역사기술은 무의미한 작업이 되어버릴 것이다. 사건의 발생 시점과 가까운 시기에 살았던 저자가 몇 세기 후에 살았던 저자보다 더 나은 역사를 기록할 것이라는 생각은 역사기술의 성격에 대한 순박한 추론을 반영한다. 하지만 일반적으로 성서비평에서는 시간상으로 거리가 있는 기록을 신뢰성이 떨어지는 것으로 간주한다.[17] 일반적으로 어떤 문학 작품이 후대의 것이라는 견해를 수용하기 위해서는 그 텍스트의 역사적 정확성에 대해 비판을 가할 수밖에 없다.[18] 따라서 역사비평 연구의 새로운 분야들이 새로운 문학비평의 다양한 양식들과 차이를 보이기는 하지만, 그들은 공통적으로 성서 텍스트를 역사 연구에 신뢰할 만한 자료로 사용할 수 있는지에 대해 의혹을 제기한다.

지금까지는 고고학에 대한 오늘날의 고조되는 관심과 역사비평 연구의 발전상을 살펴보았는데, 이제 그에 대해 간략한 논평을 제시하는 것이 적절할 것이다. 고고학과 금석학 연구를 통해 우리는 과거에 대한 연구의 영역에 100년 전에는 거의 생각할 수도 없었던 가치 있는 분야들을 더할 수 있게 되었다. 하지만 오로지 이 분야들에만 의존하여 역사를 예측하는 것은 위험하다. 왜냐하면 이 분야들에도 나름의 문제와 한계가 있기 때문이다.[19] 고고학은 이스라엘과 유다 역사의 광범위한

17 이런 점에서 Ahlström의 입장은 별다르다. 그는 사무엘서-열왕기의 연대를 포로기 이후로 보면서도 이 책들에 충실히 의거하여 사울, 다윗, 솔로몬의 생애 기사를 아주 자세히 기록한다(G. Ahlström, *History,* 429–542).

18 학자들이 역대기를 어떻게 다루는지 보라. 역대기 역사는 그 나름 역사기술면에서 이의 제기할 부분이 많다. 그러나 그 역사 증언을 즉석에서 버려서는 안 될 것이다. 다음을 보라. S. Japhet, "The Historical Reliability of Chronicles," *JSOT* 33 (1985): 83–107; G. N. Knoppers, "History and Historiography: The Royal Reforms," in *The Chronicler as Historian,* ed. M. P. Graham, K. G. Hoglund, and S. L. McKenzie, JSOTSup 238 (Sheffield: JSOT Press, 1997), 178–203.

19 Yamauchi가 이 점을 강조했다. E. Yamauchi, "The Current State of Old Testament

시기를 조명해줌으로써 배경지식과 발전과정에 대한 이해를 도울 수 있다. 하지만 발굴 작업을 통해 개개의 사건들을 확증하거나 반증하는 경우는 극히 드물다. 또한 고고학자들도 일군의 토기를 보고 그것이 어느 특정 세대에 속하는지를 주장할 만큼 전문적인 지식을 갖고 있지 않다. 발굴된 유적지를 다룰 때 고고학자들은 전제, 의문점, 방법론, 지층의 연대측정, 발견된 자료에 대한 이해에 있어 서로 의견 차이를 보일 수 있다. 고고학만이 과거 역사 복구를 위해 유일한 객관적이고 "과학적인" 접근인 것처럼 장려하는 것은 고고학자들 스스로가 안고 있는 전제, 방법, 해석상의 심각한 차이를 고려해볼 때 잘못 인도된 섣부른 판단이다. 나는 성서학으로 고고학을 규정해야 한다고 주장하는 것이 아니다. 다만 두 영역 간에 활발한 대화가 필요하다는 것이다.[20] 성서의 주장을 (고고학적) 증거자료와 비교하는 것은 복잡한 문제임에 틀림없다. 고고학적 유물을 문학적 증거와 관련시키는 작업은 고도의 전문성을 요하지만 그래도 이 둘을 비교하는 일은 필수적이다.

이스라엘 역사를 다룰 때 최근 일각에서처럼 고고학만을 선호하는 것이 균형 잡힌 방법이 아닌 것처럼, 모든 성서 증거가 실제로는 후대의 자료이며 역사적 신빙성이 없는 자료라고 간주하고 거부하는 방법 또한 정당하다고 인정할 수 없다. 물론 히브리 성서를 구성하는 다양한 책들의 저작 연대와 관련하여 절대적인 확실성은 있을 수 없다. 수년 전에 전에 발견된 신명기 6:24-26과 유사한 내용이 새겨진 펜던트 파

Historiography," in *Faith, Tradition, and History,* ed. Millard et al., 1–36.

20 다음도 보라. W. G. Dever, "Archaeology, Texts, and History-Writing: Toward an Epistemology," in *Uncovering Ancient Stones: Essays in Memory of H. Neil Richardson,* ed. L. M. Hopfe (Winona Lake, Ind.: Eisenbrauns, 1994), 105–17.

편을 제외하면, 가장 오래된 성서 텍스트 사본은 사해 사본과 70인역이다.[21] 그럼에도 구약을 구성하는 다양한 시, 전승, 문학 단위, 책 등 전체가 포로기 이후, 또는 다른 특정 시기에 속한다는 주장이 가능한 것인가? 다양하고 복합적인 모든 텍스트가 후대의 것이며 역사적 재구성에 아무런 가치가 없다고 주장하는 입장은 괴이한 형태의 실증주의이며 지나친 확신일 뿐이다. 결코 만만치 않은 언어학상의 문제(후기 성서 히브리어의 독특한 흔적들)를 떠나서, 대부분의 오경, 전기 예언서, 후기 예언서, 시편, 지혜서, 그리고 나머지 성문서 모두가 포로기 이후 예루살렘에서 유래했다는 주장은 개연성이 없다. 나는 페르시아 시대 자료를 연구하는 학자로서, 포로기 이후에 대해 관심이 많아지는 것을 기쁘게 생각한다. 하지만 이러한 관심은 삶의 정황에 대한 면밀한 연구를 통해 정당성을 입증 받아야 한다. 학자들은 예후드(Yehud: 포로기 이후 유다)가 어떻게 모든 히브리 성서를 생산해냈는지 설명할 수 있어야 한다.[22] 페르시아 시대는 학자들이 왕정 시대에 쓰인 것으로 인정하지 않는 문헌들을 폐기 처리하는 장소 이상의 기능을 해야만 한다. 요약하자면 구약성서를 구성하는 다양한 책들은 포로기 이후에 최종적이고 결정적인 형태를 지니게 되었을 수도 있다. 하지만 페르시아 시대에 이 모든 책들을 저술했다는 주장은 받아들이기 어려워 보인다.[23]

성서의 역사적 문헌들이 포로기 이전, 포로기, 그리고 포로기 이후

21 Barkay는 펜던트에 적힌 텍스트와 그것에 상응하는 성서 텍스트의 관계는 복잡하다고 말한다. G. Barkay, "The Priestly Benediction on Silver Plaques from Ketef Hinnom in Jerusalem," *Tel Aviv* 19 (1992): 139–92.

22 내가 알기로는 Davies만이 진지하게 이것을 시도했다. P. R. Davies, *In Search of "Ancient Israel,"* JSOTSup 148 (Sheffield: JSOT Press, 1992), 49–112.

23 Thompson과는 반대다. Thompson, *Early History*, 415–23. 상세한 것은 본서 제9장 H. G. M. Williamson의 글을 보라.

등 다양한 시기에 걸쳐 기록되었다는 주장은 증거의 복합성과 잘 맞아떨어진다. 우선 어떤 성서 텍스트들 간의 관계에는 통시적인 측면이 존재하기 때문에 그 텍스트들이 같은 시기에 여러 저자에 의해 쓰였다는 논지는 받아들여질 수 없다. 지면의 한계상 관련되는 역사서 모두를 여기서 논할 수는 없다. 그러나 위에 언급한 텍스트로 돌아가 두 가지 예를 들 수 있다. 사무엘서는 언약궤에 대해, 그리고 이스라엘 사회 내에서 언약궤의 역할에 대해 지대한 관심을 보이지만, 이와 대조적으로 성전 봉헌에 대한 신명기 사가의 묘사에서는 언약궤가 성전에 종속되는 것으로 제시된다(왕상 8장).[24] 명백하게 포로기 이후 작품인 역대기 역사와 비교하는 것도 나름 의미가 있다. 역대기 사가는 사무엘서와 열왕기를 포함한 다양한 초기 성서 문헌들을 참조하여 예루살렘 성전이 어떻게 과거 이스라엘의 모든 제의적 제도를 완성했는지를 아주 정형화된 형식으로 조심스럽게 묘사하려 하였다.[25] 더욱이 신명기 사가에게보다는 역대기 사가에게, 언약궤는 다양한 제의적 상징 중에서 성전에 대한 일차적 관심에 빛이 바랜 부차적인 관심사가 되고 말았다.[26] 사무엘

24 S. E. Balentine, *Prayer in the Hebrew Bible: The Drama of Divine-Human Dialogue*, OBT (Minneapolis: Fortress, 1993), 80–88; G. N. Knoppers, "Prayer and Propaganda: The Dedication of Solomon's Temple and the Deuteronomist's Program," *CBQ* 57 (1995): 229–54.

25 R. L. Braun, "Solomon, the Chosen Temple Builder: The Significance of 1 Chronicles, 22, 28, and 29 for the Theology of Chronicles," *JBL* 95 (1976): 581–90; H. G. M. Williamson, "The Accession of Solomon in the Books of Chronicles," *VT* 26 (1976): 351– 61; P. Welten, "Lade—Tempel—Jerusalem: Zur Theologie der Chronikbücher," in *Textgemäß: Aufsätze und Beiträge zur Hermeneutik des Alten Testaments: Festschrift für Ernst Würthwein,* ed. A. Gunneweg and O. Kaiser (Göttingen: Vandenhoeck & Ruprecht, 1979), 169–83.

26 J. W. Wright, "The Legacy of David in Chronicles: The Narrative Function of 1 Chronicles 23–27," *JBL* 110 (1991): 229–42.

서, 열왕기, 역대기에서 언약궤 기사를 다룬 세 내러티브를 비교해보면 이들이 서로 간에 연대적으로 상당한 거리를 두고 있음을 알 수 있다.

왕국에 대한 신명기 역사 자료의 연대를 포로기 이전으로 간주하는 것을 옹호하는 주장도 존재한다. 바룩 할퍼른(Baruch Halpern)이 성서 이외의 비문 자료에 등장하는 이름과 연대를 관찰함으로써 얻은 결론은 신명기 역사가 이스라엘과 유다, 그리고 이방인 왕들의 이름과 연대를 정확하게 기록하였다는 것이다.[27] 따라서 열왕기 자료의 연대를 언제로 추정하든 간에 역사 재구성에 있어 그 가치는 확고하다. 우리는 금석문과 같은 외적 증거뿐만 아니라 신명기 역사의 내적 증거에도 호소할 수 있다. 신명기 사가는 북왕국의 발생, 역사, 쇠퇴를 아주 상세하게 다루고 있는데 이는 포로기 이전 시대의 이슈들에 관한 그들의 두드러진 관심을 보여주는 듯하다.[28] 반대로 이 모든 자료가 사마리아인들을 대항하기 위해 또는 예후드에 거하는 유대인들의 실물 교육을 위해 포로기 이후에 쓰인 논쟁적인 자료라는 주장은 설득력이 없다.[29] 사마리아인을 대항하기 위해 저술했다는 주장은 신명기 사가가 왜 분열의 원인으로 유다인(솔로몬)을 비난했는지, 왜 북방인(여로보암)이 권력을 차지한 것을 긍정적으로 묘사하는지, 독립국가로서 북왕국 이스라엘

27 B. Halpern, "Erasing History—The Minimalist Assault on Ancient Israel," *BibRev* 11.6 (1995): 26–35, 47. See also idem, "The State of Israelite History," in *Reconsidering Ancient Israel and Judah: Recent Studies in the Deuteronomistic History,* ed. G. N. Knoppers and J. G. McConville, SBTS 8 (Winona Lake, Ind.: Eisenbrauns, 2000).

28 G. N. Knoppers, *Two Nations under God: The Deuteronomistic History of Solomon and the Dual Monarchies,* vol. 2, *The Reign of Jeroboam, the Fall of Israel, and the Reign of Josiah,* HSM 53 (Atlanta: Scholars Press, 1994), 229–54.

29 각각 다음을 보라. Davies, *In Search of "Ancient Israel"*; Auld, *Kings without Privilege,* 172.

의 형성을 옹호했는지 설명하지 못한다.[30] 여기서 다시 한번 신명기 역사를 포로기 이후 저자—역대기 사가—의 저작과 비교해볼 필요가 있을 것 같다. 역대기 사가는 여보로암의 제의와 그의 왕국이 시작부터 불온한 것이라고 보았다.[31] 역대기 사가의 역사기술적 판단은 상당히 중요한 의미를 갖는다. 왜냐하면 그 판단에 근거하여 북왕국의 역사가 유다에 직접적인 관련을 가질 때를 제외하고는 북왕국의 독립적인 역사를 생략해버렸기 때문이다. 역대기 사가의 입장은 포로기 이후의 상황에는 잘 들어맞는다. 하지만 이스라엘과 유다에 대한 아시리아 원정의 영향이 여전히 생생하던 포로기 이전(요시야 시대의) 신명기 역사의 관심사와는 조화를 이루지 못한다.[32] 포로기 이후 유대인들에 대한 비난을 담고 있는 열왕기의 북왕국 관련 내러티브들에 대해서 우리는 포로기 이후 신명기 사가가 왜 북왕국에 대해서는 그렇게 광범위하게 기록하고 남왕국에 대해서는 그렇게 간략하게만 언급했는지 물어봐야 한다. 물론 몇 가지 이야기들은 실물 교훈으로 주어졌을 수도 있을 것이다. 하지만 포로기 이후 유다 저자가 이미 오래전에 소멸한 북왕국에 관해 엄청난 양의 자료—열왕기상 12장-열왕기하 17장의 약 3/4에 해당하는—를 그런 목적으로 덧붙였을 것이라는 주장에는 동의할 수

30 다음을 보라. 왕상 11:1-14:20; 70인역 제3왕국기 12:24a-z; 그리고 Knoppers, *Two Nations,* 1:135-223; 2:13-120.

31 G. N. Knoppers, "Rehoboam in Chronicles: Villain or Victim?" *JBL* 109 (1990): 423-40; idem, "'Battling against Yahweh': Israel's War against Judah in 2 Chron. 13:2-20," *RB* 100 (1993): 511-32. 다른 의견으로는 다음을 보라. H. G. M. Williamson, *Israel in the Books of Chronicles* (Cambridge: Cambridge University Press, 1977), 110-18.

32 B. Halpern, "Jerusalem and the Lineages in the Seventh Century B.C.E.: Kingship and the Rise of Individual Moral Liability," in *Law and Ideology in Monarchic Israel,* ed. B. Halpern and D. W. Hobson, JSOTSup 124 (Sheffield: JSOT Press, 1991), 11-107; Knoppers, *Two Nations,* 2:112-20.

없다.

요약하자면 히브리 성서 중 역사서 저작 연대의 다양성에 대한 논쟁에는 긍정적인 측면과 부정적인 측면이 있다. 더 나아가 신명기 역사의 저작 연대를 이른 시기로 보지 않고 포로기 혹은 심지어 포로기 이후로 상정한다 해도, 그 작품의 저작 시기와 기록된 사건들 간의 상당한 시간 간격이 그 기록의 역사적 가치를 묵살해버릴 만한 충분한 근거가 되지는 못한다. 고고학과 금석학의 발전은 반가운 일이다. 하지만 역사의 재구성에 있어 신명기 역사는 여전히 필수불가결한 자료다.

통일왕국에 대한 논쟁

30년 전까지만 해도 학자들은 통일왕국이 역사 재구성의 대상으로서 가장 신뢰할 만한 시기라고 생각했다. 학자들 간의 이러한 의견 일치는 좀처럼 보기 드문 주목할 만한 현상이었다. 고대사와 모세 시대에 대해서는 격렬한 논쟁이 있어 왔지만, 사실상 고대 이스라엘 역사를 저술한 현대의 모든 역사학자는 다윗과 솔로몬 왕국을 자신들의 역사서에 포함시켰다.[33] 비록 그들 모두가 다윗 왕국을 이스라엘 역사의 시작으로서 다루지는 않았지만 말이다. 그러나 이전의 합의가 이제는 사라졌다.

33 Soggin의 이전 글에서 통일왕국은 "우화로서의 과거"에서 "역사로서의 과거"로 넘어가는 문턱으로 묘사된다. J. A. Soggin, "The Davidic-Solomonic Kingdom," in *Israelite and Judaean History,* ed. Miller and Hayes, 332–80; idem, *A History of Israel: From the Beginnings to the Bar Kochba Revolt, A.D. 135,* trans. J. Bowden (London: SCM, 1984), 41–85 (미국에서는 다음의 제목으로 출판되었다: *A History of Ancient Israel* [Philadelphia: Westminster, 1984]).

이것은 단순히 왕정 시대에 대한 성서의 묘사를 상당히 신뢰할 만한 것으로 받아들이는 맥시멀리스트와 그것을 부인하는 미니멀리스트 간의 의견 차이는 아니다. 현대의 일부 학자들은 통일왕국에 대한 모든 전통적인 가설을 진부한 것으로 치부한다. 수정주의자들에 의하면 사울, 다윗, 솔로몬은 모두 가공의 인물일 뿐 역사적 실체가 아니다.[34] 그들은 통일왕국 자체가 페르시아 시대 또는 헬레니즘 시대 서기관들의 구상물이라고 주장한다.[35] 이러한 주장에 대해 학문적으로 재평가해야 할 많은 이유가 있지만 그중에도 세 가지 두드러지는 요인이 있다. 물질증거에 대한 새로운 이해, 관련 문헌증거에 대한 재해석, 그리고 새로운 사회경제적 연구의 영향이 그것이다.[36] 수정주의자들의 학설이 끼친 영향력을 파악하기 위해서는 과거의 합의사항을 간략하게 살펴볼 필요가 있다.

이전 연구에서는 고대 가나안 물질문화의 여러 특징적인 변화들을 다윗 왕국 특히 솔로몬 왕국과 연관 지었다. 역사가들은 또한 솔로몬의 통치에 대한 열왕기의 기사와 고대 근동의 국제적 발전상 간에 일련의 상관관계가 있다고 주장했다. 여기서 나는 성서의 증거와 고고학

34 Davies, *In Search of "Ancient Israel,"* 16–48, 69; M. M. Gelinas, "United Monarchy—Divided Monarchy: Fact or Fiction?" in *The Pitcher Is Broken: Memorial Essays for Gösta W. Ahlström*, ed. S. W. Holloway and L. Handy, JSOTSup 190 (Sheffield: Sheffield Academic Press, 1995), 227–37; Thompson, *Early History,* 306–7, 415–23; T. L. Bolin, "When the End Is the Beginning," *SJOT* 10 (1996): 3–15; N. P. Lemche, "From Patronage Society to Patronage Society," in *Origins of the Ancient Israelite States,* 106–20.

35 그들은 "미니멀리스트"라는 명칭에 맞지 않는다. 이 학자들은 최소한의 무언가가 있다고조차 생각하지 않는다.

36 뒤에 나오는 것은 요약일 뿐이다. 더 자세한 논의와 참고문헌은 다음을 보라. G. N. Knoppers, "Vanishing Solomon: The Disappearance of the United Monarchy from Recent Histories of Ancient Israel," *JBL* 116 (1997): 19–44.

적 증거 간의 상관관계에서부터 시작하고자 한다. 학자들은 솔로몬 치세 중 적잖은 부분을 차지한 그의 건축 사업을[37] 기원전 10세기에 일어난 기념비적 건축의 발흥과 연결시켰다.[38] 솔로몬이 재건축한 세 도시—하솔, 므깃도, 게셀(왕상 9:15-17)—의 발굴을 통해 이 도시의 방어체제가 거의 동일한 축성 양식을 보여준다는 사실이 밝혀졌다. 이가엘 야딘(Yigael Yadin)은 이 도시들이 포곽벽으로 둘러싸였고 세 도시 모두 비슷한 규모의 6실 관문을 가지고 있다고 주장했다.[39] 학자들은 또한 철기 시대의 일반적인 도시화 유형, 즉 구도시의 재건축과 확장 그리고 신도시 설립을 지적했다.[40] 실제로 다수의 성벽도시, 공공건물, 요새의 건축은 철기 시대 제2기의 특징적인 면모로 알려져 있다.[41] 또한 행정-군사 중심지, 거주 겸 행정-군사 도시, 수도(capital) 등과 같이 다양

37 왕상 5:27–7:51; 9:15–19, 24; 11:27; 참조. 대하 3:1–17; 4:1–5:1; 8:1, 4–6, 11. 대상 22-29장에서 다윗은 그의 통치 후반 대부분을 솔로몬의 성전 건축을 준비하는 데 투자했다.

38 예를 들어 W. G. Dever, "Monumental Architecture in Ancient Israel in the Period of the United Monarchy," in *Studies in the Period of David and Solomon,* ed. T. Ishida (Winona Lake, Ind.: Eisenbrauns, 1982), 269–306; idem, "Archaeology and 'the Age of Solomon': A Case Study in Archaeology and Historiography," in *The Age of Solomon: Scholarship at the Turn of the Millennium,* ed. L. K. Handy, SHANE 11 (Leiden: Brill, 1997), 217–51; V. Fritz, "Salomo," *MDOG* 117 (1985): 47–67; G. Barkay, "The Iron Age II–III," in *The Archaeology of Ancient Israel,* ed. A. Ben-Tor, trans. R. Greenberg (New Haven: Yale University Press, 1992), 305.

39 Y. Yadin, *Hazor: The Head of All Those Kingdoms (Joshua 11:10),* Schweich Lectures, 1970 (London: Oxford University Press, 1972), 135–64.

40 J. M. Miller and J. H. Hayes, *A History of Ancient Israel and Judah* (Philadelphia: Westminster, 1986), 209–11; A. Mazar, *Archaeology of the Land of the Bible 10,000–586 B.C.E.,* ABRL (New York: Doubleday, 1990), 387–89; V. Fritz, *The City in Ancient Israel,* Biblical Seminar 29 (Sheffield: Sheffield Academic Press, 1995), 76–77; idem, "Monarchy and Re-urbanization: A New Look at Solomon's Kingdom," in *Origins of the Ancient Israelite States,* 187–95.

41 예를 들어 V. Fritz, *An Introduction to Biblical Archaeology,* JSOTSup 172 (Sheffield:

한 유형의 도시가 발견된다는 사실은 어느 정도의 도시 계획이 존재했음을 시사한다.[42] 학자들은 도시의 (재)건축과 도시 내 다양한 공공건축이 국가에 의해 주도되었다고 추정하였다.[43] 국가의 존재에 대한 증거로 언급되는 것들로는 새로운 요새들의 건립[44]과 눈에 띄는 인구 증가[45]를 들 수 있다.

열왕기에 나오는 솔로몬의 건축 사업 기사가 유물 증거와 일치하는 것처럼 보이는데, 솔로몬의 외교 관계와 그 시기의 금석학 유물에 대해서도 동일한 주장을 할 수 있다. 물론 그러한 상호관계는 다윗-솔로몬 왕국 자체가 강력한 지방 국가였을 가능성을 시사한다. 이집트, 아시리아, 하티와 같은 주요 국가의 쇠락은 군소 국가들의 탄생과 재기를 가능케 했다. 한편 학자들 중에는 이스라엘과 이집트의 상호관계에 주목하는 이들도 있다.[46] 예를 들어 케네스 키친(Kenneth Kitchen)은 이집트 왕실과 타 국가 왕실 간의 정략결혼은 학자들이 생각했던 것보다

JSOT Press, 1994), 148–49; R. Reich, "Palaces and Residencies in the Iron Age," in *The Architecture of Ancient Israel: From the Prehistoric to the Persian Periods,* ed. A. Kempinski and R. Reich (Jerusalem: Israel Exploration Society, 1992), 202–22.

42 Y. Shiloh, "Elements in the Development of Town Planning in the Israelite City," *IEJ* 28 (1978): 36–51; Z. Herzog, "Administrative Structures in the Iron Age," in *Architecture of Ancient Israel,* 223–30.

43 Y. Aharoni, *The Archaeology of the Land of Israel,* ed. M. Aharoni, trans. A. F. Rainey (Philadelphia: Westminster, 1982), 210ff.; W. G. Dever, "Solomon and the Assyrian Period 'Palaces' at Gezer," *IEJ* 35 (1985): 217–30; Fritz, *City,* 117–20; Z. Herzog, "Settlement and Fortification," in *Architecture of Ancient Israel,* 250–61.

44 A. Mazar, "Iron Age Fortresses in the Judaean Hills," *PEQ* 114 (1982): 87–109; idem, *Archaeology,* 390–96; Ahlström, *History,* 524–26; Fritz, *City,* 77–93. 여기에는 소위 요새 연락망이 포함된다. 다음을 보라. R. Cohen, "The Iron Age Fortresses in the Central Negev," *BASOR* 236 (1980): 61–79.

45 Bright, *History,* 217.

46 왕상 3:1; 5:1, 10; 8:51, 53, 65; 9:16, 24; 10:26–29; 11:1, 17–22, 40.

훨씬 더 흔한 일이었다고 주장하면서, 솔로몬과 이집트 공주와의 결혼 기사에 대한 증거를 보강하려 했다.[47] 키친은 이집트 왕(아마도 시아문[Siamun])이 솔로몬과의 정략결혼을 통해 블레셋에 대항하여 공동으로 군사적·상업적 이득을 얻고자 했다고 주장했다.[48]

지난 10년 동안 통일왕국에 대한 핵심적인 합의사항들이 와해되었는데, 이러한 전환을 촉진시킨 요인은 새로운 사회과학 방법론의 적용과 문학적·고고학적 증거에 대한 재고였다. 오늘날에는 "솔로몬식" 6실 구조 관문들이 서로 간에 얼마나 유사한지 논란이 되고 있다.[49] 아스돗과 라기스에서 6실 구조의 관문이 발견되었고, 연대는 둘 다 10세기 말로 추정된다. 이 발견으로 므깃도, 하솔, 게셀에서 발견된 국가 건축술의 독특성에 대해 의구심이 제기되었다.[50] 어떤 학자들은 게셀, 하솔, 므깃도에서 발견된 요새들의 연대가 10세기라는 학설에 이의를 제기하기도 했다.[51] 이것은 결국 격렬한 논쟁으로 발전했는데, 다른 학자들이 연대 측정에 부분적인 기초가 되었던 토기 분석에 이의를 제기했

47 왕상 3:1; 7:8; 9:16, 24; 11:1. K. A. Kitchen, *The Third Intermediate Period in Egypt (1100–650 B.C.)* (Warminster: Aris & Phillips, 1973), 280–83; idem, "Egypt and East Africa," in *Age of Solomon,* 106–26.

48 Kitchen, *Third Intermediate Period,* 8, 280–82.

49 D. Milson, "The Design of the Royal Gates at Megiddo, Hazor, and Gezer," *ZDPV* 102 (1986): 87–92; Herzog, "Settlement and Fortification," 265–69.

50 Holladay, "Kingdoms of Israel and Judah," 384–85; Herzog, "Settlement and Fortification," 265–69.

51 A. Kempinski, *Megiddo: A City-State and Royal Centre in North Israel,* Materilien zur allgemeinen und vergleichen Archäologie 40 (Munich: Beck, 1989), 98; G. J. Wightman, "The Myth of Solomon," *BASOR* 277–78 (1990): 5–22; D. Ussishkin, "Gate 1567 at Megiddo and the Seal of Shema, Servant of Jeroboam," in *Scripture and Other Artifacts: Essays on the Bible and Archaeology in Honor of Philip J. King,* ed. M. D. Coogan et al. (Louisville: Westminster/John Knox, 1994), 410–28; I. Finkelstein, "On Archaeological Methods and Historical Considerations: Iron Age II and Samaria,"

기 때문이다.[52] 그 시기에 게셀과 하솔의 발굴자들은 10세기 초의 연대를 확정하기 위해 노력했다.[53] 그럼에도 논쟁은 계속되었다.[54]

자료 증거에 대한 논쟁의 대상으로는 네게브에 있는 요새, 연대, 정체, 기능이 포함되었다. 이스라엘 핑켈슈타인(Israel Finkelstein)은 이 유적지의 배치와 구조는 경제성장으로 인한 내부 사막지역 주민들의 "정착"을 시사한다고 여긴다.[55] 그러나 제에브 메셸(Ze'ev Meshel)은 외부 세력(왕족)과 현지인(유목민)이 함께 주도하여 이 유적지를 형성했다고 가정한다.[56] 이 문제는 미해결로 남았다. 그러나 의견의 불일치 자체가 시사하는 바는 명백하다. 학자들은 어떤 유적지의 중요성에 대해 동의

BASOR 277–78 (1990): 109–19; 그리고 논평으로 다음을 보라. W. G. Dever, "On Myths and Methods," *BASOR* 277–78 (1990): 121–30.

52 L. E. Stager, "Shemer's Estate," *BASOR* 277–78 (1990): 93–107; R. Tappy, *The Archaeology of Israelite Samaria,* vol. 1, *Early Iron Age through the Ninth Century B.C.E.,* HSS 44 (Atlanta: Scholars Press, 1992).

53 R. W. Younker, "A Preliminary Report of the 1990 Season at Tel Gezer: Excavations at the Outer Wall and the Solomonic Gateway (July 2–August 10, 1990)," *AUSS* 29 (1991): 19–60; W. G. Dever, "Further Evidence on the Date of the Outer Wall at Gezer," *Near East Archaeology Society Bulletin* 38 (1993): 39–52. Ben-Tor에 따르면 최근 하솔 발굴로 포곽벽과 성문의 연대가 10세기임이 확증되었다. A. Ben-Tor, "Tel Hazor, 1994," *IEJ* 45 (1995): 65–68; idem, "Tel Hazor, 1995," *IEJ* 46 (1996): 65–68.

54 Finkelstein은 텔-게제르에서 재개된 발굴을 통해 문제시 되었던 요새 체계 연도를 보다 후대로 추정하는 그의 주장이 정당화되었다고 주장한다. I. Finkelstein, "Penelope's Shroud Unravelled: Iron II Date of Gezer's Outer Wall Established," *Tel Aviv* 21 (1994): 276–82. 다음의 글도 보라. "Archaeology of the United Monarchy: An Alternative View," *Levant* 28 (1996): 177–87; 그리고 여기에 대한 논평으로는 다음을 보라. A. Mazar, "Iron Age Chronology: A Reply to I. Finkelstein," *Levant* 29 (1997): 157–67.

55 I. Finkelstein, *Living on the Fringe: The Architecture and History of the Negev, Sinai and Neighbouring Regions in the Bronze and Iron Age,* Monographs in Mediterranean Archaeology 6 (Sheffield: Sheffield Academic Press, 1995), 104–29.

56 Z. Meshel, "The Architecture of the Israelite Fortresses in the Negev," in *Architecture of Ancient Israel,* 294–301.

하면서도 그 유적지가 이스라엘 역사에서 무엇을 의미하는지에 대해서는 매우 다른 결론에 다다를 수 있다.

왕정 시대 연구를 복잡하게 하는 셋째 요인은 사회과학 방법론의 적용이다. 예를 들면 최근의 고고학 연구조사는 철기 시대에 일반적으로 인구 증가가 있었음을 보여준다. 그러나 인구 증가가 극치에 달했던 시기는 10세기가 아닌 8세기임이 밝혀졌다.[57] M. 브로쉬(M. Broshi)와 핑켈슈타인(I. Finkelstein)은 서팔레스타인의 인구가 기원전 1000년에 약 150,000명이었고, 기원전 750년에는 약 400,000명이었다고 추정한다.[58] 변경된 인구통계를 통해 수정주의자들은 10세기 역사를 재구성하게 되었다. T. L. 톰슨(T. L. Thompson), E. A. 나우프(E. A. Knauf), M. M. 겔리나스(M. M. Gelinas)는 10세기와 9세기의 유다 산지에 인구가 희박했다고 생각하여, 유다가 기원전 8세기 또는 7세기 이전에 도시국가를 형성했는지에 대해 의구심을 가졌다.[59] 톰슨의 견해에 따르면 예루살렘은 헤브론, 라기스, 게셀과 같은 지방 도시와 몇 세기 동안 전쟁을 치른 후인 8세기 말이나 7세기 중엽의 한정된 기간에 도시국가로 존재했다.[60] D. W. 제이미슨-드레이크(D. W. Jamieson-Drake)는 인구가

57 D. W. Jamieson-Drake, *Scribes and Schools in Monarchic Judah,* SWBAS 9, JSOTSup 109 (Sheffield: Almond, 1991), 48–80; I. Finkelstein, "Environmental Archaeology and Social History: Demographic and Economic Aspects of the Monarchic Period," in *Biblical Archaeology Today, 1990,* ed. A. Biran and J. Aviram (Jerusalem: Israel Exploration Society, 1993), 60–64.

58 M. Broshi and I. Finkelstein, "The Population of Palestine in Iron Age II," *BASOR* 287 (1992): 50–53.

59 Thompson, *Early History,* 312; E. A. Knauf, "King Solomon's Copper Supply," in *Phoenicia and the Bible,* ed. E. Lipinaski, Studia Phoenicia 11, OLA 44 (Louvain: Department Oriëntalistiesk, 1991), 180; Gelinas, "United Monarchy," 230.

60 *Early History,* 290–92, 331–34.

희박했던 예루살렘이 8, 7세기 이전에 다양한 주요 (성서) 텍스트를 생산해낼 서기관 제도를 유지할 수 있었는지 의문을 품는다.[61]

통일왕국과 관련한 합의에 대한 수정주의자들의 반응은 비판의 대상이 되었다. J. S. 할러데이(J. S. Holladay)는 최근 연구에서 하솔, 므깃도, 라기스, 게셀과 같은 다양한 유적지의 문화적 유사성뿐 아니라 이들 유적지들의 지리적 상관관계, 그리고 무역에 있어 그 중요성을 강조한다.[62] 이 전략적 요충지의 요새와 공공건물 건축은 합의된 정치 활동이 있었을 경우에만 설명될 수 있다고 주장한다. 할러데이는 또한 10세기에서 9세기로 이어지는 괄목할 만한 문화적 연속성에 주의를 기울인다. 이 시기는 이스라엘 (북)왕국의 실재가 인정되는 시기다. 그는 이 유사성과 연속성이 10세기에 지역 국가가 실재했음을 지지한다고 본다.[63]

톰슨이 주장하는 지역적이면서도 경쟁적인 도시들에 관한 견해에 부합되지 않는 사례도 있다. 이 유적지들을 살펴보면 공공 구조물이 상당 부분을 차지하고 있다. 그렇기 때문에 이 유적지들이 독립적이고 자급자족하는 거주도시였는지에 대해 의문을 제기한다. 할러데이는 여러 유형의 도시 유적들이 분할 사회에서 국가로의 전환을 나타낸다고 주장한다.[64] 마지막으로, 최근에 발굴된 텔-단 비문의 증거가 왕정 시대 초기와 관련이 있다. 대부분의 학자들이 믿고 있듯이 "*bytdwd*"(9행)을 "다윗의 집"으로 읽을 수 있는 근거가 충분하다면, 이 텍스트는 왕조

61 *Scribes and Schools,* 76–80, 138–39.
62 Holladay, "Kingdoms of Israel and Judah," 368–98.
63 Ibid., 371–72.
64 Ibid., 372–78.

의 설립자로서의 다윗이 실재했음을 가리킨다.[65] 그러나 설사 그 어구가 "다윗의 집"으로 해석될 수 없다 해도, 그 비문은 9세기 메사 비문과 더불어 고대 팔레스타인의 국가들이 그들 수도 경계 너머의 영토까지 다스릴 수 있었다는 사실을 증명한다.

고고학적 탐사의 결과에 대해서는 좀 더 논의할 필요가 있는데, 왜냐하면 그 결과에 대해서 서로 다른 설명들이 가능하기 때문이다. 이 지표조사의 결과는 10세기 이스라엘의 지위를 무리하게 확대하는 견해들에 대해 경종을 울리지만, 이스라엘과 유다가 각각 9세기와 8-7세기까지 국가의 형태를 유지했을 가능성을 배제하지는 않는다. 고고학 유물이 빈약하다 하여 문화도 빈약할 것이라 생각해서는 안 된다. 비교 분석의 결과는 수정주의자들이 고고학 조사에서 도출한 역사적 결론이 너무 극단적이지는 않는지 의문을 제기한다. 아마르나 서신이 확증하듯이 예루살렘은 후기 청동기 시대에 이미 문서를 충분히 만들어낼 수 있었다. 예루살렘의 인구가 철기 시대 초기에 상당히 줄어들지 않았다고 가정한다면, 다윗과 솔로몬 치세의 서기관들이 문헌을 쓸 수 없었으리라고 생각할 만한 정당한 이유가 없다. 두 번째 예를 들자면, 고대 누지의 인구는 약 2,000명 정도로 추산된다. 그러나 고고학 발굴로 이 도시 내의 여러 지역에서 6,500개의 기록된 문서가 발견되었다. 고고학자들의 말대로 예루살렘의 인구가 10세기에서 8세기 후반 사이에

65 *bytdwd*에 대한 가능한 다른 해석은 "(신) 도드의 집"이다. 다음을 보라. A. Biran and J. Naveh, "An Aramaic Stele Fragment from Tel Dan," *IEJ* 43 (1993): 81-98; idem, "The Tel Dan Inscription: A New Fragment," *IEJ* 45 (1995): 1-18; E. A. Knauf, A. de Pury, and T. Römer, "**BaytDawīd* ou **BaytDōd?*" *BN* 72 (1994): 60-69; B. Halpern, "The Stela from Dan: Epigraphic and Historical Considerations," *BASOR* 296 (1994): 63-80.

세 배 또는 네 배로 증가했다고 추정한다 해도, 10세기의 예루살렘이 문서를 만들어낼 만한 역량을 갖추지 못했다는 결론이 나오지는 않는다.[66] 누지의 서기관들이 그렇게 많은 문헌들을 만들어냈다면, 철기 시대 제2기의 예루살렘 서기관들 또한 문헌을 기록했을 수 있음이 확실하다. 요컨대 10세기와 9세기에 예루살렘에 인구가 너무 적어서 문헌을 생산해낼 서기관을 둘 수 없었을 것이라는 추론은 신빙성이 없다.

셋째로 고려할 것은 서기관과 도시 중심지 그리고 문헌 출간에 관한 문제다. 기원전 10세기에 [팔레스타인에] 인구가 상대적으로 적었다는 점을 지적한 동일한 지표조사를 통해 페르시아 시대의 예후드(Yehud)도 인구가 적었음이 지적되었다.[67] 그러나 이 시기는 수정주의자들이 성서의 모든 텍스트가 실제적으로 창작된 시기로 추정하는 바로 그 시기다. 통일왕국이 결코 실재하지 않았고 8세기 이전에는 어떤 문서도 만들어낼 수 없었다면, 인구가 거의 없었던 예후드의 경우에도 마찬가지여야 한다. 마지막으로 주목할 것은 브로쉬와 핑켈슈타인이 제이미슨-드레이크와 톰슨이 사용한 그 지표조사를 이용하여 정반대

66 8세기 예루살렘의 추정 인구는 상당히 다양하다. 8세기 중반에는 7,500명(Finkelstein, "Environmental Archaeology," 58); 8세기 후반에는 15,000명(A. Ofer, "Judah," *The Encyclopedia of Near Eastern Archaeology,* ed. E. M. Meyers et al. [New York: Oxford University Press, 1997], 253–57); 구체적으로 명시하지 않은 많은 수(Barkay, "Iron Age," 364–68). 아마르나 서신과 예루살렘의 연관성에 대해서 다음을 보라. N. Na'aman, "The Contribution of the Amarna Letters to the Debate on Jerusalem's Political Position in the 10th Century B.C.E.," *BASOR* 304 (1996): 17–27.

67 A. Ofer, "Judean Hills Survey," *NEAEHL* 3 (1993): 814–16; C. E. Carter, "The Province of Yehud in the Post-Exilic Period: Soundings in Site Distribution and Demography," in *Second Temple Studies,* vol. 2, *Temple and Community in the Persian Period,* ed. T. C. Eskenazi and K. H. Richards, JSOTSup 175 (Sheffield: JSOT Press, 1994), 106–45. 68. "Population of Palestine," 55.

의 견해를 주장했다는 점이다. 그들은 10세기부터 8세기 중엽까지 두드러지게 인구가 꾸준히 증가했음을 지적하여, 중앙집권 국가의 설립이 현저한 인구증가를 가져온 중요한 조건이었음을 주장한다.[68] 어떤 학자들은 이스라엘과 유다 국가가 초기에 실재하지 않았음을 증명하려고 지표조사를 이용하였다. 반면 다른 학자들은 같은 증거를 이용하여 인구 증가와 경제적 발전을 가져오고 유지하기에 그 국가들의 실재가 필수적이었다고 주장하였다.

위의 논의가 밝혀주듯이 왕정 시대 연구는 여전히 유동적이다. 다윗-솔로몬 왕국 자체가 의견대립의 장이 되었다. 인구, 유물, 비문 증거, 성서 증거의 복잡성에 비추어볼 때 문제들의 범위를 재고할 필요가 있다. 어쩌면 현재 하솔, 이스르엘, 므깃도, 그리고 기타 유적지에서 진행 중인 발굴을 통해 논쟁의 일부를 명백하게 설명할 수 있을 것이다. 어느 경우든 현재 이용 가능한 자료로는 고대 이스라엘 역사에서 통일왕국을 사라지게 할 수는 없다. 수정주의자들은 그들 나름의 제안을 고수하는 것보다 이전에 합의된 것들에 이의를 제기하는 데 더 성과를 거두었다. 나는 여기에 관련된 문제가 다윗과 솔로몬의 실재에 대한 것도 아니고, 그들 왕국의 실재에 대한 것도 아니라, 그들이 주재하고 있는 국가의 본질, 조직, 크기, 영향력에 관한 것이라고 판단한다. 이런 문제들은 마땅히 연구가 더 필요하다.[69]

68 "Population of Palestine," 55.

69 Millard가 내놓은 의견의 범주를 주목하라. A. Millard, "Texts and Archaeology: Weighing the Evidence: The Case for King Solomon," *PEQ* 123 (1991): 19–27; idem, "Solomon: Text and Archaeology," *PEQ* 123 (1991): 117–18; idem, "King Solomon in His Ancient Context," in *Age of Solomon,* 30–53; J. M. Miller, "The Old Testament and Archaeology," *BA* 50.1 (1987): 55–63; idem, "Solomon: International Potentate or Local King?" *PEQ* 123 (1991): 28–31; idem, "Separating the Solomon

분열왕국 초기

통일왕국과 마찬가지로 분열왕국 초기 시대 또한 새로운 논의의 쟁점이 되어왔다. 세 가지 질문이 이전 논의를 좌우했다. (1) 통일왕국은 왜 실패했는가? (2) 솔로몬의 후계자 르호보암은 세겜 회의 시에 북쪽 지도자들과의 협상에서 왜 그렇게 엄한 태도를 보였는가(왕상 12:1-20)? (3) 통일왕국 기간에 이스라엘과 이집트의 관계가 상당히 우호적이었던 점을 고려할 때, 이집트 왕 시삭(쇼셍크)는 왜 분열왕국 초에 가나안을 침입했는가?

통일왕국의 갑작스런 붕괴를 초래한 원인으로 가장 흔히 지목되는 것에는 다윗-솔로몬 왕국의 기원과 발전이 포함되어 있다. 통일왕국은 탈선과도 같다. 즉 다윗의 성품이 갖는 영향력(인적 동군연합: a personal union)이나 외교정책적 고려사항(물적 동군연합: *Realunion*)을 통해서 까다로웠던 남북 지파들을 인위적으로 중앙집권화한 국가였다.[70] 이런 동맹 상태는 계속될 수 있고 상황이 좋으면 번창할 수도 있다. 그러나 약한 동맹은 원래 카리스마적 인물에 의해 체결되었든지 혹은 완전히 정

of History from the Solomon of Legend," in *Age of Solomon,* 1–24; J. A. Dearman, *Religion and Culture in Ancient Israel* (Peabody, Mass.: Hendrickson, 1992), 51–69; Knauf, "King Solomon's Copper Supply," 180–84; idem, "Le roi est mort, vive le roi! A Biblical Argument for the Historicity of Solomon," in *Age of Solomon,* 81–95; H. M. Niemann, *Herrschaft, Königtum und Staat: Skizzen zur soziokulturellen Entwicklung im monarchischen Israel,* FAT 6 (Tübingen: Mohr, 1993), 273–82.

70 전자에 대해서 다음을 보라. A. Alt, "The Formation of the Israelite State in Palestine," in *Essays on Old Testament History and Religion,* trans. R. A. Wilson (Garden City, N.Y.: Doubleday, 1968), 171–237. 후자에 대해서 다음을 보라. A. Malamat, "A Political Look at the Kingdom of David and Solomon and Its Relations with Egypt," in *Studies in the Period of David and Solomon,* 194.

치적인 고려로 인해 체결되었든지 간에, 상황이 나빠지면 소멸되거나 결렬되기 마련이었다. 역사가들이 종종 관찰했듯이, 솔로몬의 요새화된 전략도시의 형태는 그가 이스라엘 내의 무역과 사업을 통제할 수 있었음을 보여준다. 그러나 그것은 또한 백성들에게 과중한 부담을 줌으로써 사회적 긴장을 더 악화시켰다.[71] 그리스 역사는 정치적 아이러니에 관한 실험이라고 했던 포콕(Pocock)의 주장은 10세기 이스라엘에도 해당된다. "인간의 행동이 어떤 방식으로 의도하지 않은 결과를 낳게 되는지에 관한 알기 쉬운 이야기."[72] 레반트에서 이스라엘의 지위를 보호하고 향상시킬 목적으로 만든 바로 그 정책으로 인해 왕정 시대는 내분과 반란에 취약하게 되었다.

이전 세대의 학자들은 왕정 시대의 인위성을 몰락의 주된 요인으로 여겼으며, 솔로몬의 불운한 계승자였던 르호보암의 무능함 또는 무감각이 왕국의 몰락을 재촉했다고 보았다. 르호보암이 세겜 회합에서 세금 문제와 관련하여 양보 없는 제안을 했기 때문에, 이에 마음이 상한 북쪽 대표자들이 다윗 왕조를 경멸하고 거부할 것은 불 보듯 뻔한 일이었다. 르호보암의 그런 협상 태도가 부친의 분별없는 사회 정책을 물려받았기 때문인지, 또는 그의 정치적 순진함 때문인지, 아니면 어리석은 충고를 따른 그의 어리석음 때문이었는지는 고대에나 오늘날에나 의견이 분분하다.[73] 프수세네스 2세(기원전 959-945년)의 통치부터 시작

71 Alt, "Formation," 236–37; Herrmann, *History of Israel,* 190; Ahlström, *History,* 505–9, 543–48.

72 J. G. A. Pocock, *Politics, Language, and Time: Essays on Political Thought and History* (New York: Atheneum, 1971; London: Methuen, 1972).

73 1 Kings 12:1–20; LXX 3 Rgns. 12:24a–z; 2 Chron. 10:1–17; 13:4–12. See J. C. Trebolle Barrera, *Salomòn y Jeroboán: Historia de la recensión y redacción de I Reyes 2–12, 14,* Institución San Jeronimo 10 (Valencia: Investigación Biblica, 1980), 82–241.

(쇼셍크 1세; 기원전 945-924년)의 등극까지 이집트는 경제 상황과 정치 체제의 변화로 이전의 세력을 회복하게 되었다. 이런 정황이 아마도 르호보암이 왜 세겜에서 북쪽 지파들의 대표자에게 양보하기를 꺼려했는지를 설명할 수 있겠다.[74] 어쩌면 그는 그렇게 양보하게 되면 도리어 자기 입지만 약화될 뿐이라고 생각했을지도 모른다.

학자들은 이집트 정권의 변화가 이스라엘과 이집트의 관계에 결정적인 반전을 촉진시켰다고 지적했다. 예를 들어 시삭이 권세를 잡은 사건이 여로보암의 도망을 설명하기 위해 언급되었다.[75] 시아문은 이스라엘과 제휴하는 데 관심을 나타낸 반면 시삭은 가나안에서 이집트의 주도권을 재확증하기를 원했다. 솔로몬의 적에게 도피성을 제공하는 일은 솔로몬 정권을 약화시키는 데 도움을 줄 수도 있었다(왕상 11:26-40).[76] 이집트와 이스라엘 간의 관계 변화에 있어 가장 유명한 예는 물론 시삭의 침공이다(왕상 14:25-26; 대하 12:1-12). 우리는 금석문 자료와 고고학 발굴을 통해 얻은 증거들을 위의 사건과 비교해볼 수도 있다. 현대 학자들은 므깃도의 단편 비문, 카르나크의 성전 단편 비문, 10세기 말엽의 여러 유적지의 파괴와 같은 사실들이 모두 시삭의 침공에 관한 열왕기상 14:25-26의 기록과 일맥상통한다고 주장한다.[77] 여기서는

74 B. Halpern, "Sectionalism and Schism," *JBL* 93 (1974): 519–32.

75 Kitchen, *Third Intermediate Period,* 293–94.

76 N. P. Lemche, *A New History of Israelite Society,* Biblical Seminar 5 (Sheffield: Sheffield Academic Press, 1988), 142; D. B. Redford, *Egypt, Canaan, and Israel in Ancient Times* (Princeton: Princeton University Press, 1992), 312–15.

77 M. Noth, "Die Shoschenkliste," *ZDPV* 61 (1938): 277–304; B. Mazar, "The Campaign of Pharaoh Shishak to Palestine," in *Volume du Congrès: Strasbourg, 1956,* VTSup 4 (Leiden: Brill, 1957), 57–66; S. Herrmann, "Operationen Pharao Schoschenks I. am östlichen Ephraim," *ZDPV* 80 (1964): 55–79; Y. Aharoni, *The Land of the Bible,* trans. And ed. A. F. Rainey, rev. ed. (Philadelphia: Westminster,

고고학, 금석학, 문학적 증거가 한데 수렴되는 것이 인상적이다.

그러나 최근 몇 년간 이러한 증거의 수렴에 대해 이의가 제기되었다. 솔로몬과 이집트의 관계 그리고 시삭의 침입을 둘러싼 상황에 대해 새로운 해석이 나왔기 때문이었다. 첫째, 지오반니 가르비니(Giovanni Garbini)는 시삭이 르호보암 때가 아닌 솔로몬의 통치기간에 가나안을 침략했다고 주장했다.[78] 성서 저자들은 솔로몬의 명성에 손상을 입히지 않기 위해 시삭의 침입이 남왕국 유다 역사 초기에 일어난 것으로 기록했을 것이라는 주장이다. 둘째, 톰슨은 카르나크 단편 비문을 인용하여 10세기에 이스라엘과 유다의 실재를 부인했다.[79] 비문의 텍스트에서는 유다와 이스라엘이 아닌 개별적인 유적지들만을 언급하고 있는데, 이런 사실이 이 두 나라의 실재에 반대하는 증거라고 추정하는 것이다. 가르비니와 톰슨의 가설에는 상호보완적인 경향이 작용하고 있음을 알 수 있다. 두 가설은 상당한 역사적 의심을 가지고 성서의 증거를 다룬다. 그리하여 남은 증거들은 이전의 가설을 완전히 뒤집어버렸다. 시삭의 원정에 대해서도 동일한 고고학적·금석학적 유물들에서 상반된 평가가 도출된다. 아이러니하게도 시삭 자료는 여전히 10세기 역사의 재구성에 중요한 증거 요소이다. 그러나 어떤 가설에서는 카르나크 부조가 열왕기상 14:25-26의 내용을 보강하지만 어떤 가설에서는 그 구

1979), 323–30; Kitchen, *Third Intermediate Period,* 293–300, 432–41; N. Na'aman, "Israel, Edom, and Moab in the Tenth Century," *Tel Aviv* 19 (1992): 71–93; A. Mazar, *Archaeology,* 397–98. For a somewhat different view, see Redford, *Egypt, Canaan, and Israel,* 312–15.

78 G. Garbini, *History and Ideology in Ancient Israel,* trans. J. Bowden (London: SCM; New York: Crossroad, 1988), 30–32.

79 *Early History,* 306–7. Thompson's reconstruction has been followed by Davies (*In Search of "Ancient Israel,"* 42–73) and Gelinas ("United Monarchy," 230–33).

절을 약화시킨다.

새로운 해석들은 믿을 만한가? 그렇지 않은 것 같다. 새 가설에는 몇 가지 치명적인 결함이 있는 것으로 보인다. 먼저 열왕기 저자가 시삭의 원정을 르호보암 시대에 둠으로써 그의 독자들을 잘못 인도했다는 가르비니의 논지는 열왕기 저자가 그것과는 다르게 알고 있었다고 가정한다. 비문 증거를 어떻게 이해하든 간에 열왕기를 이렇게 해석하는 것은 별로 설득력이 없다. 신명기 사가는 솔로몬의 통치 시대를 규정하면서(왕상 1-11장) 솔로몬의 명성 자체를 훼손하는 데 적지 않은 노력을 기울인다. 저자는 솔로몬이 여러 산당을 지었고 이 불법 처소에서 제사를 지냈으며 다른 신을 섬겼다고 혹평한다(11:1-13).[80] 신명기 사가는 솔로몬의 쇠퇴를 조심스레 제시하면서 솔로몬의 이런 죄들을 하나님이 솔로몬의 적을 일으키고 일련의 반란을 일으켜 왕국을 약화시킨 행위와 관련시킨다(11:14-40).[81] 신명기 사가는 솔로몬의 행동을 비난하는 데 큰 관심을 가졌다. 사실상 그는 솔로몬을 그의 사후에 발생한 대재앙, 곧 분열의 주범으로 만들었다. 물론 신명기 사가가 시삭의 침공이 솔로몬 통치기간에 발생했다고 믿었다면 그것은 솔로몬의 쇠퇴에 대한 그의 모형론에 잘 들어맞을 것이다. 그런데 신명기 사가가 솔로몬

80 신명기 역사의 배경에서 볼 때, 비난은 상당히 엄하다. 다음을 보라. Knoppers, *Two Nations,* 1:135 – 59. 신명기 사가는 솔로몬의 이방 아내들의 영향에 대해 언급한다. 그러나 그는 솔로몬이 몰락하게 된 주된 책임을 솔로몬 자신에게 돌린다. 다음을 보라. S. J. D. Cohen, "Solomon and the Daughter of Pharaoh: Intermarriage, Conversion, and the Impurity of Women," *JANES* 16 – 17 (1984 – 85): 23 – 37; G. N. Knoppers, "Sex, Religion, and Politics: The Deuteronomist on Intermarriage," *HAR* 14 (1994): 121 – 41.

81 이들 중 일부는 솔로몬 통치 초에 시작되었다는 점을 신명기 사가는 인정한다(왕상 11:15, 21, 23, 25). 자세한 것은 다음을 보라. Knoppers, *Two Nations,* 1:162 – 68.

에 대해 신랄한 비평을 가했다고 가정한다면, 그가 이 사건을 르호보암의 통치 시대에 위치시킨 것은 가르비니가 추정했던 것과는 반대의 이유로 의미심장하다. 이것은 역사기술에 있어 성서 저자들에게 어느 정도 절제가 있었음을 보여준다.

시삭의 원정에 관한 톰슨의 가설은 에델만(Diana Edelman)으로부터 비판을 받았다. 그녀는 톰슨이 카르나크 부조를 비평적으로 읽지 못했다고 주장한다. 또한 톰슨이 가나안에 대한 이집트의 지배력을 과장하기 위한 전통적인 주장을 정복지에 대한 솔직하고 장황한 묘사와 혼동했다고 주장한다.[82] 이 가설에서는 시삭의 정복 목록이 시삭의 침입으로 영향 받은 나라들의 정치적 실재를 모호하게 만든다. 시삭 부조를 연구할 때 우리는 그것을 성서 텍스트만큼 비평적으로 면밀히 조사해야 마땅하다. 에델만의 답변은 통일왕국이 실재했을 가능성을 허용하기는 하지만 입증하지는 못한다. 톰슨과 에델만의 해석에 차이가 있다는 말은 카르나크 부조 자체가 각자에게 절대적인 증거가 되지 못함을 암시한다.

이전의 해석이 가지는 가장 큰 강점은 서로 다른 증거들을 설명해 낼 수 있는 능력을 가졌다는 점이다. 그것은 여러 유적지의 (재)건축과 일부 유적지의 파괴(예. 므깃도)를 설명할 수 있다. 이와 유사하게, 이스라엘과 유다의 10-9세기 문화의 연속성은 북쪽 지파와 남쪽 지파 사이의 분쟁적이면서도 근본적으로 평화로운 분열과 잘 어울린다. 마지막으로 몇몇 유적지를 제외하고(예. 게셀, 벧-호론, 기브온, 아얄론) 유다가

82 D. V. Edelman, "Solomon's Adversaries Hadad, Rezon, and Jeroboam: A Trio of 'Bad Guy' Characters Illustrating the Theology of Immediate Retribution," in *Pitcher Is Broken,* 188.

시삭의 원정 때 광범위하게 파괴되지 않았다는 점은 르호보암이 시삭에서 조공을 바쳤다는 주장과 들어맞는다(왕상 14:25-26).[83] 물론 이전의 견해에도 어려움이 없진 않다. 예를 들면 이전의 견해는 역대기 사가가 왜 신명기 사가에 비해 유다의 도시들을 더 심하게 파괴된 것으로 묘사하는지 설명하지 못한다(대하 12:2-4).[84] 이런 문제에도 불구하고, 이전의 견해가 여전히 문학적(성서적)·고고학적·금석학적 증거를 가장 설득력 있게 설명한다.

아시리아 원정의 영향

성서 텍스트의 집중 연구, 근동 지역의 금석문, 그리고 고고학적 증거들은 때때로 이스라엘과 유다 역사의 여러 시기가 어떻게 구별되는지 더 잘 이해할 수 있게 해준다. 어떤 경우(예. 통일왕국)에는 다른 분야 학자들이 비평적 증거를 해석하는 데에 있어 서로 의견이 맞지 않을 수도 있다. 또 다른 경우에는 역사가, 금석문 연구가, 또는 고고학자가 성서학자보다 먼저 어떤 특정 시대의 중요성을 인지하기도 할 것이다. 후자의 예로 8세기 이스라엘과 유다의 역사를 들 수 있다. 성서학은 8세기에 격동적인 발전이 있었음을 받아들임으로써 고고학 및 금석학과 관련하여 새로운 정보를 얻을 수 있었다. 실제로 8세기 초에 발전이 있었

83 Aharoni, *Land*, 323–26.

84 Willi는 역대기 사가가 산헤립의 유다 침공 원형을 따라서 열왕기의 시삭의 원정 기사를 다시 썼다고 생각한다(T. Willi, *Die Chronik als Auslegung*, FRLANT 106 [Göttingen: Vandenhoeck & Ruprecht, 1972], 175).

음을 보여주는 증거들 때문에 이어지는 파괴와 유배에 관한 증거가 더 욱더 두드러진다.[85]

지표조사를 통해 북왕국에는 8세기 중반에 인구가 가장 많았던 것으로 드러났다.[86] 이 당시 대부분의 시기를 통치한 여로보암 2세(기원전 793-753년)는 정치적으로 노련했던 것 같다. 그는 시리아가 쇠퇴하고 아시리아가 잠시 주춤하는 사이에 왕이 되어, 그가 물려받은 나라의 국경을 넓히는 데 성공했다. 여로보암 2세는 확실히 시리아로부터 영토를 되찾았으며, 요르단 동편에서도 최소한 일부 지역은 지배했다.[87] 일부 역사가들은 여로보암 왕국의 규모가 오므리 왕조 초창기와 겨룰 만하다고 생각한다.[88]

8세기는 유다 왕국의 성장기로 시작했다. 고고학 발굴과 조사를 통해 유다의 산지에 도시와 요새의 수가 급증했음이 드러났다.[89] 공공 토목공사 기획에는 성벽, 수로 체제, 요새가 포함되었다.[90] 이런 공공 토

85 Ussishkin의 라기스 유물 유적의 연대(지층III)가 결정적이었다. 왜냐하면 파괴층의 연대를 산헤립의 침공 당시로 추정했기 때문이다(D. Ussishkin, *The Conquest of Lachish by Sennacherib* [Tel Aviv: Tel Aviv University Press, 1982]). 지층III(8세기 후반)과 지층II(6세기 초반)와 관련된 도자기 군집 분포를 근거로 해서 다른 유적지의 유물들은 재조사되었고 연대도 재고되었다. 이전에 바빌로니아 원정과 관련지어졌던 일부 파괴층이 이제는 아시리아 원정과 관련지어진다. 다음의 개요를 보라. Barkay, "Iron Age," 328–29.

86 Broshi and Finkelstein, "Population of Palestine," 48–51.

87 왕하 14:23–29; 암 6:12–14; Miller and Hayes, *History,* 307–9.

88 예를 들어 S. Horn, "The Divided Monarchy," in *Ancient Israel,* ed. Shanks, 127. 오므리 왕조 동안 이스라엘의 상대 세력에 대해서는 다음을 보라. Barkay, "Iron Age," 319–23.

89 Y. Shiloh, "Judah and Jerusalem in the Eighth–Sixth Centuries B.C.E.," in *Recent Excavations in Israel: Studies in Iron Age Archaeology,* ed. S. Gitin and W. G. Dever, AASOR 49 (Winona Lake, Ind.: Eisenbrauns, 1989), 97–103.

90 A. Mazar, "Iron Age Fortresses," 87–109; Y. Shiloh, "Underground Water Systems in Eretz-Israel in the Iron Age," in *Archaeology and Biblical Interpretation: Essays in*

목공사 중 가장 유명한 것은 실로암 터널이다. 열왕기와 역대기는 다른 용어로 이 터널을 표현하면서, 이 터널이 히스기야 시대에 만들어졌다고 기술한다.[91] "왕에게 속한"(*lmlk*)이라는 문자가 새겨진 44개의 항아리가 구예루살렘의 유대인 지구에서 집중적으로 발굴되었는데, 이는 예루살렘과 유다의 행정에 왕실이 상당 부분 관여했음을 보여준다.[92] 물론 이 항아리들의 정확한 용도에 대해서는 논의가 계속되고 있다.[93] 그러나 두 날개 달린 태양과 네 날개 달린 풍뎅이는 십중팔구 왕실 문장이다. 이런 각인이 8세기 후반에 존재하고 통용되었으며 부분적으로 7세기 초까지 지속되었다는 사실은 중앙집권적 관료체계 또는 군사 조직이 영향력을 발휘했다는 증거가 된다.[94]

유다에서 거주민의 수가 눈에 띄게 증가한 지역에는 예루살렘도

Memory of D. Glenn Rose, ed. L. G. Perdue, L. E. Toombs, and G. L. Johnson (Atlanta: John Knox, 1987), 203–45; Jamieson-Drake, *Scribes and Schools*, 81–106; Barkay, "Iron Age," 332–34, 369.

91 왕하 20:20; 대하 32:30. 이 도관의 완성을 기념하는 비문에 대해 다음을 보라. *KAI*, no. 189.

92 J. Rosenbaum, "Hezekiah's Reform and Deuteronomistic Tradition," *HTR* 72 (1979): 23–44; Ahlström, *History*, 697–701; S. Japhet, *I and II Chronicles*, OTL (Louisville: Westminster/John Knox, 1993), 977–83; B. Halpern, "Sybil, or the Two Nations? Archaism, Alienation, and the Elite Redefinition of Traditional Culture in Judah in the 8th–7th Centuries B.C.E.," in *The Study of the Near East in the Twenty-First Century*, ed. J. S. Cooper and G. M. Schwartz (Winona Lake, Ind.: Eisenbrauns, 1996), 291–338.

93 N. Na'aman, "Hezekiah's Fortified Cities and the *LMLK* Stamps," *BASOR* 261 (1986): 5–21; N. Avigad, *Discovering Jerusalem* (Nashville: Nelson, 1983), 43–44; A. Mazar, *Archaeology*, 455–57; Halpern, "Jerusalem," 19–34.

94 행정 재조직과 세력의 합병에 대한 가장 설득력 있는 성서 증거는 역대기의 유다 왕들에 대한 묘사다. 여기에는 히스기야(대하 29-32장)가 포함된다. 열왕기에서는 히스기야의 예루살렘에서의 수로 공사 언급을 제외하면 8세기 유다 왕조에 비제의적 개혁의 증거가 없다. 다음을 보라. Knoppers, "History and Historiography," 189–202.

포함된다.[95] 예루살렘의 인구가 8세기에 증가하기 시작했는지 아니면 다소 이른 9세기에 증가하기 시작했는지에 대해서는 논란이 있다.[96] 어느 경우든지, 예루살렘의 확장을 암시하는 고고학적 발견 중 하나는 성벽 유적이다. 이 벽의 두께는 7미터인데, 아비가드(Avigad)는 그 연대를 8세기 말로 추정하였다.[97] 소위 넓은 성벽(Broad Wall)과 다양한 여러 구조물 그리고 유물이 발견되었다. 이런 발견은 예루살렘의 거주지가 포로기 이전 시대에 서부 평지에서 확장되었다는 견해에 신빙성을 더해주었다. 캐슬린 케니언(Kathleen Kenyon)의 발굴을 통해 우리는 예루살렘 확장이 왕정 시대 후기에 동부 경사지에서 계속 되었음을 유추할 수 있다.[98]

아시리아의 서부 원정이 초래한 파괴적인 영향을 가장 잘 이해하기 위해서는 위의 이스라엘과 유다 왕국의 성장, 부흥, 확장의 배경을 살펴보면 된다. 일례로 디글랏-빌레셀 3세(Tiglath-pileser Ⅲ, 기원전 734년)의 침략으로 갈릴리와 길르앗의 많은 지역은 합병되었고, 이스라엘은 속국 신분으로 전락했다. 이스라엘과 유다 모두에게 큰 희생이 되었던 사건은 시리아-에브라임 전쟁이었다. 이로 인해 이스라엘은 약화되었고, 유다는 아시리아 왕국의 봉신이 되었다.[99] 살만에셀 5세

95 A. Mazar, *Archaeology*, 438–62; Halpern, "Jerusalem," 19–34; Jamieson-Drake, *Scribes and Schools*, 48–73; Ofer, "Judean Hills Survey," 814–15.

96 M. Broshi, "The Expansion of Jerusalem in the Reign of Hezekiah and Manasseh," *IEJ* 24 (1974): 21–26; Broshi and Finkelstein, "Population of Palestine," 51–54; cf. Barkay, "Iron Age," 364–68.

97 Isa. 22:9–11; Avigad, *Discovering Jerusalem*, 45–60; Y. Shiloh, "Jerusalem," *NEAEHL*, 2:705–8.

98 K. M. Kenyon, *Digging up Jerusalem* (New York: Praeger, 1974), 129–65.

99 왕하 16장; 사 7:1–13; 대하 28장. 오뎃은 왕궁의 피보호자에게까지 아시리아의 원조(*damiqtu*, 은혜)를 받는 데 든 비용을 논의한다(B. Oded, "Ahaz's Appeal to Tiglath-

(Shalmaneser V, 기원전 723-722년)의 침입으로 이스라엘 왕국은 종국을 맞았으며, 그로 인해 27,290명의 주민이 강제로 이주해야 했다.[100]

유다에게 가장 큰 피해를 끼쳤던 사건은 기원전 701년 산헤립의 침공이었다. 이 침공은 유다의 경제생활과 사회생활에 엄청난 영향을 끼쳤다.[101] 산헤립(Sennacherib)의 원정으로 유다의 여러 도시는 폐허가 되었다.[102] 산헤립이 "그[히스기야]의 튼튼한 성벽도시 46곳과 그 주변의 무수한 소도시"를 파괴했다는 주장은[103] 열왕기하 18:13에서 "아시리아 왕 산헤립이 유다의 모든 요새 도시에 침투하여 그 도시들을 점령하였다"는 주장과 일치한다. 고고학 증거를 통해 지역의 파괴와 유배 때문에 인구가 눈에 띄게 감소했으며 유다의 여러 도시와 국경 요새가 조직적으로 파괴되었음이 나타났다.[104] 예를 들어 A. 오퍼(A. Ofer)가 행

Pileser III in the Context of the Assyrian Policy of Expansion," in *Biblical Archaeology Today, 1990,* 63–71).

100 *ANET,* 284; 왕하 17장; 왕하 18:9–12. 사르곤 2세(721–705)가 침략이나 강제 송환에 어느 정도 관여했는지 다음을 보라. Soggin, *History of Israel and Judah,* 233–36; B. Oded, *Mass Deportations and Deportees in the Neo-Assyrian Empire* (Wiesbaden: Ludwig Reichert, 1979); B. Becking, *The Fall of Samaria: An Historical and Archaeological Study,* SHANE 2 (Leiden: Brill, 1992). 아시리아의 물질 문화에 대해 다음을 보라. Barkay, "Iron Age," 351–53.

101 F. J. Gonçalves, *L'expédition de Sennachérib en Palestine dans la littérature hebraïque ancienne,* EBib, n.s., 7 (Paris: Lecoffre, 1986), 102–36; Miller and Hayes, *History,* 353–63.

102 Halpern, "Jerusalem," 34–49; Ahlström, *History,* 665–707.

103 D. D. Luckenbill, *The Annals of Sennacherib,* OIP 2 (Chicago: University of Chicago Press, 1924), 32–34.

104 인구감소에 대해 다음을 보라. Aharoni, *Archaeology,* 253–66; A. Mazar, *Archaeology,* 544– 47; Halpern, "Jerusalem," 30–34. 산헤립의 강제 이송 숫자는 믿기 어려울 만큼 많다: 200,150 (Luckenbill, *Annals,* 33). On destruction see Aharoni, *Archaeology,* 253–69; M. Cogan and H. Tadmor, *II Kings,* AB 11 (New York: Doubleday, 1988), 223–51; A. Mazar, *Archaeology,* 416–40; Ahlström, *History,* 707–16.

한 최근의 지표조사에 의하면 산헤립이 셰펠라 평원 지대 주민들 대다수와 내륙 거주민의 50-70%를 죽였거나 추방시켰을 것으로 추정된다.[105] 약탈과 인구감소를 근거로 S. 스톨만(S. Stohlmann)은 "유다의 포로기를 기원전 701년 이후"라고 본다.[106]

유다의 확장 역사는 그 자체로 하나의 중요한 주제인데, 그 역사는 이를테면 유다 왕국 확장의 증거로 단순히 7세기만 살펴서는 안 된다는 점을 보여준다. 여기서는 이어지는 논의를 위해 두 가지 또 다른 요점을 강조하고자 한다. 첫째, 성서학에서는 여전히 포로 생활에 관한 성서의 언급들의 연대를 바빌로니아 포로기 이후로 설정하는 것이 보통이다. 그런 입장은 고대 근동 조약에 나타나는 유배의 협박을 고려하지 않은 것이다. 또한 북왕국의 멸망과 유배가 남왕국 사람에게 중대한 영향을 미치지 못했다고 전제한 것이다.[107] 설사 우리가 이런 고려사항들이 논의에 적절치 않다고 결론짓는다 하더라도, 산헤립의 침공으로 인한 황폐, 죽음, 유배는 여전히 현실로 남아 있다. 유다에 엄청난 고난, 고통, 격변을 초래한 사건을 찾기 위해 바빌로니아 유수 시기까지 내려올 필요가 없다는 것이다. 아시리아의 원정으로 인해 위기가 있었던 것으로 이해한다면 굳이 바빌로니아 유수가 이스라엘 종교에 근본적인 전환(예를 들어 중앙집권화, 유일신교, 예루살렘 성전에 견줄 만한 모든 종교의 제거)을 초래했다고 생각할 필요는 없다. 율법서, 역사서, 예언서 텍스

105 Broshi and Finkelstein, "Population of Palestine," 55–56; Ofer, "Judah."

106 S. Stohlmann, "The Judaean Exile after 701 B.C.," in *Scripture in Context II: More Essays on the Comparative Method,* ed. W. W. Hallo, J. C. Moyer, and L. G. Perdue, PTMS 34 (Winona Lake, Ind.: Eisenbrauns, 1983), 147–75.

107 M. Weinfeld, *Deuteronomy and the Deuteronomic School* (Oxford: Clarendon, 1972), 129–33.

트에 드러나는 이런 이념들은 포로기 이전 현상으로 볼 때 가장 잘 이해된다.[108] 그런 신념들이 단순히 포로기의 창작이라면 사람들이 왜 그것들을 수용했는지는 설명되지 않는다. 바빌로니아 포로기 때 살아남은 많은 백성들에게 기원전 586년의 사건은 위에서 언급했던 이념들이 그 당시 얼마나 급진적으로 보였든지 간에 정확했다는 것을 확증해 주었다.[109]

나는 성서학자들이 아시리아 원정의 영향에 더 많은 관심을 쏟아야 한다고 주장해왔다. 그러나 이 영향력을 단순히 부정적으로 해석해서는 안 된다. 이스라엘이 멸망하고 유다가 극심하게 황폐해졌어도, 예루살렘은 아시리아로 인한 위기를 극복했다. 예루살렘과 다윗 가문의 왕에게 임한 시련은 사실상 히스기야의 통치에 대한 신명기 사가의 설명에서 환호할 만한 주된 요인인데, 여기서는 산헤립의 유다 침략으로 인한 위기를 집중적으로 다루고 있다.[110] 히스기야가 지속적으로 야웨만을 신뢰해야 한다는 강조가 부정적으로는 히스기야와 그의 하나님을 향한 아시리아의 조롱(예. 왕하 18:30-35)에서 명백히 표현되는 한편 긍정적으로는 히스기야의 기도에 드러나는데, 이 기도는 예루살렘 역사의 다른 위기의 순간에 다윗과 솔로몬이 드린 기도를 상기시킨다.[111] 기

108 많은 학자들은 적어도 신명기의 경우에는 그러하다고 인식하고 있다. 다음을 보라. *Das Deuteronomium: Entstehung, Gestalt und Botschaft,* ed. N. Lohfink, BETL 68 (Louvain: Leuven University Press, 1985).

109 이 결의가 만장일치로 이루어진 것은 물론 아니다(렘 45:15 – 19).

110 왕하 18:13 – 19:37. 남아 있는 일부 자료(예. 왕하 20:1-11의 히스기야의 병)는 아시리아의 침략을 의도하여 편집되었다. 다음을 보라. G. N. Knoppers, "There Was None Like Him: Incomparability in the Books of Kings," *CBQ* 54 (1992): 418 – 25.

111 삼하 7:18 – 29; 왕상 8:22 – 53; 왕하 19:15 – 19; 20:2 – 3. 자세한 것은 다음을 보라. R. L. Pratt, "Royal Prayer and the Chronicler's Program" (diss., Harvard Divinity School, 1987).

원전 701년까지 예루살렘 성전과 다윗 왕조가 수 세기 동안 이미 실재했다는 점을 고려할 때, 유다인 저자가 예루살렘의 생존을 다윗과 예루살렘에 대한 하나님의 약속으로 받아들인 점(10:34; 20:6)은 놀라운 일이 아니다. 다른 이방신들은 아시리아의 맹습으로부터 자신의 백성들을 구하지 못했지만 야웨는 예루살렘을 구원했고, 바로 이 구원 사건이 야웨와 "가짜 신들" 즉 "나무와 돌로 만든 인간의 수공품"(19:18) 사이의 결정적인 차이를 드러내주었다. 역사를 재구성함에 있어 이 경험이 전반적으로 어떤 의미를 내포하고 있는지는 앞으로 좀 더 분명해질 것이다. 다윗과 시온에 대한 야웨의 영원한 헌신의 신학이 처음 등장하는 역사적 정황을 바빌로니아 포로기에서 찾을 필요는 없다.[112] 포로기 이전 시대가 보다 설득력 있는 가능성을 제공하고 있기 때문이다. 간단히 말해 우리는 8세기와 7세기를 중추적인 시대로, 그리고 성서 문학 가운데 일정 부분이 형태를 갖추게 해준 기반으로 간주해야 한다.[113]

바빌로니아 유수에 대한 해석

현대 학자들이 유다 역사의 형성과 발달을 이해하는 데 있어 8세기의 중요성에 대해서는 비교적 최근에야 인지하게 된 반면, 그들은 일반적

112 다음과 반대다. T. Veijola, *Die ewige Dynastie: David und die Entstehung seiner Dynastie nach der deuteronomistischen Darstellung,* Annalae Academiae Scientiarum Fennicae B 193 (Helsinki: Suomalainen Tiedeakatemia, 1975), 71-90.

113 어떤 학자들은 일부 지혜 문학의 저작시기를 이 때로 본다. 가장 최근의 예로 다음을 보라. J. Blenkinsopp, *Sage, Priest, Prophet: Religious and Intellectual Leadership in Ancient Israel* (Louisville: Westminster/John Knox, 1995), 32-37.

으로 기원전 598/597년과 586년의 바빌로니아 유수의 중요성에 대해서는 예전부터 지속적으로 인식해오고 있었다. 7세기에 유다 산지, 유다 사막, 네게브에 점진적이지만 인상적인 회복이 있었지만, 이후로 유다에는 바빌로니아인들이 야기한 격변으로 인해 새로운 위기가 찾아왔고, 이 위기는 다윗 왕조의 종말, 성전 파괴, 제사장의 생계 손실, 예루살렘의 파괴, 많은 백성의 유배와 죽음으로 이어졌다.[114]

유다 멸망의 원인에 대해서는 괄목할 만한 의견의 일치가 있었다. 역사가들은 유다의 마지막 25년의 지도력이 국제적 사태로 인해 압도당했으며, 장기적인 안목에서 백성들에게 가장 유익이 될 어려운 결단을 이행할 능력이 없었거나 혹은 이행하기를 원치 않았다고 평가했다. 더 구체적으로 말하자면, 학자들은 아시리아 제국의 분열로 인한 지정학적 변화, 타이밍이 적절하지 않은 외교 정책의 전환, 유다 내부 파벌주의의 부정적 영향, 유다의 마지막 왕들이 이집트와 바빌로니아의 변덕이나 실패한 동맹의 희생자가 될 수밖에 없었다는 사실, 그리고 다윗 왕국이 "국제 정세의 큰 소용돌이로 빨려 들어갔"다는 사실 등을 지적한다.[115]

학자들이 크게 견해 차이를 보인 것은 바빌로니아 유수가 존재했다는 사실 자체나 그 저변에 깔린 원인에 대한 것이 아니라, 역설적이게도 포로기의 성격 자체에 대한 것이었다. 학자들은 바빌로니아에 의한

114 Miller and Hayes, *History,* 377–436; Finkelstein, "Environmental Archaeology," 58–64; Ahlström, *History,* 733–803.

115 각각 다음을 보라. A. Malamat, "The Last Years of the Kingdom of Judah," in *Archaeology and Biblical Interpretation,* ed. Perdue, Toombs, and Johnson, 287; Horn, "Divided Monarchy," 143–49; B. Oded, "Judah and the Exile" (trans. Y. Gitay), in *Israelite and Judaean History,* 472–73; Ahlström, *History,* 788–89; Soggin, *History of Israel and Judah,* 64; Miller and Hayes, *History,* 377.

유다의 멸망과 강제 이주가 구체적으로 무엇을 포함하는지에 대해 의견을 달리한다. 30년 전에는 기본적으로 세 가지 입장이 있었다. C. C. 토레이(C. C. Torrey)는 바빌로니아 유수를 비교적 적은 수의 귀족이 포함된 "비교적 대수롭지 않은 작은 사건"으로 보았다.[116] 예루살렘은 금세 회복되었고 재건되었다. 토레이의 견해로는 열왕기, 에스라, 에스겔서에서의 바빌로니아 포로 기사는 역사적으로 위조되었거나 최소한 과장된 것이다.

둘째 입장을 대변하는 것으로는 W. F. 올브라이트(W. F. Albright)의 견해를 들 수 있겠다. 토레이의 글에 답하면서 올브라이트는 바빌로니아인들이 저지른 약탈과 황폐를 강조했다. 그가 이용할 수 있었던 고고학 증거를 바탕으로 올브라이트는 예루살렘과 유다가 일종의 백지상태(*tabula rasa*)의 영토가 되었다고 묘사했다.[117] 그는 약탈, 학살, 추방이 너무 극심해서 유다의 전통 문화는 적어도 그 땅에서는 소멸되었으며 비교적 적은 수의 사람들이 6세기 초의 이런 충격적인 사건에서 살아남은 것으로 평가했다.

셋째 입장을 대변하는 것으로는 P. R. 애크로이드(P. R. Ackroyd)의 견해를 들 수 있겠다.[118] 올브라이트처럼 애크로이드도 재난의 중대함을 강조했다. 그러나 애크로이드는 "유수"와 "회복"과 같은 용어의 사용을 포함한 여러 문제들을 지적하면서, 모든 유다인이 유배를 간 것은

116 C. C. Torrey, *Ezra Studies* (Chicago: University of Chicago Press, 1910; reprinted, ew York: Ktav, 1970), 285; idem, *The Chronicler's History of Israel* (New Haven: Yale University ress, 1954).

117 W. F. Albright, *The Biblical Period from Abraham to Ezra* (New York: Harper, 963), 81–86, 110–11; idem, *Archaeology*, 140–42.

118 P. R. Ackroyd, *Israel under Babylon and Persia,* New Clarendon Bible (Oxford: oxford University Press, 1970), 1–25.

아니며, 성전 제단에서 부분적인 제사가 계속되었다는 증거들을 언급했다(예. 렘 41:4-5). 애크로이드는 그달리야 암살 후 그 땅에 남은 자들에 대해 올브라이트보다는 더 많은 관심을 기울였다(왕하 25:22-26).

최근 몇 년 동안에는 포로기에 대한 이전의 가설을 바탕으로 한 급진적인 견해가 나타났다. 톰슨은 실제적으로 올브라이트의 견해에 전혀 동의하지 않지만, 사실상 그의 견해는 (부지중에?) 올브라이트의 견해를 재단장한 것이다. 올브라이트는 포로 공동체와 이전의 유다 공동체 간의 연속성을 추적하였다. 반면 톰슨은 바빌로니아 침공으로 인한 유배와 이동이 아주 심해서 유다의 국민성—만일 그들이 그런 것을 가진 적이 있었다면—은 본토에서도 유배지에서도 사라져버렸다고 주장한다.[119] 톰슨에게 있어서 포로기 이후의 회복이라는 개념은 이주자들이 새 영토를 자기들의 것이라고 주장할 수 있도록 만들어준 경건한 가공물일 뿐이다.

본토에 남은 자들의 역사를 재구성하고자 했던 토레이와 애크로이드의 관심은 R. P. 캐럴(R. P. Carroll)에 의해 새로운 전환점을 맞이하게 되는데, 그는 "6세기 동안 사회적 환경에 심각한 변화는 없었다"고 주장한다.[120] 올브라이트의 입장을 수용하는 성서학자들은 성서의 바빌로니아 침공 기사를 잠정적으로 받아들여, 유다에 남은 자들을 천한 사람들로 간주하고 유배당한 상류층 사람들을 옹호한다. 캐럴의 견해는 레위기, 열왕기, 이사야, 예레미야, 에스겔, 역대기, 에스라, 느헤미야서가 함께 "포로 문학"을 구성하며, 이 문학은 포로기 공동체가 그 배타적

119 Thompson, *Early History*, 334, 415.
120 R. P. Carroll, "The Myth of the Empty Land," *Semeia* 59 (1992): 79.

인 정책을 옹호하기 위해 만든 산물이라는 것이다.[121] 그러므로 캐럴의 평가는 톰슨의 평가와 유사하기도 하고 다르기도 하다. 둘 다 관련된 성서 문학을 포로기 이후의 이념적인 구성으로 보고, 본토 거주민들로부터의 영토 강탈을 합리화한다고 보았다. 그러나 톰슨은 완전한 불연속성을 강조하고, 캐럴은 토레이처럼 유다의 포로기 이전 공동체와 포로기 공동체 그리고 포로기 이후 공동체에 근본적으로 연속성이 있다고 가정한다.

역사가들의 주요 학문적 견해들을 비교 검토해본 결과 그들은 확실히 바빌로니아 유수에 대해 매우 다른 가설을 주장하고 있다. 최근에 이루어진 유물에 대한 논의는 이런 가설들의 가능성을 평가하는 데 도움이 된다. 고고학자들은 더 이상 바빌로니아 침공으로 인한 피해가 올브라이트가 주장한 만큼 극심했다고는 생각하지 않는다. 6세기 초에는 예루살렘과 일부 근접 지역만 파괴된 것으로 보인다. 라기스, 텔 베이트 미르심, 텔 바타쉬에는 거주 공백기가 있었지만, 기브온, 미스바, 벧엘에는 계속 사람이 살고 있었다.[122] 철기 시대 문화는 요르단 동편, 해안선, 북부지역, 네게브에 잔존했다.[123] 베냐민 지파의 영역은 대체로

121 Ibid., 87–88. 사실 Carroll은 "대부분—어떤 점에서는 아마도 모두—의 히브리 성서 문학은 땅에 대한 그들[귀환자들]의 주장에 대한 문서로서, 그리고 그들의 이념의 반영으로서 보아야 한다"는 생각에 치우쳐 있었다. 그의 주석서를 보라. *Jeremiah,* OTL (Philadelphia: Westminster/John Knox, 1986), 55–81.

122 Stern이 쓴 개요가 여전히 유용하다. E. Stern, "Israel at the Close of the Monarchy: An Archaeological Survey," *BA* 38 (1975): 26–54.

123 연속성으로 인해 Barkay는 기원전 586년이 아니라 530-520년이 "이스라엘" 물질 문화의 끝을 나타낸다고 주장한다. 왜냐하면 이때에만 아케메네스 제국 물질문화의 특징이 부분적으로 나타나기 때문이다(Barkay, "The Redefining of Archaeological Periods: Does the Date 588/586 B.C.E. Indeed Mark the End of Iron Age Culture?" in *Biblical Archaeology Today, 1990,* 106–12).

파괴되지 않았다.[124] 바르카이의 힌놈 골짜기 발굴에서 6세기(늦어도 기원전 500년)경의 것으로 보이는 매장 유물이 출토되었다.[125] 요약하자면, 예루살렘과 근접 지역은 바빌로니아 침공으로 파괴된 증거가 있으며, 다른 지역들은 사람이 계속 거주했음을 보여주는 증거가 있다. 역사를 어떤 식으로 재구성하든지 두 가지 증거를 모두 정당하게 다루어야 할 것이다.

성서의 증거는 어떤가? 어떤 이들이 추정하듯 그 증거는 획일적인가? 관련된 성서 책들은 예레미야애가를 제외하고는 거의 대부분 바빌로니아 침공으로 인한 파괴로 시작하여 바빌로니아에서의 포로 공동체 생활에 이르기까지의 스토리라인을 따르고 있다. 그 결과 기원전 582년 이후에 유배지에 남겨진 공동체에 대해서는 알려진 것이 상대적으로 미미하다. 하지만 그렇다고 해서 성서가 포로에서 귀환한 자들만을 일방적으로 선호한다고 할 수는 없다. 이를테면 열왕기하 24-25장의 기사는 기원전 598/597년의 바빌로니아 유수, 586년의 성전 파괴, 이집트로의 피난(582년)을 자세히 기술하였고, 포로기 동안 여호야긴이 받은 사면에 대한 기록으로 끝을 맺는다. 여기에는 예를 들어 역출애굽과 같은 중요한 신학적 주제가 제시되어 있다(25:22-26).[126] 예루살렘과 유다 **모든 사람**에게 심판이 임했음을 강조한 것을 귀환자들

124 A. Mazar, *Archaeology*, 548–49.

125 G. Barkay, *Ketef Hinnom: A Treasure Facing Jerusalem's Walls* (Jerusalem: Israel Museum, 1986).

126 R. E. Friedman, "From Egypt to Egypt: Dtr^1 and Dtr^2," in *Traditions in Transformation: Turning Points in Biblical Faith: Essays Presented to Frank Moore Cross, Jr.*, ed. B. Halpern and J. Levenson (Winona Lake, Ind.: Eisenbraun, 1981), 167–92; N. Na'aman, "The Deuteronomist and Voluntary Servitude to Foreign Powers," *JSOT* 65 (1995): 37–53.

에 대한 호의적인 해석으로 볼 수는 없다. 열왕기는 아예 귀환을 언급하지 않는다.[127]

성서의 여러 기록들도 동일한 목소리만 내는 것은 아니다. 역대기 사가는 신명기 사가의 기록에 의존하면서도 유다의 멸망에 대해서는 나름대로 독자적인 견해를 제시한다. S. 예펫(S. Japhet)의 견해에 따르면 역대기는 단 한 번의 부분적 유배(기원전 586년)에 대해 언급하며, 유다의 참상은 논하지 않는다(대하 36:17-20).[128] 역대기는 포로 귀환과 성전 재건을 허락하는 고레스(Cyrus)의 조서로 낙관적인 결말을 맺고 있다.[129] 예펫이 주장하는 것처럼 역대기 사가가 그 땅에 사람들이 계속 살았던 것으로 간주했는지는 확실치 않다.[130] 내가 보기에 역대기 사가는 그 땅에 남은 자들의 곤경과 유배당한 자들의 곤경을 균형 있게 다루려고 했던 것 같다. 어느 경우든지 역대기 사가는 열왕기보다는 바빌로니아 유배(들)에 대해 덜 혼란스러운 그림을 제시한다.

열왕기와 역대기를 간략하게 살펴보고서 얻게 되는 결론은, 학자들이 포로기를 다루는 주요 성서 자료들을 그 자체로서 독자적으로 연구해야 한다는 것이다. 고유한 맥락과 관점들에 대해 적절한 관심을 기울인다면 보다 복합적인 그림이 도출될 것이다. 그러한 복잡성은 6세기

127 열왕기가 불가사의하게 끝나는 이유는 다양하게 설명되었다. 다음의 개요를 보라. Howard, *Introduction,* 169–229.

128 S. Japhet, *The Ideology of the Book of Chronicles and Its Place in Biblical Thought,* BEATAJ 9 (Frankfurt am Main: Lang, 1989), 364–73.

129 내가 의도한 것은 최종 형태의 역대기의 결말 부분이다. 어떤 학자들은 대하 36:23이 역대기 사가의 원래의 결말이었다고 주장한다. 다음의 예를 보라. W. Rudolph, *Chronikbücher,* HAT 21 (Tübingen: Mohr, 1955), 338; F. M. Cross, "A Reconstruction of the Judean Restoration," *JBL* 94 (1974): 4–18; H. G. M. Williamson, *1 and 2 Chronicles,* NCB (Grand Rapids: Eerdmans, 1982), 412–19.

130 Japhet, *Ideology,* 373.

초 유다 역사의 광범위한 주제와 관련이 있다. 우리는 이 시기에 대해 지나친 일반화를 피하는 것이 지혜로운 것이다. 바빌로니아 침공에서 생존한 자들의 경건에 대해 예레미야애가가 제시하는 증거로 보건대, 정한 것(포로들)과 부정한 것(유다의 생존자들)에 대한 고정관념은 과녁을 벗어난 것이다. 더구나 유다에 남은 공동체든지 포로 공동체든지 아무런 변화 없이 정체되어 있었을 리는 없다. 둘 다 당연히 변화를 경험했을 것이다.[131] 유다와 바빌로니아 공동체의 연속성과 차이점을 정확히 인식해야만 두 공동체가 다시 만나게 된 에스라서와 느헤미야서에서 발견되는 긴장 관계를 평가할 수 있을 것이다.

결론

여러 면에서 왕정 시대 역사에 대한 최근의 연구는 구약학 분야의 광범위한 추세를 반영한다. 지난 30년 동안에는 새로운 분야, 특히 사회과학 방법론의 수용에서뿐 아니라 전통적인 연구 분야에서도 발전이 있었다. 이와 같은 다양성의 증가를 단순히 일보전진으로 평가하는 것은 잘못일 것이다. 상황은 한층 더 복잡하다. 왕정 시대 초기 역사에 대한 연구에서는 한 가지 방법론이나 단일한 종류의 증거에만 의존하는 위험이 있었다면, 이제는 분할과 분열의 위험이 있다. 인문학이나 사회과

131 J. Janssen, *Juda in der Exilszeit,* FRLANT 69 (Göttingen: Vandenhoeck & Ruprecht, 1956), 39–54; Ackroyd, *Israel,* 34–161; Oded, "Judah and the Exile," in *Israelite and Judaean History,* ed. Miller and Hayes, 476–80; R. W. Klein, *Israel in Exile,* OBT (Philadelphia: Fortress, 1979), 1–22.

학 분야에서 훈련받은 학자들은 특정 종류의 증거에 집중하면서 다른 증거들을 배제하는 경향이 있다. 그 어느 때보다 통합이 절실하다. 새로운 방법론들이 개발되고 여러 유형의 유물 증거와 문학적 증거가 존재함에도 불구하고 고대 이스라엘과 유다 역사를 조명해줄 가능성 있는 모든 수단을 사용하지 않는다는 것은 부끄러운 일일 것이다.

제9장

포로기와 그 이후: 역사적 연구

H. G. M. Williamson
H. G. M. 윌리엄슨

20세기 중반에는 포로기 이후 이스라엘 역사와 문학에 관한 연구가 상대적으로 등한시되었다. 하지만 본고가 다루는 기간 동안 상황이 급변하여 포로기 이후 시대에 관한 연구는 구약학 전체에서 가장 활발한 분야 중 하나가 되었다.[1] (따라서 본장의 대부분은 포로기 이후 시대에 중점을 둘 것이며, 포로기에 대해서는 본장의 후반부에서 제한적으로 다룰 것이다.) 특별히 관심을 끌었던 주요한 역사적 주제들을 고찰하기에 앞서 먼저 어떤 요인들이 이러한 변화를 가져왔는지 알아보고, 그 결과물로 출간된

1 일례로 주목할 만한 일은 성서 연구의 현주소를 조사한 새 학술지의 처음 두 권이 이 분야와 직접적으로 연관된 글들을 실었다는 것이다. 다음을 보라. T. C. Eskenazi, "Current Perspectives on Ezra–Nehemiah and the Persian Period," *CR:BS* 1 (1993): 59–86; and E. M. Meyers, "Second Temple Studies in the Light of Recent Archaeology: Part 1: The Persian and Hellenistic Periods," *CR:BS* 2 (1994): 25–42. 다음도 보라. J. W. Kleinig, "Recent Research in Chronicles," *CR:BS* 2 (1994): 43–76.

중요한 저서들(그중 다수가 공동 연구서)을 언급하고자 한다.

관심의 부흥을 이끌어 낸 요소들

첫째, 종교사가 신학에 끼친 불가피한 영향력과 함께 19세기 학계의 유물과도 같은 이전의 견해, 즉 포로기 이후의 이스라엘 종교는 포로기 이전 예언자들이 주도했던 종교적·도덕적 정점에서 급격히 쇠퇴하여 제사장적·제의적 율법주의로 전락했다는 주장에 대해 괄목할 만한 반발이 제기되었다. 이런 재평가에는 여러 요소가 작용했지만 우리에게 의미심장한 것은 그러한 재평가를 통해 학자들이 그 시대 자체와 역사에 대한 연구의 필요성을 더 절실히 인식하게 되었다는 점이다.

둘째, 포로기 이후 시대를 히브리 성서의 최종 형태가 형성된 시기로 보다 진지하게 받아들이려는 경향이 두드러졌다. 이 시기를 성서 대부분이 기록된 시기로 보려는 극단적인 시도도 있었다. 또 다른 측면에서 보자면, 성서의 "원래" 형태를 가설적으로 재구성한 것에만 집중하기보다 텍스트의 최종 형태에 가치를 부여하는 새로운 비평방법이 의미하는 것은 문헌상의 최종 요소와 최종 편집자가 성서의 각 책들과 그 책들로 구성된 광범위한 모음집에 부여한 형태에 이전보다 훨씬 더 큰 관심을 쏟게 되었다는 것이다. 이러한 변화의 사회적 배경을 더 잘 이해하고자 하는 바람도 역사 연구에 자극이 되었다.

셋째, 포로기 이후 시대의 고고학적 측면도 예전에는 문학적 요소와 마찬가지로 관심 밖의 영역이었으나 이제는 새롭게 조명을 받게 되었다. 후기 헬레니즘 건축 양식이 혼입되었을 뿐만 아니라 철기 시대

제1기층(포로기 이전)을 제3기층(페르시아 시대)으로부터 구분해내는 데 실패하였기 때문에, 학자들은 고고학적 유물들에 대한 일반적인 해석을 이 시기의 물질문화에 적용하려는 경향을 보였다. 그러나 이제 이러한 오류들은 대부분 수정되었고, 적은 양이기는 하지만 의미심장한 금석학 유물들이 발견됨으로써 보다 광범위한 고고학적 정황에 관심을 기울일 필요가 절실해졌다.

넷째, 아케메네스 시대는 고대 근동 역사 연구에서 아주 두드러진 관심의 대상이 되었는데, 이러한 추세는 과거에 페르시아를 그리스 역사가들의 눈을 통해서만 바라보다가 이제는 페르시아 유물 연구를 통해 그들의 "입장에서 바라본 이야기"를 보다 긍정적으로 평가함으로써 가능해졌다. 이러한 광범위한 관심사의 일부분으로서, 다른 지역에 비해 많은 문서자료를 남긴 유다의 역사가 특히 학자들의 관심을 끌게 되었는데, 그들의 관심사가 성서적인 문제에만 국한된 것은 아니었다.

마지막으로, 역사 전반에 걸친 사회과학 접근법의 영향력이 최근 들어 포로기 이후 시대에도 상당히 강력하게 작용하였는데, 학자들은 이를 통해 과거에 되풀이해서 소홀히 다루어졌던 익숙한 자료들이 새롭게 조명을 받기를 기대했다. 이제 전통적인 역사적 방법들은 막다른 골목에 다다른 것으로 간주되었다. 교과서에는 동일한 문제들이 주어지고 이에 대해 가능한 범위의 해결책이 제시되지만, 그런 과정에서 역사를 이해함에 있어 조금이라도 진보를 이루었다는 느낌은 주지 못한다. 그리고 제사장들의 서열과 같은 세세한 것들을 논의하느라 시간을 보내면 보낼수록 다수의 삶을 결정하는 경제적·사회적 상황과 같은 역사의 "진면목"에 대해서는 실제적으로 아는 것이 없다는 좌절감이 간간이 표출되기도 한다.[2] 우리는 전문적인 역사가의 관심보다는 성서 저자들의 선택적인 관심에 초점을 맞추었다.

포로기 이후 시대를 다룬 주요 도서

이러한 연구의 경향은 최근에 출간된 주요한 도서들을 통해 분명히 드러난다.[3] 예를 들어 "케임브리지 역사 시리즈"는 포로기 이후 시대와 관련하여 적어도 세 가지의 독립적인 연구 프로젝트를 포함하고 있다. 가장 두드러지는 책은 『케임브리지 유대교 역사』(*The Cambridge History of Judaism*) 제1권으로 주로 페르시아 시대에 집중하고 있으며 유다와 디아스포라 유대교의 역사, 고고학, 종교, 문학을 다룬다.[4] 페르시아와 관련하여 『케임브리지 이란 역사』(*The Cambridge History of Iran*)의 제2권인

2 예를 들어 다음을 보라. K. W. Whitelam, "Recreating the History of Israel," *JSOT* 35 (1986): 45–70.

3 다음 목록의 순서는 평가 순이 아니다. 최근 아케메네스 제국(the Achaemenid Empire)의 역사를 다룬 단일 저자들의 작품이 출간되어 다소 오래된 A. T. Olmstead의 책(*History of the Persian Empire* [Chicago: University of Chicago Press, 1948])을 대신한다: J. M. Cook, *The Persian Empire* (London: Dent; New York: Schocken, 1983); R. N. Frye, *The History of Ancient Iran* (Munich: Beck, 1984); M. A. Dandamaev, *A Political History of the Achaemenid Empire,* trans. W. J. Vogelsang (Leiden: Brill, 1989); A. Kuhrt, *The Ancient Near East c. 3000–330 BC,* 2 vols. (London and New York: Routledge, 1995), 2:647–701; P. Briant, *Histoire de l'empire perse: De Cyrus à Alexandre* (Paris: Fayard, 1996).

4 Ed. W. D. Davies and L. Finkelstein (Cambridge: Cambridge University Press, 1984). 나는 이 기획 전체 배후의 개념과 진행되고 있는 방법에 대해 심각하게 염려를 표했다. 그렇지만 여러 개인의 공헌은 그 가치가 크다. 나의 리뷰를 참조하라. *VT* 35 (1985): 231–38.

『메디아와 아케메네스 시대』(*The Median and Achaemenian Periods*)[5]에서는 페르시아 제국 전반에 걸친 광범위한 조사연구를 제공하는데, 그중 많은 부분이 유다 정세와 직접적으로 연관된 것이다. 그뿐 아니라 『케임브리지 고대사』(*The Cambridge Ancient History*) 제2판 가운데 세 권이 페르시아 시대 유다의 역사 혹은 그와 관련된 배경들을 다루고 있다.[6]

다른 공동제작 기획으로 "아케메네스 역사 연구회"(Achaemenid History Workshop)가 1981년과 1990년 사이에 모임을 가졌고 거기서 협의된 내용을 여덟 권으로 출간하였다.[7] 이 기획은 전반적으로 광범위한 주제에 초점을 맞추고 있지만, 일부 특정 주제들은 페르시아 시대 유다에 대한 연구에 직접적인 영향을 끼치기도 하였고 페르시아가 속국 주민들을 어떻게 다루는지에 대해 의미 있는 비교 관점을 제시하기도 하였다.

포로기 이후 시대의 핵심에 근접하게 다가간 기획은 파리를 근거지로 한 "페르시아 시대 시리아-팔레스타인 연구협회"(Association pour la

5 Ed. I. Gershevitch (Cambridge: Cambridge University Press, 1985).

6 I. Eph'al, "Syria-Palestine under Achaemenid Rule," *CAH,* vol. 4, *Persia, Greece, and the Western Mediterranean, c. 525 to 479 B.C.,* ed. J. Boardman et al., 2d ed. (Cambridge: Cambridge University Press, 1988), 139–64; H. Tadmor, "Judah," *CAH,* vol. 6, *The Fourth Century B.C.*, ed. D. M. Lewis et al., 2d ed. (Cambridge: Cambridge University Press, 1994), 261–96. Tadmor는 두 공헌점의 차이를 다음과 같이 설명한다. "그 장은 유다를 아케메네스 제국의 한 부분으로 보았고 여기서 우리는 그 시기 동안 그 내부적 발전상을 고려하려고 한다"(p. 261); 다음도 보라. T. C. Mitchell, "The Babylonian Exile and the Restoration of the Jews in Palestine (586–*c.* 500 B.C.)," *CAH,* vol. 3.2, *The Assyrian and Babylonian Empires and Other States of the Near East, from the Eighth to Sixth Centuries B.C.,* ed. J. Boardman et al., 2d ed. (Cambridge: Cambridge University Press, 1991), 410–60.

7 *Achaemenid History I–VIII,* ed. H. Sancisi-Weerdenburg et al., 8 vols. (Leiden: Nederlands Instituut voor het Nabije Oosten, 1987–94).

recherche sur la Syrie-Palestine à l'époque perse)로서 새로운 간행물인 「유프라테스 서편」(*Transeuphratène*, 1989년 발간)을 발행하는 국제적인 협회이다. 이 학술지는 모임에서 발표된 논문뿐 아니라 다른 연구논문과 서지학 연구서를 출판한다. "유프라테스 서편"은 유다를 포함한 페르시아 관할지의 이름이었으며,[8] 따라서 지금 논의되는 주제와 밀접한 연관성을 가지고 있다. 이 협회의 방법 일부와 접근법은 J. 엘레이(J. Élayi)와 J. 사펭(J. Sapin)의 『유프라테스 서편 새로 보기』(*Nouveaux regards sur la Transeuphratène*)에 설명되었다.[9] 그들은 "인간과 인간활동"(men and movements)을 수단으로 역사에 접근하는 방법론을 비판하는 한편 그러한 방법론을 특징짓는 과도한 텍스트 의존성에 부정적인 태도를 보인다. 대신 그들은 광범위한 영역에 대한 전문적 지식을 겸비한 학제적 접근이 가치 있다고 주장한다. 성서학자들은 그들의 연구 관심사가 여전히 유효하게 다루어진다는 사실을 발견하게 될 것이다. 한편 새로운 학술지에 실린 여러 소논문이 친근한 주제를 다루고 있기는 하지만, 유다 역사를 평가할 때 페르시아 제국 내의 인접 지역들과의 관계 속에서 살펴야 할 필요성은 분명해졌다(증거들은 산재해 있는 다양한 자료들로부터 추출되어야만 한다).

끝으로 살펴볼 공동 기획은 세계성서학회(SBL)의 제2성전 시대 사회학 협의회(Sociology of the Second Temple Consultation)인데, 여기서 토

8 다음을 보라. M. Heltzer, "A Recently Published Babylonian Tablet and the Province of Judah after 516 B.C.E.," *Trans* 5 (1992): 57–61. 이 글은 이전의 주요 참고문헌을 수록했다. 그러나 또한 다음 Rainey의 글도 주목하라. A. F. Rainey, "The Satrapy 'beyond the River,'" *AJBA* 1 (1969): 51–78.

9 Turnhout: Brepols, 1991.

의한 내용의 일부가 출판되었다.[10] 이 협의회는 "사회학"을 폭넓게 해석하여 사회학 연구 초기 단계의 탐험적인 성격을 드러낸다. 독자들은 이 협의회를 통해 자극제가 되는 새로운 자료, 참신한 가설, 비평적 평가를 발견할 수 있다.

마지막으로, 개별적인 학자들의 연구서를 언급하는 것이 마땅하겠다. 학자들의 저작은 계속되는 연구 사업을 따라 소논문, 단행본, 주석서, 참고서의 형태로 출간되었고 전체를 종합하려는 눈에 띄는 시도가 있었다. E. 스턴(E. Stern)이 저술한 현대 고고학에 관한 논문은 개정, 번역되어 권위 있는 저작으로 널리 알려졌다. 이 책은 이전 저자들의 잘못된 여러 생각을 수정하였고 새로운 발견에도 잘 적용될 수 있는 확고한 틀을 확립하였다.[11] L. L. 그래비(L. L. Grabbe)는 제2성전 시대 유대인의 역사에 관한 아주 값진 교과서를 저술했는데, 그는 이 책에서 모든 종류의 주요 일차 자료를 제시한 후에 평가하고, 특정한 주제를 논한 후에 전체를 종합하였다.[12] 결과적으로 이 책에는 자료와 해석이

10 *Second Temple Studies,* vol. 1, *Persian Period,* ed. P. R. Davies, JSOTSup 117 (Sheffield: JSOT Press, 1991); 다른 SBL 심포지엄의 출간물도 보라. *Second Temple Studies,* vol. 2, *Temple and Community in the Persian Period,* ed. T. C. Eskenazi and K. H. Richards, JSOTSup 175 (Sheffield: JSOT Press, 1994).

11 *The Material Culture of the Land of the Bible in the Persian Period 538–332 B.C.* (Warminster: Aris & Phillips; Jerusalem: Israel Exploration Society, 1982); 다음도 보라. H. Weippert, *Palästina in vorhellenistischer Zeit* (Munich: Beck, 1988), 682–718.

12 *Judaism from Cyrus to Hadrian,* 2 vols. (London: SCM; Minneapolis: Fortress, 1992). 페르시아 시대는 1:27–145에서 다루었다. 다른 중요한 교과서들은 다음과 같다: J. M. Miller and J. H. Hayes, *A History of Ancient Israel and Judah* (London: SCM; Philadelphia: Westminster, 1986); and G. W. Ahlström, *The History of Ancient Palestine from the Palaeolithic Period to Alexander's Conquest,* with a contribution by G. O. Rollefson, ed. D. Edelman, JSOTSup 146 (Sheffield: JSOT Press, 1993). 다음도 주목하라. E. M. Yamauchi, *Persia and the Bible* (Grand Rapids: Baker, 1990); 그리고 J. L. Berquist, *Judaism in Persia's Shadow: A Social and Historical Approach* (Minneapolis:

확실히 구별되었다(교과서로서는 드문 성취다). 그러므로 이 책은 비평적 사고를 가진 학생들에게 도움이 될 것이다. 끝으로 R. 알베르츠(R. Albertz)의 『이스라엘 종교사』 제2권은 포로기와 포로기 이후 시대를 집중 연구한 책이다.[13] 이 책은 관련 주제에 대한 최근의 사회학 접근을 충분히 다룸으로써 선임자들의 연구에 진척을 가져온 한편 그 자체로도 한 개별 신학자의 독자적인 해석으로 남아 있다.

접근법과 방법론

포로기와 페르시아 시대 유다를 연구하는 역사가들이 현 시점에서 무엇을 시도할 수 있을지는 상당히 불분명하다. 최근의 접근법 일부는 전통적 관심사를 노골적으로 거부했다. 전통적 방법은 텍스트를 기초로 정치적 사건의 경위를 재구성하는 데 주력하며 유명인들이나 사조에 초점을 맞추고 고고학과 다른 자료에서 나온 외부 증거를 배경, 설명, 수정 자료로 사용하였다. 이와 비교하여 최근 접근법에서는 속주 생활의 경제적 근간과 조직, 식민지의 사회 구조와 거주 형태, 그리고 속주 정세에 대한 광범위한 제국의 관심이 가져오는 여파에 신경을 써야 한다고 주장했다. 이러한 주장으로 인해 텍스트를 미심쩍은 눈으로 읽는 추세가 나타났다. 텍스트가 광범위하고 결정적인 중요성을 갖는 관심

Fortress, 1995).

13 *A History of Israelite Religion in the Old Testament Period,* vol. 2, *From the Exile to the Maccabees,* trans. J. Bowden, OTL (London: SCM; Louisville: Westminster/John Knox, 1994; German original, 1992).

사들은 감춰둔 채, 친밀하고 지역적으로 수용 가능하도록 사건들을 설명하기 위해 허구의 역사를 만들어냈다는 것이다.

이런 이분법은 유감스럽다. 첫째, 우리는 어떤 정보가 되었든지 간에 현대 역사 기록의 표준에 의하면 자료 자체가 턱없이 부족한 시기를 취급하고 있다. 그렇기 때문에 잠재적인 정보 자료를 등한시하거나 과소평가하는 것은 부적절한 연구 자세다. 둘째, 개인과 일반 사회 사이를 이간하는 것은 방법론적으로 잘못되었다. 한편으로는 특정 개인들이 촉진제가 되어 어떤 영역에 두드러진 변화를 가져오기도 한다. 반면에 그 특정 개인들은 대부분 사회의 산물이기 때문에 사회와 분리해서 이해할 수가 없다. 셋째, 우리는 정치(여기에는 물론 종교도 포함될 것이다)의 역사보다 종교의 역사에 더 많은 다양성이 있다는 점을 인식하지만, 그럼에도 종교는 여전히 역사가의 적법한 관심사이며, 역사가에게 있어 연대기와 문헌자료에 대한 비평적 평가는 진보와 발전을 약속해주는 최고의 희망으로 남아 있다. 예를 들어 대제사장 목록을 자세히 검토하는 것이 그 일이라면 그 임무를 피해서는 안 될 것이다. 그러나 이런 종류의 연구 조사는 실제로 우리에게 우연히 남겨지게 된 예측 불허의 자료들에 의존할 수밖에 없음을 인지해야 한다. 그러므로 건전한 방법은 문헌에 명확히 규정되지 않는 것에 대해 질문하고, 다른 사회와 사건 개요를 근거로 한 모델과 가설이 유사 텍스트의 불명료한 부분을 새롭게 조명해주는지 여부를 시험해보는 것이다. 말하자면 어떤 접근법 하나라도 이념적으로 거절하는 것은 사치라는 말이다. 필요한 것은 온건한 절충설(eclecticism)이며 여기에는 역사가가 반드시 관련 분야 전문가의 연구에 어느 정도 의존해야 한다는 것이 포함된다. 최근 여러 연구가 보여주었듯이 다른 여러 시대에서와 마찬가지로 포로기 이후 시대의 역사 연구는 공동 작업일 수밖에 없다. 따라서 어떤 측면에서라

도 불확정성으로 인한 도전이 주어질 수 있음은 충분히 예상할 수 있는 바다.[14]

그러므로 이 시점에서 특히 성서를 배우는 학생들의 의무는 이용 가능한 문헌 자료의 특성을 인정하는 것이다. 포로기 시대에는 역사적 성격을 띤 내러티브 텍스트가 없다. 그러므로 여기서는 당연히 에스라서와 느헤미야서에 기록된 포로기 이후에 초점을 맞춰야 하겠다. 구약의 다른 책들과[15] 성서 외 자료들이 단편적인 정보를 제공해주는 것은 사실이지만 그 어느 자료도 페르시아 시대 유다에서 일어난 일련의 사건 내러티브를 에스라서와 느헤미야서가 제시하는 방식대로 제공하지는 않는다.

그러나 자세히 살피면 이런 일차 자료조차도 우리가 막연히 기대하는 것보다 덜 직접적임을 알게 될 것이다. 에스라서와 느헤미야서는 (에스라의 초기 연대를 가정한다면) 족히 100년 이상의 시기를 다룬다.[16] 그러나 그 책이 묘사하는 사건들은 산발적으로 흩어져 있는 불과 몇 년 안 되는 시기와 관련이 있다. 내가 다른 자료에서 몇 차례 강조했던 것

14 그런 이의를 반영하고자 하는 예로 다음을 보라. K. D. Tollefson and H. G. M. Williamson, "Nehemiah as Cultural Revitalization: An Anthropological Perspective," *JSOT* 56 (1992): 41–68.

15 구약의 몇몇 책들은 이 시기에 쓰인 것이 분명하다. 예를 들면 사 56-66장, 요엘, 학개, 스가랴, 말라기, 역대기(아마도 룻기와 요나서도)다. 반면 여러 책들은 이 시기에 편집되었고 최종 형태로 귀착되었을 것이다. 그러므로 여기에는 간접적인 정보 특히 종교와 사회 신념과 관습에 대한 정보를 줄 가능성이 많다. 참조. Berquist, *Judaism in Persia's Shadow.* 그러나 이 자료를 활용하려면 미리 상당한 정도의 비평적 분석을 거쳐야 한다. 그렇게 해도 불가피하게 가설로 남는 것이 많을 것이다. 유감스럽게도 지면의 한계로 여기서 이런 중요한 문제들에 주목할 수는 없다.

16 느 12:11의 요야다(Jaddua)가 알렉산드로스 대왕 때 확실히 대제사장이었다면 사실 200년도 가능하다.

처럼[17] 연대상으로 분리된 몇몇 사건들은 역사 기록의 정수라 할 수 있는 "원인-결과 틀"로 묶을 수가 없다. 두 책의 저자들은 하나님이 포로기 이후의 회복을 인도해가시는 과정에서 연속성을 발견할 수 있다고 보았는데, 그들의 관점에서는 충분히 타당한 해석이다. 그래서 예를 들면 에스라 7:1의 "이 일 후에"라는 구절은 50년 이상의 공백을 연결해줄 수 있으며, 이는 신적 경륜의 차원에서는 가능한 일이다. 에스라의 임무는 하나님의 계획에서 중요한 다음 단계였기 때문이다. 그러나 아무리 좋게 말하려 해도 그 시기의 정치, 사회, 경제 등의 역사 기록을 찾고자 하는 이에게 이런 공백기는 어색할 따름이다. 만일 이 공백이나 다른 공백을 채울 자료가 없다면 그 사실을 인정하고, 일반적인 의미에서 보자면 우리는 이 시기의 역사를 기록할 수 있는 입장이 아니라는 사실을 인정하는 것이 더 낫다. 앞으로 보게 되겠지만 우리는 역사 기록이라는 목표를 향해 조금씩이나마 전진할 수 있다. 하지만 우리는 역사가인 우리에게 이용 가능한 것의 한계에 대해 정직해야 하며, 특정 기사가 단속적이지 않은 이야기인 것처럼 제시해서는 안 된다. 아마도 보다 광범위하고 일반적인 기록이 보다 현실적이며 습득 가능한 기록일 것이다. 그리고 신학자와 문학을 공부하는 학생으로 하여금 에스라서와 느헤미야서를 본래의 문맥에서 좀 더 명확히 분석할 수 있게 해주는 것이 바로 그런 기록이다.

이 특별한 동전의 다른 (또한 보다 고무적인) 면은 바로 에스라서와 느헤미야서의 몇몇 사건들에 대해 (나의 견해로는) 최고의 역사적 가치

17 다음을 보라. H. G. M. Williamson, *Ezra, Nehemiah,* WBC (Waco: Word, 1985), xlviii–xlix et passim; idem, *Ezra and Nehemiah,* OT Guides (Sheffield: JSOT Press, 1987), 79–81.

를 지닌 일차 기록들이 존재한다는 점이다. 이것이 옳다면 두 가지 중요한 결과가 뒤따를 것이다. 첫째, 그 기사들은 공통 내용을 제공함으로써 보다 개괄적인 기사를 그 공통 내용에 비추어 공평하게 평가하도록 해준다. 이와 동일하게 중요한 두 번째 결과는 그 기사들이 최소한의 확고한 자료를 제공함으로써 어떤 모델과 가설을 이 시기 역사에 적용할 수 있는지 시험할 수 있게 해준다는 것이다. 자유로운 역사적 추론을 가능케 한다는 명분으로 불확실한 것에 호소하는 일은 적절치 않을 것이다. 이런 견해는 본고에서 다루는 기간 내내 쟁점이 되었고 논의가 더 필요하게 되었다. 에스라서와 느헤미야서 자체에 관련된 자료는 아래에 다루게 될 것이므로 여기서는 에스라서 1-6장에 포함된 일부 자료에 집중할 것이다.

포로 귀환 시대와 관련하여 학자들 간에 의견 일치를 보인 부분이 있다면, 에스라 4-6장에 담긴 아람어 편지들과[18] 에스라 1:9-11에 나오는 성전 기명 목록의 진정성을 인정한다는 점일 것이다. 또한 학자들은 에스라 2장에 실린 바빌로니아 포로 귀환자들의 목록이, 비록 연대와 통일성에 관하여는 논쟁의 여지가 있지만, 공식적인 문서에 근거한다는 점에는 대체적으로 동의한다. 에스라 1:2-4에 실린 히브리어 형태의 고레스 칙령이 진정성을 갖느냐는 문제가 아마 가장 큰 불확실성의 요소일 것인데, 전반적으로 회의적이던 견해는 E. 비커만(E.

18 이것은 특히 Meyer의 연구를 따랐다. E. Meyer, *Die Entstehung des Judentums: Eine historische Untersuchung* (Halle: Niemeyer, 1896); H. H. Schaeder, *Esra der Schreiber*, BHT 5 (Tübingen: Mohr, 1930); 그리고 R. de Vaux, "Les décrets de Cyrus et de Darius sur la reconstruction du temple," *RB* 46 (1937): 29–57. De Vaux의 글은 영어로도 읽을 수 있다. "The Decrees of Cyrus and Darius on the Rebuilding of the Temple," in *The Bible and the Ancient Near East,* trans. D. McHugh (Garden City, N.Y.: Doubleday, 1971; London: Darton, Longman & Todd, 1972), 63–96.

Bickerman)에 의해 어느 정도 수그러들었다.[19]

이 아람어 편지에 대한 합의를 지지하는 세 가지 새로운 주장이 추가되었다. 첫째, 1970년대에 페르시아 제국의 다른 지역에 보존된 아람어 편지의 형식과 형태에 대한 자세한 연구가 시작되었다.[20] 아래에서 언급될 한 가지 점을 제외하면 에스라서의 편지 형식은 이 관례를 잘 따르고 있다. L. V. 헨슬리(L. V. Hensley)는 그리스의 편지 쓰기 관습은 상당히 다르기 때문에 에스라서의 편지가 후대의 가공 작품일 리가

19 E. Bickerman, "The Edict of Cyrus in Ezra 1," in *Studies in Jewish and Christian History*, AGJU 9.1 (Leiden: Brill, 1976), 72–108. 현 시점에서 Kuhrt의 중요한 연구를 주목해야 한다. A. Kuhrt, "The Cyrus Cylinder and Achaemenid Imperial Policy," *JSOT* 25 (1983): 83–97(다음도 보라. P.-R. Berger, "Der Kyros-Zylinder mit dem Zusatzfragment BIN II Nr. 32 und die akkadischen Personennamen im Danielbuch," *ZA* 64 [1975]: 192–234.) 고레스 실린더(Cyrus Cylinder)가 에스라서의 고레스와 다리우스의 조서가 진짜임을 밝혀준다는 다소 과장된 주장과는 반대로, 그녀는 그 실린더가 메소포타미아의 전통 궁정 문헌을 따라 만들어졌다고 주장한다. 또한 그 실린더는 오로지 바빌론의 부, 그리고 바빌로니아 만신전과 관련되어 있으며 파괴된 제의 중심지의 회복에 대해서는 언급하지 않는다(*ANET*, 316의 번역은 이 점에서 잘못되었다). 사실상 유배 민족의 전반적인 귀환에 대한 언급이 없다. 그러므로 성서 텍스트와의 평행 부분은 어느 정도는 가치가 있지만 예상했던 정도만큼은 아니며, 고레스의 정책 또한 종종 예측된 것만큼 전례 없는 정책은 아니었다. 그러므로 실린더는 성서의 증거를 긍정적으로 평가하는 데 유용하지만, 성서 증거의 평가는 우선적으로 다른 내적 근거에 의해 확정되어야 한다.

20 다음을 보라. P. S. Alexander, "Remarks on Aramaic Epistolography in the Persian Period," *JSS* 23 (1978): 155–70; J. D. Whitehead, "Some Distinctive Features of the Language of the Aramaic Arsames Correspondence," *JNES* 37 (1978): 119–40; P.-E. Dion, "Les types épistolaires hébréo-araméens jusqu'au temps de Bar-Kokhbah," *RB* 96 (1979): 544–79; J. A. Fitzmyer, "Aramaic Epistolography," in *A Wandering Aramean: Collected Aramaic Essays*, SBLMS 25 (Missoula, Mont.: Scholars Press, 1979), 183–204. 지금은 관련 텍스트의 새 편집판이 이전 선집을 대체했다. B. Porten and A. Yardeni, *Textbook of Aramaic Documents from Ancient Egypt*, vol. 1, *Letters* (Jerusalem: Hebrew University Department of the History of the Jewish People, 1986). 다음 책에 간략한 선집이 실려 있다. J. M. Lindenberger, *Ancient Aramaic and Hebrew Letters*, SBLWAW 4 (Atlanta: Scholars Press, 1994).

없다는 중요한 점을 지적했다.[21]

둘째, 나의 자세한 연구에서 증명하려 했듯이 에스라서 텍스트에 나오는 몇 가지 독특한 요소들은 후대 편집자가 원본을 편집했다고 가정했을 때 가장 잘 설명된다.[22] 예를 들어 텍스트가 제공하는 몇 가지 정보와 문맥의 매끄럽지 않은 전환(예. 스 4:6-11; 6:3-6에)은 편집자가 편지 본론뿐 아니라 첨부된 문자, 요약, 주소로부터 그의 기사 자료를 작성했다는 증거를 보여준다. 이는 그가 그 편지를 갖고 있었음을 암시한다. 또 여러 근접해 있는 내러티브(학개서와 스가랴 1-8장처럼 명백한 대안 자료로부터 추론될 수 있는 것은 제외하고)도 그 편지들의 표현을 이용하여 직접적으로 기록된 것이다. 이는 그 편지들이 가공이든 실제든 대안 기사로 꾸며졌다기보다는 실제 편집자의 일차 자료였음을 암시한다. 마지막으로 주목할 것은 내러티브의 경과가 이 자료들에 적힌 것에 의해 대부분 결정되기 때문에 우리가 기대하는 자료(예를 들어 바벨로니아에서의 귀환 여정 또는 제2차 성전 재건의 경위 자료)는 나오지 않는다는 점이다.[23] 이것은 역사가가 그의 자료를 책임감 있게 다루었고, 기사를 그가 갖고 있는 증거보다 뛰어나게 조작하지 않았다는 인상을 준다.

21 Hensley, "The Official Persian Documents in the Book of Ezra" (diss., University of Liverpool, 1977).

22 "The Composition of Ezra i–vi," *JTS*, n.s., 34 (1983): 1–30; 다음도 보라. Williamson, *Ezra, Nehemiah*, ad loc. Halpern은 세부적인 비평을 많이 가하면서도 대체적으로 이를 지지하였다. B. Halpern, "A Historiographic Commentary on Ezra 1–6: Achronological Narrative and Dual Chronology in Israelite Historiography," in *The Hebrew Bible and Its Interpreters*, ed. W. H. Propp, B. Halpern, and D. N. Freedman (Winona Lake, Ind.: Eisenbrauns, 1990), 81–142.

23 아마도 Carroll의 발견이 미심쩍은 공백을 암시하는 것인지도 모른다. 참조. "So What Do We *Know* about the Temple? The Temple in the Prophets," in *Second Temple Studies*, 2:34–51.

셋째, P. 프라이(P. Frei)는 포괄적인 연구 조사를 통해 이전의 주장, 즉 아케메네스 공식 칙령은 종종 속주 관리의 청원서에 대한 답장이며, 답장을 할 때에 청원서에 쓰인 동일한 전문 용어를 사용했다는 주장을 지지해주었다.[24] 그러므로 이런 문서 일부에 "유대식" 표현이 있다고 해서 그 문서의 진정성에 꼭 반대할 필요는 없다.[25]

성서 주석가 대부분은 그런 주장을 근거로 이전의 합의 내용을 받아들였지만 모든 사람이 설득된 것은 아니다. 어떤 이들은 아무 내용도 받아들이려 하지 않았고, 어떤 이들은 이 문서들의 진정성에 대한 확신은 근거가 없는 것이라고 주장했다. 예를 들어 그래비는 군네벡(Gunneweg)의 주석서 때문에 이 문제에 대한 그의 마음을 바꾸게 되었다고 한다.[26] 그가 가장 못마땅하게 여기는 것은 진정성 옹호자들이 대개 반대에 응수하는 것(즉 위에 언급된 세 번째 주장)만으로 스스로 만족했다는 점이다. 이는 순환론적이며 진위를 입증할 수 없는 입장일 뿐이다. 군네벡은 긍정적인 전제로 시작하지 않는 첫째 원칙부터 새롭게 재검토하는 일이 필요하다고 주장한다. 게다가 그 문서들을 근본적으로 진정성 있는 문서로 받아들인다 하더라도 유대 서기관들이 이 문서

24 P. Frei, "Zentralgewalt und Lokalsautonomie im Achämenidenreich," in P. Frei and K. Koch, *Reichsidee und Reichsorganisation im Perserreich,* OBO 55 (Freiburg: Universitätsverlag; Göttingen: Vandenhoeck & Ruprecht, 1984), 8–43. Frei는 자신의 주장을 되풀이했다 그러나 다음의 새로운 학술지 제1호에서 몇 가지 비판을 받았다. *Zeitschrift für Altorientalische und Biblische Rechtsgeschichte* (1995).

25 나는 그런 근거로 이의가 제기된 이 편지들의 몇 가지 양상이 대개 페르세폴리스의 엘람 텍스트(the Elamite texts)에 나오는 아케메네스 정책에 잘 들어맞을 수도 있음을 보여주고자 했다. 다음을 보라. "Ezra and Nehemiah in the Light of the Texts from Persepolis," *BBR* 1 (1991): 41–61.

26 L. L. Grabbe, "Reconstructing History from the Book of Ezra," in *Second Temple Studies,* 1:98–106; 참조. Idem, *Judaism,* 30–36; A. H. J. Gunneweg, *Esra,* KAT 19.1 (Gütersloh: Mohn, 1985).

에 추가 작업을 했을 수도 있는 것이다.[27] 그리고 일부만 수정했다 하더라도 그 텍스트의 어조와 취지를 완전히 변형시킬 수 있기 때문에 이는 그 문서들이 역사적 가치가 거의 없다는 것을 뜻하게 된다.

누구든 그래비나 다른 이가 요구하는 종류의 증거는 얻기 어렵다고 인정해야 한다(그러나 그렇다면 반대의 논지도 마찬가지일 것이다). 아마 그는 위에서 지적한 여러 요소들, 즉 편집자가 원래 문서를 직접 손봤다는 견해를 지지하는 요소들을 적절히 고려하지는 않은 것으로 보인다(대응하려는 시도조차 하지 않았다). 물론 이 견해에 반대 의견을 내놓는 것은 그래비가 적절하게 설명한 것처럼 긍정적 주장을 의미하지는 않는다. 여기서 반대 의견이 갖는 중요한 역할이 있는데, 명백한 유대적 요소의 존재가 독립적이고 긍정적인 근거를 바탕으로 지지 받고 있는 입장을 뒤흔들 만한 문젯거리는 아니라는 점을 보여준다는 점이다. 따라서 나는 이 문서들의 진정성을 지지하는 주장이 훨씬 더 가능성 있다고 생각한다.

유다의 법정적 지위

이제 포로기 이후 시대 역사 연구에서 가장 근본적인 주제인 유다 속주의 법정적 지위 문제와, 그 안에 거하는 유대인 공동체의 법정적 지위 문제를 다루고자 한다. 이 두 문제는 본고에서 다루는 기간 동안에 서로 분리되었다. 그 이유는 정치적 속주 내에 *Bürger-tempel-gemeinde* 또

27 Grabbe는 이런 중재적 입장의 대표로 Blenkinsopp을 언급한다. J. Blenkinsopp, *Ezra–Nehemiah,* OTL (London: SCM; Philadelphia: Westminster, 1988), 119–23, 126–27.

는 "시민-성전 공동체"(Citizen-Temple Community)로 알려진 개별적 독립체가 있었다는 주장 때문이었다.

20세기 중반 몇십 년 동안 페르시아 시대 유다의 지위는 A. 알트(A. Alt)의 유력한 글에 의해 영향을 받았다. 그 글에서 알트는 유다가 느헤미야 때까지는 사마리아 속주의 일부였다고 주장했다.[28] 느헤미야 때가 되어서야 유다는 단독 속주로 개편되었고, 이 때문에 산발랏과 그의 동맹자들이 아주 심하게 방해했다는 것이다. 이미 1971년에 M. 스미스(M. Smith)는 이 견해에 대해 강력히 반발하는 글을 썼다. 그러나 이후로도 몇몇 학자가 계속 그 견해를 옹호했다.[29]

지난 20년 동안 새로운 금석문 자료가 발견됨으로써 많은 학자들은 알트가 해명하려 했던 문학적 증거들을 재검토해야만 했고 결과적으로 그의 견해를 포기하게 되었다. 그 주장은 너무 상세하고 복잡해서 여기에 전부 제시할 수는 없으므로,[30] 부득이하게 요점만을 나열하겠

28 A. Alt, "Die Rolle Samarias bei der Entstehung des Judentums," in *Festschrift Otto Procksch zum 60. Geburtstag* (Leipzig: Deichert and Hinrichs, 1934), 5–28; 다음에 재출판되었다. Idem, *Kleine Schriften zur Geschichte des Volkes Israel,* vol. 2 (Munich: Beck, 1953), 316–37.

29 M. Smith, *Palestinian Parties and Politics That Shaped the Old Testament* (New York: Columbia University Press, 1971), 193–201; 특히 다음을 참조하라. E. Stern, "Seal-Impressions in the Achaemenid Style in the Province of Judah," *BASOR* 202 (1971): 6–16; idem, *Material Culture,* 209–13. 이 글은 수정되어 다음에 실렸다. "The Persian Empire and the Political and Social History of Palestine in the Persian Period," *CHJ,* 1:70–87 (특히 72와 82–83); F. C. Fensham, "Mebdînâ in Ezra and Nehemiah," *VT* 25 (1975): 795–97; S. E. McEvenue, "The Political Structure in Judah from Cyrus to Nehemiah," *CBQ* 43 (1981): 353–64.

30 다음의 예를 보라. H. G. M. Williamson, "The Governors of Judah under the Persians," *Tyn- Bul* 39 (1988): 59–82; A. Lemaire, "Populations et territoires de la Palestine à l'époque perse," *Trans* 3 (1990): 31–74. 이 지역에서 나온 모든 페르시아 시대 금석문 모음집에 대해서는 다음의 귀중한 글을 보라. Lemaire, "Les inscriptions palestiniennes d'époque perse: un bilan provisoire," *Trans* 1 (1989): 87–105, with an update in *Trans*

다. (1) 1976년에 아비가드(Avigad)가 발간한 관인과 인장 저장물은 거의 확실히 6세기 후반의 예후드 속주 총독의 것이다.[31] (2) 그러므로 세스바살(스 5:15)과 스룹바벨(학 1:1, 14)을 총독으로 언급한 것은 액면 그대로 받아들여야 한다. (3) "나보다 먼저 있었던 총독들"(느 5:15)이라는 느헤미야의 언급은 그가 자신과 동등한 위치에 있는 자들을 가리킨다고 가정할 때 가장 잘 이해된다. (4) 에스라 4:7-23의 편지는 유다가 어느 정도 자치권을 가졌음을 확실히 전제한다. 만일 유다가 사마리아의 지배하에 있었다면 유다의 총독들이 여기에 기록된 것처럼 행동할 필요는 없었을 것이다. (마찬가지로 스 5장에서 닷드내가 직접 유다인들에게 갈 것이 아니라 사마리아 총독에게 갔다고 기록되었어야 한다.) (5) 예루살렘 멸망 이후 유다가 사마리아에 합병되었는지[32] 또는 느헤미야 때에 유다의 정치적 지위에 급진적인 변화가 있었는지에 대한 직접적인 증거는 전혀 없다.

여덟 또는 아홉 명의 유다 총독 이름이 알려져 있는데, 성서에 나오

4 (1991): 113–18.

31 N. Avigad, *Bullae and Seals from a Post-Exilic Judean Archive,* Qedem 4 (Jerusalem: Institute of Archaeology, Hebrew University, 1976). 연도는 고문서 증거와 "총독 엘나단의 *'mt*[부인/관원?]인 슬로밋"을 대상 3:19의 슬로밋(포로기 이후 다윗 왕가; 족보나 인장에 여자의 이름은 흔하지 않기 때문에 그 여인이 관직에 있었다면 이런 연결은 가능하다)과 동일시한 데서 유추되었다; Avigad, *Bullae and Seals*에 대한 A. Lemaire의 서평으로 *Syria* 54 (1977): 129–31을 보라; E. M. Meyers, "The Shelomith Seal and the Judean Restoration: Some Additional Considerations," *EI* 18 (1985): 33–38; idem, "The Persian Period and the Judean Restoration: From Zerubbabel to Nehemiah," in *Ancient Israelite Religion: Essays in Honor of Frank Moore Cross*, ed. P. D. Miller et al. (Philadelphia: Fortress, 1987), 509–21. 다른 총독의 이름들도 라맛 라헬의 봉인에 나온다. 그러나 이것들의 연대가 느헤미야 이전인지에 대한 논란이 아직도 계속된다.

32 특히 다음을 보라. K. G. Hoglund, *Achaemenid Imperial Administration in Syria-Palestine and the Missions of Ezra and Nehemiah,* SBLDS 125 (Atlanta: Scholars Press, 1992), 84–85.

는 세스바살, 스룹바벨, 느헤미야, 관인과 인장에 나오는 엘나단, 예호에제르, 아흐자이,[33] 엘레판틴 파피루스에 나오는 바고히, 동전에 나오는 예히즈키야 등이다.[34] 여기에 아마도 기원전 4세기의 동전에 이름이 새겨진 "제사장 요하난"도 추가해야 할 것이다.[35] 이 동전은 유다의 정치적 성격에 관해 아직까지 풀리지 않는 흥미로운 문제를 제기하였다. 그 동전은 예히즈키야 동전과 동일한 종류이기 때문에 요하난도 예히즈키야와 동일하게 총독(*peḥâ*) 신분이었음을 의미하는 것으로 보인다. 그런데 여기서 "제사장"은 대제사장을 뜻하는가? 이 시기에는 대제사장과 총독의 지위가 통합되었다는 것인가? 단순히 중대한 위기나 전환기에 그가 그런 권한을 부여 받은 것인가? 이처럼 다양한 추론들이 제시되었다(자세한 것은 아래를 보라). 그러나 우리가 정답을 모른다는 사실은 우리가 페르시아 지배의 마지막 세기 동안 유다 역사에 대해 실제적으로 아무것도 알지 못한다는 점을 상기시켜준다.

유다의 정치적 지위에 관련된 나머지 주요 주제는 라트비아 학자 J. P. 바인베르크(J. P. Weinberg)가 1970년대에 발표한 소논문 시리즈에 요약되었다. 이 글들은 처음에는 다소 간과되었으나 포로기 이후 시대

33 참조. Avigad, *Bullae and Seals,* 5–7, 11–13; Y. Aharoni, *Excavations at Ramat Rahel: Seasons 1959 and 1960* (Rome: University of Rome, Centro di Studi Semitici, 1962), 28; idem, *Excavations at Ramat Rahel: Seasons 1961 and 1962* (Rome: University of Rome, Centro di Studi Semitici, 1964), 19, 43.

34 다음을 보라. L. Y. Rahmani, "Silver Coins of the Fourth Century B.C. from Tel Gamma," *IEJ* 21 (1971): 158–60; L. Mildenberg, "*Yehüd*-Münzen," in Weippert, *Palästina,* 719–28.

35 다음을 보라. D. Barag, "A Silver Coin of Yohanan the High Priest and the Coinage of Judea in the Fourth Century B.C.," *INJ* 9 (1986–87): 4–21. Spaer가 학술지 논문에서 소개한 다른 동전에서 "야두아"(Jaddua)란 이름도 여기에 추가할 수 있으나 확실하지는 않다. A. Spaer, "Jaddua the High Priest?" *INJ* 9 (1986–87): 1–3; 그러나 아래 각주 83번을 참조하라.

의 사회과학 방법론적 접근에 대한 관심이 증가되어 나중에서야 알려지게 되었으며, 가장 중요한 글들을 모은 선집이 영어로 번역, 출간되면서 더욱 유명해졌다.[36] 많은 학자들이 관련 영역을 연구할 때 바인베르크의 가설을 기초로 사용하기 때문에 그 가설을 주의 깊게 살펴볼 필요가 있다.

바인베르크 가설의 핵심은 제국 속주인 유다(처음에는 사마리아)와 거기에 살면서 페르시아인으로부터 시민-성전 공동체로서의 특별 지위를 부여 받은 유대인 공동체(이런 조직은 페르시아 제국 다른 지역에서 비슷한 실례가 없다고 간주된다)를 구별해야 한다는 것이다. 그 시대 전반부에 성전을 사회·경제의 중심지로 여기며 살던 이 공동체는 소수집단이었으며, 해안 지역, 예루살렘과 그 주변, 그리고 요르단 골짜기 남부라는 독립된 세 거주지에 흩어져 사는 유다 전체 인구의 20%에 불과했다. 이 공동체는 시민-성전 공동체로서 새롭게 출발하는 단계였지만

36 J. P. Weinberg, *The Citizen-Temple Community,* trans. D. L. Smith-Christopher, JSOTSup 151 (Sheffield: Sheffield Academic Press, 1992). 이 책에는 새로운 글도 포함되어 있다("The Postexilic Citizen-Temple Community: Theory and Reality," 127–38). Weinberg는 그 글에서 이전의 비평에 대한 답을 제시하면서 그의 입장을 요약하고 갱신한다. Smith는 이 책의 서문에서 Weinberg의 연구가 구소련 고대 역사기술의 개괄적인 배경과 관련되어 있음을 밝히고 있다. Smith가 직접 Weinberg의 글을 사용한 것으로는 다음을 보라. D. L. Smith, *The Religion of the Landless: The Social Context of the Babylonian Exile* (Bloomington, Ind.: Meyer-Stone, 1989), 106–26. 이전의 다른 논평으로는 다음을 보라. H. Kreissig, "Eine beachtenswerte Theorie zur Organisation altvorderorientalischer Tempelgemeinden im Achämenidenreich: Zu J. P. Weinbergs 'Bürger-Tempel Gemeinde' in Juda," *Klio* 66 (1984): 35–39; 그리고 보다 긍정적인 평으로는 P.-E. Dion, "The Civic-and-Temple Community of Persian Period Judaea: Neglected Insights from Eastern Europe," *JNES* 50 (1991): 281–87. 최근의 평가는 다음을 보라. J. Blenkinsopp, "Temple and Society in Achaemenid Judah," in *Second Temple Studies,* 1:22–53; P. R. Bedford, "On Models and Texts," in ibid., 154–62; 그리고 R. A. Horsley, "Empire, Temple and Community—but no Bourgeoisie!" in ibid., 163–74.

이미 고레스에게 호의를 입어 바빌론을 떠나 고국으로 돌아가 성전을 재건하도록 승인을 받았다. 고레스는 이집트 정복을 위한 그의 전략적 계획의 일부로서 그 속주 사람들의 충성을 확보하려 했다. 그러나 바인베르크가 추정한 에스라의 귀환 시기인 기원전 458년 이후에 이 공동체는 전체 인구의 약 70%를 차지하게 되었다. 이것은 내적으로 행정 관리 측면에서 상당한 권력을 가져다주었으며, 공동체 일원들은 아닥사스다 1세(Artaxerxes I)로부터 세금도 감면받았다. 후에 공동체가 인구의 많은 부분을 차지하게 되자 대제사장이 시의 총독직도 겸하게 되었다. 그러나 이것은 사적인 연합에 불과했으며, 완전한 융합은 헬레니즘 시대가 되어서야 이루어졌다.

이런 재구성에서 한 가지 중요한 요소는 공동체의 사회경제적 구조다. 바인베르크는 바빌로니아 유수로 인한 혼란의 정도를 강조한다. 포로 귀환에 즈음하여 유대인은 "*bêt 'ābôt*"(조상들의 가문)로 알려진 준집단으로 조직되었다. 이 "조상들의 가문"들은 초기 이스라엘의 이념을 따라 공동체의 땅을 양도 불가능한 소유로 관리하면서, 그 땅을 독립적인 가족들에게 나누어주었다. 그 결과 괄목할 만한 사회적 동질성을 이끌어낼 수 있었다.

이 가설에 따르면 성서 텍스트의 대부분이 정치적으로 더 넓은 유다 속주의 역사를 다루는 것이 아니라 이 공동체의 역사를 다룬다는 결론이 나온다. 스룹바벨과 느헤미야 같은 지도자들은 일반적으로 알려진 것처럼 총독이 아니었고 시민-성전 공동체에게만 공식적으로 지명된 지도자라는 것이다. 따라서 그들의 역할과 정책을 해석할 때 마치 그들이 유프라테스 서쪽의 관할지 내에서 속주 전체에 영향을 미친 것처럼 해석하는 것은 잘못이라는 말이다. 이것은 페르시아 시대의 유다 역사를 이해하는 데 중요한 의미를 갖는다.

문제의 복잡성과 이 문제들이 포로기 이후의 수많은 역사 텍스트에 대한 우리의 해석에 영향을 미친다는 사실 때문에 나는 이것을 별도의 연구 주제로 삼았는데,[37] 여기서는 요지만 간단히 언급하겠다. 첫째, 바인베르크는 포로기 이후 유다의 인구 성장 개요를 통계 분석한 결과를 아주 강조한다. 그는 유대인들이 수적으로 증가 추세에 있는 비주류 민족이었을 뿐임을 발견한다. 그러나 여기에는 몇 가지 문제가 있다. 그는 아무런 증명도 없이 에스라 2장/느헤미야 7장의 "처음에"(느 7:5) 돌아온 자들의 목록이 기원전 458년 에스라 시대에 출현한 시민-성전 공동체의 윤곽을 제공한다고 주장한다. 어떤 학자들은 이 목록의 연대를 느헤미야 때로 보지만 대부분의 학자들은 계속해서 이 목록이 기원전 520-515년의 성전 재건 때의 공동체의 구성원을 반영한다고 본다.[38] 더구나 이 목록이 유배에서 돌아온 자들(가족 연합으로 분류된)과 그 땅에 남았던 자들(거주지로 분류된)을 명백하게 통합한 것은[39] 이 목록이 바인베르크가 제안한 때보다는 그 당시의 유다 주민을 폭넓게 대변하고 있음을 보여준다.

더 나아가 중요한 두 가지 요소가 이 결론을 지지한다. 한편으로 바인베르크는 계속 알트의 가설, 즉 유다가 느헤미야 전에는 독립 속주가

37 "Judah and the Jews," in *Studies in Persian History: Essays in Memory of David M. Lewis*, ed. M. Brosius and A. Kuhrt (Leiden: Nederlands Instituut voor het Nabije Oosten, 1998), 145–63.

38 내가 보기에는 무리가 없는 것 같다. 다음을 보라. Williamson, *Ezra, Nehemiah*, 28–32. Cf. K. Galling, "Die Liste der aus dem Exil Heimgekehrten," in *Studien zur Geschichte Israels im persischen Zeitalter* (Tübingen: Mohr, 1964), 89–108. 목록의 연대를 느헤미야 때로 본 최근의 글은 Blenkinsopp, *Ezra–Nehemiah*, 83이다.

39 참조. S. Japhet, "People and Land in the Restoration Period," in *Das Land Israel in biblischer Zeit*, ed. G. Strecker (Göttingen: Vandenhoeck & Ruprecht, 1983), 103–25.

아니었으며 사마리아의 일부였다는 가설을 따른다. 그것이 옳다면 소수 유대인 집단의 정치적 지위에 대한 질문이 적절할 것이지만 이 가설은 거의 확실히 수용될 수 없음을 우리는 위에서 보았다. 다른 한편으로 바인베르크의 유다 인구 통계는 최근 조사에 비추어 완전히 수정되어야 한다. 어쨌든 그의 접근법은 대단히 추정적이다. 그는 포로기 이전 인구나 유배자의 숫자 등을 토대로 유다 인구가 이십만 명 이상이라고 주장했다. 여기에 대해서는 이미 반론이 제기되고 있다. 왜냐하면 어떤 기사에서도 유다의 인구가 급감했다거나[40] 바빌로니아 정복의 영향이 남은 자들에까지 미쳤다고 언급하지 않기 때문이다. 결과적으로 학자들은 바인베르크가 예측한 수의 10퍼센트 정도를 제안한다. 그러나 최근에 이 모든 문제는 C. E. 카터(C. E. Carter)의 자세한 연구로 확고한 과학적 기반 위에 놓이게 되었다.[41] 카터는 인구 추정 과정에서 흔히 말하는 신고고학의 방법론적 기술의 도움을 받을 수 있었고 유다와 베냐민에 대한 최근 지표조사를 이용할 수 있었다. 그의 연구 결과는 "예후드의 인구는 기원전 6세기 말/5세기 초에 최하 11,000명이었고 5세기 말/4세기 초에는 최고 17,000명에 달했다"는 것이다.[42] 이렇게 숫자가 적은 원인 중 하나는 카터가 셰펠라 평지 오노 골짜기의 비교적 비옥한 지역(로드, 하디드, 그리고 오노)을 제외했기 때문이다. 이 시기의

40 포로기 이후의 국경에 대한 논의로는 다음의 개요를 보라. Lemaire, "Populations et territoires," 36–45; 그리고 C. E. Carter, "The Province of Yehud in the Post-Exilic Period: Soundings in Site Distribution and Demography," in *Second Temple Studies,* 2:106–45, 특히 108–13.

41 Carter, "Province of Yehud." 이 글의 일부는 Carter의 박사학위 논문(Duke University, 1991)으로 나는 직접 읽지는 못했다.

42 Ibid., 108.

문헌자료에 따르면 이 지역들은 속주의 일부였던 것으로 보인다.[43] 이런 요소를 참작해도 바인베르크가 추정한 인구수는 확실히 너무 높다. 이 견해와 위에 제시한 견해를 종합해볼 때 유대인 공동체의 합이 유다 전체 인구의 아주 많은 부분을 차지했다는 것이 명백해진다. 그러므로 그것들 각각의 정치 제도를 별도로 탐구할 필요가 있을지 의문이 든다.

둘째, 바인베르크는 내가 보기에 에스라의 임무가 갖는 본질과 배치되는 귀결을 제안한다. 이 당시에 유대 공동체 전체가 세금을 감면받았다는 그의 제안은 느헤미야 5:4과 완전히 모순되며 또한 스가랴 7:24을 적절히 주석하지 못한 데서 기인한다. 이 구절은 오로지 제의에 관련된 관리(속인이 아닌)에게만 세금을 감면해준 것으로 가장 자연스럽게 이해되며, 다른 사례와 비교해볼 때 이는 아케메네스의 관행과도 유사하다.[44] 더구나 느헤미야가 민간 속주 총독이 아니었다는 제안은 그의 활동 범위와 일치하지 않는다. 또한 사마리아의 산발랏과 같은 근접 속주의 총독에 필적한 그의 교섭 능력과도 일치하지 않으며, 느헤미야의 관할권이 그의 선임자와 같았음을 함축하고 있는 느헤미야 5:14-18과도 일치하지 않는다. 느헤미야의 역할과 구별되는 대안적 권한에 관한 자료가 없기 때문에 그 당시 유다 속주에 행정권이 분리되어 있었다고 볼 여지는 없는 듯하다.

마지막으로, 예루살렘 성전은 바인베르크가 비교한 사회에서처럼

43 이 문제는 본고에서 다루는 기간 내내 논의되었다. 가장 최근의 글로 다음을 보라. J. Sapin, "Sur le statut politique du secteur de Ono à l'époque perse," in *Lectio Difficilior Probabilior? Mélanges offerts à Françoise Smyth-Florentin,* ed. T. Römer (Heidelberg: Wissenschaftliche-theologische Seminar, 1991), 31–44 (나는 이 글을 입수할 수 없었다).

44 참조. Williamson, "Ezra and Nehemiah in the Light of the Texts from Persepolis," 50–54. 나는 스 7:24의 주석을 "Judah and the Jews"에서 더 자세히 다루었다.

경제활동의 구심점 역할을 한 것으로 보이지는 않는다. 사실상 학개, 말라기, 느헤미야 10장과 13장의 증거를 보면 성전은 계속 등한시되었다. 물론 성전은 유다에서뿐 아니라 디아스포라 공동체에게도 점점 더 중요한 이념적 상징이 되었다. 하지만 우리가 아는 한 성전에는 보유할 토지도 주어지지 않았으며, 어떤 형태로도 공동체 일원의 자격으로 재산에 대한 소유권을 주장할 수 없었다.[45]

따라서 유대 공동체와 페르시아의 유다 속주는 인구나 행정면에서 시민-성전 공동체 모델이 제안하는 것보다 훨씬 더 밀접하게 연결되어 있다고 결론내릴 수 있겠다. 그리고 유대 공동체가 그 속주에 살았던 다른 공동체와 다르게 취급되었다는 증거는 그 어디에도 없다. 아케메네스 왕들이 성전에 특별한 관심을 둔 이유는 달리 설명될 것인데, 그것은 극히 제한된 영역에만 해당되었다.

특별한 주제들

포로 시대

지금까지 본장은 여기서 다루어지는 대부분의 기간 동안에 유대 공동체의 본질에 영향을 준 광범위한 역사적 주제에 집중했다. 그러한 논의들은 특정 주제와 사건에 대한 논의의 틀을 마련해주었다. 이러한 주제들을 다룸에 있어 다소 당황스럽게도 우리는 거론할 만한 진전이 거의

45 다음을 보라. Bedford, "On Models and Texts," 156–57.

없음을 발견하게 될 것이다. 여기 제기된 문제들은 이전 연구에서 잘 알려진 것들이며 근본적으로 같은 대답들이 다시 공식화되었다. 그렇다면 이 지점에서도 나는 새로운 제안들이 나온 영역에 집중할 수 있도록 그 문제들을 간략하게 언급하고 지나가는 것으로 만족해야 할 것 같다.

포로 시대 자체에 관해서는 근래에 별다른 변화가 없었다.[46] 문헌 자료가 거의 없고 고고학 증거만 존재할 뿐이다. 예루살렘 남부에 있는 유다의 주요도시(예. 라기스, 아세가, 라맛 라헬, 아라드) 전역은 파괴된 채로 있었지만, 베냐민 영토(벧엘, 기브온, 텔 엘-풀, 그리고 바빌로니아 행정도시였을 것으로 추정되는 미스바)에서 북쪽 지역까지는 지속적으로 주민들이 거주하거나 혹은 도시가 재건립되었다.[47] 예루살렘 자체의 상황은 덜 확실하다. 예루살렘은 점령된 후 확실히 파괴되었다. 그러나 어느 정도의 시간이 지나서 정착이 재개되었는지는 확실치 않다. 비록 이 황폐화된 성전 부지에서 일종의 제사의식이 지속되었다는 증거가 있기

46 이전의 유용한 연구 조사의 예로 다음을 보라. B. Oded, "Judah and the Exile," in *Israelite and Judaean History*, ed. J. H. Hayes and J. M. Miller, OTL (London: SCM; Philadelphia: Westminster, 1977), 435–88; and cf. H. M. Barstad, "On the History and Archaeology of Judah during the Exilic Period: A Reminder," *OLP* 19 (1988): 25–36. 이 글은 현재 다음의 간략한 단행본으로 확대되었다. *The Myth of the Empty Law* (Oslo: Scandinavian University Press, 1996). 지면상의 제한으로 포로기 또는 디아스포라 시대의 유대인 역사를 다루는 것은 불가능하다. 이에 대한 귀중한 글을 다음에서 보라. M. Dandamayev, E. J. Bickerman, E. Bresciani, and B. Porten in *CHJ*, 1:326–400; 또한 포로기 때의 생존 방법에 대한 고무적인 의견으로 다음을 보라. Smith, *Religion of the Landless*. 또한 본서 제8장에서 G. N. Knoppers가 포로기에 대해 논의한다.

47 참조. S. S. Weinberg, *Post-Exilic Palestine: An Archaeological Report* (Jerusalem: Israel Academy of Sciences and Humanities, 1969); A. Mazar, *Archaeology of the Land of the Bible, 10,000–586 B.C.E.* (New York: Doubleday, 1990), 458–60, 548; G. Barkay, "The Iron Age II–III," in *The Archaeology of Ancient Israel*, ed. A. Ben-Tor (New Haven and London: Yale University Press, 1992), 302–73, 특히 372–73.

는 하지만 말이다.[48]

예루살렘에 남았던 자들의 사회 구조와 경제생활을 규명하는 일에도 큰 진전은 없었다. 바빌로니아에 포로로 잡혀간 자들이 대체로 도시 상류층이었다는 점에 대해서는 일반적인 합의가 이루어졌다. 그러나 바빌로니아 제국의 정책에 따라 그 땅을 남겨진 농민 계급에게 재분배했는지 혹은 남겨진 자들이 기회를 타서 주인 없는 땅으로 이주했는지는 알 수 없다. 적어도 페르시아 시대의 정황으로 판단하건대 유다의 남부 지역에는 에돔인들이 들어와 정착한 것 같다. 비록 그런 가능성조차도 과대포장된 것일 수 있지만 말이다.[49]

유다가 바빌로니아에 의해 사마리아 속주로 포섭되었다는 알트의 주장과는 반대로 바빌로니아인들은 표준관행을 따라 지정학상으로 현상 유지를 했을 가능성이 현재 폭넓게 검토되고 있다. 바빌로니아인들이 아시리아인과는 달리 새로운 이방 상류층을 그 땅에 데려오지 않았다는 사실이 그런 가능성을 강화시켜준다. 이 때문에 최근 들어 일부 학자들은 유다 왕국이 봉신 국가로서 계속 명맥을 유지하고 있었으며 일반적으로 알고 있듯이 다윗 왕조가 완전히 무너진 것은 아니라고 추정하게 되었다.[50] 잘 알려진 대로 텔 페케르예에서 발견된 초기 이중 언

48 렘 41:5; 슥 7:1-7을 참조하라. 이런 포로기 제의의 일부 요소들이 예를 들면 예레미야애가나 시편에 남아 있었던 것 같다. 나는 느 9장과 사 63:7-64:12이 유사한 배경을 공유한다고 제안했다. 참조. H. G. M. Williamson, "Structure and Historiography in Nehemiah 9," in *Proceedings of the Ninth World Congress of Jewish Studies: Panel Sessions: Bible Studies and Ancient Near East,* ed. D. Assaf (Jerusalem: Magnes, 1988), 117-31; idem, "Isaiah 63,7-64,11: Exilic Lament or Post-Exilic Protest?" *ZAW* 102 (1990): 48-58.

49 참조. J. R. Bartlett, *Edom and the Edomites,* JSOTSup 77 (Sheffield: Sheffield Academic Press, 1989), 147-61.

50 다음을 보라. P. Sacchi, "L'esilio e la fine della monarchia Davidica," *Henoch* 11 (1989):

어 비문은 제국의 "총독"으로 임명된 자는 지방 식민지에서는 합법적으로 "왕"으로 표현될 수 있음을 보여준다.[51] 페르시아 시대 동안 서부 도시국가들(예. 페니키아의 여러 도시, 키프로스, 킬리키아)도 비슷한 형세를 보여준다. 이와 같은 상황을 바빌로니아 시대 유다의 그달리야[52] 그리고 페르시아 시대 초기의 스룹바벨과 엘나단(아마도 다윗 혈통인 슬로밋의 남편)에게까지 적용할 수 있지 않겠는가?[53] 만일 그렇다면 이런 상황은 포로 시대 내내 지속되었는가? 그런 견해가 학개서와 스가랴서에 나오는 스룹바벨에 대한 구절을 해석하는 데 도움이 되는가? 다른 문헌이 발견되지 않은 한 그러한 가능성들은 난감한 추론으로만 남을 뿐이다.

페르시아 시대

페르시아의 유다 통치 초기와 관련해서도 몇 가지 중요한 문제가 제기되었는데, 그러한 주제들은 매 시기마다 반복적으로 등장한다고 할 수

131–48; F. Bianchi, "Le rôle de Zorobabel et de la dynastie davidique en Judée du VIe siècle au IIe siècle av. J.-C.," *Trans* 7 (1994): 153–65.

51 참조. A. Abou-Assaf et al., *La statue de Tell Fekherye et son inscription bilingue assyro-araméenne* (Paris: Éditions recherche sur les civilisations, 1982), 특히 62 그리고 111–12.

52 참조. P. R. Ackroyd, *The Chronicler in His Age,* JSOTSup 101 (Sheffield: Sheffield Academic Press, 1991), 91–92; Miller and Hayes, *History,* 421–24.

53 참조. A. Lemaire, "Zorobabel et la Judée à la lumière de l'épigraphie (fin du VIe S. av. J.-C.)," *RB* 103 (1996): 48–57. 또한 Lemaire는 Avigad의 관인 중 하나에서 *yhwd/hnnh*을 발견한다. 그래서 스룹바벨의 뒤를 그의 아들 하나냐(대상 3:19)가 계승한 것은 아닌가 하는 의구심을 갖는다.

있다. 일차 자료의 진정성에 관한 문제나 유다의 국가적 위상에 관한 문제는 앞에서 언급한 것처럼 약간의 진보를 이루었다. 세스바살이 누구인지는 불확실한데, 그를 역대상 3:18의 세낫살과 동일시하여 다윗의 후손으로 간주하는 것은 전혀 개연성이 없다.[54] 어떤 학자들은 에스라서의 편집자가 세스바살을 스룹바벨과 동일시했다고 주장하는데 이러한 견해는 이미 요세푸스에게서도 찾아볼 수 있다.[55] 하지만 에스라 5:14을 수용한다 해도 그러한 견해는 역사적으로 개연성이 없다. 마찬가지로 스룹바벨의 예루살렘 귀환 연대에 대해서도 논쟁의 여지가 있다. 에스라 3장은 스룹바벨이 고레스 통치 기간에 귀환했음을 암시하는데, 세스바살과 그의 관계에 대해서는 언급이 없다. 하지만 이미 오래전부터 지적되었듯이, 텍스트에 기록된 그의 활동들은 다리우스 통치 초기의 정황과 좀 더 잘 들어맞는다. 따라서 대부분의 학자들은 그의 귀환 시기를 다리우스 초기로 본다. 나는 주석서를 통해 에스라 3장 전체의 구성을 면밀히 분석하여 절충안을 제시했다.[56] 만일 에스라 4:4-5을 "요약적 언급"으로, 다시 말해 새로운 내용을 전개하는 것이 아니라 이전 단락을 재진술하는 것으로 이해한다면, 에스라 3:1-6의 제단 건축 기사와 성전 건축 개시를 묘사한 3:7-4:3은 서로 다른 시기

54 다음을 보라. P.-R. Berger, "Zu den Namen ששבצר und שנאצר," *ZAW* 83 (1971): 98–100; P.-E. Dion, "ששבצר and ססנורי," *ZAW* 95 (1983): 111–12. 나의 생각에 스 1:8에서 그를 "유다 총독"(prince of Judah)으로 칭한 것은 저자가 "두 번째 출애굽" 유비에 근거한 것으로 이해해야 한다. 그러므로 그의 정체에 대해서는 역사적 정보가 없다. 다음을 참고하라. Williamson, *Ezra, Nehemiah,* 17–19.

55 예를 들어 M. Saebø, "The Relation of Sheshbazzar and Zerubbabel—Reconsidered," *SEÅ* 54 (1989): 168–77; J. Lust, "The Identification of Zerubbabel with Sheshbassar," *ETL* 63 (1987): 90–95.

56 *Ezra, Nehemiah,* 43–45.

의 것으로, 다시 말해 제단 건축 기사는 고레스 시대, 성전 건축은 다리우스 시대의 것으로 보아야 한다는 결론이 나온다. 하지만 이러한 제안은 이렇다 할 지지를 얻지 못했다.[57] 이 부분에서는 별다른 진전을 보지 못한 것 같다.

위에서 내가 시민-성전 공동체 가설을 거부한 것과 관련하여, 바빌로니아에서 귀환한 자들과 유다 땅에 남아 있던 자들 사이의 관계 문제를 되짚어볼 필요가 있다. 최근에는 몇 가지 요소에 대한 검토를 통해 두 그룹 간에 지금까지 생각되어왔던 것만큼의 긴장관계가 존재하지 않았다는 주장이 제기되고 있다. 성전 건축 시기의 것으로 추정되는 에스라 2장의 목록에서 두 그룹이 서로 긴밀하게 연결되어 있음이 텍스트상으로 증명될 뿐만 아니라,[58] 포로 시대의 제의가 공동체 전체의 종교적 유산으로 통합되었으며, 동시대의 텍스트인 학개서와 스가랴 1-8장에 그들 간의 불화를 보여주는 흔적이 전혀 발견되지 않는다는 점 등이 그러한 주장을 지지한다.[59] 여기에 당시 두 공동체 간의 주된 분쟁 요인으로 알려진 토지 소유권 문제에 관한 K. 호그룬트의 견해도 덧붙일 수 있을 것이다. 그는 이 지역에 대한 발굴 작업의 결과를 요약하면서, 인접 지역과는 대조적으로 유다에서는 페르시아 시대의 출범과 함

57 예로 다음을 보라. Halpern, "Historiographic Commentary on Ezra 1–6." Halpern의 결론은 이전의 Japhet의 귀중한 연구의 결론과 비교될 수 있다. S. Japhet, "Sheshbazzar and Zerubbabel—against the Background of the Historical and Religious Tendencies of Ezra–Nehemiah," *ZAW* 94 (1982): 66–98.

58 다음을 보라. Japhet, "Temple and Land."

59 다음을 보라. H. G. M. Williamson, "Concept of Israel in Transition," in *The World of Ancient Israel: Sociological, Anthropological, and Political Perspectives,* ed. R. E. Clements (Cambridge: Cambridge University Press, 1989), 141–61; B. Schramm, *The Opponents of Third Isaiah: Reconstructing the Cultic History of the Restoration,* JSOTSup 193 (Sheffield: Sheffield Academic Press, 1995), 62–64.

께 정착지의 숫자가 현저히 늘어났으며 철기 시대 제2기까지만 해도 전체 정착지의 65퍼센트 정도는 사람이 살지 않았다는 점을 제시한다. 그는 이것이 지역 인구변화에 있어 포로귀환만큼이나 큰 영향을 끼쳤던 페르시아 제국의 전원화(ruralization) 정책의 결과라고 설명한다. 그는 "어떤 집단도 가족이나 부족의 소유지라는 개념에 근거하여 토지 소유권을 주장하지 않았다. **토지 소유권을 놓고 유배자들과 '남은 자들' 사이에 계급 싸움이 있었다는 전제는 페르시아 시대의 도시 형태 증거에 맞지 않는다**"라고 결론지었다.[60]

그렇다면 에스라 1-6장에 묘사된 불화를 어떻게 설명할 것인가? 여기서 자료비평과 편집비평 연구의 중요성이 명백히 드러난다.[61] 에스라 4:1-3은 후대 편집자가 첨가한 부분이지만, 그 구절이 믿을 만한 자료에 근거를 두었다는 분명한 증거가 있다.[62] 확실히 그 단락은 현재 사마리아 속주가 된 과거의 북왕국 이스라엘 거민들이 성전 건축자들에게 다가갔다가 거부당하는 모습을 기록하고 있다. 편집자는 실제 사건이 일어난 지 2세기가 지난 후, 속주 관리들 간의 기나긴 논쟁의 역사를 염두에 두고서 그 집단을 "유다와 베냐민의 원수"(스 4:1)라고 불렀으며 이어서 그들을 암 하아레츠(*'am hā'āreṣ*), 다시 말해 "그 땅의 백성"이라 불렀다. (이와는 대조적으로 동시대 예언자인 학개와 스가랴는 여전히 포로기 이전의 용례에 따라 유대 공동체를 가리키는 데 이 용어를 사용한다는 점에 유의하라[참조. 학 2:4; 슥 7:5].)[63] 우리는 이러한 사실을 근거로

60 K. Hoglund, "The Achaemenid Context," in *Second Temple Studies,* 1:54–72.

61 다음을 보라. Williamson, "Composition of Ezra i–vi," 1–30; see also idem, *Ezra, Nehemiah,* ad loc.; Halpern, "Historiographic Commentary on Ezra 1–6," 81–142.

62 다음을 보라. Williamson, *Ezra, Nehemiah,* 49–50.

63 참조. A. H. J. Gunneweg, "עם הארץ—A Semantic Revolution," *ZAW* 95 (1983): 437–

편집자가 에스라 3:3에서 동일한 용어를 사용한 배경을 해석해야 할 것이다. 이 구절도 에스라 4:1-3과 마찬가지로 편집자가 첨가한 부분인데, 에스라 3:3에 대해서는 4:1-3에 비해 증거 자료가 적은 편이다. 에스라 3:3에서는 이 어구가 복수형인 "그 땅의 백성들"로 사용되었는데, 그들은 유대인들에게 겁을 주어 성전을 곧바로 건축하지 못하도록 방해한 자들이었다. 그렇다면 이것은 성전 건축의 지연에 대한 후대의 해명(외부의 반대: 이는 학개서의 설명과는 대조적임)으로 볼 수 있으며, 당시 유다 내에 심각한 내분이 있었다는 증거는 발견되지 않는다고 할 수 있다.

다음 단계는 에스라와 느헤미야의 사역과 연관된 것인데, 이에 대해서 우리는 문서상의 증거를 가지고 있다. 물론 여기에는 두 인물의 등장 순서에 관한 유명한 난제가 자리 잡고 있다. 본장에서 다루는 기간 중에는 대다수의 학자가 성서 텍스트에 암시된 전통적 순서를 지지하는 경향을 보이지만,[64] 에스라의 후기 연대설(기원전 398년, 아닥사스다 2세의 재위 7년)을 지지하는 학자도 있다.[65] 에스라의 중도적 연대설(기원전 428년)은 아예 고려할 가치가 없는 것으로 여겨졌다. 최근까지도 새로운 증거는 거의 발견되지 않고 있으며, 다른 영역에서도 동일한 논의가 되풀이되고 있기 때문에 본장에서 이 문제를 다루는 것은 큰 의미가 없을 듯하다.[66]

40.

64 이 당시 이후 모든 주요 주석서도 마찬가지다. 예를 들면 Blenkinsopp, Clines, Fensham, Gunneweg, Kidner, Williamson, Yamauchi.

65 다음을 보라. Miller and Hayes, *History,* 468–69; Ahlström, *History,* 862–88; 그리고 최근의 글인 A. Lemaire, "La fin de la première période perse en Égypte et la chronologie judéenne vers 400 av. J.-C.," *Trans* 9 (1995): 51–61.

66 예로 다음을 보라. E. M. Yamauchi, "The Reverse Order of Ezra/Nehemiah

역사가가 해결할 중요한 직무 중 하나는 일차 자료의 진정성을 확정하는 것이다. 느헤미야와 관련하여 학자들은 일반적으로 느헤미야서에 등장하는 1인칭 자료가 자신의 활동에 대한 느헤미야의 자전적 기록에 근거한 것이라고 인정한다. 따라서 그 자료는 최우선적 중요성을 갖는다.

이 확신은 최근에 두 방향에서 약간 수정되었다. 첫째, D. J. A. 클라인즈(D. J. A. Clines)는 세밀한 문학 분석("저자 겸 해설자의 내러티브")이 일견 텍스트에 관한 역사적 세부사항으로 보이는 많은 점들에 대해 어느 정도까지 근본적인 의문을 제기할 수 있는지를 강조했다.[67] 이것은 대단히 흥미로우면서도 교훈적인 주장인데, 이를 통해 우리는 느헤미야의 글 속에도 어느 정도는 그의 고유한 성향들(axes)이 작용하고 있으며 텍스트를 해석할 때 그러한 사실을 참작해야 한다는 점을 기억하게 된다. 그러나 이것으로 인해 텍스트 전체가 역사 소설로 변하는 것도 아니며, 클라인즈가 그렇게 주장하는 것도 아니다.[68] 사실은 내가 다

Reconsidered," *Themelios* 5 (1980): 7–13; Grabbe, *Judaism*, 88–93. Grabbe는 만약 에스라 자료가 대부분 역사적이 아니라면 여러 논의는 그 효력을 잃게 된다고 정확히 관찰하였다. 나는 설명과 결론을 포함한 비슷한 연구 조사를 *Ezra and Nehemiah*, 55–69에 제시했다. 에스라의 임무를 아케메네스가 서부의 방해(이집트, 그리스 또는 일반적인 사회의 불안으로 인한 것이든)에도 불구하고 유다의 충성심을 기대했던 것과 연결하려 한 점은 둘 중 하나의 주된 연대를 지지하고 나머지는 무효로 하는 데 쓰일 수 있다. 다음과 대조하라. O. Margalith, "The Political Role of Ezra as Persian Governor," *ZAW* 98 (1986): 110–12 (그러나 에스라가 총독으로 예루살렘에 보내졌다는 증거는 없음을 주목하라).

67 D. J. A. Clines, "The Nehemiah Memoir: The Perils of Autobiography," in *What Does Eve Do to Help? and Other Readerly Questions to the Old Testament*, JSOTSup 94 (Sheffield: Sheffield Academic Press, 1990), 124–64.

68 실제로 그는 글의 결론에서 그의 분석 의도는 "문서의 문학성과 문서 연구에 있어 독자의 역할을 엄격히 고려하는 것이 **역사가에게** 반드시 유익하다는 것을 보여주는 데" 있었다고 단언한다(강조는 덧붙여진 것임).

른 글에서 주장한 것처럼, 느헤미야가 자신이 성취했다고 주장한 모든 것들에 대해 우리는 느헤미야서의 3인칭 자료에서도 평행구절을 발견할 수 있는데, 이 자료에서는 동일한 성과들이 제사장의 지도하에 공동체 전체에 의해 수행된 것으로 묘사된다.[69] 이러한 고찰을 통해 우리는 한편으로 내러티브의 일반적인 역사적 표류현상을, 다른 한편으로 느헤미야 자신의 편견을 감지할 수 있다. 둘째, 보다 급진적인 노선을 취한 호그룬트(Hoglund)는 에스케나지를 따라 이와 같은 1인칭 내러티브에서 3인칭 내러티브로의 전환이 "별개의 자료를 사용했음을 보여주는 표지가 아니라" 오히려 "전개되는 드라마 속으로 독자를 끌어들이기 위한 내레이터의 의도적인 문학적 장치"라고 주장하였다. 호그룬트는 느헤미야서의 기사들이 자료에 기반을 둔 것이 아니라고 주장하는 것이 아니라, 다만 느헤미야의 1인칭 기사를 재구성하기 위해 현존하는 텍스트를 사용하는 것이 불가능하다고 주장하는 것뿐이다.[70] 나는 이런 결론에 개연성이 없다고 생각하는데,[71] 설사 그런 결론이 정당화된다 하더라도 느헤미야를 역사의 영역에서 배제할 수는 없다.

에스라의 경우는 상황이 좀 더 복잡하며 여전히 다양한 견해들이

69 H. G. M. Williamson, "Post-Exilic Historiography," in *The Future of Biblical Studies: The Hebrew Scriptures*, ed. R. E. Friedman and H. G. M. Williamson, Semeia Studies (Atlanta: Scholars Press, 1987), 189–207, 특히 192–98; idem, *Ezra, Nehemiah*, xxxii–xxxiii.

70 Hoglund, *Achaemenid Imperial Administration*, 46; following T. C. Eskenazi, *In an Age of Prose: A Literary Approach to Ezra–Nehemiah*, SBLMS 36 (Atlanta: Scholars Press, 1988), 129–35. 최근에 J. Becker는 그 글이 단순히 역대기 사가의 조작이라고 제안하기에 이르렀다. 다음을 참조하라: *Der Ich-Bericht des Nehemiabuches als chronistische Gestaltung*, FB 87 (Würzburg: Echter Verlag, 1998).

71 다음을 보라. Tollefson and Williamson, "Nehemiah as Cultural Revitalization," 41–68.

첨예하게 대립하고 있다. G. 가르비니(G. Garbini)는 에스라가 실존 인물이 아니었다는 가설을 다시 들고 나왔다.[72] 그래비는 에스라를 실존 인물로 인정은 하지만, 신뢰할 만한 자료의 부족으로 인해 우리가 실제로 에스라와 그의 글에 대해서 알 수 있는 것은 아무것도 없다고 주장한다.[73] 군네벡은 아닥사스다의 칙령(스 7:12-26, 에스라와 관련하여 가장 중요한 자료)은 공신력 있는 자료는 아니지만, 그럼에도 지방 종교에 대한 페르시아의 정책들과 관련하여 상당히 건설적인 측면들을 반영한다고 생각한다.[74] 다른 많은 학자들도 정도의 차이는 있지만 이 칙령과 보다 광범위한 "에스라 회고록"(스 7-10장; 느 8장)의 진정성을 고수하고 있다.

이 주제를 포괄적으로 다루는 것은 본장의 범위를 벗어나는 일이기 때문에, 여기서는 최근의 비평적인 주장에 의해 전복되지 않을 만한 비교적 보수적인 결론을 지지하는 몇 가지 요점들만을 제시하고자 한다. (1) 문체를 근거로 한 이전의 주장들, 예를 들어 에스라 자료의 저자는 역대기 사가와 구분되지 않는다는 주장은 최근의 연구 결과에 비추어 볼 때 타당하지 않은 것으로 드러난다. 발견된 대부분의 유사점은 후기 성서 히브리어의 일반적인 특징에 불과하며, 보다 의미심장한 것은 유사점이 아니라 차이점이다. (2) 아닥사스다의 칙령이 에스라 기사의 나머지 부분과 어떤 관계를 갖는지 주목할 필요가 있다. 칙령의 몇 가지

72 G. Garbini, *History and Ideology in Ancient Israel,* trans. J. Bowden (London: SCM; New York: Crossroad, 1988), 151–69.

73 L. L. Grabbe, "What Was Ezra's Mission?" in *Second Temple Studies,* 2:286–99 (이 글 또한 에스라 임무의 목적에 대해 연구한 유용한 글이다); 다음을 참조하라. Idem, *Judaism,* 94–98.

74 *Esra,* 129–43.

요소들, 예를 들어 귀환 자원자들의 인솔과정, 선물 수송과 같은 주제들은 주의 깊게 그리고 정확한 절차에 따라 세밀하게 묘사되었는데(예. 8:1-14, 24-30, 33-34), 그것은 이미 존재하던 문서에 기반을 두었을 가능성이 있다. 하지만 칙령의 어떤 부분은 실제로 수행되었다는 암시를 발견할 수 없다(특히 7:25-26). 따라서 그 문서를 칙령에 대한 "미드라쉬"로 보기는 어렵다.[75] 왜냐하면 만일 그 내러티브가 오로지 칙령의 텍스트만을 바탕으로 했거나 혹은 칙령과 내러티브가 모두 동일한 내레이터의 손으로 기록되었다면, 두 텍스트 간에 보다 많은 공통점이 발견될 것이라고 기대할 수 있기 때문이다. (3) 그와 병행하여 지명들(8:15, 17), 물품 목록(8:26-27), 특이한 지역적 상황(10:9, 13), 여행 준비 과정에서 예상치 못하게 발생한 사건(8:15 이하) 등 많은 세세한 묘사들이 발견된다. 이와 같은 묘사들은 확실히 칙령에 근거한 것은 아니며, 역사에 대한 기억 외에는 명백한 기원을 찾을 수 없다. 더 나아가 느헤미야 8장이 원래 에스라 8장과 9장 사이에 있었다는 주장이 옳다면, 편집자가 신학적 이유로 그것을 현 위치로 옮겼을 때는 분명히 이전 자료를 가지고 작업을 했었을 것이다. (4) 3인칭에서 1인칭 내러티브로의 전환은 편집자가 이전 1인칭 기사를 부분적으로 다시 썼기 때문으로 보면 가장 자연스럽게 설명된다. 특히 내가 다른 기고문에서 주장한 것처럼, 이런 해석이 상기의 과정에 대해 언급하는 도입 문단(7:1-10)에 일종의 긴장감을 형성하는데, 텍스트의 이런 특징에 대한 대안적인 설명들은

75 예를 들어 다음도 마찬가지다. W. T. in der Smitten, *Esra: Quellen, Überlieferung und Geschichte,* SSN 15 (Assen: Van Gorcum, 1973), 궁극적으로 Noth의 다음 글을 따랐다 M. Noth, Überlieferungsgeschichtliche Studien, vol. 1 (Halle: Niemeyer, 1943), 145–48 (영역본: *The Chronicler's History,* trans. H. G. M. Williamson, JSOTSup 50 [Sheffield: Sheffield Academic Press, 1987], 62–65).

설득력이 없다.[76]

따라서 나는 이에 대해 제기되는 다양한 반대의견들에도 불구하고 다음과 같은 견해를 고수한다. 에스라서 자료는 에스라의 첫해 사역에 대한 1인칭 보고를 근거로 했다고 볼 때 가장 잘 이해되며(느 8장이 원래 스 8장과 9장 사이에 위치했던 것으로 본다면, 모든 날짜가 일 년 주기에 자연스럽게 들어맞는다), 에스라는 이 보고를 통해 자신에게 주어진 임무를 성공적으로(그러나 완전하지는 않게) 시작했음을 보여주려 했다는 것이다.[77] 이런 편집 활동에 대한 정당한 평가가 이루어질 때 이 자료가 역사적 목적을 위해 알맞게 사용될 수 있다.

에스라와 느헤미야의 임무에 대한 역사적 해석에 대하여 최근에 호그룬트가 가장 고무적인 제안을 새롭게 내놓았다.[78] 그는 일반적인 접근보다 훨씬 더 통합된 방법으로 그들의 임무를 5세기 중엽 페르시아 제국의 정책이라는 폭 넓은 배경에서 보고자 했다. 일반적인 접근법에서는 위 사건의 배경이 메가비조스(Megabyzos)의 반란과 관련하여 속주들의 충성심에 대한 보상으로, 혹은 충성심을 공고히 하기 위해 취해진 조치였다고 추정한다. 사실 호그룬트는 그리스 역사 자료를 검토한 결과 그런 반란이 있었다는 주장을 (논쟁의 여지가 있기는 하지만) 부인하게 되었다. 대신 그는 당시 제국에 위협이 되었던 요소는 그리스가 이집트의 반란을 지지한 사실이었다고 주장한다. 그 반란은 실제적으로는 레반트 연안을 포함한 동지중해 전역의 패권다툼으로 발전했다.

76 다음을 보라. Williamson, *Ezra, Nehemiah,* 89–91 and 145–49.

77 칙령 자체의 기한은 어떤 학자들이 가정하는 만큼 불가능하지는 않다. 다음을 참조하라. Williamson, "Ezra and Nehemiah in the Light of the Texts from Persepolis"; 그리고 idem, *Ezra, Nehemiah,* 97–105.

78 *Achaemenid Imperial Administration,* 그리고 더 간단한 글인 "Achaemenid Context."

그 지역에서 페르시아의 주도권에 대한 맹렬한 도전으로 인해 페르시아는 군사행정 정책에 변화를 줌으로써 제국의 지배력을 더욱 강화시키고자 했다. 호그룬트는 이런 주장을 지지하는 주요한 고고학적 증거로 "5세기 중엽으로 특정되는 독창적인 요새 형태를 보여주는 광범위한 유적들"을 들고 있는데, 이런 요새들은 통신로를 감시하기 위해 눈에 잘 띄는 고지대에 위치해 있었다. 이 요새들에는 제국의 수비대가 주둔하고 있었기 때문에, 그 요새들은 "레반트 지역의 대소사를 강력하게 통제하기 위해 아케메네스 제국이 남긴 지워지지 않는 지문"이라고 볼 수 있다.[79]

느헤미야의 역할은 이 상황에 잘 들어맞는다. 예루살렘의 재요새화(성벽뿐 아니라 수비대 사령관[7:2]과 요새[2:8]까지 갖춘)는 그 당시 도심의 특징은 아니었다. 그러므로 이는 정책의 급변화(아닥사스다 통치 초기인 스 4:7-23의 상황과 대조적으로), 즉 예루살렘이 이제 군사 정책의 일부로서 방어 중심지가 되었다는 것을 의미함에 틀림없다. 느헤미야 5장의 경제 개혁 역시 이런 상황에 부합한다. 제국 수비군은 지방민의 도움을 받아야 했기 때문에 새로운 정책을 통해 그 지역의 침체된 경제에 상당한 압박을 가할 필요가 있었을 것이다. 이처럼 느헤미야의 개혁은 이런 상황을 완화시키고 공동체 전체가 늘어난 책임을 잘 감당하도록 의도되었다.

호그룬트의 견해에 따르면, 잡혼 문제를 느헤미야와 에스라 두 사람 모두 언급했다는 점은 이것이 흔히 생각되는 것처럼 개인적인 관심사나 분파적 열심과 관련된 것이 아니라 이 문제가 제국의 관리로서 그

79 *Achaemenid Imperial Administration*, 243.

들에게 주어진 역할을 충실히 수행하는 과정의 일부였다는 점을 보여준다. 이로 인해 호그룬트는 에스라의 임무를 재고하게 되었다. 여기서 그는 특별히 두 가지 제안을 내놓는다. 첫째, 법률 제도를 재정비한 것은 제국 중심지와 속주 사이의 관계가 발전되고 있을 때 속주에 대한 제국의 통제를 강화하기 위한 장치로 해석된다. 다시 말해 그리스의 간섭으로 레반트가 받은 위협이 법률 재정비의 실질적인 동기인 것 같다. 둘째, 결혼 문제는 영토 보유권과 밀접하게 관련된 것으로 보인다. 유대 공동체가 (정복된 모든 속주의 영토는 궁극적으로 제국의 소유로 간주되므로) 그들의 땅을 속주민의 자격으로 (소유가 아니라) 보유하고 있었다면, 식민지 각 지역에 대한 지배력의 정도가 민감한 사안으로 대두될 때 공동체 구성원의 자격을 재정의하는 일이 필요했을 수도 있다.

위와 같은 주장을 펼치는 호그룬트도 물론 주어진 텍스트가 명백하게 신학적인 다른 목적으로 기록되었다는 사실을 모르지 않는다. 그는 이 제국적 동기들이 기사의 표면에 가시적으로 드러난다고 주장하는 것이 아니다. 그의 요지는 그 동기들을 역사적으로 이해하기 위해서는 그것들을 성서 저자 자신이 요청했던 것보다 더 넓은 배경에서 다루어야 한다는 것이다. 이것은 타당한 주장이며, 이 개혁가들의 다양한 활동을 고려한 일관성 있는 해석을 내놓으려 한 그의 시도는 칭찬할 만하다. 물론 완전한 평가를 위해서는 앞으로도 더 많은 시간이 필요할 것이다. 예를 들어 동일한 시대의 유적지들에 대해 그것들이 (버려진 시기보다는) 건설된 연대를 추정하기가 특히 더 어렵다는 점을 생각할 때, 그가 추정한 요새의 특징적 형태에 부여한 연대는 얼마나 믿을 만한가? 속주민에 대한 아케메네스의 정책에 대한 그의 주장은 바빌로니아와 같은 다른 제국의 관행과 비교할 때 어느 정도 일치하는가? 고전학자들은 크테시아스(Ctesias of Cnidus)에 대한 호그룬트의 거부적인 취급과 메가비조스의 반란에 대한 그의 설명에 어떻게 응수할 것인가? 그리고 특히 잡혼 문제에 대한 그의 설명은 얼마나 신빙성이 있는가? "공동체의 사적인 문제를 제국의 목표에 연결시킴으로써 제국의 시스템에 대한 충성을 강요하는 노력"의 일부로서 잡혼 문제를 다루려는 시도에는 좀 더 증거가 필요한 것으로 보인다.[80] 확실히 호그룬트는 우리에게 주어진 텍스트에 관해서, 그리고 서로 이질적인 방대한 자료들을 다루어야 하는 주제인 제국의 포괄적인 전략에 관해서 더 깊은 연구를 위한 길을 열어놓았다. 한편 느헤미야의 임무에 대해 어떻게 생각하든지 간에, 여전히 에스라의 관심사가 유대교의 율법과 제의에 제한된 것으로 보는 전통적인 설명을 선호하는 학자들이 있음을 주목해야 한다.[81]

이미 지적했듯이 기원전 4세기 유다의 역사에 대해 실제적으로 우리는 아무것도 알지 못한다. 연속적인 내러티브가 존재하지 않는 상황에서 가장 큰 문제는 그처럼 산발적인 정보들을 끼워 맞출 틀이 우리에게 없다는 점이다. 결국 자료의 연대 추정과 같은 기본적인 문제조차 논쟁이 되고 있다

이것은 이 시대에 관련된 흔치 않은 문헌 중 하나인—한참 후대의 작품인—요세푸스의 『유대고대사』(*Jewish Antiquities*)에서 가장 잘 드러난다. 요세푸스는 그 책에서 대제사장 요안네스가 그의 형제 예수를 성

80 Ibid., 244. 에스라와 느헤미야가 추구한 잡혼에 대한 아주 엄격한 정책은 대개 공동체 모든 일원에게 공유되지 않았음을 주목해야 한다. 그다음 세기의 역대기 사가는 보다 개방적인 태도를 보인다. 룻기와 요나서와 같은 책들은 우리가 예상하듯이 유대인과 그 인접국의 관계에 대한 전체적 질문이 페르시아 시대에 활발한 논쟁 주제였을 것임을 보여주는지도 모른다.

81 참조. J. Blenkinsopp, "The Mission of Udjahorresnet and Those of Ezra and Nehemiah," *JBL* 106 (1987): 409–21; Williamson, "Concept of Israel in Transition"; idem, *Ezra and Nehemiah*, 69–76.

전에서 어떻게 살해했는지, 그리고 결과적으로 페르시아 관원인 바고세스가 어떻게 매일 제사에 세금을 부과했는지 기록했다(11.7.1 §§297-301). 1977년에 나는 다른 글에서 요세푸스의 일상적인 편집 과정(여기서도 일례를 볼 수 있는 것처럼)을 기초로 이 기사는 믿을 만한 이전 자료를 바탕으로 한 것임에 틀림없음을 보여주고자 했다. 둘째, 요세푸스 자신의 연대 추정은 신뢰할 수 없는 것으로 나타났다. 그는 아케메네스 왕조의 실제 기간을 알지 못했기 때문에 그 기간을 두 세대만큼 축소시켰다. 한마디로 아닥사스다 2세와 3세 그리고 다리우스 2세와 3세가 동일인물로 간주되었다는 것이다. 따라서 나는 요세푸스의 저작에서 발견되는 증거들을 독립시켜서, 이전의 여러 학자들이 생각했듯이 그 이야기의 연대는 아닥사스다 3세의 통치 때로 봐야 하며, 바고세스는 고전 자료에서 페르시아 장군으로 알려진 바고아스로 봐야 한다고 주장했다.[82] 학자들은 이 결론을 지지하는 증거로 "제사장 요하난" 동전을 제시하는데, D. 바락(D. Barag)은 이 동전의 연대를 4세기 중엽으로 보았다. 그 당시에 그 이름(그리스어로 요안네스)을 가진 대제사장이 있었다고 알려졌기 때문이다.[83]

82 다음을 보라. H. G. M. Williamson, "The Historical Value of Josephus' *Jewish Antiquities* XI 297–301," *JTS*, n.s., 28 (1977): 49–66.

83 Barag, "Silver Coin"; 다음도 보라. Idem, "Some Notes on a Silver Coin of Yohanan the High Priest," *BA* 48 (1985): 166–68; idem, "Bagoas and the Coinage of Judea," in *Proceedings of the XIth International Numismatic Congress,* vol. 1, ed. T. Hackens and G. Moucharte (Louvaine-la-Neuve: Association Professeur Marcel Hoc, 1993), 261–65. Barag은 그 사건을 유다인이 연루된 테네스(Tennes) 반란과 연결시킨다. 이것에 대해서는 그가 이전에 따로 주장했다; 참조. "The Effects of the Tennes Rebellion on Palestine," *BASOR* 183 (1966): 6–12. 그러나 이에 대한 증거는 미심쩍고 대개 지지를 받지 못했다. Barag의 동전 연대에 의문을 제기한 학자들도 있음을 주목해야 한다. 예를 들어 J. W. Betlyon, "The Provincial Government of Persian Period Judah and the Yehud Coins," *JBL* 105 (1986): 633–42.

요세푸스의 자료 이용에 대한 설명과 그가 페르시아 제국 마지막 세기의 연대를 혼동했다는 주장은 널리 수용된 반면, 이 사건에 대한 구체적인 연대의 제안은 수용되지 못했다. 엘레판틴 파피루스 하나는 기원전 408년(아닥사스다 2세 치하)에 대제사장 요하난과 바고히라는 총독이 예루살렘이 있었다고 기록한다. 이 파피루스를 근거로 최근 몇몇 연구에서는 이 사건의 연대로 5세기 후반을 지지했다. 이것은 그 자체로 20세기 중반에 가장 인기를 얻었던 연대 추정이었다.[84]

지금 그 논쟁을 재개할 필요는 없다. 요점은 우리가 어떤 특정 사건에 대해 신뢰할 만한 정보를 가지고 있음이 거의 분명하다 해도, 그 사건이 언제 발생했는지에 대해서 확신할 수 있는 것은 아니라는 말이다. 언급된 모든 학자들이 동의하듯이, 두 연대 모두 가능하다. 대부분의 의견 차이는 어느 정도의 개연성을 부여하는지에 달려 있다. 역사가에게 이것은 실망스런 상황이다. 연대를 확신할 수 있다면 중요한 여러 문제들, 예를 들어 제사장의 정치적 역할, 당대의 정책에 대한 예루살렘에서의 의견 분열 등을 추측할 수 있을 텐데 말이다. 하지만 증거가 부족한 상황에서 그런 추론을 전개하는 것은 지혜롭지 못하다.

이 시기에 대한 또 다른 주요한 논점은 1962년에 와디 에드-달리예에서 발견된 다수의 아람어 파피루스가 갖는 영향력을 평가하는 문

84 그 파피루스는 no. 30으로 다음에 나온다. A. Cowley, *Aramaic Papyri of the Fifth Century B.C.* (Oxford: Clarendon, 1923), 108–19. 다음을 보라. D. R. Schwartz, "On Some Papyri and Josephus' Sources and Chronology for the Persian Period," *JSJ* 21 (1990): 175–99; J. C. VanderKam, "Jewish High Priests of the Persian Period: Is the List Complete?" in *Priesthood and Cult in Ancient Israel*, ed. G. A. Anderson and S. M. Olyan, JSOTSup 125 (Sheffield: Sheffield Academic Press, 1991), 67–91; L. L. Grabbe, "Who Was the Bagoses of Josephus (*Ant*. 11.7.1 §§297–301)?" *Trans* 5 (1992): 49–55.

제였다. 이 파피루스를 편찬하는 임무를 맡은 F. M. 크로스는 파피루스가 발견된 지 몇 년 지나지 않아 그 파피루스를 통해 얻을 수 있는 기초적인 역사적 사실들을 세상에 알렸으며, 파피루스의 주된 출처인 사마리아뿐 아니라 유다 역사에 관련된 가설을 더 광범위하게 재구성하는 데 이 발견물들을 이용하였다. 또한 그는 본고에서 다루는 시기 초반과 관련하여 전반적인 결론을 제안했다.[85] 이 파피루스들은 느헤미야의 숙적 산발랏보다 후대 인물인 또 다른 산발랏과 그의 두 아들 *yšʿyhw* 또는 *ydʿyhw*[86] 그리고 하나냐의 총독직을 입증한다. 우리는 이미 엘레판틴 파피루스를 통해 산발랏 1세의 아들 델라야가 아버지 뒤를 이었음을 알고 있다. 따라서 그 당시 사마리아의 총독직에 "왕조의" 요소가 있었으며, 그 가문이 조부의 이름을 따서 자녀의 이름을 짓는 관습(papponymy)을 가졌던 것으로 드러난다(두 명의 산발랏이 존재). 이런 점에 비추어 요세푸스가 언급했던 페르시아 시대 말기에 또 다른 산발랏(*Ant.* 11.7.2 §§302-3)이 재위했는지 이전에는 증명될 수 없었지만 이제는 가능성이 생겼다. 그러나 크로스가 재구성한 목록은 완전한 것이 아닐 공산이 크다. 왜냐하면 여로보암이라는 인물의 이름이 새겨진 동전

85 F. M. Cross, "A Reconstruction of the Judean Restoration," *JBL* 94 (1975): 4-18. 이 파피루스의 공식적인 출판은 좀 기다려야 하지만 Cross가 가장 잘 보존된 두 파피루스를 다음의 글에 예비적으로 출간하였다. "Samaria Papyrus 1: An Aramaic Slave Conveyance of 335 B.C.E. found in the Wâdī ed-Dâliyeh," *EI* 18 (1985): 7*-17*; 그리고 "A Report of the Samaria Papyri," in *Congress Volume: Jerusalem, 1986,* ed. J. A. Emerton, VTSup 40 (Leiden: Brill, 1988), 17-26.

86 그 이름은 손상되어서 정확한 재구성은 가설적일 뿐이다. 그럼에도 Lemaire ("Populations et territoires," 44-45, 각주 67과 66, 각주 209)는 최근에 발행된 야두아 동전(Spaer, "Jaddua the High Priest?")이 예루살렘 대제사장보다는 그를 가리키는 것이 아니라고 할 수 있을지 의문을 가진다.

들도 발견되었는데, 그도 총독이었을 가능성이 있기 때문이다.[87] 이것을 근거로 크로스는 예루살렘의 대제사장 목록(참조. 느 12:10-11) 역시 불완전할지 모른다고 제안하기에 이르렀다. 조부명을 딴 작명법이 여기서도 시행되었다면 몇몇 이름은 아마도 중자탈락(haplography)으로 인해 빠졌을 수도 있기 때문이다. 더 나아가 그는 요세푸스 기사의 다른 세부 내용, 즉 대제사장 야두아의 형제인 므낫세가 산발랏의 딸과 결혼했다는 이유로 그를 예루살렘에서 추방한 이야기나, 알렉산드로스 대왕의 시대 즈음에 산발랏이 므낫세를 위해 그리심산에 성전을 지어 주었다는 이야기는 진짜일 수도 있다고 주장했다(*Ant.* 11.8.2 §§306-12). 그렇게 되면 우리는 사마리아 제의의 기원에 관해 중요한 정보를 얻는 셈이다.

크로스의 가설은 처음에 약간의 지지를 얻었으나 나중에는 상당히 비판을 받게 되었다.[88] 위에서 살펴보았듯이 크로스가 추정한 시대에 대제사장 요하난의 존재를 지지하는 화폐 증거가 있기는 하지만, 그것을 제외하면 그의 가설에는 세부적으로 여러 모순점이 있다. 특히 요세푸스의 책에 실린 이야기가 느헤미야 13:28에 나오는 유사한 기사의 변형이라는 이전의 견해에 대해서도 여전히 논의할 바가 많다. 이처럼

87 다음을 보라. Y. Meshorer and S. Qedar, *The Coinage of Samaria in the Fourth Century B.C.* (Los Angeles: Numismatic Fine Arts International, 1991), 동전은 23-27; pp. 14와 49를 참조하라.

88 다음을 보라. Schwartz, "On Some Papyri"; VanderKam, "Jewish High Priests"; Grabbe, "Who Was the Bagoses?"; G. Widengren, "The Persian Period," in *Israelite and Judaean History,* ed. Hayes and Miller, 489-538, 특히 506-9; H. G. M. Williamson, "Sanballat," *ABD,* 5:973-75; idem, *Ezra, Nehemiah,* 399-401; 그리고 L. L. Grabbe, "Josephus and the Reconstruction of the Judean Restoration," *JBL* 106 (1987): 231-46.

우리는 어떤 사건들을 연결시켜주는 확고한 연대기적 틀이 없으면 독립적으로 "떠도는" 사건들이 얼마나 쉽게 잘못된 시대에 놓이고 그 결과 역사 기록이 왜곡될 수 있는지 다시 한번 깨닫게 된다.

페르시아 통치 말기에 관하여, 미래의 발견들을 통해 미흡한 부분들이 채워져야 할 또 다른 고찰이 있다. 고고학자들에 의해 발굴되는 관인, 인장, 동전의 수가 증가함에 따라, 이 시대가 마무리될 무렵에 히브리어의 사용이 증가하고 아람어 문자와 언어의 사용이 감소했음이 분명해졌다.[89] 여기서 우리는 이것을 종교적·국수주의적 관심이 재개되었다는 증거로 보거나 또는 이것을 제사장 계급이 속주의 시정 활동에 더 많이 관여하게 되었다는 증거로 연결시키고 싶은 유혹이 생긴다. 다른 정보, 예를 들어 그 당시 제사장 계급 전체에 대한 근본적인 재구성 가능성,[90] 제국 서부의 불안 등을 추가할 수도 있다. 그러나 이 시대에 관한 여타의 추정 가설들에 대해 우리가 알고 있는 결말을 생각해볼 때, 보다 확실한 증거가 나타날 때까지 기다리는 것이 신중한 태도일 것이다.

결론

요약하자면 본장에서 다루는 기간 중에는 성서 텍스트 자체에 대한 기

89 다음을 보라. Lemaire, "Inscriptions"; J. Naveh and J. C. Greenfield, "Hebrew and Aramaic in the Persian Period," *CHJ*, 1:115–29; Barag, "Silver Coin," 17–19.

90 참조. H. G. M. Williamson, "The Origins of the Twenty-Four Priestly Courses," in *Studies in the Historical Books of the Old Testament,* ed. J. A. Emerton, VTSup 30 (Leiden: Brill, 1979), 251–68.

초적인 연구(물론 여기에는 텍스트, 문학, 신학에 관한 연구는 포함되지 않는다. 이러한 주제들에 관하여는 보다 긍정적인 평가를 내릴 수 있다)를 바탕으로 한 역사 재구성에는 거의 진전이 없었다고 결론지을 수 있다. 대부분의 의견은 오래전에 검토된 것들을 재정리하여 새롭게 제시한 것일 뿐이다. 대부분의 진전은 새로운 고고학적·금석학적 자료를 통해, 또는 성서 내러티브를 아케메네스 제국(이에 대한 이해가 최근 들어 급속도로 진보하고 있다)이라는 광범위한 배경에 효과적으로 위치시킴으로써 얻어진 것들이다. 성서 텍스트에서 제기되는 모든 역사적 질문에 대한 해답이 이러한 연구를 통해 주어질지는 의문이다. 몇몇 질문에 대해서는 해답이 주어질 것이라 기대하는데, 그보다 더 중요한 것은 우리가 이미 알고 있다고 간주하는 문제들에 대한 이해도 성서 텍스트에 대한 역사적 조명이 진척될수록 더욱 정제될 것이라는 점이다.

제10장

이스라엘의 예언자와 예언

David W. Baker
데이비드 W. 베이커

성서학에 관한 지식도 다른 학문 분야와 마찬가지로 기하급수적으로 증가하고 있기 때문에 그 분야를 이해하기 쉽도록 개괄하기 위해서는 몇 가지 구성 원칙을 준수해야 한다. 이스라엘의 예언자들과 그들의 세계를 다룰 때도 마찬가지다. 따라서 나는 지난 30년간 위의 주제와 관련하여 출현한 엄청난 양의 문헌을 정리하기 위해[1] 데이비드 L. 피터

1 최근에 나온 몇몇 연구 조사 중 다음을 보라. W. McKane, "Prophecy and the Prophetic Literature," in *Tradition and Interpretation: Essays by Members of the Society for Old Testament Study,* ed. G. W. Anderson (Oxford: Clarendon, 1979), 163–88; R. P. Gordon, "A Story of Two Paradigm Shifts," in *The Place Is Too Small for Us: The Israelite Prophets in Recent Scholarship,* ed. R. P. Gordon, SBTS 5 (Winona Lake, Ind.: Eisenbrauns, 1995), 3–26; L. L. Grabbe, *Prophets, Priests, Diviners, and Sages in Ancient Israel: A Socio-Historical Study of Religious Specialists in Ancient Israel* (Valley Forge, Pa.: Trinity Press International, 1995), 66–118; 그리고 다음의 소논문을 보라. P. D. Miller Jr., "The World and Message of the Prophets," 97–112; M. A. Sweeney, "Formation and Forms in Prophetic Literature," 113– 26; and K. P. Darr, "Literary

슨(David L. Peterson)이 개발한 모델을 변형하여 사용하고자 한다.[2] 그는 예언서 연구 영역을 둘로 나누는데, 전자는 예언서 연구의 모델들과 일반적인 이슈들을 다루는 "예언의 본질"(Prophetic Identity)이며 후자는 연구 방법론을 다루는 "예언 문학"(Prophetic Literature)이다.[3] 나는 예언서 연구를 네 가지 제목하에 정리하려 하는데, 제목들의 배열은 연대순을 따른 것이다. 첫 번째로 "저작 이전 단계"(Precomposition)에서는 예언자 개인과 그의 배경을 탐구할 것인데, 여기에는 역사적·사회적 배경 내에서 예언자의 의미와 역할도 포함된다. "저작"(Composition)과 "전달"(Transmission) 항목에서는 예언자의 메시지가 어떻게 공식화(formulation)되고 사용, 발전되었는지를 살펴볼 것이다. 마지막으로 "적용"(Application)에서는 오늘날 설교와 가르침에서 구약 텍스트에 대한 탐구가 증가하는 추세를 살펴볼 것이다.

학자들은 다음과 같은 질문들을 통해 각각의 이슈들을 고찰해왔다.

Perspectives on Prophetic Literature," 127–43, in *Old Testament Interpretation: Past, Present, and Future: Essays in Honor of Gene M. Tucker,* ed. J. L. Mays, D. L. Petersen, and K. H. Richards (Nashville: Abingdon, 1995). 방대한 참고문헌을 다음에서 보라. H. O. Thompson, *The Book of Daniel: An Annotated Bibliography,* Books of the Bible 1 (New York: Garland, 1993); idem, *The Book of Jeremiah: An Annotated Bibliography,* ATLA Bibliography Series 41 (Lanham, Pa., and London: Scarecrow, 1996); idem, *The Book of Amos: An Annotated Bibliography,* ATLA Bibliography Series 42 (Lanham, Pa., and London: Scarecrow, 1997); 관련 부분을 다음 책에서 보라. *Elenchus Bibliographicus Biblicus of Biblica* (Rome: Pontifical Biblical Institute). 이 책은 1984년까지의 출판물을 망라하여 65권으로 종결되었고 1985년 출판물부터는 *Elenchus of Biblica* (Rome: Pontifical Biblical Institute, 1988–)로 대체되었다; and W. G. Hupper, *An Index to English Periodical Literature on the Old Testament and Ancient Near Eastern Studies,* ATLA Bibliography Series 21 ([Philadelphia]: American Theological Library Association; Metuchen, N.J.: Scarecrow, 1987–).

2 D. L. Petersen, "Introduction: Ways of Thinking about Israel's Prophets," in *Prophecy in Israel,* ed. D. L. Petersen, IRT 10 (Philadelphia: Fortress, 1986), 1–21.

3 Ibid., 2.

저작 이전 단계

* 예언자는 누구인가?
* 예언자는 사회적으로 어떤 위치에 있는가?
* 예언자는 스스로를 어떻게 이해했는가?
* 예언자는 동시대에, 그리고 오늘날 어떤 자들에 비견될 수 있는가?
* 예언자는 역사적·지리적으로 어디에 속하는가?

저작

* 예언자들은 어떤 방식으로 말했는가?
* 그들이 전한 메시지는 어떤 종류의 것이었는가?

전달

* 예언자들의 메시지는 어떻게 말에서 글로 옮겨졌는가?
* 다른 사람들은 어떤 방식으로 예언자들의 말을 인용하는가?
* 예언자들의 말을 복원할 수 있는가?

적용

* 예언자들의 신학적 관심은 무엇인가?
* 예언자들은 현대를 살아가는 우리와 어떤 관련이 있는가?

물론 각각의 요소들 간의 경계는 다소 유동적이어서 하나의 영역이 다른 영역들로 침투하기도 한다. 하지만 이 항목들을 배타적이고 고정적인 것으로 간주하지만 않는다면 이러한 모델은 새로운 연구 결과를 창출하는 데 도움이 될 것이다.

저작 이전 단계

예언자는 누구이며, 그들은 사회적으로 어떤 위치에 있는가?

예언이 무엇이며, 예언자는 누구인가에 대한 논의가 최근 들어 강력하게 부각되고 있다.[4] 최근의 예언자 연구는 단순히 신명기 18장이나 열왕기하 17:13과 같은 성서 구절을 통해 예언자가 어떠한 사람인지 탐구하는 것이 아니라, 막스 베버(Max Weber)와 같은 사상가들의 작업을 바탕으로 텍스트에 대한 사회학적 접근을 시도한다.[5] 학자들은 예언자 개개인과 그들의 역할을 넓은 사회적 맥락 안에 정립시키고자 했는

4 B. Vawter, "Were the Prophets *Nābî's*?" *Bib* 66 (1985): 206-20; Petersen, "Introduction"; M. Weippert, "Aspekte israelitischer Prophetie im Lichte verwandter Erscheinung des Alten Orients," in *Ad bene et fideliter seminandum, Festgabe für Karlheinz Deller zum 21. February 1987,* ed. G. Mauer and U. Magen, AOAT 220 (Kevelaer: Butzon & Bercker; Neukirchen-Vluyn: Neukirchener Verlag, 1988), 287-319; Gordon, "Story," 3-26; J. Blenkinsopp, *Sage, Priest, Prophet: Religious and Intellectual Leadership in Ancient Israel,* Library of Ancient Israel (Louisville: Westminster/John Knox, 1995), 115-19.

5 M. Weber, *Ancient Judaism*, trans. and ed. H. H. Gerth and D. Martindale (Glencoe, Ill.: Free Press, 1952); idem, *The Theory of Social and Economic Organization*, trans. A. M. Henderson and T. Parsons, ed. T. Parsons (New York: Free Press, 1964); idem, *On Charisma and Institution Building*, ed. S. Eisenstadt (Chicago and London: University of London Press, 1968); idem, *Economy and Society*, ed. G. Roth and C. Witlich, trans. E. Fischoff et al. (Berkeley: University of California Press, 1978). 다음을 보라. D. L. Petersen, "Max Weber and the Sociological Study of Ancient Israel," in *Religious Change and Continuity*, ed. H. Johnson (San Francisco: Jossey-Bass, 1979), 117-49; B. Lang, "Max Weber und Israels Propheten," *Zeitschrift für Religions- und Geistesgeschichte* 36 (1984): 156-65. Weber의 발췌록을 포함하여 이 분야에 관련된 유익한 글은 C. E. Carter and C. L. Meyers, eds., *Community, Identity, and Ideology: Social-Scientific Approaches to the Hebrew Bible*, SBTS 6 (Winona Lake, Ind.: Eisenbrauns, 1996) 에서 보라

데,[6] 이것은 사회 내에서 왕정이나 제사장직과 같은 다른 제도와의 관계 속에서 그들이 수행하던 역할을 고려하여 그들의 입지를 정한다는 의미다.

성서적으로 예언자들은 자신들의 권위가 하나님께 받은 소명에 근거한다고 보았다. 그들은 스스로를 하나님의 메신저[7] 혹은 종으로 간주했다(수 1:1-2:2; 왕하 14:25). 사회학적 관점에서 볼 때 그러한 권위는 대부분의 경우 그 메시지의 수신자인 사회 공동체에 기원한다.[8] 예언

6 R. R. Wilson, *Prophecy and Society in Ancient Israel* (Philadelphia: Fortress, 1980); idem, *Sociological Approaches to the Old Testament,* Guides to Biblical Scholarship, OT Series (Philadelphia: Fortress, 1984), 일부는 *Place Is Too Small,* ed. Gordon, 332–44에 재출판되었다; Gordon, "Story," 21–22; R. P. Carroll, "Prophecy and Society," in *The World of Ancient Israel: Sociological, Anthropological, and Political Perspectives,* ed. R. E. Clements (Cambridge: Cambridge University Press, 1989), 203; Grabbe, *Prophets, Priests,* 66–118.

7 예언자의 권위는 영감을 통해 부여 받는다고 보는 사람으로는 다음을 보라. B. Uffenheimer, "Prophecy, Ecstasy and Sympathy," in *Congress Volume: Jerusalem, 1986,* ed. J. A. Emerton, VTSup 40 (Leiden: Brill, 1988), 257–69: "신의 은혜에 대한 체험이 너무 강렬해서 어떤 이는 종교적 회중과 일반 대중에게 메시지를 전달하는 자가 돼야 한다는 의무감을 느꼈다." 다음도 보라. R. E. Clements, "Introduction: The Interpretation of Old Testament Prophecy, 1965–1995," in *Old Testament Prophecy: From Oracles to Canon* (Louisville: Westminster/John Knox, 1996), 1–19; P. D. Miller Jr., "The World and Message of the Prophets: Biblical Prophecy in Its Context," in *Old Testament Interpretation,* ed. Mays, Petersen, and Richards, 101.

8 B. O. Long, "Prophetic Authority as Social Reality," in *Canon and Authority: Essays on Old Testament Religion and Theology,* ed. B. O. Long and G. W. Coats (Philadelphia: Fortress, 1977), 3–20; idem, "Social Dimensions of Prophetic Conflict," *Semeia* 21 (1982): 31–43; G. M. Tucker, "Prophecy and the Prophetic Literature," in *The Hebrew Bible and Its Modern Interpreters,* ed. D. A. Knight and G. M. Tucker (Chico, Calif.: Scholars Press, 1985), 325–68. Cf. T. W. Overholt, "The Ghost Dance of 1890 and the Nature of the Prophetic Process," *Ethnohistory* 21 (1974): 37–63; idem, "Jeremiah and the Nature of the Prophetic Process," in *Scripture in History and Theology: Essays in Honor of J. Coert Rylaardsam,* ed. A. L. Merrill and T. W. Overholt, PTMS 17 (Pittsburgh: Pickwick, 1977), 129–50; idem, "Commanding the Prophets: Amos and the Problem of Prophetic Authority," *CBQ* 41 (1979): 517–32.

자들을 가리켜 사회의 종이라고 말할 수도 있을 것이다. 이러한 최신의 사회학적 접근법은 메신저를 예언자로 인정함에 있어 수신자의 중요성을 강조한다. 예언자의 정체성은 바로 이러한 수신자의 인정에 바탕을 둔다. 그들의 인정은 종종 (실제적이든 혹은 자기기만적이든 간에) 신적 소명을 전혀 염두에 두지 않는다. 하지만 성서적 관점에서 보면 신적 소명은 한 사람을 예언자로 세우는 데 있어 사회적 인식보다 더 근본적인 것이다.[9]

만일 사회 구성원들이 예언자들에게서 과거의 권위 있는 예언자였던 모세와 일치하는 점들을 발견한다면, 그들을 권위 있는 예언자로 인정할 수 있었을 것이다. 모세는 권위 있는 입법자였고 예언자의 원형으로 인정되었다(신 18:15-22; 34:10-12). 학자들은 한편으로 모세와 다른 한편으로 이사야, 예레미야, 에스겔 간에 언어학적·구조적·주제적 연관성이 있음을 주목했다.[10] 어떤 학자들은 포로기 이전에 이미 자신들의 활동시기에나 혹은 후대에 "예언자들"이라 불리던 자들이 존재했다고 보는 반면에,[11] 다른 학자들은 예언자라는 칭호가 (예언자의 직무는

9 Gordon은 예언자들에게는 예언자 자신의 자기인식이 사회의 용인보다 더 중요했다고 지적하는데, 그 근거는 청중이 자기를 받아주지 않았을 때에도 예언자들은 자기의 소명을 수행하였다는 사실이다("Story," 22). 예언자들이 본인의 정체성을 깨닫고 있었다는 주장과(R. P. Gordon, "Where Have All the Prophets Gone? The 'Disappearing' Prophet against the Background of Ancient Near Eastern Prophecy," *BBR* 5 [1995]: 67–86) 깨닫고 있지 않았다는 주장(A. G. Auld, "Prophets through the Looking Glass: Between the Writings and Moses," *JSOT* 27 [1983]: 3–23)이 있다.

10 M. O'Kane, "Isaiah: A Prophet in the Footsteps of Moses," *JSOT* 69 (1996): 29–51; C. R. Seitz, "The Prophet Moses and the Canonical Shape of Jeremiah," *ZAW* 101 (1989): 3–27; J. D. Levenson, *Theology of the Program of Restoration of Ezekiel 40–48*, HSM 10 (Cambridge, Mass.: Scholars Press, 1976); H. McKeating, "Ezekiel the 'Prophet Like Moses,'" *JSOT* 61 (1994): 97–109.

11 V. W. Rabe, "Origin of Prophecy," *BASOR* 221 (1976): 125–28; Vawter, "Were

이미 존재했을 수도 있지만) 포로기 이후의 창작물이라고 본다.[12] 이처럼 예언자들이 모세와 연관성을 갖는다는 사실은 예언자의 한 가지 역할, 곧 토라(*tôrâ*)를 백성들의 삶에 적용시키고, 그들을 하나의 민족으로 묶어주는 언약 관계로 되돌아오도록 백성들을 촉구하는 역할을 강조한다.[13]

사람들의 행동을 변화시키려는 이러한 시도는 오늘날로 말하면 "설교"를 통해 이루어졌는데,[14] 예언자들은 다양한 수사학적 장치(아래 "예언자들은 어떤 방식으로 말했는가?" 부분을 보라)를 사용하여 사람들을 설득하였다. 회개하고 언약 관계로 돌아오라는 메시지를 다수의 예언자가 한 세대에게, 혹은 한 예언자가 여러 세대들에게 지속적으로 외칠 필요가 있었다는 사실은 청중들이 대체적으로 이들 남녀[15] 예언자들을 실제 하나님으로부터 보냄을 받은 권위 있는 메신저로 인정하지 않았음을 보여주는 것 같다. 만일 사회가 그들을 예언자로 인정했다면 그

the Prophets *Nābî's*?"; T. W. Overholt, "Prophecy in History: The Social Reality of Intermediation," *JSOT* 48 (1990): 3–29; H. M. Barstad, "No Prophets? Recent Developments in Biblical Prophetic Research and Ancient Near Eastern Prophecy," *JSOT* 57 (1993): 39–60; B. Peckham, *History and Prophecy: The Development of Late Judean Literary Traditions,* ABRL (New York: Doubleday, 1993), 554; Gordon, "Where Have All the Prophets Gone?" 57–86.

12 Auld, "Prophets through the Looking Glass"; R. P. Carroll, "Poets Not Prophets: A Response to 'Prophets through the Looking Glass,'" *JSOT* 27 (1983): 25–31; idem, "Inventing the Prophets," *Irish Biblical Studies* 10 (1988): 24–36.

13 R. E. Clements, *Prophecy and Tradition* (Oxford: Blackwell, 1975), 55–57, 85; Miller, "World and Message of the Prophets."

14 G. V. Smith, *An Introduction to the Hebrew Prophets: The Prophets as Preachers* (Nashville: Broadman & Holman, 1994).

15 이스라엘의 문서 예언자들은 모두 남자였지만 여예언자들도 이스라엘에서 활동하고 있었다. 다음을 보라. J. Jarick, "The Seven (?) Prophetesses of the Old Testament," *Lutheran Theological Journal* 28 (1994): 116–21.

들이 전하는 메시지는 훨씬 더 큰 효력을 발휘했을 것이다. 달리 말해, 만일 우리가 예언자를 정의할 때 그들이 사회에서 받는 인정과 그들이 공동체의 삶과 행위에 미치는 영향력을 근거로 판단한다면, 예언자들이 고대 이스라엘에 실제로 존재했었는지 의문을 가질 수밖에 없다. 왜냐하면 그들이 전하는 메시지에 대해 의미 있고 지속적인 반응이 부족했던 것으로 보아 그들의 실질적인 영향력이 미미했다고 판단할 수 있기 때문이다. 이스라엘 사회의 구성원 대부분이 그들의 삶에서 예언자의 권위가 실제적인 구속력을 갖는 것으로 받아들이지 않았다는 사실에 비추어볼 때, 예언자의 권위를 인정하고 정당화하는 데 사회의 역할을 강조하는 입장에 대해 의문을 제기할 수 있다. 예언자는 자신이 받은 신적 위임이 예언자로서의 권위를 보증하며 이 권위는 청중의 반응과는 무관한 것이라고 생각했다.

어떤 학자들은 예언자의 권위에 대한 인식이 시대에 따라 차이를 보인다고 주장한다. 초기 고전 시대에 예언자는 하나님의 입을 통해 나온, 영감 받은 말씀을 전달하는 자들로 간주되었던 반면, 후대에는 이미 주어진 말씀에 대한 영감 받은 해석자들로 여겨졌다. W. M. 슈니더윈드(W. M. Schniedewind)가 주장하듯이 그들은 "역사적 사건을 해석하는 자들"에서 "영감 받은 텍스트를 해석하는 자들"로 변모했다.[16]

오래 전부터 예언자들은 이스라엘의 종교 제의와 관련하여 특별한

16 W. M. Schniedewind, *The Word of God in Transition: From Prophet to Exegete in the Second Temple Period,* JSOTSup 197 (Sheffield: Sheffield Academic Press, 1995), 특히 236, 241. 서기관의 역할에 나타난 비슷한 발전상을 다음에서 보라. D. W. Baker, "Scribes as Transmitters of Tradition," in *Faith, Tradition, and History: Old Testament Historiography in Its Near Eastern Context,* ed. A. R. Millard, J. K. Hoffmeier, and D. W. Baker(Winona Lake, Ind.: Eisenbrauns, 1994), 65–78.

사회적 기능을 수행한다고 여겨졌다.[17] 이와 관련하여 다양한 견해들이 존재한다. 어떤 학자들은 대부분의 예언자가 성전 제도와 관련을 가지며 성전에서 봉사하는 것으로 생계를 이어갔다고 주장한다.[18] 반면에 다른 학자들은 예언자와 성전 제도 간에 어떠한 종류의 연결고리도 존재하지 않는다고 주장한다. 하지만 R. P. 고든(R. P. Gordon)은 두 진영 간의 엄격한 분리가 어느 정도는 완화되어야 한다고 본다.[19] 성서를 자세히 살펴보면 이러한 엄격한 분극화 현상을 지나치게 극단적인 것으로 받아들이면 안 된다는 것을 알 수 있다. 왜냐하면 성서에서 예언자가 공식적인 제의에 대해 보이는 태도는 다양해서, 어떤 예언자는 참여적인 태도를 보이는가 하면 어떤 예언자는 강한 비난을 가하기 때문이다. 또한 예언자와 성전 체제는 서로 간에 영향을 끼쳤을 것이라고 추측할 수 있다. 예언자는 공식적인 성전 체제 내에서 종교적으로 훈육을 받았을 것이고, 때로는 성전 체제의 특정 요소에 대해 주의와 비판의 목소리를 내기도 했을 것이다.[20]

17 G. W. Ahlström, *Joel and the Temple Cult of Jerusalem,* VTSup 21 (Leiden: Brill, 1971); A. R. Johnson, *The Cultic Prophet and Israel's Psalmody* (Cardiff: University of Wales Press, 1979); W. H. Bellinger, *Psalmody and Prophecy,* JSOTSup 27 (Sheffield: JSOT Press, 1984), 78–82. 다음을 보라. McKane, "Prophecy and the Prophetic Literature," 183; G. M. Tucker, "Prophecy and the Prophetic Literature," in *The Hebrew Bible and Its Modern Interpreters*, ed. Knight and Tucker, 325–68; and Gordon, "Story," 9–12.

18 다음을 보라. 예를 들어 S. Mowinckel, "Psalms and Wisdom," in *Wisdom in Israel and the Ancient Near East,* ed. M. Noth and D. W. Thomas, VTSup 3 (Leiden: Brill, 1960), 306; 그리고 논의와 참고문헌으로 Wilson, *Prophecy and Society,* 8–10를 보라.

19 Gordon, "Story," 12. 다음도 보라. Grabbe, *Prophets, Priests,* 112–13.

20 J. Jeremias, *Kultprophetie und Geschichtsverkündigung in der späten Königszeit Israels,* WMANT 35 (Neukirchen-Vluyn: Neukirchener Verlag, 1970).

예언자는 동시대, 동일한 지리적 영역 내에서 어떤 자들에 비견될 수 있는가?

클라우스 코흐(Klaus Koch)가 제안한 대로 만일 이스라엘의 예언이 "국제적 운동"의[21] 한 부분이었다면, 우리는 이스라엘의 주변 국가들에서도 통찰력을 얻을 수 있을 것이다. 고대 근동의 다른 국가들에서도 구약에 기록된 것과 유사한 예언 현상들이 나타난다.[22] 여기에는 셈어를 사용하는 메소포타미아 국가들도 포함되는데, 그들은 시공간적으로 이스라엘과 밀접하게 연결되어 있다.[23] 지금까지 발견된 텍스트들은 대부

21 K. Koch, *The Prophets,* vol. 1, *The Assyrian Period,* trans. M. Kohl (London: SCM, 1982; Philadelphia: Fortress, 1983), 12.

22 H. Ringgren, "Prophecy in the Ancient Near East," in *Israel's Prophetic Tradition: Essays in Honour of Peter R. Ackroyd,* ed. R. J. Coggins, A. Phillips, and M. A. Knibb (Cambridge: Cambridge University Press, 1982), 1–11.

23 실제 예언서 텍스트는 아래에서 논의될 것이다. 점술은 메소포타미아와 다른 근동지방에서 신의 뜻을 알아내기 위해 흔히 썼던 방법 중 하나이며 이런 점에서 예언과도 관련이 있다. 다음을 보라. J. Vervant, *Divination et Rationalité* (Paris: Seuil, 1974); J. Lust, "On Wizards and Prophets," in *Studies on Prophecy: A Collection of Twelve Papers,* VTSup 26 (Leiden: Brill, 1974), 133–42; J. Wright, "Did Amos Inspect Livers?" *ABR* 23 (1975): 3–11; I. Starr, *The Ritual of the Diviner,* Bibliotheca Mesopotamica 12 (Malibu: Undena, 1983)에서는 메소포타미아의 점술을 주로 다룬다; H. W. F. Saggs, *The Encounter with the Divine in Mesopotamia and Israel* (London: Athlone, 1978); M. Dietrich, *Deutungen der Zukunft in Briefen, Orakeln und Omina,* vol. 2.1 of *Texte aus der Umwelt des Alten Testaments,* ed. O. Kaiser et al. (Gütersloh: Mohn, 1986); M. D. Ellis, "Observations on Mesopotamian Oracles and Prophetic Texts: Literary and Historiographic Considerations," *JCS* 41 (1989): 127–86; I. Starr, *Queries to the Sun God: Divination and Politics in Sargonid Assyria,* State Archives of Assyria 4 (Helsinki: University of Helsinki Press, 1990); F. H. Cryer, *Divination in Ancient Israel and Its Near Eastern Environment: A Socio-Historical Investigation,* JSOTSup 142 (Sheffield: JSOT Press, 1994); V. A. Hurowitz, "Eli's Adjuration of Samuel (1 Samuel iii 17–18) in the Light of a 'Diviner's Protocol' from Mari (AEM I/1,1)," *VT* 44 (1994): 483–97; A. Jeffers, *Magic and Divination in Ancient Palestine and Syria,* Studies in the

분 두 역사 시대에 속한 것인데, 가장 오래된 텍스트들은 마리에서 출토된 구바빌로니아 시대(기원전 18세기)의 것이며,[24] 보다 최근의 것들은 이스칼리(Ischali)에서 발견된 텍스트들이고,[25] 가장 최근의 텍스트들은 신아시리아 시대(기원전 7세기)에 속한 것들이다.[26] 범위가 고정적이

History and Culture of the Ancient Near East 8 (Leiden: Brill, 1996).

24 다음을 보라. F. Ellermeier, *Prophetie in Mari und Israel,* Theologische und orientalistische Arbeiten 1 (Herzberg: Jungfer, 1968); S. D. Walters, "Prophecy in Mari and Israel," *JBL* 89 (1970): 78–81; J. F. Ross, "Prophecy in Hamath, Israel, and Mari," *HTR* 63 (1970): 1– 28; H. B. Huffmon, "The Origins of Prophecy," in *Magnalia Dei: The Mighty Acts of God: Essays on the Bible and Archaeology in Memory of G. Ernest Wright,* ed. F. M. Cross, W. E. Lemke, and P. D. Miller Jr. (Garden City, N.Y.: Doubleday, 1976), 171–86; E. Noort, *Untersuchungen zum Gottesbescheid in Mari: Die 'Mari-prophetie' in der alttestamentlichen Forschung,* AOAT 202 (Kevelaer: Butzon & Bercker; Neukirchen-Vluyn: Neukirchener Verlag, 1977); M. Weinfeld, "Ancient Near Eastern Patterns in Prophetic Literature," *VT* 27 (1977): 178–95; H. B. Schmökel, "Mesopotamian Texts, Introduction," in *Near Eastern Religious Texts Relating to the Old Testament,* ed. W. Beyerlin, trans. J. Bowden, OTL (Philadelphia: Westminster; London: SCM, 1978), 68–73; Wilson, *Prophecy and Society,* 98– 110; J.-M. Durand, *Archives épistolaires de Mari,* I/1, ARM 26 (Paris: Éditions recherché sur les civilisations, 1988). 특별히 새로 출판된 텍스트를 모아 놓은 중요한 선집에 대한 개요는 이 책의 377–412, 455–63를 보라; M. Weippert, "Aspekte israelitischer Prophetie im Lichte verwandter Erscheinung des Alten Orients," in *Ad bene et fideliter seminandum,* 287–319; A. Malamat, *Mari and the Early Israelite Experience* (Oxford and New York: Oxford University Press, 1989), 79–96과 125–44는 다음 책에 발췌되었다. *Place Is Too Small,* ed. Gordon, 50–73; R. P. Gordon, "From Mari to Moses: Prophecy at Mari and in Ancient Israel," in *Of Prophets' Visions and the Wisdom of Sages: Essays in Honour of R. N. Whybray on His Seventieth Birthday,* ed. H. A. McKay and D. J. A. Clines, JSOTSup 162 (Sheffield: JSOT Press, 1993), 63–79; A. Schart, "Combining Prophetic Oracles in Mari Letters and Jeremiah 36," *JANES* 23 (1995): 75–93.

25 M. D. Ellis, "The Goddess Kititum Speaks to King Ibalpiel: Oracle Texts from Ishchali," *MARI* 5 (1987): 235–56; cf. Grabbe, *Prophets, Priests,* 90–91.

26 A. K. Grayson, *Babylonian Historical-Literary Texts,* Toronto Semitic Texts and Studies 3 (Toronto and Buffalo: University of Toronto Press, 1975); S. Parpola, *Letters from Assyrian Scholars to the Kings Esarhaddon and Assurbanipal,* AOAT 5.2 (Kevelaer: Butzon & Bercker; Neukirchen-Vluyn: Neukirchener Verlag, 1983); M. Weippert, "Assyrische Prophetien der Zeit Asarhaddons und Assurbanipals," in *Assyrian Royal*

고 제한된 성서 텍스트와는 달리 성서 외의 텍스트들은 끊임없이 발견되고 출판되는 추세이기 때문에 그러한 텍스트들이 예언 현상을 이해하는 데 빛을 던져줄 가능성은 상당히 크다고 할 수 있다.

마리 텍스트는 편지 형식으로 되어 있으며, 신과 인간 사이의 중재자로서 전문가와 평민을 무론하고 다양한 사람들에게 신으로부터 받은 계시를 전달하고 통찰력을 제공하는 역할을 한다.[27] 이스칼리 텍스트는 숫자가 많지 않고 단편들로 존재할 뿐이지만 이 시기에 영매(intermediation)의 관습이 마리에만 국한된 것이 아님을 밝혀준다. 이 시대에는 영매의 역할이 일상적인 사회활동에서 부수적인 것으로 여겨졌는데, 왜냐하면 계시를 확증하는 데는 종종 점술이나 저주와 같은 다른 수단들이 사용되었기 때문이다.[28]

아시리아의 예언 텍스트에는 개별적인 예언들뿐만 아니라 계시 모음도 포함되어 있다. 항상 그런 것은 아니지만 영매들에게는 호칭이 주

Inscriptions: New Horizons in Literary, Ideological, and Historical Analysis, ed. F. M. Fales, Oriens Antiqui Collectio 17 (Rome: Istituto per l'Oriente, 1981), 71–104; Weippert, "Aspekte israelitischer Prophetie"; Ellis, "Observations"; S. Parpola and K. Watanabe, *Neo-Assyrian Treaties and Loyalty Oaths,* State Archives of Assyria 2 (Helsinki: Helsinki University Press, 1988); A. Livingstone, *Court Poetry and Literary Miscellanea,* State Archives of Assyria 3 (Helsinki: Helsinki University Press, 1989); M. Nissinen, "Die Relevanz der neuassyrischen Prophetie für die alttestamentliche Forschung," in *Mesopotamica, Ugaritica, Biblica: Festschrift für Kurt Bergerhof zur Vollendung seines 70. Lebensjahres am 7. Mai, 1992,* ed. M. Dietrich and O. Loretz, AOAT 232 (Kevelaer: Butzon & Bercker; Neukirchen-Vluyn: Neukirchener Verlag, 1993), 217–58. 다음의 요약도 보라. H. B. Huffmon, "Prophecy, Ancient Near Eastern," *ABD,* 5:480–81.

27 다음에서 유익한 요약을 보라. Huffmon, "Prophecy, Ancient Near Eastern," *ABD,* 5:478–79.

28 W. L. Moran, "New Evidence from Mari on the History of Prophecy," *Bib* 50 (1969): 15–56; S. Dalley, C. B. F. Walker, and J. D. Hawkins, *Old Babylonian Texts from Tel al-Rimmah* (London: British School of Archaeology in Iraq, 1976), 64–65 on text 65.

어지기도 했다. 그중 하나인 "마후"(*mahhû*, 황홀경에 빠진 사람)는 마리에서도 발견되었다.[29] 이처럼 관습상의 유사성이 보다 원거리에 있는 지역에서 발견되는가 하면, 이스라엘에서 예언자를 가리킬 때 사용되는 "나비"(*nābî'*)와 동일한 어원을 가진 용어가 마리에서,[30] 그리고 보다 최근에 지리적으로 좀 더 가까운 곳에 위치한 북시리아 에마르(Emar, 현재의 Meskene)의 13세기 유적에서도 발견되었다.[31] 이처럼 성서에서 예언자를 가리키는 용어와 동일한 어원을 가진 동족어가 그들 문화에서도 발견된다는 사실은 "나비"(*nābî'*)와 관련된 예언의 전통이 서부에서 유래했다는 것을 암시한다.[32]

지리적으로나 언어학적으로 이스라엘에 보다 가까운 것은 요르단의 데이르 알라에서 발견된 기원전 7세기의 아람어 발람 문서다.[33] "브올의 아들인 발람"이라는 표현은 이 문서의 저자가 그의 지역 내에서 구약성서 텍스트(수 22-24장)에 기록된 활동을 했던 성서 인물을 알고

29 J. S. Holladay, "Assyrian Statecraft and the Prophets of Israel," *HTR* 63 (1970): 29–51 (reprinted in *Prophecy in Israel,* ed. Petersen, 122–43); Wilson, *Prophecy and Society,* 111–19; F. R. Magdalene, "Ancient Near Eastern Treaty-Curses and the Ultimate Texts of Terror: A Study of the Language of Divine Sexual Abuse in the Prophetic Corpus," in *A Feminist Companion to the Latter Prophets,* ed. A. Brenner, Feminist Companion to the Bible 8 (Sheffield: Sheffield Academic Press, 1995), 326–52; Grabbe, *Prophets, Priests,* 93–94.

30 Durand, *Archives épistolaires de Mari,* 444; 논의는 377–79에 나온다; D. E. Fleming, "The Etymological Origins of the Hebrew *nābî':* The One Who Invokes God," *CBQ* 55 (1993): 217–24.

31 D. Arnaud, *Recherches au pays d'Aštata: Emar,* 3 vols. (Paris: Éditions recherché sur les civilisations, 1985–87), 353, 360, 375, 377, 385–86, 403; Fleming, "Etymological Origins," 220; idem, "*Nābû and Munabbiātu:* Two New Syrian Religious Personnel," *JAOS* 113 (1993): 175–83.

32 Gordon, "Story," 20.

33 이 비문에 관한 참고 도서는 본서 제2장의 "데이르 알라 텍스트"와 제3장의 "데이르 알라의 발람 텍스트"를 참조하라.

있었다는 사실을 보여준다. 현존하는 최고의 가나안 예언 문서인 이 텍스트는 성서의 기사와 정확히 일치하지는 않지만 아래에서 우리가 다루게 될 주제인 예언 자료의 편집 전승[34]을 연구하는 데 도움을 준다.

이집트의 웬 아문(Wen-Amun) 이야기는 영웅이 페니키아에서 접신 장면을 목격한 것을 기록하고 있다.[35] 또한 성서 기사도 이 지역에서 접신이 행해졌다고 기록하고 있지만(왕상 17장), 현지인이 기록한 직접적인 정보를 제공하는 텍스트는 존재하지 않는다.

이스라엘의 인접국가 가운데 셈족이 아닌 이집트에서는 이스라엘의 예언과 비교할 만한 자료가 아직까지 발견되지 않았다. 점술은 널리 행해졌지만(창 44:1-5를 보라) 신의 말씀이 계시의 출처로 간주되지는 않았다.[36] 소아시아에서는 히타이트 왕 무르실리스 2세(Mursilis II, 기원전 14세기)가 작성한, 신들로부터 받은 메시지 리스트에서 "신의 말씀"에 대한 증거가 발견된다.[37]

언약의 매개로서 예언의 기능(참조. 신 18:15-19)[38]에 대한 주장은 예언을 기원전 제2천년기 메소포타미아의 조약문서들과 연결시킴으로

34 Petersen, "Introduction," 6.

35 *ANET,* 26; A. Cody, "The Phoenician Ecstatic Wenamūn: A Professional Oracular Medium," *JEA* 65 (1979): 99–106.

36 Huffmon, "Prophecy, Ancient Near Eastern," *ABD,* 5:481; Grabbe, *Prophets, Priests,* 86–87.

37 C. Kühne, "C. Hittite Texts, II. Prayers, 6: The So-Called Second Plague Prayer of Mursilis II," in *Near Eastern Religious Texts,* ed. Beyerlin, 169–74; R. Lebrun, *Hymnes et Prières Hittites* (Louvain-la-Neuve: Centre de l'histoire des religions, 1980). See Weippert, "Aspekte israelitischer Prophetie," 287–319; and Huffmon, "Prophecy, Ancient Near Eastern," *ABD,* 5:477–78.

38 Wilson, *Prophecy and Society,* 158–59; D. L. Petersen, *The Roles of Israel's Prophets,* JSOTSup 17 (Sheffield: JSOT Press, 1981), 83–84.

써 지지를 받았는데,[39] 기원전 제1천년기 예언에 대한 관심의 증가로 말미암아 논거를 상당부분 잃고 말았다. 어떤 예언서 텍스트에서는 구체적으로 언약을 암시하는 구절이 나타나지 않는데, 학자들은 "언약소송"(covenant lawsuit)이라 불리는 문학 양식(예. 사 1장; 암 3:9-15)이 국가적 언약을 상기시킨다고 주장한다. 예언자들은 항상 그 언약을 의식하고 있었으며, 백성들로 하여금 그 언약으로 돌아오라고 선포했던 것이다.[40] 하지만 이러한 법률적 배경이 모든 경우에 대하여 제시될 수 있는 것은 아니기 때문에 우리는 그것을 잠정적인 것으로 간주해야 한다.[41]

39 다음을 보라 D. J. McCarthy, *Treaty and Covenant: A Study in Form in the Ancient Oriental Documents and in the Old Testament,* 2d ed., AnBib 21A (Rome: Biblical Institute Press, 1981).

40 E.g., M. O. Boyle, "The Covenant Lawsuit of the Prophet Amos III 1–IV 13," *VT* 21 (1971): 338–62; A. Schoors, *I Am God Your Saviour: A Form-Critical Study of the Main Genres in Is. xl–lv,* VTSup 24 (Leiden: Brill, 1973), 176–89; K. Nielsen, *Yahweh as Prosecutor and Judge: An Investigation of the Prophetic Lawsuit (Rîb-Pattern),* JSOTSup 9 (Sheffield: JSOT Press, 1979); idem, "Das Bild des Gerichts (*rib*-Pattern) in Jes. I–XII: Eine Analyse der Beziehung zwischen Bildsprache und dem Anliegen der Verkündigung," *VT* 29 (1979): 309–24; S. Niditch, "The Composition of Isaiah 1," *Bib* 61 (1980): 509–29; M. de Roche, "Yahweh's *Rîb* against Israel: A Reassessment of the So-Called 'Prophetic Lawsuit' in the Preexilic Prophets," *JBL* 102 (1983): 563–74; J. T. Willis, "The First Pericope in the Book of Isaiah," *VT* 34 (1984): 63–77; D. R. Daniels, "Is There a 'Prophetic Lawsuit' Genre?" *ZAW* 99 (1987): 339–60; M. Dijkstra, "Lawsuit, Debate, and Wisdom Discourse in Second Isaiah," in *Studies in the Book of Isaiah: Festschrift Willem A. M. Beuken,* ed. J. van Ruiten and M. Vervenne, BETL 132 (Louvain: Leuven University Press and Peeters, 1997), 251–71.

41 R. R. Wilson, "Form-Critical Investigation of the Prophetic Literature: The Present Situation," in *One Hundred Ninth Annual Meeting, Chicago, 8–11 November, 1973,* ed. G. MacRae (Cambridge, Mass.: Society of Biblical Literature, 1973), 1:118.

예언자는 오늘날, 지리적으로 보다 멀리 떨어진 이곳에서 어떤 자들에 비견될 수 있는가?

예언자의 역할을 규정하는 것과 관련하여 최근에 창안된 방법은 문화인류학을 접목하는 것인데, 특히 성서의 예언자들과 현대 사회에서 그들과 동일한 기능을 수행하는 자들 간의 유사성을 찾는 것이다.[42] 이 방면의 선구자로는 아프리카 사회를 고찰한 로버트 윌슨(Robert Wilson)과 북아메리카 인디언 "예언자"와의 유사점을 발견한 토마스 오버홀트(Thomas Overholt)였다.[43] 윌슨은 이스라엘의 예언을 포함한 모든 예언의 특징이 무아경(ecstacy) 또는 황홀경(trance)의 상태라는 주장에 특별히 관심을 기울였는데, 이러한 주장은 과거에 몇몇 학자들이 수용했던 것이었다.[44] 그는 이처럼 심리학적으로 판에 박힌 예언의 양태는 보편

42 이 방법의 개요와 예를 *Community, Identity, and Ideology* (ed. Carter and Meyers)에서 그리고 본서 제15장에 실린 Carter의 글에서 볼 수 있다.

43 Wilson, *Prophecy and Society,* 특별히 제2장; idem, *Sociological Approaches;* 다음도 보라. M. P. Adogbo, "A Comparative Analysis of Prophecy in Biblical and African Traditions," *Journal of Theology for Southern Africa* 88 (1994): 15–20. Overholt, "The Ghost Dance of 1890"; idem, "Prophecy: The Problem of Cross-Cultural Comparison," *Semeia* 21 (1982): 55–78 (reprinted in *Anthropological Approaches to the Old Testament,* ed. B. Lang, IRT 8 [Philadelphia: Fortress; London: SPCK, 1985], 60–82); idem, *Prophecy in Cross-Cultural Perspective: A Sourcebook for Biblical Researchers,* SBLSBS 17 (Atlanta: Scholars Press, 1986); idem, *Cultural Anthropology and the Old Testament,* Guides to Biblical Literature, OT Series (Minneapolis: Augsburg Fortress, 1996).

44 예를 들어 G. Hölscher, *Die Propheten* (Leipzig: Hinrichs, 1914). 이슈에 대한 최근 논의는 다음을 보라. S. B. Parker, "Possession Trance and Prophecy in Pre-Exilic Israel," *VT* 28 (1978): 271–85; Wilson, *Prophecy and Society,* 3–8; Petersen, *Roles of Israel's Prophets;* G. André, "Ecstatic Prophecy in the Old Testament," in *Religious Ecstasy,* ed. N. G. Holm (Stockholm: Almqvist & Wiksell, 1982), 187–200; Uffenheimer, "Prophecy, Ecstasy, and Sympathy," 257–58; P. Michaelsen, "Ecstacy and Possession in Ancient

적인 것이 아니라 단지 몇몇 사회에만 적용되는 것으로 이해한다. 이스라엘의 예언자들이 그들의 메시지를 전할 때에 예언의 전형적인 양식을 사용하는 것은 최소한 청중들의 심리상태만큼이나 중요하며, 모든 예언자들이 황홀경에 빠진 것은 아니다.[45]

이 중요한 구분이 언어학 영역에도 동일하게 적용된다는 사실이 윌슨을 통해 밝혀졌다. 히브리어에서 "예언하다"라는 뜻을 가진 동사 어근은 하나이며(*nb'*), 구약성서에서 "니팔"과 "히트파엘" 두 가지 형태로 나타난다. 윌슨은 그중 니팔형은 예언자의 발언에 사용되며, 히트파엘형은 공동체 내에서의 예언자적 행동에 사용된다는 사실을 발견했다. 이 구분의 중요성은 사울의 생애에서도 나타나는데, 그가 황홀경의 상태에서 취한 행동(히트파엘)으로 인해 사람들이 그도 예언자냐고 물었지만(삼상 10:11-12), 그는 예언자적 메시지를 선포한(니팔) 적은 없었기 때문에 엄밀히 말해서 예언자가 아닌 것이다.[46]

많은 학자들이 이러한 비교인류학적 방법을 적용하는 데 있어 주의를 기울일 것을 당부했는데, 왜냐하면 남겨진 증거가 오로지 기록된 문서밖에 없다는 점이 문제가 되기 때문이다. 우리가 가진 것은 일차 자

Israel: A Review of Some Recent Contributions," *SJOT* 2 (1989): 28–54; Grabbe, *Prophets, Priests,* 108–11.

45 Wilson, *Prophecy and Society,* 87. 황홀경과 예언자적 경험에 대한 다른 글로 다음을 참고하라. Parker, "Possession Trance"; Rabe, "Origin of Prophecy," 125–26; R. R. Wilson, "Prophecy and Ecstacy: A Reexamination," *JBL* 79 (1978): 321–37; J. R. Porter, "The Origins of Prophecy in Israel," in *Israel's Prophetic Tradition,* ed. Coggins et al., 21–22; H. W. Wolff, "Prophet und Institution im Alten Testament," in *Charisma und Institution,* ed. T. Rendtorff (Gütersloh: Mohn, 1985), 87–101; A. D. H. Mayes, "Prophecy and Society in Israel," in *Of Prophets' Visions,* ed. McKay and Clines, 31–35.

46 Wilson, *Prophecy and Society,* 182–83; 다음을 보라. Long, "Prophetic Authority"에서는 권위가 말뿐 아니라 행동에서도 나온다고 본다.

료가 아니라 일차 자료를 해석한 이차 자료일 뿐이라는 것이다.[47] 시공간적으로 멀리 떨어진 사회에 대한 관찰 결과들이 단순한 제안을 넘어선다고 주장할 때는 상당한 주의를 기울일 필요가 있다. 현 사회의 관습들은 이전 사회에 그와 유사한 현상들이 존재했는지 탐구할 수 있는 근거가 될 수 있지만, 현대의 관습과 과거의 관습이 동일한 의미를 지녔다고 주장할 수 있는 근거는 될 수 없다. 관습의 유사성이 단순한 우연이나 문화적 보편성을 넘어선다고 주장하기 위해서는 두 문화 사이에 상호작용이 존재한다는 확실한 근거를 제시해야 한다. 위에서 제안된 유사성들은 상당히 계몽적이기는 하지만, 확정적인 것이 아니라 암시적인 것에 불과하다.

예언자는 역사적·지리적으로 어디에 속하는가?

이스라엘의 예언자들은 이스라엘의 하나님과 그의 백성 간에 중재자로서 그 시대가 필요로 하는 것이 무엇이며, 부족한 점이 무엇인지를 말하도록 부름 받았다. 시대적 정황이나 특정 사건을 다룬 모든 문헌에서와 마찬가지로, 각각의 예언이 담은 메시지를 제대로 이해하기 위해서는 정확한 역사적 정황을 아는 것이 필수적이다.

47 W. J. Ong, *Orality and Literacy: The Technologizing of the Word* (New York and London: Methuen, 1982); J. S. Kselman, "The Social World of the Israelite Prophets: A Review Article," *RelSRev* 11.2 (1985): 120–29; W. J. Ong, "Writing Is a Technology That Restructures Thought," in *The Written Word: Literacy in Transition,* ed. G. Baumann, Wolfson College Lectures 1985 (Oxford: Clarendon, 1986); J. Goody, *The Logic of Writing and the Organization of Society* (Cambridge and New York: Cambridge University Press, 1986); Carroll, "Prophecy and Society."

브라이언 펙햄(Brian Peckham)은 최근 들어 대대적인 역사적 상황화에 착수했다.[48] 그는 모세 오경의 저작을 전기 예언서 및 후기 예언서의 저작과 연결 지으면서, "문서들의 순서를 탐구하고 문서들 간의 관계를 발견하고, 그 문서들의 원 자료를 찾아내고…이러한 문서들이 지속적으로 발전해가는 전통에 대해 어떻게 점증적이며 진취적인 방식으로 기여"했는지를 설명하고자 한다.[49] 그의 연구는 기본 바탕이 되는 야웨 서사(Yahwistic epic)에서 출발하여 연대순으로 역대기 역사와 말라기에 이르기까지 예언서, 역사서, 모세 오경 자료 간에 상호연관성이 있다고 제안한다. 팩헴의 연구는 자료를 통합하고 종합하는 흥미로운 시도로서 미래의 연구에 시금석이 될 수도 있을 것이다. 하지만 그의 연구 결과는 단지 독창적일 뿐 시초부터 주관성을 벗어나지 못하고 있다.

지난 4반세기 동안 학자들은 특히 모세 오경의 저작과 관련한 문제를 비롯하여 몇몇 "성서학의 확실한 결과들"이 기초부터 흔들리는 것을 목격했다.[50] 펙햄이 자료의 순서를 정할 때에 "확립된" 순서인 JEDP가 아니라 JPED의 순서를 따르는 것도 이러한 현상을 반영한다. 저작 및 편집 연대에 관한 다른 제안도 역시 주관적인 것이었으며, 이는 저작과 전승의 정확한 과정과 연대에 대한 확실한 내적 증거가 없는 고대 문서에 있어 어쩌면 당연한 일일 수도 있다. 따라서 고대 문헌을 연구하는 학자가 제공할 수 있는 것은 흥미롭기는 할지언정 증명이 될 수는 없는 제안뿐이다.

48 Peckham, *History and Prophecy.* 다음도 보라. D. N. Freedman, *The Unity of the Hebrew Bible* (Ann Arbor: University of Michigan Press, 1991).

49 Peckham, *History and Prophecy,* vii.

50 본서 제5장에서 개요 부분을 보라.

보다 제한된 범위를 다루는 다른 연구에서는 예언서의 사건들을 역사적 정황에 끼워 맞추려고 시도하기도 한다. 새로운 주석서 중 상당수가 이런 작업을 전반적인 목표 가운데 하나로 설정했으며, 예언서 낱권이나 일부를 다룬 논문들도 마찬가지였다.[51]

최근 들어 고고학적 유물들도 예언서 해석에 빛을 던져줌으로써 독자적인 역할을 하고 있다. 사회고고학은 예언자의 메시지를 수용하는 공동체의 정황뿐만 아니라 예언자가 어떤 배경에서 메시지를 선포하게 되었는지에 대해서도 조명해줄 수 있다. 이 분야의 고고학 연구에서 가장 중요한 업적은 아마도 고대 근동 고고학의 모든 영역을 아우르는 백과사전을 발간한 일일 것이다.[52] 비록 그 사전이 체계적으로 예언 자료 자체를 다루지는 않지만 말이다. 이 분야에서 가장 포괄적이고 종합

51 예를 들어 K. N. Schoville, "A Note on the Oracles of Amos against Gaza, Tyre, and Edom," in *Studies on Prophecy,* 55–63; A. Vanel, "Tâbe'él en Is. VII 6 et le roi Tubail de Tyr," in *Studies on Prophecy,* 17–24; 그리고 다른 연구 글; D. L. Christensen, "The Acrostic of Nahum Once Again: A Prosodic Analysis of Nahum 1,1–10," *ZAW* 99 (1987): 17–30; F. J. Gonçalves, *L'expédition de Sennachérib en Palestine dans la literature hébraïque ancienne,* Publications de l'Institut Orientaliste de Louvain 34 (Louvainla- Neuve: Université Catholique de Louvain, Institut Orientaliste, 1986); M. A. Sweeney, *Isaiah 1–4 and the Post-Exilic Understanding of the Isaianic Tradition,* BZAW 171 (Berlin: de Gruyter, 1988); J. R. Lundbom, *The Early Career of the Prophet Jeremiah* (Lewiston, N.Y.: Mellen Biblical Press, 1993); C. R. Seitz, "Account A and the Annals of Sennacherib: A Reassessment," *JSOT* 58 (1993): 47–57; W. McKane, "Worship of the Queen of Heaven (Jer. 44)," in *"Wer ist wie Du, HERR, unter den Göttern?" Studien zur Theologie und Religionsgeschichte für Otto Kaiser zum 70. Geburtstag,* ed. I. Kottsieper (Göttingen: Vandenhoeck & Ruprecht, 1994), 318–24; P. L. Redditt, "Nehemiah's First Mission and the Date of Zechariah 9–14," *CBQ* 56 (1994): 664–78; M. A. Sweeney, "Sargon's Threat against Jerusalem in Isaiah 10,27–32," *Bib* 75 (1994): 457–70; P. L. Redditt, "Daniel 11 and the Sociohistorical Setting of the Book of Daniel," *CBQ* 60 (1998): 463–74.

52 E. M. Meyers, ed., *The Oxford Encyclopedia of Archaeology in the Near East*, 5 vols. (New York and Oxford: Oxford University Press, 1997).

적인 연구는 필립 킹(Philip King)에 의해 진행되었는데, 그는 예레미야서를 비롯하여 아모스서, 호세아서, 그리고 미가서를 이해하는 데 고고학이 어떻게 기여하는지를 탐구하였다.[53] 여기에 덧붙여서 제한적인 텍스트를 다룬 연구들, 예를 들어 이사야 5:8-10과 아시리아 도시 고고학의 관계,[54] 성서 기사에 영향을 미친 산헤립의 원정(들),[55] 에스겔서 13장의 고고학,[56] 아모스서의 지리,[57] 쿤틸레트 아즈루드 비문에 반영된 호세아 1:2 시대의 종교상,[58] 이스라엘과 주변 지역에서 어린아이를 제물로 바치던 장소(미 6:7),[59] 종교적 도상학(iconography),[60] 그리고 다니

53 P. J. King, *Amos, Hosea, Micah: An Archaeological Commentary* (Philadelphia: Westminster, 1988); idem, *Jeremiah: An Archaeological Companion* (Louisville: Westminster/ John Knox, 1993); idem, "Jeremiah's Polemic against Idols—What Archaeology Can Teach Us," *BibRev* 10.6 (1994): 22–29.

54 F. E. Dobberahn, "Jesaja verklagt die Mörder an der menschlichen Gemeinschaft: Ein exegetischer Versuch zum 'Erkenntnistheoretischen Privileg' der Armen Lateinamerikas,"*EvT* 54 (1994): 400–412.

55 Gonçalves, *L'expédition de Sennachérib*

56 G. I. Davies, "An Archaeological Commentary on Ezekiel 13," in *Scripture and Other Artifacts: Essays on the Bible and Archaeology in Honor of Philip J. King,* ed. M. D. Coogan, J. C. Exum, and L. E. Stager (Louisville: Westminster/John Knox, 1994), 108–25

57 J. A. Burger, "Amos: A Historical-Geographical View," *JSem* 4 (1992): 130–50; E. F. Campbell, "Archeological Reflections on Amos's Targets," in *Scripture and Other Artifacts,*130–50.

58 W. Boshoff, "Sexual Encounters of a Different Kind: Hosea 1:2 as Foreplay to the Message of the Book of Hosea," *Religion and Theology* 1 (1994): 329–39. 본서 제14장에서 Arnold의 논의를 보라.

59 L. E. Stager, "The Rite of Child Sacrifice at Carthage: Papers of a Symposium," in *New Light on Ancient Carthage,* ed. J. G. Pedley (Ann Arbor: University of Michigan Press, 1980), 1–11

60 O. Keel and C. Uehlinger, *Gods, Goddesses, and Images of God in Ancient Israel,* trans. T. H. Trapp (Minneapolis: Fortress, 1998).

엘서 텍스트에 관한 탐구 등이 행해졌다.[61]

예언자들과 관련하여 세 가지 고고학적 주제가 특별히 관심을 끌었다. 첫째, *mrzh*라는 단어가 예레미야 16:5과 아모스 6:7에 언급되는데, 그 단어는 우가리트(기원전 13세기)와 시리아의 팔미라(기원후 2-4세기)에서 나온 텍스트들을 근거로 추정할 때 포도주와 기름이 주로 사용된 장례 식사를 의미하는 것으로 보인다.[62] 이 단어가 보다 이른 시기에 에

61 A. Merling, "Daniel y la Arqueologia," *Theologika* 8.1 (1993): 2–43; P. Coxon, "Another Look at Nebuchadnezzar's Madness," in *The Book of Daniel in the Light of New Findings,* ed. A. S. van der Woude, BETL 106 (Louvain: Leuven University Press and Peeters, 1993), 211–22. 고고학과 예언서 텍스트를 포함한 몇몇의 다른 주제가 다음 책에서 논의된다. *Scripture and Other Artifacts,* ed. Coogan et al.

62 A. Negev, "Nabatean Inscriptions," *IEJ* 13 (1963): 113–16; P. D. Miller Jr., "The *Mrzh* Text," in *The Claremont Ras Shamra Tablets,* ed. L. R. Fisher, AnOr 48 (Rome: Pontifical Biblical Institute, 1971), 37–48; M. Dahood, "Additional Notes on the *Mrzh* Text," in ibid., 51–54; J. Braslavi, "Jeremiah 16:5; Amos 6:7," *Beth Miqra* 48 (1971): 5–13 (in Hebrew); M. Pope, "A Divine Banquet at Ugarit," in *The Use of the Old Testament in the New and Other Essays: Studies in Honor of William Franklin Stinespring,* ed. J. M. Efird (Durham: Duke University Press, 1972), 170–203; J. Greenfield, "The *Marzeah* as a Social Institution," *Acta Antiqua* 22 (1974): 451–55; T. L. Fenton, "The Claremont *'Mrzh'* Tablet: Its Text and Meaning," *UF* 9 (1977): 71–76; B. Halpern, "Landlord-Tenant Dispute at Ugarit?" *Maarav* 2 (1979): 121–40; B. Margalit, "The Ugaritic Feast of the Drunken Gods: Another Look at RS 24.258 (*KTU* 1.114)," *Maarav* 2 (1980): 98–105; R. E. Friedman, "The *Mrzh* Tablet from Ugarit," *Maarav* 2 (1980): 187–206; M. Pope, "The Cult of the Dead at Ugarit," in *Ugarit in Retrospect: Fifty Years of Ugarit and Ugaritic,* ed. G. Young (Winona Lake, Ind.: Eisenbrauns, 1981), 159–79; J. Teixidor, "Le Thiase de Belastor et de Beelshamen d'après une inscription récemment découverte à Palmyre," *CRAIBL* (1981): 306–14; M. Dietrich and O. Loretz, "Der Vertrag eines *Mrzh*-Klubs in Ugarit: Zum Verständnis von *KTU* 3.9," *UF* 14 (1982): 71–76; H. M. Barstad, *The Religious Polemics of Amos: Studies in the Preaching of Amos 2,7B–8; 4,1–13; 5,1–27; 6,4–7; 8,14,* VTSup 34 (Leiden: Brill, 1984); King, *Amos, Hosea, Micah,* 137–61; idem, "The *Marzeah* Amos Denounces—Using Archaeology to Interpret a Biblical Text," *BAR* 14.4 (1988): 34–44. 참고 문헌과 더 상세한 논의는 다음을 보라. 예를 들어 F. I. Andersen and D. N. Freedman, *Amos: A New Translation with Notes and Commentary,* AB 24A (New York: Doubleday,

블라에서도 등장한다는 제안들은 좀 더 검증이 필요하다.[63] 최근에는 구체적으로 *mrzh*라는 명칭을 언급하지 않는 이사야 28:1-6과 같은 텍스트도 연회 장면을 묘사하는 것이라고 보는 견해가 있다.[64]

보다 뜨거운 논쟁을 일으킨 사건은 기원전 9세기의 텔 단 유적에서 "다윗의 집"(*bytdwd*; 참조. 삼하 7:5, 7, 11, 13, 27의 예언)이라는 문구가 새겨진 아람어 비문을 발견한 것이다. 일부 학자들은 아모스 9:11에 근거하여 이것을 장차 회복될 "다윗의 장막"과 평행구로 여긴다.[65] 이 텍스트는 성서를 제외하고 다윗이라는 이름을 언급한 가장 오래된 자료이기 때문에 역사적으로 대단히 중요하다. 따라서 이 텍스트의 발견은 많은 반향을 일으켰는데, 한편에서는 이것을 위조된 것으로 간주하거나,[66] 핵심 단어들을 잘못 해석했다고 주장하거나,[67] 또는 그 텍스트가 주장되는 연대보다 한 두 세기 이후의 것이라고 주장하는가 하면, [68] 다

1989), 566–68; and S. M. Paul, *Amos,* Hermeneia (Minneapolis: Fortress, 1991), 210–12.

63 G. Pettinato, *Testi Amministrativi Della Biblioteca L2769: Materiali Epigrapici di Ebla* (Naples: University of Naples, 1980); M. Dahood, "The Minor Prophets and Ebla," in *The Word of the Lord Shall Go Forth: Essays in Honor of David Noel Freedman in Celebration of His Sixtieth Birthday,* ed. C. L. Meyers and M. O'Connor (Winona Lake, Ind.: Eisenbrauns, 1983), 54.

64 B. A. Asen, "The Garlands of Ephraim: Isaiah 28.1–6 and the *Marzeah,*" *JSOT* 71 (1996): 73–87에는 그 축제에 관한 방대한 참고문헌이 수록되어 있다.

65 P. R. Davies, "*Bytdwd* and *Swkt Dwyd:* A Comparison," *JSOT* 64 (1994): 23–24. Cf. A. Biran and J. Naveh, "An Aramaic Stele Fragment from Tel Dan," *IEJ* 43 (1993): 81–98.

66 F. H. Cryer, "On the Recently-Discovered 'House of David' Inscription," *SJOT* 8 (1994): 3–20, esp. 14–15.

67 Ibid., 17 and n. 34; P. R. Davies, "'House of David' Built on Sand," *BAR* 20.4 (1994): 54–55; E. A. Knauf, A. de Pury, and T. Römer, "**BaytDawīd* ou **BaytDōd?*" *BN* 72 (1994): 60–69에서는 *dwd*를 신의 칭호("사랑하는")로 읽는다.

68 Cryer, "On the Recently-Discovered 'House of David' Inscription," 9, 12; N. P.

른 한편에서는 그 텍스트를 진본으로 받아들였다.[69] 일부에서는 다윗이라는 이름의 초기 독법을 지지하기 위하여 모압 석비를 재해석할 것을 제안하기도 하였다.[70]

발견된 것 중 비교적 논란이 적었던 유물로는 예레미야서에 등장하는 인물들의 이름이 적힌 인장들과 관인들(bullae) 있는데, 여기서 우리는 사반의 아들 그마랴(36:10-12),[71] 왕의 아들 여라므엘(36:26),[72] 예레미야의 서기관인 네리야의 아들 바룩(32:12; 43:1-7)을 비롯한 다른 인물들의 이름을 발견할 수 있다. 그중 하나에서 육안으로 확인할 수 있는 바룩의 지문을 발견했다고 주장하는 자들도 있다.[73]

Lemche and T. L. Thompson, "Did Biran Kill David? The Bible in the Light of Archaeology," *JSOT* 64 (1994): 5에서는 텍스트의 연대로 8세기 이후가 가능하다고 할뿐 아니라 *dwd*을 야웨의 칭호로 재해석한다.

69 [H. Shanks], "'David' Found at Dan," *BAR* 20.2 (1994): 26–39; A. Rainey, "The 'House of David' and the House of the Deconstructionists," *BAR* 20.6 (1994): 47; D. N. Freedman and J. C. Geoghegan, "'House of David' Is There," *BAR* 21.2 (1994): 78–79; B. Halpern, "Erasing History: The Minimalist Assault on Ancient Israel," *BibRev* 11.6 (1995): 26–35; 여기서 Halpern은 비문의 역사성을 부인하는 것을 구약의 어느 시기에 대해서도 역사를 기술할 여지를 최소화하기 위한 의도적인 시도라고 본다.

70 A. Lemaire, "'House of David' Restored in Moabite Inscription," *BAR* 20.3 (1994): 30–37.

71 N. Avigad, *Hebrew Bullae from the Time of Jeremiah* (Jerusalem: Israel Exploration Society, 1986); King, *Jeremiah*, 94–95.

72 King, *Jeremiah*, 95–97.

73 H. Shanks, "Jeremiah's Scribe and Confidant Speaks from a Hoard of Clay Bullae," *BAR* 13.5 (1987): 58–68; T. Schneider, "Six Biblical Signatures," *BAR* 17.4 (1991): 26–33; King, *Jeremiah*, 95; H. Shanks, "Fingerprint of Jeremiah's Scribe," *BAR* 22.2 (1996): 36–38.

저작

예언자들은 어떤 방식으로 말했는가?

설교자로서 예언자들은 청중이 불순종의 길을 떠나 하나님을 따르도록 설득하려고 애썼다. 수사학의 대표적 분과인 설득 화법은 아리스토텔레스에 의해 그리스에서 처음 체계화되었다.[74] 수사학이 성서적 개념은 아니지만 예호슈아 기타이(Yehoshua Gitay)는 예언자들, 특히 이사야를 설명하기 위해 고전 수사학에서 얻은 통찰력을 활용했는데,[75] 이러한 접근법은 다른 예언서에도 효과적으로 적용될 수 있다. 이 접근법은 메시지가 전달될 당시의 정황은 어떠했는지, 그리고 예언자들은 청중이 그 메시지에 어떻게 반응하기를 원했으며 어떤 설득력 있는 화법을 이용했는지를 살핌으로써 예언자의 메시지를 그 시대의 정황 속에 투

74 Aristotle, *The "Art" of Rhetoric,* trans. H. E. Butler, LCL (Cambridge, Mass.: Harvard University Press, 1926). See Quintilian, *The Institutio Oratoria,* trans. H. E. Butler, 4 vols., LCL (Cambridge, Mass.: Harvard University Press, 1921). 이 분과에 대한 요약적 설명으로는 B. Witherington III, *Conflict and Community in Corinth: A Socio-Rhetorical Commentary on 1–2 Corinthians* (Grand Rapids: Eerdmans), 39–48, 55–61을 보라.

75 Y. Gitay, *Prophecy and Persuasion: A Study of Isaiah 40–48,* Forum Theologicae Linguisticae 14 (Bonn: Linguistica Biblica, 1981); idem, "Isaiah and His Audience," *Prooftexts* 3 (1983): 223–30; idem, "Reflections on the Study of the Prophetic Discourse," *VT* 33 (1983): 207–21; idem, *Isaiah and His Audience: The Structure and Meaning of Isaiah 1–12,* SSN 30 (Assen: Van Gorcum, 1991); idem, "Rhetorical Criticism," in *To Each Its Own Meaning: An Introduction to Biblical Criticisms and Their Application,* ed. S. R. Haynes and S. L. McKenzie (Louisville: Westminster/John Knox, 1993), 135–49.

영하려 노력한다. 예언자들의 연설은 후기 그리스 수사학자들의 무의미한 웅변과는 대조적으로 분명한 목적을 가지고 있었다.[76]

예언서 텍스트는 대부분 운문이다. 그래서 수많은 학자들이 히브리 시문학에 대한 일반적인 연구에서 예언서들을 다루기도 하고[77] 때로는 텍스트에 나타난 시적 장치들, 예를 들어 운율(히브리어의 음보 체계

76 Witherington, *Conflict and Community,* 43–65. 다음을 보라. 1 Cor. 2:1.

77 T. Collins, *Line-Forms in Hebrew Poetry: A Grammatical Approach to the Stylistic Study,* StPohl: Series Maior 7 (Rome: Pontifical Biblical Institute, 1978); M. O'Connor, *Hebrew Verse Structure* (Winona Lake, Ind.: Eisenbrauns, 1980); P. van der Lugt, *Strofische Structuren in de Bibels-Hebreeuwse Poëzie* (Kampen: Kok, 1980); J. L. Kugel, *The Idea of Biblical Poetry* (New Haven: Yale University Press, 1981); S. A. Geller, "Theory and Method in the Study of Biblical Poetry," *JQR* 73 (1982): 65–77; S. A. Geller, E. L. Greenstein, and A. Berlin, *A Sense of Text: The Art of Language in the Study of Biblical Literature,* JQRSup 1982 (Winona Lake, Ind.: Eisenbrauns, 1983); R. Alter, *The Art of Biblical Poetry* (New York: Basic Books, 1985); A. Berlin, *The Dynamics of Biblical Parallelism* (Bloomington: Indiana University Press, 1985); W. G. E. Watson, *Classical Hebrew Poetry: A Guide to Its Techniques,* 2d ed., JSOTSup 26 (Sheffield: Sheffield Academic Press, 1986; reprinted 1995); D. J. A. Clines, "The Parallelism of Greater Precision," in *Directions in Biblical Hebrew Poetry,* ed. E. Follis, JSOTSup 40 (Sheffield: JSOT Press, 1987), 77–100; J. T. Willis, "Alternation (ABA′B′) Parallelism in the Old Testament Psalms and Prophetic Literature," in ibid., 49–76.

[metric system]),[78] 언어유희,[79] 두운(alliteration)이나 유음(assonance)과 같은 소리유희,[80] 또는 구조[81] 등과 같은 보다 제한적인 연구에서 예언서

78 D. L. Christensen, "The Acrostic of Nahum Reconsidered," *ZAW* 87 (1975): 5; D. K. Stuart, *Studies in Early Hebrew Meter,* HSM 13 (Missoula, Mont.: Scholars Press, 1976); J. M. Vincent, *Studien zur literarischen Eigenart und zur geistigen Heimat von Jesaja, Kap 40–55,* Beiträge zur biblischen Exegese und Theologie 5 (Frankfurt am Main, Berne, and Las Vegas: Lang, 1977); K. Kiesow, *Exodustexte im Jesajabuch: Literarkritische und motivgeschichtliche Analysen,* OBO 24 (Freiburg, Switzerland: Universitätsverlag, 1979); J. P. Fokkelman, "Stylistic Analysis of Isaiah 40:1–11" in *Remembering All the Way,OTS* 21 (1981): 68–90; W. R. Garr, "The Qinah: A Study of Poetic Meter, Syntax and Style," *ZAW* 95 (1983): 54–75; O. Loretz, *Der Prolog Des Jesaja Buches (1,1–2,5),* Ugaritologische und kolometrische Studien zum Jesaja-Buch 1 (Altenberg: CIS-Verlag, 1984); Christensen, "The Acrostic of Nahum Once Again"; F. I. Andersen, "The Poetic Properties of Poetic Discourse in the Book of Micah," in *Biblical Hebrew and Discourse Linguistics,* ed. R. D. Bergen (Dallas: Summer Institute of Linguistics, 1994), 520–28.

79 D. L. Christensen, "Anticipatory Paranomasia in Jonah 3:7–8 and Genesis 37:2," *RB* 90 (1983): 261–63; A. J. Petrotta, *Lex Ludens: Wordplay in the Book of Micah,* American University Studies VII/105 (New York: Lang, 1991); K. Holter, "A Note on שביה/שבי in Isa. 52,2," *ZAW* 104 (1992): 106–7; B. T. Arnold, "Wordplay and Narrative Techniques in Daniel 5 and 6," *JBL* 112 (1993): 479–85; S. Bahar, "Two Forms of the Root *Nwp* in Isaiah x 32," *VT* 43 (1993): 403–5; K. Holter, "The Wordplay on אל ('God') in Isaiah 45,20–21," *SJOT* 7 (1993): 88–98; W. A. M. Beuken, "What Does the Vision Hold: Teachers or One Teacher? Punning Repetition in Isaiah 30:20," *HeyJ* 36 (1995): 451–66.

80 J. P. van der Westhuizen, "Assonance in Biblical and Babylonian Hymns of Praise," *Semitics* 7 (1980): 81–101; L. Boadt, "Intentional Alliteration in Second Isaiah,"*CBQ* 45 (1983): 353–63.

81 L. Boadt, "Isaiah 41:8–13: Notes on Poetic Structure and Style," *CBQ* 35 (1973): 6; A. R. Ceresko, "The Function of Chiasmus in Hebrew Poetry," *CBQ* 40 (1978): 1–10; J. S. Kselman, "Design and Structure in Hebrew Poetry," in *SBLSP, 1980,* ed. P. Achtemeier (Chico, Calif.: Scholars Press, 1980), 1–16; H. V. Parunak, "Oral Typesetting: Some Uses of Biblical Structure," *Bib* 62 (1981): 153–68; J. Kras ˙ ovec, "Merism–Polar Expression in Biblical Hebrew," *Bib* 64 (1983): 231–39; H. V. Parunak, "Transitional Techniques in the Bible," *JBL* 102 (1983): 525–48; S. Segert, "Poetic Structures in the Hebrew Sections of the Book of Daniel," in *Solving Riddles and Untying Knots: Biblical, Epigraphic, and Semitic Studies in Honor of Jonas C.*

를 다루기도 했다. 텍스트 언어학(담화 분석)은 보다 광범위한 영역에서 문자 텍스트와 구전 텍스트를 이해하는 데 통찰력을 제공했다. 텍스트 언어학을 통해 성서학자들은 텍스트의 의미가 지금까지 문법적 분석의 주요 영역으로 간주되었던 단어와 문장(형태론과 구문론)에뿐만 아니라 보다 광범위한 텍스트 요소에도 담겨 있음을 인식하게 되었다. 텍스트 언어학은 텍스트 또는 이야기에 내재한 구조 및 요소들의 의미를 분석한다.[82] 이 방법론은 예언서의 구조를 파악하는 데 큰 결실을 가져다주었다.[83] 하지만 앞으로도 연구해야 할 다른 예언서 텍스트들과 보다 규모가 큰 텍스트 영역들이 남아 있다.

구문론은 예언서 분야에서뿐만 아니라 히브리어 문학을 연구하는

Greenfield, ed. Z. Zevit et al. (Winona Lake, Ind.: Eisenbrauns, 1995), 261–75. 이런 종류의 연구는 시에 국한되지 않는다; 참조. M. Rosenbaum, *Word-Order Variation in Isaiah 40–55: A Functional Perspective,* SSN 35 (Assen: Van Gorcum, 1997)에는 유익한 참고문헌이 235–56에 나온다.

82 성서학 분야뿐 아니라 더 넓게 텍스트 연구 분야에 대한 개요를 다음 책에서 보라. P. Cotterell and M. Turner, *Linguistics and Biblical Interpretation* (Downers Grove, Ill.: InterVarsity; London: SPCK, 1989).

83 T. J. Finley and G. Payton, "A Discourse Analysis of Isaiah 7–12," *JTT* 6 (1993): 317–35; E. R. Clendenen, "Old Testament Prophecy as Hortatory Text: Examples from Malachi," *JTT* 6 (1993): 336–53; R. E. Longacre and S. J. J. Hwang, "A Textlinguistic Approach to the Biblical Hebrew Narrative of Jonah," in *Biblical Hebrew and Discourse Linguistics,* ed. Bergen, 336–58; H. V. Parunak, "Some Discourse Functions of Prophetic Quotation Formulas in Jeremiah," in ibid., 489–519; D. J. Clark, "Vision and Oracle in Zechariah 1–6," in ibid., 529–60; D. M. Carr, "Isaiah 40:1–11 in the Context of the Macrostructure of Second Isaiah," in *Discourse Analysis of Biblical Literature: What It Is and What It Offers,* ed. W. R. Bodine, SBL Semeia Studies (Atlanta: Scholars Press, 1995), 51–74; D. J. Holbrook, "Narrowing Down Haggai: Examining Style in Light of Discourse and Content," *JTT* 7 (1995): 1–12; U. Simon, *Reading Prophetic Narratives,* trans. L. J. Schramm, Indiana Studies in Biblical Literature (Bloomington: Indiana University Press, 1997)에서는 역사서에 나오는 예언자들 관련 내러티브를 분석한다.

모든 학자들 사이에서 지속적인 관심의 대상이 되어왔다. 구문론 연구에는 새로운 도구들이 동원되었는데, 그 가운데는 컴퓨터를 활용한 통계학적 작업이나 다른 전산 작업들이 포함된다.[84]

텍스트 언어학과는 정반대의 방향으로도 연구가 진행되었는데, 학자들은 사전학(lexicography, 단어의 사전적 형태를 다루는 학문)을 활용하여 예언자의 메시지에 담긴 의미를 파악하고자 했다.[85] 예언서 텍스트의 저작 연대를 추정하기 위해 단어의 용례와 언어학이 활용되었으며[86] 자료의 지리적 근원을 파악하기 위해 방언 연구가 활용되었다.[87]

예언자들은 설교자였기 때문에 그들의 메시지는 본래 대부분이 구두 형식이었을 것이다. 그렇다면 과연 예언자 자신이 직접 기록한 자료가 있는가라는 질문이 제기될 수 있다. 양 극단의 한편에서 어떤 학자

84 예를 들어 E. Talstra and A. L. H. M. van Wieringen, eds., *A Prophet on the Screen: Computerized Description of Isaianic Texts,* Applicatio 9 (Amsterdam: VU University Press, 1992).

85 대부분의 주석서는 단어, 형태, 구문론적 레벨에 많은 노력을 기울인다. 최고의 영예는 거의 확실히 다음의 주석서에게 돌아갈 것이다. F. I. Andersen and D. N. Freedman, *Hosea: A New Translation with Introduction and Commentary,* AB 24 (Garden City, N.Y.: Doubleday, 1980); Andersen and Freedman, *Amos.* Individual lexical studies also abound, e.g., T. N. D. Mettinger, "The Elimination of a *Crux?* A Syntactic and Semantic Study of Isaiah xl 18–20," in *Studies on Prophecy;* 77–83; M. A. Sweeney, "On *ûmeśôś* in Isaiah 8.6," in *Among the Prophets: Language, Image, and Structure in the Prophetic Writings,* ed. P. R. Davies and D. J. A. Clines, JSOTSup 144 (Sheffield: JSOT Press, 1993), 42–54; J. T. Willis, "The 'Repentance' of God in the Books of Samuel, Jeremiah, and Jonah," *HBT* 16 (1994): 156–75.

86 A. Hurvitz, *A Linguistic Study of the Relationship between the Priestly Source and the Book of Ezekiel: A New Approach to an Old Problem,* Cahiers de la Revue biblique 20 (Paris: Gabalda, 1982); M. F. Rooker, "Dating Isaiah 40–66: What Does the Linguistic Evidence Say?" *WTJ* 58 (1996): 303–12.

87 W. R. Garr, *Dialectical Geography of Syria-Palestine, 1000–586 B.C.E.* (Philadelphia: University of Pennsylvania Press, 1985); I. Young, *Diversity in Pre-Exilic Hebrew,* FAT 5 (Tübingen: Mohr, 1993).

들은 모든 메시지가 구두로 전달되었고 예언자 자신이 실제로 기록한 자료는 전혀 없다고 주장한다.[88] 만일 예언자가 황홀경의 상태에서 메시지를 전달했다면 당연히 그러한 주장을 수용해야 할 것이다. 하지만 반대편 극단에 선 학자들은 현재 우리가 갖고 있는 예언서 텍스트가 예언서의 제목에 이름이 언급된 예언자의 손으로 직접 기록되었다고 주장한다.[89] 요점은 현존하는 텍스트가 예언자의 본래 메시지에 얼마나 근접해 있는가 하는 것이다. 텍스트가 전승 기간을 거치면서 보충되거나 변경되었다면 어느 것이 원본이며 어느 것이 이차 텍스트인가? 바로 이 "전승 역사" 자체가 많은 문제를 내포하는데, 왜냐하면 (반드시 그런 것은 아니지만) 전승의 기간이 짧은 경우에는 진실성이 보장되지만, 전승 기간이 길어질수록 진실성에 의문을 제기할 수 있다고 여기기 때문이다.

예언자들이 전한 메시지는 어떤 종류의 것이었는가?

문학적 장르나 유형을 다루는 양식비평은 헤르만 궁켈(Hermann

88 J. J. Schmitt, "Prophecy, Preexilic Hebrew," *ABD,* 5:488. 구술 논의 대 저술 논의에 대해 다음을 보라: W. Zimmerli, "Vom Prophetenwort zum Prophetenbuch," *TLZ* 104 (1979): 481–96 (translated by A. Köstenberger as "From Prophetic Word to Prophetic Book," in *Place Is Too Small,* ed. Gordon, 419–42); F. E. Deist, "The Prophets: Are We Heading for a Paradigm Shift?" in *Prophet und Prophetenbuch: Festschrift für Otto Kaiser zum 65. Geburtstag,* ed. V. Fritz, K.-F. Pohlmann, and H.-C. Schmitt, BZAW 185 (Berlin: de Gruyter, 1989), 8 (reprinted in *Place Is Too Small,* ed. Gordon, 589); Grabbe, *Prophets, Priests,* 105–7.

89 예를 들어 Paul, *Amos,* 6.

Gunkel)의 선구적인 연구 이래 지속적으로 예언서 연구에서 중요한 위치를 차지한다.[90] 코흐나 베스터만과 같은 독일 학자들은 예언자의 메시지 형태를 논의하는 데 주요한 역할을 감당했는데,[91] 그들의 이론에 대한 비평과 논쟁도 적지 않았다.[92]

많은 학자들이 고대 근동 텍스트들이 갖는 형태상의 유사점을 찾기 위해 노력했다. 그런가 하면 어떤 학자들은 텍스트 자체에 대한 연구에서 통찰력을 얻고자 했다. 본 단락은 본장의 다른 부분과 겹치는 내용이 많은데 그 이유는 양식비평에서 다루는 삶의 정황(Sitz im Leben)과, 예언자의 사회적 역할 간에 긴밀한 연관성이 있기 때문이다.

폴 코플런드(Paul Copeland)는 다음과 같이 흥미로운 제안을 한다. 예언서 연구에서 문제 삼아야 할 것은 "하나님이 예언자를 통해 무슨

90 Gunkel의 공헌에 대한 유용한 요약으로 다음을 보라. Gordon, "Story," 12–14, and J. H. Hayes, *An Introduction to Old Testament Study* (Nashville: Abingdon, 1979), 122–54, 273–77.

91 C. Westermann, *Basic Forms of Prophetic Speech,* trans. H. C. White (Philadelphia: Westminster, 1967); idem, *Sprache und Struktur der Prophetie Deuterojesajas,* CThM 11 (Stuttgart: Calwer, 1981); idem, "Zur Erforschung und zum Verständnis der prophetischen Heilsworte," *ZAW* 98 (1986): 1–13; idem, *Prophetic Oracles of Salvation in the Old Testament,* trans. K. Crim (Louisville: Westminster/John Knox, 1991). For a brief study of Westermann, see B. T. Arnold, "Forms of Prophetic Speech in the Old Testament: A Summary of Claus Westermann's Contributions," *ATJ* 27 (1995): 30–40. See also K. Koch, *Amos: Untersucht mit den Methoden einer Strukturalen Formgeschichte,* AOAT 30 (Kevelaer: Butzon & Bercker; Neukirchen-Vluyn: Neukirchener Verlag, 1976); idem, *The Prophets,* 2 vols., trans. M. Kohl (London: SCM, 1982; Philadelphia: Fortress, 1983–84).

92 Wilson, "Form-Critical Investigation"; W. E. March, "Prophecy," in *Old Testament Form Criticism,* ed. J. H. Hayes, TUMSR 2 (San Antonio: Trinity University Press, 1974), 251–66; 다음을 보라. G. M. Tucker, "Prophetic Speech," *Int* 32 (1978): 31–45; idem, "Prophecy and the Prophetic Literature"; M. A. Sweeney, "Formation and Form in Prophetic Literature," in *Old Testament Interpretation,* ed. Mays, Petersen, and Richards, 113–26.

말씀을 하셨는가?"가 아니라 "하나님이 그에게 말씀하셨다는 예언자의 주장은 도대체 어떤 의미를 갖는 것인가?"이다.[93] 이 질문을 통해 이전부터 주목을 받아왔던 다양한 주제들, 예를 들어 예언자의 정의 및 역할과 같은 주제들이 하나로 통합된다. 이로 인해 전혀 다른 차원에서의 논의가 야기되는데, 여기서는 자료와 컨텍스트가 단순한 차용이 아닌 영감의 차원에서 다루어진다. 권위의 수준은 우리가 예언을 단순한 문학으로 받아들이느냐, 아니면 계시로 받아들이느냐에 따라 달라진다.[94] 예언자는 단지 통찰력이 뛰어난 사람일 뿐인가,[95] 아니면 신적 영감을 받은 자인가? 학자들은 예언자의 메시지가 갖는 도덕적인 측면뿐 아니라 신학적인 측면에도 점점 더 중요성을 부여했다.[96]

예언자들이 그들의 메시지를 전달하기 위해 자주 사용했던 중요한 문학 형식은 은유법(metaphor)이었다. 따라서 은유법 연구는 성서학자들의 주요 관심 분야가 되었다. 하나님과 그의 다양한 속성 그리고 그

93 P. E. Copeland, "A Guide to the Study of the Prophets," *Themelios* 10.1 (1984): 8.

94 A. Brenner, "On 'Jeremiah' and the Poetics of (Prophetic?) Pornography," in A. Brenner and F. van Dijk-Hemmes, *On Gendering Texts: Female and Male Voices in the Hebrew Bible,* Biblical Interpretation Series 1 (Leiden: Brill, 1993), 177; R. E. Clements, *Old Testament Prophecy: From Oracles to Canon* (Louisville: Westminster/John Knox, 1996), 13.

95 R. R. Deutsch, "Why Did the Hebrew Prophets Speak?" *South-East Asia Journal of Theology* 18 (1977): 26–36; Deist, "Prophets," 15 (reprinted in *Place Is Too Small,* ed. Gordon, 596); B. W. Anderson, "The Role of the Messiah," *BibRev* 11.5 (1995): 19, 48.

96 Gordon, "Story," 22; J. Barton, "Natural Law and Poetic Justice in the Old Testament," *JTS,* n.s., 30 (1979): 1–14; C. Stuhlmueller, "Deutero-Isaiah: Major Transitions in the Prophet's Theology and in Contemporary Scholarship," *CBQ* 42 (1980): 1–29; E. W. Davies, *Prophecy and Ethics: Isaiah and the Ethical Traditions of Israel,* JSOTSup 16 (Sheffield: JSOT Press, 1981); H. W. Wolff, *Confrontations with Prophets: Discovering the Old Testament's New and Contemporary Significance* (Philadelphia: Fortress, 1983); W. S. Prinsloo, *The Theology of the Book of Joel,* BZAW 163 (Berlin: de Gruyter, 1985); Westermann, "Zur Erforschung und zum Verständnis"; W. Brueggemann, *Hopeful*

와의 관계들이 자연스레 은유적인 용어들로 표현되었다. 왜냐하면 전적 타자인 하나님이 유한한 인생들과 인지적 연결점을 갖기 위해서는 그런 식으로 묘사되지 않으면 안 되기 때문이다.[97] 다른 은유들에도 관심을 기울였지만[98] 특히 결혼과 성적 연합에 관련된 은유들이 많은 주

Imagination:Prophetic Voices in Exile (Philadelphia: Fortress, 1986); idem, *Hope within History* (Atlanta:John Knox, 1987); idem, *To Pluck Up, to Tear Down: A Commentary of the Book of Jeremiah 1–25,* ITC (Grand Rapids: Eerdmans, 1988); idem, *To Build, to Plant: A Commentary of the Book of Jeremiah 26–52,* ITC (Grand Rapids: Eerdmans, 1991); M. D. Carroll, *Contexts for Amos: Prophetic Poetics in Latin American Perspective,* JSOTSup 132 (Sheffield: JSOT Press, 1992); B. A. Levine, "An Essay on Prophetic Attitudes toward Temple and Cult in Biblical Israel," in *Minhah le-Nahum: Biblical and Other Studies Presented to Nahum M. Sarna in Honour of His 70th Birthday,* ed. M. Brettler and M. Fishbane, JSOTSup 154 (Sheffield: JSOT Press, 1993), 202–25; J. G. McConville, *Judgement and Promise: An Interpretation of the Book of Jeremiah* (Leicester: Apollos; Winona Lake, Ind.: Eisenbrauns, 1993); R. R. Marrs, "The Prophetic Faith: A Call to Ethics and Community," *ResQ* 36 (1994): 304–15; H. G. M. Williamson, "Isaiah and the Wise," in *Wisdom in Ancient Israel,* ed. J. Day, R. P. Gordon, and H. G. M. Williamson (Cambridge: Cambridge University Press, 1995), 133–41.

97 M. I. Gruber, "The Motherhood of God in Second Isaiah," *RB* 90 (1983): 351–59; C. E. Armerding, "Images for Today: Word from the Prophets," in *Studies in Old Testament Theology,* ed. R. L. Hubbard (Dallas, London, and Vancouver: Word, 1992), 167–86; J. D. W. Watts, "Images of Yahweh: God in the Prophets," in ibid., 135–47; J. F. A. Sawyer, "Radical Images of Yahweh in Isaiah 63," in *Among the Prophets,* ed. Davies and Clines, 72–82; K. P. Darr, "Two Unifying Female Images in the Book of Isaiah," in *Uncovering Ancient Stones: Essays in Memory of H. Neil Richardson,* ed. L. M. Hopfe (Winona Lake, Ind.: Eisenbrauns, 1994), 17–30; J. T. Willis, "'I Am Your God' and 'You Are My People' in Hosea and Jeremiah," *ResQ* 36 (1994): 291–303; J. A. O'Brien, "Judah as Wife and Husband: Deconstructing Gender in Malachi," *JBL* 115 (1996): 241–50; B. Seifert, *Metaphorische Reden von Gott im Hoseabuch,* FRLANT 166 (Göttingen: Vandenhoeck & Ruprecht, 1996); S. D. Moore, "Gigantic God: Yahweh's Body," *JSOT* 70 (1996): 87–115.

98 C. Hardmeier, *Texttheorie und biblische Exegese: Zur rhetorischen Funktion der Trauermetaphorik in der Prophetie* (Munich: Chr. Kaiser, 1978); P. A. Porter, *Metaphors and Monsters: A Literary-Critical Study of Daniel 7 and 8*, ConBOT 20 (Lund: Gleerup, 1983); K. Nielsen, *There Is Hope for a Tree: The Tree as Metaphor in Isaiah,* JSOTSup 65 (Sheffield: JSOT Press, 1985); E. Follis, "The Holy City as Daughter," in *Directions in*

목을 받았다.[99] 최근에는 강간이나 성적 타락과 관련된 야만적인 은유들에 특별한 관심을 보이는데, 이들은 포르노그래피와 근접해 있거나 혹은 경계를 넘어섰다는 주장도 있다.[100]

Biblical Hebrew Poetry, ed. Follis, 173–84; U. Worschech, "Der Assyrisch-Babylonische Löwenmensch und der 'Menschliche' Löwe aus Daniel 7,4," in *Ad bene et fideliter seminandum;* ed. Mauer and Magen, 322–33; M. L. Barré, "Of Lions and Birds: A Note on Isaiah 31.4–5," in *Among the Prophets,* ed. Davies and Clines, 55–59; J. P. Heil, "Ezekiel 34 and the Narrative Strategy of the Shepherd and Sheep Metaphor in Matthew," *CBQ* 55 (1993): 37–41; G. Eidevall, "Lions and Birds in Literature: Some Notes on Isaiah 31 and Hosea 11," *SJOT* 7 (1993): 78–87; R. Johnson, "Hosea 4–10: Pictures at an Exhibition," *SWJT* 36 (1993): 20–26; J. B. Geyer, "Ezekiel 27 and the Cosmic Ship," in *Among the Prophets,* ed. Davies and Clines, 105–26; Ç. Maier, "Jerusalem als Ehebrecherin in Ezechiel 16: Zur Verwendung und Funktion einer biblischen Metaphor," in *Feministische Hermeneutik und Erstes Testament: Analysen und Interpretationen,* ed. H. Jahnow (Stuttgart: Kohlhammer, 1994), 85– 105; P. Marinkovic, "What Does Zechariah 1–8 Tell Us about the Temple?" in *Second Temple Studies,* vol. 2, *Temple and Community in the Persian Period,* ed. T. C. Eskenazi and K. H. Richards, JSOTSup (Sheffield: JSOT Press, 1994), 88–103; M. G. Swanepoel, "Solutions to the *Crux Interpretum* of Hosea 6:2," *OTE* 7 (1994): 39–59.

99 M. DeRoche, "Israel's 'Two Evils' in Jeremiah II 13," *VT* 31 (1981): 369–71; H. Balz- Cochois, *Gomer: Der Höhenkult Israels im Selbstverständnis der Volksfrömmigkeit: Untersuchungen zu Hosea 4,1–5,7,* Europäische Hochschulschriften 23.191 (Frankfurt: Lang, 1982); D. J. Clark, "Sex-Related Imagery in the Prophets," *BT* 33 (1982): 409–13; G. Hall, "Origin of the Marriage Metaphor," *HS* 23 (1982): 169–71; P. A. Kruger, "Israel, the Harlot (Hos. 2.4–9)," *JNSL* 11 (1983): 107–16; H. Ringgren, "The Marriage Motif in Israelite Religion," in *Ancient Israelite Religion: Essays in Honor of Frank Moore Cross,* ed. P. D. Miller Jr., P. D. Hanson, and S. D. McBride (Philadelphia: Fortress, 1987), 421–28; N. Stienstra, *YHWH Is the Husband of His People: Analysis of a Biblical Metaphor with Special Reference to Translation* (Kampen: Kok Pharos, 1993); M. A. Zipor, "'Scenes from a Marriage'—According to Jeremiah," *JSOT* 65 (1995): 83–91; O'Brien, "Judah as Wife and Husband"; R. C. Ortlund Jr., *Whoredom: God's Unfaithful Wife in Biblical Theology,* New Studies in Biblical Theology (Grand Rapids: Eerdmans, 1996).

100 Clark, "Sex-Related Imagery in the Prophets"; S. McFague, *Metaphorical Theology* (Philadelphia: Fortress, 1982); G. F. Ellwood, "Rape and Judgment," *Daughters of Sarah* 11 (1985): 9–13; R. J. Weems, "Gomer: Victim of Violence or Victim of Metaphor?"

"정치적인 정당성"(political correctness, 차별적인 언어 사용을 피하는 원칙)을 추구하는 오늘날의 풍조에 비추어보면 그러한 은유들이 여성을 비하하는 것이기 때문에 적절한 것인지 의문을 가질 수 있지만, 우리는 이것이 저자가 전달하려고 하는 바로 그 반응이라는 것을 감지해야 한다. 오늘날 우리가 예언서에서 여자들에게 은유적으로 덮어씌운 타락상에 대해서 혐오와 공포심으로 반응한다면, 아마 그 당시의 예언자들도 우리와 비슷한 반응을 보였을 것이다. 예언자들은 독자들이 "당신은 어떻게 이런 포르노 같은 글을 쓸 수가 있죠?"라고 따져 물을 정도로 그들이 느끼는 혐오감의 강도를 표현하고자 하였다. 그때 예언자는 다음과 같은 질문으로 반응할 수 있을 것이다. "이 은유적인 표현들은 바로 너희가 다른 사람들에게 야만적인 행동을 하고 너희 스스로 매춘을 행할 때 하나님이 자기 백성인 너희들에게 느끼는 감정을 드러내기 위한 것이다. 너희가 도취해 있는 그런 음란한 행위들에 너희 자신들도 혐오감를 느낀다면 하나님은 얼마나 더 혐오감을 느끼시겠느냐?" 레니

Semeia 47 (1989): 87–102; N. Graetz, "The Haftarah Tradition and the Metaphoric Battering of Hosea's Wife," *Conservative Judaism* 45 (1992): 29–42; A. Brenner, "On Jeremiah and the Poetic of (Prophetic?) Pornography," *European Judaism* 26.2 (1993): 9–14; F. van Dijk-Hemmes, "The Metaphorization of Woman in Prophetic Speech: An Analysis of Ezekiel 23," in *On Gendering Texts,* 167–76; Maier, "Jerusalem als Ehebrecherin"; Magdalene, "Ancient Near Eastern Treaty Curses"; R. J. Weems, *Battered Love: Marriage, Sex, and Violence in the Hebrew Prophets,* OBT (Minneapolis: Fortress, 1995); A. A. Keefe, "The Female Body, the Body Politic and the Land: A Sociopolitical Reading of Hosea 1–2," in *A Feminist Companion to the Latter Prophets,* ed. Brenner, 70–100; R. P. Carroll, "Desire Under the Terebinths: On Pornographic Representation in the Prophets—A Response," in ibid., 275–307; A. Brenner, "Pornoprophetics Revisited: Some Additional Reflections," *JSOT* 70 (1996): 63–86. See P. Trible, *Texts of Terror: Literary-Feminist Readings of Biblical Narratives,* OBT (Philadelphia: Fortress, 1984).

타 윔즈(Renita Weems)는 그러한 텍스트에 대한 학문적인 연구가 어떻게 텍스트에서 제기하는 실용적이고 목회적인 관심사들을 다룰 수 있는지에 대해 다음과 같이 중요한 질문을 던진다.[101] 신학과 삶이 별개의 문제일 수 있는가, 혹은 그래야 하는가? (아래 "적용: 예언서 연구는 우리에게 무슨 유익을 주는가?"를 보라.)

전달: 예언자들은 어떤 방식으로 성서를 사용했으며, 그들의 메시지는 후대에 어떻게 사용되었는가?

문서 자료 및 구전 자료의 수집, 편집 및 저작 과정을 다루는 "편집비평"은 본서에서 다루는 기간 중에 융성했던 연구 분야다. 편집비평과 양식비평을 구분하기 어려운 경우가 종종 있는데,[102] 그 이유는 예언자들의 메시지가 종종 다른 컨텍스트에서 사용되던 문학형식을 예언에 이차적으로 적용한 것이기 때문이다.[103] 예언서 각 단락이나 예언서 전체에 대한 논의는 주석서 또는 다른 형태의 연구서적들에서 찾아볼 수 있다.[104]

101 Weems, *Battered Love,* 8.

102 M. A. Sweeney, *Isaiah 1–39: With an Introduction to Prophetic Literature,* FOTL 16 (Grand Rapids: Eerdmans, 1996), 13.

103 Tucker, "Prophecy and the Prophetic Literature," 338.

104 Examples are too abundant to list them all. Some are: J. Vermeylen, *Du prophète Isaïe à l'apocalyptique: Isaïe i–xxxv, miroir d'un demi-millénaire d'expérience religieuse en Israël,* 2 vols., EBib (Paris: Gabalda, 1977); B. S. Childs, "The Canonical Shape of the Prophetic Literature," *Int* 32 (1978): 46 – 55 (reprinted in *Place Is Too Small,* ed. Gordon, 513 – 22); A. Laato, "History and Ideology in the Old Testament Prophetic Books," *SJOT* 8 (1994): 267 – 97; J. Jeremias, "'Zwei Jahre vor dem Erdbeben' (Am

예언자들은 이전 메시지들을 재적용하곤 했는데, 이는 오늘날의 설교자들이 과거로부터 물려받은 전통을 현재의 상황에 재적용하는 것과 유사하다. 모세 오경의 내용은 적용 가능한 전통들을 생산해내는 원천이었고,[105] 다른 구절들 또한 "성서 내적 주해"(inner-biblical exegesis)로

1,1)," in *Altes Testament Forschung und Wirkung: Festschrift für Henning Graf Reventlow,* ed. P. Mommer and W. Thiel (Frankfurt am Main: Lang, 1994), 15–31; B. M. Zapff, *Schriftgelehrte Prophetie—Jes 13 und die Komposition des Jesajabuches: Ein Beitrag zur Erforschung der Redaktionsgeschichte des Jesajabuches* (Würtburg: Echter Verlag, 1995); idem, *Redaktionsgeschichtliche Studien zum Michabuch im Kontext des Dodekapropheton,* BZAW 256 (Berlin and New York: de Gruyter, 1997); C. C. Broyles and C. A. Evans, eds., *Writing and Reading the Scroll of Isaiah: Studies of an Interpretive Tradition,* VTSup 70 (Leiden: Brill, 1997).

105 Creation theology: S. Gillingham, "'Der die Morgenröte zur Finsternis Macht' Gott und Schöpfung im Amosbuch," *EvT* 53 (1993): 109–23; J. G. Janzen, "On the Moral Nature of God's Power: Yahweh and the Sea in Job and Deutero-Isaiah," *CBQ* 56 (1994): 458–78. Eden: J. Barr, "'Thou Art the Cherub': Ezekiel 28.14 and the Post-Ezekiel Understanding of Genesis 2–3," in *Priests, Prophets, and Scribes: Essays on the Formation and Heritageof Second Temple Judaism in Honour of Joseph Blenkinsopp,* ed. E. Ulrich et al., JSOTSup 149 (Sheffield: JSOT Press, 1992), 213–23. Tower of Babel: M. Hilton, "Babel Reversed—Daniel Chapter 5," *JSOT* 66 (1995): 99–112. The patriarchs: C. Jeremias, "Die Erzväter in der Verkündigung der Propheten," in *Beiträge zur alttestamentlichen Theologie: Festschrift für Walther Zimmerli zum 70. Geburtstag,*ed. H. Donner, R. Hanhart, and R. Smend (Göttingen: Vandenhoeck & Ruprecht, 1977), 206–22; H. F. van Rooy, "The Names Israel, Ephraim, and Jacob in the Book of Hosea," *OTE* 5 (1993): 135–49. The exodus: B. W. Anderson, "Exodus and Covenant in Second Isaiah and Prophetic Tradition," in *Magnalia Dei,* ed. Cross, Lemke, and Miller, 339–60; Kiesow, *Exodustexte im Jesajabuch*; Tucker, "Prophecy and the Prophetic Literature"; G. C. i Oprinell, "La Relectura de l'Exode a Ezequiel i Deuteroisaïes" [The rereading of the exodus in Ezekiel and Deutero-Isaiah], in *Tradició i traducció de la Paraula: Miscellània Guiu Camps,* ed. F. Raurell et al., Scripta et Documenta 47 (Montserrat: Associació Biblica de Catalunya, Publicacions de l'Abadia de Montserrat, 1993), 61–80; A. R. Ceresko, "The Rhetorical Strategy of the Fourth Servant Song (Isaiah 52:13–53:12): Poetry and the Exodus–New Exodus," *CBQ* 56 (1994): 42–55; C. Patton, "'I Myself Gave Them Laws That Were Not Good': Ezekiel 20 and the Exodus Traditions," *JSOT* 69 (1996): 73–90. Covenant laws and theology: E. C. Lucas, "Covenant, Treaty and Prophecy," *Themelios* 8.1 (1982):

알려진 연구 분야, 다시 말해 이전 예언자의 계시를 포함한 이전 성서 텍스트를 재사용하는 주해 방식에 자료를 제공했다.[106]

19–23; Clements, *Prophecy and Tradition,* 8–23; R. B. Chisholm Jr., "The 'Everlasting Covenant' and the 'City of Chaos': Intentional Ambiguity and Irony in Isaiah 24," *Criswell Theological Review* 6 (1993): 237–53; A. van der Kooij, "The Concept of Covenant (*Berît*) in the Book of Daniel," in *Book of Daniel,* ed. van der Woude, 495–501; O. H. Steck, "Der Gottesknecht als 'Bund' und 'Licht': Beobachtungen im Zweiten Jesaja," *ZTK* 90 (1993): 117–34; S. Ausin, "La Tradición de la Alianza en Oseas," in *Biblia Exegesis y Cultura: Estudios en Honor del José María Casciaro,* ed. G. Aranda, Collecíon Teologica 83 (Pamplona: Eunsa, 1994), 127–46. Moses: G. S. Ogden, "Moses and Cyrus: Literary Affinities between the Priestly Presentation of Moses in Exodus vi and the Cyrus Song of Isaiah xliv 24–xlv 13," *VT* 28 (1978): 195–203; O'Kane, "Isaiah"; Seitz, "The Prophet Moses and the Canonical Shape of Jeremiah," 3–27; Levenson, *Theology of the Program;* McKeating, "Ezekiel the 'Prophet Like Moses,'" 97–109. Cult: S. L. Cook, "Innerbiblical Interpretation in Ezekiel 44," *JBL* 114 (1995): 193–208; A. Johnston, "A Prophetic Vision of an Alternative Community: A Reading of Isaiah 40–55," in *Uncovering Ancient Stones,* 31–40.

106 I. Willi-Plein, *Vorformen der Schriftexegese Innerhalb des Alten Testaments,* BZAW 123 (Berlin: de Gruyter, 1971); J. Jensen, *The Use of Tôrâ by Isaiah: His Debate with the Wisdom Tradition,* CBQMS 3 (Washington, D.C.: Catholic Biblical Association, 1973); J. Day, "A Case of Inner Scriptural Interpretation: The Dependence of Isaiah XXVI.13–XXVII.11 on Hosea XIII.4–XIV.10 (Eng. 9) and Its Relevance to Some Theories of the Redaction of the 'Isaiah Apocalypse,'" *JTS,* n.s., 31 (1980): 309–19; M. Fishbane, *Biblical Interpretation in Ancient Israel* (Oxford: Clarendon, 1985); W. Kaiser Jr., "Inner Biblical Exegesis as a Model for Bridging the 'Then' and 'Now' Gap: Hosea 12,1–6," *JETS* 28 (1985): 33–46; T. Naumann, *Hoseas Erben: Strukturen der Nachinterpretationen im Buch Hosea,* BWANT 7/11 (Stuttgart: Kohlhammer, 1991); J. T. A. G. M. van Ruiten, "The Intertextual Relationship between Isaiah 65,25 and Isaiah 11,6–9," in *The Scriptures and the Scrolls: Studies in Honour of A. S. van der Woude on the Occasion of His 65th Birthday,* ed. F. García Martínez, A. Hilhost, and A. S. Labuschagne, VTSup 49 (Leiden: Brill, 1992), 31–42; Cook, "Innerbiblical Interpretation in Ezekiel 44"; J. Lust, "Ezekiel Salutes Isaiah: Ezekiel 20,32–44," in *Studies in the Book of Isaiah,* ed. van Ruiten and Vervenne, 367–82; J. T. A. G. M. van Ruiten, "'His Master's Voice?' The Supposed Influence of the Book of Isaiah in the Book of Habakkuk," in *Studies in the Book of Isaiah,* 397–411, 그리고 다른 연구는 ibid. by O. H. Steck, "Der neue Himmel und die neue Erde: Beobachtungen zur Rezeption von Gen 1–3 in Jes 65,16b–25," 349–65; J. C. Bastiaens, "The Language

이와 같이 이전 텍스트들을 재사용하는 것은 이사야서의 저작 과정을 설명하는 한 방법이기도 하다. 12세기 이래 이사야서의 저작 과정에 대한 논의는 계속되었고, 그 논의에는 이사야서 전체가 한 사람의 저자에 의한 8세기의 저작물이라고 보는 견해에서부터 몇 세기 이후 다수의 저자들에 의한 작품이라는 견해에 이르기까지 다양한 의견이 포함되었다.[107] 이사야서의 구성사를 연구한 몇몇 학자들은 이 책을 구성하는 각 부분들이 이미 존재하던 신탁에 대한 지식을 바탕으로, 혹은 그 신탁에 비추어 기록되었다고 주장했다. 바꾸어 말하면 제2이사야는 예루살렘의 이사야를 알지 못한 채 자신의 예언을 한 것이 아니라, 그것을 자신의 신탁의 토대로 사용한 것이며, 나중에 편집자들이 본래 이질적이고 무관한 요소들을 연결시켰을 뿐이라는 것이다. 따라서 어떤 보수적인 학자들의 주장처럼 이사야서가 8세기 예언자 한 사람의 작품은 아니라 해도, 이사야서 저술에는 진정한 "통일성"이 있다고 할 수 있을

of Suffering in Job 16–19 and in the Suffering Servant Passages of Deutero-Isaiah," 421–32; and M. Vervenne, "The phraseology of 'Knowing YHWH' in the Hebrew Bible," 467–92; essays on Isaiah and its own internal intertextuality, as well as relations with Lamentations, Jeremiah, and Psalms in C. R. Seitz, *Word without End: The Old Testament as Abiding Theological Witness* (Grand Rapids: Eerdmans, 1998). 이 분야 연구가 유용하게 강조되어 있는 훌륭한 주석서로 다음을 보라 A. E. Hill, *Malachi,* AB 25D (New York: Doubleday, 1998), 특히 부록 C, 401–12.

107 몇몇 논의에 대한 최근의 연구 조사와 이전 저작들을 수록한 유용한 참고문헌이 있는 책으로 다음을 보라. H. G. M. Williamson, *The Book Called Isaiah: Deutero- Isaiah's Role in Composition and Redaction* (Oxford: Clarendon, 1994), 1–18. See also idem, "First and Last in Isaiah," in *Of Prophets' Visions,* ed. McKay and Clines, 95–108; P. A. Smith, *Rhetoric and Redaction in Trito-Isaiah: The Structure, Growth and Authorship of Isaiah 56–66,* VTSup 62 (Leiden: Brill, 1995); B. M. Zapff, *Schriftgelehrte Prophetie—Jesaja 13 und die Komposition des Jesajabuches: Ein Beitrag zur Erforschung der Redaktionsgeschichte des Jesajabuches,* FB 74 (Würzburg: Echter Verlag, 1995).

것이다.[108] 다른 학자들은 현존하는 상태로의 이사야서를 한데 묶어주는 구조적 통일성, 주제, 신학, 언어적 평행관계를 추적한다.[109]

이사야서를 실제 현존하는 텍스트 자체로서 논의하고 탐구하는 것은, 다른 문서 자료에 확인되지 않는 부분은 배제한 채 남겨진 텍스트를 다양한 자료들로 세분화하는 원자론적 접근법에서 유의미하게 진보한 것이다. 이것으로 인해 학자들은 적어도 객관적으로 알아볼 수 있는 텍스트 단위에 대해 토론할 수 있게 되었다.

논의 중인 텍스트 단위들은 한 작품의 경계를 넘어 확장되기도 한다. 최근 연구 분야는 "열두 예언서"(the Twelve)의 편집 역사인데, 이는 소예언서가 편집 과정의 어느 단계 동안에는 통합된 하나의 묶음이었

108 R. E. Clements, "Beyond Tradition History: Deutero-Isaianic Development of First Isaiah's Themes," *JSOT* 31 (1985): 95–113; R. Albertz, "Das Deuterojesaja-Buch als Fortschreibung der Jesaja-Prophetie," in *Die hebräische Bibel und ihre zweifache Nachgeschichte: Festschrift für Rolf Rendtorff zum 65. Geburtstag,* ed. E. Blum, C. Macholz, and E. W. Stegemann (Neukirchen-Vluyn: Neukirchener Verlag, 1990), 241–56. 이 이슈에 대한 최근의 상세한 논의로 다음을 보라. Williamson, *Book Called Isaiah.*

109 R. Lack, *La symbolique du livre d'Isaïe: Essai sur l'image littéraire comme element de structuration,* AnBib 59 (Rome: Pontifical Biblical Institute, 1973); W. L. Holladay, *Isaiah: Scroll of a Prophetic Heritage* (Grand Rapids: Eerdmans, 1978), unity of theme but not authorship; J. D. W. Watts, *Isaiah 1–33,* WBC (Waco: Word, 1985), xxvii–xxxiv, who sees it as a unity from the fifth century; J. Oswalt, *The Book of Isaiah, Chapters 1–39,* NICOT (Grand Rapids: Eerdmans, 1986), 17–23; C. A. Evans, "On the Unity and Parallel Structure of Isaiah," *VT* 38 (1988): 129–47; Sweeney, *Isaiah 1–4,* 21–24; W. A. M. Beuken, "Isaiah Chapters lxv–lxvi: Trito-Isaiah and the Closure of the Book of Isaiah," in *Congress Volume: Leuven, 1989,* ed. J. A. Emerton, VTSup 43 (Leiden: Brill, 1991), 204–21; A. J. Tomasino, "Isaiah 1.1–2.4 and 63–66, and the Composition of the Isaianic Corpus," *JSOT* 57 (1993): 81–98; J. A. Motyer, *The Prophecy of Isaiah: An Introduction and Commentary* (Downers Grove, Ill., and Leicester: InterVarsity, 1993), 13–33. For critique, see D. M. Carr, "Reaching for Unity in Isaiah," *JSOT* 57 (1993): 61–80.

다고 추정한다.[110]

본문비평은 텍스트 전승 과정에서 가능한 한 가장 먼 지점까지 도달하고자 하지만, 사실상 본문비평의 영역은 한편으로 전통에 어느 정도 유동성이 있는 구전과 편집 단계, 그리고 다른 한편으로는 그러한 전승이 보다 정형화된 기록 형태를 갖추는 문서화의 단계 사이에 놓인 분수령에 위치한다. 예레미야서는 다양한 텍스트 증거(textual witnesses)들 사이에 차이점이 두드러지게 나타나서 본문비평 연구의 가장 흥미로운 주제가 되어왔다.[111] 다른 예언서 또한 소논문과 단행본 및 보다

110 P. R. House, *The Unity of the Twelve,* JSOTSup 77 (Sheffield: JSOT Press, 1990); T. Collins, *The Mantle of Elijah: The Redaction Criticism of the Prophetical Books,* Biblical Seminar 29 (Sheffield: JSOT Press, 1993); J. D. Nogalski, *Literary Precursors to the Book of the Twelve,* BZAW 217 (Berlin: de Gruyter, 1993); idem, *Redactional Processes in the Book of the Twelve,* BZAW 218 (Berlin: de Gruyter, 1993); idem, "The Redactional Shaping of Nahum 1 for the Book of the Twelve," in *Among the Prophets,* ed. Davies and Clines, 193–202; B. A. Jones, *The Formation of the Book of the Twelve: A Study in Text and Canon,* SBLDS 149 (Atlanta: Scholars Press, 1995). See also, e.g., S. J. De Vries, *From Old Revelation to New: A Tradition-Historical and Redaction-Critical Study of Temporal Transitions in Prophetic Prediction* (Grand Rapids: Eerdmans, 1995), who looks at redactional techniques identifiable across the prophetic spectrum; and A. Schart, *Die Entstehung des Zwölfprophetenbuchs: Neubearbeitungen von Amos im Rahmen schriftenübergreifender Redaktionsprozesse,* BZAW 260 (Berlin and New York: de Gruyter, 1998).

111 E. Tov, *The Septuagint Translation of Jeremiah and Baruch: A Discussion of an Early Revision of the LXX of Jeremiah 29–52 and Baruch 1:1–3:8,* HSM 8 (Missoula, Mont.: Scholars Press, 1976); idem, "Some Aspects of the Textual and Literary History of the Book of Jeremiah," in *Le Livre de Jérémie: Le prophète et son milieu, les oracles et leur transmission,* ed. P.-M. Bogaert, BETL 54 (Louvain: Leuven University Press and Peeters, 1981), 145–67; P.-M. Bogaert, "Les mécanismes rédactionnels en Jér. 10,1–16 (LXX et TM) et la signification des suppléments," in ibid., 222–38; S. Soderlund, *The Greek Text of Jeremiah: A Revised Hypothesis,* JSOTSup 47 (Sheffield: JSOT Press, 1985); P.-M. Bogaert, "*Urtext,* texte court et relecture: Jérémie xxxiii 14–26 TM et ses préparations," in *Congress Volume: Leuven, 1989,* 236–47; J. Lust, "Messianism and the Greek Version of Jeremiah," in *VII Congress of the International*

전문적인 주석서에서 본문비평 연구의 초점이 되었다.[112]

Organization for Septuagint and Cognate Studies, Leuven, 1989, ed. C. E. Cox, SBLSCS 31 (Atlanta: Scholars Press, 1991), 87 – 122; H.-J. Stipp,*Jeremia im Parteinstreit: Studien zur Textentwicklung von Jer 26, 36–43 und 45 als Beitrag zur Geschichte Jeremias, seines Buches und judäischer Partein im 6. Jahrhundert,* Athenäum Monografien, Theologie, BBB 82 (Frankfurt am Main: Hain, 1992); J. Ribera, "De la traducció a la interpretació: El Targum de Jeremies (Tg Jr) i les versions primàries: La Septuaginta (LXX), la Pes ˙ it.ta (P) i la Vulgata," in *Tradició i traducció de la Paraula,* ed. Raurell, 297 – 304; B. Becking, "Jeremiah's Book of Consolation: A Textual Comparison: Notes on the Masoretic Text and the Old Greek Version of Jeremiah xxx – xxxi," *VT* 44 (1994): 145 – 69; J. Lust, "The Diverse Text Forms of Jeremiah and History Writing with Jer. 33 as a Test Case," *JNSL* 20 (1994): 31 – 48; H.-J. Stipp, *Das masoretische und alexandrinische Sondergut des Jeremiabuches: Textgeschichtlicher Rang, Eigenarten, Triebkräfte,* OBO 136 (Fribourg, Switzerland: Éditions universitaires; Göttingen: Vandenhoeck & Ruprecht, 1994).

112 N. L. Tidwell, "My Servant Jacob, Is. xlii 1," in *Studies on Prophecy,* 84 – 91; M. J. D. Servet, *Minhat Šai de Y. S. de Norzi: Profetas Menores: Traducción y Anotación Critica,* Textos y estudios Cardenal Cisneros 40 (Madrid: Instituto de Filología del CSIC, Departamento de Filología Biblica y de Oriente Antiguo, 1987); D. Barthélemy, *Critique textuelle de l'Ancien Testament,* vol. 3, *Ezéchiel, Daniel et les 12 Prophètes,* OBO 50.3 (Fribourg, Switzerland: Éditions universitaires; Göttingen: Vandenhoeck & Ruprecht, 1992); K. J. Cathcart, "Daniel, Especially the Additions, and Chester Beatty-Cologne Papyrus 967," *PIBA* 15 (1992): 37 – 41; S. P. Carbone and G. Rizzi, *Il libro di Osea, Secondo Il Testo Ebraico Masoretico, Secondo la Traduzione Greca Detta Dei Settanta, Secondo la Parafrasi Aramaica del Targum* (Bologna: Edizioni dehoniane, 1992); E. Tov, *Textual Criticism of the Hebrew Bible* (Minneapolis: Fortress; Assen and Maastricht: Van Gorcum, 1992); S. P. Carbone and G. Rizzi, *Il libro di Amos: Lettura Ebraica, Greca e Aramaica* (Bologna: Edizioni dehoniane, 1993); T. Hieke, "Der Anfang des Buches Nahum I: Die Frage Des Textverlaufs in der jetztigen Gestalt: Ein antihetische Prinzip," *BN* 68 (1993): 13 – 17; R. Gryson and J.-M. Auwers, "L'histoire du texte Latin d'Isaïe au miroir du cantique d'Ezechias," *RTL* 24 (1993): 325 – 44; H.-F. Richter, "Daniel 4,7 – 14: Beobachtungen und Erwägungen," in *Book of Daniel,* ed. van der Woude, 244 – 48; D. Dimant, "The Seventy Weeks Chronology (Dan 9,24 – 27) in the Light of New Qumranic Texts," in ibid., 57 – 76; M. J. D. Servet, *Minhat Šai de Y. S. de Norzi: Isáias: Traducción y Anotación Critica,* Textos y studios Cardenal Cisneros 54 (Madrid: Instituto de Filología del CSIC, Departamento de Filología Biblica y de Oriente Antiguo, 1993); R. A. Taylor, *The Peshitta of Daniel,* Monographs of the Peshit.ta Institute 7 (Leiden: Brill, 1994); T. M. Meadowcroft, *Aramaic Daniel*

적용: 예언서 연구는 우리에게 무슨 유익을 주는가?

주석서들은 때때로 텍스트 해석의 과정에서 실제적인 적용 부분을 다룬다.[113] 최근에 이런 관심은 학계로도 퍼졌으며 여기에는 월터 브루그만(Walter Brueggemann)이 중요한 역할을 하였다. 다른 저자들의 연구와 더불어 그는 예언서 텍스트를 신학계의 범위를 넘어 전도, 목회 신학, 기독교 교육 그리고 설교 등에 적용하였다.[114]

인문학 분야에서 지식 자체를 위한 지식 탐구가 유효한 측면이라는 사실은 인정하지만 그 지식의 실제적인 활용도 염두에 두어야 하는데,

and Greek Daniel: A Literary Comparison, JSOTSup 198 (Sheffield: Sheffield Academic Press, 1995); Jones, *Formation of the Book of the Twelve;* A. van der Kooij, "Zum Verhaltnis von Textkritik und Literarkritik: Überlegungen anhand einiger Beispiele," in *Congress Volume: Cambridge, 1995,* ed. J. A. Emerton, VTSup 66 (Leiden: Brill, 1997), 185–202.

113 몇몇 시리즈는 주로 텍스트의 "그때"에 관심을 두고 원래 정황에서만 텍스트를 이해하는 데 치중한다 (예. Hermeneia [Fortress], International Critical Commentary [T. & T. Clark]). 비교적 최근의 몇몇 주석 시리즈는 현대의 실제적이고 신학적인 적용을 일차적 목표로 두고 있다. 여기에 해당하는 주석서는 The Bible Speaks Today (InterVarsity), Interpretation (Westminster/John Knox), International Theological Commentary (Eerdmans/Handsel), Knox Preaching Guides (Westminster/ John Knox), 그리고 Westminster Bible Companion (Westminster/John Knox)이다. 같은 목적을 가진 다른 시리즈인 The NIV Application Commentary Series (Zondervan)도 출간 중이다.

114 W. Brueggemann, *Biblical Perspectives on Evangelism* (Nashville: Abingdon, 1993); idem, *The Prophetic Imagination* (Philadelphia: Fortress, 1978); idem, *The Creative Word: Canon as a Model for Biblical Education* (Philadelphia: Fortress, 1982), 40–66. In many of his writings, he addresses proclamation of the prophetic message, but see particularly idem, *Finally Comes the Poet: Daring Speech for Proclamation* (Minneapolis: Fortress, 1989). See also E. Achtemeier, *Preaching from the Old Testament* (Louisville: Westminster/ John Knox, 1989); idem, *Preaching from the Minor Prophets* (Grand Rapids: Eerdmans, 1998); Seitz, *Word without End,* esp. 194–228; Weems, *Battered Love.*

특히 학문적 연구를 위한 재정적 지원이 제한적인 오늘날과 같은 시기에는 더욱 그렇다. 성서 연구의 상당 부분이 종교 단체들의 후원으로 진행되기 때문에, 학문적 연구가 교회 교육 및 설교에도 도움을 줄 필요가 있다.

해방신학자들은 수년간 예언서의 메시지를 사회경제적·정치적 영역에 적용해왔다.[115] 주류 교회와 복음주의 계열도 이러한 추세에 합세해왔다.[116] 예언서에서 제기된 부와 가난 또는 경제적 문제는 특히 노만 K. 갓월드(Norman K. Gottwald)를 위시한 마르크스주의자들의 특별한 관심 주제 중 하나였다.[117] 이러한 관심은 당연한 것인데, 왜냐하면 경

115 Deist, "Prophets," 10 (reprinted in *Place Is Too Small*, ed. Gordon, 592); Carroll, *Contexts for Amos;* J. S. Croatto, "La Propuesta Querigmática del Segundo Isaías," *RevB*56 (1994): 65–76; Dobberahn, "Jesaja Verklagt"; M. D. Carroll, "The Prophetic Text and the Literature of Dissent in Latin America: Amos, García Márquez, and Cabrera Infante 프Dismantle Militarism," *BibInt* 4 (1996): 76–100.

116 G. M. Tucker, "The Role of the Prophets and the Role of the Church," *Quarterly Review* 1 (1981): 5–22; Clements, *Old Testament Prophecy;* C. R. Seitz, ed., *Reading and Preaching the Book of Isaiah* (Philadelphia: Fortress, 1988), 13–22, 105–26.

117 B. Lang, "The Social Organization of Peasant Poverty in Biblical Israel," *JSOT* 24 (1982): 47–63; M. Silver, *Prophets and Markets: The Political Economy of Ancient Israel* (Boston: Kluwer-Nijhoff, 1983); B. J. Malina, "Interpreting the Bible with Anthropology: The Question of Rich and Poor," *Listening: Journal of Religion and Culture* 21 (1986): 148–59; M. E. Polley, "Social Justice and the Just King," in *Amos and the Davidic Empire: A Socio-Historical Approach* (Oxford: Oxford University Press, 1989), 112–38; N. K. Gottwald, "The Biblical Prophetic Critique of Political Economy: Its Ground and Import," in *God and Capitalism: A Prophetic Critique of Market Economy,* ed. J. M. Thomas and V. Visick (Madison: A-R Editions, 1991), 11–29; idem, *The Hebrew Bible in Its Social World and in Ours,* SBL Semeia Studies (Atlanta: Scholars Press, 1993), 349– 64; idem, "Social Class and Ideology in Isaiah 40–55: An Eagletonian Reading," *Semeia* 59 (1992): 43–57; C. A. Newsom, "Response to Norman K. Gottwald, 'Social Class and Ideology in Isaiah 40–55,'" ibid., 73–78; J. Millbank, "'I Will Gasp and Pant': Deutero- Isaiah and the Birth of the Suffering Subject: A Response to Norman Gottwald's 'Social Class and Ideology

제적 억압이 오늘날 많은 사람들의 삶 가운데 너무나 현실적인 문제인 것처럼 예언자들에게도 중대한 문제였기 때문이다.

페미니스트 학자들도 그들의 관점에서 예언서를 연구해오면서 종종 다른 독자들이 놓치거나 잘못 해석한 내용들(예를 들면 여성들이 수행한 중요한 역할 그리고 일상생활과 하나님을 섬기는 데 있어 그녀들이 당면해야 했던 불이익과 같은 문제들)을 파악하고 이해하도록 도와주었다.[118]

in Isaiah 40–55,'" ibid., 59–72; M. Silver, "Prophets and Markets Revisited," in *Social Justice in the Ancient World,* ed. K. D. Irani and M. Silver (Westport, Conn.: Greenwood, 1995), 179–98; W. Schottroff, "'Unrechtmässige Fesseln auftun, Jochstricke lösen' Jesaja 58,1–2, ein Textbeispiel zum Thema 'Bibel und Ökonomie,'" *BibInt* 5 (1997): 263–78.

118 예를 들어 P. Trible, *God and the Rhetoric of Sexuality,* OBT (Philadelphia: Fortress, 1978); Balz-Cochois, *Gomer;* idem, "Gomer oder die Macht der Astarte: Versuch einer feministischen Interpretation von Hos. 1–4," *EvT* 42 (1982): 37–65; Trible, *Texts of Terror;* H. S. Straumann, "Gott als Mutter in Hosea 11," *Theologische Quartalschrift* 166 (1986): 119–34; M.-T. Wacker, "Frau-Sexus-Macht: Ein feministische Relecture des Hoseabuches," in *Der Gott der Männer und die Frauen,* ed. M.-T. Wacker, Theologie zur Zeit 2 (Düsseldorf: Patmos, 1987), 101–25; M. J. W. Leith, "Verse and Reverse: The Transformation of the Woman of Israel in Hosea 1–3," in *Gender and Difference in Ancient Israel,* ed. P. L. Day (Minneapolis: Fortress, 1989), 95–108; M.-T. Wacker, "God as Mother? On the Meaning of a Biblical God-Symbol for Feminist Theology," *Concilium* 206 (1989): 103– 11; K. P. Darr, "Ezekiel's Justifications of God: Teaching Troubling Texts," *JSOT* 55 (1992): 97–117; C. A. Newsom and S. H. Ringe, eds., *The Women's Bible Commentary* (Louisville: Westminster; London: SPCK, 1992); I. Pardes, *Countertraditions in the Bible: A Feminist Approach* (Cambridge, Mass.: Harvard University Press, 1992); J. C. Exum, *Fragmented Women: Feminist (Sub)Versions of Biblical Narratives,* JSOTSup 163 (Sheffield: JSOT Press, 1993); R. Törnkvist, "The Use and Abuse of Female Sexual Imagery in the Book of Hosea: A Feminist Critical Approach to Hos 1–3" (Ph.D. diss., Uppsala University, 1994); Brenner, ed., *A Feminist Companion to the Latter Prophets;* Y. Sherwood, *The Prostitute and the Prophet: Hosea's Marriage in Literary-Theoretical Perspective,* JSOTSup 212, Gender, Culture, Theory 2 (Sheffield: Sheffield Academic Press, 1996), esp. 254–322; M.-T. Wacker, *Figurationen des Weiblichen im Hosea-Buch,* Herders Biblische Studien 8 (Freiberg: Herder, 1996).

결론

요약하자면 예언서 연구는 마치 잠언의 신부처럼 옛것, 새것, 빌린 것 등을 가져온다. 이전 세대 학자들의 사상과 방법은 확장되고 개선되었으며, 종종 새로 발견된 텍스트나 유물을 통해 얻어진 새로운 정보를 통해 예언자들은 누구였는지, 그들은 무슨 일을 하는 사람들이었는지에 대한 우리의 이해를 증진시켜주었다. 문화인류학과 문학 연구의 방법론을 차용해옴으로써 예언자 개인과 예언자가 산출해낸 결과물을 조명하는 데 유익을 얻을 수 있었는데, 이것은 성서학의 전통적인 방법만으로는 불가능한 일이었다. 성서의 예언서는 고정적이고 잘 정립되어 있지만, 이에 대한 연구 방법은 앞으로도 계속 발전해야만 한다. 모든 질문과 방법론이 설득력 있는 대답이나 유용한 결과를 산출해내지는 않을지라도, 이해를 증진시킬 수 있는 방법이라면 어떤 종류의 것이라도 시도되고 고무되어야 한다.

제11장

지혜 문학

Bruce K. Waltke, David Diewert
브루스 K. 월키, 데이비드 디워트*

대부분의 학자들은 히브리어로 기록된 구약성서와 관련하여 "지혜 문학"이라는 용어를 욥기, 잠언, 전도서, 시편 가운데 특정한 몇 편(예를 들어 37, 49편) 그리고 외경의 집회서(벤 시라)와 솔로몬의 지혜서를 지칭하는 데 사용한다.[1] 일부 학자들은 지혜 문학이라는 용어를 다른 문서

* 지혜 문학 개관과 잠언 전도서 부분은 Bruce K. Waltke가 썼고, 욥기 부분은 David Diewert가 썼다.

1 지혜 문학 개관으로 가장 뛰어난 저서 두 권은 D. Kidner, *An Introduction to Wisdom Literature: The Wisdom of Proverbs, Job, and Ecclesiastes* (Downers Grove, Ill., and Leicester: InterVarsity, 1985), 그리고 S. Weeks, *Early Israelite Wisdom* (Oxford: Clarendon, 1994)이다. 이 주제를 논한 최고의 선집은 *Wisdom in Ancient Israel: Essays in Honour of J. A. Emerton*, ed. J. Day, R. P. Gordon, and H. G. M. Williamson (Cambridge: Cambridge University Press, 1995 [hereafter *WIAI*])이다. 주로 역사 비평을 자제하고 쓴 세 권의 선집은 다음과 같다: *Studies in Ancient Israelite Wisdom: Selected, with a Prolegomenon,* ed. J. L. Crenshaw, Library of Biblical Studies (New York: Ktav, 1976 [hereafter *SAIW*]); *Israelite Wisdom: Theological and Literary Essays in Honor of Samuel Terrien,* ed. J. G. Gammie et al. (New York: Scholars Press, 1978); *The*

들에 대해서도 사용하지만 이런 용법이 보편적인 합의를 얻은 것은 아니다.[2] 본장에서는 지혜 문학의 정의 및 구약 중 세 권의 지혜서와 관련된 주제들에 대한 지난 몇십 년간의 연구를 검토하고자 한다.

지혜 문학의 정의

구약의 지혜 문학이 정확히 무엇을 의미하며, 그 배경이 무엇인지에 대해서는 여전히 논쟁이 진행 중이다. R. N. 와이브레이(R. N. Whybray)에 따르면, "구약의 지혜 문학만을 전적으로 다룬 첫 번째 연구서는 1908년에 J. 마인홀트(J. Meinhold)가 저술한 책이다."[3] 지혜 문학은 종종 인

Sage in Israel and the Ancient Near East, ed. J. G. Gammie and L. G. Perdue (Winona Lake, Ind.: Eisenbrauns, 1990). 지혜 문학 개관으로 유명한 책은 D. Bergant, *What Are They Saying about Wisdom Literature?* (New York: Paulist, 1984)이다. 지혜 문학의 역사에 대해서 다음을 보라. D. F. Morgan, *Wisdom in the Old Testament Traditions* (Atlanta: John Knox, 1981). For a focus on individual wisdom books see J. L. Crenshaw, *Old Testament Wisdom: An Introduction* (Atlanta: John Knox, 1981); and R. E. Murphy, *The Tree of Life: An Exploration of Biblical Wisdom Literature,* ABRL (New York and London: Doubleday, 1990; 2d ed. Grand Rapids: Eerdmans, 1996).

2 지혜 전승이 구약의 다른 부분에 미치는 영향에 대한 논의로는 다음을 보라. J. A. Emerton, "Wisdom," in *Tradition and Interpretation: Essays by Members of the Society for Old Testament Study,* ed. G. W. Anderson (Oxford: Clarendon, 1979), 221; R. P. Gordon, "A House Divided: Wisdom in Old Testament Narrative Traditions," in *WIAI,* 94–105; J. A. Soggin, "Amos and Wisdom," in *WIAI,* 119–23; A. A. Macintosh, "Hosea in the Wisdom Tradition: Dependence and Independence," in *WIAI*, 124–32; H. G. M. Williamson, "Isaiah and the Wise," in *WIAI,* 133–41; W. McKane, "Jeremiah and the Wise," in *WIAI,* 142–52; B. A. Mastin, "Wisdom and Daniel," in *WIAI,* 161–69.

3 R. N. Whybray: *The Book of Proverbs: A Survey of Modern Study,* History of Biblical Interpretation 1 (Leiden: Brill, 1995), 2; J. Meinhold, *Die Weisheit Israels in Spruch, Sage und Dichtung* (Leipzig: Quelle & Meyer, 1908).

본주의적이고 범세계적이며, 비역사적이고 행복지상주의적이라고 말해지지만, 제임스 크렌쇼(James Crenshaw)가 지적한 것처럼 "각각의 표현들은 제한적으로 적용되어야 한다."[4]

와이브레이는 지혜서가 어휘 사용에 있어 특별할 뿐만 아니라, "일차적으로 사람과 그 세계 특히 그 사람의 가능성과 한계성에 관심을 둔다는 점에서 특별하다"라고 주장한다.[5] 월터 브루그만(Walter Brueggemann)은 한걸음 더 나아가 "지혜서가 하나님이 사람들에게 자신들의 삶의 키를 잡도록 허용하셨다는 즐거운 소식을 선포한다"고 주장했고, 크렌쇼는 "이스라엘의 지혜 문학에 나타나는 두드러진 확신은 신의 도움 없이 인간의 선행만으로도 삶의 안녕을 얻기에 충분하다는 것"이라고 말했다.[6] 그러나 이러한 주장들은 지혜서 자체의 내용과 거의 일치하지 않는다. 잠언 3:7은 스스로 지혜롭게 여기지(자율적으로 판단하지) 말라고 경고하는가 하면, 잠언 3:6에서는 그 대신에 야웨를 신뢰할(*bṭḥ*) 것을 요구한다. 알프레드 젭슨(Alfred Jepson)은 히브리어 동사 "바타흐"(*bṭḥ*, 신뢰하다)의 의미를 설명하면서 다음과 같이 말한다. "무엇보다도 인간은 스스로에 대해 자만해서는 안 된다. 자기의 힘(잠 21:22)을 신뢰하거나…자기 자신을 신뢰해서도 안 된다. 왜냐하면 '자기 생

4 J. L. Crenshaw, "The Wisdom Literature," in *The Hebrew Bible and Its Modern Interpreters,* ed. D. A. Knight and G. M. Tucker (Philadelphia: Fortress; Chico, Calif.: Scholars Press, 1985), 369.

5 R. N. Whybray, "The Social World of the Wisdom Writers," in *The World of Ancient Israel,* ed. R. E. Clements (Cambridge and New York: Cambridge University Press, 1989), 227; on vocabulary see idem, *The Intellectual Tradition in the Old Testament,* BZAW 135 (Berlin: de Gruyter, 1974), 71–155.

6 W. A. Brueggemann, *In Man We Trust* (Richmond: John Knox, 1972), 20–22, 26; Crenshaw, "Wisdom Literature," 373.

각을 신뢰하는 자는 어리석은 자'(잠 28:26, 참조. 14:12; 16:25)이기 때문이다."[7] P. J. 넬(P. J. Nel)은 지혜의 정신(ethos)은 "인간의 선행이나 인간 이성의 우수한 기능에서 유래한 것이 아니다"라고 주장한다.[8] 의인들은 인간의 한계성을 자각하고서 성공을 위해 자신들의 길을 하나님께 맡긴다(잠 16:1-3). 전도자는 해 아래 사는 인간이 자신의 삶을 스스로 운행해가야 한다면, 차라리 죽는 것이 사는 것보다 낫다고 하였으며(전 4:2), 욥은 고통의 이유가 무엇인가라는 질문이나 "왜 의롭게 살아야 하는가"라는 질문에 대해 답을 찾지 못했다.[9] 욥의 고뇌는 야웨가 혼동하는 소용돌이 가운데서 그에게 대답할 때야 비로소 풀렸다(욥 38:1).

지혜의 국제적인 성격 특히 이집트의 교훈 문학과 관련한 성격은 E. A. W. 버지(E. A. W. Budge)가 "아메네모페의 가르침"(*The Teaching of Amenemope*)이라고 알려지게 된 책을 출판한 이래로 확인되어왔다.[10] 그러나 이스라엘의 지혜는 독특하게 야웨를 경외하는 것을 그 기초로 삼았으며(잠 1:7; 9:18; 욥 28:28; 참조. 전 12:13-14), 넬이 주장하듯[11] 이것이 바로 지혜 문학의 중심에 있는 종교적 원칙을 나타내는 개념이다. 게다가 이스라엘의 율법, 찬송, 그 외 다른 문학 또한 고대 근동 문학과의 연관성을 나타내므로 이런 연관성이 지혜 문학만의 특별한 점이 될 수는 없다. 지혜 문학의 비역사적 본질에 대해서 롤란드 머피(Roland Murphy)는 다음과 같이 말한다. "이 문학의 가장 두드러진 특징은 전형

7 A. Jepsen, "בָּטַח *bāṭach*," *TDOT*, 2:91.

8 P. J. Nel, *The Structure and Ethos of the Wisdom Admonitions in Proverbs*, BZAW 158 (Berlin and New York: de Gruyter, 1982), 127.

9 J. G. Janzen, *Job*, Interpretation (Atlanta: John Knox, 1985), 3.

10 E. A. W. Budge, *Facsimiles of Egyptian Hieratic Papyri in the British Museum*, 2d series (London: British Museum, 1923), 서판 I-XIV.

11 Nel, *Structure and Ethos*, 127.

적으로 이스라엘 또는 유대적이라 여길 것이 없다는 것이다. 초기 족장들에게 한 약속, 출애굽과 모세, 시내산 언약, 다윗 언약(삼하 7장) 등의 언급이 없다".[12] 대부분은 이렇듯 언급이 없지만 그래도 이스라엘의 왕 솔로몬(잠 1:1)은 인간과 그 세계를 이스라엘의 언약이라는 렌즈를 통해 살폈으며 인간은 오직 야웨를 경외함으로써(1:7) 지혜의 세계로 들어갈 수 있다고 결론지었다. 코헬레트와 욥의 세 친구가 하나님을 언급할 때 대부분 하나님의 초월성을 강조하는 명칭인 "하나님"(*'ĕlōhîm*)으로 부른 것과 대조적으로 잠언은 이스라엘과 언약 관계를 맺은 이스라엘에 내재하는 하나님을 가리키는 명칭인 "야웨"(*yhwh*)로 부른다.

윌리엄 맥케인(William McKane), 에른스트 뷔르트바인(Ernst Würthwein), 그리고 발터 침멀리(Walter Zimmerli)는 이전 이스라엘의 지혜는 종교적이라기보다는 실용적이며 행복 추구적이라 생각한다. 하지만 내가 이미 1979년에 반박했듯이 고대 근동 문헌 어디에서도 세속/불경건과 종교/경건을 구분할 수는 없다.[13] 1987년에 F. M. 윌슨(F. M. Wilson)은 오래된 불경건한 지혜와 덜 오래된 야웨 신앙적 지혜를 구분

12 Murphy, *Tree of Life,* 1.

13 W. McKane, *Prophets and Wise Men*, SBT 1/44 (Naperville, Ill.: Allenson; London: SCM, 1965); idem, *Proverbs: A New Approach,* OTL (Philadelphia: Westminster; London: SCM, 1970); E. Würthwein, *Die Weisheit Ägyptens und das Alte Testament,* Schriften der Philipps-Universität Marburg 6 (Marburg: Elwert, 1960); 다음과 같이 재출판되었다. *Wort und Existenz: Studien zum Alten Testament* (Göttingen: Vandenhoeck & Ruprecht, 1970), 197-216; 다음과 같이 번역되었다. "Egyptian Wisdom and the Old Testament," trans. B. W. Kovacs, in *SAIW,*113-33; W. Zimmerli, "Zur Struktur der alttestamentlichen Weisheit,"*ZAW* 10 (1933):177-204; 다음과 같이 번역되었다. "Concerning the Structure of Old Testament Wisdom," trans. B. W. Kovacs and reprinted in *SAIW,* 175-207; B. K. Waltke, "The Book of Proverbs and Old Testament Theology," *BSac* 136 (1979): 302-17.

하는 것을 비판했으며, 오늘날 이런 구분은 대부분 지지 받지 못한다.[14] 심지어 R. N. 와이브레이(R. N. Whybray)도 초기에는 둘을 구분했지만 나중에는 "[잠언에는] 현대에서 구분하는 '경건'과 '세속' 사이의 차이를 의식하지 못한다"고 언급했다.[15] 잠언이 행복론(즉 만족감을 얻기 위해 선을 행하는 도덕 체계)에 의거한 도덕성을 밑바탕으로 삼는다는 주장에 대해서는 지혜서가 구약의 다른 책과 마찬가지 방법(참조. 레 26장과 신 27-28장)으로 행복론을 제한했음을 주시해야 한다. 즉 행복이란 정의를 수호하기 위해 하나님을 의지하는 데 달려 있다. 더구나 지혜로운 자들이 도덕성과 행복을 자칫 동일시하려는 유혹에 빠지지 않도록 야웨는 종종 그들이 의를 위해서 고통 받도록 내버려 둔다. 그렇게 함으로써 야웨는 정의(아래 "신학" 부분을 보라)를 포함한 도덕 질서를 유지하기 전에 그들이 인내, 소망, 신뢰, 기타 다른 덕목의 품성을 기르게 역사한다.

클라우스 코흐(Klaus Koch), 하르트무트 게제(Hartmut Gese), H. H. 슈미트(H. H. Schmid)는 지혜의 근본이 "질서" 즉 인과응보 관계의 추구라는 개념을 발전시켰다.[16] 이 연구들 그리고 이집트의 마아트

14 F. M. Wilson, "Sacred and Profane? The Yahwistic Redaction of Proverbs Reconsidered," in *The Listening Heart: Essays in Wisdom and the Psalms in Honour of R. E. Murphy*, ed. K. G. Hoglund et al., JSOTSup 58 (Sheffield: Sheffield Academic Press, 1987), 313-34; 다음을 보라. Weeks, *Early Israelite Wisdom*, 57-73.

15 R. N. Whybray, *Wisdom in Proverbs: The Concept of Wisdom in Proverbs 1–9*, SBT 1/45 (Naperville, Ill.: Allenson; London: SCM, 1965), 72-104; cf. idem, *Proverbs*, NCB (Grand Rapids: Eerdmans; London: Marshall Pickering, 1994), 4.

16 K. Koch, "Gibt es ein Vergeltungsdogma im Alten Testament?" *ZTK* 52 (1955): 1-42; H. Gese, "Lehre und Wirklichkeit in der alten Weisheit," in *Um des Prinzip der Vergeltung in Religion und Recht des Alten Testaments* (Darmstadt: Wissenschaftliche Buchgesellschaft, 1972), 213-35; idem, *Essays in Biblical Theology*, trans. K. Crim (Minneapolis: Augsburg, 1981); H. H. Schmid, *Gerechtigkeit als Weltordnung:*

(*Ma'at*)가 이스라엘의 상황과 잠언 1:20-33, 8장에 나오는 지혜의 의인화에 적용됐다는 확신에 근거하여 게르하르트 폰 라트(Gerhard von Rad)는 하나님이 창조 시에 지혜(즉 율법과 정의의 세계 질서)를 심었으며 이 원시적 계시로 말미암아 사람들은 내재된 계시를 신뢰하게 되었다고 주장한다.[17] 대니얼 에스테즈(Daniel Estes)는 근본적으로 이에 동의하면서도 자연세계는 야웨의 주권 아래 있으며 삶은 불가해한 것임을 강조한다.[18]

그러나 잠언 1:20-33과 8장에서 자기 말을 들으라고 외치는 지혜 여인(Woman Wisdom)은 아버지가 계시하신 지혜를 의인화한 것이지, 창조 시의 지혜를 의인화한 것은 아니다. 데렉 키드너(Derek Kidner)는 지혜 여인의 가르침은 아버지의 가르침이 아들에게 주는 것과 동일한 유익을 준다고 말한다(참조. 6:23-24; 7:4).[19] 더구나 지혜가 아들에게 자기 말을 들으라고 요청하는 것(8:32)은 아버지의 부름(7:24)에 상응한다. 지혜 여인으로 의인화된 아버지의 지혜는 자연신학에서가 아닌 부모의 말에 나타난 야웨의 계시이며(참조. 2:1-6), 이르아트 야웨(*yir'at Yahweh*) 즉 "야웨 경외 사상"은 넬이 주장하듯이 "지혜를 자연신학으로 해석할 수 없도록 만든다."[20] 캐럴 뉴섬(Carol Newsom)은 인간에 대한

Hintergrund und Geschichte des alttestamentlichen Gerechtigkeitabgriffes, BHT 40 (Tübingen: Mohr, 1968). 그들의 특징적인 의견을 Emerton, "Wisdom," 215-19에서 보라.

17 G. von Rad, *Wisdom in Israel,* trans. J. D. Martin (Nashville: Abingdon; London: SCM, 1972), 191; 다음도 보라 144-76.

18 D. J. Estes, *Hear, My Son: Teaching and Learning in Proverbs 1–9,* New Studies in Biblical Theology (Grand Rapids: Eerdmans, 1997), 19-39.

19 Kidner, *Introduction,* 23.

20 Nel, *Structure and Ethos,* 127.

의인화된 지혜의 초청과 아버지의 초청을 다음과 같이 구분한다. "아버지가 가정에서의 권위 있는 목소리라면, *Hokmot*[의인화된 지혜]는 공공의 목소리('길가에서', '사거리에서' 등등)에 해당한다."[21]

머피에 따르면 수많은 학자들이 성서적 지혜가 질서를 찾으려는 노력에서 나온다는 논지를 받아들였기 때문에 이제 이 논지는 "보증된 결과들" 중 하나로 여겨진다고 한다. 그러나 정작 머피 자신은 지혜에 대한 이런 이스라엘식 접근법에 의심을 품고 있다.[22] E. F. 휴윌러(E. F. Huwiler)는 운명이 정해진 질서라는 개념에 대해 다음과 같이 불만을 토로한다. "극단적인 형태에서 인과응보적 행동양식은 세상의 활동으로부터 신성(deity)을 제거한다. 이 관점에 따르면 결과는 행동 자체에서 도출되는 것이고, 야웨는 그 힘이 제한되어 인과응보 행동양식을 작동하게 만든 창조주로서 간접적으로 개입하기는 하지만 직접적으로는 단지 조산원이나 화학작용의 촉매제처럼 개입할 뿐이다.[23] 많은 경구들이 인과응보 관계를 옹호하지만 그것이 신의 부재를 전제하지는 않는다. 레나르트 뵈스트롬(Lennart Böstrom)은 이스라엘 지혜 전승이 세속적으로는 적절하게 설명될 수 없다고 주장한다.[24] 키드너에 따르면 지

21 C. A. Newsom, "Woman and the Discourse of Patriarchal Wisdom: A Study of Proverbs 1–9," in *Gender and Difference in Ancient Israel,* ed. P. L. Day (Minneapolis: Fortress, 1989), 146.

22 R. E. Murphy, "Wisdom—Theses and Hypotheses," in *Israelite Wisdom,* 34–35.

23 E. F. Huwiler, "Control of Reality in Israelite Wisdom" (Ph.D. diss., Duke University, 1988), 64. E. Würthwein이 말하기를 지혜 안에서 하나님의 "능력은 적절한 처벌을 통해 정당성이 유지되도록 질서를 돌보는 범위를 벗어나지 못한다. 그러므로 야웨는 예측할 수 있는 하나님"이 되며 언약의 하나님과는 "전적으로 다른" 분이라고 한다 ("Egyptian Wisdom and the Old Testament," in *SAIW,* 122).

24 L. Böstrom, *The God of the Sages: The Portrayal of God in the Book of Proverbs,* ConBOT 29 (Stockholm: Almqvist & Wiksell, 1990).

혜를 특징짓는 것은 어조, 말하는 사람, 그리고 호소력이다. "율법의 퉁명스러운 '너는…할지라' 또는 '너는…하지 말라' 그리고 예언자들의 긴급한 '야웨가 이렇게 말씀하신다'는 발언들이 이제 교사의 더욱 냉담한 발언과 합쳐진다.…구약성서의 나머지 부분에서는 우리에게 단순히 순종하고 믿으라고 요구하지만 지혜 문학에서는…우리에게 겸손하고 신중하게 생각하라고 요구한다."[25] 이런 특징들 또한 검증이 필요하다.

확실히 지혜의 어조는 다르다. 하지만 아버지는 여전히 퉁명스럽게 아들에게 "들으라!"(1:8), "따르지 말라!"(1:10) 등으로 명령하고, 자신의 말을 모세의 율법을 가리키는 용어인 "토라"(*tôrâ*; 율법)나 "미츠보트"(*miṣwôt;* 명령)로 표현한다(1:3; 3:1; 등). 더구나 그의 호소는 모세나 예언자처럼 다급한데 이는 삶과 죽음의 문제를 다루기 때문이다. 여자로 의인화된 지혜가 "그녀의 목소리를 높인다"(2:20)는 표현은 열성적이고 감정적인 상황(예. 강렬한 고뇌, 창 45:2; 렘 22:20), 협박(시 46:7; 68:34), 부르짖음(암 1:2; 3:4; 욥 2:11)을 드러내는 표현이며, 아버지는 아들에게 동일한 어조로 지혜에게 대답하라고 지시한다(잠 2:3).

이스라엘의 지혜자는 교사이지 입법자나 예언자가 아니다. 그러나 키드너가 동의하듯 그들은 입법자나 예언자와 같은 권위를 가지고 이야기한다. 그들 또한 영감(2:6)을 요구하며, 그들의 권고(*'ēṣâ*)는 포고(decree)이지 평가받아야 할 조언이 아니다.[26] 게다가 크리스타 카야츠(Christa Kayatz)가 지적하듯 지혜 여인은 1:20-33에서 예언자처럼 말

25 Kidner, *Introduction,* 11.

26 See B. K. Waltke, "The Authority of Proverbs: An Exposition of Proverbs 1:2–6," *Presbyterion* 13 (1987): 65–78; idem, "Lady Wisdom as Mediatrix: An Exposition of Proverbs 1:20–33," *Presbyterion* 14 (1988): 1–15.

한다.[27]

실로 지혜는 정신(mind)에 호소하지만, 지혜를 아는 것은 차가운 지능(intellect; 참조. 잠 1:22; 3:12; 4:6; 8:17, 36; 9:8; 12:1; 13:24; 15:9; 17:17; 19:8)의 문제라기보다는 사랑하는 마음(heart; 개인의 육체적, 감정-지능-도덕적 행동의 중심)의 문제다.[28] 더욱 중요한 것은 잠언이 어린아이와 같은 자세로 야웨를 믿는 믿음을 요구하며, 야웨는 자신이 만든 정의라는 의로운 질서를 유지시킨다는 사실이다(8:22-31). 잘 알려져 있듯 코헬레트는 의가 있어야 할 곳에서 악을 발견했으며(전 3:16), 욥은 도덕적 질서를 발견하지 못했다(9:22).

내가 보기에 구약 지혜 문학은 다른 문학 장르와는 다르게 독특한 방식으로 영감된 글이다(참조. 히 1:1).[29] 하나님이 모세에게는 직접 나타나고 예언자들에게는 환상/청취를 통해 나타났던 반면(참조. 민 12:6-8), 이스라엘의 지혜로운 남녀들은 하나님의 창조세계를 관찰하였고 그들의 통찰력을 창조세계에 설득력 있게 적용했다. 잠언 24:30-34에서 우리는 그런 방식으로 활동하고 있는 지혜자를 찾아볼 수 있다. 그의 실험실은 게으른 자의 밭이다(30-31절). "내가 보고 생각이 깊었고 내가 보고 훈계를 받았노라"(32절). 이것을 근거로 그는 다음과 같이 새로운 격언을 만들어내거나 인용한다. "네가 좀더 자자…네 빈궁이 강도 같이 오며 네 곤핍이 군사 같이 이르리라"(33-34절). 코헬레트는 창조의 주

27 C. Kayatz, *Studien zu Proverbien 1–9: Eine form- und motivgeschichtliche Untersuchung unter Einbeziehung ägyptischen Vergleichsmaterials,* WMANT 22 (Neukirchen-Vluyn: Neukirchener Verlag, 1966), 119–22.

28 B. K. Waltke, "Heart," *Evangelical Dictionary of Biblical Theology,* ed. W. A. Elwell (Grand Rapids: Baker, 1996), 331–32.

29 B. K. Waltke, "Proverbs, Theology of," *NIDOTTE,* 4:1079.

기를 관찰하는 것으로 글을 시작하여(전 1:3-11) 모든 것이 "바람을 좇는 일"/"심령의 번민"임을 발견하였는데 이 두 표현은 의도적인 중의적 표현으로, 지혜자가 선호하는 수사법이다. 그는 자신이 해 아래서 경험한 것들을 되새겨보면서 지혜를 추구하는 일을 멈추지 않았다. 욥은 대부분의 경우 그가 경험한 고통을 통해서 종교사회적 소견을 갖게 되었으며, 야웨가 창조질서에 묶여 있는 혼돈을 보게 했을 때야 비로소 그가 당한 난국에 대한 답을 찾을 수 있게 되었다(욥 38-41장).

그러나 코헬레트와 욥의 신학은 자연신학이 아니다. 그들은 창조를 이스라엘의 언약 신앙의 렌즈를 통해서 본다. 솔로몬 그리고 르무엘 왕의 어머니도 그 렌즈를 절대 벗지 않는다. 코헬레트와 욥은 잠시 그 렌즈를 벗지만 결국은 다시 제자리에 놓으며, 아굴은 잠언 30:5-6에 인용한 모세와 다윗을 제쳐놓고서는 자신이 절대로 지혜를 찾을 수 없었다고 고백한다(30:1-4). 하지만 이처럼 그들이 받은 영감이 서로 다르기는 하지만, 그들은 자신들이 영감을 받았으며 정경의 권위를 갖고 있다고 주장한다(참조. 잠 1:1; 2:1-8; 22:17-21; 25:1; 30:5-6; 전 12:9-13; 욥 42:1-9).

잠언

잠언의 학문적 연구에 있어 무엇이 관심사인지 독자들에게 보여주기 위해 나는 잠언의 기원과 배경, 시론, 그리고 신학에 집중하겠다.[30]

30 잠언의 학문적 연구에 유용한 개요는 Whybray, *Book of Proverbs*이다.

기원과 배경

잠언은 저자로 솔로몬(1:1; 10:1), "솔로몬의 잠언을 필사한 히스기야의 신하들"(25:1), 아굴(30:1), 그리고 르무엘 왕(31:1)을 소개한다.[31] 잠언 1-24장을 솔로몬의 저작으로 보는 관점은 솔로몬이 3,000개의 잠언을 지었다는 신명기 사가(Deuteronomist)의 주장(왕상 4:32[MT 5:12])과 일치한다. 그러나 지난 세기의 학문 연구는 대부분 이 성서적 주장을 부인했고 대신 솔로몬을 "지혜자로 이름 붙일 수 있는 명목상의 대표"로 간주한다.[32] 크렌쇼는 "이스라엘의 기억 속에 가장 부유한 왕으로서 솔로몬은 자연스럽게 비범한 지혜를 가진 사람으로 생각되어왔을 것이다"라고 진술하고, R. E. 클레멘츠(R. E. Clements)는 신명기 사가가 미심쩍은 솔로몬의 이미지를 최대한 긍정적으로 창조하기 위해 윤색한 것이라고 생각한다.[33] 그러나 크렌쇼는 "솔로몬의 이름이 왜 이렇게 두드러지는지 대해서는 만족할 만한 설명이 나오지 못했다"는 점을 인정한다.[34] 앙드레 르메르(André Lemaire)는 "열왕기상 3-11장에 나오는 것처럼 솔로몬의 통치와 지혜에 대한 묘사는 일반적으로 기원전 제1천년기 초에 시작된 근동의 국왕에 대한 이념사상을 따르는 것 같다"고 주장한다.[35]

31 나는 표제의 역사적 신빙성을 옹호한다. 다음을 보라. "Proverbs, Theology of," 1080–86.

32 R. E. Clements, *Wisdom in Theology* (Grand Rapids: Eerdmans; Carlisle: Paternoster, 1992), 19.

33 J. L. Crenshaw, "Proverbs," *ABD,* 5:514; R. E. Clements, "Solomon and the Origins of Wisdom in Israel," *Perspectives in Religious Studies* 15 (1988): 23–.

34 Crenshaw, "Proverbs," 513.

35 A. Lemaire, "Wisdom in Solomonic Historiography" (trans. H. G. M. Williamson), in

솔로몬을 저자로 받아들이기 꺼리는 구약 학자들은 잠언의 시대와 사회적 상황을 오로지 양식비평을 통해서만 판단하고자 하는데,[36] 결과적으로 고대 근동 문학을 동원한다.

국제적 배경

버지(Budge)의 『아메네모페의 가르침』(*The Teaching of Amenemope*)이 출간되기 전까지 학자들은 종종 잠언이 그리스 철학의 영향하에 있었고 이스라엘의 신학 발달 과정에서 상당히 늦은 단계의 산물이라고 간주하였다. 1933년에 요한네스 피히트너(Johannes Fichtner)는 이스라엘 지혜 문학과 고대 근동의 지혜 문학을 예시적으로 비교한 연구서를 출간함으로써 후대 연구를 위한 기초를 다져놓았다.[37] 오늘날 학자들은 보편적으로 이스라엘의 왕정 시대 및 더 이른 시기와 관련하여 헬레니즘 배경을 포기하고 그 대신 고대 근동의 정황과 연결 짓는 것을 선호한다. 나는 이러한 일치가 솔로몬의 저작성에 대한 성경의 주장을 추론적으로 지지한다고 주장한 바 있다.[38]

격언 모음집들은 이집트 고왕국 시대(기원전 2686-2160년)서부터 후기 왕조와 헬레니즘 시대(기원전 500-300년)까지 지속적으로 존재해

WIAI, 106–18.

36 지혜의 형성에 대한 유용한 분석은 R. E. Murphy, *Wisdom Literature: Job, Proverbs, Ruth, Canticles, Ecclesiastes, and Esther*, FOTL 13 (Grand Rapids: Eerdmans, 1981)이다.

37 J. Fichtner, *Die altorientalische Weisheit in ihrer israelitisch-judischen Ausprägung,* BZAW 62 (Giessen: Topelmann, 1933).

38 다음을 보라. B. K. Waltke, "The Book of Proverbs and Ancient Wisdom Literature," *BSac Sacisch-judischen Ausprägung,*136 (1979): 221–38.

왔으며,[39] 에블라(기원전 2400년경),[40] 수메르(기원전 1700년경),[41] 카사이트 시대의 메소포타미아(기원전 1500-1200년)와 중기 아시리아,[42] 그리고 아람(기원전 704-669년)에서도 발견된다.[43] 여기에 덧붙여 독립된 몇몇 격언들과 격언의 성격을 갖는 경구들이 마리(Mari)에서 그리고 아마르나 서신들(Amarna Letters, 기원전 1350년)에서 발견되었다.[44]

가장 괄목할 만한 유사성을 발견할 수 있는 것은 잠언과 이집트 모음집들[45] 사이에서인데, 그중에서도 특히 학자들이 제21왕조 후기(기원전 1070-945년경, 대략 솔로몬의 동시대)로[46] 연대를 추정하는 아메네모페(Amenemope)와의 사이에서 가장 두드러진 유사점들이 발

39 이제 다음을 보라 J. D. Ray, "Egyptian Wisdom Literature," in *WIAI,* 17–29.

40 G. Pettinato, *The Archives of Ebla: An Empire Inscribed in Clay* (Garden City, N.Y.: Doubleday, 1981), 47, 238.

41 E. I. Gordon, *Sumerian Proverbs: Glimpses of Everyday Life in Ancient Mesopotamia* (New York: Greenwood, 1968), 24–152.

42 W. G. Lambert, *Babylonian Wisdom Literature,* 3d ed. (Oxford: Clarendon, 1975; reprinted, Winona Lake, Ind.: Eisenbrauns, 1996), 92, 97, 222. 욥기와 전도서에 관련된 바빌로니아 지혜 문학으로 다음을 보라. Idem, "Some New Babylonian Wisdom Literature," in *WIAI,* 30–42.

43 J. M. Lindenberger, "The Aramaic Proverbs of Ahiqar" (Ph.D. diss., Johns Hopkins University, 1974); idem, *The Aramaic Proverbs of Ahiqar,* JHNES (Baltimore: Johns Hopkins University Press, 1983); J. C. Greenfield, "The Wisdom of Ahiqar," in *WIAI,* 43–52.

44 각각 다음을 보라. A. Marzal, *Gleanings from the Wisdom of Mari*, StPohl 11 (Rome: Pontifical Biblical Institute, 1976); W. F. Albright, "Some Canaanite-Phoenician Sources of Hebrew Wisdom," in *Wisdom in Israel and in the Ancient Near East, Presented to H. H. Rowley,* ed. M. Noth and D. W. Thomas, VTSup 3 (Leiden: Brill, 1960), 1–15.

45 J. Day("Foreign Semitic Influence on the Wisdom of Israel and Its Appropriation in the Book of Proverbs," in *WIAI,* 55–79)는 잠언이 이집트의 영향을 받았다는 견해를 약간 수정하려 했으며 "잠언을 포함한 이스라엘의 지혜는 이집트의 영향 말고도 다른 셈족어의 영향을 받았다"고 강조한다(70).

46 J. D. Currid, *Ancient Egypt and the Old Testament* (Grand Rapids: Baker, 1997), 209.

견되었다. 하지만 두 텍스트 사이의 관계가 본질적으로 어떤 것인지는 아직도 논쟁 중이다. 와이브레이는 이 논쟁에 대해 종합적인 리뷰를 작성했으며, 최근에는 폴 오버랜드(Paul Overland)가 여기에 덧붙여서 두 텍스트 간의 구조적 유사성을 집중적으로 다룬 논문을 내놓았다.[47] 그러나 아메네모페가 소위 "현인들의 30가지 말씀"(Thirty Sayings of the Wise)과 정확히 어떤 연관성이 있는지는 아직 논의 중이다. 글렌든 브라이스(Glendon Bryce)가 이 둘의 관계에 대한 보다 더 긍정적이고 비평적인 평가를 대변한다면, 존 러플(John Ruffle), A. 니카치(A. Niccacci [와이브레이는 그의 견해를 받아들인다])와 커리드(Currid)는 부정적인 평가를 대변한다.[48]

수년 전에 폴 윔베르(Paul Humbert)는 잠언의 내용과 이집트 모음집 간의 유사성을 지적한 바 있다.[49] 크리스타 카야츠(Christa Kayatz)는 이집트 모음집이 형식과 주제에서 잠언 1-9장과 유사성을 띤다는 사

47 Whybray, *Book of Proverbs,* 6–14; P. Overland, "Structure in *The Wisdom of Amenemope* and Proverbs," in *"Go to the Land I Will Show You": Studies in Honor of Dwight W. Young,* ed. J. E. Coleson and V. H. Matthews (Winona Lake, Ind.: Eisenbrauns, 1996), 275–91.

48 G. E. Bryce, *A Legacy of Wisdom: The Egyptian Contribution to the Wisdom of Israel* (Lewisburg, Pa.: Bucknell University Press; London: Associated University Presses, 1979); J. Ruffle, "The Teaching of Amenemope and Its Connection with the Book of Proverbs," *TynBul* 28 (1977): 29–68; A. Niccacci, "Proverbi 22.17–23.11," *SBFLA* 29 (1949): 42– 72, summarized by R. N. Whybray, *The Composition of the Book of Proverbs,* JSOTSup 168 (Sheffield: JSOT Press, 1994), 132–47; see Whybray, "The Structure and Composition of Proverbs 22:17–24:22," in *Crossing the Boundaries: Essays in Biblical Interpretation in Honour of Michael D. Goulder,* ed. S. E. Porter et al., Biblical Interpretation 8 (Leiden: Brill, 1994), 83–96.

49 P. Humbert, *Recherches sur les sources égyptiennes de la littérature sapientiale d'Israël* (Neuchatel: Secrétariat de l'Université, 1929).

실을 간파하고 이 부분의 연대를 포로기 이전으로 추정하였다.[50] 케네스 키친(Kenneth Kitchen)은 잠언 1-24장의 구조가 정확히 솔로몬 시대의 특정한 이집트 모음집의 구조와 괄목할 만한 일치를 보여준다는 사실을 지적한 후에, 잠언 1-24장의 가장 개연적인 연대는 "표제에서 실명으로 언급된 저자인 솔로몬 왕의 시대, 다시 말해 기원전 950년대와 충분히 조화를 이룬다"라고 결론지었다.[51] 알 월터즈(Al Wolters)는 잠언의 마지막 글(31:10-31)의 연대를 헬레니즘 시대로 추정하는데, 그 근거는 31:27에 그리스어 "소피아"(*sophia*)의 언어유희라고 할 수 있는 "초피야"(*ṣôpiyyâ*)라는 단어가 등장하기 때문이다. 하지만 그는 이 구절이 보다 이른 시기, 다시 말해 알렉산드로스 대왕 이전의 것일 가능성도 수용한다.[52] H. C. 워싱턴(H. C. Washington)은 "기원전 332년에 이르기까

50 Kayatz, *Studien zu Proverbien 1–9*.

51 K. A. Kitchen, "Proverbs and Wisdom Books of the Ancient Near East: The Factual History of a Literary Form," *TynBul* 28 (1977): 69–114 (인용은 99); Kitchen의 괄목할 만한 이 글은 이후 저자들(Whybray는 *Book of Proverbs*, 14에서 Kitchen의 글을 언급하지만 단지 Ruffle의 의견에 동의하는 문맥에서만 언급한다!)과 대부분의 주석가들에게 괄목할 만큼 간과되거나 무시되어왔다. 예를 들어, D. Cox, *Proverbs with an Introduction to Sapiential Books*, Old Testament Message (Wilmington: Glazier, 1982); R. L. Alden, *Proverbs: A Commentary on an Ancient Book of Timeless Advice* (Grand Rapids: Baker, 1983); K. T. Aitken, *Proverbs*, DSB–OT (Philadelphia: Westminster, 1986) (to be fair, this work lacks a bibliography); O. Plöger, *Sprüche Salomos (Proverbia)*, BKAT (Neukirchen-Vluyn: Neukirchener Verlag, 1984); D. A. Hubbard, *Proverbs*, Communicator's Bible (Dallas: Word, 1989); K. Farmer, *Who Knows What Is Good? A Commentary on the Books of Proverbs and Ecclesiastes*, ITC (Grand Rapids: Eerdmans; Edinburgh: Handsel, 1991); A. Meinhold, *Die Sprüche*, Zürcher Bibelkommentare (Zurich: Theologischer Verlag, 1991); Whybray, *Proverbs;* R. C. Van Leeuwen, "Proverbs," in *The New Interpreter's Bible*, vol. 5 (Nashville: Abingdon, 1997), 19–264. 다음의 예외도 있다. A. P. Ross, "Proverbs," *EBC*, vol. 5 (Grand Rapids: Zondervan, 1991), 883–1134; and D. A. Garrett, *Proverbs, Ecclesiastes, Song of Songs*, NAC (Nashville: Broadman, 1993).

52 A. Wolters, "*Ṣôpiyyâ* (Prov 31:27) as Hymnic Participle and Play on *Sophia*," *JBL* 104

지 이백 년 동안 팔레스타인에 그리스 문명이 대량으로 유입되었다"라고 기록했다.[53] 그러나 클레어 고틀리프(Claire Gottlieb)는 월터스가 언급한 말장난이 이집트어 "*sb3yt*"(교훈)에 더 가깝다고 제안한다.[54]

언어학적 증거

오늘날 많은 비평학자들은 잠언 1:1-9:18 그리고 30-31장이 포로기 이후에 기원을 두고 있으며, 그 외의 모음집들은 포로기 이전의 작품이라고 생각한다.[55] 그러나 워싱턴은 이 구분이 일반적으로 추정하는 것만큼 그리 확실한 것은 아니라고 주장한다. 그는 클라우디아 캠프(Claudia Camp)의 견해를 바탕으로, 잠언이 비록 수 세기에 걸쳐 형성되어 상당 부분 재구성이 불가능함에도 불구하고 "그 안에 포함된 다양한 자료를 회복된 공동체의 특징적인 산물로 변모시키는 단일한 편집과정"을 거쳤다고 주장한다.[56] 그는 잠언의 어휘 목록을 근거로 저작 시기를 유다

(1985): 577–87; idem, "Proverbs xxxi 10–31 as Heroic Hymn: A Form-Critical Analysis," *VT* 38 (1988): 457; 다음을 보라. G. Rendsburg, "Bilingual Wordplay in the Bible," *VT* 38 (1988): 354.

53 H. C. Washington, "Wealth and Poverty in the Instruction of Amenemope and the Hebrew Proverbs: A Comparative Case Study in the Social Location and Function" (Ph. D. diss., Princeton Theological Seminary, 1992), 185–86.

54 C. Gottlieb, "The Words of the Exceedingly Wise: Proverbs 30–31," in *The Biblical Canon in Comparative Perspective,* ed. K. L. Younger Jr., W. W. Hallo, and B. F. Batto, Scripture in Context 4, ANETS 11 (Lewiston, N.Y.: Mellen, 1991), 290.

55 N. Gottwald, *The Hebrew Bible: A Socio-Literary Introduction* (Philadelphia: Fortress, 1985).

56 Washington, "Wealth and Poverty," 178; C. Camp, *Wisdom and the Feminine in the Book of Proverbs,* BLS 11 (Sheffield: JSOT Press, 1985), 233. Washington은 Camp가 생각을 바꿔 잠언의 마지막 편집 연대로 헬레니즘 시대를 택한 것에 동의하지 않는다. Camp의 의견은 다음에 나와 있다. "What's So Strange about the Strange Woman?"

왕정 시대 말기 이후로 제안했으나, 키친의 주장과 타협하는 데는 실패했다.[57] 워싱턴 자신도 "단어만을 근거로 성서를 구성하는 책들의 연대를 정하는 것은 불확실하며" 또한 "그중 어떤 단어도 독자적으로는 결정적인 근거를 제시하지 못한다"라고 인정했다.[58]

올브라이트(W. F. Albright)는 "잠언은…가나안주의(Canaanitisms)로 가득하다"라고 주장하면서 잠언의 이른 연대를 선호했으며, M. 다우드(M. Dahood)와 W. A. 반 더 와이덴(W. A. van der Weiden)은 우가리트 용례(기원전 1400년경)를 잠언의 철학적 연구에 광범위하게 이용했다.[59]

배경

현자들이 격언을 통해 자신들의 사회학적 환경을 표현한다는 의심스러운 가설을 입증할 만한 증거를 찾기 위해 많은 학자들이 노력해왔지만, 와이브레이는 (머피를 인용하면서) 이러한 경구들의 배경이 된 삶의 정황이 정확히 무엇인지 우리는 파악할 수는 없다고 지적하며, 문학 비평에 이러한 접근법을 적용하는 것이 적법한지에 대해 의문을 제기한다.[60] 크렌쇼는 지혜서의 사회적 정황을 구축하는 데 양식비평적 분석

in *The Bible and the Politics of Exegesis: Essays in Honor of Norman K. Gottwald on His Sixty-Fifth Birthday,* ed. D. Jobling et al. (Cleveland: Pilgrim, 1991), 303.

57 Kitchen, "Proverbs and Wisdom Books."

58 Washington, "Wealth and Poverty," 180, 182.

59 Albright, "Some Canaanite-Phoenician Sources," 9; M. J. Dahood, *Proverbs and Northwest Semitic Philology,* Scripta Pontificii Instituti Biblici 113 (Rome: Biblical Institute Press, 1963); W. A. van der Weiden, *Le Livre des Proverbes: Notes philologiques,* BibOr 23 (Rome: Biblical Institute Press, 1970).

60 다음을 보라. Whybray, "Social World," 18–29; idem, *Book of Proverbs,* 18–33; B. W. Kovacs, "Is There a Class-Ethic in Proverbs?" in *Essays in Old Testament Ethics,* ed. J.

이 얼마나 공헌할 수 있는지에 대해 회의적이지만, 어쨌거나 그는 가족, 왕실, 학교와 같은 몇몇 배경들을 고려의 대상으로 삼았다.[61]

폰 라트는 이스라엘에 등장한 새로운 서기관 계급이, 솔로몬과 이집트 간에 고무적인 관계가 지속된 소위 "솔로몬의 계몽기"(Solomonic Enlightenment) 동안 잠언과 같은 작품들을 생산해냈을 것이라고 제안한다.[62] 브루그만은 이러한 계몽 운동의 시작을 다윗에게 돌린다.[63] 우도 스클라드니(Udo Skladny)는 잠언의 세 모음집인 잠언 10-15장, 28-29장, 16:1-22:16을 초기 왕정 시대의 것으로 본다.[64] 그는 마지막 모음집이 왕궁 관리들을 위한 훈령이라고 생각한다. 반면에 브라이스는 25장, 레이몬드 판 류벤(Raymond van Leeuwen)은 25-27장, 그리고 브루스 맬초(Bruce Malchow)는 28-29장에 대해서 비슷한 결론을 내렸다.[65] B. W. 코바치(B. W. Kovacs)는 10-29장이 정부 관리들의 작품이었

L. Crenshaw and J. T. Willis (New York: Ktav, 1974), 171-89; idem, "Sociological-Structural Constraints upon Wisdom: The Spatial and Temporal Matrix of Proverbs 15:28-22:16" (Ph.D. diss., Vanderbilt University, 1978).

61 J. L. Crenshaw, "Prolegomenon," in *SAIW,* 20.

62 G. von Rad, "The Beginnings of Historical Writing in Ancient Israel," in *The Problem of the Hexateuch and Other Essays,* trans. E. W. Trueman Dicken (New York: McGraw-Hill; Edinburgh and London: Oliver & Boyd, 1966), 166-204; so also E. W. Heaton, *Solomon's New Men: The Emergence of Ancient Israel as a National State* (New York: Pica; London: Thames and Hudson, 1974). 이 가설에 대한 비평으로 다음을 보라. R. N. Whybray, "Wisdom Literature in the Reigns of David and Solomon," in *Studies in the Period of David and Solomon and Other Essays,* ed. T. Ishida (Winona Lake, Ind.: Eisenbrauns; Tokyo: Yamakawa-Shuppansha, 1982), 13-26.

63 Brueggemann, *In Man We Trust,* 64-67.

64 U. Skladny, *Die altesten Spruchsammlungen in Israel* (Göttingen: Vandenhoeck & Ruprecht, 1962), 25-46.

65 G. E. Bryce, "Another Wisdom-'Book' in Proverbs," *JBL* 91 (1972): 145-57; R. C. Van Leeuwen, *Context and Meaning in Proverbs 25–27,* SBLDS 96 (Atlanta: Scholars Press, 1988); B. V. Malchow, "A Manual for Future Monarchs," *CBQ* 47 (1985):

다고 생각한다.[66] J. K. 와일즈(J. K. Wiles)는 왕들은 지혜를 권장했으며 지혜는 왕조를 뒷받침해주었다고 지적한다.[67] 웍스는 왕궁 배경을 부인하지만, 마이클 V. 폭스(Michael V. Fox)는 간접적으로 그에게 대답하기를 "해당 경구는 왕과 왕실의 신하에 **대해서**만 이야기하지 않고 그들**에게** 또 그들을 **위해서** 이야기한다"고 하였다.[68]

다른 학자들은 왕실 배경보다 민간 배경을 선호한다. R. B. Y. 스코트(R. B. Y. Scott)는 잠언에서 민간 경구와 학문적 경구를 구분한다.[69] 머피는 경구의 태반이 일상적인 사회활동 속에서 발생한 것으로 본다.[70] 스클라드니는 25-27장이 농경 사회를 대상으로 한다고 생각한다.[71] 와이브레이는 솔로몬 모음집이 이스라엘 소작농의 민간전승을 요약했고 결국은 교훈을 목적으로 하는 더 큰 모음집들로 발전했다고 주장한다.[72] 폰테인(Fontaine)은 일상생활에서의 격언의 기능을 규명하기 위해 구약 내러티브를 주시한다.[73] 클라우스 베스터만(Claus Westermann)은 10-29장 묶음의 배경을 문자사용 이전 시기에 작은 농촌에 살던 평범

238–45.

66 Kovacs, "Is There a Class-Ethic," 187.

67 J. K. Wiles, "Wisdom and Kingship in Israel," *Asia Journal of Theology* 1 (1987): 55–70.

68 Weeks, *Early Israelite Wisdom,* 1–56; M. V. Fox, "The Social Location of the Book of Proverbs," in *Texts, Temples, and Traditions: A Tribute to Menahem Haran,* ed. M. V. Fox et al. (Winona Lake, Ind.: Eisenbrauns, 1996), 227–39 (인용은 235).

69 R. B. Y. Scott, *The Way of Wisdom in the Old Testament* (New York: Macmillan; London: Collier-Macmillan, 1971), 특히 63.

70 R. E. Murphy, "Assumptions and Problems in Old Testament Wisdom Research," *CBQ* 29 (1967): 106.

71 Skladny, *Die altesten Spruchsammlungen,* 43.

72 Whybray, *The Composition of Proverbs,* 62.

73 C. R. Fontaine, *Traditional Sayings in the Old Testament: A Contextual Study*, BLS 5 (Sheffield: Almond, 1982), 72–138.

한 민간인 사회로 본다.[74] 그러나 와이브레이는 잠언에서 만취를 폭식과 연결시키고 교제하는 것을 부정한 여자와 관련시켜 말하는 것은 "그 배경이 도시임을 가리키는 것 같다"고 주장한다.[75]

최근 일부 학자들은 잠언의 배경을 민간 사회 중에서도 문자사용 이전 시기로 특정하는 경향을 보인다. 베스터만, 앙드레 바뤼크(André Barucq), F. W. 골카(F. W. Golka), 로랑 나레(Laurent Naré)는 잠언의 자료, 특히 10-29장의 기원이 문자사용 이전이라고 제시하며 거기에 나오는 짧은 경구들을 근대 아프리카 문맹들의 경구 자료와 비교하였다.[76] 와이브레이는 "이 새로운 자료는 잠언 연구에 있어 70여년 전에 『아메네모페』(*Amenemope*)가 출판되던 때와 마찬가지로 새로운 시대의 도래를 알린다"고 여기지만 폭스는 다음과 같이 경고한다. "아프리카 평행자료에서 결론을 도출하는 일에 신중해야 한다."[77]

다른 학자들은 지혜의 발단을 율법에서 찾는다. 버런드 겜저(Berend Gemser)는 법조항 형식을 띠는 격언적 지혜는 아주 오랜 역사를 가지고 있을 것이라고 결론 내린다.[78] J. -P. 오데(J. -P. Audet)와 에르하르

74 C. Westermann, "Weisheit im Sprichwort," *Schalom: Studien zu Glaube und Geschichte Israels: Alfred Jepsen zum 70. Geburtstag,* ed. K.-H. Bernhardt, Arbeiten zur Theologie 46 (Stuttgart: Calwer, 1971), 149–61.

75 R. N. Whybray, *Wealth and Poverty in the Book of Proverbs*, JSOTSup 99 (Sheffield: JSOT Press, 1990), 90.

76 C. Westermann, *Roots of Wisdom: The Oldest Proverbs of Israel and Other Peoples,* trans. J. D. Charles (Louisville: Westminster/John Knox, 1995); A. Barucq, "Proverbes (Livre des)," *DBSup* 8 (1972), cols. 1395–476; F. W. Golka, *The Leopard's Spots: Biblical and African Wisdom in Proverbs* (Edinburgh: Clark, 1993), which incorporates his earlier essays; L. Naré, *Proverbes salomoniens et proverbes mossi: Étude comparative à partir d'une nouvelle analyse de Pr 25–29* (Frankfurt and Berne: Lang, 1986).

77 Whybray, *Book of Proverbs,* 33; Fox, "Social Location," 239.

78 B. Gemser, "The Importance of the Motive Clause in Old Testament Law," in *Congress*

트 게르슈텐베르거(Erhard Gerstenberger)는 잠언과 이스라엘의 율법에 나오는 훈계들이 이스라엘의 족장 시대나 왕정 이전 사회에서 사용된 특정한 행동 양식으로부터 도래했다고 여긴다(*Sippenweisheit*).[79] 비슷하게 조셉 블렌킨솝(Joseph Blenkinsopp)은 지혜와 율법이 어느 정도는 동일한 기원을 가진다고 생각한다.[80] H. W. 볼프(H. W. Wolff)는 아모스서에 대해, 그리고 J .W. 웨드비(J. W. Whedbee)는 이사야서에 대해 씨족지혜설(*Sippenweisheit*)을 적용한다.[81] 반면에 볼프강 리히터(Wolfgang Richter)는 율법의 발전에 "그룹 정신"(*Gruppenethos*)이 작용했으며 후에 지혜 학교가 이 정신을 이어받았다고 말한다.[82] 그러나 넬은 훈계의 형식이 배경을 설정해서는 안 된다고 지적한다. 율법과 지혜의 관계를 결정하기 위해서는 율법과 그 율법의 성문화를 구분하는 틀이 유지되어야 하고, 율법과 지혜를 동일시하기 위해서는 그 둘의 정신(ethos)과 내용이 본래적으로 동질성을 가진다는 점을 설명할 수 있어야 한다고 주장한다.[83]

Volume: Copenhagen, 1953, VTSup 1 (Leiden: Brill, 1953), 50–66.

79 J.-P. Audet, "Origines comparées de la double tradition de la loi et de la sagesse dans le proche-orient ancien," *International Congress of Orientalists* 1 (1964), 352–57; E. Gerstenberger, *Wesen und Herkunft des "apodiktischen Rechts,"* WMANT 20 (Neukirchen-Vluyn: Neukirchener Verlag, 1965), 110ff.

80 J. Blenkinsopp, *Wisdom and Law in the Old Testament: The Ordering of Life in Israel and Early Judaism,* Oxford Bible Series (Oxford and New York: Oxford University Press, 1983), 9–10, 74–129.

81 H. W. Wolff, *Amos, the Prophet: The Man and His Background,* trans. F. R. McCurley, ed. J. Reumann (Philadelphia: Fortress, 1973); J. W. Whedbee, *Isaiah and Wisdom* (Nashville: Abingdon, 1971), 80–110; cf. Morgan, *Wisdom in the Old Testament Traditions.*

82 W. Richter, *Recht und Ethos: Versuch einer Ortung des weisheitlichen Mahnspruches,* SANT 15 (Munich: Kösel, 1966).

83 Nel, *Structure and Ethos,* 127

위에서 언급했듯이 리히터는 지혜 개념이 발원한 두 번째 출처로 지혜 학교를 제안한다. 파울 폴츠(Paul Volz)는 이집트의 서기관 학교 모델을 근거로 이스라엘에도 종교 형성을 위한 영성 학교와 서기관 양성을 위한 서기관 학교가 있었다고 주장한다.[84] H. -J. 헤르미손(H. -J. Hermisson)은 잠언의 경구가 출현한 배경을 왕실 부속학교로 보며 이곳에서 엘리트 집단을 정부 관료로 양성했다고 주장한다.[85] N. 슈팩(N. Shupak)은 이집트 학교 관련 문서들에서 발견된 용어들과의 대응 관계를 근거로 학교 배경을 지지하고, W. 마가스(W. Magass)는 잠언에 나오는 비유적 이미지들을 근거로 학교 배경을 지지한다.[86] 버나드 랭(Bernhard Lang)과 르메르는 고고학적 증거를 통해 고대 이스라엘에는 학교가 존재하지 않았다고 반박한다.[87] 데이비스는 이스라엘에 학교와 유사한 기관이 있었다고 주장하는 학자들 쪽으로 기우는 반면 윅스는 학교가 존재했음을 보여주는 증거가 너무 빈약하기 때문에 학교가 실재했다고 추정할 수는 없다고 주장하며, 폭스는 때때로 데이비스가 사용한 것과 동일한 자료를 이용하여 학교에서 격언들을 가르쳤다는 견해를 부인한다.[88]

84 P. Volz, *Hiob and Weisheit,* 2d ed., Die Schriften des Alte Testaments (Göttingen: Vandenhoeck & Ruprecht, 1921), 103.

85 H.-J. Hermisson, *Studien zur israelitischen Spruchweisheit*, WMANT 28 (Neukirchen-Vluyn: Neukirchener Verlag, 1968).

86 N. Shupak, "'The Sitz im Leben' of Proverbs in the Light of a Comparison of Biblical and Egyptian Wisdom Literature," *RB* 94 (1987): 98–119; W. Magass, "Die Rezeptionsgeschichte der Proverbien," *LB* 57 (1985): 61–80.

87 B. Lang, "Schule und Unterricht im alten Israel," in *La Sagesse de l'Ancien Testament*, ed. M. Gilbert, BETL 51 (Gembloux: Duculot; Louvain: Leuven University Press, 1979), 186–201; A. Lemaire, "Sagesse et écoles," *VT* 34 (1984): 270–81.

88 G. I. Davies, "Were There Schools in Ancient Israel?" in *WIAI,* 199–211; Weeks, *Early Israelite Wisdom,* 132–56; Fox, "Social Location."

다른 이들은 잠언에서 적어도 일부분이 가정 학교(a home-school) 배경에서 유래한다고 여긴다. 크렌쇼는 이런 가정 배경을 지지한다. 와이브레이와 폭스는 지혜 문학에 등장하는 "아버지"가 "교사"를 의미한다는 대부분의 주석가들의 의견에 반대한다. 머피는 "가정이 아마도 지혜의 가르침이 유래한 원천이라 여겨지며, 그런 가르침들이 현자들 사이에서 전문화되었다"고 말한다.[89]

나의 생각으로는 책 전반에 걸쳐 아버지나 특히 어머니가 아이에게 교훈하는 수많은 경우들을 언급하고(1:8; 10:11; 등), 4:1-9에서는 할아버지를, 그리고 31:1에서는 르무엘 왕의 어머니를 상기시키는 것은, 이 모든 구절들이 마치 모세가 이스라엘의 부모를 통해 율법을 유포시킨 것처럼(참조. 신 6:7-9) 솔로몬도 가정을 통해 그의 지혜를 전수하려 했다는 것을 암시한다. 폭스는 중세 유대인의 윤리 지침서(ethical testament)에서 고대 지혜의 가르침과의 강한 유사성을 발견한다. "윤리 지침서란 성인 남자가 자기 아들, 때로는 딸들을 종교-윤리적으로 지도하기 위해 작성한 가르침들이다. (사실 이 지침서는 잠언을 모델로 삼았기 때문에 고대 지혜 문학의 후예인 셈이다.)…아버지가 그의 아들(또는 아들들)에게 강연하고 그를 통해 더 많은 청중에게 이야기한다."[90] 만약 그렇다면 이스라엘의 상황은 이집트 교훈 문학에서 입증된 것과 정확히 같은 상황이라고 볼 수 있다.

89 J. L. Crenshaw, "Education in Ancient Israel," *JBL* 104 (1985): 601–15; Whybray, *Intellectual Tradition,* 41–43; Fox, "Social Location," 230–32; Murphy, *Tree of Life,* 4.
90 Fox, "Social Location," 232.

시론과 구조

이 분야의 연구사에 대한 개괄로서 나는 크누트 하임(Knut Heim)의 글에 많이 의존하였는데, 사실 그는 루스 스코랄릭(Ruth Scoralick)의 연구 조사 개요를 기꺼이 따르고 있다.[91]

구조의 실재를 부인하는 학문 동향

맥케인은 "대부분의 경구 문학(sentence literature, 예를 들어 잠 10:1-22:16; 25-29장)에는 컨텍스트가 없다"라고 주장한다.[92] 이 확신은 잠언들을 역사 발전 과정에 따라 재정리하는 그의 의심스러운 기획의 본질적인 요점이다. 맥케인에 따르면 잠언들은 (A) 개인들을 교훈하기 위해 작성된 세속적인 격언들로부터 발생하여 (B) 공동체를 위한 것으로, 또한 (C) "야웨 신앙에서 유래한 도덕주의"를 표현하는 것으로 발달했다.[93] 예를 들어 그의 견해로 "의로운/악한"이란 단어 짝은 C항목에 해당하고, "지혜로운/미련한"이란 단어 짝은 A항목에 해당한다.

R. B. Y. 스코트(R. B. Y. Scott)는 그의 잠언 주석서에서 잠언에 몇몇 의도적인 배열이 있음을 인정한다(예. 16:1-7).[94] 이후에 잠언의 종교적·세속적 내용을 다룬 기고문에서 그는 10:1-22:16을 "문맥의 연결이 없

91 K. M. Heim, "Structure and Context in Proverbs 10:1–22:16" (Ph.D. diss., University of Liverpool, 1996), 5–53; R. Scoralick, *Einzelspruch und Sammlung,* BZAW 232 (Berlin and New York: de Gruyter, 1995).

92 McKane, *Proverbs,* 10; cf. 413–15.

93 Ibid., 11.

94 R. B. Y. Scott, *Proverbs; Ecclesiastes,* AB 18 (Garden City, N.Y.: Doubleday, 1965), 17.

는 다채로운 자료"를 아무렇게나 모은 모음집으로 보았다.[95]

베스터만은 의도적인 배열을 찾는 노력에 반대해왔다.[96] 그의 접근법은 10:1-22:16의 짧은 격언 문학이 1:1-9:18의 교훈 문학과 대조해 볼 때 초기의 것이라는 양식비평적 확신에 따른 것이다. 베스터만은 격언의 주된 삶의 정황(*Sitz im Leben*)이 구두 전달의 맥락이라는 점을 강조하기 때문에 저자들이 문헌 기록을 위해 경구들을 만들었을 가능성을 부인한다. 그는 부차적 경구 모음집 내의 어떤 경구들은 서로 관계가 있다는 점을 부인하지는 못하지만[97] 그의 관심은 경구들을 만들어 낸 것으로 추정되는 구두 전달의 기원에 있다.

격언-실행 문맥

B. 키르셴블라트-김블레트(B. Kirshenblatt-Gimblett)는 격언들이 종종 서로 모순된다는 사실(예. "서두르면 일을 그르친다"라는 격언이 있는가 하면 "망설이는 자는 잃는다"라는 격언도 있음)을 발견하고서, 경구들 안에는 "격언-실행"(proverb-performance)의 사조를 따라 다음과 같은 요소들이 작동한다고 설명한다.

1. 격언들은 절대적이 아닌 상대적 진리를 말한다.

95 R. B. Y. Scott, "Wise and Foolish, Righteous and Wicked," in *Studies in the Religion of Ancient Israel*, ed. J. L. Crenshaw, VTSup 23 (Leiden: Brill, 1972), 147.

96 C. Westermann, review of R. Van Leeuwen's *Context and Meaning in Proverbs 25–27* in *ZAW* 102 (1990): 165–67.

97 C. Westermann, *Forschungsgeschichte zur Weisheitsliteratur 1950–1990* (Stuttgart: Calwer, 1991), 35–36.

2. 삶의 배경이 격언의 의미와 "진리"를 결정한다.
3. 격언이 의미적으로는 적합하다 하더라도 참여자들이 그 상황에서 얻고자 하는 것이 무엇이냐에 따라 사회적으로는 적합하지 않을 수도 있다.
4. 사람은 삶의 정황이 요구하는 것을 근거로 격언을 고르기 마련이다.
5. 상황은 한 가지 이상의 방법으로 평가될 수 있다.[98]

캐롤 폰테인(Carole Fontaine)도 "단순한 격언적 의미"보다는 "격언 실행 의미"에 대해 말하기를 선호한다.[99] 그녀에 따르면 사람이 사회적 상황에서 격언을 사용하는 이유는 과거의 행동을 평가하거나 미래의 행동에 영향을 끼치기 위함이다.[100] 격언을 수집한 자들은 그 경구가 사용된 상황의 전반적인 맥락을 담은 자료를 전달해줄 필요가 있다는 사실을 깨닫지 못했다.[101]

클라우디아 캠프(Claudia Camp)는 폰테인의 "실행 상황"(performance contexts) 방법을 발전시켰다.[102] 그녀는 격언을 수록한 "죽은"(상황이 빠진—역주) 모음집으로부터 "격언을 문학적으로 비상황화"(the literary de-

98 B. Kirshenblatt-Gimblett, "Toward a Theory of Proverb Meaning," *Proverbium* 22 (1973): 823, cited by C. R. Fontaine, *Traditional Sayings in the Old Testament,* BLS 5 (Sheffield: Almond, 1982), 50. Fontaine은 "격언 실행"(proverb performance)이란 "일종의 자극(보통 인간의 행동)을 통해…격언을 적용하도록 유도하는" 상황을 가리킨다고 정의한다(*Traditional Sayings,* 182).

99 C. Fontaine, "Proverb Performance in the Hebrew Bible," *JSOT* 32 (1985): 95.

100 Ibid., 96.

101 Ibid., 97.

102 Camp, *Wisdom and the Feminine,* 165–78.

contextualizing of proverbs)하자고 제안했다. 그녀는 또한 잠언의 틀 안에서 지혜를 여인의 모습으로 의인화한 것은 개개의 격언을 재상황화하여 하나의 새로운 단일체로 만든 것이라고 주장한다.[103]

잠언 10:1-22:16에 나타나는 개별 경구들의 문맥을 확정하는 연구 동향

교훈적인 경구들. K. 하임(K. Heim)에 따르면[104] "'교훈적인' 경구에 관한 가장 자세한 초기 가설들은 하인리히 에발트(Heinrich Ewald)와 프란츠 델리치(Franz Delitzsch)의 주석서에서 발전되었다.[105] 델리치의 몇 가지 제안을 C. H. 토이(C. H. Toy)와 D. G. 빌데뵈르(D. G. Wildeboer)가 받아들였고, 후기 가설들은 헤르미손이 사용하였다."[106] 그러나 델리치가 제안한 격언 묶음들에서 만들어진 더 광범위한 상황들은 격언을 따로따로 해석하는 데 있어 대부분 무시되었다.

동음이의어와 표어. 구스타프 보스트룀(Gustav Boström)은 잠언에 줄지어 나오는 경구들을 동음, 유음, 두운법과 같은 청각적 고리로 연결시킨다.[107] 그러나 그는 풍부하고 의미 있는 상황을 야기할 수 있는 경구의 배열에는 관심이 없었다. S. C. 페리(S. C. Perry)는 컴퓨터를 이

103 Ibid., 209–15.

104 Heim, "Structure and Context," 16.

105 H. Ewald, *Die Dichter des Alten Bundes,* vol. 2, *Die Salomonischen Schriften,* 2d ed. (Göttingen: Vandenhoeck & Ruprecht, 1867); F. Delitzsch, *Salomonisches Spruchbuch* (Leipzig: Doerffling & Franke, 1873).

106 C. Toy, *A Critical and Exegetical Commentary on the Book of Proverbs,* 2d ed., ICC (Edinburgh: Clark, 1904), 311; D. G. Wildeboer, *Die Sprüche,* KHCAT 15 (Freiburg: Mohr, 1897), 31, 39; Hermisson, *Studien,* 176.

107 G. Boström, *Paronomasi I den äldre hebreiska Maschallitteraturen,* LUÅ 23.8 (Lund: Gleerup; Leipzig: Harrassowitz, 1928), 112–15.

용해 모음집 II(잠 10:1-22:16)에 나오는 동음이의어를 연구함으로써 보스트룀의 이론을 확증하였다.[108] 그는 연속되는 격언들 사이에서 나타나는 청각 유희가 개별 경구 해석의 질을 향상시킬 수 있는 맥락을 제공해준다는 점을 부인한다. 유타 크리스펜츠-피힐러(Jutta Krispenz-Pichler)는 음소, 표어, 그리고 두운법의 반복을 근거로 모음집 II(잠 10:1-22:16)와 V(25-29장)에 있는 묶음들을 식별한다.[109] 그녀는 구조적인 다른 장치들을 무시하는 경향이 있지만, 내용의 의미에 근거하여 이 묶음들을 구분한다.

신학적 재해석. 와이브레이는 초기 글에서 맥케인이 초기 세속적 자료와 후대의 신학적 경구를 구분한 점을 수용했다.[110] 그는 후자가 전략상 중요한 위치에 있으며 그 경구에 인접한 상황을 재해석한다고 주장하였다. 망네 사이뵈(Magne Saebø)도 야웨 관련 경구가 주변 경구들이 신학적 의미를 갖도록 배경을 제공한다고 결론 내렸다.[111]

반복. 대니얼 스넬(Daniel Snell)은 잠언서를 대상으로 하여 종종 다른 모음집에도 나타나는 변형된 반복들을 종합적으로 연구하였다.[112] 그러나 그의 일차적 관심사는 경구들을 문맥에 따라 배열하는 것이 아니었다. 사실 그는 저자들이 문맥을 만들어내기 위해 의도적으로 변형

108 S. C. Perry, "Structural Patterns in Proverbs 10:1–22:16" (Ph.D. diss., University of Texas, 1987).

109 J. Krispenz, *Spruchkompositionen im Buch Proverbia* (Frankfurt: Lang, 1989), 37

110 R. N. Whybray, "Yahweh-Sayings and Their Contexts in Proverbs 10,1–22,16," in *La Sagesse de l'Ancien Testament,* ed. Gilbert, 153–65.

111 M. Saebø, "From Collections to Book," in *Proceedings of the Ninth World Congress of Jewish Studies* (Jerusalem: World Union of Jewish Studies, 1986), 99–106.

112 D. C. Snell, *Twice-Told Proverbs and the Composition of the Book of Proverbs* (Winona Lake, Ind.: Eisenbrauns, 1993).

어들을 사용했다는 견해도 받아들이지 않았다. 그의 주된 관심은 개별적 모음집들의 상대적인 연대를 정하는 데 있었으나 이 접근법의 결과는 확정적이지 못했다. 스코랄릭은 주로 시론과 함께—의미론은 제외하고—변형된 반복을 구조 장치로 사용하여 잠언 10-15장의 구성 배열을 찾으려 하였다.[113]

의미론적 중요성. 1962년에 스클라드니는 격언들을 문맥에 따라 배열하는 문제에 대해 이어지는 대부분의 논의들을 위한 기반을 닦아 놓았다.[114] 그는 형식, 내용, 스타일을 분석하고 통계학을 이용하여 연구 결과를 정리하면서 작은 하부 모음집의 윤곽을 묘사하였다: A(10-15장), B(16:1-22:16), C(25-27장), D(28-29장). 이 분석은 잠언 10:1, 22:17, 25:1, 30:1에 나타난 분명한 편집적 정보와 어느 정도 일치한다. 스코트, 맥케인, 그리고 베스터만은 뚜렷한 문학적 단위로 구성된 격언 문학에 문맥이 있다는 점을 부인한다.[115] 하지만 헤르미손은 스클라드니의 분석에서 한 단계 더 나아가 모음집 A에 나타나는 주제적·시적 통일성을 식별하는 데 힘쓴다.[116] 브라이스는 프랑스 구조주의 방법을 이용하여 25:2-27이 하나의 문학적 단위를 구성하고 있음을 보여준다.[117] B. W. 코바치(B. W. Kovacs)는 15:28부터 시작하여 모음집 B에 일관된 세계관이 구체화되었음을 파악한다.[118] 와이브레이는 편집자가 야웨

113 Scoralick, *Einzelspruch,* 3–5, 160f., passim.
114 Skladny, *Die altesten Spruchsammlungen.*
115 Scott, *Proverbs,* 14, 17, passim; McKane, *Proverbs,* 10, passim; Westermann, "Weisheit im Sprichwort," 73–85.
116 Hermisson, *Studien.*
117 Bryce, "Another Wisdom-'Book' in Proverbs," 145–57.
118 Kovacs, "Sociological-Structural Constraints."

경구를 고의적으로 10:1-22:16에 두었음을 보여준다.[119] 판 류벤(Van Leeuwen)은 구조주의, 시론, 그리고 의미론을 이용하여 모음집 C의 경구가 더 큰 문학적 구조들 안에 배열되어 있다고 설득력 있게 논증한다.[120] 브루스 맬초(Bruce Malchow)는 모음집 D가 "미래 군주들을 위한 입문서"로서 복잡하게 배열된 하나의 모음집이라고 제안한다.[121] 윅스는 "솔로몬 자료"의 주제, 동사, 단어의 연결을 통계적으로 산출하여 그 모음집들에 하부 단위들이 있었으나 그것들은 의미가 풍부한 문맥들은 아니라는 역설적인 결론을 도출한다.[122] 나는 15:30-16:15의 통일성을 주장하였다.[123] 최근 플뢰거, 마인홀트, 개럿, 와이브레이, 그리고 판 류벤의 주석서는 보다 큰 문학적 단위 내에서 개별 격언들을 해석한다. 아직도 많은 연구가 남아 있지만 이 분야에서 가장 뛰어난 업적을 보여준 학자는 마인홀트와 판 류벤이다.

숫자상의 일관성. 숫자 체계 또한 모음집들 사이에 일관성이 있음을 보여준다. 폴 스케한(Paul Skehan)은 P. 벤키(P. Behnke)의 연구를 더 발전시켰는데, 벤키는 "솔로몬의 잠언들"(*mišlê šĕlōmōh*; 10:1-22:16)

119 Whybray, "Yahweh-Sayings and Their Contexts."
120 Van Leeuwen, *Context and Meaning in Proverbs 25–27.*
121 Malchow, "Manual for Future Monarchs," 238–45.
122 Weeks, *Early Israelite Wisdom,* 20–40.
123 B. K. Waltke, "The Dance between God and Humanity," in *Doing Theology for the People of God: Studies in Honor of J. I. Packer,* ed. D. Lewis and A. McGrath (Downers Grove, Ill.: InterVarsity, 1996), 87–104; idem, "Proverbs 10:1–16: A Coherent Collection?" in *Reading and Hearing the Word: Essays in Honor of John Stek*, ed. A. Leder (Grand Rapids: Calvin Theological Seminary and CRC Publications, 1998), 161–80; idem, "Old Testament Interpretation Issues for Big Idea Preaching: Problematic Sources, Poetics, and Preaching the Old Testament, An Exposition of Proverbs 26:1–12," in *The Big Idea of Biblical Preaching: Connecting the Bible to People,* ed. K. Willhite and S. M. Gibson (Grand Rapids: Baker, 1998), 41–52.

에는 375개의 한 줄 격언들이 있으며 이 숫자는 솔로몬의 이름에 나오는 자음 *šlmh*의 숫자값을 합한 것과 같고, 히스기야의 표제가 붙은 25-29장의 140 구절들(경구와 대조적으로)도 그 이름의 숫자 값과 비슷하다는 것을 관찰하였다.[124] 스케한은 다른 숫자상의 특징들 가운데서 이 방법을 고수하여 1:1에 나오는 이름의 숫자 값의 합계가 930임을 알아냈는데, 이 숫자는 마소라 텍스트의 934줄과 매우 근접한 수다.[125] 머피는 이런 등가성이 너무 두드러져서 우연의 일치라고 볼 수는 없다고 말한다.[126]

신학

나는 이미 지혜의 특징을 논의할 때 잠언의 신학에서 몇몇 측면들을 다루었다.[127] 지면의 제한으로 나는 여기서 "야웨 경외"가 지혜의 목적과 제약이며 잠언의 인과응보 사상에 미묘한 차이를 더해준다는 점만을

124 P. Behnke, "Spr. 10,1. 25,2," *ZAW* 16 (1896): 122; P. Skehan, *Studies in Ancient Israelite Poetry and Wisdom*, CBQMS 1 (Washington, D.C.: Catholic Biblical Association, 1971), 43–45. 이 책은 이전 연구 결과들을 요약해 놓았다.

125 Skehan, *Studies,* 25.

126 Murphy, *Wisdom Literature,* 50.

127 최고의 신학은 Böstrom, *God of the Sages.* D. Estes, *Hear My Son,* New Studies in Biblical Theology (Grand Rapids: Eerdmans, 1997)로 잠 1-9장의 기저에 있는 교육적인 이론을 조직적으로 훌륭하게 제시하였다. 다음도 보라. Waltke, "Proverbs and Old Testament Theology"; Clements, *Wisdom in Theology*. 이 책은 비평적 평가가 필요하다; R. N. Whybray, *Wealth and Poverty in the Book of Proverbs*, JSOTSup 99 (Sheffield: JSOT Press, 1990); 정선된 자료는 다음을 보라. Idem, *Book of Proverbs*; 그리고 R. L. Schultz, "Unity or Diversity in Wisdom Theology? A Canonical and Covenantal Perspective," *Tyn- Bul* 48.2 (1997): 271–306.

강조하려 한다.[128]

많은 학자들은 잠언의 교리를—야웨의 중재라거나, 혹은 다른 형태로—너무 단순하고 기계적으로 표현한다. 클레멘츠는 다음과 같이 주장한다. "지혜의 옹호자들은 악한 행위에 항상 그 대가가 있기 마련이고 악인들은 당연히 나쁜 결말을 맞게 된다고 지나치게 확신에 차서 주장한다."[129] 이와 관련해서 한 가지 평범한 전제가 생략되었다. 바로 잠언에서의 "생명"은 무덤에 들어가기 전의 육체적 삶을 가리키며 "죽음"은 때 이른 육체적 죽음을 가리킨다는 주장이다. 더욱이 소위 오래된 교훈적 지혜의 이상적인 형세가 코헬레트와 잠언의 참신하고 사색적인 지혜와 모순된다는 주장도 있다. 예를 들어 폰 라트는 "옛 지혜 전부가 하나의 잘못된 교리 안으로 점점 더 뒤엉켜 들어가고 있다"고 진술한다. 윌리엄스는 코헬레트가 종종 "전통적 지혜를 반박하기 위해 금언 형식을" 이용한다고 말한다. 또한 크렌쇼는 "지혜자들이 일단 예외를 인정하게 되면 그들의 기획 전반에 문제가 발생한다"라고 주장한다.[130]

그러나 어떤 전제(즉 단순하고 기계적인 인과응보 사상이나 "생명"이 육체적 삶을 가리킨다는 사상)도 잠언의 신학과 조화를 이루지 못한다. 판 류벤은 "~보다 나으니라" 격언들(예. 16:8)과 악인의 번영을 가정하는 많은 격언들(예. 10:2)을 예로 들어, 본질적으로 진리 전반을 표현할 수 없는 경구들을 담고 있는 잠언은 인과응보의 깔끔한 논리를 보

128 다음을 보라. B. K. Waltke, "Fear of the Lord," *JCBRF* 128 (1992): 12–16.

129 Clements, "Wisdom and Old Testament Theology," in *WIAI,* 279.

130 Von Rad, *Wisdom in Israel,* 233; J. G. Williams, *Those Who Ponder Proverbs: Aphoristic Thinking and Biblical Literature,* BLS 2 (Sheffield: Almond, 1981), 53; J. L. Crenshaw, "Poverty and Punishment in the Book of Proverbs," *Quarterly Review for Ministry* 9 (1989): 30–43.

여주지 않는다고 주장한다.[131] 더 나아가 그레이엄 골즈워디(Graeme Goldsworthy)는 "생명"이란 하나님과의 관계이며 죽음은 그 관계의 분열이라고 주장하는가 하면, 나는 이집트 문헌과의 유사성, 잠언의 주장, 그리고 개별 구절의 주해(예. 12:28; 14:32)를 근거로 이 생명은 하나님과의 교제를 통해 죽음을 넘어선다고 주장한다.[132] 폰 라트는 시편 49편에서 같은 결론에 도달한다.[133] RSV은 본래 잠언 12:28을 번역할 때 70인역을 따라 "그 길들은…죽음으로[*'el-māwet*] [이끈다]"라고 번역했으나, 개정판인 NRSV에서는 NIV처럼 마소라 텍스트를 따라 "그 길에는 영원한 생명이 있다"라고 번역하였다.[134] 이와 유사하게 나도 14:32을 번역할 때 초기에는 70인역을 따라 "그러나 의인은 그의 온전함으로[*btmw*] 피난처를 찾는다"라고 했으나 후속 연구를 통해 이제는 마소라 텍스트의 "그러나 의인은 죽을 때에[*bmtw*] [야웨 안에서] 피난처를 찾는 자다"라는 해석에 동의한다.[135] J. A. 글래드슨(J. A. Gladson)

131 R. C. Van Leeuwen, "Wealth and Poverty: System and Contradiction in Proverbs," *HS* 33 (1992): 25–36.

132 G. Goldsworthy, *Gospel and Wisdom: Israel Wisdom Literature in the Christian Life* (Carslisle: Paternoster, 1987); B. K. Waltke, "Does Proverbs Promise Too Much?" *AUSS* 34 (1996): 319–36. 다음도 보라. V. Cottini, *La vita futura nel libro dei Proverbi: Contributo alla storia dell' esegesi,* Studium Biblicum Franciscanum, Analecta 20 (Jerusalem: Franciscan Printing Press, 1984).

133 Von Rad, *Wisdom in Israel,* 204.

134 다음을 보라. J. F. A. Sawyer, "The Role of Jewish Studies in Biblical Semantics," in *Scripta Singa Vocis: Studies about Scripts, Scriptures, Scribes, and Languages in the Near East, Presented to J. H. Hospers,* ed. H. Vanstiphout et al. (Groningen: Forsten, 1986), 204–5.

135 B. K. Waltke, "Old Testament Textual Criticism," in *Foundations for Biblical Interpretation:A Complete Library of Tools and Resources,* ed. D. S. Dockery et al. (Nashville: Broadman & Holman, 1994); idem, "Textual Criticism of the Old Testament and Its Relation to Exegesis and Theology," *NIDOTTE,* 1:51.

은 미래란 확증할 수가 없기 때문에 인과응보를 가르치는 격언들은 "독단성"(dogmatism)을 내포하고 있다고 말하며, 판 류벤은 그 격언들이 현실을 억압하기 위한 교리적 요망에서 나온 것이 아니라 하나님이 의를 사랑하고 악을 미워한다는 확신으로부터 나왔다고 주장한다.[136]

전도서

정경 속의 "골칫거리"(black sheep)인 이 책에 대해 나는 저자, 통일성, 그리고 메시지의 문제에 관한 연구를 개괄하겠다.

저자와 연대

전도서의 저자 문제는 책의 통일성과 메시지에 관련된 질문들을 수반한다. 레이몬드 딜라드(Raymond Dillard)와 트렘퍼 롱맨(Tremper Longman III)은 다음과 같이 언급한다. "전도서에는 두 목소리 즉 코헬레트의 목소리와, 서언에서 책을 소개하며(1:1) 발문에서 코헬레트(7:27을 제외한 1:2-9:8의 화자)를 평가하는 무명의 지혜 교사의 목소리가 들린다고 볼 수 있다. 코헬레트는 의심을 품은 회의론자이며, 책 골격을

136 J. A. Gladson, "Retributive Paradoxes in Proverbs 10–29" (Ph.D. diss., Vanderbilt University), 237–56; Van Leeuwen, *Context and Meaning*. 138. R. B. Dillard and T. Longman III, *An Introduction to the Old Testament* (Grand Rapids: Zondervan, 1994), 253.

이루는 무명의 화자는 정통파이며 책에서 긍정적 가르침을 주는 원천이다."[137] 두 학자는 욥기의 유사한 구조에 호소하며 그들의 견해를 변호한다. 그러나 마이클 이튼(Michael Eaton)은 편집자가 자신이 근본적으로 동의하지 않는 책을 발행한다는 것은 "터무니없는" 생각이라고 반박한 바 있다.[138]

그렇다면 "모으는 자"(사람을? 격언을? 아니면 둘 다?)라는 뜻을 가진 **코헬레트**는 누구인가? 전통적인 견해는 코헬레트를 솔로몬의 필명으로 보는 것이다.[139] 이튼은 이것을 다음과 같이 수정하였다. "만일 솔로몬이 염세주의라는 주제에 천착했다면, 전도서의 내용이야말로 바로 그가 말하고자 하는 바였을 것이다.[140] 대부분의 학자들은 전도서에 사용된 언어의 연대를 포로기 이후, 고전 히브리어와 미쉬나 히브리어의 중간 시기로 보며, 시아오(Seow)는 페르시아 시대로 특정한다.[141] D. C. 프레드릭스(D. C. Fredericks)는 언어의 연대가 포로기 이전일 가능성이 있고 확실히 포로기 이후는 아니라고 주장했지만 폭스는 그의 입장이 소수의견이라고 비판했다.[142]

137 R. B. Dillard and T. Longman III, *An Introduction to the Old Testament* (Grand Rapids: Zondervan, 1994), 253.

138 M. A. Eaton, *Ecclesiastes: An Introduction and Commentary,* TOTC 16 (Downers Grove, Ill., and Leicester: InterVarsity, 1983), 41.

139 W. C. Kaiser, *Ecclesiastes: Total Life* (Chicago: Moody, 1979), 25–29; R. S. Ricker and R. Pitkin, *Soulsearch: Hope for Twenty-First Century Living from Ecclesiastes*, rev. ed., Bible Commentary for Laymen (Ventura: Regal, 1985); Garrett, *Proverbs, Ecclesiastes,* 254–66.

140 Eaton, *Ecclesiastes,* 23.

141 C. L. Seow, *Ecclesiastes: A New Translation with Introduction and Commentary,* AB 18C (New York: Doubleday, 1997), 20.

142 D. C. Fredericks, *Qoheleth's Language: Reevaluating Its Nature and Date,* ANETS 3 (Lewiston, N.Y.: Mellen, 1988), 262; M. V. Fox, *Qoheleth and His Contradictions*, BLS

코헬레트가 자신을 솔로몬으로 소개했다는 견해를 옹호하는 일반적인 설명은 바로 그 점이 전도서가 정경으로 승인될 수 있도록 길을 닦았다는 것이다. 그러나 크렌쇼는 이 설명이 "솔로몬의 지혜서(Wisdom of Solomon)와 솔로몬의 송가(the Odes of Solomon)가 유사한 조건에서도 정경으로 받아들여지지 않았다는 사실을 간과했다"고 지적한다.[143] E. J. 영(E. J. Young)은 코헬레트가 자신을 지혜의 이상적 구현으로 소개한다고 주장하고, D. 맥카트니(D. McCartney)와 C. 클레이튼(C. Clayton)은 코헬레트를 변호하며 다음과 같이 말한다. "이것은 **위경**(pseudepigrapha)이 널리 알려진 장르고 따라서 성서와 관련해서도 나타날 수 있다는 주장과는 다른 차원의 문제다. 외경은 실제로 특정 저자에 의해 쓰였다고 **주장되며**, 따라서 그것은 고의적인 거짓 정보다."[144]

롱맨은 이 무명 저자의 책이 "왕실 허구 자서전"이라 이름 붙은 고대 근동 문학에 잘 알려진 장르에 속한다고 주장했다.[145] 그의 이론은 이 책의 저자가 솔로몬은 아니지만 솔로몬이 저자인 것처럼 보이는 이유를 설명하는 데 많은 노력을 기울인다. 롱맨은 그의 주석서에서 전도서의 장르를 "짜 맞춰진 지혜 자서전"이라고 칭한다.[146]

18, JSOTSup 71 (Sheffield: Almond, 1989), 154 n. 1a.

143 J. L. Crenshaw, *Ecclesiastes,* OTL (Philadelphia: Westminster; London: SCM, 1987), 52.

144 E. J. Young, *Introduction to the Old Testament* (Grand Rapids: Eerdmans, 1964), 348; D. McCartney and C. Clayton, *Let the Reader Understand: A Guide to Interpreting and Applying the Bible* (Wheaton: Victor, 1994), 325 n. 67.

145 T. Longman III, *Fictional Akkadian Autobiography* (Winona Lake, Ind.: Eisenbrauns, 1991), 122–28.

146 T. Longman III, *The Book of Ecclesiastes,* NICOT (Grand Rapids: Eerdmans, 1998), 17.

통일성

그레이엄 오그던(Graham Ogden)은 책의 구성을 담당한 에필로그 저자와 그가 인용한(위를 보라) 코헬레트를 명확히 구분하지 않고 다음과 같이 말한다. "이제 대부분의 학자들이 코헬레트(1:2-12:8)를 어떤 지혜자의 작품으로 인정한다고 말하는 것이 옳을 것이다."[147] J. A. 로더(J. A. Loader)는 전도서가 모순 하나 없이 훌륭하게 정리된 일련의 "양극 구조"(polar structures)를 제시한다고 말한다.[148] G. A. 라이트(G. A. Wright)는 전도서 전반부에 111절이 있고 이 숫자는 *hebel*(헤벨), 곧 "안개"의 숫자 값인 37의 세 배이며, 책 전체에는 222절이 있고 이는 그 숫자 값의 여섯 배에 해당한다는 점을 지적하면서 책의 통일성을 추론적으로 주장한다.[149] 이전에 그는 **헤벨**의 의미에 대한 개념적 차이점을 근거로 책을 양분했었다. 전반부에 나타난 **헤벨**의 의미는 바람을 좇는 일이었으며 후반부에서는 동일한 용어가 "해 아래" 뭔가 확실한 것을 찾을 수 있는 인간의 능력에 의문을 품거나 부정하기 위해 사용되었다는 것이다.[150] 캐슬린 파머(Kathleen Farmer)는 근본적으로 라이트의 개념적 구분에 동의한다. "1-6장은 '무엇이 선한가'라는 질문에 집중하고, 7-12장은 인간의 삶에 관한 질문을 탐구한다."[151]

147 G. Ogden, *Qoheleth,* Readings (Sheffield: JSOT Press, 1987), 11.
148 J. Loader, *Polar Structures in the Book of Qoheleth,* BZAW 152 (Berlin and New York: de Gruyter, 1979), 133.
149 G. A. Wright, "The Riddle of the Sphinx Revisited," *CBQ* 42 (1980): 38–51.
150 G. A. Wright, "The Riddle of the Sphinx," *CBQ* 30 (1968): 313–34.
151 Farmer, *Who Knows What Is Good?* 151.

가르침

크렌쇼는 코헬레트가 믿음의 상실을 대변하며 두 번째 에필로그(12:12-18)는 "코헬레트의 회의론으로부터 그 가시를 제거하기 위해" 덧붙여졌다고 생각한다.[152] 프랭크 지머만(Frank Zimmermann)은 코헬레트가 신경과민인 듯하다고 보았다.[153] 로더는 양극단의 긴장을 유지하기 위한 패턴들이 모든 것은 **헤벨**이라는 결론으로 이어졌다고 주장한다.[154] 딜라드, 롱맨과 유사하게 폭스는 에필로그를 쓴 사람은 코헬레트의 진실을 확증해주지 않았으며, 마지막 저자인 제삼의 인물은 독자에게 선택권을 넘겨주었다고 주장한다.[155] 제럴드 셰퍼드(Gerald Sheppard)는 주장하기를, "하나님 경외"라는 결말은 모든 것이 **헤벨**(1:2; 12:8)이라는 전도서의 첫 번째 주제를 덮어버리고 두 번째 주제를 제시하기 위해 집회서 43:27에서 빌려온 것이라고 말한다.[156] 키드너는 가능한 이차적 대안을 제시하는데, 이에 따르면 전도서는 코헬레트가 회의론과 믿음 사이에서 겪는 고통스러운 논쟁—나중에는 후자가 이기는—을 보여준다는 것이다.[157] 하지만 그의 일차적인 견해는 전도서가 세속화를 신랄하게 비판하는 한편 신앙을 긍정적으로 평가한다는 것이다. 이것은 수많

152 Crenshaw, *Ecclesiastes.*
153 F. Zimmermann, *The Inner World of Qoheleth* (New York: Ktav, 1973).
154 Loader, *Polar Structures*
155 M. V. Fox, "Frame-Narrative and Composition in the Book of Qohelet," *HUCA* 48 (1977): 83–106.
156 G. T. Sheppard, *Wisdom as a Hermeneutical Construct: A Study in the Sapientializing of the Old Testament,* BZAW 151 (Berlin and New York: de Gruyter, 1980), 125–27.
157 Kidner, *Introduction,* 90–94.

은 다른 학자들의 견해이기도 하다.[158] 나의 생각에 이 같은 견해가 유효하려면 전도서가 단순히 회의론에 대한 반박이 아니라 순수하게 의구심을 품은 자의 탐구로 규정되어야 한다. 조르주 베르나노(Georges Bernanos)는 다음과 같이 결론 짓는다. "속이지 않는 어떤 것을 소망하기 위해서, 우리는 먼저 속이는 모든 것에 대한 소망을 버려야 한다."[159]

욥기

나는 지난 30년간 상당한 자극을 받아왔던 세 분야에 특별히 집중할 것이다. 욥기의 텍스트에 대한 연구, 과거 해석의 역사, 그리고 마지막으로 최근 욥기 해석에 적용된 문학적 접근법들이다. 나는 이 다양한 분야를 통해 독자가 성서의 이 놀라운 책에 집중된 관심의 폭을 감지할 수 있기를 바란다.[160]

158 R. K. Harrison, *Introduction to the Old Testament* (Grand Rapids: Eerdmans, 1969); G. S. Hendry, "Ecclesiastes," in *New Bible Commentary,* ed. D. Guthrie and J. A. Motyer, 3d ed. (Grand Rapids: Eerdmans, 1970); Ricker and Pitkin, *Soulsearch;* J. S. Wright, "The Interpretation of Ecclesiastes," in *Classical Evangelical Essays,* ed. W. Kaiser (Grand Rapids: Baker, 1973), 133–50; idem, "Ecclesiastes," *EBC,* 5:144–46; Murphy, *Ecclesiastes*; Eaton, *Ecclesiastes,* 48; idem, "Ecclesiastes," *New Bible Commentary: 21st Century Edition,* ed. D. A. Carson et al. (Leicester and Downers Grove, Ill.: InterVarsity, 1994), 609–10; Ogden, *Qoheleth*; R. N. Whybray, *Ecclesiastes*, NCB (Grand Rapids: Eerdmans; London: Marshall, Morgan & Scott, 1989); Farmer, *Who Knows What Is Good?*; Garrett, *Proverbs.*

159 다음에서 인용하였다. J. Ellul, *Reason for Being: A Meditation on Ecclesiastes* (Grand Rapids: Eerdmans, 1990), 47.

160 최근 욥기 연구에 있어 다음의 세 저서가 관련된 이슈들을 다루어 도움을 준다: *The Book of Job,* ed. W. A. M. Beuken, BETL 114 (Louvain: Leuven University Press and Peeters, 1994); *The Voice from the Whirlwind: Interpreting the Book of Job,* ed. L. G.

텍스트 연구 및 문헌학적 연구

욥기의 히브리어 텍스트는 해석자들에게 늘 도전이 되어왔다. 난해한 구문론과 수많은 희귀 단어로 인해 주석가들은 히브리어 이외의 다른 언어에서 의미의 실마리를 찾으려 했다. 이런 탐색은 대체로 셈어 비교문헌학 연구와 초기 번역본 연구의 두 방향으로 진행되었다.

욥기에 대한 비교문헌학 연구 분야에서는 우리가 다루는 시대 이전에 이미 중요한 작업들이 활발하게 진행되었다. 일찍이 에두아르 돔(Eduard Dhorme)의 주석서와 S. R. 드라이버(S. R. Driver), G. B. 그레이(G. B. Gray) 공저의 주석서는 언어학적 관심사에 많은 페이지를 할애했으며, 욥기에서 논란이 되는 수많은 텍스트를 다룬 간략한 소논문도 많이 나왔다.[161] 덧붙여 아람어나 아랍어를 기초로 한 가설들도 제시되었으나 이는 그다지 지지를 받지 못했다.[162] 미첼 다우드(Mitchell

Perdue and W. C. Gilpin (Nashville: Abingdon, 1992); *Sitting with Job: Selected Studies on the Book of Job,* ed. R. B. Zuck (Grand Rapids: Baker, 1992). 다음도 보라. N. N. Glatzer, *The Dimensions of Job: A Study and Selected Readings* (New York: Schocken, 1969).

161 E. Dhorme, *A Commentary on the Book of Job,* trans. H. Knight (London: Nelson, 1967; orig. French edition, *Le livre de Job* [Paris: Lecoffre, 1926]); S. R. Driver and G. B. Gray, *A Critical and Exegetical Commentary on the Book of Job,* ICC (Edinburgh: Clark, 1921); G. A. Barton, "Some Text-Critical Notes on Job," *JBL* 42 (1923): 29–32; G. R. Driver, "Problems in Job," *AJSL* 52 (1935–36): 160–70; idem, "Problems in the Hebrew Text of Job," in *Wisdom in Israel and in the Ancient Near East,* ed. Noth and Thomas, 72–93; E. F. Sutcliffe, "Notes on Job, Textual and Exegetical," *Bib* 30 (1949): 66–90; F. Zimmerman, "Notes on Some Difficult Old Testament Passage [*sic*]," *JBL* 55 (1936): 303–8.

162 각각 다음을 보라. N. H. Tur-Sinai (H. Torczyner), *The Book of Job: A New Commentary,* rev. ed. (Jerusalem: Kiryath Sepher, 1967); A. Guillaume, *Studies in the Book of Job,* ALUOS 2 (Leiden: Brill, 1968).

Dahood)는 욥기의 히브리어 텍스트에 대한 우가리트어의 중요성을 탐구하여 다수의 출간물에 글을 실었고, 이로 인해 앤튼 C. M. 블로머드(Anton C. M. Blommerde)의 『북서 셈어 문법과 욥기』(*Northwest Semitic Grammar and Job*)를 필두로 이 분야에 있어 본격적인 연구들이 나타나기 시작했다.[163] 어떤 연구들은 텍스트를 선별적으로 다루었고 어떤 연구는 심각한 텍스트-언어적 문제점을 포함하고 있는 자료군(예. 욥의 마지막 독백인 29-31장)을 집중적으로 다루었다.[164] 최근에는 욥기에 대한 문헌학적 주석 시리즈의 첫 권으로 북서 셈어에 초점을 둔 주석서가 출간되었다.[165]

초기 번역본 분야에서는 이 시기에 다수의 중요한 연구물이 출간되었으며 그 영역은 텍스트에 대한 비평적 판본들에서부터 특정 고대 번역본에 대한 연구에 이르기까지 광범위했다. 70인역은 그 특성상 욥기를 연구하는 학생들에게 특별한 관심이 되어왔다. 구그리스어 역본(OG)은 히브리어 텍스트(MT에 보존된)보다 약 1/6 정도 짧으며, 또한 뚜렷이 구별되는 긴 첨가 부분이 있다(욥의 부인의 발언[2:9]과 이야기의 다른 등장인물들에 대한 배경 정보를 담은 마지막 부분[42:17]). 그러나 오리

163 M. Dahood, "Some Northwest Semitic Words in Job," *Bib* 38 (1957): 307–20; idem, "Northwest Semitic Philology and Job," in *The Bible in Current Catholic Thought,* ed. J. L. McKenzie, St. Mary's Theology Studies 1 (New York: Herder & Herder, 1962), 55–74; idem, "Hebrew-Ugaritic Lexicography," *Bib* 44–53 (1963–72): [10 installments]; A. C. M. Blommerde, *Northwest Semitic Grammar and Job,* BibOr 22 (Rome: Pontifical Biblical Institute, 1969).

164 각각 다음을 보라. 예를 들어 L. L. Grabbe, *Comparative Philology and the Text of Job: A Study in Methodology*, SBLDS 34 (Missoula, Mont.: Scholars Press, 1977); A. R. Ceresko, *Job 29–31 in the Light of Northwest Semitic,* BibOr 36 (Rome: Biblical Institute Press, 1980).

165 W. L. Michel, *Job in the Light of Northwest Semitic,* vol. 1, BibOr 42 (Rome: Biblical Institute Press, 1987).

게네스(Origen)의 수고 덕택에 다소 의역된 구그리스어 역본에 반영되지 않았던 부분들이 알려지게 되었는데, 주로 "테오도티온"(Theodotion)이라 불리는 역본을 통해서다. 그 결과물은 바로 혼합적인 성격을 보여주는 욥기의 그리스어 텍스트였다.

우리가 여기서 초점을 맞추는 최근 30년의 시기 이전에 누구보다도 길리스 게를레만(Gillis Gerleman), 도널드 가드(Donald Gard), 해리 올린스키(Harry Orlinsky)가 욥기의 텍스트를 구축하는 데 있어 70인역의 중요성을 설명하려 애썼다.[166] 지난 삼십 년간 연구의 강조점과 방향에 어떤 식으로든 전환이 있기는 했지만 70인역 연구는 계속되었다. 구그리스어 역본은 욥기의 히브리어 대본(*Vorlage*) 텍스트에 관련된 논점에 공헌을 했을 뿐 아니라 그 자체가 욥기에 대한 초기 해석이므로 가치를 인정받는다. 구그리스어 역본의 욥기 번역자가 채택한 번역 기법을 연구한 학자로는 호머 히터(Homer Heater)와 그 외에도 여럿이 있는데,[167] 어떤 이들은 책의 특정 부분을 집중적으로 연구하였고 어떤 이들은 구

166 G. Gerleman, *Studies in the Septuagint,* vol. 1, *The Book of Job*, LUÅ 43.2–3 (Lund: Gleerup, 1947); D. H. Gard, *The Exegetical Method of the Greek Translator of the Book of Job,* JBL Monograph Series 8 (Philadelphia: Society of Biblical Literature, 1952); H. M. Orlinsky, "Studies in the Septuagint of the Book of Job," *HUCA* 28 (1957): 53–74; 29 (1958): 229–71; 30 (1959): 153–67; 32 (1961): 239–68; 33 (1962): 119–51; 35 (1964): 57– 78; 36 (1965): 37–47.

167 H. Heater, *A Septuagint Translation Technique in the Book of Job,* CBQMS 11 (Washington, D.C.: Catholic Biblical Association, 1982); C. E. Cox, "Job's Concluding Soliloquy: Chs 29–31," in *VII Congress of the International Organization for Septuagint and Cognate Studies, Leuven, 1989,* ed. C. E. Cox, SBLSCS 31 (Atlanta: Scholars Press, 1991), 325–39; idem, "The Wrath of God Has Come to Me: Job's First Speech according to the Septuagint," *SR* 16 (1987): 195–204; J. Cook, "Aspects of Wisdom in the Texts of Job (Chapter 28)—Vorlage(n) and/or Translator(s)?" *OTE* 5 (1992): 26–45; N. F. Marcos, "The Septuagint Reading of the Book of Job," in *Book of Job,* ed. Beuken, 251–66.

그리스어 역본의 욥기와 다른 헬레니즘적 유대 문학과의 관계를 탐구하였다.[168] 70인역의 욥기를 다룬 상당히 중요한 연구로는 조셉 지글러(Joseph Ziegler)의 그리스어 욥기 텍스트 비평본이 있다.[169] 욥기에서 구그리스어 역본 텍스트와 헥사플라 첨가분을 정리하고자 한 지글러의 작업이 J. P. 젠트리(P. J. Gentry)에 의해 더욱 정교해졌는데, 그는 그리스어 욥기에서 구그리스어 역본 자료가 아닌 모든 부분을 세심하게 점검한 후에, 이 자료의 범위를 한정하고, 번역의 성격을 파악하고, 텍스트의 상관관계를 규명하였다.[170] 어쨌거나 욥기의 그리스어 역본은 지속적으로 학자들의 관심의 대상이 되고 있다.

우리가 여기서 다루는 시기에는 쿰란 제11번 동굴에서 발견된 아람어 타르굼 욥기(11QTgJob)가 출간되기도 했다. 이 문서는 문자로 기록된 타르굼(아람어 역본)의 가장 오래된 예일 뿐 아니라 쿰란에 욥기가 존재했다는 주요 증거 자료였다. 욥기 17-42장을 담고 있는 이 타르굼은 큰 두루마리 한 개, 27개의 큰 단편 사본들, 그리고 수많은 작은 단편들로 구성되어 있다. 텍스트는 42:11에서 끝나는데, 번역에 사용되었을 히브리어 대본(*Vorlage*)에서 42:12-17이 빠져 있었는지는 확실하지 않다. 마소라 텍스트와 비교하면 타르굼은 추가한 부분도 있고 생략한

168 J. G. Gammie, "The Septuagint of Job: Its Poetic Style and Relationship to the Septuagint of Proverbs," *CBQ* 49 (1987): 14–31; B. Schaller, "Das Testament Hiobs und die Septuaginta-Übersetzung des Buches Hiob," *Bib* 61 (1980): 377–406.

169 J. Ziegler, ed., *Iob,* vol. 11.4 of *Septuaginta: Vetus Testamentum Graecum* (Göttingen: Vandenhoeck & Ruprecht, 1982). For a detailed review of this critical edition, see A. Pietersma, review of *Iob. Septuaginta: Vetus Testamentum Graecum,* by Joseph Ziegler, *JBL* 104 (1985): 305–11.

170 P. J. Gentry, *The Asterisked Materials in the Greek Job,* SBLSCS 38 (Atlanta: Scholars Press, 1995).

부분도 있으며, 군데군데 평행 단어들을 단일 표현으로 단축하는 경향을 포함하여 의역한 부분도 있다. 언어학적 관점에서 보자면 이 타르굼의 연대는 기원전 2세기로 추정할 수 있다. 이 타르굼 사본이 처음 출간되고 나서[171] 몇 년간 쿰란 타르굼에 대한 연구가 활발하게 진행되었는데, 이러한 연구들은 쿰란 타르굼과 마소라 텍스트 및 이전의 다른 욥기 역본들과의 관계를 뚜렷이 설명하는 데 도움을 주었다.[172]

최근에 주목을 받은 두 역본은 욥기의 표준 아람어 타르굼과 시리아어 페쉬타다. 데이비드 스텍(David Stec)은 유용한 서문과 주석을 덧붙여 타르굼 욥기 텍스트의 비평본을 편집했고, 망간(Mangan)은 이 번역본과 관련하여 몇 가지 추가적인 연구를 진행했다.[173] 페쉬타 연구소는 1982년에 욥기 분책을 출판했으며, 이후로 하이디 스펙(Heidi Szpek)

171 J. van der Ploeg and A. van der Woude, *Le Targum de Job de la grotte XI de Qumran,* Koninklijke Nederlandse Akademie van Wetenschappen (Leiden: Brill, 1971).

172 M. Sokoloff, *The Targum to Job from Qumran Cave XI,* Bar-Ilan Studies in Near Eastern Languages and Culture (Ramat-Gan, Israel: Bar-Ilan University, 1974); H. Ringgren, "Some Observations on the Qumran Targum of Job," *ASTI* 4.11 (1977–78): 119–26; J. A. Fitzmyer, "Some Observations on the Targum of Job from Qumran Cave 11," *CBQ* 36 (1974): 503–24; J. Gray, "The Massoretic Text of the Book of Job, the Targum and the Septuagint Version in the Light of the Qumran Targum (11QtargJob)," *ZAW* 86 (1974): 331–50; B. Jongeling, "The Job Targum from Qumran Cave 11," *Folia Orientalia* 15 (1974): 181–96; S. Kaufmann, "The Job Targum from Qumran," *JAOS* 93 (1973): 317–27; F. J. Morrow, "11QTargum Job and the Masoretic Text," *RevQ* 8 (1973): 253–56.

173 D. M. Stec, *The Text of the Targum of Job: An Introduction and Critical Edition,* AGJU 20 (Leiden: Brill, 1994); C. Mangan, "Some Similarities between Targum Job and Targum Qohelet," in *The Aramaic Bible: Targums in Their Historical Context,* ed. D. R. G. Beattie and M. J. McNamara, JSOTSup 166 (Sheffield: JSOT Press, 1994), 349–53; idem, "The Interpretation of Job in the Targums," in *Book of Job,* ed. Beuken, 267–80. 다음도 보라. W. E. Aufrecht, "A Bibliography of Job Targumim," *Newsletter for Targumic and Cognate Studies,* Supplement 3 (1987): 1–13.

은 이 시리아어 역본에 대해 유용한 논문을 작성했다.[174]

이러한 초기 역본들은 욥기의 본문비평에 관련된 문제들을 해결하는 데 큰 도움을 줄 뿐 아니라, 번역 자체가 욥기에 대한 초기의 주해들이기 때문에 대단히 가치가 크다. 모든 번역은 해석 작업을 수반하기 때문에 위의 역본들은 최초의 욥기 독자들의 통찰력을 담고 있으며, 욥기의 장구한 해석사의 한 부분을 차지하고 있다.

과거의 욥기 해석 연구

최근 욥기 연구의 둘째 영역은 과거 기독교와 유대 전승이 욥기를 어떻게 해석해왔는지를 조사하는 것이다. 기독교 전승과 관련하여 수잔 슈라이너(Susan Schreiner)는 6세기 후반 그레고리우스 1세의 강연 시리즈인 『욥기의 도덕률』(*Moralia in Job*), 토마스 아퀴나스가 13세기 후반에 지은 『욥기 주석』(*Expositio super Iob ad litteram*), 칼뱅이 1554년 2월부터 1555년 3월 사이에 설교했던 159편의 욥기 설교에 특별한 관심을 쏟았다.[175] 그레고리우스는 강연을 통해 중세 시대 전반에 걸쳐 상당한 영

174 L. G. Rignell, *Job,* part 2.1a of *The Old Testament in Syriac according to the Peshitta Version* (Leiden: Brill, 1982); H. M. Szpek, *Translation Technique in the Peshitta to Job: A Model for Evaluating a Text with Documentation from the Peshitta to Job,* SBLDS 137 (Atlanta: Scholars Press, 1992). 다음도 보라. M. Weitzman, "Hebrew and Syriac Texts of the Book of Job," in *Congress Volume: Cambridge, 1995*, ed. J. A. Emerton, VTSup 66 (Leiden: Brill, 1997), 381–99.

175 S. E. Schreiner, *Where Shall Wisdom Be Found? Calvin's Exegesis of Job from Medieval and Modern Perspectives* (Chicago: University of Chicago Press, 1994); 다음도 보라. Idem, "Why Do the Wicked Live? Job and David in Calvin's Sermons on Job," in *Voice from the Whirlwind,* ed. Perdue and Gilpin, 129–43; idem, "'Through a Mirror

향력을 끼쳤던 인물인데, 그는 욥기를 주로 도덕적이고 풍유적인 방식으로 해석했으며 고통을 영적 성장의 기회로 여겨 그 중요성을 강조하였다. 마이모니데스(Maimonides)의 영향을 받은 아퀴나스는 욥의 이야기를 좀 더 문자적으로 해석하면서 주로 악과 신의 섭리에 관한 의문들을 다루었다.[176] 칼뱅은 이전 설교자들과는 달리 격변하는 시대를 살아가는 평신도들을 대상으로 설교했다. 욥기에 대한 그의 문자적 해석은 "역사가 무질서하게 돌아가는 것처럼 보이고 하나님의 통치를 분별하기 어려운 때에 영적 시험과 고뇌와 신앙이 더욱 분명해진다는 점을 보여주었다. 칼뱅은 욥의 이야기를 통해서 회중들의 시선을 그들이 깊은 흑암과 하나님이 침묵하시는 것 같은 가장 끔찍한 상황 가운데서도 유일하게 신뢰할 수 있는 분이신 하나님께로 향하게 만들었다."[177] 최근에 J. 램(J. Lamb)은 18세기에 W. 와버튼(W. Warburton), R. 로우드(R. Lowth), R. 블랙모어(R. Blackmore) 등이 욥기를 해석할 때 사용했던 방법론을 탐구했다.[178]

욥기에 대한 랍비들의 해석과 중세 유대주의 해석에 대한 연구도 진행되고 있다. 랍비들의 논의는 대부분 욥의 민족적 정체성과 그의 경

Dimly': Calvin's Sermons on Job," *CTJ* 21 (1986): 175–92; idem, "'Where Shall Wisdom Be Found?': Gregory's Interpretation of Job," *ABR* 39 (1988): 321–421. 맹인 디디모스(Didymus the Blind) (A.D. 313–398)가 쓴 욥기 주석을 다음에서 보라. H. G. Reventlow, "Hiob der Mann: Ein altkirchliches Ideal bei Didymus dem Blinden," in *Text and Theology: Studies in Honour of Prof. Dr. Theol. Magne Saebø*, ed. K. A. Tangberg (Oslo: Verbum, 1994), 213–27.

176 아퀴나스가 쓴 욥기 주석의 영역본으로 다음을 보라. Thomas Aquinas, *The Literal Exposition on Job: A Scriptural Commentary Concerning Providence*, trans. A. Damico, Classics in Religious Studies 7 (Atlanta: Scholars Press, 1989).

177 Schreiner, *Where Shall Wisdom Be Found?* 7.

178 J. Lamb, *The Rhetoric of Suffering: Reading the Book of Job in the Eighteenth Century* (New York: Oxford; Oxford: Clarendon, 1995).

건 문제에 초점을 맞추고 있으며, 욥기와 관련된 보다 광범위한 이슈들은 거의 다루지 않았다.[179] 사아디아 가온(Saadiah Gaon, 10세기)과 마이모니데스(12세기)는 철학적인 관점에서 욥기를 주목했다.[180] 마이모니데스는 『방황하는 자를 위한 지침』(*Guide for the Perplexed*) 제3권에서 욥기의 주 관심사는 신의 섭리라고 말했다. 그는 아리스토텔레스의 형이상학과 유대 종교 전승의 전통적인 이해를 접합하여 욥기를 읽었고, 이런 방법론은 후대 유대주의 해석가들에게뿐 아니라 토마스 아퀴나스에게도 엄청난 영향을 끼쳤다. 모셰 킴히(Moses Kimhi, 12세기)는 언어와 주해적 전승을 이용하여 욥기 주석—단어와 문법적인 문제들을 논의한 후 일종의 패러프레이즈 해석을 덧붙인—을 썼다.[181] 또 다른 유대주의 욥기 해석가인 올리버 리만(Oliver Leaman)은 악과 고난이라는 주제를 탐구하기 위해 이 문제가 가장 첨예하게 드러나는 욥기라는 공간을 통해 필론(Philo)에서부터 마르틴 부버(Martin Buber)에 이르기까지 유대교 사상가들을 다룬다.[182]

179 J. R. Baskin, "Rabbinic Interpretations of Job," in *Voice from the Whirlwind,* ed. Perdue and Gilpin, 101–10; J. Weinberg, "Job Versus Abraham: The Quest for the Perfect God-Fearer in Rabbinic Tradition," in *Book of Job,* ed. Beuken, 281–96.

180 L. E. Goodman, *The Book of Theodicy: Translation and Commentary on the Book of Job by Saadiah Ben Joseph Al-Fayyumi,* Yale Judaica Series 25 (New Haven and London: Yale University Press, 1988); Schreiner, *Where Shall Wisdom Be Found?* 55–90; M. D. Yaffe, "Providence in Medieval Aristotelianism: Moses Maimonides and Thomas Aquinas on the Book of Job," in *Voice from the Whirlwind,* ed. Perdue and Gilpin, 111–28.

181 M. Kimhi, *Commentary on the Book of Job,* ed. H. Basser and B. D. Walfish, South Florida Studies in the History of Judaism 64 (Atlanta: Scholars Press, 1992). 편집자들에 따르면 중세 이후로 80여 권의 욥기 주석이 잔존해 있고 그중 절반 정도는 저자 미상이라고 한다(xi).

182 O. Leaman, *Evil and Suffering in Jewish Philosophy,* Cambridge Studies in Religious Traditions 6 (New York and Cambridge: Cambridge University Press, 1995).

욥기의 과거 해석에 대한 이런 연구들은 상당히 중요한데, 왜냐하면 이런 연구들이 오늘날 욥기를 해석하는 우리들에게 역사적 관점을 제공해주기 때문이다. 실제로 슈라이너는 욥기의 다양한 과거 해석 방법에 대한 연구의 마무리로서 현대의 비평적/주해적·심리분석학적·문학적 해석방법을 고찰하는데, 그는 과거에 대한 인식이 현재의 고유한 맥락과 역사적 우발성에 대한 시야를 제공해준다고 주장하였다.[183]

욥기에 대한 문학적 접근

최근 욥기 연구에서 제3의 영역은 우선적으로 문학적 가설과 관점에 근거한 여러 해석적 전략의 발전이었다. 1970년대 이전에 욥기 해석의 지배적인 관심사는 주로 책이 발전해온 방식을 규명하고, 현재 텍스트에서 어느 부분이 원 자료이며 어느 부분이 이차적으로 추가된 것인지를 알아내는 일이었다. 산문체로 이루어진 틀(서언과 발문)과 시문학으로 이루어진 핵심부(다양한 발언들) 간의 관계, 28장에 등장하는 지혜시가 원 자료인지 혹은 이차 자료인지에 대한 찬반 논쟁, 엘리후의 발언과 하나님의 두 번째 발언, 그리고 셋째 사이클(22-27장)의 배열 문제가 진지한 논의의 주제들이었다. 지난 30년 동안에는 이런 주제들에 대한 탐구도 지속되었지만, 한편에서는 위와 같은 통시적인 이슈들을 넘어서서 다양한 문학적 분석방법을 적용하여 텍스트의 현 상태에 집중하는 움직임이 있어왔다. 텍스트 자체에 집중하는 것—텍스트의 수

183 Schreiner, *Where Shall Wisdom Be Found?* 156–90.

사학적·시적 특징들, 다양한 담화 모드, 문학 장르의 이용, 그리고 구성의 일관성—은 과거 몇십 년간 욥기 연구의 두드러진 특징이었다.

수사학적 시 분석은 운문으로 기록된 담화의 구조적 일관성을 상세히 기술하는 것을 목적으로 한다. 이 분석법은 작은 시 단위(2행구조[bicola], 3행구조[tricola])와 보다 큰 스탠자나 연(이어지는 2행구조나 3행구조로 이루어진)에 나타나는 언어학적·주제적 일치 요소들에 관심을 기울이면서 시적 발화들을 구성하는 다양한 구조적 덩어리들을 파악하려고 한다. 언어학적 요소들(어휘, 형태, 구문론)을 기반으로 하는 이러한 형식 분석은 발화의 수사학적 단위의 경계를 한정함으로써 논쟁의 기본 구조와 추이를 드러낸다. 이 방면의 연구는 우선적으로 피터 반더 루트(Pieter van der Lugt)와 에드윈 웹스터(Edwin Webster)에 의해 진행되었으며, 하벨(Habel)과 클라인즈(Clines)는 그들의 주석서에 이런 문학적 관심에 대해 상당한 민감성을 드러냈다.[184] 최근에는 이와 비슷하게 수사학적이고 형식적인 분석에 초점을 두면서 보다 구체적인 텍스트를 연구한 저서들이 출간되었다.[185]

그러나 시 분석을 욥기의 발화들에 적용하는 데는 한계가 있는데,

184 P. van der Lugt, *Rhetorical Criticism and the Poetry of the Book of Job*, OTS 32 (Leiden: Brill, 1995); idem, "Stanza-Structure and Word Repetition in Job 3–14," *JSOT* 40 (1988): 3–38; E. C. Webster, "Strophic Patterns in Job 3–28," *JSOT* 26 (1983): 33–60; idem, "Strophic Patterns in Job 29–42," *JSOT* 30 (1984): 95–109; N. C. Habel, *The Book of Job*, OTL (Philadelphia: Westminster; London: SCM, 1985); D. J. A. Clines, *Job 1–20*, WBC 17 (Dallas: Word, 1989).

185 J. E. Course, *Speech and Response: A Rhetorical Analysis of the Introductions to the Speeches of the Book of Job (Chaps. 4–24)*, CBQMS 25 (Washington, D.C.: Catholic Biblical Association, 1994); D. W. Cotter, *A Study of Job 4–5 in the Light of Contemporary Literary Theory*, SBLDS 124 (Atlanta: Scholars Press, 1992). 후자는 Roman Jakobson이 주창한 형식주의적 접근법을 기초로 하여 엘리바스의 처음 발언에 대해 시적 분석을 수행했다.

그 이유는 이러한 분석법이 산문 구조에는 적합하지 않기 때문이다. 따라서 서언과 발문은 자세히 읽기(close reading)와 서사 이론(narrative theory)을 기초로 점검되어왔다. 여기서는 줄거리 구조, 성격 묘사, 직접 화법, 그리고 해설자의 관점과 같은 요소에 초점을 맞춘다.[186] 어떤 학자들은 서사 이론의 요소들을 책 전체에 적용하며 욥기를 근본적으로 대화가 많은 하나의 이야기로 본다.[187] 체니(Cheney)는 각 등장인물들의 성격이 실제적으로 어떻게 묘사되었는지를 평가하기 위해서 발화들의 서사 구조와 거시적·미시적 특징들을 분석했다.[188]

산문체 틀과 발화 핵심부에 나타나듯이 담화의 서사적·시적 양태들은 각각 욥기의 이런 단계들을 구분하며, 많은 이의 견해로는 이것들이 편집 과정에 있어 서로 다른 두 국면을 나타낸다. 발화들을 기존의 내러티브에 삽입했거나 혹은 그 발화들의 어조를 누그러뜨리기 위해 욥의 전설을 추가했다는 것이다. 어느 경우든 그 틀과 핵심부 사이의 분리는 문체와 주제 면에서 확연하다. 서문의 욥과 발언할 때의 욥은 서로 다른 두 성격으로 나타난다. 그러나 최근 욥기를 문학적으로 읽는 방법들은 서언과 초기의 발화들 사이의 관계를 면밀하게 살폈고,

186 N. C. Habel, "The Narrative Art of Job: Applying the Principles of Robert Alter," *JSOT* 27 (1983): 101–11; A. Brenner, "Job the Pious? The Characterization of Job in the Narrative Framework of the Book," *JSOT* 43 (1989): 37–52; M. J. Oosthuizen, "Divine Insecurity and Joban Heroism: A Reading of the Narrative Framework of Job," *OTE* 4 (1991): 295–315; M. Weiss, *The Story of Job's Beginning* (Jerusalem: Magnes, 1983); D. J. A. Clines, "False Naivety in the Prologue to Job," *HAR* 9 (1985): 127–36; A. Cooper, "Reading and Misreading the Prologue to Job," *JSOT* 46 (1990): 67–79.

187 A. Cooper, "Narrative Theory and the Book of Job," *SR* 11 (1982): 35–44.

188 M. Cheney, *Dust, Wind, and Agony: Character, Speech, and Genre in Job,* ConBOT 36 (Stockholm: Almqvist & Wiksell, 1994).

전혀 다른 욥의 모습들을 하나의 통일된 인물로 보았다.[189] 이런 종류의 분석은 책의 문학적 완성도를 강화시키며, 그 틀과 핵심부가 일관성 있는 문학 작품으로서 능숙한 솜씨로 저작되었음을 암시한다.

하지만 그것은 어떤 종류의 구성인가? 욥기의 문학 장르에 대해서는 지속적으로 논의가 이루어지고 있으며, 몇몇 새로운 연구들도 나왔다. 베스터만은 욥기가 논쟁적인 발화들이 포함된 각색된 애가라고 주장한다.[190] 어떤 이들은 욥기를 각색된 비극 또는 희극으로 본다.[191] 또 어떤 이들은 욥기 전체가 교훈적 내러티브, 애가, 논쟁, 법률 양식 등 다양한 문학 양식을 사용해서 만들어진 지혜 전승의 고유한 문학적 창작품이라고 여긴다.[192] 체니는 현재 욥기의 배열은 그 형식에 있어 고대 근동에 존재했던 뼈대 설화 유형(지혜의 **긴장감**)을 보여준다고 주장하였다. 이런 종류의 문학에서는 신화적이거나 전설적인 서사 구조가 논쟁을 포함한 긴 대화체의 핵심부를 둘러싼다. 이 구조의 끝부분은 심판

189 R. D. Moore, "The Integrity of Job," *CBQ* 45 (1983): 17–31; R. W. E. Forrest, "The Two Faces of Job: Imagery and Integrity in the Prologue," in *Ascribe to the Lord: Biblical and Other Studies in Memory of Peter C. Craigie,* ed. L. Eslinger and G. Taylor, JSOTSup 67 (Sheffield: JSOT Press, 1988), 385–98; Y. Hoffman, "The Relation between the Prologue and the Speech-Cycles in Job: A Reconsideration," *VT* 31 (1981): 160–70; W. Vogels, "Job's Empty Pious Slogans," in *Book of Job,* ed. Beuken, 369–76.

190 C. Westermann, *The Structure of the Book of Job,* trans. C. A. Muenchow (Philadelphia: Fortress, 1981).

191 W. J. Urbrock, "Job as Drama: Tragedy or Comedy?" *CurTM* 8 (1981): 35–40; 그리고 다음에 나오는 일련의 소논문을 보라. R. Polzin and D. Robertson, eds., *Studies in the Book of Job, Semeia* 7 (1977).

192 L. G. Perdue, *Wisdom in Revolt: Metaphorical Theology in the Book of Job,* BLS 29, JSOTSup 112 (Sheffield: Almond, 1991). For a discussion of genre classifications for Job, see Murphy, *Wisdom Literature,* 13–45; K. J. Dell, *The Book of Job as Sceptical Literature,* BZAW 197 (Berlin and New York: de Gruyter, 1991), 57–107.

장면으로 논쟁의 승자가 누군지 발표된다.[193] 엄밀한 평행 구조는 아니더라도 이런 형식적 일치는 이목을 집중시키며, 책을 구성하는 전반적인 구조가 존재한다고 해서 다른 문학적 형식들의 사용을 배제하는 것은 아니다.

최근 욥기 연구에서 세간의 이목을 끄는 특징 중 하나는 이 책에 반어법, 풍자, 그리고 패러디가 상당히 많이 발견된다는 것이다. 여기서 관심의 대상은 형식의 오용, 즉 형식과 내용과 상황을 반어적으로 사용하여 고의적으로 전통적·신학적·도덕적 확신을 깨뜨리는 것이다.[194] 예를 들어 욥기 7:17-18은 시편 8편에 흐르는 정서를 패러디한 것으로, 찬미와 놀라움이 담긴 송가적 표현을 신의 적대 행위에 대한 저항으로 뒤바꾼다. 캐서린 델(Katharine Dell)은 욥기가 전통적 지혜 유형들에 대한 회의주의(신앙의 유보)를 담고 있는 패러디라고 이해하는 것이 최선이라고 주장한다.[195] 브루스 주커만(Bruce Zuckerman)도 욥기의 "원래" 핵심부에 있는 패러디의 중요성을 감지하는데, 항의하는 반어적 목소리는 그에 상응하는 대칭적 요소가 덧붙여짐에 따라 상쇄된다.[196]

최근에 보다 새로운 문학적 해석 방법들이 욥기에 적용되었다. 클

193 Cheney, *Dust, Wind, and Agony.*

194 P.-E. Dion, "Formulaic Language in the Book of Job: International Background and Ironical Distortions," *SR* 16 (1987): 187–93; Y. Hoffman, "Irony in the Book of Job," *Imm* 17 (1983–84): 7–21; J. C. Holbert, "'The Skies Will Uncover His Iniquity': Satire in the Second Speech of Zophar (Job xx)," *VT* 31 (1981): 171–79; J. G. Williams, "'You Have Not Spoken Truth of Me': Mystery and Irony in Job," *ZAW* 83 (1971): 231–55; E. M. Good, *Irony in the Old Testament* (Philadelphia: Westminster; London: SPCK, 1965); 2d ed., BLS 3 (Sheffield: Almond, 1981).

195 Dell, *Book of Job as Sceptical Literature,* 213–17.

196 B. Zuckerman, *Job the Silent: A Study in Historical Counterpoint* (New York and Oxford: Oxford University Press, 1991).

라인즈는 욥기를 해체주의적 방법으로 해석하여, 욥기가 인과응보와 고통 개념과 관련하여 그 책에서 주장되는 철학을 어떻게 침식시키는지를 보여주려 한다.[197] 데이비드 펜칸스키(David Penchansky)는 욥을 사회학적으로 해석하여 책의 문학적 긴장감들은 문화적 상황 안에서의 사상적 투쟁들을 반영한다고 주장한다.[198] *Semeia* 19호(1981)에는 폴 리쾨르(Paul Ricoeur)의 해석학적 접근법을 욥기, 특히 38장에 나타나는 하나님의 발화에 적용하는 연구가 실렸다.[199] 욥기에 대한 페미니스트 해석이 아직까지는 미미하게만 적용되었는데,[200] 앞으로 이 연구가 어떻게 진전될 것인지는 두고 볼 일이다. 구스타보 구티에레즈(Gustavo Gutiérrez)는 욥기에 대한 "밑으로부터의"(from below) 해석법을 채택하여 욥에게서 라틴 아메리카에 사는 가난한 자들의 고통을 보았으며, 이들이 무고하게 당하는 고통 가운데서 하나님께, 그리고 하나님에 대해 말해야 한다고 주장한다.[201]

욥기에 대한 탁월한 문학적 접근법들에 비추어 나는 한 가지 두드

197 D. J. A. Clines, "Deconstructing the Book of Job," in *What Does Eve Do to Help? and Other Readerly Questions to the Old Testament,* JSOTSup 94 (Sheffield: JSOT Press, 1990), 106–23.

198 D. Penchansky, *The Betrayal of God: Ideological Conflict in Job,* Literary Currents in Biblical Interpretation (Louisville: Westminster/John Knox, 1990); see also C. A. Newsom, "Cultural Politics and the Reading of Job," *BibInt* 1 (1993): 119–38; D. J. A. Clines, "Why Is There a Book of Job and What Does It Do to You If You Read It?" in *Book of Job,* ed. Beuken, 1–20. 이 소논문에서 Clines는 유물론적 비평과 정신분석학 비평을 이용하여 텍스트에서 암시된 사회적·경제적 상황을 제시하고 이것들이 독자로 하여금 어떻게 텍스트에 귀 기울이게 하는지를 탐구한다.

199 J. D. Crossan, ed., *The Book of Job and Ricoeur's Hermeneutics, Semeia* 19 (1981).

200 G. West, "Hearing Job's Wife: Towards a Feminist Reading of Job," *OTE* 4 (1991): 107–31; D. Bergant, "Might Job Have Been a Feminist?" *TBT* 28 (1990): 336–41.

201 G. Gutiérrez, *On Job: On God-Talk and the Suffering of the Innocent,* trans. M. J. O'Connell (Maryknoll, N.Y.: Orbis, 1987).

러진 예외가 있음을 언급하고자 한다. 내과의사인 데이비드 월퍼즈(David Wolfers)는 그의 생애 마지막 20년 동안 욥기를 연구하면서 욥기를 역사적 풍유(allegory)로 해석했는데, 이에 따르면 욥은 기원전 8세기 후반에서 7세기 전반부까지의 유다, 다시 말해 산헤립과 아시리아의 침공으로 황폐화된 시기의 유다를 상징한다는 것이다.[202] 욥기의 기저에 놓인 취지는 편협하고 언약관계에 매인 유다 민족의 하나님으로서의 야웨라는 개념을, 여전히 사랑과 헌신을 요구하는 우주적인 하나님으로서의 야웨 개념으로 전환시키도록 돕는 것이다. 월퍼즈는 학계가 무엇보다도 욥기의 히브리어 텍스트를 잘못 번역하고 책을 단일한 저작으로 읽는 데 실패했다고 비판한다. 그의 견해가 폭 넓은 지지를 얻을 것 같지는 않지만, 전통적인 욥기 해석에 상응하는 대칭적 요소를 제공한다는 점에서 의미를 갖는다.

결론

나는 여기서 욥기 연구에 관련된 수많은 이슈들을 모두 다룰 수는 없었다. 욥기는 뛰어난 문학 작품이기 때문에 앞으로도 계속해서 욥기에 관한 주석서가 출간될 것이며, 또한 모든 분야에서 다양한 해석자들의 관심과 참여의 대상이 될 것이다. 언어학적·본문비평적 난제들과 씨름하는 학자들로부터 무고하게 고통 받는 가난한 자들의 편에서 일하는 자들에게까지 말이다. 욥기는 어느 측면에서도 다루기 용이한 책은 아니

202 D. Wolfers, *Deep Things out of Darkness: The Book of Job: Essays and a New English Translation* (Grand Rapids: Eerdmans; Kampen: Kok Pharos, 1995).

며, 만일 독자가 이 책에 이미 압도당해버리지 않았다면, 그는 욥기가 제기하는 질문들을 통해 그리고 그 질문들에 명백한 답이 주어지지 않는다는 사실로 인해 도전을 받을 것이다. 욥기를 읽을 때마다 우리는 만족스런 결과를 얻지 못하는데 이는 텍스트에 대한 최종적인 해석을 이끌어내는 데 실패하기 때문이다. 욥처럼 우리는 자신의 유한성에 직면하고 있으며, 욥기를 이해하고자 노력하기를 주저하고, 심지어 이 책의 강력하고 불가사의한 본질로 인해 휘청거린다. 웬일인지 욥기에 대해 기록된 수많은 말들에도 불구하고, 복잡다단한 우주에 대한 인간의 제한된 이해력으로 인해 침묵만 흐를 뿐이다. 그리고 그 침묵은 그렇게 계속되어야 할 것이다.

제12장

최근 시편 연구 동향

David M. Howard, Jr.
데이비드 M. 하워드

20세기 말의 시편 연구는 1970년대의 연구와는 무척 다르다. 성서학 연구에 있어 패러다임의 전환이 발생했으며, 이후로는 텍스트를 문학적인 총체 그리고 정경적 통일성을 가진 **텍스트**로 읽는다. 이러한 변화는 시편 연구에서 다방면에 걸쳐 나타났다. 그중 가장 중요한 변화는 시편을 **한 권의 책**으로, 총체적인 하나로 주목한 점이다. 변화는 또한 문학적 접근법과 구조적 접근법에도 나타났다. 패러다임의 변화는 히브리 시문학 연구에서도 나타나, 구문론을 기반으로 한 언어학 분석이 가장 중요한—가장 우세하지는 않더라도—위치를 차지하게 되었다.

본 장의 제목이 말해주듯이 이 글에서는 1970년 이후 특히 1980년대 중반 이후의 시편 연구 **동향**에 대해 조사할 것이다. 지면의 제약으로 지금까지 출판된 수백 권의 책과 수천에 달하는 소논문을 모두 다루기는 어렵다. 또한 아쉽게도 본 장의 성격상 대중적인 수준의 작품들도 다루지 못했는데, 그중 상당수는 일류 학자들에 의해 저술되었고, 교회와 회당에서 나름의 중요성을 갖는 작품들이다. 내가 주목하고자 하는 부분은 시편에 관한 주류 학계의 연구 동향이다.

먼저 1970년 이후의 상황을 파악하는 의미에서 과거의 시편 연구 동향을 개략적으로 재검토한 후, 이어서 다음 다섯 항목의 발전상을 살펴보겠다. (1) 시편의 구성과 메시지, (2) 히브리 시문학, (3) 해석학, (4) 양식비평, 마지막으로 (5) 고대 근동 배경에서 시편의 위치다. 오늘날 시편 연구에서는 이 다섯 분야—특히 처음 세 분야—에서 가장 활발한 변화를 찾아볼 수 있다.

과거의 시편 연구 검토

오랜 기간 동안 시편은 성서학 연구에 있어 관심 밖에 있었다. 19세기와 20세기 초의 주요 관심사는 역사비평학(텍스트 배후에 가려져 있는 가설적인 자료에 대한 탐구와 텍스트에 대한 과격한 재구성으로 특징지어지는) 그리고 이스라엘의 역사와 종교사를 재구성하는 데 있었다. 구약 학계의 현재 동향을 진술하기 위해 세계구약학회(Society for Old Testament Studies)가 주도하여 발간한 처음 두 권의 논문집에는 정경 텍스트(예. 모세 오경, 예언서, 시편)를 다룬 소논문은 없었다. 대신 히브리 종교, 역사, 심리학(*The People and the Book*) 또는 이스라엘의 문학, 역사, 종교, 신학, 고고학(*Record and Revelation*)에 대한 소논문만 실렸다.[1] 그런데 이 소논문들 어디에서도 어떤 형태로도 시편의 자취는 거의 찾아볼 수 없었

1 A. S. Peake, ed., *The People and the Book* (Oxford: Clarendon, 1925); H. W. Robinson, ed., *Record and Revelation* (Oxford: Clarendon, 1938).

다. 보다 최근에 출간된 『현대 구약 연구』(*The Old Testament in Modern Research*)와 『현대 성서 연구』(*The Bible in Modern Scholarship*)에서도 시편은 거의 등한시되고 있다.[2] 당시의 시편 주석서도 여기서 언급한 항목들에 관심을 기울였다.[3]

1920년대를 시작으로 헤르만 궁켈(Hermann Gunkel) 및 그의 제자인 지그문트 모빙켈(Sigmund Mowinckel)의 활동과 함께 시편 연구의 초점은 극적으로 변했고, 시편은 성서학 연구의 더 넓은 분야의 영향을 받았다. 궁켈은 20세기 전체에 걸쳐 그의 그림자를 드리운, 구약학계의 정점에 선 인물이었다. 구약 양식비평(form criticism)의 아버지로서 궁켈은 현재 우리에게 친숙한 시편의 유형들, 예를 들어 개인 탄원시, 공동체 찬송시(찬양시), 제왕시, 그리고 지혜시와 같은 장르를 제공하였다. 그의 주된 관심사는 시편의 문학 양식(즉 장르)이었고, 각 양식을 형성케 한 것으로 추정되는 삶의 정황(Sitz im Leben)에 주목했다.[4]

2 J. P. Hyatt, ed., *The Bible in Modern Scholarship* (Nashville: Abingdon, 1965); H. F. Hahn, *The Old Testament in Modern Research*, 2d ed. (Philadelphia: Fortress, 1966; 1st ed. 1954). Hahn의 소논문은 원래 1954년에 출간되었다. 1966년 재판에서는 H. D. Hummel의 "A Survey of Recent Literature"가 추가 되었다. 둘 다 시편을 다른 항목(예. "양식비평") 아래 간략히 논의했다. Hyatt의 책에서는 A. S. Kapelrud가 "The Role of the Cult in Old Israel" (44-56)에서 이른바 야웨의 대관식 시편(52-53)에 대해 간략히 다루었을 뿐이다.

3 다음을 보라. G. H. A. V. Ewarld, *Commentary on the Psalms*, 2vols. trans. E. Johnson (London: Williams & Norgate, 1880); J. J. S. Perowne, *The Book of Psalms*, 7th ed., 2 vols. (Andover: Draper, 1890); T. K. Cheyne, *The Origin and Religious Contents of the Psalter in the Light of Old Testament Criticism and the History of Religions* (New York: Whittaker, 1890; idem, *The Book of Psalms*, 2 vols. (London: Kegan, Paul, Touch, 1904); J. Wellhausen, *The Book of Psalms*, trans. H. H. Furness et al., Polychrome Bible (London: Clarke, 1898); and C. A. Briggs and E. G. Briggs, *A Critical and Exegetical Commentary on the Book of Psalms*, 2 vols., ICC (Edinburgh: Clark, 1906-7).

4 H. Gunkel, *Die Psalmen*, 4th ed., Göttinger Handkommentar zum Alten Testament (Göttingen: Vandenhoeck & Ruprecht, 1926); H. Gunkel and J. Begrich, *Introduction*

모빙켈은 시편의 유형 분류에 있어 궁켈을 따랐다. 그러나 거의 모든 시편에 제의적 배경을 특별히 강조함으로써 자신만의 길을 닦아 놓았다.[5] 그는 가을 추수 신년 축제(장막절)를 이스라엘에서 행해지는 주된 축제로 보았다. 이 축제의 중심부에는 소위 야웨 즉위식 축제, 바로 그가 시편에서 찾은 실마리를 통해 재구성한 축제가 자리 잡고 있다고 보았다.[6] 학자들은 시편 연구 덕택에 이스라엘 종교의 역사와 내용에 대해 상당한 관심을 갖게 되었다. 이 점은 시편이 이스라엘 종교를 재구성하는 데 이용된다는 사실로도 확인된다.

시편 연구는 이후로 내내 궁켈과 모빙켈의 연구 관심사로 자리 잡아갔다. A. R. 존슨(A. R. Johnson)과 J. H. 이튼(J. H. Eaton)은 세계구약학회에서 이후로 편찬한 두 권의 책(1951년과 1979년)에 시편의 양식, 제의적 위치와 중요성 연구에 전적으로 주력한 소논문을 발표했다.[7] 또한 이 글에서 다루는 시기 전반부에 출간된 로날드 E. 클레멘츠(Ronald E. Clements), 존 H. 헤이즈 (John H. Hayes), 에르하르트 S. 게르슈텐베르

to the Psalms: The Genres of the Religious Lyric of Israel, trans. J. D. Nogalski (Macon, Ga.: Mercer University Press, 1998; 독일어 원본은 1933년 판임).

5 S. O. P. Mowinckel, *Psalmenstudien*, 6 vols. (Kristiana [Oslo], Norway; Dybwad, 1921–24); idem, *The Psalms in Israel's Worship*, trans. D. R. AP-Thomas, 2 vols. (Nashville: Abingdon; Oxford: Blackwell, 1962; R. K. Gnuse and D. A. Knight의 서문을 추가하여 재출판됨; Sheffield: JSOT Press, 1992).

6 다음을 보라. Mowinckel, *Psalmenstudien*, vol. 2, *Das Thronbesteigungfest Jahwäs und der Ursprung der Eschatologie* (Kristiana [Oslo], Norway; Dybwad, 1922); idem, Psalms in Israel's Worship, 2:106–92.

7 A. R. Johnson, "The Psalms," in *The Old Testament and Modern Study: A Generation of Discovery and Research: Essays by the Members of the Society*, ed. H .H. Rowley (Oxford: Clarendon, 1951), 162–209; J. H. Eaton, "The Psalms in Israelite Worship," In *Tradition and Interpretation: Essays by Members of the Society for Old Testament Study*, ed. G. W. Anderson (Oxford: Clarendon, 1979), 238–73.

거(Erhard S. Gerstenberger)도 동일한 주제를 개략적으로 다루었다.[8] 최근까지의 주석서에서도 동일한 관심사가 어느 정도 반영되었다.[9]

최근에 시편 연구는 시편 전체에 대한 총체적인 주석에 집중해왔다. 여기에는 제럴드 윌슨(Gerald Wilson)의 연구(아래를 보라)가 가장 중요한 원동력이었다. 시편 전체 또는 일부의 구성과 메시지에 관심을 둔 연구를 찾으려면 실질적으로 19세기와 그 이전으로 돌아가야 한

8 R. E. Clements, "Interpreting the Psalms," in his *One Hundred Years of Old Testament Interpretation* (Philadelphia: Westminster, 1976), 76-98; J. H. Hayes, "The Psalms," in his *Introduction to the Old Testament* (Nashville: Abingdon, 1979), 285-317; and E. S. Gerstenberger, "the Lyrical Literature," in *The Hebrew Bible and Its Modern Interpreters*, ed. D. A. Knight and G. M. Tucker (Philadelphia: Fortress; Chico, Calif.: Scholars Press, 1985), 409-44.

9 H. Schmidt, *Die Psalmen*, HAT 15 (Tübingen: Mohr, 1934); J. Calès, *Le Livre des Psaumes*, 5th ed., 2 vols. (Paris: Beauchesne, 1936); W. O. E. Oesterley, *A Fresh Approach to the Psalms* (New York: Scribner's, 1937); idem, *The Psalms: translated with Text-Critical and Exegetical Notes* (London: SPCK, 1939); M. Buttenwieser, *The Psalms: Chronologically Treated with a New Translation* (Chicago: University of Chicago Press, 1938); F. Nötscher, *Die Psalmen*, Echter-Bibel (Würzburg: Echter Verlag, 1947); E. A. Leslie, *The Psalms: Translated and Interpreted in the Light of Hebrew Life and Worship* (New York: Abingdon, 1949); M. E. J. Kissane, *The Book of Psalms*, 2 vols. (Dublin: Richview, 1954); W. S. McCullough and W. R. Taylor, "The Book of Psalms," in *The Interpreter's Bible*, ed. G. A. Buttrick, 12 vols. (New York: Abingdon, 1952-57), 4:3-763; A. Weiser, *The Psalms*, trans. H. Hartwell, OTL (Philadelphia: Westminster, 1962); P. Drijvers, *The Psalms: Their Structure and Meaning* (New York: Herder & Herder, 1964); A. A. Anderson, *The Book of Psalms*, 2 vols., NCB (London: Oliphants, 1972; reprinted, Grand Rapids: Eerdmans, 1981); D. Kidner, *Psalms 1-72: An Introduction and Commentary on Books I and II of the Psalms*, TOTC (Downders Grove, Ill.: InterVarsity, 1973); idem, *Psalms 72-150: A Commentary on Books III-V of the Psalms*, TOTC (Downders Grove, Ill.: InterVarsity, 1975); P. C. Craigie, *Psalms 1-50*, WBC 19 (Waco: Word, 1983); H. Ringgren, *Psaltaren 1-41*, Kommentar till Gamla Testamentet (Uppsala: EFS-förlaget, 1987); H. -J. Kraus, *Psalms 1-59: A Commentary*, trans. H. C. Oswald (Minneapolis: Augsburg, 1988); idem, *Psalms 60-150: A Commentary*, trans. H. C. Oswald (Minneapolis: Augsburg, 1989); W. A. VanGemeren, "Psalms," in EBC, 5:1-880.

다. 하지만 윌슨의 연구로 이런 관심사가 시편 연구에서 최선봉의 자리를 차지하게 되었고 지금도 그 자리를 지키고 있다. 최근에 J. 케네스 쿤츠(J. Kenneth Kuntz), 에리히 쳉어(Erich Zenger), 제임스 L. 메이즈(James L. Mays), 데이비드 C. 미첼(David C. Mitchell), 그리고 내가 쓴 시편 연구 동향에 관한 글에도 이 새로운 관심사가 반영되어 있다.[10] 또한 마빈 E. 테이트(Marvin E. Tate), 프랑크-로타르 호스펠트와 에리히 쳉어(Frank-Lothar Hossfeld & Erich Zenger), J. 클린턴 맥캔(J. Clinton McCann Jr.), 클라우스 자이볼트(Klaus Seybold)가 저술한 최근 시편 주석서에도 마찬가지다.[11]

10 E. Zenger, "New Approaches to the Study of the Psalter," *PIBA* 17 (1994): 37-54; J. K. Kuntz, "Engaging the Psalms," *CR:BS* 2 (1994):77-106; J. L. Mays, "Past, Present, and Prospect in Psalm study," in *Old Testament Interpretation: Past, Present, and Future*, ed. J. L. Mays, D. L. Petersen, and K. H. Richards (Nashville: Abingdon, 1995), 147-56; D. C. Mitchell, *The Message of the Psalter: An Eschatological Programme in the Book of Psalms*, JSOTSup 252 (Sheffield: Sheffield Academic Press, 1997), 15-65; D. M. Howard Jr., "Editorial Activity in the Psalter: A State-of-the Field Survey," Word and World 9 (1989): 274-85 (이 글은 최근 수정되어 다음의 책에 출판되었다: *The Shape and Shaping of the Psalter*, ed. J. C. McCann, JSOTSup 159 [Sheffield: JSOT Press, 1993], 52-70); idem, *The Structure of Psalms 93-100*, Biblical and Judaic Studies from the University of California, San Diego 5 (Winona Lake, Ind.: Eisenbrauns, 1997), 1-19.

11 M. E. Tate, *Psalms 51-100*, WBC 20 (Waco: Word, 1990); F. -L. Hossfeld and E. Zenger, *Die Psalmen I: Psalms 1-50*, Neue Echter Bibel (Würzburg/Stuttgart: Echter Verlag, 1993); J. L. Mays, *Psalms*, Interpretation (Louisville: John Knox, 1994); J. C. McCann Jr., "The Book of Psalms: Introduction, Commentary, and Reflections," in *The New Interpreter's Bible*, ed. L. E. Keck et al. (Nashville: Abingdon, 1994-), 4:639-1280; and K. Seybold, *Die Psalmen*, HAP 1/15 (Tübingen: Mohr, 1996).

시편의 구성과 메시지

1970년 이래 시편 연구에서 가장 중요한 변화는 지배적이었던 패러다임의 전환과 관심사의 재집중에 있었다. 아주 최근까지 보편적으로 시편은 다양한 시문학 작품들이 일관성 없이 배열되어 결과적으로는 우연히 정경의 한 "책"으로 느슨하게 수집되었다고 여겨졌다. 시들 사이의 주된 연결점은 문학적이거나 정경적인 것이 아니라 제의적인 요인이라고 생각되었다. 대부분의 시가 태동한 원래 삶의 정황(Sitz im Leben)은 성전에서의 예배 의식과 제사라고 믿어졌다. 각 시는 특별한 순서 없이 모아졌고 그렇기 때문에 시편을 구성하는 각 시들의 삶의 정황(Sitz im Text)은 고려되지 않았다. 시편은 제2성전 시대 유대교에서 사용된 찬송가로 이해되어 구약의 다른 정경을 해석하는 방식과는 달리 일관된 구조와 메시지가 있는 책으로 다루어지지 않았다.

하지만 오늘날의 시편 연구에 널리 퍼져 있는 관심은 한 권의 **책**으로서(즉 구조와 메시지 면에서 결합되어 있는 문학적·정경적인 총체로서) 시편의 구성, 편집상의 통일성, 전체적인 메시지 그리고 개별 시편과 각 권이 어떻게 서로 연결되는지에 대한 질문들로 나타난다. 개별 시편의 저자와 시편의 유래 또는 시편 안에 있는 다양한 모음에 대한 경위에 관계없이 개별 시들은 궁극적으로 포로기 이후에 정경으로 묶였다. 현재 많은 시편 연구들은 한 권의 책으로서의 시편 전체의 구조, 공통점 없는 부분들의 윤곽과 그 부분들이 어떻게 서로 연결되는지, 또는 시편 1편에서 150편에 이르기까지 흐르는 "줄거리"를 고찰한 것이다. 이 연구들은 내적으로 다양하게 세분되지만 일반적으로 두 가지 주된 그룹으로 분류할 수 있다. (1) 시편의 거시적 구조(macrostructure) 즉 전체를 아우르는 패턴이나 주제들을 다루는 그룹과, (2) 시편의 미시적 구조

(microstructure) 즉 소단위 그룹 특히 서로 근접한 시편들 사이의 관련성을 다루는 그룹이다. 대부분의 연구는 둘 중 하나와 관련되어 진행되지만 결국 이 둘은 서로 불가분리의 관계에 있다. 즉 넓고 전체를 아우르는 패턴과 주제라는 상위 수준을 바탕으로 얻어진 주장은 특정한 단어, 주제나 구조 또는 장르상의 연결성을 다루는 하위 수준에서 증명될 수 있어야 한다.

윌슨의 1981년 예일 대학교 박사학위 논문을 단행본으로 출간한 『히브리 시편의 편집』(*The Editing of the Hebrew Psalter*)은 이러한 연구를 조직적으로 전개할 수 있는 틀을 마련해주었다.[12] 그의 글은 최근에 시편의 최종 형태에 폭발적인 관심을 불러일으키는 데 중요한 요인이 된 기념비적인 논문이었다. 하지만 그 책이 진공상태에서 생겨난 것은 아니다. 윌슨은 브레버드 차일즈(Brevard Childs)의 제자였다. 차일즈의 『구약 정경 개론』(*Introduction to the Old Testament as Scripture*)이란 책은 출간된 이래로 학문적인 지평을 규정짓는 데 도움이 되어왔다. 차일즈는 그 책에서 시편을 좀 더 총체적으로 이해해야 한다고 주장했다.[13] 게다가 성서신학 연구 역시 일반적으로 성서의 개별 텍스트 또는 좀 더 큰 텍스트들 모음을 총체적으로 읽는 쪽으로("수사비평", "문학분석", "구조분

12 G. H. Wilson, *The Editing of the Hebrew Psalter*, SBLDS 76 (Chico, Calif.: Scholars Press, 1985).

13 B. S. Childs, *An Introduction to the Old Testament as Scripture* (Philadelphia: Fortress, 1979), 504-25. Childs의 다음 글도 보라. "Reflections on the Modern Study of the Psalms," in *Magnalia Dei: The Mighty Acts of God: Essays on the Bible and Archaeology in Memory of G. Ernest Wright*, ed. F. M. Cross, W. E. Lemke, and P. D. Miller Jr. (Garden City, N.Y.: Doubleday, 1976), 377-88. 이 방면의 이전 학자들에 대한 개요는 다음에서 보라. Howard, *Structure of Psalms 93-100*, 2-9; Mitchell, *Message of the Psalter*, 15-61.

석", "담화비평" 등의 제명 하에) 변모하고 있었다. 그럼에도 어쨌거나 윌슨은 그 이후 논의를 정의한 규범적인 방법을 제공했다.

윌슨은 그의 논문에서 시편을 한 권의 "책"으로 연구하기 위해 신중한 방법론적 기반을 제공하는데, 그는 이를 바탕으로 수메르 성전 찬송 모음집, 찬송 서두 목록, 그리고 쿰란 시편 사본과 같은 자료들을 추적하였다. 이러한 자료들은 그 최종 형태의 개요에서 편집 기교를 확실히 드러내고 있으며, 결과적으로 시편 연구에 방법론적 통제 수단을 제공해주고 있다. 어떤 학자들은 윌슨과 다른 학자들의 연구를 비난하며 시편의 편집상의 일관성은 관찰자 나름의 시각일 뿐이며 일관성을 가릴 수 있는 기준이 거의 없거나 아예 없다고 주장했다. 하지만 이러한 비평은 윌슨이 닦아놓은 방법론적 틀을 무시한 것이다. 불행히도 윌슨의 이러한 공헌은 정당한 관심을 받지 못했다.

그 후 윌슨은 히브리 정경으로서 시편에 관심을 기울여 그가 경외 문서와 기타 자료에서 찾은 편집 기교가 시편에도 나타나는지를 살폈다. 윌슨은 다음 두 종류의 증거를 찾아냈다. 명백히 나타나는 증거와 암시적인 증거(명백하지 않은 것)가 그것이다. 윌슨은 "명백한" 편집 기교의 증거를 시편의 표제 또는 시편 제1권-제2권의 마지막에 붙여진 시 72:20에서 발견했고, "암시적인" 증거는 편집 순서에서 발견했는데, 그 예로는 시편 제1권-제4권의 마지막에 등장하는 송영이 있는 시들의 모음 또는 시편의 특정 단락의 끝에 등장하는 할렐루야 시들(104-106, 111-117, 135, 146-150편)의 모음이었다.[14]

시편은 서론 격인 토라 시(시 1편)로 시작하고 할렐루야 시 그룹(시

14 Wilson, *Editing of the Hebrew Psalter*, 9-10, 182-97.

146-150편)으로 끝난다. 시편을 시작하는 제1편은 독자에게 토라를 묵상하라고 가르치며, 그것이 맨 앞에 위치한다는 사실은 시편 자체를 토라로서, 즉 제의적 배경에서만 수행하고 사용하는 것이 아니라 (토라가 그래야 하듯) 공부하고 묵상해야 하는 대상으로 간주해야 함을 보여준다. 시편의 마지막을 장식하는 찬양의 크레센도는 독자들에게 어떻게 삶을 살아야 하는지 가르쳐준다. 바로 야웨를 찬양하는 삶을 살라는 것이다.[15]

시편을 구성하는 다섯 권은 각각 짧은 송영이 있는 시로 끝을 맺는다(시 41, 72, 89, 106, 145편). 시편의 구조에서뿐 아니라 하나의 주제로 중요하게 작용하는 요인은 바로 제왕시들이 특별한 위치(시 2, 72, 89편)에 나타난다는 사실인데, 이는 이미 베스터만(Westermann)과 차일즈가 언급했던 점이다.[16] 윌슨은 제왕시들이 특히 시편의 앞부분인 제1권-제3권에 등장하는 반면 뒷부분에서는 초점이 야웨 왕권시들(시 93-99, 145편)에 맞춰진 점을 중요하게 생각했다. 그는 시편 89편을 다윗 왕권의 몰락에 대한 신호로 보았다. 그러므로 제4권-제5권에서 야웨의 왕권이 모든 것 위에 뛰어나다라고 선포됨으로써 제왕시의 중요

15 Brueggemann은 그의 글("Bounded by Obedience and Praise: The Psalms as Canon," *JSOT* 50 [1991]: 63-92)에서 시편 1편과 150편은 각각 순종과 찬양을 강조하며 시편을 시작하고 끝낸다고 주장한다. 그러나 시편 1, 150편 사이에는 삶의 현실적인 분투가 탄원시에서 그리고 심지어 찬양시에서도 나타난다고 한다(시 25, 103편이 각각의 전형적인 예다). 그는 시편에서의 결정적인 전환점은 고통과 소망으로 둘러 쌓여 있는 시편 73편이라고 한다. 그리하여 시편의 마지막(150편)에 재축된 순수하고 완전한 찬양은 이제 개인과 공동체가 역경과 하나님의 헤세드(*hesed;* 신실하신 사랑)를 경험함으로써 울려나오게 된다.

16 C. Westermann, "The Formation of the Psalter," in his *Praise and Lament in the Psalms*, trans. K. R. Crim and R. N. Soulen (Atlanta: John Knox, 1981), 515-17; Wilson, *Editing of the Psalter*, 207-14; idem, "The Use of Royal Psalms at the 'Seams' of the Hebrew Psalter," *JSOT* 35 (1986): 85-94.

성은 줄어들고 대신 야웨의 왕권이 환호를 받게 된다(특히 시 93-99편에서).

윌슨은 최근의 글에서 시편 2, 72, 89, 144편을 시편의 "제왕 언약 구조틀"(royal covenantal frame)로 보았다. 그리고 시편 1, 73, 90, 107, 145편(제1, 3, 4, 5권의 처음 시와 엄밀히 따져 제5권의 마지막 시)을 "최종적인 지혜 구조틀"(final wisdom frame)로 보았다.[17] 윌슨에게 있어 지혜 구조틀은 제왕 언약 구조틀보다 우위에 있다. 그러므로 "인간 왕과 왕권의 힘에 대한 신뢰는 결국 무너지고, 영원한 통치와 구원의 능력을 가진 야웨에게만 소망을 둔다."[18] 그러므로 궁극적으로 시편은 지혜의 책으로서 그 안에는 신실한 자들에게 주시는 하나님의 가르침이 있고 그의 왕권이 강조되어 있다.[19] 이 형식 속에서 제4권(시 90-106편)은 시편의 편집상 "중앙"에 위치하여 야웨가 홀로 왕이심에 초점을 맞춘다. 윌슨은 다음과 같이 말한다.

마찬가지로 이 시 그룹은 시편 89편에 제기된 문제, 즉 제1권-제3권에서

17 G. H. Wilson, "Shaping the Psalter: A Consideration of Editorial Linkage in the Book of Psalms," in *Shape and Shaping of the Psalter*, ed. McCann, 72-82, esp. 80-81.

18 G. H. Wilson, "The Qumran Psalms Scroll (11QPsa) and the Canonical Psalter: Comparison of Editorial Shaping," *CBQ* 59 (1997): 464.

19 G. H. Wilson, "The Shape of the Book of Psalms," *Int* 46 (1992): 137-38. Wilson과 동일한 점을 지적한 학자들은 다음과 같다. G. T. Sheppard, Wisdom *as a Hermeneutical Construct: A Study in the Sapientializing of the Old Testament*, BZAW 151 (New York: de Gruyter, 1980), 136-44; J. P. Brennan, "Psalms 1-8: Some Hidden Harmonies," *BTB* 10 (1980): 25-29; J. Reindl, "Weisheitliche Bearbeitung von Psalmen: Ein Beitrag zum Versändnis der Sammulung des Psalters," in *Congress Volume: Vienna, 1980*, VTSup 32 (Leiden: Brill, 1981), 333-56; J. C. McCann Jr., "The Psalms as Instruction," *Int* 46 (1992): 117-28; idem, *A Theological Introduction to the Book of Psalms: The Psalms as Torah* (Nashville: Abingdon, 1993).

우선적으로 관심을 둔 다윗 언약의 명백한 실패에 관한 물음에 대한 "답변"이다. 제시된 답변을 간단히 요약하면 다음과 같다. (1) 야웨는 왕이시다; (2) 그는 과거 왕정 시대가 태동되기 전(즉 모세 시대)부터 우리의 "피난처"이셨다; (3) 그는 왕정 시대가 끝난 지금도 계속해서 우리의 피난처가 되어주실 것이다; (4) 그를 신뢰하는 자들이 얼마나 복 있는가![20]

한편 제5권은 다양한 주제를 다루면서도 야웨를 찬양하는 곡조를 잃지 않는다. 시편 145편에서는 야웨의 왕권을 확증하고, 시편 146-150편에서는 마지막으로 찬양의 소리를 점점 높여가며 정점으로 치닫는다.

오늘날 대부분의 학자들은 시편의 주된 분기점이 제3권 이후라는 것을 인정하였고, 이 점은 쿰란의 증거로 더욱 확증되었다. 쿰란 사본의 시편 제1권-제3권은 마소라 사본에 나타난 순서 및 배열과 대부분 일치를 보인 반면 제4권-제5권에서는 그 변화가 엄청났다. 이런 변화는 가장 오래된 사본들에서 뚜렷이 나타났다. 이는 시편 제1권-제3권의 텍스트가 제4권-제5권의 텍스트보다 앞서 이미 확정되었다는 점을 암시한다고 볼 수 있다.[21] 시편 89편이 분기점을 이루는 것도 시편 표

20 Wilson, *Editing of the Hebrew Psalter*, 215.

21 G. H. Wilson, "Qumran Psalms Manuscripts and the Consecutive Arrangement of Psalms in the Hebrew Psalter," CBQ 45 (1983): 377-88; idem, *Editing of the Hebrew Psalter*, 93-121; idem, "Qumran Psalms Scrolls," 448-64; P. W. Flint, *The Dead Sea Psalms Scrolls and the Book of Psalms*, STDJ 17 (Leiden: Brill, 1997). 쿰란 시편 사본을 성서의 변형 사본으로 대할지 또는 제의적인 선집으로 대할지에 대한 논쟁은 현재도 진행중이다. Flint의 글은 시편 사본을 하나의 변형된 사본으로 보는 James Sanders와 Wilson의 의견을 지지하는 주요한 작품이다. 그러나 다른 사람들(나를 포함하여)은 아마도 제의적 선집이었을 가능성이 더 많다고 본다.

제로부터 그 증거가 확인되었다. 시편 제1권-제3권에서는 표제에 주로 저자명과 장르명이 등장하는 시들이 무리지어 나타나는 반면 제4권-제5권에서는 표제에 "호두"(*hôdû*; 너희는 감사하라)와 "할렐루야"(*halĕlû-yāh*; 너희는 야웨를 찬양하라)가 등장하는 시들이 무리지어 나타나는 방식이 주로 사용되었다.[22]

윌슨이 시편의 윤곽을 대략적으로 기술한 내용은 대체로 설득력이 있었다. 그리고 이에 따라 시편 구성에 대한 학자들의 논의가 형성되어 왔다. 거의 모든 학자들은 시편 제5권의 마지막이 (시 150편이 아니라) 시편 145편이며 시편 146-150편이 하나의 마지막 송영시를 이룬다는 윌슨의 주장을 받아들였다. 또한 특정한 위치에 제왕시가 등장하고, 시편 89편이 분기점을 이루며, 시편 제4권이 출애굽-광야의 주제로 되돌아가는 "모세적"(Mosaic) 책이라는 주장 등도 마찬가지로 받아들였다.

그러나 나는 윌슨과 몇몇 학자들이 다윗 왕권이라는 주제가 야웨 왕권이라는 주제에 완전히 종속되었다고 주장하는 것에 이의를 제기한다. 윌슨이 시편 2편을 엄밀히 따져 제1권의 시작(시 1편은 시편 전체에 대한 유일한 서문이고)이라고 분석한 것에 반하여, 나는 시편 1-2편을 함께 시편 전체의 서문으로 보고 시편 3편을 제1권의 실질적인 첫 시라고 보는 것이 더 낫다고 주장한다.[23] 이렇게 보면 시편 2편이 선포하는 야웨의 주권과 그의 기름 부음 받은 왕의 주권이라는 두 주제가 시편 전체의 기조 역할도 하게 되는 것이다. 다윗 제왕시인 시편 144편이

22 Wilson, *Editing of the Hebrew Psalter*, 155-90.

23 더 자세한 것은 "Wisdom and Royalist/Zion Traditions in the Psalter," in Howard, *Structure of Psalms 93-100*, 200-207을 보라. 또한 Mitchell, *Message of the Psalter*, 73-74도 보라.

야웨 왕권시인 시편 145편과 나란히 위치하는 사실은 시편의 시작에서처럼 시편의 끝에서도 야웨 왕국에 대한 지상적·천상적 표현들이 독자들에 대한 소망의 메시지로서 병존한다는 신호다.[24]

시편에 대한 최근에 나온 장문의 인상적인 연구는 데이비드 C. 미첼(David C. Mitchell)의 『시편의 메시지』(*The Message of the Psalter*)다. 미첼은 시편이 일관성 있는 하나의 모음집이라는 전제하에 시편을 연구한 자료들을 면밀히 조사한 후,[25] 다음과 같은 해석을 내놓았다. 시편은 종말론적으로 해석해야 하며, 시편에서 다윗 왕권은 결코 경시되거나 실패한 것으로 간주되어서는 안 되고 오히려 시편 전역에서 나타나는 메시아적 인물에 대한 종말론적 소망의 근거로 다루어져야 한다. 그에 의하면 "메시아적 주제가 시편의 중심 목적"이며,[26] 시편은

> 편집자들이 종말론적 메시지에 맞추어 시를 의도적으로 배열하여 고안한 책이다. 이 메시지에는…예상되는 일련의 종말론적 사건이 포함되어 있다. 즉 포로로 잡혀간 이스라엘, 열방의 침입, 영웅의 고통, 광야로 흩어진 이스라엘, 이스라엘의 회집과 계속되는 시련, 하늘에서 초인적인 영웅이 이스라엘을 구하려 등장, 시온에 그의 "말쿠트"(*malkut*; 왕국) 설립, 이스라엘의 흥왕과 열왕의 충성 맹세 등이다.[27]

24 이 점에 대한 Wilson의 입장을 반박하는 내용은 Mitchell의 *Message of the Psalter*를 보라. 이 책에서 Mitchell은 꽤 자세하게 시편의 메시지가 종말론적임을 주장하며 다윗 혈통의 왕이 여전히 그 메시지의 주된 부분이며 이 메시지가 종말론적인 미래로 전개되었다고 한다.

25 Mitchell, *Message of the Psalter*, 15-65.

26 Ibid., 87.

27 Ibid., 15.

미첼은 시편의 시야가 역사적 시대들을 넘어섬에도 불구하고 윌슨을 비롯한 학자들이 시편을 종말론적으로 해석하지 않고 역사적으로(즉 시편을 구체적으로 이스라엘의 포로기 이전, 포로기, 포로기 이후의 상황으로) 해석한다는 점에 문제를 제기했다. 그는 시편을 구성하는 개별 시들을 섹션별로 주의 깊게 읽으면서, 이 시들을 이스라엘의 종말론적 프로그램(특히 시 2, 45, 69, 72, 82, 83, 87, 88, 89, 90, 91, 92, 95, 109, 110편, 할렐시[113-118편], 그리고 시편 132편을 포함한 성전에 올라가는 시[120-134편])의 진행 과정에 적절하게 연결시켰다. 이것은 "고대 주석가들이 시편들을 동일하거나 유사한 사건과 연결 지음"으로써 이미 제안했던 방법이었다.[28] 미첼이 그의 논지를 뒷받침하기 위해 제시한 근거의 대부분은 특정 사건들—그리고 스가랴 9-14장에 나타난 종말론적 프로그램을—과의 가설적이고 논쟁의 여지가 있는 연관성이었다. 그러나 그의 주장이 담고 있는 전반적인 기백과 논리는 인상적이었다. 그의 연구는 시편의 구성과 메시지에 관한 이후의 논의에서 틀림없이 중추적인 위치를 차지하게 될 것이다.

또 다른 중요한 연구서는 마티아스 밀라드(Matthias Millard)의 『시편의 구성』(*Komposition des Psalters*)이다.[29] 밀라드는 윌슨의 방법론을 따라 장르, 주제, 표제 등에 관심을 두었다. 그럼에도 불구하고 윌슨이나 미첼보다 통시적인 관심사(다른 독일 학자들, 예를 들어 라인들[Reindl], 자이볼트, 호스펠트, 쳉어도 마찬가지)에 더 많은 주의를 쏟았다. 시편의 전반적인 외관과 관련하여 밀라드는 시편의 중심 주제가 토라이며 중심 모

28 Ibid., 299.

29 M. Millard, *Die Komposition des Psalters: Ein formegeschichtlicher Ansatz*, FAT 9 (Tübingen: Mohr, 1994).

티프는 야웨의 왕권이라고 결론지었다. 결론적으로 다윗은 시편 대부분의 "저자"로서 시편 전체를 통합하는 역할을 하지만, 그가 맡은 더 중요한 역할은 고난 받는 자로서의 역할이다. 만일 이스라엘의 가장 위대한 왕이 그토록 고통을 당하는 자라면 야웨의 왕권은 훨씬 더 두드러지게 된다. 최종 형태의 시편은 사적인 (가족) 기도에서 유래한 포로기 이후의 기도 모음집이었으며, 그 역할은 어려움에 처한 개인들이 하나님께 기도할 수 있도록 돕고, 궁극적으로는 그들이 공동체와 함께 찬양할 수 있도록 이끄는 것이다. 밀라드가 왕의 고난을 민감하게 다룬 것은 칭찬 받을 만하다. 하지만 그는 다윗을 승리의 인물, 종말론적인 인물로 적합하게 다루지는 못했다.

시편 전체의 윤곽을 다룬 마지막 연구서는 낸시 L. 드클레세-월포드(Nancy L. deClaissé-Walford)의 『처음부터 읽기』(*Reading from the Beginning*)다.[30] 그녀는 샌더스(Sanders)의 정경비평을 좇아 시편의 최종 형태의 정경적 기능을 다루었다. 그녀는 시편이 "삶에 적용될 수 있으며" 포로기 이후 공동체에게 이중의 목적을 가지고 있다고 주장한다. (1) 의식이나 축제 때 사용하는 자료집으로서, 그리고 (2) 공동체 앞에서 낭독됨으로써[31] 이스라엘을 하나의 국가로 결집시키고 야웨를 왕으로 삼아 존속할 수 있게 해주는 이스라엘 "이야기"(샌더스를 보라)의 저장고로서 기능한다는 것이다. 그녀의 연구는 시편의 형태 및 기능과 관련하여 많은 귀중한 제안들을 담고 있다. 하지만 그녀의 저작은 상대적으

30 N. L. deClaissé-Walford, *Reading from the Beginning: The Shaping of the Hebrew Psalter* (Macon, Ga.,: Mercer University Press, 1997).

31 여기서 deClaissé-Walford는 시편이 우선적으로 개인의 공부를 위해 사용된 선집이라고 보는 Wilson, Millard 등의 학자와 의견을 달리한다.

로 간략하고, 따라서 위에 언급한 세 권의 책과 비교할 때 막연하고 주관적인 경향을 보이는데, 이런 점들이 그녀의 논지를 전달하는 데 방해 요인이 되고 있다.

위에 언급한 네 권의 연구서는 시편을 거시적 구조(macrostructural) 수준에서 다룬 책으로서 시편의 윤곽과 전반적인 주제(들)에 주목했다. 이 방법론과 대조를 이루는 저서로는 데이비드 M. 하워드(David M. Howard Jr.)의 『시편 93-100편의 구조』(*The Structure of Psalms 93-100*)를 들 수 있는데, 이것은 미시적 구조(microstructural) 수준에서 시편을 연구한 책이다. 나는 위에 언급한 저서들의 배후에서 작용하는 아이디어, 즉 시편을 내적 일관성을 가진 한 권의 책으로 읽어야 한다는 주장을 받아들인다. 그러나 나는 이 가설을 가장 낮은 수준에서 시험해보기로 하였다. 즉 시편 93-100편에 나오는 모든 어휘소(lexeme)를 남김없이 분석하여 각각의 어휘소가 서로 관련되는 모든 가능한 관계를 살펴보았다. 이 방법이 가진 장점은 이 시편들 사이에 존재하는 모든 관계가 드러난다는 점이지만 그와 동시에 명백한 위험성도 존재하는데, 단순히 우연의 일치로 발생하는 연계성들이 적지 않으리라는 점이다.[32]

32 나는 이런 위험을 피하기 위해 "핵심어 연결고리"(가장 주목할 만한 연결), "주제어 연결고리"(오로지 일반적인 연관성만을 보여주는 연결), 그리고 "부수적인 반복"(전혀 주목할 필요 없는 연결)을 구별하였다(Howard, *Structure of Psalms 93-100*, 98-102를 보라). 이 방법에 대한 긍정적인 평가 둘이 있는데 다음을 보라. G. H. Wilson, "Understanding the Purposeful Arrangement of Psalms in the Psalter: Pitfalls and Promise," in *Shape and Shaping of the Psalter*, ed. McCann, 49-50; L. C. Allen, review of *Structure of Psalms 93-100*, *JBL* (1998): 725-26. 이 방법은 고려하고 있는 단위(units)가 커짐에 따라 좀 더 다듬어져야 할 필요가 있다. 이 시편들 사이에 가장 강력한 연결은 대부분 연쇄적 연결(concatenation), 즉 근접한 시 사이의 연결성이다. 그러나 때로는 서로 떨어져 있는 시편들(예. 시 95편과 100편) 사이에서 매우 의미심장한 연결점들이 나타난다. 이 방법은 조직적으로 모든 어휘, 주제, 구조적인 연결점을 고려한다.

이 여덟 편의 시편에서는 야웨의 왕권 찬양이 단계별로 구축되면서 주제의 전개가 확실히 나타난다. 이 연구가 가지는 중대한 약점은 연구의 대상을 제4권의 중간부에서 제한적으로 선별했다는 데 있다. 시편 제4권은 세 부분(90-94, 95-100, 101-106편)으로 구성된 것으로 여겨지는데, 내가 연구를 위해 선택한 장들(93-100)은 이런 삼분 구조와 일치하지 않는 것이다. 따라서 다음 단계로 제4권을 전체적으로 살펴보는 작업이 반드시 필요할 것으로 보인다. 그럼에도 불구하고 이것은 거시적 구조를 바탕으로 한 연구에 대응하는 필수적인 방법론으로서, 그러한 연구들의 결론을 시험하고 확인하는 기능을 한다.[33]

시편 제4권을 대상으로 한 또 다른 연구로는 클라우스 쾨넨(Klaus Koenen)의 『야웨가 땅을 다스리려고 오신다』(*Jahwe wird kommen, zu herrschen über die Erde*)라는 책을 들 수 있다.[34] 쾨넨은 시편 90-110편이 한 단락이며 이 단락은 두 개의 소단락(90-101편과 102-110편)으로 구성되어 서로 병행을 이루고 있다고 보았다.[35] 각 소단락의 흐름은 탄식에서 장래의 구원 선포로 나아가는 전개(시편이 전체적으로 탄식에서 찬양으로 옮겨가는 전개처럼)를 보여준다. 그는 시편 90-110편을 하나의 "작품"(composition)으로 보았는데, 이는 의도적인 배열과 전체를 관통하는 주제가 있는 시들의 모음으로서 사실상 애가의 구조와 일치한다는 것이다. 쾨넨은 중심어(keyword 또는 "catchword")를 이용하여 이 주제를 간

33 더 자세한 것은 D. M. Howard Jr., "Psalm 94 among the Kingship of YHWH Psalms," *CBQ 61*(1999)를 보라. 여기서는 아주 다른 성격의 시편이 어떻게 그 주변에 있는 야웨 왕권 시편 사이에 끼어 있는지를 보여주며 이 방법에 대해 자세히 설명하고 있다.

34 K. Koenen, *Jahwe wird kommen, zu herrschen* über *die Erde: Ps 90-110 als Komposition*, BBB 101 (Weinheim: Beltz Athenäum, 1995).

35 이것을 보기 쉽게 정리한 것은 위의 책 113페이지를 보라.

파했다. 즉 전체적으로 이 시편 단락은 고통 받는 자에게 좋은 소식을 전하고 있다. 또한 이 연구는 야웨가 와서 통치할 것이라고(그래서 책 제목이 "야웨가 땅을 다스리려고 오신다"이다) 확증한다. 쾨넨의 책은 면밀하게 쓰였으며, 방법론적으로 나의 연구와 다소 비슷하다. 그러나 이 책이 지닌 한 가지 문제점은 일반적으로 인정되고 있는 시편 제4권과 제5권 사이의 경계(106, 107편 사이)를 지나쳤다는 점이다. 다른 문제는 그가 제시한 애가의 모델이 시편 90-110편 단락에 정확히 맞아떨어지지 않는다는 점이다. 예를 들어 첫 소단락(90-101편)에서 시편 94편은 "탄식"에 해당되고 시편 99-100편은 "신뢰의 표현"에 해당된다. 반면에 둘째 소단락(시 102-110편)에서는 이런 요소를 찾아볼 수 없다.

구닐트 브루너트(Gunild Brunert)의 『시편 제4권의 문맥에서 본 시편 102편』(*Psalm 102 im Kontext des Vierten Psalmenbuches*)은 처음 두 장에 걸쳐 시편 102편의 역사, 구조, 해석을, 제3장에서는 이 시가 제4권에서 갖는 위치에 대해 상세히 기술했다.[36] 그녀는 시편의 최종 형태에서 시편 90-100편은 모세의 말이고(90편 표제를 보라), 시편 101-106편은 다윗(101편 표제를 보라), 곧 장차 올 구원자 왕인 "새로운 다윗"의 말이라는 도발적인 논지를 진척시켰다. 이처럼 그녀의 연구는 미첼의 연구를 건설적인 방식으로 보완해주었다. 시편 101-104편에 나오는 "다윗"의 말은 시편 89편에서 다윗 왕권에 대해 제기된 질문들에 대해 답변을 주려는 의도를 가지고 있다. 그녀는 이 시편들 사이에 나타나는 어휘와 주제상의 연결고리에 집중함으로써 자신의 논지를 강화하였다. 하지만 그녀의 논지에는 막연한 내용이 많고, 각 어휘소를 상세히 다룸

36 G. Brunert, *Psalm 102 im Kontext des Vierten Psalmenbuches*, Stuttgarter biblische Beiträge 30 (Stuttgart: Katholisches Bibelwerk, 1996).

으로써 확증해야 할 요소들이 남아 있다.

제롬 F. 크리치(Jerome F. Creach)의 『시편 편집과 피난처로서의 야웨』(*The Choice of Yahweh as Refuge in the Editing of the Psalter*)는 거시적 구조에 초점을 맞춘 연구(윌슨, 미첼, 또는 밀라드의 연구 같은)와 미시적 구조에 초점을 맞춘 연구(하워드, 쾨넨, 브루너트의 연구 같은) 사이에서 제3의 대안을 만들었다.[37] 그는 의미론적(또는 주제적) 접근법을 적용하여 특정 어휘소(이 경우 *ḥāsâ*[하사], 피난처로 삼다)와 관련된 영역을 연구하였다. 야웨가 "피난처"라는 개념은 표제시인 시편 2편에 처음으로 등장하는데, 이어서 다수의 시편에 나타나고, 특히 중요한 단락들에 밀집되어 나타난다. 크리치는 그가 발견한 것들을 이용하여 시편 전체를 조직하는 구조를 설명했다. 이 방법은 그런 구조를 형성할 수 있는 다른 가능한 중심 어휘들도 연구한다는 점에서, 시편 구성과 메시지를 연구하는 데 생산적인 제3의 방법임에 틀림없다. 지금까지 살펴본 여덟 권의 연구서는 1970년 이래로 개별 저자들이 시편의 구성과 메시지에 대한 질문을 다룬 단행본 분량의 저작들이다(거의 30년에 가까운 시기 동안 행해진 연구로는 많지 않은 숫자다). 하지만 여덟 권 중 일곱 권이 1994년 또는 그 이후에 발행된 점으로 보아 이 방면의 연구에 대한 관심이 빠르게 확산되고 있음을 알 수 있다. 덧붙여, 최근에 출간된 다음 세 편의 논문집을 주목하자. 『시편의 형태와 형성』(*The Shape and Shaping of the Psalter*), 『새로운 시편 연구 방법론』(*Neue Wege der Psalmenforschung*), 그리고 『유대교와 기독교에서의 시편』(*Der Psalter in Judentum und Christentum*)이다.[38]

37 J. F. Creach, *The Choice of Yahweh as Refuge in the Editing of the Psalter*, JSOTSup 217 (Sheffield: Sheffield Academic Press, 1996).

38 McCann, ed., *Shape and Shaping of the Psalter*; K. Seybold and E. Zenger, eds., *Neue*

첫 번째 논문집은 전적으로 시편의 구성과 메시지에 관한 이슈에만 초점을 맞추었고, 나머지 두 논문집도 전적으로는 아니라도 상당히 많은 지면을 동일한 이슈에 할애하고 있다.

많은 주요 학자들이 여기서 다루는 주제에 관해 단행본 분량의 저작을 내놓지는 않았지만, 그럼에도 이 논의에 지대한 공헌을 해왔고 많은 경우 그 논의를 분명히 규정하는 데 도움을 주었다. 이런 학자들 중에서 최고의 영예는 시편 전 영역에 걸쳐 수많은 저술로 널리 공헌한 에리히 쳉어(Erich Zenger)에게 주어져야 할 것이다. 쳉어는 최근 한 논문에서 시편에 대한 자신의 종합적인 견해를 제시했는데, 이에 따르면 시편은 그 최종 형태로 볼 때 정교하게 배열되고 구상된 모음집이다. 쳉어에 따르면 시편은 원래 제사나 의식과 관련된 "삶의 정황"(Sitz im Leben)이 없었으며 일종의 "문학적 성전"(Heiligtum)과 같은 기능을 하도록 의도되었다. 그런데 이곳에서 기도자는 자신의 기도—이스라엘과 세상의 구원을 위한 기도, 그리고 이스라엘과 세상에 대한 야웨의 왕권이 존귀히 여김을 받기를 구하는 기도—를 통해 이스라엘의 제의에 참여한다.[39]

최근 시편에 대해 주어진 관심이 낳은 실질적인 결과는, 성서를 구성하는 대부분의 다른 책들이 나름의 연구 역사를 통하여 도달한 자리, 곧 성서 각 권이 통일성을 갖춘 저작으로 다루어지고 각 책의 전반

Wege der Psalmenforschung: Für Walter Beyerlin, Herders biblicshe Studien 1 (Freiburg: Herder, 1994; 2d ed., 1995); E. Zenger, ed., *Der Psalter in Judentum und Christentum*, Herders biblische Studien 18 (Freiburg: Herder, 1998).

39 E. Zenger, "Der Psalter als Buch: Beobachtungen zu seiner Enstehung, Komposition und Funktion," in *Psalter in Judentum und Christentum*, ed. Zenger, 1-57. Zenger가 기존에 쓴 글들은 이 글의 참고문헌에 나온다.

적인 메시지와 각 구성요소들에 담긴 보화를 발견할 수 있는 장소로 우리를 인도했다는 점이다. 이 새로운 진전—랍비와 그리스도인 해석가들이 보였던 최초의 관심사를 재발견하는 일—은 상당히 환영할 만한 일이다.

물론 한편에서는 시편을 한 권의 책으로 읽는 데 너무 많은 것이 요구된다고 주장하는 회의적인 목소리들도 있었다. 제기되었던 한 반론은 시편의 구성과 메시지에 대한 제안들은 그 자체로 서로 간에 불일치하는 점들이 너무 많아서 그 타당성이 의심된다는 것이었다. 하지만 이것은 불과 십여 년의 짧은 기간 동안 복잡다단한 주제를 탐구해온 결과에 대한 평가로는 부당하다. 수행해야 할 연구가 아직 많이 남아 있으며, 실로 주요 제안들 가운데는 상당한 합의에 도달한 것들도 많고, 그 중 몇몇은 이 글에서도 다루어지고 있다.

비평가 에르하르트 S. 게르슈텐베르거(Erhard S. Gerstenberger)는 시편이 현대적인 의미에서 한 권의 책은 **아님**에도 불구하고 인간의 상태를 심오하게 다룬 아주 풍부한 모음집이라고 주장한다.[40] 그는 시편의 현재 형태는 문학적인 손질을 통해 만들어진 것이 아니라 회당(제2성전이 아니라)에서의 제의적인 필요에 기인했다고 본다. R. 노먼 와이브레이(R. Norman Whybray)는 『한 권의 책으로서의 시편』(*Reading the Psalms as a Book*)이라는 저서에서 시편을 총체적으로 해석하려는 시도를 강력하게 비판하였다.[41] 그는 시편이 포로기 이후 기간에 편집되었을 것으

40 E. S. Gerstenberger, "Der Psalter als Buch und als Sammlung," in *Neue Wege der Psalmenforschung: Für Walter Beyerlin*, ed. K. Seybold and E. Zenger, Herders biblicshe Studien 1 (Freiburg: Herder, 1994), 3-13, 특히 9, 12.

41 R. N. Whybray, *Reading the Psalms as a Book*, JSOTSup 222 (Sheffield: Sheffield Academic Press, 1996).

로 간주하는 관점들을 검토해본 후에 그 모든 견해들이 만족스럽지 않다고 결론을 내렸다. 하지만 그의 글에는 그 자체로 논의를 훼손하는 몇 가지 문제점이 있다.[42]

이제 시편의 순서와 배열을 연구한 학자 가운데 위에서 다룬 것과는 전혀 다른 관점에서 시편을 연구한 인물을 소개하고자 한다. 마이클 D. 굴더는 시편 내의 주요 모음들을 다루는 일련의 연구를 내놓았다. 제4권(90-106편)으로 시작하여 고라의 시(42-49, 84-85, 87-88편), "다윗의 기도"(51-72편), 아삽의 시(50, 73-83편), 그리고 제5권(107-150)을 다룸으로써 지금까지 시편 42-150편의 모든 시들을 연구하였다.[43] 이 모든 연구의 공통점은 굴더가 시편의 표제와 더불어 각각의 시 모음에 나타난 순서와 배열을 심각하게 고려했다는 점이다. 그의 두 번째 책인 『다윗의 기도(시편 51-72편)』(*The Prayers of David [Psalms 51-72]*)를 예로 들자면, 그는 다윗의 시가 실제로 다윗과 관련되기는 하지만, 다윗이 직접 그 시를 지은 것은 아니며 아마도 다윗의 아들 중 하나인 궁정 시인이 다윗의 생애 동안에 지은 것으로 본다. 시편 51-72편의 순서는 시가 작성된 연대순이며, 다윗의 생애에 발생한 특정한 사건들을 실제

42 Howard, Structure of Psalms 93-100, 22 n. 31을 보라. 또한 Whybray의 *Reading the Psalms as a Book*에 대한 나의 서평을 *Review of Biblical Literature* (1998)에서 보라. 이 서평은 온라인 http://www.sbl-site.org/SBL/Reviews/에서 볼 수 있다.

43 M. D. Goulder, "The Fourth Book of the Psalter," *JTS* 26 (1974): 269-89; idem, *The Psalms of the Sons of Korah*, vol. 1 of *Studies in the Psalter*, JSOTSup 20 (Sheffield: JSOT Press, 1982); idem, *The Prayers of David (Psalms 51-72)*, vol. 2 of *Studies in the Psalter*, JSOTSup 102 (Sheffield: Sheffield Academic Press, 1990); idem, *The Psalms of Asaph and the Pentateuch*, vol. 3 of *Studies in the Psalter*, JSOTSup 20 (Sheffield: Sheffield Academic Press, 1996); idem, *The Psalms of the Return (Book V, Psalms 107-150)*, vol. 4 of *Studies in the Psalter*, JSOTSup 20 (Sheffield: Sheffield Academic Press, 1998).

순서대로 반영하려는 의도를 담고 있다는 것이다. 굴더는 "역사적 표제"들이 담고 있는 대부분의 사건들이 실제 역사를 반영하는 것으로 인정하지 않지만, 그 표제가 담고 있는 아이디어는 수용한다. 다시 말해 "하나의 시편은 그 시를 지은 상황에 비추어서만 이해될 수 있다"는 것이다.[44] 이런 점에서 굴더의 연구는 시편이 일반화될 수 있는 보편적인 작품으로서 다양한 시대와 상황에 적용될 수 있다고 보는 시편 연구들과는 근본적으로 다르다.[45]

이처럼 굴더는 자신의 연구를 통해 각 시편들에 역사를 부여했는데, 그 방법은 그가 인정하는 것처럼 프란츠 델리치(Franz Delitzsch)나 알렉산더 커크패트릭(Alexander Kirkpatrick)과 같은 전통적인 시편 학자들이 채택한 방법을 떠올리게 한다.[46] 그러나 굴더는 장막절을 이스라엘 종교력의 중심이 되는 축제로 받아들인다는 점에서 확실히 제의와 의식을 중시하는 모빙켈, 존슨(Johnson), 엥넬(Engnell), 그리고 이튼(Eaton)의 진영에 속해 있다. 그는 여러 시편 모음들을 장막절이나 다른 축제들과 연결시키려 시도했으며, 그 시들이 축제 동안에 행해지는 실제 제의의 일부분이었다고 생각했다. 그리하여 굴더는 대부분의 시 모음(예. 1-8, 42-49, 90-106, 107-108, 120-134, 135-150편)에서 홀수 번호가 매겨진 시와 짝수 번호가 매겨진 시가 축제의 아침과 저녁에 번갈아 사용된 시라고 규정하며, 그 실마리가 시편의 어휘에서 발견된다고 주장한다.[47] 이 점에서 그는 모빙켈을 비롯한 여러 학자들과 의견을 달리

44 Goulder, *Prayers of David*, 25.

45 예를 들어 P. D. Miller Jr., "Trouble and Woe: Interpreting Biblical Laments," *Int* 37 (1983): 32-45를 보라.

46 Goulder, *Psalms of the Return*, 8.

47 예를 들어 Goulder가 *Psalms of the Return*, 302-3에서 다룬 시편 135, 139, 141, 143,

한다. 그들은 축제에 사용된 것으로 추정되는 제의를 재구성하기 위해 전체 시편과 다른 자료들에서 실마리를 찾으려 했던 반면, 굴더는 이러한 제의들을 다루는 텍스트가 시편의 시 모음집 내에 고스란히 보전되어 우리 앞에 놓여 있다고 보았다.[48]

굴더는 아주 방대한 학식을 갖춘 뛰어난 학자이며, 그의 텍스트 주석은 주도면밀하고 인상적이다. 그는 다양한 시 모음의 출처에 대해 다수의 도발적인 가설을 내놓았다. 그의 연구는 시편의 순서가 문학적이기보다는 제의적인 것이라고 보기 때문에 시편의 순서와 배열을 심각하게 주목하는 대부분의 학자들의 연구와 근본적으로 다르다. 굴더는 그가 다룬 시 모음 각 구절의 배후에 놓인 특정 장소와 역사적 사건들을 찾아내고자 했으며, 그것들을 모세 오경이나 포로기 이후 문학에 나타나는 더 큰 모음집과 연결 지으려 했는데, 이러한 과정에서 그는 종종 실재한다 하더라도 매우 약한 연결고리들에 지나치게 의존할 수밖에 없었다.[49]

히브리 시문학

1970년 이래로 폭 넓은 변화가 진행된 두 번째 분야는 히브리 시문학

145편—모두 추측건대 저녁기도로 읽힌 시편(evening psalms)—이나 "Fourth Book of the Psalter,"에서 다룬 시편 90-106편을 보라.

48 Goulder는 MT를 가장 충실한 증거 텍스트(textual witness)로 판단하여 거의 모든 경우에 다른 텍스트보다 MT를 철저히 선호했다.

49 예를 들어 Goulder의 *The Prayers of David*에 대한 M. L. Barré의 비평을 *JBL* 111 (1992):527-28에 실린 서평에서 보라. 또는 *Structure of Psalms 93-100*, 12-14에 실린 나의 논평("Fourth Book of the Psalter"에 대한 비평)을 보라.

이다. 이 분야의 연구 범위가 시편을 넘어서는 것은 당연한 일이지만, 시편이야말로 여전히 히브리 시문학에 관하여 현존하는 가장 방대한 자료다. 시문학에 관한 몇몇 주요 단행본들이 최근 몇 년 사이에 출간되어 이 분야의 연구에 커다란 변화를 가져왔다. 위에 언급한 윌슨의 연구가 그랬던 것처럼 말이다. 이 연구서들은 주로 두 가지 경로를 취하는데, (1) 일반 언어학을 적용한 분석, 그리고 (2) 문학적 연구를 적용한 분석이 그것이다.[50] 이제 이 두 가지 경로를 시의 구조와 관련된 연구들과 병행하여 분석하고자 한다.

언어학적 접근법

1970년대 후반과 1980년대 초에 언어학적 방법론, 특히 구문론을 이용하여 히브리 시를 설명하려는 몇몇 저서의 출현이 이 분야에 획기적인 진전을 가져왔다. 이것은 이전의 성서학 연구에 전례가 없는 것이었으며 따라서 이러한 연구들이 어디로 융합되는지 눈여겨볼 필요가 있다. 이러한 동향을 대표하는 연구로는 테런스 콜린스(Terence Collins), 스티븐 A. 겔러(Stephen A. Geller), M. 오코너(M. O'Connor), 아델 벌린(Adele Berlin), 데니스 파디(Dennis Pardee)의 작업을 들 수 있다. 이들은

50 최근 히브리 시의 동향을 다룬 것으로 다음과 같은 글이 있다: Z. Zevit, "Psalms at the Poetic Precipice," *HAR* 10 (1986): 351-66; W. G. E. Watson, "Problems and Solutions in Hebrew Verse: A Survey of Recent Work," *VT* 43 (1993): 372-84; J. K. Kuntz, "Recent Perspectives on Biblical Poetry," *RelSRev* 19 (1993): 321-27; idem, "Biblical Hebrew Poetry in Recent Research, Part I," *CR:BS* 6 (31-64); idem, "Biblical Hebrew Poetry in Recent Research, Part II," *CR:BS*, 출간 예정; L. Boadt, "Reflections on the Study of Hebrew Poetry Today," *Concordia Journal* 24 (1998): 156-63.

대부분 이론 중심의 연구로서 히브리 시에서 작동하는 기제를 설명하고자 하며, 시의 문학적·기교적 차원을 경시하거나 무시한다(벌린은 다소 예외라 할 수 있다).[51] 이 연구서들이 가진 가장 큰 이점은 예전에 명료하게 설명되지 않았던 히브리 시작(詩作)에 관련된 요소들을 밝혀냈다는 점과 언어 자체의 본질에 기초하고 있다는 점이다.

이 중 가장 의욕적인 저서는 M. 오코너(M. O'Connor)의 『히브리 시의 구조』(*Hebrew Verse Structure*)다. 그는 자신이 히브리 시에 대한 "표준적 설명"(Standard Description)이라 명명한 것을 장황하게 비판한 후에 히브리 시가 구문론적 패턴들의 관점에서 엄격히 설명되어야 한다고 제안하였다. 이어서 그는 (운율, 리듬, 또는 평행법이 아니라) 구문론적 "압축"(constriction)이야말로 히브리 시의 근본 요소라고 주장하였다. "대부분의 시 체계가 부분적으로 일련의 음운론적 요구사항, 즉 일련의 **운율적** 제약에 의해 형성되는 것과 마찬가지로, 어떤 시 체계는 얼마간 일련의 **구문론적** 요구사항, 즉 구문론적 제약(syntactic constraints)의 체계를 통해 형성된다. 가나안어[즉 히브리어나 우가리트어]로 쓰인 시가

51 같은 시기에 구문론을 중점으로 다룬 다른 글로 A. M. Cooper, "Biblical Poetics: A Linguistic Approach" (Ph.D. diss., Yale University, 1976)가 있으나 출판되지는 않았다(간단한 요약과 비평으로 M. O'Connor, *Hebrew Verse Structure* [Winona Lake, Ind.: Eisenbrauns, 1980, 2d ed., 1997], 48-49, 52-53을 보라). 이후로 Cooper는 엄격한 언어학적(구문론적) 방법이 히브리 시 연구의 "열쇠"라는 그의 신념을 버렸다. 그의 "Two Recent Works on the Structure of Biblical Hebrew Poetry," *JAOS* 110 (1990): 687-90에 Pardee의 책(*Ugaritic and Hebrew Poetic Parallelism*)과 van der Meer와 de Moor의 책(*The Structural Analysis of Biblical and Canaanite Poetry*)에 대한 비평을 수록하였다. 이 두 작품은 "구조적 시론"라는 제목 하부 그룹에 있다(아래를 보라). 그의 글에서 Cooper는 구문론적·구조적 패턴을 넘어서는 고려사항들을 다루는 시론을 요청하는데 이 시론은 "텍스트에 대해 말해질 **수 있는** 모든 것을 다루는 것이 아니라 말해질 **가치가 있는** 것만을 다룬다. 이 시론은 단순히 '사실'뿐 아니라 의미와 가치를 전달하려 한다"("Two Recent Works," 690, 강조는 원저자의 것임).

그 예다."[52]

오코너(O'Connor)는 시행(poetic line)이[53] 구문론적 제약들을 통해 제한받는다고 설명한다. 그는 세 가지 문법 레벨에 대해 말하는데, 곧 **단위**(unit; 개별 단어나 단어에 의존하는 조사들), **구성소**(constituent; 형용사적 혹은 연계적 동사구나 명사구), 그리고 **서술절**(clause predicator; 동사절이나 무동사절)이다.[54] 시행(poetic lines)이 운용되는 구조를 만들어내는 제약에는 여섯 가지가 있는데, 그중 네 개는 다음과 같다. 각 시행에는 (1) 두 개 이상 다섯 개 이하의 단위, (2) 한 개 이상 네 개 이하의 구성소, 그리고 (3) 세 개 이하의 서술절이 포함되며, (4) 각 구성소는 네 개 이하의 단위(unit)를 포함할 수 있다. 각기 다른 시행의 형태를 구성하는 가능성은 다양하지만 실제로 히브리 시의 지배적 형태(80퍼센트에 가까운)는 꽤나 단순하다. 시행에는 하나의 절과 두세 개의 단위들이 조합된 두 개 또는 세 개의 구성소(구)가 있다. 히브리 시에 있어 구문론적 제약은 그 차원이 실용적이다. 우리는 구문론적 제약을 통해 시 텍스트의 배치(layout)를 시행으로 정확하게 나누는 방법을 보다 쉽게 알 수 있으며, 시에서 작용하는 메커니즘을 올바로 이해할 수 있다.

오코너는 또한 여섯 가지의 "전의"(tropes) 즉 "규칙적으로 나타나 시 구조의 한 부분을 감당하는 현상들의 집합"을 알아냈다.[55] 이것들은 매우 흔히 나타나고 그렇기 때문에 시를 정의할 수 있는 요소가 된다. 이 여섯 가지 전의란 (1) 반복(repetition), (2) 구성적 공백(constituent

52 O'Connor, *Hebrew Verse Structure*, 65.

53 O'Connor가 사용한 "행"(line)이란 용어는 다른 학자들이 부르는 "콜론"(colon)에 해당한다. 학자들 사이에서 한 행(콜론)에 대해 일반적으로 수용된 정의는 아직 없다.

54 O'Connor, *Hebrew Verse Structure*, 68, 86-87.

55 Ibid., 87-88.

gappings; 단어의 생략), (3) 구문론적 의존성(syntactical dependency), (4) 채색(coloration; 전형적인 구들의 분리), (5) 짝맞춤(matching; 평행법과 가장 유사함; 시행을 동일한 구문 구조로 동등하게 만드는 것),[56] (6) 혼합(두 개의 종속행과 두 개의 독립행이 순서대로 나타나고 전자가 후자에 종속되어 있는 것)으로 구성되어 있다. 첫째와 넷째 전의는 단어 레벨에서 작용하고, 둘째와 다섯째 전의는 시행 레벨에서, 그리고 셋째와 여섯째 전의는 시행 레벨 너머에서 작용한다.[57]

오코너는 시 연구에 있어 두 가지 주요한 공헌을 하였다. 그는 (1) 히브리 시의 기초가 되는 구문론적 패턴들에 관심을 두었으며, (2) 시행이 어떤 정해진 제약하에 작용된다는 점을 인식하였다. 이외에 오코너의 중요하고 특별한 공헌은 공백(즉 생략)이 히브리 시의 주된 요소이며 산문에는 안 나타난다는(문법적으로 별로 중요하지 않은 몇몇 예외를 제외하고) 점을 발견한 것이다. 오코너가 수행한 연구의 주된 문제 중 하나는 전문적인 용어가 너무 많다는 점이다. 이로 인해 그의 방법을 성서학 연구에서 광범위하게 참작하는 데 어려움이 있다. 그러나 그의 체계는 "유효하고"—적어도 그 방법론을 채택한 두 권의 주요 저서가 나왔다[58]—더 널리 알려질 필요가 있다. 할러데이(Holladay)가 오코너의

56 또한 O'Connor의 "평행법"에 대한 글을 *The New Princeton Encyclopedia of Poetry and Poetics*, ed. A. Preminger and T. V. F. Brogan (Princeton: Princeton University Press, 1993), 877-79에서 보라.

57 O'Connor, *Hebrew Verse Structure*, 132-34.

58 W. T. W. Cloete, Versification and Syntax in Jeremiah 2-25: Syntactical Constraints in Hebrew Colometry, SBLDS 117 (Atlanta: Scholars Press, 1989); W. L. Holladay, *Jeremiah*, 2 vols., Hermeneia (Philadelphia: Fortress, 1986-89). 더 많은 참고서적은 O'Connor의 "The Contours of Biblical Hebrew Verse: An Afterword to Hebrew Verse Structure" (1997년에 재발행된 그의 책에서), 641-42를 참고하라.

체계를 요약하고 적용하여 쓴 두 소논문과 함께 저자의 후기를 추가하여 재발행한 오코너의 책이 현재 상황을 개선하는 데 도움이 되기를 바란다.[59] 오코너의 체계는 엄밀히 말해 구문론적 레벨에서만 작용하기 때문에 시의 **의미**를 철저하게 추출해내는 것은 아니며, 시의 예술적 기교도 다루지 않는다.[60] 그럼에도 그의 체계는 언어의 구문론적 기반에 관심을 둠으로써 새로운 세계로 향하는 문을 열어주었다.

오코너에 앞서 테런스 콜린스(Terrence Collins)도 마찬가지로 『히브리 시의 시행-형태』(*Line-Forms in Hebrew Poetry*)라는 저서에서 히브리 시를 구문론적으로 연구하였다.[61] 콜린스는 노엄 촘스키(Noam Chomsky)가 주창한 생성 문법에서 얻은 통찰력을 통해 심층 구조 레벨에서 작용하는 "기본 문장"(Basic Sentences)과 "시행-유형"(Line-Types), 그리고 표면 구조 레벨에서 작용하는 "시행-형태"(Line-Forms)의 체계를 제안했다.[62] 기본 문장은 주어, 목적어, 동사, 그리고 동사의 수식어라는 구성소 중 적어도 두 개로 구성되어 있다. 일반적인 시행-유형은

59 O'Connor, "The Contours of Biblical Hebrew Verse," 631-61. 또한 다음도 보라 W. L. Holladay, "*Hebrew Verse Structure* Revisited (I): Which Words 'Count'?" *JBL* 118 (1999): 19-32; idem, "*Hebrew Verse Structure* Revisited (II): Conjoint Cola, and Further Suggestions," *JBL*, forthcoming.

60 이런 점들이 계속 비판을 받아왔다 (Kuntz, "Biblical Hebrew Poetry in Recent Research, Part I," 44를 보라). 시를 다른 기준에서 연구하거나 예술로서 연구하는 의의와 관련하여 Collins, Berlin, 그리고 다양한 문학적 접근법에 대한 나의 의견을 아래에서 보라.

61 T. Collins, *Line-Forms in Hebrew Poetry: A Grammatical Approach to the Stylistic Study of the Hebrew Prophets*, StPohl: Series Maior 7 (Rome: Pontifical Biblical Institute, 1978). 이 책에 대한 Collins의 간략한 요약을 "Line-Forms in Hebrew Poetry," *JSS* 23 (1978) 228-44에서 보라.

62 Collins가 말하는 "행"(line)은 두 콜론(bicolon)을 뜻하며, O'Connor는 이것을 "짝지어진 행"(paired line)이라 부른다.

하나 또는 두 개의 기본 문장들이 같거나 다른 순서로 구성되어 있다. 반면 특정한 시행-유형은 기본 문장의 다른 유형들이 구체화됨으로써 생성된다. 서로 다른 조합을 통해 40종의 서로 다른 특정 시행-유형이 만들어지고 이것은 또다시 다양한 기준에 의해 더욱 세분화된다.

방금 주목했듯이 처음 두 개의 항목들은 언어의 심층 구조 레벨에서 작용하며, 그것들은 이론적인 구성으로서 언어의 표면 구조(즉 실제 문장과 시행)에서 그 표현이 나타날 수도 있고 그렇지 않을 수도 있다. 반면 시행-형태는 각 구성소의 순서에 의존하여 특정적 시행-유형으로부터 성립되고, 표면 구조 레벨에서 작용한다. 그러므로 "특정 시행-유형은 어떤 **종류**의 구성소가 시행에 포함되었는지를 말해주고, 시행-형태는 이 구성소가 **어떤 순서로** 배열되었는지를 말해준다.[63]

오코너의 연구와 마찬가지로 콜린스의 연구도 히브리 시의 구문론적 차원을 명료하게 설명하는 데 무척 도움이 된다. 콜린스는 오코너보다 더 자주 그리고 더 의식적으로 시에 작용하는 다른 레벨들(예. 음운론적, 구문론적, 의미론적 레벨)에 대해 언급하며 그의 연구는 구문론적 레벨에 제한되어 있음을 인정한다. 그는 오코너와 마찬가지로 그의 체계가 시의 모든 면을 여는 열쇠라고 주장하지 않는다. 그럼에도 그는 시의 심층 구조에 본래부터 내재하고 표면 구조에 표현되어 있는 구문론적 패턴을 알지 못하고서는 시를 충분히 그리고 적절하게 분석할 수 없다는 점을 제대로 보여준다.

『초기 구약성서 시문학에 나타난 평행법』(*Parallelism in Early Biblical Poetry*)에서 스티븐 A. 겔러(Stephen A. Geller)는 언어학적 분석의 종합

63 Collins, "Line-Forms in Hebrew Poetry," 235.

적 체계를 제시했다. 이 체계는 구문론뿐 아니라 의미론(즉 단어들의 뜻)과 운율까지 포함했다는 점에서 오코너나 콜린스의 체계보다 더 포괄적이다.[64] 그가 집중한 분야는 2행(couplet; 두 개의 시행으로 구성)과 그 하위의 레벨들이다. 겔러는 콜린스처럼 시의 심층 구조를 다루었으며, "재구성된 문장"을 강조한 덕분에 표면 구조에서는 근본적으로 다른 두 문장 사이에 나타나는 심층 구조상의 유사점을 보여줄 수 있었다. 그는 이것이 어떻게 작용하는지 사무엘하 22:14의 예를 통해 보여준다. "여호와께서 하늘에서 천둥소리를 발하시며; / 지존하신 자가 음성을 내심이여." 이 문장의 두 동사는—의미에서뿐 아니라 더 중요하게는 구문론적 형태에서—서로 다르지만, 그럼에도 동일한 구문론적 "홈"(slot)을 차지하고 있다. 그렇기 때문에 두 동사 모두 기저에 놓인 심층 구조를 표면 레벨에서 표현한 것으로서 다음과 같이 묘사할 수 있다. [여호와/지존하신 자] 하늘-로부터 [천둥소리를 발하시다/그의-음성을 내시다].[65] 하지만 겔러의 운율에 대한 관심은 특별한 도움이 안 된다. 왜냐하면 오늘날 대다수의 학자가 히브리 시에 운율이 존재하지 않는다고 결론 지었으며, 겔러가 2행과 하위 레벨에만 관심을 둔 점이 적절하지 못했기 때문이다. 그럼에도 그가 의미론을 구문론에 연결한 점은 전적으로 운율과 의미론에만 초점을 둔 이전의 연구들을 능가함으로써 확실한 진척을 이루었다. 또한 해석의 과정에서 의미론을 배제하면 안 된다는 그의 주장은 타당하다.

데니스 파디(Dennis Pardee)의 『우가리트와 히브리 시 평행법』(*Ug-*

64 S. A. Geller, *Parallelism in Early Biblical Poetry*, HSM 20 (Missoula, Mont.: Scholars Press, 1979).

65 Ibid., 17.

aritic and Hebrew Poetic Parallelism)은 두 텍스트—하나는 우가리트 문헌에서 다른 하나는 성서에서 가져온 텍스트—를 일관되게 분석한 책이다. 이 책에서는 열여섯 단계의 종합적인 방법을 이용하였다.[66] 이 단계들에는 반복적 평행법(어휘소가 평행 시행에 반복되는 부분), 의미론적 평행법, 문법적 평행법(파디가 콜린스, 오코너, 겔러의 체계를 분석하고 이용한 부분), 그리고 음성학적 평행법이 있다. 우리의 목적과 관련하여 파디의 연구가 갖는 강점은 그가 이 세 가지 체계에 대해 광범위하면서도 긍정적인 "필드테스트"를 시행했다는 점과(그는 이 세 가지 체계 모두에서 유용한 요소들을 발견하였다), 부록으로 첨부된 두 소논문(1981, 1982년에 리포트로 제출)에서 평행법의 종류에 대해 논하고 더 나아가 관련 연구들을 평가했다는 점이다. 그의 책이 선구자적 이론 연구는 아니지만—파디는 자신이 언어학자가 아님을 반복적으로 언급한다—그럼에도 이 책은 탁월한 가치를 지닌다.

아델 벌린(Adele Berlin)의 『구약성서 평행법의 역동성』(*Dynamics of Biblical Parallelism*)은 현재 그룹에서 가장 만족스러운 책이다.[67] 그녀는 평행법이 언어학적 현상이라고 단언하며, 평행법과 "간결성"(terseness; 참조. 오코너의 "제약"[constraint])은 텍스트가 시 형태임을 나타내는 양대 표지이기에 이 둘이 두드러지게 나타나면 그 텍스트는 시라고 규정할 수 있다고 말한다.[68] 실로 그녀의 접근법은 평행법에 대한 오코너의 접

66 D. Pardee, *Ugaritic and Hebrew Poetic Parallelism: A Trial Cut* (*'nt I and Proverbs 2*), VTSup 39 (Leiden: Brill, 1988 [Pardee의 책은 1985년에 완성되었다]).

67 A. Berlin, *The Dynamics of Biblical Parallelism* (Bloomington: Indiana University Press, 1985).

68 Ibid., 5. 여기서 Berlin은 시와 산문을 비교할 수는 없다고 한 J. Kugel의 주장에 답변을 하고 있다.

근법과 거의—완전히는 아니더라도—일치한다.[69] 그녀는 평행법이 여러 다른 양상을 지니고 있으며 서로 다른 여러 레벨에서 작용한다고 설득력 있게 주장한다. 평행법은 "의미론, 문법, 또는 다른 언어학적 요소를 포함할 수 있다. 그리고 한 단어, 한 행, 2행, 또는 더 큰 텍스트 영역의 레벨에서 나타날 수 있다."[70] 벌린은 연속적으로 문법적 평행법(예. 형태학적, 구문론적), 어휘적·의미론적 평행법, 음운론적 평행법을 다룬다. 이 책의 큰 장점은 명료하고 친근한 문체와 그녀의 요지를 설명하는 수많은 예문에 있다. 그녀의 연구 결과 중에 특별히 유용한 것으로는 (1) 평행법이 한 레벨(예. 음운론적 레벨)에서 작용할 수도 있다는 점과, (2) 한 레벨에서 평행법이 발견되면 다른 레벨에서도 평행 관계가 나타날 것이라는 기대를 높인다는 점이다. 비록 형식상으로는 평행관계가 존재하지 않더라도 말이다.

이처럼 벌린은 구문론과 의미론 둘 다에 (다른 레벨에 대해서와 마찬가지로) 주목해야 한다고 주장함으로써 위에 언급한 대부분의 연구를 넘어섰다. 문법적(즉 구문론적) 평행법이 **모든** 평행법을 정의한다는 에드워드 그린스타인(Edward Greenstein)의 주장을 언급하면서 벌린은 다음과 같이 말한다. "나는…구문론적 반복이 평행법의 기초이며 의미론적 평행법은 반복의 결과라는 주장에 동의할 수 없다. 많은 경우에 반대 현상이 나타나기도 한다.…구문론을 의미론보다 우위에(또는 그 반대로) 둘 이유는 없다. 왜냐하면 둘 다 평행법에 있어 중요한 양상이기 때문이다."[71] 벌린의 책은 일반적으로 시 자체보다는 평행법에 특별한 관

69 Ibid., 26.
70 Ibid., 25.
71 Ibid., 23. Greenstein은 평행법 연구에 있어 한편을 대표하며 그는 평행법이 오로

심을 두었고, 쌍을 이루는 시행(2행)보다 상위의 레벨은 고찰하지 않았다. 이처럼 그녀는 확실히 시 전체를 다루지는 않았다. 따라서 벌린의 책은 시문학 연구서로서 완전하다고 할 수는 없지만, 그럼에도 평행법을 상세하고 유익하게 다루었다.

앞서 말한 연구 조사는 구문론이 언어의 기초에 자리하고 있기 때문에 히브리 시의 평행법 연구는 구문론에 기초해야 한다는 점을 보여주는 한편 텍스트들(시적인 텍스트 포함)이 어떻게 소통하는지도 보여준다. 찰스 W. 모리스(Charles W. Morris)의 기호 이론(theory of signs)에서 **구문론**은 다른 관계가 형성되는 바탕이며, 서로에 대한 기호의 구문론적 관계를 다룬다.[72] **의미론**은 구문론을 전제로 삼으며, 관계가 의미하는 대상물에 대한 기호의 관계를 취급한다. **화용론**(pragmatics)은 해석자에 대한 기호의 관계 즉 "기호가 작용하면서 나타나는 모든 심리학적·생물학적·사회학적 현상"을 취급한다.[73] 구문론은 가장 추상적이면서도 가장 탁월한 설명력을 가진다. 즉 구문론은 다른 접근법이 수행하지 못하는 방식으로 히브리 시의 작용이나 메커니즘을 설명할 수 있다는 것이다.

지 문법의 한 기능(즉 구문론)이라고 주장한다. 다음을 보라. E. L. Greenstein, "How Does Parallelism Mean?" in *A Sense of Text: The Art of Language in the Study of Biblical Literature*, ed. S. A. Geller, JQRSup 1982) Winona Lake, Ind.: Einsenbrauns, 1983), 41-70. 그는 의미론적 평행법을 인정하면서도, 구문론적 평행법이 나타나지 않을 때나 혹은 매우 다른 구문 구조 속에서 의미론적 평행법이 나타날 수 있다는 주장에는 동의하지 않는다. 이것에 대한 추가적 설명으로 Berlin의 *Dynamics of Biblical Parallelism*, 21-25를 보라.

72 C. W. Morris, "Foundations of the Theory of Signs," in *International Encyclopedia of Unified Science*, ed. O. Neurath, R. Carnap, and C. Morris (Chicago: University of Chicago Press, 1938-), 1:77-137. 이 글에 관심을 갖도록 해준 P. C. Schmitz에게 감사를 표한다.

73 Ibid., 108.

그럼에도 시 분석—결국에는 **의미**를 찾는 한 도구일 것이다—이 머무르는 곳은 **단지** 구문론만은 아니며 의미론, 음운론, 어형론의 레벨도 함께 고려되어야 한다. 아래의 문학적 연구가 보여주는 것처럼 시를 이해하는 데도 기술이 있는데, 이 기술은 히브리 시를 분류하고 시의 메커니즘을 설명하는 데서만 발견되는 것은 아니다. 이 기술은 구문론의 영역을 훨씬 뛰어넘는다. 그러므로 시의 의미를 찾는 일에는 구문론이 그 기초가 되어야 하지만, 그 자체만으로는 의미를 완전히 설명하기에 적합하지 않다.

문학적 접근법

1980년 이래로 성서학계의 전반적인 동향에 발맞추어 히브리 시문학 관련 저서도 다수 출간되었다. 이들은 문학적 접근법을 강조하여 개별 시편을 일관성을 갖춘 전체로 취급하고 시의 예술적 차원에 초점을 맞추었다. 이 방법의 대표 주자는 제임스 쿠걸(James Kugel), 로버트 알터(Robert Alter), 해럴드 피쉬(Harold Fisch), 루이스 알론소 쇠켈(Luis Alonso Schökel)이다. 이 연구서들이 지닌 커다란 장점은 단지 시의 기술적인 면뿐 아니라 시의 예술적인 면을 설명하는 데 문학적 민감성을 보인다는 것이다. 나는 이 단락에서 히브리 시의 장치들을 다룬 책들도 논의하려 한다.

제임스 쿠걸(James Kugel)의 저서인 『구약성서 시문학 사상』(*Idea of Biblical Poetry*)은 평행법의 본질에 대한 논의를 전개한다.[74] 그의 기본적인 시 단위는 쌍을 이루는 시행 또는 2행이다. 그는 이 둘 사이의 관계를 "A가 그렇다면, B는 더더군다나"라고 표현한다. 즉 쌍을 이루는 시행에서 둘째 행은 "보충하는"(seconding) 방식으로 첫째 행의 사고를 진전시킨다. 이처럼 그는 평행을 이루는 시행들을 "동의어적"인 것으로 보는 대중적인 관점을 뒤엎었다.

쿠걸은 또한 산문과 시의 구별이 지나치게 과장되었다고 주장한다. 한편으로 시편의 많은 구절에는 A행과 B행 사이에 평행적 연결이 거의 나타나지 않는다. 예를 들어 "여호와는 송축 받으시리라 / 왜냐하면 그가 우리를 그들에게 내주어 그들의 이에 씹히게 하지 않으셨음이로다"(시 124:6)와 같은 구절이다. 이 구절의 순서는 산문체 문장과 근본적으로 구별이 안 된다. 다른 한편으로 우리는 산문체 텍스트에서도 만일 시편에 등장했다면 평행법이라고 인정받을 수 있는 대구들의 예를 많이 발견할 수 있다. 예를 들어 "하나님이 나를 웃게 하시니 / 듣는 자가 나와 함께 웃으리라"(창 21:6), 또는 "내가 정녕 너를 복 주겠다 / 그리고 정녕 너의 자손을 번성케 하겠다"(창 22:17)와 같은 구절들이다. 쿠걸은 히브리어에 "시"에 해당하는 단어가 없기 때문에 시라는 것이 존재하지 않는다고 주장한다. 그러나 구별되어야 할 차이점들은 확실히 존재한다. 히브리어에는 "산문"에 해당하는 단어도 없다. 하지만 이것이 산문의 실체를 반박하지는 않는다. 또한 시편에는 "미즈모르"(*mizmôr*), "마스길"(*maśkîl*) 또는 "식가욘"(*šiggāyôn*)처럼 시적 작문을 묘사하는 단어가 많다. 그럼에도 불구하고 쿠걸은 학자들에게 많은 시가 "산문과 유사하며" 또한 그 반대도 마찬가지라는 점과, 학자들은 밀봉된 항목들로가 아닌 산문과 시라는 두 기둥 사이의 연속체라는 관점

74 J. L. Kugel, *The Idea of Biblical Poetry: Parallelism and Its History* (New Haven: Yale University Press, 1981). Kugel의 의견을 "Some Thoughts on Future Research into Biblical Style: Addenda to *The Idea of Biblical Poetry*," *JSOT* 28 (1984): 107-17에서도 보라.

에서 생각해야 한다는 점을 주지시키는 데 성공했다

위의 저서들과는 대조적으로 쿠걸은 시를 해석하는 모든 "체계"에 반대한다. "성서 텍스트에 접근하는 '객관적인' 방법 같은 것은 없으며, 어느 책이나 구절을 분석하고 어떻게 그것이 가능했는지를 나타내주는 중립적인 문학적 도구 세트는 없다"는 것이 그의 논지다.[75] 쿠걸의 큰 장점은 시행 A와 B의 관계를 "동의어적"이라고 동일시하는 단순화된 견해를 깨고 A와 B 사이에 "보충적" 관계가 있다고 설명한 것이다. 그러나 그는 어떤 체계나 언어 이론의 기초에 대해 부정적인 시각을 가지고 있기 때문에 그의 접근법은 잠재적으로 끝없는 주관성에 빠질 위험성을 내포하고 있다.[76]

이같이 시와 산문 사이의 모호한 관계는 "내러티브 시", "시적 내러티브" 또는 "산문적 시"에 대해 다양하게 논의한 J. C. 드 모어(J. C. de Moor)의 룻기 연구, 그리고 윌리엄 T. 쿠프만즈(William T. Koopmans)의 여호수아 23-24장 연구에도 반영되어 있다.[77] 그들은 그 텍스트들을

75 Kugel, *The Idea of Biblical Poetry*, 302.

76 다른 사람의 글에서 찾아볼 수 없는 Kugel의 글의 특징은 그가 히브리 시 연구의 역사를 초기 랍비 자료에서 현대에 이르기까지 광범위하고 권위 있게 추적했다는 것이다. 그는 랍비와 초기 그리스도인들이 평행법을 "잊은 점"이나 모호하게 한 점도 언급했다.

77 J. C. de Moor, "The Poetry of the Book of Ruth," *Or* 53 (1984): 262-83; *Or* 55 (1986): 16-46; W. T. Koopmans, "The Poetic prose of Joshua 23," in *The Structural Analysis of Biblical and Canaanite Poetry*, ed. W. van der Meer and J. C. de Moor, JSOTSup 74 (Sheffield: Sheffield Academic Press, 1988), 83-118; idem, *Joshua 24 as Poetic Narrative*, JSOTSup 93 (Sheffield: Sheffield Academic Press, 1990), esp. 165-76. J. C. L. Gibson은 "내러티브 시"(narrative poetry)라는 용어를 de Moor와 Koopmans와는 다르게 사용한다. 그는 출 15장, 삿 5장과 같은 내러티브 텍스트에 담긴 시를 내러티브 시라 칭하며 이런 내러티브 시의 문법을 따로 써야 한다고 요청한다. 다음을 보라. J. C. L. Gilbon, "The Anatomy of Hebrew Narrative Poetry," in *Understanding Poets and Prophets: Essays in Honour of George Wishart Anderson*, ed. A. G.

시와 산문이라는 두 기둥 사이의 "중간 지대"(intermediate range)에[78] 위치시킨다. 쿠걸과 더불어 이 두 학자는 시의 고전적 범주에 대한 논의가 아직 많이 남아 있음을 알려준다. 그러나 그들의 방법론을 따르자면 통상 산문으로 간주되는 텍스트 모두를 "시적 산문"으로 재분류하지 않도록 어떤 식으로 제한할 수 있을지가 확실하지 않다. 왜냐하면 그들의 연구는 산문과 시의 구분이 무의미하다고 간주하는 듯하기 때문이다.

쿠걸의 저서가 순수한 의미에서 "문학적"인 것은 아니라면, 확실하게 문학적인 연구로 분류할 수 있는 세 편의 연구서가 있다. 그것은 알터(Alter), 알론소 쇠켈(Alonso Schökel), 그리고 피쉬(Fisch)의 저서다. 이들은 히브리 시에 대해 이론적인 설명을 제공하지는 않지만, 하나같이 시를 문학, 곧 예술 작품으로 대하고 시의 세부사항과 뉘앙스에 대해 전문가적인 시각을 드러내고 있다. 『구약성서 시문학』(*The Art of Biblical Poetry*)에서[79] 로버트 알터(Robert Alter)는 "평행법의 역동성"을 논의하기 시작했다. 그는 2행의 둘째 "구절"(verset)이 어떤 방식으로든 첫째 구절을 넘어선다고 본다. 그 방식 중 하나는 유의성(synonymity)이며, 다른 방식으로는 보충성(complementarity), 초점화(focusing), 고조성(heightening), 강화(intensification), 상세화(specification), 인과성(consequentiality), 대조(contrast), 또는 분리(disjunction) 등을 들 수 있다. 쿠걸의 관찰과 더불어 알터의 책은 사실상 시행 간의 완전한 유의성이라는 관념을 파괴한다.[80] 보다 큰 단위들("From Lines to Story"[행에서 이야기

Auld, JSOTSup 152 (Sheffield: Sheffield Academic Press, 1993), 141-48.

78 Koopmans, "Joshua 23," 88.

79 R. Alter, *The Art of Biblical Poetry* (New York: Basic, 1985).

80 O'Connor, Geller, 그리고 Berlin도 언어학적 관점에서 근본적으로 같은 점을 표명했다. O'Connor, *Hebrew Verse Structure*, 50-52; Geller, *Parallelism in Early Biblical*

로])과 다른 형식들(예. "The Garden of Metaphor"[비유의 동산])을 다룬 알터의 논문들은 시의 예술성을 파악하는 데 유익할 뿐 아니라 읽는 즐거움도 선사한다.

루이스 알론소 쇠켈(Luis Alonso Schökel)의 『히브리 시 매뉴얼』(*Manual of Hebrew Poetics*)도 위와 유사하게 히브리 시를 하나의 예술 양식으로 다루었다. 이 책은 텍스트에 대한 민감성과 미묘함을 잘 표현한 걸작이다.[81] 알론소 쇠켈은 1980년대에 이런 관점이 유행하기 훨씬 이전부터 성서를 문학 작품으로 해석했다. 사실 그의 책은 이 방법론을 진전시키는 데 일조했다. 그는 평행법, 소리와 리듬, 동의어, 분열법, 대구법, 분열된 표현, 심상, 수사법에 대해 논했는데, 모든 논의는 시 텍스트에 대한 문학적 해석이 지닌 가치를 드러내는 데 적합한 방식으로 구체적이고 이해하기 쉽게 기술되었다.

해롤드 피쉬(Harold Fisch)의 『목적이 있는 시』(*Poetry with a Purpose*)는 성서의 시가서와 다른 책들을 문학적 안목으로 해석함으로써 그 풍부한 예술성을 드러내주었다.[82] 성서는 **심미적인 문학**으로서 문학적 차원에서도 그 가치를 인정받을 수 있으며, 동시에 **종교 문학**으로서 배타성을 가지고 있어 다른 문학과 차별된다. 다수의 성서 문학에 나타나는 아이러니는, 문학으로서의 이 두 관점(성서가 심미적이며 종교적이라는 점)이 참이면서도 성서의 시들은 "그것들이 드러내고자 하지 않는 문학

Poetry, 41-42; 그리고 Berlin, *Dynamics of Biblical Parallelism*, 14-15, 64-65를 보라.

81 L. Alonso Schökel, *A Manual of Hebrw Poetics*, Subsidia Biblica 11 (Rome: Pontifical Biblical Institute, 1988).

82 H. Fisch, *Poetry with a Purpose: Biblical Poetics and Interpretation* (Bloomington: Indiana University Press, 1988). 제목과 달리 이 책은 시만 다루지는 않았다.

적 장치들로부터 힘을 얻는다"는 사실이다.[83] 성서의 저자들은 자신들이 문학적인 기교들을 사용하면서도 독자들에게 성서를 문학적인 방법으로 읽지 말고 신학적인 방법으로 읽으라고 종용한다. 피쉬는 성서의 텍스트들이 문학적 형식이나 시 형식을 받아들이는 동시에 배척하면서 텍스트 자체를 필연적으로 뒤엎는다고 주장한다(또는 텍스트가 사물에 대한 독자들의 일반적인 이해를 뒤엎는다고 말할 수도 있겠다). 이사야 52:7을 예로 들자면, 아름다움에 대한 이사야의 묘사("~의 발이 얼마나 아름다운가!")는 육체적 아름다움이라는 일반적 범주로 관찰되지 않았고 오히려 발의 움직임과 임무의 완수라는 관점에서의 아름다움으로 표현되었다. 실로 그 아름다운 발은 주가 통치하신다는 구원의 메시지를 전달하는 도구이며, 이는 "아름다움"에 대한 통상적인 이해와는 동떨어진 개념인 것이다. 따라서 통상적인 의미에서의 "아름다움"을 염두에 둔 독자는 기대했던 것과는 전혀 다른 개념을 접하게 된다.

윌프레드 G. E. 왓슨(Wilfred G. E. Watson)의 저서인 『고전 히브리 시』(*Classical Hebrew Poetry*)와 『고전 히브리 시의 전통적 기법』(*Traditional Techniques in Classical Hebrew Verse*)은 히브리어, 우가리트어, 아카드어에 나타난 여러 문학적-시적 테크닉을 다루었으므로 "문학적" 연구라 할 수 있다. 테크닉의 예로는 다양한 평행법(예. 성-일치[gender-matched], 숫자, 계단 평행법), 연과 절, 교차대구법, 소리(두운, 유운, 리듬, 의성어, 언어 유희), 반복, 단어 짝(word-pairs), 생략이 있다.[84] 그러나 왓슨의 책들은

83 Ibid., 4(이 문장은 George Herbert가 지은 두 편의 시와 관련 있다. 하지만 Fisch는 이것을 이용하여 성서에 나타난 유사한 긴장감을 설명하였다).

84 W. G. E. Watson, *Classical Hebrew Poetry: A Guide to Its Techniques*, 2d ed., JSOTSup 26 (Sheffield: Sheffield Academic Press, 1986); idem, *Traditional Techniques in Classical Hebrew Verse*, JSOTSup 170 (Sheffield: Sheffield Academic Press, 1994).

사실상 시를 해석하는 특정한 방법을 요약한 것이라기보다는 참고를 위한 목록이었다. 왓슨은 일반적인 시론을 펼치지는 않았는데, 왜냐하면 "대체로 학자들도 아직 그런 이론을 공식화하지 않았"기 때문이다.[85]

구조주의적 접근법

시에 대한 문학적 연구가 주류를 이루는 경향과 궤를 같이하여 다양한 구조주의적 연구가 등장했다. 전형적으로 구조주의적 연구는 마소라 텍스트의 표면 구조를 공시적으로 다루고 시편의 모든 시를 일관성 있는 총체로 연구함으로써 유의미한 진전을 보였다. 구조주의적 연구는 위에 언급한 문학적 연구와는 다소 다르다. 후자는 시편을 예술 작품으로 다루는 반면 구조주의적 연구는 종종 여러 구절에 걸쳐 나타나는 대규모의 문학적 장치들, 교차대구, 수미상관(*inclusio*) 등의 목록을 작성하는 것으로 종결되기 때문이다. 각 시편의 구조는 아주 정교한 도식으로 드러나지만(종종 주어진 시편의 구조에 대해 일치를 보지 못한다 하더라도), 시편의 예술성이나 의미에 대해서는 별로 논의하지 않으며 사실상 구문론적 기초에 대해서는 전혀 언급하지 않는다. 표면 구조를 연구하는 이런 접근법이 종종 "analyse structurelle"라 불리는 반면, 프랑스 구조주의(French Structuralism) 또는 기호학(semiotics)에서 심층구조를 분석하는 연구는 "analyse structurale"라 불린다.

구조분석(analyse structurelle)을 대표하는 두 학자는 마르크 지라르

85 W. G. E. Watson, "Problems and Solutions in Hebrew Verse: A Survey of Recent Work," *VT* 43 (1993): 374.

(Marc Girard)와 피에르 오프레(Pierre Auffret)다. 둘 다 다수의 구조주의 연구물을 출간했다. 그들은 개별 시편 안에 나타나는 반복적인 패턴들을 남김없이 다루고, 가장 낮은 레벨인 단어부터 가장 높은 레벨인 시까지 고찰하였다. 게다가 오프레는 시편들과 시 모음들 사이에 나타나는 반복적인 패턴에도 주의를 기울였다. 지라르는 『시편의 재발견』(*Les psaumes redécouverts*)이라는 저서에서 시편을 다음 세 가지 레벨, 곧 병치적(syntagmatic) 통일성(가장 기본적인 관계들; 예. 중언법[hendiadys]), 구문론적 통일성(예. 평행법), 그리고 구조적 통일성의 레벨로 분류하여 연구하였다. 그는 의미가 구조에 묶여 있다고 올바르게 주장하였으며, 의미와 구조 모두에 주의를 기울이면서도, 그 둘을 차별하였다.[86] 오프레는 거의 모든 시편에 대해 구조 분석을 진행했으며, 일련의 책들을 통해 그 결과를 소개했다.[87] 지라르와 오프레 사이에는 차이점도 존재하지만,[88] 전반적으로 그들의 접근법은 매우 유사하다.

네덜란드 캄펜 신학교(Kampen School of Theology)의 J. C. 드 무어(J.

86 M. Girard, *Les psaumes redécouverts: De la structure au sens*, 3 vols. (Quabec: Bellarmin, 1994-96).

87 예로 다음을 보라. P. Auffret, *Hymnes d'Égypte et d'Israel: Études de structures littéraires*, OBO 34 (Fribourg: Editions Universitaires Suisse, 1981); idem, *La sagesse a bâti sa maison: Étude de structures littéraires dans l'Ancient Testament et specialement dans les psaumes*, OBO 49 (Fribourg: Editions Universitaires Suisse, 1982); idem, *Voyez des vos yeux: Étude structurelle de vingt psaumes don't le psaume 119*, VTSup 48 (Leiden: Brill, 1993); idem, *Merveilles à nos yeux: Étude structurelle de vingt psaumes dont celui de 1 Ch 16,8-36*, BZAW 235 (Berlin and New York: de Gruyter, 1995).

88 Auffret가 Girard의 논평에 대해 답한 것을 다음의 글에서 보라. P. Auffret, "L'étude structurelle des psaumes: Réponses et complements I," *Science et esprit* 48 (1996): 45-60; idem, "L'étude structurelle des psaumes: Réponses et complements II," *Science et esprit* 49 (1997): 39-61; idem, "L'étude structurelle des psaumes: Réponses et complements II," *Science et esprit* 49 (1997): 149-74.

C. de Moor)와 그의 제자들이 또 다른 접근법을 보여주었는데, 이는 『구약성서와 가나안의 시 구조 분석』(*Structural Analysis of Biblical and Canaanite Poetry*)에 예시되었다.[89] 이 접근법은 시의 모든 레벨 즉 풋(foot; 적어도 강세가 하나인 음절을 가진 단어)으로 시작하여 콜론(colon), 절(verse), 연(strophe), 소곡(canticle), 소칸토(subcanto), 그리고 칸토(canto)에 이르는 레벨을 분석한다. 연(strophe)과 그 상위 레벨은 일반적으로 외부의 평행법에 의해 서로 한데 묶여 있다. 반면 내부의 평행법은 연의 하부 레벨에서 작동한다. 이 접근법이 가지는 한 가지 약점은 대부분의 경우 형태(form)를 의미(meaning)와 동등하게 여긴다는 점인데, 이로 인해 해석 작업은 시의 구조가 모두 설명될 때 끝난다는 (잘못된) 암시를 주었다.[90] 이와 유사한 한 가지 접근법이 남아프리카의 빌름 S. 프린슬루(Willem S. Prinsloo)와 그의 제자들에 의해 생겨났다. 프린슬루는 그것을 "텍스트 내재적"(text-immanent) 방법이라고 칭했다.[91]

대니얼 그로스버그(Daniel Grossberg)의 저서인 『구약성서 시의 구심

89 Van der Meer and de Moor, eds., *Structural Analysis of Biblical and Canaanite Poetry*. 이 체계의 요점은 M. C. A. Korpel과 J. C. de Moor가 쓴 다음의 글에 설명되어 있다. "Fundamentals of Ugaritic and Hebrew Poetry," *UF* 18 (1986): 173-212 (*Structural Analysis of Biblical and Canaanite Poetry*, 1-61에 재출판되었다).

90 Cooper가 다음의 글에서 비슷한 말을 했다. "Two Recent Works on the Structure of Biblical Hebrew Poetry," *JAOS* 110 (1990): 689-90를 보라. Cooper는 이 글을 순수한 "언어학적" 글이라고 분류한다. 하지만 이 글에서는 이론적인 논의가 빠져 있기 때문에, 나는 이 글을 전적으로 형식과 구조에 초점을 둔 "문학적" 글이라고 판단한다.

91 이 접근법은 해석에 있어 텍스트를 기초로 하고(text-based) 텍스트 지향적(text-oriented)인 체제를 갖추고 있어 시의 형태, 구문, 문체, 의미상의 요소를 다룬다. 예로 다음을 보라. W. S. Prinsloo, "Psalm 116: Disconnected Text or Symmetrical Whole?" *Bib* 74 (1993): 71-82; idem, "Psalm 149: Praise Yahweh with Tambrouine and Two-Edged Sword," *ZAW* 109 (1997): 395-407; G. T. M. Prinsloo, "Analyzing Old Testament Poetry: An Experiment in Mehotdology with Reference to Psalm 126," *OTE* 5 (1992): 225-51.

구조와 원심구조』(*Centripetal and Centrifugal Structures in Biblical Poetry*)에는 성전에 올라가는 노래(시 120-134편)에 대한 분석이 실려 있다. 그는 시편들을 하나의 통합된 시로 간주하여 분석했다.[92] 그는 전체 시 모음을 통합된 구조로 견고하게 묶는 구심 역할을 하는 요소를 관찰하는 동시에, 반대 방향으로 작용하여 원심적인 역할을 하는 다른 요소들도 간파했다. 폴 R. 라비(Paul R. Raabe)는 『시편의 구조』(*Psalms Structures*)에서 후렴구가 있는 여섯 시편(42-43, 46, 49, 56, 57, 59편)의 구성 요소를 밝히고자 하였고, 추가로 네 편의 시(39, 67, 80, 99편)를 간략히 다루었다.[93] 이 시들은 연(strophe)으로 구성되어 있으며 연들이 모여 스탠자(stanza)를 이룬다. 후렴구(규칙적인 간격으로 반복되는 구절들)는 스탠자들을 서로 연결하여 "단락"(sections)이라 불리는 보다 큰 통일체를 이룬다.

해석학

오늘날 성서학계의 가장 두드러진 특징 중 하나는 다양성의 방대함이다. 성서를 연구하는 관점들을 열거하자면 끝이 없다. 여기에는 다양한 비평적 방법론이 적용된다. 역사비평적 방법, 종교사학파 접근법 또는 양식비평은 성서학 어느 분야에서든 더 이상 두드러진 해석 패러다임이 아니다. 예를 들어 스티븐 헤인즈(Stephen Haynes)와 스티븐 맥켄지

92 D. Grossberg, *Centripetal and Centrifugal Structures in Biblical Poetry*, SBLMS 39 (Atlanta: Scholars Press, 1989). '성전에 올라가는 시'에 대한 내용은 15-54 페이지에 나온다.

93 P. R. Raabe, *Psalms Structures: A Study of Psalms with Refrains*, JSOTSup 104 (Sheffield: JSOT Press, 1990).

(Steven McKenzie)의 『각자에게 고유한 의미를』(*To Each its Own Meaning*)이라는 저서는 연구 분야를 소개하는 표준 입문서인데, 여기에는 현대 성서학에서 사용되는 열세 가지가 넘는 비평방법이 열거되어 있으며, 성서 해석만을 집중적으로 다룬 모든 사전들이 소개되고 있다.[94] 오늘날의 시편 연구는 대부분 이 방법들 중 하나를 채택하는 것으로 보인다.

최근의 몇몇 저서는 하나의 시편을 연구하면서 의도적으로 서로 다른 몇 가지 방법론들을 적용한다. 예를 들어 『시편과 독자』(*The Psalms and Their Readers*)에서 도날드 K. 베리(Donald K. Berry)는 서로 다른 비평적 방법론—본문비평, 구조(시적)비평, 양식비평, 수사비평(문학적), 독자지향(Reader-oriented)비평—을 시편 18편에 적용하여 각 방법론의 진가를 보여주었다.[95] 그는 특별히 20세기 들어 독자지향 연구가 시편을 재상황화하는 데 어떤 기여를 하는지를 보여주는 데 관심을 두었다. 윌리엄 H. 벨린저(William H. Bellinger Jr.)는 『호기심의 해석학과 시편 61편 읽기』(*A Hermeneutic of Curiosity and Readings of Psalm 61*)라는 책에서 비슷한 방법을 채택하여 양식비평, 정경비평, 수사비평, 독자반응비평을 이용하였고 신학적 분석으로 끝을 맺었다.[96] 그가 제시하는 "호기심의

94 S. R. Haynes and S. L. McKenzie, eds., *To Each Its Own Meaning: An Introduction to Biblical Criticisms and Their Application* (Louisville: Westminster/John Knox, 1993). 다음과 비교하라. J. Barton, *Reading the Old Testament: Method in Biblical Study*, rev. ed. (Louisville: Westminster/John Knox, 1996). 이 글에서 Barton은 비평적 접근법의 범위를 제시했다. 다음의 해석학 사전 두 권도 비교하라. R. J. Coggins and J. L. Houldon, eds., *A Dictionary of Biblical Interpretation* (Philadelphia: Trinity Press International; London: SCM, 1990); J. H. Hayes, ed., *Dictionary of Biblical Interpretation*, 2 vols. (Nashville: Abingdon, 1999).

95 D. K. Berry, *The Psalms and Their Readers: Interpretive Strategies for Psalm 18*, JSOTSup 153 (Sheffield: Sheffield Academic Press, 1993).

96 W. H. Bellinger Jr., *A Hermeneutic of Curiosity and Readings of Psalm 61*, Studies in Old Testament Interpretation 1 (Macon, Ga.: Mercer University Press, 1995). 그의 다른 글

해석학"은 텍스트가 독자에게 질문을 던지고 탐구하도록 초대하기 때문에 독자는 가능한 모든 방법을 동원하여 텍스트를 읽어야 한다. 텍스트는 창문과도 같아서 그 텍스트의 기원이 되는 세계, 텍스트의 형태와 메시지, 그리고 텍스트의 독자에게로 인도하는 통로가 된다. 특히 비평적 접근법들은 이 세 가지 요소를 모두 다루어야 한다. 유타 슈뢰텐(Jutta Schröten)은 『시편 118편의 발생, 구성, 그리고 역사』(*Entstehung, Komposition und Wirkungsgeschichte des 118. Psalms*)에서 시편 118편에 대한 비평적 접근법의 범주를 해석학의 역사 전반에 걸쳐 조사한 후 공시적(synchronic; 시학과 양식비평) 관점과 통시적(diachronic; 자료비평과 편집비평) 관점에서의 두 가지 평행적인 해석을 제공하였다.[97] 『나의 하나님, 나의 하나님, 어찌하여 나를 버리셨나이까?』(*Mijn God, mijn God, waarom hebt Gij mij verlaten?*)라는 모음집에서는 다양한 분야의 학자들이 시편 22편을 해석하는 데 아홉 가지 서로 다른 접근법, 열거하자면 주해, 시학(구조비평), 본문비평(70인역), 심리학적 접근, 목회적 접근, 조직신학, 교회사, 그리고 유대 주석서(에스더의 시편), 그리고 마지막으로 신약성서(막 15장)의 용례를 채택하였다.[98]

허버트 J. 레빈(Hebert J. Levine)의 『새 노래로 하나님께 찬양하라』(*Sing unto God a New Song*)는 보다 이론적인 접근법으로서 시편 한 편에만 초점을 맞추지는 않았다. 하지만 그는 다양한 연구 분과를 이용하고 그 영향력을 드러냄으로써 시편이 오늘날 종교적이고 세속적인 문화

"Psalm xxvi: A Test of Method," *VT* 43 (1993): 452-61도 보라.

97 J. Schröten, *Entstehung, Komposition und Wirkungsgeschichte des 118. Psalms*, BBB 95 (Weinheim: Beltz Anthenäum, 1995).

98 M. Poorthuis, ed. *Mijn God, waarom hebt Gij mij verlaten? Een interdisciplinaire bundle over psalm 22* (Baarn: Ten Have, 1997).

에 어떻게 적용될 수 있는지를 보여주어야 한다고 주장한다.[99] 그가 적용한 분야는 역사, 인류학, 언어철학, 종교현상학, 문학담화, "성서적 해석", 홀로코스트-이후 해석 등이었다.

몇몇 저서는 시편 해석의 역사에 초점을 맞추었다. 예를 들어 존 H. 이튼(John H. Eaton)은 『길과 왕국의 시편』(*Psalms of the Way and the Kingdom*)이라는 제목의 흥미로운 저서에서 두 그룹의 시편—세 편의 "토라" 시편(1, 19, 119편)과 세 편의 "야웨 왕권" 시(93, 97, 99편)를 연구했다. 그는 각각의 시편을 다룰 때 1890년대부터 1960년대에 걸쳐 활동한 열 명의 주석가(델리치, 배트겐[Baethgen], 둠, 브릭스, 키텔, 궁켈, 벤첸[Bentzen], 모빙켈, 크라우스, 다우드)를 대화 파트너로 삼는다.[100] 덧붙여 각 시 모음에 세 명의 현대 해석가(토라 시편에는 베스터만, 게르슈텐베르거, 슈피커만; 야웨 왕권시에는 리핀스키, 그레이, 예레미아스)를 추가했다. 라르스 올로프 에릭슨(Lars Olov Eriksson)의 『아들아, 와서 내 말을 들으라!』("*Come, Children, Listen to Me!*")는 시편 34편을 다룬 책인데 크게 다음 두 부분으로, 곧 (1) 시편 34편의 구약 배경적 특징과, (2) 시편 34편에 관한 신약성서 및 초기 그리스 교부들의 용례로 나누어진다. 에릭슨은 또한 랍비 문학과 교부들의 저서를 연구할 필요가 있음을 지적한다.[101] 우리엘 시몬(Uriel Simon)은 10세기에서 12세기 사이에 랍비들이 시편을 연구할 때 사용한 방법들을 『시편에 대한 네 가지 접근법』(*Four*

99 H. J. Levine, *Sing unto God a New Song: A Contemporary Reading of the Psalms*, Indiana Studies in Biblical Literature (Indianapolis: Indiana University Press, 1995).

100 J. H. Eaton, *Psalms of the Way and the Kingdom: A Conference with the Commentators*, JSOTSup 199 (Sheffield: Sheffield Academic Press, 1995).

101 L. O. Eriksson, "Come, Children, Listen to Me!" *Psalm 34 in the Hebrew Bible and in Early Christian Writings*, ConBot 32 (Stockholm: Almqvist & Wiksell, 1991).

Approaches to the Book of Psalms)이라는 책에서 논의한다.[102] 사아디아 가온(Saadiah Gaon)은 시편을 다윗이 계시로 받은 제2의 모세 오경으로 간주했다. 카라이파 살몬 벤 예루함(the Karaites Salmon ben Yeruham)과 예페트 벤 알리(Yefet ben 'Ali)는 시편이 모든 시대를 향한 완벽한 예언적 기도라고 믿었다. 이에 반하여 모세 이븐 기카틸라(Moses Ibn Giqatilah)는 시편을 **비**예언적인 기도와 시로 보았다. 아브라함 이븐 에즈라(Abraham Ibn Ezra)는 예언적 기도와 성스러운 노래로서의 시편의 종교성을 강조했다. 아델 벌린(Adele Berlin)도 『중세 유대인들의 눈으로 본 구약성서의 시』(*Biblical Poetry through Medieval Jewish Eyes*)에서 중세 유대교의 주석을 다루었다.[103]

시편 연구에는 오늘날 학계에서 흔히 사용되는 여러 근대 비평적 접근법도 사용되었다. 예를 들어 **페미니스트 비평**(feminist criticism)은 울리케 바일(Ulrike Bail)의 『침묵에 대항하여 불평하라』(*Gegen das Schweigen klagen*)라는 저서에서 발견할 수 있다.[104] 그녀는 시편 6편과 55편을 강간당한 여인의 탄식으로 보고 그 시편들을 사무엘하 13장에 나오는 다말의 이야기와 연결시킨다. 이를 지지하는 요소로는 사무엘하 내러티브(더불어 삿 19장도)와 두 시편에 공통으로 등장하는 용어 및 이미지(참조. 시 55:9-11[MT 55:10-12]에 나오는 포위된 도시라는 "여성적" 이미지)를 들 수 있다. 마쉬엔느 브룬 리엔트스라(Marchiene Vroon

102 U. Simon, *Four Approaches to the Book of Psalms: From Saadiyah Gaon to Abraham Ibn Ezra*, trans. L. J. Schramm (Albany: State University of New York Press, 1991).

103 A. Berlin, *Biblical Poetry through Medieval Jewish Eyes* (Bloomington: Indiana University Press, 1991).

104 U. Ball, *Gegen das Schweigen klagen: Eine intertextuelle Studie zu den Klagepsalmen Ps 6 und Ps 55 und die Erzählung von der Vergewaltigung Tamars* (Gütersloh: Chr. Kaiser, 1998).

Rienstra)의 『제비 둥지』(*Swallow's Nest*)는 매일 성서 읽기를 위한 안내서로서 앞의 저서들과는 성격이 매우 다르지만, 하나님을 지칭할 때 여성 대명사를 사용하고 각 시편의 상황들을 당대 여성의 삶에 적용하기 위한 조언을 제공함으로써 하나님의 "여성적" 측면을 강조하고 고무한다.[105]

사회학적(sociological) 접근과 해방주의적(liberationist) 접근법도 여러 저자에게서 나타난다. J. 데이비드 플레인(J. David Plein)은 그의 책 『시편: 비극, 희망, 그리고 정의의 노래』(*The Psalms: Songs of Tragedy, Hope, and Justice*)에서 "정의의 시"에 대해 논한다.[106] 그는 사회정치적 주제인 정의, 자비, 희망에 관심을 두고 다양한 양식비평적 장르들을 펼치는 동시에 여러 시편에 대해 자신만의 독자적이고 신선한 번역을 선보였으며, 계속적으로 시편을 현대 상황과 관계 지어 제시했다. 스티븐 브렉 리드(Stephen Breck Reid)는 『청취: 다문화적으로 시편 읽기』(*Listening In: A Multicultural Reading of the Psalms*)에서 가난한 자와 외부인(시편에서 원수들로 묘사되는 "다른 이"[the other])의 소외 문제를 다루었다.[107] 그는 성문 밖에 거하는 외부인들에 대한 시편의 탄원을 이해하는 데 제3세계로부터 얻은 통찰력을 이용하였으며, 시편이 오늘날의 세계에 대해 무슨 말을 하는지를 보여주었다.

월터 브루그만(Walter Brueggemann)의 접근법은 사회학적 통찰력을

105 M. V. Rienstra, *Swallow's Nest: A Feminine Reading of the Psalms* (Grand Rapids: Eerdmans, 1992).

106 J. D. Pleins, *The Psalms: Songs of Tragedy, Hope, and Justice* (Maryknoll, N. Y.: Orbis, 1993).

107 S. B. Reid, *Listening In: A Multicultural Reading of the Psalms* (Nashville: Abingdonn, 1997).

성서학에 기용한 탁월한 표현방식으로서 가난한 자와 억압받는 자들에 대해 주목하였으며, 그의 시편 연구에도 이런 점들이 스며들어 있다.[108] 일례로 『이스라엘의 찬양』(*Israel's Praise*)이라는 그의 저서도 도전을 주는데, 그는 이 책에서 하나님 찬양이 신앙생활의 근본이며 그렇기 때문에 찬양이 "지금 이 자리에서" 삶의 경험 안에 확고히 뿌리내려야 한다고 주장한다. 더욱이 신자들이 거주하는 "세계"는 그들이 발하는 찬양의 내용과 태도에 따라 실질적으로 형성되고 빚어진다. 만일 그들의 찬양이 피상적이고 공허하고 사려 깊지 못하다면 그들의 "세계"도 그것을 반영할 것이며, 그들의 찬양이 삶의 아픔과 고통의 경험을 포함하여 하나님과 그의 신실하심에 대한 진정한 체험에 뿌리를 두고 있다면 그들이 섬기는 이 "하나님"이야말로 진정한 하나님이신 것이다. 그는 『변치 않는 경이』(*Abiding Astonishment*)라는 책에서 몇몇 "역사시"(78, 105, 106, 136편)를 다루면서 "세계 조성"(world-making)에 대하여 논의한다. 그는 다음과 같은 질문들을 다룬다. (1) 초자연적 요소를 포함하는 역사를 기술하는 이 시편들이 어떻게 (초자연적 요소를 배제하는) 현대 세계의 역사기술에 적합한가? 그리고 (2) "내부인들"(insiders)이 쓰고 그들 자신을 위해 기록한 시편들이 어떻게 배타적이기보다는 수용적으로 이용될 수 있는가? 『시편과 믿음의 삶』(*Psalms and the Life of Faith*)이라는 책은 1974년부터 1993년까지 그가 쓴 열 네 편의 소논문을 엮은 모음집으로, 그의 독창적인 소논문인 "Psalms and the Life of Faith"

108 W. Brueggemann, *Israel's Praise: Doxology against Idolatry and Ideology* (Philadelphia: Fortress, 1988); idem, *Abiding Astonishment: Psalms, Moderninty, and the Making of History*, Literary Currents in Biblical Interpretation (Louisville: Westminster/John Knox, 1991); idem, *The Psalms and the Life of Faith*, ed. P. D. Miller (Minneapolis: Fortress, 1995).

을 비롯하여 이와 유사한 (사회학적) 관점에서 쓰인 몇몇 글들이 포함되어 있다.[109]

여러 가지 서로 다른 비평적 접근법이 수많은 소논문을 통해 소개되고 있다. 수사비평(즉 문학적, 구조적 해석), 해체비평, 화행론, 담화분석, 생태학적 해석, "**생리학적**" 해석이라 불리는 방법론들이 여기에 해당된다.[110]

109 다음을 보라. W. Brueggeman, "Psalms and the Life of Faith: A Suggested Typology of Function,' JSOT 17 (1980): 3-32 (Idem, *Psalms and the Life of Faith*, 3-32에 재출판됨).

110 이 해석 방법들의 개론적 내용으로 Hayes, ed., *Dictionary of Biblical Interpretation*를 보라. 수사비평(Rhetorical Criticism)의 예로는 다음의 글을 보라. L. C. Allen, "The Value of Rhetorical Criticism in Psalm 69," JBL 105 (1986): 577-98; J. K. Kuntz, "King Triumphant: A Rhetorical Study of Psalm 20 and 21," *HAR* 10 (1986): 157-76; L. D. Crow, "The Rhetorical of Psalm 44," *ZAW* 104 (1992): 394-401. 또한 위에서 논의한 "구조비평"(Structural Approaches) 부분을 보라. 구조비평은 방법론적으로 여러 부분에서 수사비평과 유사하다.
해체비평(Deconstruction)에 대해서는 다음을 보라. D. P. McCarthy, "A Not-So-Bad Derridean Approach to Psalm 23," *Proceedings, Eastern Great Lakes and Midwest Biblical Society* 8 (1988): 177-92; D. Jobling, "Deconstruction and the Political Analysis of Biblical Texts: A Jamesonian Reading of Psalm 72," *Semeia* 59 (1992): 95-127; D. J. A. Clines, "A World Established on Water (Psalm 24): Reader-Response, Deconsturciton, and Bespoke Interpretation," in *The New Literary Criticism and the Hebrew Bible*, ed. J. C. Exum and D. J. A. Clines, JSOTSup 143 (Sheffield: Sheffield Academic Press, 1993), 79-90.
화행론(Speech-act theory)에 대해서는 다음을 보라. H. Irsigler, "Psalm-Rede als Handlungs-, Wirk- und Aussageproze: Sprechaktanalyse und Psalmeninterpretation am Beispiel von Psalm 13," in *Neue Wege der Psalmenforschung*, ed. K. Seybold and E. Zenger (Freiburg: Herder, 1994), 63-104.
담화분석(Discourse analysis)에 대해서는 다음을 보라. E. R. Wendland, "Genre Criticism and the Psalms: What Discourse Typology Can Tell Us about the Text (with Special Reference to Psalm 31)," in *Biblical Hebrew and Discourse Linguistics*, ed. R. D. Bergen (Winona Lake, Ind.: Eisenbrauns, 1994), 374-414.
생태학적 해석(Ecological reading)에 대해서는 다음을 보라. B. J. Raja, "Eco-Spirituality in the Psalms," *Vidyajyoti* 53 (1989): 637-50; E. Zenger, " 'Du kannst

시편 연구의 새로운 방법들은 이토록 방대하다. 그래서 전통적이고 기독론적인 접근법을 고수하는 학자들조차도 브루스 K. 월키(Bruce K. Waltke)의 "시편의 정경 형성 과정 접근법"(Canonical Process Approach to the Psalms)이나 게오르크 브라울릭(Georg Braulik)의 "시편의 기독론적 이해: 그것은 이미 구약성서에 나타나는가?"(Christologisches Verständnis der Psalmen—schon im Alten Testament?)와 같은 새롭고 도전적인 연구들을 수용했다.[111] 월키는 정경 형성 과정(개별 시, 모음집, 시편, 구약성서, 기독교 정경)에 따라 시편을 읽는 데 서로 다른 단계들이 있다고 주장하였고, 시편 전체를 최종적으로 분석할 때는 기독론적으로 해석해야 한다고 강조한다.[112] 이와 유사하게 브라울릭도 개별 시편들이 좀 더 큰 묶

das Angesicht der Erde erneuern' (Ps 104, 30): Das Schöpferlob des 104. Psalms als Ruf zur ökologischen Umkehr," *Bibel und Liturgie* 64 (1991): 75-89; K. V. Mathew, "Ecological perspectives in the Book of Psalms," Bible Bhashyam 19 (1993): 159-68; J. Limburg, "Down-to-Earth Theology: Psalm 104 and the Environment," *Currents in Theology and Mission* 21 (1994): 340-46; M. A. Bullmore, "The Four Most Important Biblical Passages for a Christian Environmentalism," *TJ* 19 (1998): 139-62 (시 104편 포함)

생리학적 해석(Physiological readings)에 대해서는 다음을 보라. G. A. Rendsburg and S. L. Rendsburg, "Physiological and Philological Notes to Psalm 137," *JQR* 83 (1993); 385-99 (이들은 시 137:5-6에서 시인이 오른손이 쇠약해지고 그의 혀가 천장에 붙었다고 한 것은 뇌혈관 발작 또는 왼쪽 뇌의 마비 증상을 묘사한다고 주장한다); S. Levin, "Let My right Hand Wither," *Judaism* 45 (1996); 282-86 (시 137:5-6은 뇌성마비를 묘사한다고 주장한다).

111 B. K. Waltke, "A Canonical Process Approach to the Psalms," in *Tradition and Testament*, ed. J .S. Feinberg and P. D. Feinberg (Chicago: Mooy, 1981): 3-18; G. Braulik, "Christologisches Verständnis der Psalmen—schon im Alten Testament?" in *Christologie der Liturgie: Der Gottesdienst der Kirche—Christusbekenntnis und Sinaibund*, ed. K. Richter and B. Kranemann, Quaestiones disputate 159 (Freiburg: Herder, 1995): 57-86.

112 Waltke의 아이디어는 Shepherd의 논문에서 전적으로 지지받고 발전되었다. J. E. Shepherd, "The Book of Psalms as the Book of Christ: The Application of the Christo-Canonical Method to the Book of Psalms" (Ph.D. diss., Westminster Theological

음으로 통합됨에 따라 그 시편들은 메시아적으로 (재)해석되어야 한다고 주장한다.[113]

윌리엄 L. 할러데이(William L. Holladay)의 『삼천 년의 역사와 시편』(*The Psalms through Three Thousand Years*)은 성격을 규정하기 어려운 책이다. 하지만 나는 할러데이가 시편에 대한 기독론적 해석의 필요성을 주장하기 때문에 여기서의 논의에 포함시키겠다.[114] 이 책은 시편의 역사를 성서 시대에는 시편의 발단과 발전상을 통하여, 그리고 이후에는 쿰란에서부터 현대까지 유대교와 기독교의 해석사를 통하여 추적한다. 그의 책은 대단히 지적인 연구이며, 현대 비평학에 대해서만 아니라 종교적인 전승 및 기독교와 동일한 방식으로 시편을 존중하지 않는 비종교적인 전승에 대해서도 민감하다. 그럼에도 불구하고 할러데이는 "우리 주 예수 그리스도를 통하여"(Through Jesus Christ Our Lord)라고 제목을 붙인 마지막 장에서 그리스도인은 시편을 기독론적으로 읽어야 한다고 주장한다.

양식비평

20세기 중반에는 서두에 언급한 궁켈과 모빙켈이 주창한 방법들을 따

Seminary, 1995).

113 시 45편에 대한 교부들의 해석 방법(2세기 중엽에서 6세기 중엽)에 대한 상세한 논의는 E. Grünbeck, *Christologische Schriftargumentation und Bildersprache*, Supplements to Vigiliae Christianae 26 (Leiden: Brill, 1994)에 나와 있다.

114 W. L. Holladay, *The Psalms through Three Thousand Years: Prayerbook of a Cloud of Witnesses* (Minneapolis: Fortress, 1993).

라 양식비평과 제의적 삶의 정황(Sitz im Leben) 연구가 지배적이었다. 한편 1970년 이래로는 가장 창조적인 연구 에너지가 다른 방법론에 집중되었기 때문에 이들의 연구가 더 이상 우세하지는 않았지만 결코 중단되지도 않았다.

최고의 영예는 최근 번역된 헤르만 궁켈의(Hermann Gunkel)의 『시편 개관』(*Introduction to the Psalms*)에 돌아가야 할 것이다.[115] 독일어로 출판된 지 65년이 지나서 궁켈의 양식비평 분석의 결과가 이제는 영어를 사용하는 독자들에게도 이용 가능하게 되었다. 이로써 독자들은 스스로 궁켈의 장르 유형인 개인과 공동체 탄원시, 찬양시, 감사시, 제왕시, 그리고 하위 범주들을 밝혀낼 수 있게 되었다. 또한 여기에는 궁켈이 이 장르에 상응하는 특정한 삶의 정황을 할당하는 일(궁켈에게 있어 대부분은 제사 즉 성전과 관련된 공개적인 제의 상황)이 포함되어 있다. 각 시편의 배후에 놓인 **삶의 정황**(Sitz im Leben)에 대한 궁켈의 관심이 오늘날은 더 이상 유효하지 않다. 하지만 그의 양식비평 범주들은 다소 개정되고 확장되기는 했지만 오늘날에도 여전히 논의의 틀을 제공한다.

영어로 번역된 또 다른 주요한 연구서는 클라우스 베스터만(Claus Westermann)의 『시편의 찬양시와 탄식시』(*Praise and Lament in the Psalms*)다.[116] 이 책에는 그의 중요한 작품인 『시편의 하나님 찬양』(*The Praise of God in the Psalms*, 1965)과 몇 편의 소논문이 실려 있다. 베스터만의 가장 두드러진 통찰력은 히브리어에 "감사하다"("찬미하다"라는 말이 예상되는

115 H. Gunkel and J. Begrich, *Introduction to the Psalms: The Genres of the Religious Lyric of Israel,* trans. J. D. Nogalski (Macon, Ga.: Mercer University Press, 1998).
116 C. Westermann, *Praise and Lament in the Psalms*, trans. K. R. Crim and R. N. Soulen (Atlanta: John Knox, 1981).

상황에서 일반적으로 사용되는 단어)에 해당하는 독자적인 단어가 없으며, 따라서 "감사"(*tôdâ*)라고 번역되는 단어는 "찬미"에 해당하는 또 다른 표현으로 이해해야 한다는 점을 밝힌 것이다. 그는 찬양시와 감사시를 구분하는 것이 잘못된 인식이라고 주장한다. 그는 첫째 유형(찬양시)을 "서술적 찬양시"(psalms of descriptive praise)라고 부르는데 이는 일반적이고 범우주적인 면에서 하나님의 속성을 찬양하는 시편들이고, 둘째 유형(감사시)은 "서사적(또는 '선언적') 찬양시"(psalms of narrative [or 'declarative'] praise)라고 부르는데 이는 하나님이 국가와 개인에게 행하신 구체적인 일들을 낭송하는(선포하는) 것으로서 하나님을 찬양하는 시편들이라고 하였다. 베스터만의 주장은 다소 과장된 것인데, 왜냐하면 감사와 찬양을 구별하는 몇 가지 중요한 특징들이 존재하기 때문이다. 그럼에도 그의 구별은 아주 유용한 것인데, 이는 모든 시편이 궁극적으로는 "찬양"으로 간주되어야 함을 밝혀주었다(심지어 그는 탄원시도 결론적인 찬양의 맹세에 있어서는 찬양으로 발전한다고 주장한다).

궁켈의 연구를 개선한 것으로는 에르하르트 S. 게르슈텐베르거(Erhard S. Gerstenberger)의 『시편: 제1부』(*Psalms, Part I*)를 들 수 있는데, 여기서 그는 시편의 첫 60편을 양식비평적으로 다루고 있다.[117] 그는 궁켈의 분류법을 따르면서도 나름의 독자적인 기여를 하고 있는데, 바로 그가 시편의 사회적 배경에 관심을 기울이고 "내집단(in-group)과 외집단(out-group)"의 역동성에 초점을 맞추었다는 점이다. 그는 많은 시편이 "중앙 성전이나 유명한 지혜 학교"("내집단")에서 발생한 것이 아니라 "소규모의 유기적인 집단인 가족, 이웃, 그리고 공동체"("외집단")를

117 E. S. Gerstenberger, *Psalms, Part I: With an Introduction to Cultic Poetry,* FOTL 14 (Grand Rapids: Eerdmans, 1988).

배경으로 발생했다고 주장한다.[118] 따라서 많은 시편의 기원, **그리고** 기능은 제의적이지 않으며 종교의식과 전혀 연결되지 않는다.

"양식비평"으로 분류될 수 있는 한 가지 중요한 연구는 월터 브루그만(Walter Brueggemann)의 "시편과 믿음의 삶"(Psalms and the Life of Faith)이다.[119] 이 소논문에서 브루그만은 시편을 기능적인 면으로 분류하는 새로운 방법을 제시한다. 그가 적용한 도식(폴 리쾨르의 작업에서 영감을 얻은)에서 "정위(orientation) 시편"은 긴장 요소가 없는 것이 특징이며, 그 세계는 정돈되어 있고 선(goodness)이 우세한 시편으로, 창조, 지혜, 응보, 그리고 축복의 시편들이 여기에 해당된다. 둘째 부류는 "이탈(disorientation) 시편"으로, 탄원시가 여기에 해당된다. 셋째 부류는 "재정위(reorientation) 시편"으로, 감사시와 찬송시가 여기 해당된다. 브루그만은 "정돈된" 정위 시편들에서보다 이 셋째 부류 안에서 더 큰 흥분을 감지하는데, 여기서는 시편 저자가 이탈(disorientation)의 단계를 통과하여 새로운 정위의 세계, 곧 최초의 정위보다 더욱 안전하고 성숙한 세계로 나아가고 있음을 보여주고 있다. 그렇다면 이 도식에서는 찬송시와 감사시(베스터만의 서술적 찬양시와 선언적 찬양시)가 형식상으로는 서로 다른 반면 기능에서는 둘 다 새로운 정위의 범주에 속하며 환난과 하나님의 은혜로운 섭리로 가득하다는 점에서 유사하다.[120] 브루그만의 새로운 범주들이 표준적인 양식비평의 범주를 대체한 것은 아니

118 Ibid., 33.

119 Brueggemann은 이 소논문의 주된 아이디어를 나중의 글에서도 추구했고 대중을 위해 *The Message of the Psalms* (Minneapolis: Augsburg, 1984)에서 그 점을 종합적으로 다루었다.

120 나중의 글에서 Brueggemann은 몇몇 찬양시(예. 시 150편)를 "정위(orientation) 시편"으로 규정하였다. 왜냐하면 그 시들은 그가 보기에 재정위(Reorientation) 시편에서 발견되는 삶을 변화시키는 경험들에 대한 증거가 없이 "정적"(static)이기 때문이다.

지만 그럼에도 그의 모델은 아주 유용하여 1980년 이래로 시편 연구에 지대한 영향을 끼쳤다.

양식비평의 한 범주로서 탄원시는 지난 세월 동안 많은 학자들에게 관심의 대상이었으며, 1970년 이래 양식비평 연구들은 이러한 추세를 이어나갔다. 학자들은 탄원시에 나타난 특정 요소나 전체적인 기능에 초점을 맞추어 연구를 진행했다.

예를 들어 윌리엄 H. 벨린저(William H. Bellinger Jr.)는 『찬송과 예언』(*Psalmody and Prophecy*)이라는 저서에서 탄원시편들 가운데 특히 "기도 응답에 대한 확신"을 담은 부분들에 나타난 예언적 요소들을 집중적으로 다루었으며, (베그리히[Begrich]를 따라) 그 요소를 구원의 신탁과 연결 지었다. 구원의 약속이 시를 통해 기도하는 개인에게 전달되면, 그는 자신의 기도가 응답될 것이라는(혹은 응답되었다는) 믿음을 말로써 표현한다.[121] 벨린저는 "제의 예언자"라는 개념에 의구심을 표하는데, 그는 구원의 신탁이 제사장에 의해서도 충분히 선포될 수 있었을 것이라고 주장한다. 이와 대조적으로 레이몽-자크 투르네(Raymond Jacques Tournay)는 『시편에서 하나님을 보고 듣기』(*Seeing and Hearing God in the Psalms*)라는 책에서 정통 제의 예언자들이 참으로 실재했으며 그들은 포로기 이후 레위 지파의 노래하는 자들이었다고 주장한다.[122] 그는 초혼 행위(theophanic evocation)와 제의적 신탁에 초점을 맞추었는데, 이를 통해 시편에서 예언적 측면이 중요하다는 점을 보여주고자 했으며,

121 W. H. Bellinger Jr., *Psalmody and Prophecy,* JSOTSup 27 (Sheffield: JSOT Press, 1984).

122 R. J. Tournay, *Seeing and Hearing God in the Psalms: The Prophetic Liturgy of the Second Temple in Jerusalem,* JSOTSup 118 (Sheffield: Sheffield Academic Press, 1991).

그 시편들은 레위 지파의 노래하는 자들이 포로기 이후 공동체에게 소망을 가져다주기 위해 작성한 것이라고 보았다. 그는 이 예언적 소망을 메시아적 소망과 연결지어서, 교회가 이런 예언적인 측면에 집중함으로써 그 소망 가운데 일부를 다시 회복할 수 있다고 주장한다. 하지만 그의 논지는 많은 시편이 포로기 이후의 작품이라는 가정에 지나치게 의존하는데, 대부분의 경우들에서 이런 가정이 결정적으로 입증되지는 않는다.

크레이그 C. 브로일즈(Craig C. Broyles)는 『시편에서 믿음과 경험의 갈등』(*The Conflict of Faith and Experience in the Psalms*)이라는 저서에서 간구시(psalms of plea)와 탄식시(psalms of complaint)를 구별하는데, 간구시에서는 하나님이 찬양의 대상이자 시인을 위해 중재해달라는 요청의 대상인 반면, 탄식시에서는 하나님이 방관자처럼 무관심하거나 혹은 적극적으로 괴롭히는 존재로서 항의의 대상으로 나타난다.[123] 불평은 단순한 불평이 아니라 하나님을 향하여 약속을 충실히 지켜주시고 시인을 위해 행동해달라고 호소하고자 하는 의도를 담고 있다.

고대 근동의 공동체 탄원시를 연구한 두 저서가 있다. 폴 W. 페리스(Paul W. Ferris Jr.)는 『성서와 고대 근동의 공동체 탄원시』(*The Genre of Communal Lament in the Bible and the Ancient Near East*)라는 책에서 시편 열아홉 편과 예레미야애가를 메소포타미아의 도시 탄원시(city laments)인 발라그(balag)와 에르솀마(eršemma)에 나오는 공동체 형식들에 맞추어 연구하였다. 그의 연구는 "히브리 공동체 탄원시를 이웃 문화의 공동체 탄원시 현상에 비추어 통합적으로 비교·분석하여 발전시키고자

123 C. C. Broyles, *The Conflict of Faith and Experience in the Psalms*, JSOTSup 52 (Sheffield: JSOT Press, 1989).

하는 시도"다.[124] 그의 장르 가설은 전통적인 양식비평보다 더 앞선 것이다. 그는 주어진 장르를 구성하는 각 부분들이 완벽하게 균일할 필요는 없으며 그것들이 하나의 삶의 정황(Sitz im Leben)에만 매여 있는 것은 아니라고 강조한다. 페리스는 이스라엘과 메소포타미아의 탄원시는 서로 독립적인 관계이면서도 공통의 문화 유산에 기원을 둔다고 결론 내린다. 반면에 『오, 하나님 우리의 귀로 들었나이다』(*We Have Heard with Our Ears, O God*)라는 책의 저자인 월터 C. 부저드(Walter C. Bouzard Jr.)는 이에 동의하지 않는다. 그는 공동체 탄원시의 배경으로 추정되는 메소포타미아 자료를 조사한 후에, 이런 증거는 "두 모음집 사이에 특히 문학적인 연결고리가 존재할 가능성이 아주 높음을 보여준다"라고 결론짓는 한편 이것은 단지 차용에 대한 정황증거일 뿐임을 인정한다.[125] 부저드는 베스터만의 구조적 요소들인 "신뢰의 표현"과 특히 "응답의 확실성"에 의문을 표하며, 그가 살펴본 이스라엘 탄원시—시편 44, 60, 74, 79, 80, 83, 89편—에 이 두 요소가 전혀 나오지 않음을 지적한다.[126]

아넬리 아에밀리우스(Anneli Aejmelaeus)는 『시편의 전통적 기도』(*The Traditional Prayer in the Psalms*)에서 베스터만의 양식비평 장르인 탄식시(궁켈이 말하는 개인 탄원시)를 "개인 기도시"라고 부른다. 왜냐하면 이 시에서 하나님께 드리는 "명령형 기도"(imperative prayer)의 역할이 두드러

124 P. W. Ferris Jr., *The Genre of Communal Lament in the Bible and the Ancient Near East*, SBLDS 127 (Atlanta: Scholars Press, 1992), 13.

125 W. C. Bouzard Jr., *We Have Heard with Our Ears, O God: Sources of the Communal Laments in the Psalms*, SBLDS 159 (Atlanta: Scholars Press, 1997), 201.

126 Ibid., 109–13, 204–5.

지기 때문이다.[127] 고전적 양식비평가들의 전통을 따라 그녀는 "전통적인" 기도(즉 이스라엘의 포로기 이전 역사를 언급하는 판에 박힌 기도)가 단순한(포로기 이전) 형식으로부터 복잡한(포로기 이후) 형식으로 진화하고 발전했다고 주장한다. 이 방법의 주된 문제점은 바로 이 진화론적 가설이다. 대부분의 성서학자들은 이를 받아들이지 않는다. 그렇지만 명령형 기도의 형식과 기능에 대한 논의는 유용하다.

시편에 등장하는 인물들을 연구한 두 저서가 있다. 하나는 스티븐 J. L. 크로프트(Steven J. L. Croft)의 『시편에 등장하는 인물들의 정체』(*The Identity of the Individual in the Psalms*)이다. 이 책은 "시편의 시인이 과연 누구인가?"라는 빈번한 질문을 주제로 다룬다.[128] 그는 "1인칭" 시편(아흔 여섯 편의 시)의 화자가 왕이거나 평민이거나 혹은 제사의식의 수장(제의 예언자, 지혜 선생, 성전에서 노래하는 자)이라고 주장한다. 마르틴 라븐달 해게(Martin Ravndal Hauge)는 『스올과 성전 사이』(*Between Sheol and Temple*)에서 개인의 정체에 대한 물음을 다루는 대신 종교적 체험에 몰두해 있는 개인의 감정적·정신적 자리를 묘사하는 세 가지 핵심 모티프—"성전", "길", "스올"—에 주력한다.[129]

모빙켈의 야웨 등극 축제 가설은 J. H. 이튼(J. H. Eaton)의 『왕관과 시편』(*Kingship and the Psalms*)에서 재현된다.[130] 이튼은 이 가상 축제

127 A. Aejmelaeus, *The Traditional Prayer in the Psalms,* BZAW 167 (Berlin: de Gruyter, 1986).

128 S. J. L. Croft, *The Identity of the Individual in the Psalms,* JSOTSup 44 (Sheffield: JSOT Press, 1987).

129 M. R. Hauge, *Between Sheol and Temple: Motif Structure and Function in the IPsalms,* JSOTSup 178 (Sheffield: Sheffield Academic Press, 1995).

130 J. H. Eaton, *Kingship and the Psalms,* 2d ed., Biblical Seminar 3 (Sheffield: JSOT Press, 1986).

에 대한 모빙켈의 재구성 및 장막절과의 연관성을 수용한다.[131] 그는 또한 이 축제에 이스라엘 왕이 깊이 관련되어 있다는 A. R. 존슨(A. R. Johnson)의 주장도 받아들인다. 이런 식으로 그는 제왕시의 항목을 확장시켰고, 결과적으로 제왕시가 시편 전체의 절반에 육박하게 되었다. 그는 개인 탄원시의 대부분이 사실상 왕의 기도라고 생각한다. 많은 이들은 제왕시를 이처럼 확장하는 것에 의문을 제기했지만, 일흔 세 편의 시가 다윗왕의 저작으로 돌려지는 정경 시편의 형태는 이튼의 견해를 지지해준다.[132]

고대 근동 배경에서의 시편

20세기 초반에는 시편과 고대 근동의 연결성에 대한 관심이 일차적으로 메소포타미아 찬송시, 기도시, 탄원시와 시편의 평행구에 집중되었다. 궁켈은 시편의 기본 형태를 파악할 때 이 자료들을 연구했다. 모빙켈 역시 그의 야웨 등극 축제 가설을 재구성할 때 동일한 작업을 했다. 이런 관심은 여전히 양식비평을 기반으로 한 몇몇 연구에서 계속되고 있다(위를 보라).

그러나 20세기 중반에는 관심사가 우가리트 문학의 평행구로 옮겨갔다. 우가리트 문학은 히브리어와 밀접하게 관련 있는 서부 셈어를 사

131 Jeremias도 마찬가지다. J. Jeremias in *Das Königtum Gottes in den Psalmen: Israels Begegnung mit dem kanaanäischen Mythos in den Jahwe-König-Psalmen,* FRLANT 141 (Göttingen: Vandenhoeck & Ruprecht, 1987), 그렇지만 Jeremias는 Mowinckel이 축제를 재구성하면서 다룬 정도까지는 가지 않았다.

132 Cf. Waltke, "Canonical Process Approach to the Psalms," 3–18.

용하는 데다가 다수의 시를 포함하고 있었다. 시편 연구에 있어 우가리트 문학의 영향은 미첼 J. 다우드(Mitchell J. Dahood)의 시편 주석서가 나오면서 그 정점에 달했다. 이 주석서에서 다우드는 우가리트 평행구로 추정되는 구절들을 기초로 삼아 시편의 많은 시를 급진적으로 개정하기에 이르렀다.[133] 그러나 그의 영향력은 과거 20년 동안 무시되어왔다. 왜냐하면 그가 수많은 제안들을 내놓으면서 과도하게 많은 우가리트 용례를 사용했기 때문이었다.

오늘날 우가리트와 관련하여 시편 학자들의 주요 관심사는 시편과 우가리트 문헌에 공통되는 시적 특성에 관한 연구에 집중된다. 그중에서 지배적인 관심사는 단어 짝(word pairs)이다. 종종 "고정(fixed) 단어 짝"이라는 표현이 사용되기도 하지만 "평행(parallel) 단어 짝"이라는 표현이 더 적절하다. 단어 짝은 동등한 문법 층위(예. 명사, 동사, 분사)에 속해 있으면서 평행으로 자주 등장하는 단어들을 가리킨다. 명백한 예로는 **눈**과 **비**, **왼쪽**과 **오른쪽**, **해**와 **달**, **아버지**와 **어머니** 등이 있으며 변화형도 자주 등장한다. 예를 들어 같은 동사가 다른 형태로 반복되는 것(예. 남성형 대 여성형, 단수형 대 복수형, 완료형[*qatal*]대 미완료형[*yiqtol*]), 동일한 단어에 새로운 단어가 첨가되어 확장된 것(예. **사막**과 **거룩한 사막**, **화관**과 **금화관**), 또는 비유적으로 짝을 이루는 것(예. **꿀**과 **기름**)이다.[134] 다우드는 이 주제에 대해 광범위한 연구를 진행했지만,[135] 오늘날 표준

133 M. J. Dahood, *Psalms,* 3 vols., AB 16–17A (Garden City, N.Y.: Doubleday, 1966–70).

134 간략한 소개는 Berlin의 글을 보라. Berlin, *Dynamics of Biblical Parallelism,* 65–72; Watson, *Classical Hebrew Poetry,* 128–44.

135 M. J. Dahood, "Ugaritic-Hebrew Parallel Pairs," in *Ras Shamra Parallels,* ed. L. Fisher and S. Rummel, AnOr 49–51 (Rome: Pontifical Biblical Institute, 1972, 1975, 1981), 1:71–382; 2:1–39; 3:1–206; Dahood는 이 소논문들에서 천 개가 넘는 평행구 목

이 되는 연구는 이츠하크 아비슈르의 『성서와 고대 셈어 문학에서 단어 짝의 문체에 대한 연구』(*Stylistic Studies of Word-Pairs in Biblical and Ancient Semitic Literatures*)다.[136] 아비슈르는 서로 다른 유형의 단어 짝을 제시하고, 이것들이 성서 언어와 성서 외 언어(우가리트어, 페니키아어, 아람어, 아카드어)에서 등장하는 경우들을 도표화했다. 또한 그는 다우드의 용례 가운데 많은 부분을 수정했으며 다우드가 제시한 용례 중 70퍼센트 가량은 "공통 단어 짝"으로 볼 수 없다고 지적한다. 그는 200개 정도의 공통 단어 짝이 있으며, 그중 일부는 다우드가 미처 파악하지 못한 것들이라고 결론짓는다.[137]

아비슈르는 『히브리 시와 우가리트 시 연구』(*Studies in Hebrew and Ugaritic Psalms*)라는 제목의 책에서 우가리트 시와 히브리 시편의 관계 문제를 다루었는데, 결론적으로 이스라엘 전통과 우가리트-가나안 전통 사이에는 설득력 있는 연결성이 없으며, 유사성이 나타나는 이유는 단지 공통된 형식, 주제, 언어학적·문체적 요소 때문이라고 주장하였다.[138] 이에 반대하여 카롤라 클루스(Carola Kloos)는 『야웨와 바다의 전투』(*Yahweh's Combat with the Sea*)에서 시편 29편과 "바다의 노래"(출 15장)를 근거로 바알 신앙이 사실상 구약 종교를 형성하는 데 중요한 기초를 제공했으며, 야웨는 바다(Yam)와의 전투에서 "이스라엘의 바알" 역할을 했다고 주장한다.[139]

록을 제시했다. 또한 Yoder의 글도 보라. P. Yoder, "A-B Pairs and Oral Composition in Hebrew Poetry," *VT* 21 (1971): 470–89.

136 Y. Avishur, *Stylistic Studies of Word-Pairs in Biblical and Ancient Semitic Literatures*, AOAT 210 (Kevelaer: Butzon & Bercker; Neukirchen-Vluyn: Neukirchener, 1984).

137 Ibid., 40.

138 Y. Avishur, *Studies in Hebrew and Ugaritic Psalms* (Jerusalem: Magnes, 1994).

139 C. Kloos, *Yahweh's Combat with the Sea: A Canaanite Tradition in the Religion of Ancient*

고대 근동에 대한 관심이 문학이나 양식비평 연구에만 제한된 것은 아니다. 시편에 관련된 고대 근동 도상학(iconography)에 대한 귀중한 연구로 오트마르 키일(Othmar Keel)의 『성서 세계의 상징』(*Symbolism of the Biblical World*)이란 책이 있다.[140] 이 책은 우주, 파괴적인 힘(죽음, 대적), 성전, 신 개념(성전, 창조, 역사의 맥락에서), 왕, 신과 대면한 인간 등의 개념과 관련된 고대 근동의 자료들을 정리하였는데, 150편의 시편 가운데 백 마흔 여섯 시편에 대해 설명을 덧붙이고 총 556개에 달하는 삽화나 도해를 실었다.

결론

1970년 이래로 시편 연구에 있어 가장 두드러진 특징들은 (1) 시편 해석의 패러다임 전환으로 인해 시편을 더욱더 하나의 통합된 모음집으로 읽게 된 것, (2) 히브리 시 해석의 패러다임 전환으로 인해 시편을 더욱더 구문론적으로 읽게 된 것, 그리고 (3) 개별 시편과 시편 유형에 접근하는 방법들의 수가 급격하게 증가한 것이다. 위에서 다룬 것처럼 각 특징들은 큰 장점을 지니고 있다.

물론 각 특징에는 위험 요소도 있다. 첫째 영역의 가장 큰 위험성은 주관성과 과도한 일반화다. 이 접근법은 방법론적으로 적절하게 조절

Israel (Leiden: Brill, 1986).

140 O. Keel, *The Symbolism of the Biblical World: Ancient Near Eastern Iconography and the Book of Psalms,* trans. T. J. Hallett (New York: Seabury, 1978). Cf. 또한 Ringgren, *Psaltaren 1–41,* Ringgren은 고대 근동 평행구와 도상학(iconography)에 지대한 관심을 보였다.

할 수 있는 장치를 마련해야 하며, 또한 연구 결과를 명료하고 구체적인 형태로 표현할 수 있어야만 의미 있는 작업으로 인정받을 수 있을 것이다. 이 방면의 연구는 다음 네 가지 방향을 따라 진행되어야 한다.

1. **거시적 구조**: 지금까지 대부분의 연구는 이 레벨에서 이루어졌고 앞으로도 계속될 필요가 있다. 그러나 이 레벨만으로는 결코 시편의 구성과 메시지에 대한 모든 질문에 답할 수 없다.
2. **미시적 구조**: 개별 시편들 그리고 시 그룹들 사이에 나타나는, 복잡하게 얽힌 다양한 연관성들(어휘적 연관성을 포함하여)에 더욱 주목해야 한다. 아울러 선재하는 시 모음집들이 시작하고 끝나는 위치에서의 편집상의 역학관계에도 주의를 기울여야 한다.
3. **의미론적 분야**: 크리치가 제창한 의미론적 분야 접근법은 유용한 결과들을 산출할 가능성이 있으므로 다양한 핵심 어휘소에 적용되어야 할 것이다.
4. **평행법**: 성서의 다른 책들(잠언, 이사야, 예레미야, 소예언서)과 경외문서(메소포타미아, 이집트, 쿰란 문서)에 대한 연구는 더 깊은 통찰력과 통제력을 제공할 것이다.

위에서 주장한 것처럼, 히브리 시 연구에서 구문론에 대한 관심은 의미를 추구하는 분과인 의미론 및 시론과 결합되어야 한다. 구문론에 대한 관심은 그 자체로 히브리 시작(詩作)에 대한 이해를 제공하지만, 그것은 결코 시행들의 **의미**(시 전체의 의미는 말할 것도 없고)에 대해 완전한 그림을 보여주지는 못한다.

접근법이 다양해지면서 초래되는 위험성이 있는데, 시편 연구의 분야들을 지나치게 세분화하게 되면 해석학적 접근들에 대해 견제와 균형의 기능을 수행하기가 어렵다는 점이다. 이것은 성서학 전반에 대해서도 마찬가지다. 성서학 각 분야가 전문화되어갈수록 어떤 관점을 주창하는 학자는 오로지 자신에게 동의하는 학자들과만 의견을 교환하고 그 외의 다른 누구와도 대화를 하지 않음으로써, 결과적으로 비판적인 논평이 가져다주는 긍정적인 효과를 놓치게 될 수가 있다. 시편 연구에 대한 접근법들이 급격하게 증가하는 현상은 20세기 말의 포스트모던 시대를 반영한다. 텍스트에 대한 어떤 접근법도 (그리고 텍스트에 대한 어떤 결론도) 동등하게 유효한 것으로 간주된다. 하지만 저자의 본래 의미와 의도를 밝히려는 노력은—비록 그 의미와 의도를 밝혀내는 일에 많은 어려움이 따르기는 하지만—새로운 접근법들을 광범위하게 수용하는 추세 속에서도 결코 포기되어서는 안 된다. 또한 이 새로운 접근법들은 도출된 결론에 대해서만 아니라 그 접근법 자체의 타당성과 유용성 면에서도 비판적인 평가를 거쳐야 한다.

1999년의 시편 연구는 100년 전과 비교할 때 역동적이며 번창하고 있다. 시편 연구는 성서학 연구에서 주류를 점하게 되었고 급격하게 발전하는 중이다.[141] 이런 연구의 대부분은 1970년 이래 성서학의 다른 분야에 나타난 광범위한 동향을 반영하고 있다. 더불어 2000년대에 진입하면서 많은 사람들이 종말론적 표적을 구하고 있을 때, 시편의 종말

141 시편과 시편 방법론에 대한 책과 논문들이 실제적으로 폭발적 증가를 보인 것은 1970년 이후로, 전문적인 학회들의 수적 성장과 평행한다. 이 시기에 세계성서학회(the Society of Biblical Literature)는 회원수가 1970년의 2820명에서 1998년에는 7121명으로 두 배 이상 증가했으며, 복음주의신학연맹(the Evangelical Theological Society)은 1970년의 802명에서 1998년에는 2539명으로 세 배 이상 증가했다(이 통계는 SBL의 Andrew D. Scrimgeour와 Gregory L. Glover, ETS의 James A. Borland의 허락으로 게재함).

론적 소망은 여느 때만큼이나 신선하고 적합한 메시지다.[142]

142 나는 이 글에 유용한 제안을 해준 Chris Franke, Mark D. Futato, William L. Holladay, Patrick D. Miller Jr., Michael Patrick O'Connor, Philip C. Schmitz, 그리고 Erich Zenger에게 감사하며, 앞으로 나올 자신들의 책을 기꺼이 언급하게 해준 William L. Holladay와 J. Kenneth Kuntz에게 감사를 표명한다. 이 글의 몇 부분은 나의 책 *The Structure of Psalms 93–100* (Winona Lake, Ind.: Eisenbrauns, 1997), 1–19의 시편 연구 리뷰를 개작한 것이며 허락을 받아 사용하였다.

제13장

최근 구약 묵시문학 연구 동향

John N. Oswalt
존 N. 오스왈트*

묵시에 대한 새로운 관심

묵시의 표지 중 하나가 역사의 시대 구분이라면[1] 현대 역사가들은 진정 종말론자의 후손들이라 할 것이다. 현대 역사 기록에서 시기와 시대를 구분 짓는 것보다 더 특징적인 요소가 무엇이겠는가? 이 같은 성향은 본고에서 다루는 주제의 연구에도 나타난다. 확실히 최근 몇 년간 묵시 현상에 대해, 그리고 묵시가 유대교와 기독교의 발생에서 갖는 중요성에 대해 새롭게 관심이 집중되고 있다. 여기서는 정확히 언제 이런 관심이 재개되었는지, 그리고 무엇이 이런 부흥을 촉발시켰는지 알아

* 본고는 원래 *JETS* 24 (1981): 289–302에 실린 소논문을 수정한 것이다.

1 D. E. Gowan, *Bridge between the Testaments,* 2d ed., PTMS 14 (Pittsburgh: Pickwick, 1980), 449.

보고자 한다.

클라우스 코흐(Klaus Koch)는 이 부흥의 시작이 언제였는지 정확한 때를 밝히는 데 전혀 망설임이 없다. 그는 에른스트 케제만(Ernst Käsemann)이 그의 연설에서 "묵시는 기독교 신학의 어머니다"라고 공포한 1959년에 부흥이 시작되었다고 말한다.[2] 그러한 발표는 불트만을 따라 기독교적 종말론과 유대적 묵시 사이의 관련성을 부인해온 독일 신학자들에게 확실한 충격이었다. 또한 그 진술이 볼프하르트 판넨베르크(Wolfhart Pannenberg)의 강의에 연이어 나온 것이었기에 가볍게 넘길 수도 없었는데, 판넨베르크는 그 강의에서 묵시 이해를 진정한 역사 이해의 발전에 있어 필수적인 연결고리라고 보는 역사철학을 공표했었다.[3]

특히 독일어권 학자들에게 있어 케제만과 판넨베르크의 중요성은 의심할 여지가 없다. 그러나 코흐가 제안한 것처럼 "현 시대"가 갑자기 도래했는지에 대해서는 질문을 던질 수 있다. 코흐도 언급했듯이 1944년에 H. H. 로울리(H. H. Rowley)가 영어권에서 널리 수용된 불트만의 견해를 중재하는 의견을 이미 제시한 바 있기 때문이다.[4] 1952년에는

2 E. Käsemann, "The Beginnings of Christian Theology" (trans. J. W. Leitch), *JTC* 6 (1969): 40; K. Koch, *The Rediscovery of Apocalyptic,* trans. M. Kohl, SBT 2/22 (Naperville, Ill.: Allenson; London: SCM, 1972), 14; 다음도 참조하라. E. F. Tupper, "The Revival of Apocalyptic in Biblical and Theological Studies," *RevExp* 72 (1975): 279.

3 W. Pannenberg, "Redemptive Event and History," in *Basic Questions in Theology: Collected Essays,* trans. G. H. Kehm, 2 vols. (Philadelphia: Fortress; London: SCM, 1970–71), 1:15–80.

4 Koch, *Rediscovery,* 51–53; H. H. Rowley, *The Relevance of Apocalyptic* (New York: Association Press; London: Lutterworth, 1944; 3d ed. 1963).

S. B. 프로스트(S. B. Frost)가 비슷한 입장을 표명했다.[5] 1957년에는 G. E. 래드(G. E. Ladd) 역시 이러한 입장과의 관련성을 주장하였다.[6] 이와 같이 묵시의 중요성을 인지한 것은 영어를 구사하는 사람들에게만 한정된 것은 아니었다. 오토 플뢰거(Otto Plöger)는 1959년에 이미 예언과 묵시의 관계를 연구했고, 폰 라트(von Rad)는 지혜서의 묵시적 근원에 대해 언급했으며 비록 그 내용이 주로 부정적일지라도 여전히 아이히로트(Eichrodt)보다 더 많은 관심을 받고 있다.[7]

그러므로 케제만과 판넨베르크가 어떤 운동을 개시한 것은 아니었고 단지 그 운동의 일부였을 뿐이다. 물론 그들의 공식화로 인해 다른 여러 사람들의 사상이 구체화되고 그 운동이 활발해졌겠지만, 사실상 그 운동은 이미 전개되고 있었다. 그렇다면 특정 학자들의 선언으로 이 운동이 시작된 것이 아니라면 이러한 운동을 촉발시킨 계기는 무엇이었겠는가? D. S. 러셀(D. S. Russell)은 학자와 일반 성도 모두가 말세에 관심을 갖는 것은 현 시대 사건들의 본질을 통해 설명된다고 주장했다.[8] 인간은 "여느 때와 같은 삶"이 불가능해지는 사건들을 직면하면서도 여전히 존재의 단순한 내면적 의미보다 더 나은 것이 있으리라 믿으

5 S. B. Frost, *Old Testament Apocalyptic: Its Origins and Growth* (London: Epworth, 1952).

6 G. E. Ladd, "Why Not Prophecy-Apocalyptic?" *JBL* 76 (1957): 192–200.

7 O. Plöger, *Theocracy and Eschatology*, trans. S. Rudman (Richmond: John Knox; Oxford: Basil Blackwell, 1968); G. von Rad, *Old Testament Theology*, trans. D. M. G. Stalker, 2 vols. (New York: Harper & Row; Edinburgh: Oliver & Boyd, 1962–65), 2:301–15.

8 D. S. Russell, *Apocalyptic: Ancient and Modern* (Philadelphia: Fortress; London: SCM, 1978), 5. 다음도 참조하라. Koch, *Rediscovery*, 51. 여기에서는 Rowley의 책이 나온 시점에 대한 의견을 보라.

며 그런 사건들을 통합하고 초월할 역사철학에 눈을 돌리게 마련이다.[9] 이런 사회학적 요인과 함께 지성적 요인도 등장한다. J. J. 콜린스(J. J. Collins)는 20세기 초반 구약학계를 휩쓴 이스라엘 역사에 대한 벨하우젠식 견해가 묵시를 "진정한" 구약 신앙을 부정하는 것으로 여김으로써 묵시의 가치를 심하게 훼손했다고 지적했다. 콜린스의 주장은 구약 사상에 대한 벨하우젠의 강경한 견해를 완화시킴으로써 묵시의 중요성을 재고할 여지를 만들 수 있다는 의미로 해석될 수 있다.[10] 바로 이런 점에서 케제만의 연설이 갖는 의미에 대한 코흐의 주장은 어느 정도 과장되었다는 것이다. 케제만과 판넨베르크의 역할은 그들이 시작하지는 않았지만 몸소 가담해 있던 보다 광범위한 운동을 다른 이들에게 알리고 강조하는 것이었다.[11]

묵시의 정의

최근 몇 년 사이 묵시에 대한 관심이 재개되어 학계는 두 측면, 즉 묵시의 정의와 유래에 집중했다. 실제로 무엇이 묵시를 구성하는가? 그것은 어디서 유래했는가? 정의에 대한 문제가 중요했고 여전히 중요성을 지니고 있다. 그런데 "묵시"라는 꼬리표를 단 문학 자료의 내용, 형식,

9 마찬가지로 예를 들어, Augustine, *City of God*.

10 J. J. Collins, *The Apocalyptic Imagination: An Introduction to the Jewish Matrix of Christianity* (New York: Crossroad, 1984), 1, 12–13.

11 그러므로 확실하게 그들은 Hal Lindsay의 책에 대한 비상한 관심에 책임이 없었다. Lindsay에 대한 예리한 비평을 다음에서 보라. P. D. Hanson, *Old Testament Apocalyptic* (Nashville: Abingdon, 1987), 53–58.

관심이 갈피를 못 잡을 정도로 다양하게 나타났다.[12] 게다가 묵시문학이 출현한 시기(기원전 300년경-기원후 200년경) 동안 유대 민족에 대한 역사적 정보가 너무 부족하여 출처나 사회적 요인을 기준으로 문서들을 분류할 방편이 거의 없다. 누가 이런 책을 사용했는지 그 영향력이 얼마나 널리 퍼졌는지는 알 수 없다. 더 심각한 것은 묵시문학의 특징을 정확하게 말하기도 어려웠다는 점이다. 묵시문학의 특징들에 대해 명확한 목록을 작성하려는 시도들이 있었지만,[13] 그 목록들이 완성되었을 때 이런저런 방식으로 "묵시"라는 범주로 분류된 그 어느 것도 모든 평가기준에 부합하지는 못했다. 그러므로 마가렛 바커(Margaret Barker)가 지적하듯이 다른 묵시문학을 가려내는 시발점으로 자주 다니엘서를 사용하지만 다니엘서에도 최종 목록에 나타나는 묵시의 여러 특징이 빠져 있다.[14] 콜린스와 다른 학자들은 여기서의 문제가 아주 복잡한 자료를 너무 단순화시키는 데 있다고 주장한다.[15] 심지어 묵시라는 용

12 의견의 차이는 있지만 정경에서는 일반적으로 다니엘서와 요한계시록을 묵시문학으로, 비정경 중에서는 에녹1-3서, 바룩2-3서, 희년서, 에스라4서, 아브라함의 묵시록, 레위의 유언, 아브라함의 유언, 스바냐의 묵시록, 시빌의 신탁, 그리고 몇몇 쿰란 사본의 일부를 묵시문학으로 간주한다. 위경 전체가 다음에 나와 있다. J. H. Charlesworth, *The Old Testament Pseudepigrapha,* 2 vols. (Garden City, N.Y.: Doubleday; London: Darton, Longman & Todd, 1983-85).

13 그런 목록의 예를 다음에서 찾을 수 있다. Koch, *Rediscovery,* 24-30; 그리고 D. S. Russell, *The Method and Message of Jewish Apocalyptic,* OTL (Philadelphia: Westminster, 1964), 104-39.

14 M. Barker, "Slippery Words III. Apocalyptic," *ExpTim* 89 (1977-78): 325. 비슷한 견해를 다음에서 보라. P. R. Davies, "Eschatology in the Book of Daniel," *JSOT* 17 (1980): 33-53. Davies는 다니엘서를 묵시록으로 부르는 것이 유용한지 의구심을 갖는다.

15 Russell은 이후 그의 저서에서 이 비평을 참작한 것 같다(D. S. Russell, *Divine Disclosure: An Introduction to Jewish Apocalyptic* [Minneapolis: Fortress; London: SCM, 1992]). 이 책에서는 이전 책에서보다 묵시 자료들이 다양하다는 점을 더욱 강조하였다.

어가 무의미한 것을 너무 많이 포함하고 있기 때문에 **묵시**라는 용어 자체를 전부 빼버려야 된다고 주장하는 이들도 있다.[16]

묵시를 정의하는 데 유용한 접근법이 논의를 통해 제안되기도 했다. 그것은 바로 문학 장르, 사회 이념, 문학 사상과 주제를 구별해야 한다는 것이다. 따라서 어떤 이들은 "apocalyptic"이라는 단어를 고유한 명사로 대하지 말고 묵시문학(apocalypses), 묵시사상(apocalypticism), 묵시적 종말론(apocalyptic eschatology) 등에 대해 논의해야 한다고 주장한다. 그러나 여기서도 자료가 다양하여 의견의 불일치를 이룰 여지가 있다. 예를 들면 F. 가르시아 마르티네즈(F. García Martínez)는 "묵시"를 문학 장르에만 한정하는 것(이런 움직임의 여파로 나타나는 액면 그대로의 효과)은 과도한 단순화라고 주장한다.[17]

가르시아 마르티네즈의 반대에도 불구하고 위에 제안된 그런 유의 구별은 묵시의 정의 문제에 있어 유용한 접근으로 보인다. 이러한 접근법의 일환으로 세계성서학회의 한 세미나(콜린스가 의장으로 있는 묵시 연구 프로젝트)에서는 다음과 같은 정의를 내렸다.

> 내세에 속한 존재의 중재로 인간 수용자에게 계시가 주어졌다는 내러티브 틀을 가진 계시 문학의 한 장르로서, 종말론적 구원을 예견한다는 점에서 시간적인 특성을 지니는 한편 또 다른 초자연적 세계를 연루시킨다는 점에서 공간적인 특성도 지니는 초월적 실체를 드러내는 문학 양식이다.[18]

16 다음에서 정의에 대한 논의를 보라. J. Carmignac, "Description du phenomene de l'Apocalyptique dans l'Ancien Testament," in *Apocalypticism in the Mediterranean World and the Near East,* ed. D. Hellholm (Tübingen: Mohr, 1983), 163–66.

17 F. García Martínez, "Encore l'Apocalyptique," *JSJ* 17 (1987): 230.

18 Collins, *Apocalyptic Imagination,* 4, citing idem, "Introduction: Towards the

이 정의는 묵시로 일컬어진 모든 다양한 문학 작품을 포함할 만큼 광범위하다는 장점을 가지고 있으며, 상당히 구체적이어서 유용하기도 하다.[19] 예를 들어 고전적인 이스라엘 예언에는 계시 개념과 함께 종말론적 구원이란 개념도 일정 부분 들어 있지만, 내세에 속한 존재의 중재는 확실히 발견되지 않는다. 여기에 덧붙여서 장르에 대한 다양한 표현들을 구분하기 위해서는 보다 세부적인 정의가 필요할 것으로 보인다. 그렇다면 다른 묵시문학과 비교하여 다니엘서와 요한계시록을 정의할 특징이 있는가? 또 유대와 기독교 공동체들이 다른 묵시문학과 달리 다니엘서와 요한계시록을 왜 정경으로 받아들였는지 설명할 수 있는 특징이 있는가? 소위 역사적 묵시들과 내세의 여정을 그런 식으로 구별한 사례는 있었다.[20] 그러나 좀 더 정확한 구별이 필요한 것 같다.

위의 정의에 대해서는 적어도 두 가지 이의가 제기되었다. 하나는 크리스토퍼 로우랜드(Christopher Rowland)가 제기한 것으로서 그는 구속의 새 시대에 대한 기대는 묵시에서만 나오는 것이 아니라 초기 기독교 시대의 여러 유대교의 특징이었다는 것이다. 그러므로 뚜렷하게 묵시적인 종말론은 존재하지 않으며 이런 특징을 묵시문학 장르의 정의에 넣어서는 안 된다고 주장한다.[21] 그러나 로버트 웹(Robert Webb)은 종말에 대한 관심이 묵시문학의 특성이 아니라는 이유만으로 장르를

Morphology of a Genre," *Semeia* 14 (1979): 9.

19 반대로 Kortner가 내린 정의를 비교해보라. "묵시는 사건들의 추세를 해석하고 세상의 종말을 알리는 (풍유의 형식을 띤) 추측이다"(U. H. J. Kortner, "Weltzeit, Weltangst und Weltende," *TZ* 45 [1989]: 32–52).

20 Collins, *Apocalyptic Imagination,* 6.

21 C. Rowland, *The Open Heaven: A Study of Apocalyptic in Judaism and Early Christianity* (New York: Crossroad; London: SPCK, 1982), 29–37, 71.

정의하는 특징이 아니라고 단정 지을 수는 없다고 바르게 지적하고 있다.[22] 물론 종말에 대한 관심이 묵시를 정의하는 유일한 특성이거나 주요 특성이라면 로우랜드의 반대는 보다 큰 영향력을 가질 수 있을 것이다. 그러나 종말에 대한 관심이 여러 특징 중 하나라면 정의에서 그것을 삭제해서는 안 될 것이다.

다른 이의를 제기한 자는 데이비드 헬홈(David Hellholm)으로, 그는 위의 정의에 장르의 기능에 대한 언급이 없다고 지적한다. 따라서 그를 비롯한 몇몇 학자들은 다음 조항을 추가해야 된다고 제안했다. "위기에 처한 그룹을 겨냥하여 신의 권위로서 권유하거나 위안을 주려는 목적을 가진 장르."[23] 이것이 묵시문학의 한 기능이라는 견해가 널리 수용되기는 했지만, 이 가설을 지지하는 구체적인 증거가 없었다. 레스터 그래비(Lester Grabbe)는 묵시문학이 위기에 처한 소외된 공동체의 산물이 아니라 현대 천년왕국설 추종자들과 같은 집단의 산물이었다고 주장한다.[24] 그러나 확실한 증거가 없고 그래비와 같이 반대 의견을 제시하는 학자들이 존재한다는 점을 고려할 때 헬홈의 제안을 첨가하는 것은 지혜롭지 못한 것 같다.

22 R. Webb, "'Apocalyptic': Observations on a Slippery Term," *JNES* 49 (1990): 124.
23 D. Hellholm, "The Problem of Apocalyptic Genre and the Apocalypse of John," *Semeia* 36 (1986): 27.
24 L. L. Grabbe, "The Social Setting of Early Jewish Apocalypticism," *Journal for the Study of Pseudepigrapha* 4 (1989): 27–47.

묵시의 기원

묵시사상에 대해 유용한 정의를 내리려는 시도와 더불어 최근 몇 년간 이 사상의 유래에 대해 지대한 관심이 계속되었다. 과거의 연구에서는 예언적 종말론과 묵시적 종말론 간의 관계를 정확하게 규명하려 하였다. 묵시는 예언자들과는 상당한 거리를 둔 뒤안길이었는가?[25] 묵시는 예언자들로부터 직접 유래했지만 성공적이지 못한 후예였는가?[26] 묵시는 예언자의 환상이 적절하게 그리고 필연적으로 발전한 것이었는가?[27] 이 모든 질문에는 무엇이 실제로 예언적 종말론과 묵시적 종말론을 구별하는지에 대한 불확실성이 내재되어 있다. 핸슨(Hanson)에 따르면 이러한 한계점은 미래에 대한 환상이 일상생활의 사건들과 통합될 수 있는지, 또는 그 환상이 일반 역사와 다소 간의 단절을 가져오는지에 달려 있다고 주장한다.[28] 핸슨은 성서 문학에서 그러한 차이를 찾아내려고 했으나 성서 문학을 제대로 재해석하거나 재구성하지는 못했다. 바커(Barker)는 규범적인 유대교가 다니엘서를 수용하고 묵시문학 저자들을 거부하게 만든 요인은 다니엘서에 묵시적 종말론이 없다는 사실이라고 주장한다. 그녀는 이 점을 명백히 설명하지는 않지만 그녀가 말하는 "묵시적 종말론"이란 확실히 묵시문학 저자들이 일반 역사에서 하나님의 활동을 부인하는 것을 의미한다.[29] 그런 기준에 따르면

25 Von Rad, *Old Testament Theology*, 2:303–5. 다음도 참조하라. Idem, *Wisdom in Israel*, trans. J. D. Martin (Nashville: Abingdon; London: SCM, 1972), 특히 263-83의 부록 "The Divine Determination of Times"를 보라.

26 R. P. Carroll, "Second Isaiah and the Failure of Prophecy," *ST* 32 (1978): 125.

27 Pannenberg, "Redemptive Event," 23.

28 P. D. Hanson, "Apocalypticism," *IDBSup*, 32.

29 Barker, "Slippery Words III. Apocalyptic"; Davies, "Eschatology in the Book of Daniel,"

구약에는 묵시가 없으며, 심지어 "묵시록"이라는 제목으로 전체 내용을 규정한 신약성서의 한 책에 대해 이의를 제기할 수도 있다!

예언과 묵시

1960년경부터 1980년경까지의 추세는 묵시를 예언의 직계 후손 정도로 보는 것이었다. 묵시의 근본을 다른 곳에서 찾으려 했던 사람은 폰 라트였다. 그는 지혜를 묵시의 기원 자료로 보았다. 그러나 지혜서는 종말을 지향하지 않기 때문에 이 제안은 처음부터 문제가 되었다. 실제로 페테르 폰 데어 오스텐-자켄(Peter von der Osten-Sacken)은 묵시사상과 후기 지혜 양식의 근거가 하나님을 역사의 주와 창조주로 본 예언자의 환상에 있다고 주장한다.[30] 어쨌든 1980년 이후에 예언과 묵시 간의 연결고리가 너무 안이하게 제안되었다는 비판이 제기된 이후에야 비로소 폰 라트의 주장이 심각하게 다루어지기 시작했다(아래를 보라).

위르겐 몰트만(Jürgen Moltmann)은 묵시사상과 종말론이 예언자에게서 나왔음을 주요 이슈로 입증하려 하지는 않았다. 그러나 그의 『희망의 신학』(*Theology of Hope*)에서 그 유래를 밝히고 그것이 신뢰할 만하다는 것을 보이려 애썼다. 그 점에 있어서는 문제를 입증하려 들지 않았기 때문에 그의 주장이 더 설득력 있다. 그는 구약 전체가 보다 더 중요한 약속들의 성취를 바라보고 있다는 점에서 종말론적이라고 주장

33–53.

30 P. von der Osten-Sacken, *Die Apokalyptik in ihrem Verhältnis zu Prophetie und Weisheit*, Theologische Existenz heute 157 (Munich: Chr. Kaiser, 1969), 60.

한다.[31] 그 점이 옳다면—나는 옳다고 생각한다—종말론자가 기본적으로 지향하는 것은 예언자와는 다른 수준에서겠지만 여전히 동일한 순서를 따른다. 더욱이 몰트만이 후기(종말론적) 예언을 특징짓는 요소는 하나님의 심판에도 불구하고 그분에 대한 소망을 포기하지 않고 오히려 그 소망을 실존의 궁극적인 영역에까지 투영하는 것이라고 묘사할 때,[32] 그는 묵시의 기능이 예언과 전혀 다른 것은 아니라는 점을 보여주고 있는 것이다. 실제로 "묵시에서는 전 우주가 이스라엘 역사에 나타난 하나님의 계시로부터 배운 진리에 비추어 해석된다."[33] 결국 몰트만은 묵시가 예언의 적법한 연장이라는 확신 가운데서 묵시에 나타난 환상이 옳다고 주장하기에 이르렀다. 모든 역사는 하나님의 "반대"(no) 아래 있으며, 유일한 소망은 현재(present reality)와 완전히 단절될 하나님의 미래에 있다.[34]

하지만 몰트만은 예언과 묵시를 너무 안이하게 연결 지었다. 세상을 바라보는 두 방법이 동일한 출발점과 비슷한 관심을 공유한다 하더라도, 둘 사이에는 여전히 현저한 불연속성이 존재한다.[35] 1970년대 초반에 세 가지 서로 다른 유형의 종합적 연구가 등장했는데, 그들 모두 동일한 점을 지적한다. 코흐는 문헌들을 살펴본 후에 다음과 같이 결론짓는다. 다른 무엇보다도 "[묵시와] 예언을 안이하게 연결 짓는 가설의

31 J. Moltmann, *Theology of Hope,* trans. J. W. Leitch (New York: Harper & Row; London: SCM, 1967), 124, 126.

32 Ibid., 132.

33 Ibid., 137.

34 Ibid., 229; cf. also Koch, *Rediscovery,* 108; Tupper, "Revival of Apocalyptic," 300.

35 Rowley가 이미 *Relevance* (1963), 15에서 주장한 것처럼 말이다. 다음도 참조하라. Russell, *Method and Message,* 91.

시대는 종국을 고할 것이다."[36] 레온 모리스(Leon Morris)는 묵시의 주요 특성을 요약하면서 묵시와 예언의 차이점을 조목조목 지적하였다.[37] 셋 중에서 발터 슈미탈스(Walter Schmithals)의 연구가 가장 종합적이다.[38] 구약과 묵시의 관계를 다루는 장에서 그는 먼저 합의점들을 지적한 후에 그가 보기에 근본적인 차이점이 무엇인지를 지적한다. 공통되는 요소는 다음과 같다. 존재에 대한 동일한 이해—역사적; 하나님에 대한 동일한 개념—역사의 주재(Lord); 인류에 대한 동일한 견해—역사적 가능성; 시간에 대한 동일한 개념—목표를 향한 직선적 진행.[39]

이런 것들이 근본적인 유사점이긴 하지만 사실상 지나치게 일반적이며, 슈미탈스가 나열한 차이점들을 보면 그러한 사실이 더 명백해진다. 가장 두드러진 차이는 묵시 문학 저자들이 과거와의 불연속성을 나름대로 인식한다는 점이다. 그들은 구약성서 저자들은 전혀 상상하지 못했던 완전히 새로운 계시를 지닌 자들이다.[40] 여기에는 현 시대(aeon)에 대한 급진적인 염세주의가 맞물려 있다. 피조물이 정화되고 구속될 것이라는 인식은 없다(롬 8:19-23과 반대로). 현 시대에 유익한 것이 없으니 역사에는 의무도 구원도 없는 것이다. 따라서 역사상의 활동은 역사적 사건의 의미와 결과에 대한 역사적 지식에 의해 대치된다.[41] 슈미탈스는 그가 발견한 것을 다음과 같이 간략히 요약한다.

36 Koch, *Rediscovery,* 130.

37 L. Morris, *Apocalyptic* (Grand Rapids: Eerdmans; London: Inter-Varsity, 1972), 31, 34, 42, 60, 63, etc.

38 W. Schmithals, *The Apocalyptic Movement: Introduction and Interpretation,* trans. J. E. Steely (Nashville: Abingdon, 1975).

39 Ibid., 73–77.

40 Ibid., 70.

41 Ibid., 80–82.

묵시의 사고체계는 대체로 역사적이다.…그러나 그것은 역사 자체를 체념한다.…따라서 자신이 역사의 종착점에 서 있다고 생각하는 종말론자의 확신에는 역사가 종말로 치닫고 있다는 즐겁고 희망찬 당당함이 배어 있다. 이것은 구약에서는 결코 불가능한 태도다.[42]

슈미탈스의 진술이 너무 과하지 않았나 우려하는 이들도 있다. 첫째, 그는 구약성서가 역사적 구원 너머에 존재하는 다른 어떤 구원도 알지 못하는 것처럼 보이게 만든다. 둘째, 그는 묵시가 예언적 통찰로부터의 후퇴, 다시 말해 일종의 몰락이라고 암시한다(나중에는 명시적으로 그렇게 주장한다).[43] 이 두 가지 관점은 대대적인 수정을 요한다.

무엇보다도 만일 슈미탈스가 구약성서를 역사 안에서의 구원으로 제한하려 한다면, 그는 포로기 이후의 예언이 구약성서와 일관성을 갖는다는 점을 부인해야만 한다.[44] 그렇게 할 수 있다면 그것은 묘기에 가까운 일일 것이다. 그러나 유감스럽게도 자신의 결론을 약화시키는 증거자료를 단순히 제거해버릴 수는 없다. 무슨 권리로 슈미탈스는 구약성서에서 정경으로 인정되는 부분을 배제한다는 것인가? 실제로 구약성서의 일부 기사에서는 슈미탈스가 인정하고자 하는 것보다 더 많은 전이 현상이 나타난다. 게오르크 포러(Georg Forher)는 이사야 40-55장을 분석하면서 이런 과도기적 특징을 몇 가지 언급한다. 구시대와 신시대의 구분, 옛것에서 새것으로의 임박한 변화에 대한 믿음, 역사에서 벗어나려는 욕구, 그리고 새 시대의 도래와 함께 구원이 영원할 것이라

42 Ibid., 88.
43 Ibid., 132.
44 Ibid., 79, 80.

는 믿음 등이다.[45] 비록 세세한 표현들에까지 기계적으로 동의하지는 않는다 하더라도, 포러의 분석에 대한 일반적인 개요는 충분히 수용 가능한 것이다. 보편 역사의 범위를 넘어서는 구원이라는 개념이 구약성서 고유의 사상이 아니라는 주장은 지지 받을 수 없다.

이것은 또 다른 질문을 불러일으킨다. 구약성서의 예언적 가르침은 역사 안에서의 구원이라는 개념으로 점철되어 있기 때문에 역사의 범위를 넘어서는 구원이라는 개념은 궁극적으로 소멸을 자초하는 몰락으로 간주되어야 하는가? 슈미탈스만 이런 주장을 하는 것은 결코 아니다. 폰 라트는 예언이 에스라와 함께 사멸했다고 믿었으며, 크로스는 예언이 스룹바벨의 왕권과 함께 사라졌다고 본다.[46] R. P. 캐럴(R. P. Carroll)은 무엇보다도 특히 예언서의 왕이라고 불리는 "제2이사야"에 예언의 종말이 암시되어 있다고 여긴다. 그럼에도 캐럴은 그것이 "결국 사라지게 될 공허한 수사학"으로 가득한 "과장된 예언"을 담고 있다고 주장한다.[47]

여기서도 역시 세부사항들은 거대한 현상을 규정하기에는 지나치게 부족하다. 예언은 진정 구원과 실존에 대한 제한적이고 편협한 견해에 매여 있을 수밖에 없는 것인가? 학자들이 히브리 종교의 역사성을 지나치게 강조한 것은 아닌가? 물론 구약성서가 하나님의 자기계시의 무대로서 이 세상이 갖는 의미를 인지한 점은 대단히 중요한 것이

45 G. Fohrer, *Introduction to the Old Testament,* trans. D. Green (Nashville: Abingdon, 1968; London: SPCK, 1970), 383.

46 Von Rad, *Old Testament Theology,* 2:297; F. M. Cross, "New Directions in the Study of Apocalyptic," *JTC* 6 (1969): 157–65.

47 Carroll, "Second Isaiah," 126. 언어의 강도를 보아 Carroll은 실제적으로 다른 비평가 모두가 대작이라고 부르는 것의 정체를 폭로함으로써 즐거움을 느낀다고 볼 수밖에 없다.

다. 그러나 이것만이 예언자들이 깨달았던 전부라고 말하며 역사를 넘어서는 확장은 믿음에서 벗어나는 것이라고 규정하는 것은 실재에 대한 현대의 견해에 의존하여 역사와 의미를 분리하는 것이 아닌가 하는 의심을 불러일으킨다. 이 점에서 예언자 운동의 본질에 대한 몰트만의 해석이 전체 자료에 훨씬 더 충실한 것으로 보인다. 무슨 권리로 학개, 스가랴, 말라기를 아모스나 호세아보다 덜 "예언적"인 것으로 분류하는가? 덧붙여 하박국 3장, 요엘 3장, 예레미야 31장 또는 에스겔 36-38장의 환상 묘사들을 보라. 과연 이것들을 "과장된 예언", "공허한 수사학"이라고 부를 수 있을 것인가? 역사를 넘어서는 것이 역사적인 것으로부터 그리 단순하게 분리되지는 않는다. 예언자들은 세상에 모습을 드러내면서도 세상을 초월하는 그런 하나님을 알고 있었다. 따라서 설사 하나님의 구원이 인간의 역사적 경험으로 묘사되었고 설명되었다 하더라도, 그런 경험이 하나님의 구원 계획 전체를 드러내기에는 불충분하다는 점이 더욱 분명해진다. 이것은 역사에서 도망하는 것도 아니며 역사에서 배운 교훈을 부인하는 것도 아니다. 오히려 종말론적 예언은 그런 교훈을 보다 넓은 데로 투영하는 것이며 연장하는 것이다.[48] 따라서 말라기는 역사적 책임을 거부하는 것이 아니며 오히려 역사 안에서의 구원이 궁극적인 하나님의 계획 가운데 일부일 뿐이라고 주장하는 것이다(예. 말 2:17-3:7).[49] 그러니 만일 우리가 예언적 종말론이 곧바

48 마찬가지로 H. D. Preuss, *Jahweglaube und Zukunftserwartung,* BWANT 87 (Stuttgart: Kohlhammer, 1968), 특히 205–14.

49 예언자 신학과 묵시사상의 발달상의 관련성을 보여주는 다른 연구들을 보라. L. C. Allen, "Some Prophetic Antecedents of Apocalyptic Eschatology and Their Hermeneutic Value," *Ex Auditu* 6 (1990): 15–28; R. J. Bauckham, "The Rise of Apocalyptic," *Themelios* 3 (1978): 10–23; R. E. Clements, "The Interpretation of Prophecy and the Origin of Apocalyptic," *Baptist Quarterly* (1989 supplement):

로 묵시적 종말론으로 이어진다고 주장하는 듯한 몰트만의 의견에 동의하지 않는다면, 우리는 묵시적 종말론이 예언적 종말론의 산물이지만 결국에는 구원에 대해 완전히 다른 이해를 가지고 있다고 주장하는 듯한 슈미탈스의 의견에는 더더욱 동의해서는 안 될 것이다.

신화와 묵시

예언적 종말론에서 묵시적 종말론으로 이행하는 메커니즘을 연구한 학자 중에서 크로스의 공헌이 특히 중요하다.[50] 그는 종말론적 예언이 히브리 사상의 주류에 신화를 다시 도입한 것이 묵시적 환상으로 가는 길을 예비했다고 주장한다.[51] 이 논지에 따르면 현실 역사에서의 구원의 부재에 직면한 포로기와 포로기 이후 예언자들이 이스라엘에 잠재해 있지만 다소 억압되어왔던 여러 창조 신화와 전쟁 용사 신화를 사용했다는 것이다. 크로스는 그들이 현재의 실망스러운 역사 공간에 더 이상 소망을 두는 대신, 그들의 소망이 결코 그들을 실망시키지 않을 우주적 공간에 소망을 두기 위해 신화를 다시 소환한 것이라고 주장한

28–34; K. Koch, "Is Daniel among the Prophets?" *Int* 39 (1985): 117–30; B. Otzen, "Himmelrejser og himmelvisioner i jodisk Apokalyptik," *Dansk teologisktidsskrift* 58 (1995): 16–26; J. C. VanderKam, "Recent Studies in Apocalyptic," *Word and World* 4 (1984): 70–77; B. Vawter, "Apocalyptic: Its Relation to Prophecy," *CBQ* 22 (1960): 33–46.

50 Cross, "New Directions" 외에 다음도 보라. Idem, "Divine Warrior in Israel's Early Cult," in *Biblical Motifs: Origins and Transformations,* ed. A. Altmann (Cambridge, Mass.: Harvard University Press, 1966), 11–30; idem, "The Song of the Sea and Canaanite Myth," *JTC* 5 (1968): 1–25.

51 Cross, "New Directions," 165 n. 23.

다.[52] 이 주장을 지지할 수 있을지에 대해서는 아래에서 논의하겠다. 어쨌거나 적어도 미국에서는 크로스의 제자들을 통해 이런 주장이 상당한 영향력을 행사했다. 그의 제자 중에는 『묵시 문학의 여명』(*The Dawn of Apocalyptic*)이라는 책의 저자인 폴 핸슨(Paul Hanson)이 가장 잘 알려져 있다.[53] 이 책에서 핸슨은 묵시의 기원을 제3이사야, 학개, 스가랴에 묘사된 포로기 직후 공동체에서 찾을 수 있다고 주장한다. 이러한 기원의 단초는 제2이사야의 종말론적 환상에서 발견되는데, 여기서는 에스겔 추종자들의 성전 재건축에 반대하는 환상가 집단이 발전시킨 것과 유사한 방식으로 신화적 모티프들을 사용한다. 현실주의자들이 득세해 감에 따라, 환상가들은 더더욱 묵시적 소망에서 도피처를 찾고자 했다. 그러나 에스라와 역대기 사가의 기록에서 볼 수 있는 것처럼 궁극적으로는 현실주의자들이 승리했고 환상가 집단은 소멸했다. 그럼에도 그들의 두드러진 환상은 위에 언급된 책에 보존되어서 셀레우코스 왕조와 하스몬 왕조의 암흑기에 전국적으로 다시 등장한다.

크로스의 다른 제자인 W. R. 밀러(W. R. Miller)는 핸슨만큼 강력하게 사회적 갈등을 추정하지는 않았지만, 이사야 24-27장을 동일한 관점으로 연구하여 거의 동일한 결과에 이르렀다. 그의 결론은 이사야 텍스트가 포로기 직후에 나왔으며 당시의 위기에 대응하기 위하여 다시 신화적 모티프들에 대해 개방적인 태도를 취했음을 보여준다는 것이

52 마찬가지로 예를 들어 *Canaanite Myth and Hebrew Epic* (Cambridge, Mass: Harvard University Press, 1973), 344–46; 다음도 참조하라. R. P. Carroll, *When Prophecy Failed: Cognitive Dissonance in the Prophetic Traditions of the Old Testament* (New York: Seabury; London: SCM, 1979), 215–18.

53 P. D. Hanson, *The Dawn of Apocalyptic* (Philadelphia: Fortress, 1975).

다.[54] 이리하여 적어도 미국에서는 묵시적 환상이 예언적 종말론에서 직접적으로 출현했다는 견해가 가장 큰 영향력을 갖게 되었다.

> 역사적·사회적 상황으로 말미암아 동시대인과 사회구조를 신의 대행자와 종말론적 실재로 대하기가 어렵게 되고, 지도자들이 사회, 종교 단체에서 그 힘을 빼앗기고, 고대 신화의 환상이 염세주의에 빠진 사람들에게 찬란한 소망과 비참한 현실 사이의 긴장을 해소해주는 매개체가 됨에 따라 예언적 종말론의 관점은 묵시적 종말론의 관점에 자리를 내주게 되었다.[55]

그러나 이런 통찰만큼 중요한 것이 있는데, 종말론적 환상과 묵시적 환상이 서로 양립 불가능하지 않음을 증명함에 있어 둘을 연관 짓기 위해 사용된 방법들에 많은 난제들이 뒤따른다는 점이다. 예를 들면 다음과 같다. 후기 예언자들의 신화 자료 사용에 대한 지나친 강조, 우주적 전사 모티프의 근거 없는 적용, 문학적·사회학적 발전의 모형론에 대한 과신, 그리고 이로 인해 텍스트를 가능한 대안적 배열이나 대안적 설명을 충분히 고려하지 않고 재배열하는 문제, 그리고 이스라엘 사회와 역사에 대한 가설적 재구성에 지나치게 의존하는 점 등이다.

하나님 개념을 현실 역사와의 관계에서만 다루던 포로기 이전 예언자들의 편협한 관점에서 벗어나 하나님 개념을 확장하기 위해 후기 예언자들이 신화적 모티프에 의존했다고 주장한 것은 핸슨과 밀러뿐이

54 W. R. Millar, *Isaiah 24–27 and the Origin of Apocalyptic,* HSM 11 (Missoula, Mont.: Scholars Press, 1976).

55 Hanson, "Apocalypticism," 30.

아니다.[56] 이러한 주장은 묵시주의자들의 반역사적 편견이 예언자들에게서 나왔다는 그들의 논리에 쐐기 역할을 했다. 하지만 이 쐐기는 매우 부서지기 쉬운 것이었다. 고대 근동 신화에서 차용한 것으로 확실히 입증될 수 있는 자료는 극히 드물며, 그것들마저도 대대적인 수정을 거치지 않은 것이 없다. 수정 작업은 그 자료들의 우주적·신화적 차원을 제거하는 방식으로 진행되었다. 예를 들어 욥기에 나오는 리워야단은 우주적 괴물이 아니라 하나님이 쉽사리 통제할 수 있는 창조세계에 속한 존재로 재설정되었다.[57] 물론 여기서의 하나님은 인간 역사 속에서 활동하는 하나님이 아니다. 그렇다고 해서 창조 신화에서처럼 창조 질서 너머에서 발생하는 갈등(그 질서 안에서 무슨 일이 일어날지 예정하는)에서 의미가 발견된다는 뜻은 아니다. 보다 적절한 예는 예언자가 뱀과의 갈등이 갖는 의미를 이스라엘의 역사 안에서, 다시 말해 과거의 홍해 사건과 장차 도래할 바빌로니아로부터의 구원 사건에서 발견해야 한다고 설명하는 이사야 27:1과 51:9-10이다.[58] 따라서 이런 기사들은 문학적 차원에서 사용된 것이지 결코 그 사고방식이나 가치체계를 확증하는 차원에서 사용된 것은 아니라는 추론이 충분히 가능하다. 특히 신화적 사고방식을 채용하는 일은 우상숭배를 맹렬히 비난하는 이사야 같은 예언자에게는 결코 용납될 수 없는 일이었을 것이다.

더구나 신화에 대한 이런 간헐적인 암시들이 포로기 이후의 현상인

56 다음을 참조하라. S. Mowinckel, *He That Cometh,* trans. G. W. Anderson (New York: Abingdon, 1954; Oxford: Blackwell, 1956), 52–95; S. B. Frost, "Eschatology and Myth," *VT* 2 (1952): 70–80; Carroll, *When Prophecy Failed,* 124.

57 Cross, "New Directions," 162.

58 같은 점으로 시 74:12–14을 참조하라. 이 사상에 대해 자세한 논의는 나의 글에서 보라. "Myth of the Dragon and Old Testament Faith," *EvQ* 49 (1977): 163–72.

지도 확실하지 않다. 욥기의 시문학에 대한 몇몇 연구에서도 욥기가 그 특성상 이스라엘의 후기 시문학이 아니라 초기 시문학과 일관성을 갖는다고 주장한다.[59] 이사야 24-27장의 연대를 후기로 추정하는 데는 명백하게 순환논법적인 측면이 존재한다. 몇몇 "후기" 요소가 나타남에 따라 후기 연대를 주장하게 되었고, 이 요소들은 "이사야적 묵시"에 나타난다는 이유에서 후기 요소로 판명된다. 이 점에 대해 R. J. 코긴스(R. J. Coggins)의 말이 아주 적절하다.

> 내가 보기에 초역사적[supra-historical] 요소는 이사야서의 모든 단락에서 발견되는 듯하며, 설사 특정 단락들에서 보다 빈번하게 나타나는 경향이 있더라도 이를 근거로 이스라엘에서 역사적 분별력이 점차 쇠퇴하였고, 실재에 대한 다른 해석이 그 자리를 대체했음을 도식적으로 증명할 수 있을지는 의문이다. 이사야 2:2-5과 4:2-6은 책의 첫 부분에서 이 점을 충분히 보여주고 있다.[60]

대부분의 학자들이 반대 견해를 지지함에도 불구하고 나는 이사야서 40-66장의 연대를 포로기 이후로 추정하는 것이 여전히 가설일 뿐이라고 말하고 싶다. 따라서 이사야 27:1의 리워야단에 대한 언급처럼 이사야 51:9의 라합에 대한 언급을 반드시 포로기 이후로 자리매김할 필요는 없다. 실제로 명백한 포로기 이후의 저자인 학개, 스가랴, 말라기에게서는 신화에 대한 구체적인 암시가 전혀 나오지 않는다. 이런

59 D. A. Robertson, *Linguistic Evidence in Dating Early Hebrew Poetry,* SBLDS 3 (Missoula, Mont.: Scholars Press, 1972), 155.

60 R. J. Coggins, "The Problem of Isaiah 24–27," *ExpTim* 90 (1978–79): 332.

"신화 재사용"의 예는 모두 연대 추정이 심각하게 문제시되는 구절들에서 나타난다.

요약하자면, 드러난 증거는 포로기 이후 예언자들이 광범위하게 신화적 사고방식으로 회귀했다는 견해를 지지하지 않으며, 다만 이스라엘 역사 전체, 특히 왕정 시대 이후로 그들의 문헌에 당대의 주도적인 문학 작품들이 간간이 언급되었음을 보여줄 뿐이다. 그들 중 어느 곳에서도 시공간에 속한 이 세계로부터 무시간적인 실재의 세계로 도피하려는 경향은 나타나지 않는다. 오히려 신화적 언어 형식은 정경의 모든 문헌이 주장하고자 하는 동일한 요점, 곧 하나님이 알려지는 곳은 이 세계이며 다른 어떤 세계도 아니라는 사실을 강조하기 위해 사용된 것이다.

혹자는 신화를 사용했음을 보여주는 증거는 이런 몇몇 암시들에서가 아니라 모티프와 장르의 일반적인 사용에서 발견될 수 있다고 말할지도 모른다. 그 한 예가 우주적 전사 모티프다. 크로스는 후기 예언자들이 악에 대한 하나님의 궁극적 승리를 표현하기 위해 이 장치를 사용한 것이라고 주장한다.[61] 밀라(Millar)에 따르면 우리는 가나안의 바알과 아나트 전승(Baal and Anat Cycle)에서 유래한 "위협, 전쟁, 승리 축제"와 같은 구조적 요소들의 출현에서 이 모티프를 감지할 수 있다.[62] 이런 구조가 지나치게 일반적이라는 점은 인정해야만 할 것이다. 어떤 기사에 이 네 가지 요소가 나온다 하더라도, 그것만으로는 그 기사의 장르나 심지어 의도를 파악하기에도 충분하지 않다. 더구나 바알과 아나트 전승의 중심 진리는 우주적 무대에서 신들 사이에 일어난 싸움이 끝

61 Cross, "Divine Warrior," 30.
62 Millar, *Isaiah 24–27,* 71.

난다는 것이다. 그러나 야웨의 싸움—이렇게 불러도 괜찮다면—은 공공연한 시공의 무대에서 반항하는 인간들과의 싸움인 것이다. 그럼에도 핸슨과 밀라는 크로스를 따라 우주적 전사 모티프가 구약에 등장한다고 보며 예언적 종말론에서는 점점 그 주제가 두드러진다고 생각한다.[63] 그러나 그들이 인용한 자료들을 면밀히 들여다보면 그런 사상이 과연 거기서 도출되는지에 대해 심각한 의문을 품지 않을 수 없다. 그 사상을 응용할 수 있는가라는 질문은 차치하고라도 말이다.[64]

야웨가 구약 여러 곳에서 전사로 묘사된다는 주장에 반기를 드는 사람은 없을 것이다. 그런데 그것이 바로 핵심 요소다. 이전 예언자보다 후기 예언자들이 이 이미지를 더 많이 사용한 것은 아니라는 말이다. 야웨가 전사로 묘사되는 모든 표현들, 특히 성격이 다르고(도덕적 위반사항을 다룸) 장소도 다른(시공간적) 야웨의 싸움에 대한 표현들도 가나안 모티프의 차용을 보여주는 표지라고 주장하는 것은 증거능력의 범위를 넘어선 것이다.

핸슨은 우주적 전사 모티프가 등장하는 여러 시편을 인용한다.[65] 그러나 그 시편들을 조사해보면 그 모티프를 찾기가 어렵다. 일례로 시편 9편을 보자. 여기서 시편 저자는 자신이 원수들에게 둘러싸여 있었지만 하나님이 **그의 보좌에서** 그들에게 의로운 심판을 내리셨다고 주장한다. 거기에는 하나님에 대한 위협도, 전쟁터로의 진군도, 우주적 세력

63 Hanson, *Dawn,* 98; Millar, *Isaiah 24–27,* 71ff.
64 Carroll이 대체적으로 예언자들의 신화 사용에 대해 Hanson과 Cross에 동의하지만 특정한 용례에 대해서는 심히 불안해 한다는 점을 참고하라("Twilight of Prophecy or Dawn of Apocalyptic," *JSOT* 14 [1978]: 18). Delcor도 그랬다(M. Delcor, review of Hanson's *Dawn* [*Bib* 57 (1976): 578]).
65 Hanson, *Dawn,* 305–8; Ps. 2, 9, 24, 29, 46, 47, 48, 65, 68, 76, 77, 89, 97, 98, 104, 106, 110.

과의 싸움도, 승리의 귀환도, 그리고 축제도 없다. 또한 시편 9편은 비정형적인 시도 아니다. 실제로 이런 시편 대부분의 두드러진 특징은 하나님이 그의 보좌를 떠나지 않았다는 진술이다.

밀라의 주장도 똑같이 의문스럽다. 그는 우주적 전사 모티프가 이사야 24-27장의 중심이며 더 나아가 전사의 승리를 재현한 제의 행렬의 흔적이 거기서 발견된다고 주장한다.[66] 이런 양상은 제왕 의식의 일부로서 생소한 것은 아니었지만, 예언자가 그것을 역사라는 광범위한 영역에 적용하여 묵시의 문을 열어주었다는 것이다. 그러나 밀라는 그 주제—내가 앞서 지적했듯이 지나치게 일반화된—와 관련된 구체적인 요소들을 기대했던 것만큼 많이 찾지는 못했으며, 그가 찾았다고 주장한 요소들도 기껏해야 모호한 것들이었다. 결과적으로 그가 분류한 주요 여섯 단락 가운데, 위협과 축제의 요소가 네 단락에서는 발견되지 않았다. 위협과 축제의 요소가 등장한다고 주장되는 두 단락에서도 그것들은 대수롭지 않거나 미심쩍다.[67] 예를 들어 이사야 27:2-6은 회복된 땅에 대해 말하고 있을 뿐 어디에서도 축제의 흔적을 찾아보기는 어렵다. 게다가 한 절(27:1)을 구성하는 세 개의 삼분절 가운데 고작 하나(27:1c)가 어떻게 밀라가 주장하는 것처럼 승리라는 주요한 주제 요소를 규정할 수 있는지 의심스럽다.

위에서 언급했듯이 구약 전체에서 야웨가 전사로 묘사되었다는 점은 의심할 여지가 없다. 또한 죄와 악에 대한 야웨의 승리가 특히 예언서에서 중요하다는 점에도 이의가 없다. 그러나 바알의 전사직이 히브리 사상에 지대한 영향을 주었다거나 "후기" 예언이 신화를 많이 차용

66 Millar, *Isaiah 24–27,* 82–90; Cross를 따라(Cross, "Divine Warrior," 24–27).
67 Millar, *Isaiah 24–27,* 70, 71.

함으로써 묵시의 비역사적 입장이 침투해 들어올 여지를 만들어주었다는 증거들은 나타나지 않는다.[68]

후기 예언으로부터 묵시가 발생하는 과정을 밝혔다는 밀라와 핸슨의 주장 대부분은 핸슨의 "문맥적-모형론적" 방법론에 근거하고 있다. 그들은 특별한 형식의 운율 분석과 사회 분쟁의 진화적 양상을 응용하여 포로기 이후 예언서의 여러 부분을 원래 순서대로 되돌려놓을 수 있었다고 주장한다. 그들이 제안한 원래 순서는 정경의 순서와 다른 학자들이 인정하는 순서와는 상당히 다르다. 이것 자체만으로도 제안된 방법의 신뢰성에 의문을 품기에 충분하다.

그들이 사용한 운율 분석법은 크로스와 프리드만이 내놓은 음절계산법이다.[69] 밀라와 핸슨은 이 방법을 적용해서 각 텍스트의 운율을 바탕으로 최소한 30년의 시차를 가진 문서들을 구별할 수 있었다고 주장한다.[70] 이렇게 그들은 문장이나 문장의 일부에서 발견한 "보다 바로크적인" 양식을 바탕으로 텍스트를 완전히 재구성할 수 있었는데, 그 바로크적 특성이라는 것이 단순히 콜론에 음절 하나 혹은 둘이 더해지는 것뿐인 경우도 있었다.[71] 유럽을 중심으로 다수의 평론가들은 이런 양상에 대해 특히 유보적인 입장을 취할 필요가 있다고 주장한다.[72] 코긴

68 Hanson(*Dawn,* 185)은 사 66:15-16에 신화적 전쟁 용어가 담겨 있다고 생각하지만 그런 용어는 기원전 14세기의 이크나톤(Ikhnaton)의 태양 찬양과 관련된 시 104편에도 나온다. 그러므로 그런 용어를 사용했다 하여 꼭 묵시의 표시라고 할 수는 없다.

69 이 체계에 대한 간략한 개요를 보라. D. Stuart, *Studies in Early Hebrew Meter,* HSM 13 (Missoula, Mont.: Scholars Press, 1976). Cross와 Freedman의 공헌에 대해서는 다음을 보라. Stuart, *Studies,* 8–9와 각주들.

70 Hanson, *Dawn,* 60.

71 Ibid., 118.

72 다음에서도 마찬가지다. I. Willi-Plein, *VT* 29 (1979): 123; R. Tournay, *RB* 83 (1976): 151, 152; P. R. Ackroyd, *Int* 30 (1976): 413.

스의 평론이 대표적이다. "히브리어와 히브리 문학에 대한 우리의 지식이 극히 제한적이라는 점을 고려할 때 그 [방법]은 아주 부적절한 기초들 위에 발전과정을 재구성하는 것처럼 보인다.…그런 기초들에 더 많은 무게를 실어주어서는 안 된다."[73] 이제 운율에 대한 이러한 접근법 전반에 대해 상당히 회의적인 태도를 보이는 학자들이 나타나기 시작한 것이다.[74]

핸슨의 전형적인 특징은 어떤 사회학적 가설이 텍스트에 영향을 미치게 만드는 것이다. 적어도 한 비평가는 핸슨이 상정하는 두 집단(현실주의적 성직자, 반제도적 이상가)이 그의 연구가 진행되던 1960년대의 사회집단들과 두드러진 유사점을 가지고 있다는 점을 지적하지 않을 수 없었다.[75] 더구나 계급투쟁에 대한 막스 베버(Max Weber)와 칼 만하임(Karl Mannheim)의 강령적인 견해를 2500년 전의 근동 문화에 접목시킬 수 있는지도 전혀 확실치 않다.[76] 그 가설을 뒷받침해주기 위해서는 이사야 56-66장을 정경에서뿐 아니라 다른 학자들의 견해로부터도 완전히 재구성해야 한다는 사실은 그가 역사를 사회학 이론이라는 "프로크루스테스의 침대"에 강제로 눕힌 것이 아닌가 하는 합리적인 의혹을 불러일으킨다.

이사야 56-66장의 논쟁은 "지배층"과 빼앗긴 자들 사이의 투쟁을 암시하는 것이 아니라 이사야 1-39장을 포함한 성서의 다른 부분에 나타난 투쟁을 암시하는 것이다. 캐럴은 심지어 "상호비방"(mudslining)이

73 Coggins, "Problem of Isaiah," 332.
74 특별히 O'Connor의 의견을 보라. M. O'Connor, *Hebrew Verse Structure* (Winona Lake, Ind.: Eisenbrauns, 1981), 138, 150.
75 Carroll, "Twilight," 26–27.
76 Hanson, *Dawn,* 21.

성서 전승 창작에 필수적이었다고 제안하기에 이르렀다.[77] 그 정도까지는 아니더라도, 제2이사야에서 소위 환상가들이 무대에 등장하기 훨씬 이전에 예언자와 제사장, 예언자와 예언자, 예언자와 왕 사이에 심각한 비난과 고발들이 오갔다는 점은 충분히 확인할 수 있다(사 1장과 7장; 호 4장; 렘 7장과 28장). 이런 비난은 단순히 범죄한 개인들에게만 가해진 것이 아니었으며, 집단과 계층에 대해서도 마찬가지였다(암 5장과 6장; 사 3장). 따라서 이사야서 후반부에 나오는 격앙된 논쟁을 설명하기 위해 "빼앗긴 자들"(group of the dispossessed) 가설을 도입할 필요는 없다.[78]

설령 핸슨의 추정대로 그런 갈등이 포로기 이후 유다에 있었다 한들 그 가설이 묵시주의의 발생을 설명하는 데 있어 우리를 얼마나 이해시킬 수 있겠는가? 충분치 않을 것이다. 크로스와 그의 제자들의 견해에 우호적인 학자들마저 예언과 묵시 사이의 직접적 관련성이 입증되었다는 그들의 주장이 과장임을 알고 있다.[79] 로우랜드는 이렇게 말한다.

> 그럼에도 제3이사야서의 몇몇 신탁을 만들어낸 환상가 집단의 종말론에서 어떤 신화들이 재사용된 사실을 발견했다고 해서 묵시문학의—더 구체적으로는 묵시적 종말론의—필수요소를 밝혔다고 추정하는 것은 잘못일 것이다.[80]

77 Carroll, "Twilight," 19.
78 I. Willi-Plein, review of Hanson, *Dawn,* in *VT* 29 (1979): 124–25.
79 J. G. Gammie, review of Hanson, *Dawn,* in *JBL* 95 (1976): 654; W. Roth, "Between Tradition and Expectation: The Origin and Role of Biblical Apocalyptic," *Explor* 4 (1978): 10.
80 Rowland, *Open Heaven,* 196.

그는 또한 핸슨이 묵시의 기본으로 여기는 요소, 즉 명확하게 규정된 방식으로 신의 비밀을 폭로하는 모습이 제3이사야서에는 발견되지 않는다고 지적한다. 게다가 그는 초자연적 영역에서 발생하는 하나님의 구속으로 나아가는 걸음이 참으로 묵시로 향하는 열쇠인지 확신할 수 없었다.[81]

요컨대 예언에서 묵시로 이행하는 과정을 설명하려는 이 특별한 노력은 다른 많은 시도들처럼 결국 성공적이지 못했다. 상호 연관성이 존재한다는 점은 확실하다. 하지만 그 연관성이 정확히 무엇인지는 두 가지 아이러니한 사실, 곧 묵시 자체의 복잡성과[82] 묵시의 기원 및 창시자에 대한 정보가 부족하다는 점 때문에 밝혀지지 않은 채로 남아 있다. 가미와 로우랜드가 지적하듯이 묵시문학의 다른 여러 가지 특징은 크로스 학파의 가설로 설명될 수 없다.[83] 혹은 캐럴의 표현을 빌리자면, "후기 예언은 묵시적 자각이 완전한 형태로 발달하는 일에 필요조건이었지 충분조건은 아니었다."[84] 핸슨이 너무 안이하게 간과해버린 기원전 425-175년 기간에는[85] 2세기 묵시를 구약성서 신앙의 범주 밖으로 내몰아버린 일부 비평적 경향들이 사태를 더 복잡하게 만들었다.

81 Ibid., 197.

82 마찬가지로 Russell(*Divine Disclosure,* 12)은 묵시주의가 엄격히 통제된 주제와 양식의 통합체라기보다는 다양한 방법으로 나타난 사고방식이라고 주장했다.

83 Rowland, *Open Heaven,* 196-97. Gammie는 *JBL* 95 (1976): 654에서 H.-P. Müller's *Ursprunge und Strukturen alttestamentlicher Eschatologie,* BZAW 109 (Berlin: Töpelmann, 1969)를 인용하여 Hanson이 빠뜨린 요소에 대해 훌륭한 논의를 하였다. Schmithals(*Apocalyptic Movement,* 138)도 Plöger에 대해서 같은 점을 비판했다.

84 Carroll, "Twilight," 31.

85 Hanson, "Apocalyptic," 33.

묵시적 사고방식

예언과 묵시 간의 직접적 연관관계를 찾으려는 시도가 무산됨으로써 1980년 이래 묵시의 유래에 대한 새로운 접근법이 등장했다. 이 새로운 접근법은 묵시에는 지배적인 단일 조상이 존재하지 않으며 복합적인 요소를 찾아야 한다고 가정했다. 게다가 그런 증거 요소를 묵시 자체에서 찾아내야 한다는 점이 기정사실로 받아들여졌다. 로우랜드의 『열린 하늘』(*Open Heaven*)은 이런 노선을 따르는 주요한 연구 가운데 최초의 작품이었다. 오래지 않아 콜린스의 『묵시적 상상』(*Apocalyptic Imagination*)이 출간되었다. 두 책은 핸슨의 기여를 인정하면서도 그의 결론을 뛰어 넘어야 한다고 분명히 밝힌다.

이러한 방향전환을 야기한 요인 중 하나는 몇몇 쿰란 문서에서 묵시적 요소들이 발견되었다는 사실이었다. 이 발견으로 인해 묵시적 사고는 학자들이 과거에 추정했던 것보다 더 광범위하게 유대 사상의 일부로 받아들여졌을 것이라는 결론이 가능하게 되었다. 이러한 요소 가운데 하나로 "메르카바"(*merkavah*) 자료 증거를 들 수 있다. 사람이 병거(메르카바)를 타고 하늘로 올라가는 환상은 이미 과거 랍비 시대에도 알려진 것이었지만, 쿰란의 증거로 이런 자료가 심지어 기독교 직전 시대 유대교에도 존재했음이 밝혀졌다. 이타마르 그륀발트(Ithamar Gruenwald)는 이미 1980년도에 지혜나 예언으로는 묵시를 설명할 수 없다고 주장했는데, 그는 유대 신비주의가 더 생산적인 연구 영역이라고 제안했다.[86] 신비주의에 관한 증거는 대부분 그 연대가 묵시문학보

86 I. Gruenwald, *Apocalyptic and Merkavah Mysticism*, AGJU 14 (Leiden: Brill, 1980), 29.

다 후대이므로 그것들이 묵시문학에서 유래했을 가능성도 배제할 수 없지만, 그 증거들이 에녹1서와 같은 초기 묵시문학과 본질적으로 유사하다는 점은 신비주의적 동기들이 전체적으로 팽배했음을 암시한다. 마찬가지로 로우랜드는 예언과 묵시를 연결할 수 있는 무언가가 존재한다면, 그것은 다름 아니라 신적 영감에서 직접 유래한 계시에 대한 집착이라고 주장한다.[87] 그는 또한 랍비 신비주의와의 연속성에도 주목했지만, 신비주의가 묵시문학에 기여했다기보다는 오히려 신비주의가 묵시문학의 결과라고 본다.[88] 그럼에도 그륀발트와 로우랜드는 묵시주의를 구약 정경과의 직접적인 연결을 통해서보다는 셀레우코스와 하스몬 시대 유대인의 경험에 비추어 이해해야 한다고 확신했다. 콜린스, 스티븐 쿡, 그래비와 같은 최근 저자들은 이 확신을 따랐다.[89] 그들은 각자 나름의 방식대로 묵시주의가 다음과 같은 요소, 곧 전통적 예언에 나타난 종말론적 관심과 신적 영감, 선견자의 예언적 지혜,[90] 성서의 참된 의미를 알고자 하는 열정(모든 수사법에는 감춰진 신비로운 의미가 있다는 사

87 Rowland, *Open Heaven,* 246.

88 Ibid., 348.

89 Collins, *Apocalyptic Imagination*; Cook, *Prophecy and Apocalypticism: The Postexilic Social Setting* (Minneapolis: Fortress, 1995); Grabbe, *Priests, Prophets, Diviners, and Sages: A Socio-Historical Study of Religious Specialists in Ancient Israel* (Valley Forge, Pa.: Trinity Press International, 1995).

90 특히 Rowland는 지혜 전승이 중요한 요소였다는 von Rad의 주장을 긍정적으로 본다 (Rowland, *Open Heaven,* 202–8).

상과 결부되어),[91] 그리고 불확실성의 시대에 확실성을 바라는 마음[92] 등이 결합된 결과라고 주장했다. 그들은 이 모든 요소와 더불어, 다른 배경에서 다르게 결합된 더 많은 요소들을 통해 묵시주의의 독특한 형태가 만들어졌다고 주장한다.

덧붙여 콜린스는 초기 유대교에서 발견되는 다양한 문화적 배경에 더 많은 주의를 기울여야 한다고 주장했다. 바빌로니아, 페르시아, 이집트, 그리스 문화가 유대 민족의 사고에 끼쳤을 잠재적 영향에 주목하라는 것이다. 당시 유대 지역은 역사상으로 다른 어느 시기보다 더욱 이러한 경쟁 집단들 사이에서 역학적으로나 사상적으로나 주도권 쟁탈의 대상이었다. 특히 히브리 왕정이 무너지고 그 결과 유대 자체의 종교적 관점이 유동적이 되어버림으로써 이 모든 문화가 유대인의 사고에 심대한 영향을 끼쳤으리라고 생각할 충분한 이유가 있다. 묵시의 이미지와 일부 사고 유형이 고대 신화와 유사성을 가진다는 주장이 옳다면, 그런 신화적 요소가 침투한 경로는 예언자를 통해서라기보다는 타 문화와의 상호작용를 통해서라고 보는 것이 더 옳은 듯하다.

콜린스와 로우랜드는 다양한 영향이 묵시적 사고를 형성했다는 점에 동의하며, 한목소리로 그중에서 페르시아의 영향이 가장 현저했다고 결론 짓는다.[93] 하지만 두 사람 모두 자신의 논의를 구체화하지는 못

91 그러한 이미지 사용을 Collins(*Apocalyptic Imagination,* 15–16)처럼 신화적 사상이라 부르는 것은 실수라 생각한다. 신화에는 보이지 않는 실체들이 존재한다는 관념보다 훨씬 더 심오한 것이 있다. 더 자세한 논의는 나의 글을 보라. "A Myth Is a Myth Is a Myth: Toward a Working Definition," in *A Spectrum of Thought: Essays in Honor of Dennis Kinlaw,* ed. M. L. Peterson (Wilmore, Ky.: Asbury, 1982), 135–45.

92 다음도 보라. Russell, *Divine Disclosure,* 64.

93 Collins, *Apocalyptic Imagination,* 25; Rowland, *Open Heaven,* 209, Rowland는 명백하게 Plöger의 의견에 동의한다.

했는데, 앞에서 언급했듯이 자료가 충분치 않았기 때문이다. 명백한 유사성의 예로는 역사의 시대 구분, 종말론적 비애, 부활, 그리고 선악의 초자연적 힘 등을 들 수 있다.[94] 그런데 이런 관계성들은 지나치게 일반적이다. 위에서 언급했던 가나안 신화와의 가설적인 평행관계처럼 말이다. 특히 범위가 페르시아 자료의 연대와 구성에 대한 질문으로 제한되었을 때는 더욱 그러하다.

하나의 문화적/문학적 배경만으로 묵시 사상의 발생을 설명할 수 없다는 점에는 일반적인 합의가 이루어졌는데, 이와 마찬가지로 한 가지 사회적 배경만으로 묵시 사상의 발생을 설명하는 것 역시 불가능하다. 위에서 지적했듯이 이제는 더 이상 이런 종류의 사고방식이 소외층 집단에만 국한된 것이라고 여기지 않는다.[95] 여기서 쿰란 문헌에 대한 학계의 연구 동향이 한몫을 한다. 학자들의 견해는 쿰란 문헌이 일부 소외된 종파의 작품이 아니라 기독교 이전 시대 막바지에 출현했던 유대 사상의 문학적 단면을 나타낸다는 쪽으로 점점 더 기울고 있다.[96] 따라서 쿰란 문헌에서 발견되는 묵시주의적 요소는 고립된 일부 하위집단에서 비롯된 것이 아니라 공동체 전체의 사상 한 가닥을 대변하는 것이다. 그럼에도 묵시문학을 이 시기의 특정한 역사적 사건과 관련시키려는 시도는 자료의 단편성으로 인해 계속 좌절된다.

94 Collins, *Apocalyptic Imagination,* 25.

95 다음을 보라. Grabbe, "Social Setting"; 참조. Rowland, *Open Heaven,* 212.

96 N. Golb, *Who Wrote the Dead Sea Scrolls? The Search for the Secret of Qumran* (New York: Scribner, 1995), 382–83; L. H. Schiffman, *Reclaiming the Dead Sea Scrolls* (New York: Doubleday, 1995), 33–35.

정경성과 묵시

묵시가 예언에서 직접 파생된 것이 아니라면, 히브리 정경과 기독교 정경에 다니엘서와 요한계시록이 등장한다는 사실은 어떻게 설명할 것인가? 어떤 이유로 이 두 책은 정경에 포함된 반면 다른 책들은 배제되었는가? 묵시주의가 예언의 진정한 후예가 아니라면 도대체 다니엘서는 왜 정경에 등장하는가?[97] 로울리 같은 초창기 학자들은 다니엘서가 예언적 종말론과 진정한 묵시적 종말론 사이의 과도기적 존재였다고 주장한다.[98] 최근에 쿰란에서 발견된 기원전 3세기 말엽의 작품으로 추정되는 에녹1서는 로울리의 주장에 의문을 제기하며, 더 나아가 다니엘서의 최종 형태가 기원전 169년 이후에 완성되었어야 한다는 학자들의 합의에도 마찬가지로 의문을 제기한다. 여기서 흥미로운 점은 에녹1서가 다른 여러 묵시, 특히 다니엘서에 비해 종말론적 색채를 덜 띠고 있다는 점이다. 이러한 발견으로 인해 다니엘서가 어떻게 정경에 포함되었는지 이해하기가 더 어렵게 되었다. 하지만 다니엘서가 익명의 작품이 아니라는 주장을 받아들인다면[99] 쿰란 에녹1서의 존재가 로울리의 주장을 약화시키지는 않는다. 다니엘서가 묵시문학의 선구자라면 이는 다른 묵시문학 작품에서 발견되는 특징들이 왜 다니엘서에서는 발견되지 않는지에 대해 충분한 설명이 될 것이다.[100] 이런 의미에서 다니엘서는 예언서에서 발견되는 환상 계시를 구약성서의 역사관과 일

97 신약에서 요한계시록의 기능에 대해서는 신약학자들에게 논의를 넘기겠다.

98 Rowley, *Relevance,* 37ff.

99 다른 것들은 명백한 필명 사용 때문에 제외되었는가?

100 위에 언급된 Barker("Slippery Words III. Apocalyptic")와 Davies("Eschatology in the Book of Daniel")의 발언을 보라.

맥상통하는 수준으로 극단에까지 밀어붙였다고 말할 수 있다. 아마도 공동체는 그것 외에는 다른 대안이 없다고 느꼈을지도 모른다. 동일한 설명이 다니엘서의 연대를 기원전 169년으로 받아들이는 데도 적용될 수 있다. 하지만 그렇게 되면 공동체가 어째서 다니엘서의 묵시는 권위 있는 것으로 인정한 반면 다른 것들은 거부했는지 이해하기가 훨씬 더 어려워진다. 다니엘서의 후기 연대는 스가랴서로부터 에녹1서까지의 발전 과정을 설명하는 일도 어렵게 만든다. 왜냐하면 비록 스가랴의 환상이 묵시적 성향을 띠고 있다 하더라도 그 환상이 묵시문학의 일례가 될 수는 없기 때문이다. 따라서 스가랴서와 에녹1서를 직선적으로 연결하는 것은 불가능할 것으로 보인다.[101] 둘 사이에는 시간상으로만 아니라 사상적으로도 간격이 있다. 다니엘서과 요한계시록은 둘 다 다가올 미래를 염두에 두고 현재의 삶을 신실하게 살아가라는 요청에 뿌리를 두고 있다는 점에서 묵시적 사고를 차용한 것으로 볼 수 있다. 아마도 이런 특징으로 인해 이 두 책은 유대와 기독교 정경에 포함된 반면 다른 묵시문학 작품들은 제외된 것으로 보인다.

결론

확실히 지난 30년간 묵시 연구는 예언과 묵시의 관계 문제를 놓고 씨름해왔다. 예언과 묵시가 서로 관련되어 있다는 점에는 별다른 이견이 없지만, 일반적으로 묵시 사상은 예언으로부터 논리적으로 발전한 것

101 마찬가지로 Carroll, "Twilight," 30; Willi-Plein, *VT* 29 (1979): 126–27.

이라기보다는 돌연변이에 가깝다는 결론이 지배적이었다. 이런 결론을 지지하는 근거는, 좁은 의미에서의 묵시가 현실 세계에서는 하나님의 역사가 불가해한 예정 속에 숨겨져 있으며 인간사는 하나님의 궁극적인 목적에서 벗어나서는 아무런 의미가 없다고 주장한다는 점이다. 게다가 묵시가 예언에서 논리적으로 발전된 것이라면, 초기 단계에서 한 발짝도 나아가지 못한 셈이 된다. 실제로 그런 발전은 일어나지 않는데, 왜냐하면 신약성서가 묵시의 확대된 이미지와 사고 형태를 명백히 이용하면서 구약 예언과 전적으로 일치하는 관점, 곧 하나님은 본질적으로 선한 창조세계 안에서 일하시며, 일상 가운데서 하나님의 왕권을 인정하는 사람들의 신실한 반응을 통해 창조세계를 변화시키려 한다는 관점을 견지하고 있기 때문이다. 분명 하나님은 마지막 때에 자신의 사역에 궁극적 결말을 가져올 것인데, 그것은 역사를 거부하는 것이 아니라 역사 안에서 자신의 사역을 완성하는 것이다.[102] 이처럼 구약과 신약의 관점이 일치한다는 사실은 묵시적 이해가 예언적 이해를 대치한 것이 아니라 오히려 예언적 이해를 풍성하게 하고 확장하면서 예언적 이해와 공존하였음을 암시한다. 예언이 이 세상의 실재성과, 이 세상에서 역사의 주인인 하나님의 은혜에 반응하며 책임 있게 살아야 하는 인

102 Russell은 상대적으로 말해서 신약은 묵시적 요소를 거의 보여주지 않는다고 지적한다(Russell, *Divine Disclosure,* 130–31). 공동체의 묵시적 기대가 어떤 것이었든지 간에 기독교 1, 2 세대에 형성된 묵시문학은 그 공동체가 부활하신 그리스도에 의해 주어진 성령의 능력으로 사람과 조직의 변화가 실제로 가능하다는 소망을 묵시적 기대와 함께 간직하고 있었음을 보여준다. Rowland(*Open Heaven,* 356, etc.)는 묵시의 표시를 직접적인 계시에 이르는 환상적 경험으로 보아 신약 대부분이 그 당시의 유대적 세계관과 완전히 양립되는 견해를 보여준다고, 주장한다. 신약에 배어 있는 그리스도의 부활에 대한 기독교 교리는 사실상 본래 묵시적이라는 주장에 대해 다음을 보라. Collins, *Apocalyptic Imagination,* 207ff.

간의 의무에 대해 말하는 것이라면, 정경에 나타난 묵시적 환상은 설사 눈앞에 드러난 결과가 우리의 그런 결정을 지지하지 않는 듯이 보여도 우리는 계속 책임 있게 살아가야 함을 보여주는 것이다. 우리는 역사가 실재이기는 하지만 그렇다고 실재의 모든 것은 아니라는 사실을 확고히 할 필요가 있다. 하나님은 우리의 모든 지식을 초월하는 실재이며, 그분은 자신의 목적을 이루실 것이다. 따라서 묵시적 이해는 예언적 이해를 대신하는 것이 아니라 예언적 이해를 보완하는 것이다.

제14장

고대 이스라엘 종교

Bill T. Arnold
빌 T. 아놀드*

지난 30여 년 동안 이스라엘 종교에 대한 연구는 구약학 연구 분야 전반에 나타난 일반적인 변화를 반영하며 발전해왔다. 격동의 1960년대에는 신학 연구의 여러 분야에서 패러다임 전환이 발생했으며 그 내용은 성서학에 잘 반영되었다. 이 시기에 성서신학 고유의 접근법에 대한 집중적인 관심이 약화되었고 여러 가지 내외부적 압력으로 성서신학 운동은 종말을 고하게 되었다.[1] 그러나 사실을 말하자면, 성서신학 운동은 결코 멈추지 않고 지속적으로 생산적인 활동을 해왔다. 바로 이 운동으로 1970년대와 1980년대부터 지금까지 전통 성서신학으로 분

* 나는 이 글을 읽고 유용한 제안을 해준 Daniel E. Fleming, Theodore J. Lewis, 그리고 Brent A. Strawn에게 감사를 표한다.

1 B. S. Childs, *Biblical Theology in Crisis* (Philadelphia: Westminster, 1970), 61–87.

류되는 주제를 다룬 중요한 저서들이 출현하게 되었다.[2] 달라진 점은 성서신학이 다양한 학문 분야들 사이에서 누리던 특권을 상실했다는 것이었다. 성서신학은 제2차 세계대전 이후로 누려왔던 권세와 힘을 더는 행사하지 못했다.[3] 성서신학의 종말—이렇게 불려야만 한다면—과 함께 종교사 특히 고대 이스라엘의 종교사에 대한 관심이 재개되었다.

나는 여기서 이스라엘 종교사 연구에서 이 시기에 이루어진 주요한 업적들을 살펴본 뒤 몇몇 중요 주제에 대해 간략히 논의하고자 한다. 마지막으로는 고대 이스라엘 종교사에 대한 향후의 연구를 위해 몇 가지 제언을 하겠다.

지난 30년의 동향과 방법론

1960년대에 유럽과 북미 학계에서 집중적으로 나타난 몇몇 발전상이 현대 이스라엘 종교사에 대한 관심을 불러일으키는 발판이 되었다. 새로운 금석문과 고고학적 증거의 발견이 패러다임의 전환을 가져왔으며, 초기 발굴 작업에서 찾아낸 증거들을 재검토해야 한다는 요구가 계속되었다. 독일에서는 클라우스 코흐(Klaus Koch), 롤프 렌토르프(Rolf

2 이 시대의 공헌에 대해 본서 제16장 R. W. L. Moberly의 글을 보라.

3 J. Barr, "The Theological Case against Biblical Theology," in *Canon, Theology, and Old Testament Interpretation: Essays in Honor of Brevard S. Childs,* ed. G. M. Tucker, D. L. Petersen, and R. R. Wilson (Philadelphia: Fortress, 1988), 3–5. The process was much slower in Germany (see R. Albertz, *A History of Israelite Religion in the Old Testament Period,* vol. 1, *From the Beginnings to the End of the Monarchy,* trans. J. Bowden, OTL [Louisville: Westminster/John Knox; London: SCM, 1994], 1–12).

Rendtorff), 그리고 클라우스 베스터만(Claus Westermann)의 주요 저서들이 출간되어 이런 비교자료 연구의 재개를 요구하는 한편 연구를 위한 방법론을 제안했다. 1960년대에는 다른 학자들이 이스라엘 종교사에 대한 연구를 진행하였지만(예. 프리젠[T. C. Vriezen], 링그렌[Helmer Ringgren], 포러[Georg Fohrer], 그리고 슈미트[Werner H. Schmidt]),[4] 뚜렷한 의견일치를 이루어내지는 못했다. 본고에서 다루고자 하는 기간보다 조금 앞서 윌리엄 F. 올브라이트(William F. Albright)가 가나안 자료와 다른 비교자료에 대한 연구를 자신의 마지막 단행본 주제로 삼았다.[5]

탐구의 새로운 시기가 싹트고 있었지만 지난 30여 년간 사용되었던 방법론들은 대부분 이전 세대 학자들이 사용해왔던 것과 비슷했다. 학자들 대부분은 이스라엘을 고대 근동 배경에서 비교 연구하는 방법을 꾸준히 사용하고 있다. 나는 우가리트 텍스트를 심도 있게 다룬 프랭크 M. 크로스(Frank M. Cross)와 마크 S. 스미스(Mark S. Smith)의 연구, 그리고 장례 의식과 같은 주제를 다룬 좀 더 전문적인 책들에 주목할 것이다. 다른 학자들은 이스라엘 종교사를 전승사 접근법으로 연구했으며 거기에 라이너 알베르츠(Rainer Albertz)의 혁신적인 사회적 고찰을 결합시켰다.[6] 그러나 대체적으로는 여전히 이전 미국의 고고학파(올

4 1960년대의 발전상에 대해 다음을 보라. P. D. Miller, "Israelite Religion," in *The Hebrew Bible and Its Modern Interpreters,* ed. D. A. Knight and G. M. Tucker (Philadelphia: Fortress; Chico, Calif.: Scholars Press, 1985), 206–8.

5 *Yahweh and the Gods of Canaan: An Historical Analysis of Two Conflicting Faiths* (Garden City, N.Y.: Doubleday; London: Athlone, 1968).

6 어떤 경우에는 학자들은 좀 더 명백하게 사회과학적 접근으로 연구했다(N. K. Gottwald, *The Tribes of Yahweh: A Sociology of the Religion of Liberated Israel, 1250–1050 B.C.E.* [Maryknoll, N.Y.: Orbis, 1979; London: SCM, 1980]), 또는 페미니스트 접근으로(T. Frymer-Kensky, *In the Wake of the Goddesses: Women, Culture, and the Biblical Transformation of Pagan Myth* [New York: Free Press, 1992]).

브라이트, 브라이트 등)와 독일의 전승사학파(알트, 노트) 간의 구별을 넘어서지 못했다.

이 시기 초반의 표준서로는 크로스의 탁월한 저서가 있는데, 이 책은 알브레히트 알트(Albrecht Alt) 이후에 출현한 수많은 연구서들과 달리 이스라엘 종교를 이해하는 데 커다란 진척을 가져왔다.[7] 크로스는 이스라엘 종교를 조직적으로 재구성하기보다는 준비단계 연구로서 이스라엘 종교 발전에 있어 해결되지 않은 문제들을 다루었다.[8] 책 서두에서 크로스는 이스라엘 종교를 종합적으로 조망하는 데 거침돌이 되는 몇 가지 장벽에 대해 논의했다. 첫째는 급성장하는 고고학 증거물이 너무 압도적이어서 그 방대함이 이 분야에 혼란을 가져왔다는 점이다. 둘째는 "빌헬름 파트케(Wilhelm Vatke)가 제창하고 율리우스 벨하우젠(Julius Wellhausen)이 진술한 이상적 통합(idealistic synthesis)"의 잔여물이 여전히 남아 있다는 점이다. 크로스는 종종 텍스트에 대한 벨하우젠의 날카로운 통찰력에 동의했지만, 그와 동시에 이 독일 원로 학자의 기본 가설과 종합적인 접근법과는 거리를 두고자 했다. 크로스가 파악한 셋째 장벽은 학자들이 "초기 이스라엘 종교와 이 종교의 발원지인 가나안(또는 북서 셈족) 문화 사이의 연속성을 간과하거나 삭제하는" 경향이 있었다는 점이다. 크로스는 이전 성서학자들이 강조했던 이스라엘의 본

7 F. M. Cross, *Canaanite Myth and Hebrew Epic: Essays in the History of the Religion of Israel* (Cambridge, Mass.: Harvard University Press, 1973); 그리고 정평이 난 Alt의 저서를 보라. A. Alt, *Der Gott der Väter,* BWANT 3.12 (Stuttgart: Kohlhammer, 1929); 이 책은 재출판되었다. *Kleine Schriften zur Geschichte des Volkes Israel,* vol. 1 (Munich: Beck, 1953), 1–78; 그리고 다음과 같이 번역되어 출간되었다. "The God of the Fathers," in *Essays on Old Testament History and Religion,* trans. R. A. Wilson (Garden City, N.Y.: Doubleday, 1968), 3–86.

8 Cross, *Canaanite Myth,* vii.

원적인 독특성을 받아들이지 않았고 초기 이스라엘 종교가 가나안의 제의적 전통에 영향을 받았다고 분명하게 진술한다.[9]

크로스의 접근법의 핵심은 가나안 창조신화와 이스라엘 초기 언약 의식에 관련된 서사시환(epic cycle)을 구별한 것이다. 이스라엘의 서사시환은 강력한 역사적 체험의 영향으로 발생했으며, 가나안 신화의 형식과 언어를 공유하여 형태를 갖추었다. 따라서 히브리 서사는 역사적(수평적) 차원과 신화적(수직적) 차원을 갖는다. 크로스는 "역사적"이라는 표현보다는 "서사적"이라는 표현을 선호하는데, 이는 서사 내러티브가 세월의 흐름 속에서 인간과 신의 관계를 다루기 때문이다. 이런 점에서 **역사**라는 단어는 히브리 서사를 묘사하기에 부적절한 표현은 아니다. 하지만 "역사" 내러티브라는 표현이 일반적으로는 인간의 행위를 가리키는 제한적 의미로 사용되기 때문에 혼동이 야기된다.[10]

더구나 이스라엘이 (신화보다는) 서사 장르를 택했다는 점은 이스라엘이 가나안 문화와 연계성을 가지는 동시에 독특성도 지녔다는 것을 보여준다. 왜냐하면, 크로스가 지적한 것처럼 서사 장르가 비록 가나안 종교 문학에서 별다른 관심을 못 받기는 했지만 그 실재는 충분히 입증되었기 때문이다. 크로스에 따르면 그 의미는 명백하다. "이스라엘이 종교적 실재를 서사 양식으로 표현하고 그 양식을 제의 행위의 중심으로 끌어올렸다는 사실은 이스라엘 종교가 과거의 가나안 전통과 연결된다는 점과, '역사적'인 것에 대한 이스라엘의 특별한 종교적 관심이

9 Ibid., vii–viii. 다음도 보라. Idem, "Alphabets and Pots: Reflections on Typological Method in the Dating of Human Artifacts," *Maarav* 3.2 (1982): 130–31.

10 Cross, *Canaanite Myth,* viii.

보여주는 외형적 참신성을 설명해준다."[11]

크로스는 고대 근동 금석문의 증거와 가나안 및 초기 이스라엘 종교에 관련된 성서 텍스트를 심도 있게 연구한 후 이전에 알트가 내놓은 주장, 즉 족장들의 종교가 친족 종교의 한 형태라는 주장에 일반적으로 동의하였다. 그러나 그는 족장들이 가나안의 주신인 엘(El)을 섬겼다고 주장하는데, 이는 족장들이 무명의 여러 신들을 숭배했으며 가나안에 정착한 후 그들에게 엘 샤다이, 엘 엘리온, 엘 올람 등의 이름을 붙였다는 알트의 견해와 대조를 이룬다. 크로스는 가나안의 엘과 이스라엘의 야웨 사이에 연속성이 있음을 강조하며 "야웨"가 본래 엘의 제의적 명칭이었다고 결론짓는다. 비록 야웨 신앙이 "초기 이스라엘의 제의에서 철저하게 '엘'로부터 분리되고 차별화되었지만", 엘을 암시하는 다양한 흔적들과 특징들이 이스라엘의 가장 이른 전통에서는 야웨의 기능으로 나타난다.[12] 더구나 야웨 신앙은 "다소 불완전한 혼합주의"가 자취를 드러내던 기원전 9세기까지 바알과 관련된 가나안 신화의 요소를 많

11 Ibid., ix. 다음도 보라. Idem, "Epic Traditions of Early Israel: Epic Narrative and the Reconstruction of Early Israelite Institutions," in *The Poet and the Historian: Essays in Literary and Historical Criticism,* ed. R. E. Friedman, HSS 26 (Chico, Calif.: Scholars Press, 1983), 13–19; 다음도 보라. J. J. M. Roberts, "Myth versus History," *CBQ* 38 (1976): 1–13. 이스라엘의 역사기술이 이전 서사시를 역사화하는 것으로 또 서사시와 연대기의 합류점으로 본 것에 대해서 다음을 보라. D. Damrosch, *The Narrative Covenant: Transformations of Genre in the Growth of Biblical Literature* (San Francisco: Harper & Row, 1987); 그리고 신화에서 서사로 전화되었다는 추론으로는 다음을 보라. B. F. Batto, *Slaying the Dragon: Mythmaking in the Biblical Tradition* (Louisville: Westminster/John Knox, 1992), 41–72.

12 Cross, *Canaanite Myth,* 71. 우가리트 문학에서 신들과 그 세계를 기술하는 데 쓰인 용어가 구약의 야웨를 기술하는 데도 쓰였다는 점을 기초로 해서 Korpel은 이스라엘 종교가 가나안 종교 내에서 분리되어 나온 것으로 결론을 내렸다. M. C. A. Korpel, *A Rift in the Clouds: Ugaritic and Hebrew Descriptions of the Divine* (Münster: Ugarit-Verlag, 1990), 621–35.

이 흡수하기도 하고 변형하기도 하였다. 야웨 신앙은 대중적인 바알 신앙에 자리를 내주기 시작했으며 엘리야를 필두로 한 예언자 운동은 이런 혼합주의에 대항하는 싸움으로 정의할 수 있다.[13] 따라서 야웨를 엘과 구별 짓는 여러 특징이 바알 신화 이미지에서 나온 것임에도 불구하고, 야웨는 대체적으로 가나안의 신 엘의 모습을 하고 있었다. 결국 바알 요소들과의 이런 결합으로 야기된 혼합주의는 예언자들의 경멸의 대상이 되었다. 이스라엘 종교에 대한 크로스의 재구성은 여러 구약 학자들에게 지지를 받았다. 크로스가 이룩한 업적들이 지속적인 영향력을 갖는다는 사실은 그의 제자와 동료들이 출간한 다수의 중요한 기념 논총들을 통해 분명히 드러나는데, 그 논총들에는 여기서 다룬 주제를 다룬 소논문도 다수가 실려 있다.[14]

마크 S. 스미스(Mark S. Smith)는 그의 인상적인 저서에서 가나안 자료를 비교 연구하여 몇 가지 다른 결과를 도출해내었다.[15] 그는 우가리트 신들(엘, 아세라, 바알, 아나트, 그리고 태양신)이 이스라엘 신들이 아니

13 Cross, *Canaanite Myth,* 190–94.

14 B. Halpern and J. D. Levenson, eds., *Traditions in Transformation: Turning Points in Biblical Faith* (Winona Lake, Ind.: Eisenbrauns, 1981); P. D. Miller Jr., P. D. Hanson, and S. D. McBride, eds., *Ancient Israelite Religion: Essays in Honor of Frank Moore Cross* (Philadelphia: Fortress, 1987).

15 M. S. Smith, *The Early History of God: Yahweh and the Other Deities in Ancient Israel* (San Francisco: Harper & Row, 1990); idem, "Yahweh and Other Deities in Ancient Israel: Observations on Old Problems and Recent Trends," in *Ein Gott allein? JHWHVerehrung und biblischer Monotheismus im Kontext der israelitischen und altorientalischen Religionsgeschichte,* ed. W. Dietrich and M. A. Klopfenstein, OBO 139 (Göttingen: Vandenhoeck & Ruprecht; Freibourg, Switzerland: Universitätsverlag, 1994), 197–234. 우가리트 발견물의 영향에 대한 다른 관점에 대해서는 다음을 보라. O. Loretz, *Ugarit und die Bibel: Kanaanäische Götter und Religion im Alten Testament* (Darmstadt: Wissenschaftliche Buchgesellschaft, 1990).

라 가나안 신들이라는 성서학자들의 합의에 근거하여 가나안(우가리트) 종교 문헌에서 수집한 자료를 검토했다. 올브라이트를 추종하는 학자들은 초기 이스라엘의 종교가 본래 일신숭배(monolatrous; 다른 신의 존재를 부인하지 않으면서도 야웨만을 숭배)였다고 가정하였다. 이런 합의는 고대 이스라엘에 대한 가나안의 영향이 혼합주의적이며 이스라엘의 "규범적" 종교 영역을 벗어난 것이라고 간주하는데, 학자들은 그런 영향이 존재한다는 사실을 해명하기 위해 "대중종교"와 "공식종교"를 구별하곤 했다.[16] 그러나 스미스는 올브라이트 이후 추가로 발견된 금석문과 고고학 증거들로 인해 이런 합의에 이의를 제기할 수밖에 없다고 주장한다. 스미스는 이스라엘 문화의 주류가 본래 가나안적이라고 주장한다. "바알과 아세라는 이스라엘 내에서 가나안 유산의 일부였으며, 이스라엘에 일신숭배 사상이 도입된 방식은 이스라엘이 내부의 가나안적 과거에서 벗어나는 과정이었지, 단순히 인접한 가나안의 문명을 거부하는 것이 아니었다."[17] 스미스는 고대 이스라엘의 종교 다원주의로 인해 이스라엘은 야웨 신앙의 올바른 형태가 무엇인지에 대해 갈등을 겪게 되었으며 결과적으로 이 혼란이 "왕정 시대 후반에 이스라엘 종교를 가나안 유산으로부터 차별화시켰다"고 주장한다.[18] 그래서 스미스는 이스라엘의 혼합주의적 성향이 특히 9세기에 시작되었다는 합의된 견해(올브라이트, 크로스 등)를 받아들이지 않는다. 스미스는 이스라엘 종교가 가나안 유산으로부터 "차별화되었다"는 표현을 사용하는데,

16 Smith, *Early History,* xix–xx.
17 Ibid., xxiii.
18 Ibid., xxxi.

이 차별화는 9세기 초에 시작된 것으로 간주된다.[19]

스미스는 올브라이트의 『야웨와 가나안 신들』(*Yahweh and the Gods of Canaan*, 1968)이 출간된 이후로 금석학과 고고학이 진보함에 따라 학자들의 관점에 커다란 변화가 있었고, 그 결과 이전의 합의가 무너졌다고 주장한다. 스미스는 이 변화를 다음과 같이 네 가지로 요약한다. 첫째, 종교적 용어들의 상당수를 공유한다는 사실이 보여주는 것처럼 이스라엘의 문화 정체성은 가나안적이다.[20] 둘째, 이스라엘을 가나안 문화와 동일시하는 것은 야웨 신앙의 본질을 재평가한다는 의미다. 바알과 아세라는 이스라엘이 갖고 있는 가나안 유산의 일부였다. 성서에서 드러나고 이전 학자들의 합의에서 추정되듯이, 9세기 이스라엘 원주민의 신앙은 가나안의 이교적 관습과 종교적으로 혼합되지 않았다. 셋째, 왕정 시대가 야웨 신앙의 발전에 일익을 담당했다. 왕정 시대 초반(기원전 722년경까지)에는 야웨를 국가의 신으로 승격시키기 위해 다른 신들과 그들의 독특한 제의들을 수렴했다. 왕정 시대 후반(722-587년경까지)에는 이스라엘의 종교가 종교개혁(특히 히스기야와 요시야의)으로 인해 가나안적 기원으로부터 차별화되었으며 결국 포로기로 접어들어 유일신 신앙이 출현했다. 넷째, 고대 여신들과 이스라엘 제의에서 그들의 역할에 대한 관심은 결국 이스라엘 종교에서 그런 신들의 역할에 대한 철저한 학문적 연구로 이어졌다.[21]

1968년 이래 "주요 금석문과 고고학적 유물의 발견"이 이런 변화를 **초래했다**는 점은 많은 이스라엘 종교사학자들에게 놀라운 일일 수도

19 Ibid., xxiv.

20 Ibid., 2.

21 Ibid., xxii–xxvii.

있다. 학문적 관점이 지난 수십 년에 걸쳐 변해왔다는 점에는 의심의 여지가 없다. 그러나 올브라이트 이후 새롭게 발견된 금석학적 증거가 이런 변화를 초래했다고 말하는 것은 불합리한 추론이며,[22] "이스라엘 종교를 조명해주는 자료가 지난 20년간 상당 부분 달라졌다"라고 주장하는 것은 과장이다.[23] 스미스가 요약한 변화의 대부분은 새로운 발견에 기인했다기보다는 학문적 풍토가 변하고 이에 따라 옛 자료를 새롭게 해석한 데서 기인했다고 볼 수 있다.[24] 이는 일반적으로 학문적 미니멀리즘 혹은 신허무주의라는 새로운 운동으로 묘사될 수 있을 것이다. 스미스가 언급한 둘째 변화(초기 야웨 신앙에 깃든 가나안적 특징)는 논리적으로 첫째 변화(가나안과 이스라엘 간의 연속성)에서 유래했으며, 첫째 변화는 보다 광범위한 이스라엘 역사 연구에 나타난 발전과 관련 있는데 이 변화는 때로 다분히 미니멀리즘적이며 여전히 많은 질문에 노출되어 있다.[25] "학문적 관점의 변화들" 중 셋째(즉 이스라엘 종교에 있어 왕정 시대의 역할)는 성서 자료의 재해석과 관련이 있다. 이 부분은 그의 가설 1번과 2번(이스라엘 문화는 가나안적이었고 이스라엘의 신앙은 원래 다신교였다)을 성서의 스토리라인에 적용한 것이다. 사사 시대의 이스라엘은 서너 명의 신들(엘, 아세라, 야웨 그리고 아마도 바알)을 알고 있었다.[26] 이 신들 또는 그 종교의 특징들은 왕정 시대 초반에 전부 국가적 야웨 신앙으로 수렴되었고 이 차별화 과정을 통해 왕정 시대 후반에 일

22 Ibid., xxi.
23 Ibid., xxii.
24 아래에서 논의되겠지만 1970년 이래로 몇몇 중요한 금석문들이 발견되었다는 것을 부인하는 것은 아니다.
25 본서의 제7장 K. Lawson Younger Jr.와 제8장 Gary N. Knoppers의 글을 보라.
26 Smith, *Early History,* 22. 이는 대략 창 49:25e를 잘못 이해한 데서 기인한다(다음의 서평을 보라. T. J. Lewis in *JITC* 18 [1990-91]: 158-59).

신숭배가 생겨난 것이다. 넷째 변화(고대 여신에 대한 지대한 관심)는 변동하는 학문적 관심의 문제다. 스미스는 "고대 이스라엘의 여신에 관련된 일차 자료가 매우 부족하다"는 점을 인정하면서도[27] 이스라엘 종교에 있어 여신들의 역할에 대한 고대의 정보 자료에 관심이 많아졌고 면밀한 연구가 진행되고 있다고 말한다. 이런 변화의 대부분은 해석을 요하는 고고학적 새 증거와 관련되기보다는 학문적 풍토의 변화와 이전 자료에 대한 새로운 해석과 관련이 있다("야웨와 그의 아세라[asherah/Asherah]" 비문과 같은 예외가 있긴 하지만 말이다. 아래에서 쿤틸레트 아즈루드와 키르베트 엘-콤의 비문에 대한 논의를 보라).

다른 학자들은 이 비교 접근법 외에 팔레스타인에서 사용된 신의 이름이 포함된 인명을 출발점으로 삼아 고대 이스라엘 종교를 연구하기 시작했다. 제프리 티게이(Jeffrey Tigay)는 그의 탁월한 저서에서 히브리 금석문 자료의 고유 명사에 나오는 신과 관련된 요소를 조사하였다.[28] 이 책에서는 고대 이스라엘에 야웨와 관련된 인명들(즉 신명 요소로서 야웨라는 단어를 포함한 인명들)이 압도적으로 많았던 반면 그렇지 않은 인명은 상대적으로 드물었음을 보여준다. 그는 이 증거를 토대로 왕정 시대 이스라엘은 유일신교(monotheistic; 아니면 적어도 일신숭배[monolatrous])였으며, 바알을 잠깐 섬기기는 했으나 아세라 숭배는 이스라엘에 아예 존재하지 않았다고 주장한다. 인명을 근거로 역사와 종교를 재구성하는 작업에 문제점이 많다는 사실은 잘 알려져 있고 티

27 *Early History,* xxvi.

28 J. H. Tigay, *You Shall Have No Other Gods: Israelite Religion in the Light of Hebrew Inscriptions,* HSS 31 (Atlanta: Scholars Press, 1986).

게이는 사람들로부터 비판을 받아왔다.[29] 그럼에도 그의 책은 설득력이 있으며, 인명에서 나온 증거는 어쩌면 고대 이스라엘의 "규범적인" 종교를 반영하는지도 모른다. 티게이의 독창적인 금석문 자료 연구 외에도 학자들은 성서 텍스트에 나오는 인명이 이스라엘 종교에 어떤 중요한 역할을 하는지에 대해 연구하였다. 요하네스 드 모어(Johannes de Moor)는 티게이처럼 엄밀한 방법을 적용한 것은 아니지만 성서 텍스트에 나오는 신들의 이름이 포함된 여러 인명을 출발점으로 삼아 엘과 야웨라는 두 이름 모두 다윗 시대보다 훨씬 이전부터 하나님을 가리키는 명칭으로 자주 사용되었다고 결론을 내린다.[30] 한편 신명이 포함된 지명에 대한 드 모어의 연구는 대체로 가나안 신들의 이름만을 밝혀내었다. 인명과 지명 사이의 이러한 차이점은 이스라엘 종교가 가나안 종

29 J. A. Emerton, "New Light on Israelite Religion: The Implications from Kuntillet 'Ajrûd," *ZAW* 94 (1982): 16 n. 10; S. Olyan, *Asherah and the Cult of Yahweh in Israel,* SBLMS 34 (Atlanta: Scholars Press, 1988), 35–36; 그러나 출판 예정인 다음의 긍정적인 리뷰도 보라. T. J. Lewis in *Maarav*.

30 J. C. de Moor, *The Rise of Yahwism: The Roots of Israelite Monotheism* (Louvain: Leuven University Press, 1990), 10–34. 이 연구에는 야웨 이름이 들어간 인명들에 추가 될 수 있는 역대기의 고유명사 자료가 빠져 있다. De Moor는 그 자료 증거는 역대기 사가 당시를 반영하고 있지 순수하게 다윗 전 시대를 대표하는 것은 아니라고 한다(32). Fowler는 성서와 비문에 나오는 고유명사를 연구했다(J. D. Fowler, *Theophoric Personal Names in Ancient Hebrew: A Comparative Study,* JSOTSup 49 [Sheffield: JSOT Press, 1988]). 그녀의 책은 여러 결점이 있지만 고대 이스라엘 종교에 있어 이스라엘의 특색과 독점적으로 우세했던 야웨 신앙에 대한 기본적인 결론들은 타당하다. 참고해야 할 다른 중요한 저작들은 다음과 같다: S. C. Layton, *Archaic Features of Canaanite Personal Names in the Hebrew Bible,* HSM 47 (Atlanta: Scholars Press, 1990); R. Zadok, *The Pre-Hellenistic Israelite Anthroponymy and Prosopography,* OLA 28 (Louvain: Peeters, 1988); N. Avigad, "The Contribution of Hebrew Seals to an Understanding of Israelite Religion and Society," in *Ancient Israelite Religion,* ed. Miller et al., 195–208; and again J. Tigay, "Israelite Religion: The Onomastic and Epigraphic Evidence," in ibid., 157–94.

교와 연속성을 갖는다는 가정을 반박한다. 여신 이름이 포함된 인명(*bn ʿnt*, 아나트의 아들)이 하나밖에 없다는 사실은 심지어 왕정 시대 초기에도 야웨에게 공식적인 배우자가 없었음을 시사한다.[31]

비교자료를 혁신적으로 사용한 다른 저작으로는 오트마르 키일(Othmar Keel)과 크리스토프 윌링어(Christoph Uehlinger)의 저서가 있다.[32] 이들은 중기 청동기, 후기 청동기, 그리고 철기 시대의 방대한 비문과 금석문 유물들을 바탕으로 팔레스타인에서 나온 인공 유물에서 고대 팔레스타인 신들이 어떤 형태로 어떻게 등장하는지를 관찰했다. 이와 같은 독특한 접근법을 이용하여 학자들은 선돌, 신목, 그리고 성적인 제의가 두드러졌던 시기(중기 청동기 제2B기)에서 시작하여, 이런 특징들(보통 "가나안의 다산" 종교와 관련된)이 줄어드는 대신 이집트의 영향으로 폭풍 신을 전사의 신으로 여겼던 시기(후기 청동기 시대)까지의 발전상을 요약할 수 있다. 철기 시대에는 신을 묘사하는 방식에 일대 전환이 발생했는데, 철기 시대 제1기에는 신을 전사 이미지로 묘사했던 반면, 이후에는 신에 대한 의인화된 묘사가 이스라엘과 유다 밖에서 광범위하게 발견되었다. 철기 시대 제2기에는 인장과 상아 장식에 태양과 관련된 요소가 나타나기 시작했는데, 이스라엘에서 이는 종종 야웨 신앙과 관련된 것이었다. 대체적으로 키일과 윌링어는 도상학적 증거가 이스라엘이 포로기 이전까지 다신교를 숭배했다는 현대의 주장

31 De Moor, *Rise of Yahwism*, 40–41. 이런 유의 연구가 갖는 한계는 여신의 이름이 시리아와 메소포타미아의 인명에 자주 안 나온다는 점인데, 이는 그 여신이 종교적으로 얼마나 중요한지에 비례하지 않는다는 것이 확실하다. 나는 Daniel E. Fleming과의 사적인 대화(1996년 4월 11일)에 근거하여 이런 주의사항을 제안하는 바다.

32 *Gods, Goddesses, and Images of God in Ancient Israel*, trans. T. H. Trapp (Minneapolis: Fortress, 1998).

을 지지한다고 생각하지는 않는다. 키일과 윌링어의 저서는 이스라엘 종교와 이전의 가나안 종교를 연구하는 데 있어서 가장 중요하고 독특한 공헌 중 하나로 꼽힌다.

라이너 알베르츠는 이스라엘 종교사에 적용되는 연대 구분법, 즉 왕정 시대 이전의 종교, 왕정 시대의 종교, 그리고 포로기 이전과 이후의 종교로 구분하는 방식을 초월하여 연구를 진행했다. 그밖에도 그는 두 "중심 주체"인 가족과 민족이 이스라엘 종교에 서로 다른 층을 형성하였다고 주장한다. "공인 종교"라는 주층(main stratum)은 보다 광범위한 집단과 관련된 기능을 수행한 반면, "개인적 경건"이라는 기층(substratum)은 가족이라는 작은 단위의 구성원과 관련되어 있다.[33] 여기에 셋째 층위로서 지역층(local level) 혹은 마을 공동체를 덧붙일 수 있는데, 이는 가족 층위와 민족 또는 국가 층위 사이에서 사회학적 기능을 담당한다. 그는 이처럼 이스라엘 종교 내에서 사회적 조건에 따라 층위가 구분된 현상을 가리켜 "내부적 종교 다원화"라고 부른다. 우리는 이스라엘 종교에 관련된 표준적인 사회학적 관찰(예언자, 신명기 사가 등의 개혁적 종교집단에 대한)에 위와 같은 요소들을 추가할 수 있다.[34] 알베르츠는 일반적으로 "족장 종교"라 불리는 창세기 12-50장의 신앙이 이스라엘 역사 중 사사 시대와 초기 왕정 시대에 소규모 사회 집단

33 R. Albertz, *Persönliche Frömmigkeit und offizielle Religion: Religionsinterner Pluralismus in Israel und Babylon,* CThM A/9 (Stuttgart: Calwer, 1979). 사회학적 접근법을 따르는 연구로 다음을 더 보라. E. S. Gerstenberger, "The Religion and Institutions of Ancient Israel: Toward a Contextual Theology of the Scriptures," in *Old Testament Interpretation: Past, Present, and Future: Essays in Honor of Gene M. Tucker,* ed. J. L. Mays, D. L. Petersen, and K. H. Richards (Nashville: Abingdon, 1995), 261–76.

34 R. Albertz, *A History of Israelite Religion in the Old Testament Period,* trans. J. Bowden, 2 vols., OTL (Louisville: Westminster/John Knox; London: SCM, 1994).

의 신앙(전형적인 가정의 개인적 경건)이라고 주장한다.[35] 그는 또한 "보다 큰 규모의 해방된 집단"의 신앙을 재구성하는데, 이 그룹은 람세스 치하의 이집트 사회에 경제적으로는 동화되었으나 사회적으로는 강제노역에 징집된 하층계급의 외국인 집단이었다.[36] 이스라엘의 야웨 종교는 이 집단이 해방되면서 출범했다. 야웨 신앙은 미디안에서 발생하여 이드로/르우엘(아마도 에돔의 샤수[Shasu]와 관련된)에 의해 모세에게 전수되었으며, 나중에 시내산 전승이 여기에 덧붙여졌다. 미디안의 다양한 부족들(그리고 지금의 출애굽 집단)은 에돔과 미디안의 국경 지역에 있는 산당에서 야웨 제의에 참가했다.[37] 바로 이 야웨는 시리아-팔레스타인의 바알/하다드와 별로 다르지 않은 폭풍의 신이었다. 알베르츠는 "국가 이전 시대의 대규모 동맹 집단들"의 종교에 관해 논하면서, 출애굽 집단이 팔레스타인 중앙 산지에 도착하여 그곳에서 발현한 부족들을 단결시키는 데 필수적인 요소로 작용했다고 결론짓는다. 이 단결 요소는 야웨 신앙으로서 가나안의 엘 종교와 융합되어 이스라엘의 하나님을 규정했는데, 그분은 압제 당하는 자를 보호하고 지배권에 저항했다.[38]

35 Ibid., 1:28–29.
36 Ibid., 1:45.
37 Ibid., 1:54–55.
38 Ibid., 1:76–79. 나는 아래에서 Albertz의 연구에서 발견한 점들을 살펴보았으나 지면의 한계로 왕정 시대가 바로 야웨가 해방의 신에서 국가 탄압의 신으로 전환된 시점이었다는 것 또는 그가 사회학 접근을 포로기 이전과 이후에 응용한 것—이 모든 것이 이스라엘 종교 영역에 있어 중요한 공헌을 하였다—을 더 자세히 설명하지 못했다.

핵심 문제의 발전상

지난 30년간 관심의 대상이 되었던 다양한 논제들이 있는데, 그중 대부분은 과거 학자들이 연구해오던 것과 동일한 주제였다. 특히 야웨 신앙의 기원과 유일신교의 역사와 같은 주제들이다. 상대적으로 새로운 분야를 다룬 연구도 있었는데, 예를 들어 사자 숭배(cult of the dead)와 같은 주제다. 이 의식은 고대 이스라엘에 없었던 것으로 간주되어 현대 학자들이 거의 관심을 갖지 않았던 주제였다. 이러한 주제들은 서로 연결되어 있으므로 여기서는 각 연구 분야가 어떻게 발전해왔는지 간략하게나마 정리하고자 한다.[39]

야웨 신앙의 기원

위에서 언급했듯이 이 주제에 관하여 학문적으로 미국의 고고학파와 독일의 전승사학파 간의 구별을 넘어서는 발전은 거의 없는 것 같다. 그리하여 대부분의 학자는 야웨 신앙의 기원을 우가리트 문헌에 가장 많이 예시된 가나안 종교에서 찾거나(올브라이트와 그의 제자들), "출애굽 집단"이 팔레스타인 남부 활화산 지대에서 장엄하고 신비스러운 만남을 가졌던 사건에서 찾으려 하였다(노트와 그의 제자들). 크로스는 이런 활화산에 관한 설명을 끊임없이 배척하면서 야웨는 초기 이스라엘

39 이런 성격의 연구 조사로는 중요한 모든 이슈를 다룰 수는 없으므로 아래의 논의는 선택적임을 밝힌다. 예언, 지혜, 그리고 묵시 연구의 발전상을 요약한 것은 본서의 다른 장들을 보라.

인들이 순수하게 창안한 것이며, 가나안에 기원을 둔 야웨 신앙과는 "근본적으로 차별화"된다는 견해를 지지하였다. 야웨라는 이름은 원시 히브리 제의에서 엘을 부르던 칭호, 곧 "*'ēl zū yahwī ṣaba'ōt*"(엘, 천상의 군대를 창조한 이)를 축약한 형태였다는 것이다. 초기 야웨 신앙은 아모리와 가나안 종교의 최고신인 엘과 동일시되던 부족 수호신들을 숭배하는 전통에서 유래했으며, 바알 신화에 나오는 이미지와 관행들에 의해 개조되었다. 크로스의 견해로는 야웨의 등장에 수반되는 불, 빛, 연기, 구름, 천둥, 지진에 대한 묘사들은 "지진학자를 모셔올" 이유가 되지 않으며, 단지 폭풍의 신이나 신적 전사의 등장을 묘사하기 위한 시적 표현일 뿐이다. 크로스는 야웨의 현현에 대한 초기 이스라엘의 묘사가 시내산이나 남방산보다는 레바논, 카시우스 또는 아마누스 같은 북부 지방의 폭풍과 관련된 전통적인 가나안 언어에서 유래했다고 결론짓는다.[40]

다른 학자들은 이집트의 금석문 증거와 성서 전승을 근거로 야웨 신앙이 남부에서 유래했다고 주장한다. 후기 청동기 시대 이집트 지명 목록 두 군데에서 "샤수 땅의 야웨" 또는 "야웨의 샤수 땅"이라고 해석될 수 있는 표현이 발견되었다.[41] 이런 명칭들은 아마도 이스라엘이 형태를 갖추기 이전 단계 야웨 신앙의 형태를 반영하는 것으로 보이며, 이집트 동부 델타와 팔레스타인 남부 및 남동쪽에서 유리하던 부족 유

40 *Canaanite Myth*, 60–75; 그리고 지진에 대한 견해는 167–69. Cross는 전쟁 용사 주제를 다루면서 구약의 가장 오래된 시에서는 야웨가 남방 산으로부터 진군하는 모습을 찾았다. 예를 들어 삿 5:4-5; 신 33:2-3; 시 68:18; 그리고 합 3:3-6(100-103).

41 아메노피스 3세와 람세스 2세의 문헌에서 *š3sw yhw*가 나오는데 이때 *yhw*는 *š3sw*땅에 있는 지명이나 민족명이다. 다음을 보라. R. Giveon, *Les bédouins Shosou des documents égyptiens* (Leiden: Brill, 1971), docs. 6a (26–28) 그리고 16a (74–77).

민들("샤수")이 기록한 것으로 추정된다. 어떤 학자들은 초기 히브리인을 에돔의 일가인 샤수 베두인과 관련 지었는데 그들은 유목민들이었으며 이스라엘의 하나님 야웨와 동일한 이름을 가진 신을 숭배했다. 도널드 B. 레드포드(Donald B. Redford)는 야웨 신앙이 샤수 유목민들에게서 나왔으며 이들이 후에 이스라엘을 세우는 데 중요한 구성 요소가 되었다고 주장한다.[42]

야웨 신앙이 남부에서 유래했다는 성서의 증거는 잘 알려져 있으며, 과거에는 이 가설이 소위 겐 족속(Kenite) 가설로 이어졌다.[43] 이 가설에서는 야웨를 미디안 족속 또는 겐 족속(겐 족속은 미디안의 하위 족속임)의 신으로 추정한다. 모세는 미디안 제사장이었던 그의 장인 이드로를 통해 야웨 신앙을 알게 된 것으로 전해진다.[44] 성서와 금석문 자료를 바탕으로 알베르츠는 다음과 같이 결론짓는다. "그러므로 야웨는 이스라엘보다 더 오래된 신이다. 야웨는 모세 집단을 해방시키기 이전부터 팔레스타인 남방 산에 거하던 신이었다."[45] 이스라엘 종교를 사회학적으로 재구성하면서 알베르츠는 해방된 출애굽 집단이 국가 형성 이전의 대규모 집단 연맹체를 통합하는 구심점으로서 야웨 신앙에 기여했다고 주장한다. 마찬가지로 닐스 페터 렘케(Niels Peter Lemche)도

42 Redford는 또한 성서 외에 처음으로 등장하는 "이스라엘"(메르네프타 석비, 기원전 약 1208년)은 에브라임 산지의 샤수 거주지의 성격을 가진 집단을 나타낸다고 추정한다(D. B. Redford, *Egypt, Canaan, and Israel in Ancient Times* [Princeton: Princeton University Press, 1992], 273–75).

43 요약을 다음에서 보라. J. A. Dearman, *Religion and Culture in Ancient Israel* (Peabody, Mass.: Hendrickson, 1992), 22–23.

44 가장 최근에 Albertz가 이것을 다시 연구했다. Albertz, *History of Israelite Religion*, 1:51–52.

45 Ibid., 1:52.

본래 시나이반도에서 자리 잡았던 야웨가 후기 청동기 시대 말에 팔레스타인으로 이동했다고 생각한다. 그러나 야웨 신앙이 어떻게 팔레스타인으로 옮겨졌는지에 대해 렘케는 난색을 표한다. 렘케는 모세가 후대 성서 자료에서 야웨 신앙을 이스라엘 국가에 소개한 인물로 추앙되지만, 사실상 모세는 실체가 없는 인물이라고 확신한다. 모세라는 인물은 후대 전승가들의 창작물로 보이기 때문에 이 문제는 해결될 수 없다는 것이다.[46]

성서가 야웨를 남부 산악지대와 관련 짓는다는 점에는 논쟁의 여지가 없으나 겐 족속 가설에 문제가 없는 것은 아니다. 이스라엘인과 에돔/미디안 족속은 서로 밀접하게 연결되어 있었고 역사적으로 여러 시대에 걸쳐 서로 동맹을 맺었거나 협력 관계를 유지했을 것이다. 그러나 겐 족속은 평범한 다신교도였다는 증거가 있으며, 미디안 족속은 이스라엘인들을 통해 야웨 신앙을 접하게 되었을 가능성이 있다(실제로 출 18:11이 암시하는 것처럼).[47] 이집트의 금석문 증거가 부족하기 때문에 의문은 더 가중된다. 샤수 베두인이 어떤 형태로든 이스라엘과 연결되거나 결부될 수 있는지, 예컨대 그들이 결국 후대 이스라엘의 구성요소가 되는지 혹은 야웨 신앙의 창시자인지는 아직도 밝혀야 할 문제로 남아 있다. 사실 수수께끼 같은 지명 목록들은 야웨 신앙과 아무런 관련이 없을 수도 있다. 왜냐하면 *yhw*라는 이름은 사실상 기원전 14세기 이후로 이집트에 재앙을 유발해왔던 반유목 민족을 가리키는 이름이었고,

46 N. P. Lemche, *Ancient Israel: A New History of Israelite Society* (Sheffield: JSOT Press, 1988), 252–56.

47 De Moor, *Rise of Yahwism,* 224.

이 경우에 그 이름은 신과 아무런 연관성이 없기 때문이다.[48] "샤수 야웨"(*š3sw yhw*)라는 지명이 에돔에 실제로 있었는지조차 여전히 논쟁이 되고 있다. 어떤 학자들은 이것이 훨씬 더 북방에 위치한 시리아의 베카-오론테스 지방에 속한 지명이라고 주장한다.[49]

그렇다면 야웨는 남부의 미디안/겐 족속의 폭풍 신에서 유래했는가, 아니면 북부 특히 우가리트에서 확인되는 가나안의 야웨-엘 종교와의 차별화를 통해 나온 것인가? 다양한 성서 전승이 남부와의 관련성을 보여주지만(알베르츠) 고대 문헌 대부분은 초기 야웨-엘의 연합을 증언하는데, 이는 북부와의 관련성을 나타내는 것이다(크로스).[50] 크로스가 강조했듯이, 놀라운 사실은 "구약성서에서 엘('Ēl)이 이스라엘의 신 야웨(Yahweh)와 확연히 구분되는 가나안 신의 이름으로는 좀처럼 사용되지 않았다"는 점이다.[51] 가장 이른 시기의 야웨 신앙에 엘의 영향이 발견된다는 점은 부인할 수 없는 듯하며, 초기 이스라엘에 철저한 신학적 차별화가 발생했다는 크로스의 주장은 설득력이 있다. 그러나 여기에는 다음과 같은 문제가 있다. 북부지역의 야웨 신앙에 대해 성서 이외의 증거가 없으며, 가나안의 엘 숭배가 남방으로 시나이반도까지 혹은 팔레스타인의 남부나 남동부까지 미쳤는지는 불확실하다.[52]

48 Ibid., 111–12.

49 M. C. Astour, "Yahweh in Egyptian Topographic Lists," in *Festschrift Elmar Edel: 12 März 1979,* ed. M. Görg and E. Pusch, Ägypten und Altes Testament 1 (Bamberg: Görg, 1979), 17–34.

50 Cross도 전쟁 용사 모티프를 남부 지역까지 추적하지만 말이다(*Canaanite Myth,* 100–103).

51 Ibid., 44.

52 남부 전승을 논의할 때 쿤틸레트 아즈루드와 테만 자료를 합쳐도 된다(다음을 보라. T. Hiebert, *God of My Victory: The Ancient Hymn in Habakkuk 3,* HSM 38 [Atlanta: Scholars Press, 1986], 85–92).

지오반니 페티나토(Geiovanni Pettinato)는 야웨라는 이름이 에블라 지역에서 신의 이름으로 등장한다고 최초로 주장하여 논란을 일으켰다.[53] 그러나 이 주장은 지지를 얻지 못했다. 왜냐하면 NI라는 기호에 같이 적힌 –*yà*라는 요소는 아마도 NI.NI = *ì-lí* 즉 "나의 신"의 줄임말이며 사적인 수호신을 뜻한다고 보는 것이 합당하게 여겨졌기 때문이었다.[54] 마찬가지로 우가리트의 바알 문서(Baal Cycles)에 나오는 *yw*에 대해서도 추측이 난무해왔다.[55] 야웨의 신원이 언어학적으로 논증될 수 있다는 드 모어의 주장은 신빙성이 없고, 일리미쿠(Ilimiku)가 혼돈과 무정부의 신인 야웨이며 결국은 얌무(Yammu)처럼 번영을 상징하는 바알에게 정복당하는 신이라는 주장도 설득력이 떨어진다. 드 모어의 견해는 우가리트 문헌이 야웨를 무시무시한 아피루 전사들의 신으로 풍자하려는 의도를 가졌다는 것이다.[56] 그러나 *yw*를 바다 신인 얌무와 동격으로 사용했다는 주장에는 음성학적으로 이의가 제기되었으며, 이는 야웨와는 관계가 없는 것으로 보인다.[57]

야웨에 대한 성서의 증거가 거의 없는 데다가(히브리 금석문 자료를 제외하면) 남부 가나안에서 엘 숭배가 만연했었는지 확실하지 않기 때

53 G. Pettinato, "Il calendario di Ebla al tempo del re Ibbi-Sipish sulla base di TM.75. G.427," *AfO* 25 (1974–77): 1–36.

54 H.-P. Müller, "Der Jahwename und seine Deutung Ex 3,14 im Licht der Textpublikationen aus Ebla," *Bib* 62 (1981): 305–7; idem, "Gab es in Ebla einen Gottesnamen Ja?" *ZA* 70 (1980): 70–92.

55 *KTU* 1.1.IV.14.

56 De Moor, *Rise of Yahwism,* 113–18; 다음 책에 재출판되었다 "Ugarit and Israelite Origins," in *Congress Volume: Paris, 1992,* ed. J. A. Emerton, VTSup 61 (Leiden: Brill, 1995), 219–23.

57 D. N. Freedman and M. P. O'Connor, "YHWH," *TDOT,* 5:510; 그리고 다음도 보라. Müller, "Jahwename," 325–27.

문에, 야웨 신앙의 기원은 계속 불분명한 채로 남아 있다. 학자들의 견해는 여전히 북방 우가리트/가나안과의 관련성 또는 보다 이른 시기의 남부 미디안/겐 족속과의 관련성 사이에서 양분되고 있다. 그러나 앞으로는 이 두 견해 사이에 화해가 가능해질 것으로 보인다. 드 모어는 아문-레(Amun-Re) 신앙의 공격적인 확산이 고대 근동에서 "다신교의 위기"를 초래했고 이런 흐름이 제2천년기 말엽 남부 팔레스타인의 엘과 야웨 신앙에도 영향을 끼쳤다고 믿고 있다.[58] 최근에 T. N. D. 메팅거(T. N. D. Mettinger)는 우상을 반대하는 아문 신앙이 "이스라엘에서 반우상주의를 형성하는 데" 기여했다고 주장했다.[59] 드 모어의 견해에는 논란의 여지가 많지만(후기 청동기 시대 바산에 야웨-엘이 존재했다는 주장이나 모세를 이집트 제19왕조 시대의 고위관리였던 가나안 사람 베야[Beya]와 동일시하는 견해 등), 그는 우가리트와 초기 이스라엘을 연결시키는 공통의 아모리 문화 환경이 존재한다고 정당하게 지적했으며, 남방 지역에서 야웨-엘의 관련성이 가능하다는 점을 인식시켜주었다. 새로운 정보들만이 향후 이 문제를 더 확실히 조명해줄 수 있을 것이다.[60]

58 De Moor, *Rise of Yahwism,* 42-100. 최근 De Moor는 우가리트가 남부의 몇몇 도시와 관련되는 것이 확실하고 원시 우가리트의 상류계층이 요르단 동편의 에돔 지역에서 유래한 것으로 보인다는 점(Dietrich와 Loretz가 주장하듯이)을 통해 후기 청동기 시대 말에 우가리트와 원시 이스라엘이 직접적으로 관련되었다고 주장했으나 이는 설득력이 떨어진다. 여기에는 종교적 전승이 포함되어 있었을 것이며, 공통적으로 아모리 문화의 연속성이 한몫을 한 듯하다("Ugarit and Israelite Origins," 205-38, 특히 236-38).

59 T. N. D. Mettinger, *No Graven Image? Israelite Aniconism in Its Ancient Near Eastern Context,* ConBOT 42 (Stockholm: Almqvist & Wiksell, 1995), 56; 그리고 다음의 서평을 보라. T. J. Lewis, "Divine Images and Aniconism in Ancient Israel," *JAOS* 118 (1998): 36-53.

60 우가리트 바알 전승은 가나안인과 "중기, 후기 청동기 시대에 이집트 국경에서 아마누스까지 그들의 문화를 공유한 사람들에게" 잘 알려진 문학 유산을 반영하고 있

이스라엘 유일신교의 역사

유일신교에 대한 논의를 진행할 때 가장 먼저 만나게 되는 난제는 용어의 엄밀성이다. 물론 **다신교**(polytheism)와 **유일신교**(monotheism)는 꽤 명료한 용어들이다. 학자들은 비교적 일관성 있게 오직 유일한 신의 존재를 믿는 종교를 "유일신교"라 하고 다양한 신을 믿고 숭배하는 종교를 "다신교"라 쓰고 있다. 반면 **택일신교**(henotheism)와 **일신숭배**(monolatry) 같은 용어는 명료성이 떨어진다. 전자는 원시 유일신교, 위기 상황에서 일시적으로 한 신만을 경외하는 것, 또는 다른 신들의 존재를 부정하지 않으면서 한 신을 계속 숭배하는 것을 의미한다. 이 용어는 다신교와 진정한 유일신교 사이의 중간 단계로서 "실질적인 유일신교"를 묘사하기 위한 진화론적 설명에서 발전되었다. "일신숭배"는 일반적으로 "택일신교"와 동일한 의미를 갖는다고 여겨진다. 두 용어는 유래가 다르나 현재 구약성서 학자들은 이 둘을 상호 교환적으로 사용하고 있는 것으로 나타난다.[61]

이 논의에 있어 데이비드 L. 피터슨(David L. Peterson)이 가장 훌륭

음을 Cross가 이미 강조하였다. (*Canaanite Myth,* 113). 마리, 이집트, 메소포타미아의 핵심지대를 포함한 고대 근동의 도처에 서부 셈족 전투 설화가 반향되었을 수 있다는 Smith의 추론을 다음에서 보라. M. S. Smith, ed., *The Ugaritic Baal Cycle,* vol. 1, *Introduction with Text, Translation, and Commentary of KTU 1.1–1.2,* VTSup 55 (Leiden and New York: Brill, 1994), 107–14.

61 D. L. Petersen, "Israel and Monotheism: The Unfinished Agenda," in *Canon, Theology, and Old Testament Interpretation,* ed. Tucker et al., 97–98. Halpern은 이스라엘의 "일신숭배적 택일신교"는 본래 유일신교라고 주장한다(Baruch Halpern, "'Brisker Pipes Than Poetry': The Development of Israelite Monotheism," in *Judaic Perspectives on Ancient Israel,* ed. J. Neusner, B. A. Levine, and E. S. Frerichs [Philadelphia: Fortress, 1987], 88).

한 제안을 하였다.[62] 그는 유일신교의 역사에 대해 다양한 일반 가설들을 요약하기 위해 다음 세 키워드를 사용했다. **진화**(evolution), **혁명**(revolution), 그리고 **퇴화**(devolution)라는 용어다. 유일신교가 이전의 다신교 배경에서 발전된 것이라는 피터슨의 주장(진화적 접근)은 구약 연구 일반에서 지배적인 개념이었으며 지난 30년간 그 상태로 발전되어 왔다.

이스라엘 유일신교의 역사에 대한 진화론적 접근법은 여러 가지로 변형되어 나타난다. 모튼 스미스(Morton Smith)는 이스라엘이 본래 다신교였는데 9세기 들어 "오직 야웨" 운동이 시작되었고 포로기 이후에 야웨를 유일신으로 표현하게 되었다고 주장한다.[63] 버나드 랭(Bernhard Lang)은 스미스의 사회학적 접근법을 기초로 삼았지만 실제로는 다신교에서 유일신교로 이행하는 데 정치적 요인이 작용했다는 점을 더 강조한다.[64] 랭은 "오직 야웨주의자들"(Yahweh-aloneists)의 발전 과정을 이스라엘의 다신교에 대한 저항에서 시작하여 기원전 586년 예루살렘의 멸망 이후 "유일신교로의 진입"에 이르기까지 다섯 단계로 나누어 설명한다. 그에 따르면 정치적 위기로 인해 "원시 유대주의"에 이미 깃들어

62 Petersen, "Israel and Monotheism," 92–107.

63 M. Smith, *Palestinian Parties and Politics That Shaped the Old Testament* (New York: Columbia University Press; London: SCM, 1971), 15–31.

64 B. Lang, *Monotheism and the Prophetic Minority: An Essay in Biblical History and Sociology,* SWBAS 1 (Sheffield: Almond, 1983), 13–56. 사회학 접근의 다른 방법으로 Norman Gottwald의 "유일 야웨 신앙"을 비교해볼 수 있는데 이 신앙은 사회 조직의 새 평등주의 형태에 대한 결과로 작용했다(Norman Gottwald, *Tribes of Yahweh,* 16, 616, and 693). Gottwald의 견해는 여러 면에서 심하게 비판을 받았다. 유일신교를 맹세하는 사회는 어디나 계급제도가 상당히 복잡했다는 사회학적 증거가 그 한 예이다. 다음을 보라. G. E. Swanson, *The Birth of the Gods: The Origin of Primitive Beliefs* (Ann Arbor: University of Michigan Press, 1960); and Petersen, "Israel and Monotheism," 100.

있던 "오직 야웨"라는 이념이 활기를 띠게 되었고 결국은 유일신교 사상으로 이어졌다. "유일신교는…외교적 책략이나 외국으로부터의 군사원조를 기대할 수 없는 정치적 위기 상황에서 유일한 해결책이었다."[65]

좀 더 일반적으로, 알베르츠는 야웨 신앙의 배경이 된 사회적·종교적 요인으로 말미암은 초기 야웨 신앙의 본질적인 배타성을 다음과 같이 설명한다. 출애굽 집단의 정치적 해방과 오랜 광야생활이 야웨와의 "긴밀한 개인적 유대관계"를 형성했다는 것이다.[66] 이 본질적인 배타성으로 인해 왕정 시대 중반 이후부터 자연스레 예언자 저항 집단이 야웨만을 숭배하도록 요청하였고 포로기에 이르러 유일신교로 이행하는 길을 마련했다. 이와 유사하게 렘케는 유일신교 야웨 신앙을 포로기와 포로기 이후 상류층의 종교로 간주했다.[67]

마크 스미스(Mark Smith)는 이스라엘에서 유일신교의 등장이 진화적인 동시에 혁명적이었다고 주장한다.[68] 그러나 자세히 들여다보면 스미스의 역사 재구성 모델은 단지 진화적일 뿐이다. 그의 역사 재구성은 사사 시대에서 시작하는데 그에 의하면 그때는 이스라엘이 다신교를 숭배하던 시기였다. 당시 이스라엘의 종교 의식에는 엘, 아세라, 야웨, 그리고 아마도 바알을 숭배했던 흔적들이 나타난다. 기원전 1100년경에 이스라엘 내에서 종교적 수렴 과정이 시작되었는데, 이는 "신적 특성들을 야웨에게 결속시키는 것"을 의미한다.[69] 스미스의 견해로는 왕정 시대가 일신숭배 사상의 출현에 중요한 역할을 했다. 왕정 시

65 Lang, *Monotheism,* 54.
66 Albertz, *History of Israelite Religion,* 1:62.
67 Lemche, *Ancient Israel,* 209–23.
68 Smith, *Early History,* 특히 서문(xix–xxxiv)과 제6장(145–60).
69 Ibid., 147.

대 초반(1000-800년경)에 야웨는 다윗 왕조와 밀접하게 관련된 남성 국가 신으로 추대되었다. 신과의 언약 관계 강조, 혁신적인 국가종교 중심 체제, "오직 야웨당"(Yahweh-only Party)의 출현(참조. 모튼 스미스), 그리고 이스라엘 사회에서 글쓰기의 역할, 이 모든 요인들이 수렴 과정에 이바지하였다. 이 시기에 국가는 야웨 신앙의 테두리 안에서 다른 신들과 관련된 종교적 이미지를 사용하는 것을 장려했다.[70] 왕정 시대 후반(800-587년경)에는 이스라엘 종교에 "차별화" 과정이 있었으며, 스미스에 따르면 이것은 "야웨 제의에서 바알이나 기타 신과 관련된 특징들을 제거하는 것"을 의미한다.[71] 바알 숭배 및 사자 숭배와 관련된 특정 의식들이 배제되었고, 결과적으로 이전 시기와는 확연히 구별되는 변화가 있었다. 대체적으로 이런 차별화 과정이 시작된 요인은 국가가 야웨 신앙 안에서 다른 신들의 종교적 이미지를 사용하도록 지지했던 점을 예언자들과 율법이 비판한다는 사실이었다. 그러한 비판은 이스라엘 사회에서 글을 이해하는 사람의 비율이 높아지고 문서의 영향이 증가하면서 더 큰 파급력을 갖게 되었다.[72] 스미스가 "혁명"이라 지칭한 이 차별화는[73] 포로기 이전 이스라엘에 일신숭배 신앙(monolatrous faith)을 낳았고 포로기에는 확고한 유일신 종교(monotheism)로 귀결되었다.

스미스의 역사 구성에 대해 최소 두 가지 이의를 제기할 수 있을 것이다. 첫째, 스미스는 "대중 종교"에 대립되는 "규범적 야웨 신앙"이 무엇인지 충분히 설명하지 못했다. 많은 학자들이 고대 이스라엘의 대중

70 Ibid., 147–50.
71 Ibid., 150.
72 Ibid., 150–52.
73 Ibid., 156.

종교와 소위 공식 종교를 뚜렷이 구별하기를 거부한 것은 옳은 일이었다. 그러나 의심할 나위 없이 어떤 가나안 개념들은 "규범적"이라 불리는(보다 나은 용어를 찾기 어렵다는 이유에서) 야웨 신앙에 의해 거부되었다. 성서 텍스트에 나타나듯 고대 이스라엘에는 가나안 종교의 특성이 남아 있었고 규범적 야웨 신앙은 이것들을 호되게 반대했다. 둘째, 보다 구체적으로 말하자면, 스미스는 야웨에 대해 성별(sex)과 죽음에 관한 묘사가 없다는 점에 적절한 관심을 쏟지 못했다.[74] 성별과 죽음의 부재는 의미심장하고 심오한 문제이며, 이는 이스라엘의 야웨 신앙과 고대 근동 다른 종교를 초기에 구별해주는 요인이다.

카렐 반 데어 투른(Karel van der Toorn)은 진정한 이스라엘의 유일신교(충동적인 한순간의 택일신 숭배가 아닌)는 고대 근동 전역에 나타났던 "고양(exaltation) 신학" 때문에 생겨났다고 주장한다.[75] 고대 근동의 각 공동체는 자신들의 신을 최고신으로 격상시키고자 했고 고양 신학을 통해 이 목적을 달성할 수 있었다. 그리하여 바알 전승(Baal Cycle)에서는 우가리트 신 중 바알을 높였으며, 메샤 비문(Mesha Stela)에서는 그모스와 동등한 신이 없음을 나타내려 하였고, 「에누마 엘리시」(Enuma Elish)에서는 마르두크를 바빌로니아 만신전의 중심에 모셨으며, 마찬가지로 출애굽 기사에서는 야웨가 이집트 신들과는 비교할 수 없는 존재라고 가르쳤다. 이 모두가 고양 신학이 정치적 동기로 인해 유일신

74 Lewis가 지적하듯 야웨 신앙에 이런 특징들이 안 나타난다는 점은 Yehezkel Kaufmann의 중요한 초기 작품의 초석이었으며 차별화 과정의 주요 양상이었다(Smith의 서평을 보라. *JITC* 18 [1990-91]: 162).

75 K. van der Toorn, "Theology, Priests, and Worship in Canaan and Ancient Israel," in *Civilizations of the Ancient Near East*, ed. J. M. Sasson, 4 vols. (New York: Scribner, 1995), 3:2056-57.

교로 이어진 경우다. 고대의 유일신교는 다신교에 대한 지성적·신학적 답변이 아니라 "정치적 경쟁자들의 자만에 맞서기 위한" 반론으로 묘사되었다.

H. W. F. 잭스(H. W. F. Saggs)는 흥미로운 진화설을 주창했으나 그의 견해는 구약학자들로부터 그다지 주목을 받지 못했다.[76] 그는 이스라엘 종교와 메소포타미아 종교를 비교하여, 이 종교들이 기본 원칙은 아주 유사하지만 세부 내용이나 강조점에 있어서 서로 다르다고 하였다. 이런 차이점들은 메소포타미아 문화의 고대성과 다양성이 그 문화의 본질적인 보수성과 결합하여 발생한 것들이다. 메소포타미아 종교에서는 "새 종교가 이전 종교를 거부하지 않았으며, 이전 종교가 새 종교와 지속적으로 공존했다."[77] 잭스의 주장은 메소포타미아와 이스라엘의 종교 간에 기본 원칙상의 정적인(static) 차이는 존재하지 않지만 종교 개념이 발달되는 방식에서 역동적인(dynamic) 차이가 존재한다는 것이다. 따라서 메소포타미아에서 새로운 도시국가가 부상했다는 것은 만신전에 새로운 신이 등장했음을 뜻하는 것이지 과거의 주요 신들이 배척당한다는 뜻은 아니었다. 그들 모두가 점점 방대해지는 신들의 목록에 포함되었다. 반면 이스라엘인들은 팔레스타인에 상대적으로 늦은 시기에 나타났기 때문에 문화적으로 속박당할 요인이 없었다. 전통에 대한 경외심도 덜했고 새것을 받아들이면 옛것을 쉽게 버릴 수도 있었다. 수메르의 많은 도시국가에 독립적인 신이 존재했던 것처럼 초기 이스라엘 이주자 집단도 하나의 신과 함께 시작했다. 이스라엘의 다른 집

76 H. W. F. Saggs, *The Encounter with the Divine in Mesopotamia and Israel* (London: Athlone, 1978), 182–88.

77 Ibid., 184.

단들도 나름의 신들, 즉 가부장적 수호신들이 있었다. 그러나 초기 메소포타미아 종교의 "누적" 원리 대신에 야웨 신앙은 선택과 배척을 감행했다. 잭스는 다음과 같이 결론 내린다. "수메르 도시국가들과 이스라엘은 둘 다 일신숭배(monolatry)로 시작했으나 한쪽은 다신교로, 다른 한쪽은 유일신교(monotheism)로 발전했다."[78] 잭스는 그럴 듯한 가능성을 제안하기는 했으나 그의 재구성은 초기 이스라엘의 이런 불관용 원칙이 갖는 독특성을 해명하지는 못했다. 비슷한 시기에 시리아-팔레스타인으로 이주하여 비슷한 환경에 있었던 다른 서부 셈족들은 계속 다신교를 숭배했는데 왜 이스라엘은 새 환경에서 배타적으로 유일신교를 선택하게 되었는가?[79]

본고에서 다루는 기간 동안 구약 학계에서는 이스라엘의 유일신교를 대부분 "진화론적"으로 설명하였다. 하지만 티게이, 키일, 윌링어 등이[80] 수집한 인명과 도상학적 증거들이 정당한 관심을 받지 못했는데, 이 증거들은 포로기 이전 이스라엘에 오랜 기간 동안 다신교가 자리 잡고 있었다는 가설(모튼 스미스, 버나드 랭, 마크 스미스 등의)에 반하는 것이다. 더구나 그런 설명으로는 일반적인 유일신교의 "혁명적" 본질을 설명하지 못한다. 유일신교는 각각의 경우 이전에 있던 다신교 배경 속에서 자연적으로 진화하는 과정이 아니라 혁명적으로 또는 종교 개혁가들의 과업을 통해 나타나는 듯하다.[81]

78 Ibid., 186.

79 또한 수메르의 도시국가를 단어의 본래적 의미에서 "일신숭배" 국가라고 부를 수 있는지 의문스럽다. 다음을 보라. T. Jacobsen, *The Treasures of Darkness: A History of Mesopotamian Religion* (New Haven: Yale University Press, 1976), 25–27, 그리고 여기저기.

80 Tigay, *No Other Gods;* Keel and Uehlinger, *Gods, Goddesses, and Images of God.*

81 R. Pettazzone, "The Formation of Monotheism," in *Reader in Comparative Religion: An*

이런 관점에서 연구를 진행한 학자는 거의 없었다. 그런 의미에서 최근에 출간된 드 모어의 저서 『야웨 신앙의 발흥』(*Rise of Yahwism*)에 주목할 필요가 있다. 그는 먼저 성서의 인명과 [팔레스타인의] 지명 사이에 나타난 현저한 차이점에 주목했는데, 이것은 초기 이스라엘 종교가 인근 지역의 종교와 별반 다를 것이 없었다는 전제에 반하는 것이다.[82] 그는 인명 증거를 바탕으로 후기 청동기 시대의 영적 풍토에서 야웨 신앙이 출현했다고 주장한다. 반 데어 투른의 "고양 신학"과 유사하게 드 모어는 아크나톤(Akhenaten)의 혁명적인 유일신교의 결과로 고대 근동 전역에 "다신교의 위기"가 찾아왔다고 말한다. 이집트의 이러한 대항운동은 모든 신들이 실상은 유일신 아문-레(Amun-Re)의 현현들(manifestation)일 뿐이라는 사상을 퍼뜨렸다. 이러한 다신교 원칙의 후퇴는 시리아-팔레스타인과 메소포타미아 전역에 반향을 불러일으켰다. 이집트와 메소포타미아에서 다신교는 여러 신들의 모습으로 자신을 드러내는 것으로 간주되는 하나의 신(아문-레 혹은 마르두크)에만 집중하는 방향으로 조정되었다. 그러나 가나안에서는 엘과 바알 간의 각축으로 인해 그런 집중화가 불가능했다. 우가리트인들은 진정한 다신교도로 남게 되었지만 갈등이 없었던 것은 아니었다.[83] 드 모어는 남부 팔레스타인에서는 이집트의 아문-레 운동의 영향이 우가리트에서보다 더 일찍 그리고 더 심각하게 나타났다고 주장한다. 초기 성서 전승을 보면 야웨-엘은 후기 청동기 시대 말에 이집트의 아문-레나 메소포타

Anthropological Approach, ed. W. Lessa and E. Vogt (New York: Harper & Row, 1965), 34–39; P. D. Miller, "The Absence of the Goddess in Israelite Religion," *HAR* 10 (1986): 244.

82 De Moor, *Rise of Yahwism,* 41.

83 Ibid., 97–100.

미아의 마르두크와 동등한 지위를 차지하였다. 다른 신들도 존재했지만 별로 중요하게 여겨지지 않았다.[84] 드 모어의 재구성은 "혁명적" 접근법으로 간주될 수 있을 것이다. 하지만 그는 마크 스미스, 렘케 등과는 대조적으로 혁명이 이스라엘 역사 초기에 일어났다고 주장한다.

진화와 혁명 외에도 피터슨은 원시 유일신교(Urmonotheismus)가 존재했다고 주장하는 또 다른 견해, 곧 인류가 최초에는 유일신 개념으로 출발했지만 나중에는 인간적인 나약함으로 인해 다수의 신을 섬기게 되었다는 사상에 대해 언급한다. 고대의 긍정적인 가치를 가진 종교 개념(유일신교)로부터 보다 덜 정교하고 조야한 다신교가 발전해 나왔다.[85] 실제로 이런 이념적인 붕괴를 옹호하는 구약학자는 거의 없다. 창세기 원 역사 전승이 그런 과정을 보여주는 것으로 해석될 여지는 있겠지만 말이다. 반면에 이스라엘의 초기에 혁명적인 경험이 있었다고 주장하는 자들(드 모어 그리고 확실히 올브라이트; 아래를 보라)은 의심의 여지없이 그 시점 이후로 이스라엘 종교에 그와 유사한 붕괴 현상이 진행되어온 것으로 여길 것이다. 우리는 인류가 공통적으로 원시 유일신교(Urmonotheismus)를 숭배했다고까지 주장하지는 않지만 이스라엘이 팔레스타인에 등장한 초기에는 유일신교(또는 적어도 일신숭배)였으며 이후에 종교 개념이 혼합주의로 변모했다고 믿는 학자들도 여기에 포함시킬 수 있을 것이다.[86]

미국 올브라이트 학파에는 초기 이스라엘이 순수한 형태의 야웨 신

84 Ibid., 226.
85 Petersen, "Israel and Monotheism," 93.
86 내가 여기서 염두에 두고 있는 것은 Cross의 견해, 곧 원시 이스라엘 동맹기에 야웨를 엘과 차별화했고 그 뒤 바알 신앙의 영향하에 "덜 온전한 혼합주의"가 뒤따랐다는 주장이다(Cross, *Canaanite Myth,* 71 and 190).

앙을 소유했으나 가나안 종교와 접촉하면서 오염되었다는 의견(G. 어니스트 라이트, 조지 멘덴홀, 존 브라이트 등의 저작에 확연히 드러나듯이)이 지배적이었다. 이 합의의 붕괴가 지난 30년간 이스라엘 종교사 연구에서 주된 발전상의 하나였지만, 앨런 R. 밀라드(Alan R. Millard)가 최근에 주장한 것처럼 청동기 시대 말엽에 이집트와 메소포타미아에서 일어난 유일신교 혁명은 모세 시대 그리고 심지어 아브라함 시대 유일신교(또는 적어도 일신숭배)의 존재에 대해 상당히 큰 가능성을 부여한다.[87] 진화적 과정을 주장하는 학자들의 다양한 견해에도 불구하고 성서 전승은 부단히 퇴화의 과정을 묘사하고 있다는 사실, 달리 말하자면 이스라엘의 전승자가 역사를 아주 진실하게 보존해야 했고 그대로 기술해야 했었다는 점이 흥미롭다. 물론 반 데어 투른의 "고양 신학"은 방향 설정을 제대로 한 것으로 보인다. 비록 그가 주장하는 것보다는 정치적 동기가 크지 않았음이 분명하고, 그가 예측한 것보다는 이스라엘 역사에서 더 이른 시기에 생겨난 것으로 보이지만 말이다. 확실히 고대 근동 신학에서 그가 관찰한 여러 과정들은 모세의 종교가 형성된 시기에 나타나고 있었다.

이스라엘의 유일신교에 대해 올브라이트(그리고 여러 제자)가 제기한 주제들은 오늘날 학계 분위기에서는 상상할 수도 없는 주제일 것이다. 올브라이트는 하나님과의 영적 대화와 신비적 연합은 "인간에게 알려진 가장 고귀한 정서적 체험"이라고 했다.[88] 아마도 다음 세대 학자들

87 A. R. Millard, "Abraham, Akhenaten, Moses, and Monotheism," in *He Swore an Oath: Biblical Themes from Genesis 12–50,* ed. R. S. Hess, G. J. Wenham, and P. E. Satterthwaite (Cambridge: Tyndale House, 1993), 119–29.

88 *Archaeology and the Religion of Israel,* 5th ed. (reprinted, Garden City, N.Y.: Doubleday, 1969), 22; Dougherty가 이스라엘의 유일신교는 "초월적인 원인들" 또는 "고고학의 통

은 이스라엘이 유일신교였다는 그의 주장을 다시 듣게 될지도 모른다. 비록 이런 신앙고백적 진술이 분석 논리의 관점에서는 맹목적일 수밖에 없겠지만 말이다.[89]

쿤틸레트 아즈루드(Kuntillet 'Ajrud) 비문과 키르베트 엘-콤(Khirbet el-Qôm) 비문

본고에서 다루는 시대의 금석문 증거 가운데 이스라엘 종교사 연구에 가장 중요한 자료는 키르베트 엘-콤과 쿤틸레트 아즈루드에서 나온 것들이다. 키르베트 엘-콤에서는 묘비문이 발견되었는데, 이것은 이스라엘 시기 이래로 발견된 것 중 두 번째로 긴 묘비문이다.[90] 쿤틸레트 유적지에서는 기원전 8세기의 것으로 추정되는 중요한 금석학 자료가 발굴되어 지난 30년간 엄청난 양의 이차 자료가 쏟아져 나왔다.[91]

제 밖에서 일어난 신비적인 경험"으로 독특하게 출현했다고 설명한 것을 보라(John Dougherty, "The Origins of Hebrew Religion: A Study in Method," *CBQ* 17 [1955]: 138–56, esp. 154–56).

89 Albright, *Archaeology and the Religion of Israel,* 170–71.

90 궁정 대신의 무덤에서 발견한 비문 다음으로 길다(J. S. Holladay Jr., "Kom, Khirbet el-," *ABD,* 4:98). 다음에서 초판을 보라. W. G. Dever, "Iron Age Epigraphic Material from the Area of Khirbet el-Kôm," *HUCA* 40–41 (1970): 139–204; also idem, "Asherah, Consort of Yahweh? New Evidence from Kuntillet Ajrud," *BASOR* 255 (1984): 21–37; Z. Zevit, "The Khirbet el-Qôm Inscription Mentioning a Goddess," *BASOR* 255 (1984): 39–47; J. M. Hadley, "The Khirbet el-Qom Inscription," *VT* 37 (1987): 50–62; M. O'Connor, "The Poetic Inscription from Khirbet el-Qôm," *VT* 37 (1987): 224–30; B. Margalit, "Some Observations on the Inscription and Drawing from Khirbet el-Qôm," *VT* 39 (1989): 371–78; W. H. Shea, "The Khirbet el-Qom Tomb Inscription Again," *VT* 40 (1990): 110–16.

91 자료 텍스트의 개요와 해석으로 다음을 보라. R. S. Hess, "Yahweh and His Asherah?

이 논의에 특히 중요한 것은 "사마리아의 야웨와 그의 아세라(asherah/Asherah)"[92]의 이름으로, 혹은 "테만의 야웨"의 이름으로 선포된 다양한 축복문이다. 이 비문들의 발견은 포로기 이전 이스라엘 종교의 복합적인 특성에 대한 재조사로 이어졌다.

이 비문들에 대한 논의의 대부분은 명사 "asherah/Asherah"를 어떻게 해석할 것인지, 그리고 이 용어가 왕정 시대의 종교를 이해하는 데 어떤 의미를 갖는지에 관한 것이었다. 여기서 이 문제와 관련하여 금석학적·문헌학적 복합성을 면밀히 재검토하고자 하는 것은 아니다(이미 출간된 문헌 자료들로 인해 그런 재검토는 불필요하다). 하지만 지금까지 제기된 다양한 견해를 다음과 같이 요약할 필요는 있을 것 같다. 그 용어는 여신 아세라(Asherah)나 그녀의 상징물(신성한 나무와 같은) 또는 "아세라"(asherah)"라고 불리는 야웨의 상징(symbol)을 가리키는 것으로 여겨졌다. 이 표현을 어떻게 이해하든 여기에 함축된 내용은 도발적이다. 이로 인해 여러 학자들이 이스라엘의 대중 종교에서 아세라 여신이 영향력을 행사했다고 결론 내리게 되었다.[93] 어떤 학자들은 이 증거를 토

Epigraphic Evidence for Religious Pluralism in Old Testament Times," in *One God, One Lord in a World of Religious Pluralism,* ed. A. D. Clarke and B. W. Winter (Cambridge: Tyndale House, 1991), 11–23; 여러 소논문이 다음에 나온다. *Ancient Israelite Religion,* ed. Miller et al; and Keel and Uehlinger, *Gods, Goddesses, and Images of God,* 210–48.

92 단어 *wl'šrth*의 마지막 두 글자, "그리고 그의 asherah/Asherah 옆에"에 대해서는 논란이 계속 되고 있다. Zevit는 그 단어 전체는 "기이하지만 진짜 히브리어" 이름으로 여성 어미를 가진 "아세라타(Asherata)"라고 주장하였다("Khirbet el-Qôm Inscription," 46). 그러나 단어의 형태가 이중 여성형으로 나와 있기 때문에 Zevit의 제안은 가능하기는 하겠지만 옳은 것처럼 보이지는 않는다(다음을 보라. S. Olyan, *Asherah and the Cult of Yahweh in Israel,* SBLMS 34 [Atlanta: Scholars Press, 1988], 25).

93 Olyan은 아세라(asherah)가 남북왕국에서 이스라엘 종교의 일반적 특성으로 수락되었다고 주장한다. 아세라는 이세벨이 갖고 온 것이 아니라 원래 이스라엘의 야웨 신

대로 쿤틸레트 아즈루드 지역은 "절반은 이교도적인(half-pagan) 이스라엘 성전으로서" 예루살렘의 종교체제의 감시에서 멀어져 "야웨와 함께 바알과 아세라도 숭배할 수 있었던 곳"이라고 결론 내렸다.[94] P. K. 맥카터(P. K. McCarter)는 여기서 "아세라"(asherah)는 제사 대상을 여신으로 의인화한 것으로서, 특히 야웨의 위격(hypostatic) 형태이기 때문에 엄밀한 의미에서의 혼합주의는 아니라고 주장했다.[95]

새로운 금석문 증거가 포로기 이전 이스라엘 종교의 이단적 성향을 가리킨다고 볼 여지가 없는 것은 아니지만, 그런 해석과 관련하여 몇 가지 경고가 필요하다. 첫째, 데버와 다른 이들은 쿤틸레트 아즈루드 자료에서 그림들과 금석문 자체에 긴밀한 관계가 있다고 가정하였다. 이런 가정은 분석 결과에 종종 영향을 미친다.[96] 그런데 그림에 나오는 수금 연주가와 "asherah"를 언급하고 있는 금석문 사이에 직접적인 관계가 있는지에 질문해볼 필요가 있다. 그림은 다른 시대, 다른 사람이 그린 것일 수도 있다.[97]

앙적 종교였다. 왜냐하면 가나안 종교에서 바알은 아세라와 배우자 관계가 아니기 때문이다. 아세라는 야웨와 엘이 동일시됨에 따라 야웨의 배우자가 되었고 후대 신명기 전승만이 이스라엘 사회에서 아세라(Asherah) 여신에 대항하는 유일한 부분이었다(Olyan, *Asherah,* 37).

94 W. G. Dever, *Recent Archaeological Discoveries and Biblical Research* (Seattle: University of Washington Press, 1990), 148.

95 P. K. McCarter Jr., "Aspects of the Religion of the Israelite Monarchy: Biblical and Epigraphic Data," in *Ancient Israelite Religion,* ed. Miller et al., 147–49.

96 Pithos A에는 여성 수금 연주가가 그려져 있는데, Dever는 그림 옆에 나오는 "아세라"(asherah)라는 단어를 신의 이름으로 받아들이기에는 언어학적으로 문제가 있다고 하면서도 그 연주가를 아세라(Asherah) 여신으로 여긴다(Dever, "Asherah, Consort of Yahweh?"). 이 견해에 대한 비평으로는 다음을 보라. J. M. Hadley, "Yahweh and 'His Asherah': Archaeological and Textual Evidence for the Cult of the Goddess," in *Ein Gott allein?* ed. Dietrich and Klopfenstein, 247.

97 P. Beck, "The Drawings from Horvat Teiman (Kuntillet 'Ajrud)," *Tel Aviv* 9 (1982): 4,

둘째, 특히 쿤틸레트 아즈루드 비문을 분석할 때 우리가 다루는 금석문이 낙서라는 것을 명심해야 한다. 리처드 히스(Richard Hess)가 경고했듯이 이 금석문들은 "숙련된 서기관의 작품일 수도 있고 글에 익숙하지 않은 사람이 끄적인 것일 수도 있다."[98] 따라서 이 증거를 통해 고대 이스라엘 사회에 이단이 널리 퍼져 있었다는 견해를 도출하는 것은 바람직하지 못하다.

셋째, 이 금석문들을 해석할 때 쿤틸레트 아즈루드의 지리적 위치를 잊어버려서는 안 된다. 쿤틸레트 아즈루드가 위치한 곳은 시나이반도 북부 지역을 통과하는 대상들의 행로 셋이 만나는 교통의 요지(가데스 바네아의 남쪽/남서쪽으로 64킬로 떨어진 곳)로서 군대의 감시초소 역할을 했을 것이며 사막을 건너는 대상단과 다른 여행객들이 잠시 묵어갈 수 있는 곳이었을 것이다. 이곳은 외국 문물의 영향으로 종교적 혼합주의와 다문화적 문물이 출현할 수 있는 지역임이 확실하다. 이 지역은 아마도 8세기 유다 왕국 전반에 대한 정보를 얻기에 적합한 지역은 아닐 것이며, 알스트룀이 주장했듯이 "공식적인 유대 종교의 관점"을 대변하는 것도 아닐 것이다.[99]

넷째, 이 금석문에 대한 관심으로 인해 유대 중심부에서 출토된 다른 고고학적·금석학적 증거, 즉 광범위한 야웨 중심 사회에 대한 견해를 지지하는 증거들이 빛을 잃게 되었다. 야웨는 포로기 이전 히브리어

43–47; 그리고 Keel and Uehlinger, *Gods, Goddesses, and Images of God*, 240–41.

98 Hess, "Yahweh and His Asherah?" 23.

99 G. W. Ahlström, *Royal Administration and National Religion in Ancient Palestine*, SHANE 1 (Leiden: Brill, 1982), 43. Ahlström은 다음과 같이 계속 주장한다. "결론적으로 이 발견물은 후대 성서 저자들이 지지했던 유다의 종교 역사에 대한 그림을 바로잡아 주었다는 것이다. 그들의 검열은 실패했다"(43).

금석문에 가장 빈번히 등장하는 신의 이름이며, 포로기 이전 이스라엘의 인명 증거는 성서에서 야웨가 이스라엘의 유일신으로서 탁월한 존재였다는 점을 확증해준다.[100] 이런 자료들은 대부분 쿤틸레트 아즈루드와 같은 변방 지역이 아니라 이스라엘의 인구 밀집지역(라기스, 아라드, 므깃도, 사마리아, 키르베트 베이트 레이 등)에서 나왔다.[101] 메샤 비문에 야웨가 언급되었다는 사실도 기원전 9세기 말 이스라엘 종교의 지배적인 성격을 말해준다(18행에서 "야웨를 위한 [제]기들"을 언급한다). 쿤틸레트 아즈루드 금석문에 관해서 요약하자면, 이스라엘 문화의 변방에서 발생한 고전적인 야웨 신앙으로부터의 탈선을 포로기 이전 종교의 규범적인 표현으로 받아들여서는 안 되겠다.

사자 숭배(Cult of the Dead)

지난 십 여 년간은 성서의 증거를 고대 근동 배경에서 다루려는 노력의 결과로 조상 숭배와 사자 숭배라는 주제에서 학문적 성과가 두드러진 시기였다.[102] 이전 학계에서는 고대 이스라엘에 조상 숭배 관습이 존재

100 야웨와 관련된 이름은 94%이며 이교도적인 이름은 6%뿐이다(Tigay, *No Other Gods,* 15). 그러나 이교도 이름 중 여럿이 사마리아 도편의 바알 이름들이며 성서를 근거로 봤을 때 충분히 예상되는 일이다.

101 키르베트 엘-콤 비문만이 이스라엘 이주지의 중심부에서 나왔으며 Tigay가 이 점을 강조했다(Tigay, "Israelite Religion," 176).

102 여러 소논문 외에도 아주 중요한 책들 몇 권을 소개하고자 한다: T. J. Lewis, *Cults of the Dead in Ancient Israel and Ugarit,* HSM 39 (Atlanta: Scholars Press, 1989); B. B. Schmidt, *Israel's Beneficent Dead: Ancestor Cult and Necromancy in Ancient Israelite Religion and Tradition,* FAT 11 (Tübingen: Mohr, 1994; reprinted, Winona Lake, Ind.: Eisenbrauns, 1996); K. Spronk, *Beatific Afterlife in Ancient Israel and in the*

했다는 점을 부인했으나, 이제는 일반적으로 규범적인 야웨 신앙이 강령술이나 사자와 관련된 다른 제의들(예. 자해나 죽은 조상에게 드리는 제사)과 투쟁했다는 데 동의한다.[103] 이스라엘의 사자 숭배도 다른 문화에서와 마찬가지로 망자를 달래고 그들로부터 자기들의 안위를 확보하기 위한 행위였다고 간주된다.

이집트와 메소포타미아에서의 조상 숭배 관행은 확인된 것이며, 망자의 호의를 얻는 효과적인 방법으로 생각되었다. 망자들은 살아 있는 자들에게 복을 내려주거나 해를 끼칠 능력이 있는 것으로 믿어졌다. 비교 연구에 가장 중요한 자료는 지난 몇십 년 동안 우가리트에서 새롭게 발견된 것들이다.[104] 이 중 가장 의미심장한 것은 1973년 라스 샤므라에서 발견된 토판으로 1975년에 이르러 학계에 소개되었는데, 이후로 이와 관련된 문헌이 상당히 많이 출간되었다.[105] 이 자료는 죽은 왕들을 소환하여 현재의 왕(우가리트에서 알려진 마지막 왕인 암무라피[Ammurapi] 3세)에게 복을 내려달라고 간구하는 장례 의식을 묘사하고 있다.[106] 그 예식은 암무라피의 선대 왕인 니크마두(Niqmaddu) 2세의 장례식인 듯

Ancient Near East, AOAT 219 (Kevelaer: Butzon & Bercker; Neukirchen-Vluyn: Neukirchener Verlag, 1986); 그리고 이전에 출판된 책으로 N. J. Tromp, *Primitive Conceptions of Death and the Nether World in the Old Testament,* BibOr 21 (Rome: Pontifical Biblical Institute, 1969).

103 특별히 Lewis, *Cults of the Dead.* 특히 "규범적 종교가 된 야웨 신앙"과 "대중 종교"의 차이를 유용하게 설명한 것을 보라(1-2).

104 우가리트 무덤을 재평가한 결과 장례 의식과 내세에 대한 믿음은 다른 가나안 지역과 비교해서 우가리트의 독특한 점일 수 있다는 점을 주의해야 하지만 말이다(W. T. Pitard, "The 'Libation Installations' of the Tombs at Ugarit," *BA* 57.1 [1994]: 20-37).

105 *KTU,* 1.161. 다음을 보라. W. T. Pitard, "RS 34.126: Notes on the Text," *Maarav* 4.1 (1987): 75 n. 2; 그리고 Schmidt, *Israel's Beneficent Dead,* 101 n. 275.

106 이는 Schmidt와 반대된다. Schmidt는 니크마두를 위한 상례 의식에 합쳐진 즉위식이라 주장한다 (Schmidt, *Israel's Beneficent Dead,* 100-120).

하다. 이 예식에서는 *rp'm*(히브리어의 *rĕpā'îm*과 관련된) 즉 오래 전에 죽은 조상과 *mlkm*(최근에 죽은 왕) 모두를 초청한다. 고대 근동의 다른 사자 숭배 의식과 마찬가지로 이 의식은 망자에게 필요한 것을 공급함으로써 산 자들이 복을 받도록 의도되었고, 아마도 이 의식 자체가 합법적인 왕위 계승을 위한 보조수단이었던 것 같다.[107] 다른 우가리트 텍스트와 함께 이것은 메소포타미아와 이집트의 조상 숭배 의식에 필적하는 활발한 조상 숭배가 우가리트에 존재했음을 조명해주었다.[108]

성서의 증거를 이 새로운 자료에 비추어 재평가해볼 때 이스라엘과 이웃 나라 사이에 문화적인 연계성이 있음이 드러난다. 루이스는 이스라엘의 야웨 신앙이 다른 모티프는 버린 반면 가나안 모티프들은 많이 차용했다고 주장한다. 그는 야웨 신앙이 초기에는 가나안 종교와 뚜렷이 구별되지 않았으나 이 신앙이 발전함에 따라 예언서와 신명기 역사서에 반영된 이스라엘 종교의 규범적인 표현이 등장하게 되었다고 믿는다. 규범적 야웨 신앙은 지속적으로 조상 숭배와 사자 숭배를 정죄했다. 그러나 조상 숭배와 강령술이 대중 종교의 형태로 지속되었다는 강력한 문헌적 증거가 존재한다. 텍스트에 보전된 그런 의식의 흔적(어떤 경우는 우가리트의 그런 관습에 필적하는 묘사들; 삼상 28장을 보라)은 아마

107 B. A. Levine and J.-M. de Tarragon, "Dead Kings and Rephaim: The Patrons of the Ugaritic Dynasty," *JAOS* 104.4 (1984): 649–59.

108 새로운 정보가 나와 **마르체아흐**(*marzēaḥ*)로 알려진 셈족 제도의 기능에 대한 재평가가 착수되었다. 이것은 세상을 떠난 조상을 위한, 그리고 그 조상과 함께 하는 연회로 여겨졌지만 이 연구는 증거의 도를 넘어섰다. 왜냐하면 확실히 말할 수 있는 것은 **마르체아흐**가 음주 연회로 알려진 제도였으며 어떤 경우에 이차적으로 장례 연회와 관련되었다는 것뿐이기 때문이다. 관련 있는 아카드어와 우가리트어 텍스트에 대해서는 다음의 글을 보라. Lewis, *Cults of the Dead,* 80–94; idem, "Banqueting Hall/House," *ABD,* 1:581–82; and Schmidt, *Israel's Beneficent Dead,* 22–23, 62–66, 246–49.

도 그것이 사실임을 반영하는 듯하다. 예언서와 신명기 역사의 편집자들은 그런 흔적들을 기록에서 제거하려 했을 것이다. 결국 성서 텍스트는 이스라엘 역사 내내 규범적인 야웨 신앙과 사자 숭배 의식을 동반하는 대중 종교 사이에 지속적인 갈등이 존재했음을 보여주는 것이다.[109]

미래를 위한 연구 주제와 제안

지난 30년간의 작업을 통해 발굴된 몇몇 주제는 이후에도 지속적인 연구를 필요로 한다.

가나안과의 연속성

요즘 고대 이스라엘을 연구하는 대다수 학자들이 채택하는 작업 방식에는 초기 이스라엘이 문화, 언어, 종교 면에서 가나안적이었다는 가정이 포함되어 있다. 연속성이냐 불연속성이냐의 문제는 궁극적으로 이스라엘의 신 개념과 불가분리의 관계에 있다. 이와 관련된 다른 주제들, 예를 들어 이스라엘의 역사관,[110] 야웨와 자연의 순환주기의 관계,[111]

109 이것에 대해 Lewis의 글을 보라(Lewis, *Cults of the Dead,* 171–81).

110 B. Albrektson, *History and the Gods: An Essay on the Idea of Historical Events as Divine Manifestations in the Ancient Near East and in Israel,* ConBOT 1 (Lund: Gleerup, 1967); B. T. Arnold, "The Weidner Chronicle and the Idea of History in Israel and Mesopotamia," in *Faith, Tradition, and History: Old Testament Historiography in Its Near Eastern Context,* ed. A. R. Millard, J. K. Hoffmeier, and D. W. Baker (Winona Lake, Ind.: Eisenbrauns, 1994), 129–48.

또는 야웨의 성(sexuality)과 가나안 다산 의식의 관계[112] 등의 주제는 이스라엘의 독특한 유일신 신앙이라는 기본적 패러다임에서 시작해야 한다. 이것은 특히 이스라엘이 자국의 독특성에 대해 다양한 자기주장들을 펼치기 때문에 필수적인데, 이런 자기주장들은 구약성서 텍스트에 두드러지게 나타나고 하나님과의 특별한 관계에 초점을 맞추고 있다.[113] 피터 매키니스트(Peter Machinist)는 한 문화의 독특성을 증명하기 위해서는 개개의 "순수 흔적" 목록을 찾을 것이 아니라, 그 문화가 어떤 식으로 고대 근동의 일부 특징들은 확장하고 나머지 특징들은 제거했는지를 보여주는 "흔적의 배치방식"을 찾으라고 하였다.[114]

크로스와 다른 학자들은 가나안과 이스라엘 간의 고도의 종교적 연속성과 이스라엘의 혼합주의 경향을 보여주었다. 20세기의 마지막 몇십 년간 행해진 연구는 성서신학 운동에서 이스라엘의 근본적인 독특성을 강조하는 이전 학자들(특히 G. 어니스트 라이트[G. Ernest Wright]와 예헤즈켈 카우프만[Yehezkel Kaufmann])의 신념에 대해 수정안을 제시한다. 그러나 연속성에 대한 우리의 이해가 증진됨으로써 이전 학계의 일부 적법한 주장들마저 무색해져버리고 말았다. 이스라엘이 가나안 선

111 G. Fohrer, *History of Israelite Religion,* trans. D. E. Green (Nashville: Abingdon, 1972), 101–6.

112 T. C. Vriezen, *The Religion of Ancient Israel,* trans. H. Hoskins (Philadelphia: Westminster, 1967), 73.

113 P. Machinist, "The Question of Distinctiveness in Ancient Israel: An Essay," in *Ah, Assyria . . . : Studies in Assyrian History and Ancient Near Eastern Historiography Presented to Hayim Tadmor,* ed. M. Cogan and I. Eph,al (Jerusalem: Magnes, 1991), 196–212.

114 Ibid., 200. 최근 Lewis는 이스라엘의 독특한 문화적 특성은 다음을 포함한다고 주장하였다. 유일신교, 우상 반대, 신-인간의 조약을 "언약 신학"으로 보급·확산, 그리고 야웨의 성과 죽음에 대한 묘사의 부재(Lewis, "Divine Images and Aniconism," 53).

조들과 많은 부분을 공유했다는 점에는 의심의 여지가 없다. 예를 들어 공통의 농경적-종교적 절기들과 유사한 신전 양식은 말할 것도 없고, 자비로운 창조 신(엘), 폭풍 신이자 비와 다산의 제공자인 야웨, 그리고 전쟁의 신(바알)에 대한 이해까지도 공유하고 있다. 그러나 이런 수정의 시기 동안에 진자(pendulum)는 반대편 극단으로 너무 치우쳐버렸다. 진실은 양극단의 중간 어디쯤엔가 놓여 있을 것이다. 마치 진자가 중앙에 가장 오래 머무는 것처럼 말이다.

고대 근동 자료에 대한 관심

본고에서 다루는 기간 동안 에블라, 에마르, 그리고 몇몇 소규모 유적이 발견되었는데, 이들은 모두 구약성서 연구와 관련이 있었다. 에마르에서 나온 텍스트는 고대 이스라엘 역사와 종교 연구에 각별한 의미를 갖는 것이었는데, 왜냐하면 유프라테스 중류의 후기 청동기 시대 지역은 국가도시 문화와 부족별로 조직화된 사회가 서로 영향을 주고받았으며, 따라서 고대 이스라엘과 사회문화적으로 아주 유사한 성격을 띠었기 때문이다.[115] 에마르 텍스트와 최근에 출판된 마리 문서에서는 "예언자"라는 히브리어 단어(*nābî'*)에 해당하는 동계어가 최초로 발견되었다.[116] 게다가 에마르의 제의 문서들로 인해 시리아 종교를 이해하는 폭

115 D. E. Fleming, "More Help from Syria: Introducing Emar to Biblical Study," *BA* 58.3 (1995): 139–47.

116 D. E. Fleming, "*Nabû* and *Munabbiatu:* Two New Syrian Religious Personnel," *JAOS* 113.2 (1993): 175–83; idem, "The Etymological Origins of the Hebrew *nābî'*: The One Who Invokes God," *CBQ* 55 (1993): 217–24.

이 얼마간 넓어졌다. 이것은 성서 연구에서 우가리트 텍스트의 가치를 뛰어넘는 것이었다. 왜냐하면 이 문서들이 시리아 도시 공동체와 마을 공동체의 혼합 형태를 보여줄 뿐 아니라 에마르가 가나안 민족이 아니라 명백히 서부 셈족이어서 시리아 문화와 종교의 특색을 보다 잘 드러내주기 때문이었다.[117] 이런 새로운 발견 이외에 이스라엘 종교사학자들은 이전에 출간된 고대 동양 세계, 특히 우가리트와 마리의 자료를 재평가하여 큰 유익을 얻었다.

우리는 비교자료를 더 깊이 연구함으로써 이스라엘 종교를 검토하는 데 큰 수확이 있을 것임을 잘 알고 있다. 이 연구의 발전을 위해서는 고대 근동 종교를 지속적으로 비교, 검토해야 하며 단순히 평행하는 내용을 찾는 것이 아니라 고대 이스라엘 종교를 조성하는 데 있어 특별히 집중된 요소들을 조명할 수 있어야 한다. 한편으로 베노 랜즈버거(Benno Landsberger)의 경고는 유사성에만 집착하는 위험을 피할 수 있도록 도와주며, 다른 한편으로 베스터만과 할로의 요청은 순수하게 생산적인 비교 접근법의 지침이 될 수 있고 또 그래야만 할 것이다.[118] 앞

117 D. E. Fleming, *The Installation of Baal's High Priestess at Emar: A Window on Ancient Syrian Religion,* HSS 42 (Atlanta: Scholars Press, 1992), 1.

118 B. Landsberger, *The Conceptual Autonomy of the Babylonian World,* trans. T. Jacobsen et al., Monographs on the Ancient Near East 1.4 (Malibu: Undena, 1976), 원래 다음과 같이 출판되었다. "Die Eigenbegrifflichkeit der babylonischen Welt," *Islamica* 2 (1926): 355–72; C. Westermann, "Das Verhältnis des Jahweglaubens zu den ausser-israelitischen Religionen," in *Forschung am Alten Testament,* TBü 24 (Munich: Chr. Kaiser, 1964), 189–218; idem, "Sinn und Grenze religionsgeschichtliche Parallelen," in *Forschung am Alten Testament,* vol. 2, TBü 55 (Munich: Chr. Kaiser, 1974), 84–95; W. W. Hallo, "Biblical History in Its Near Eastern Setting: The Contextual Approach," in *Scripture in Context: Essays on the Comparative Method,* ed. C. D. Evans, W. W. Hallo, and J. B. White, PTMS 34 (Pittsburgh: Pickwick, 1980), 1–26; 다음도 보라. S. Talmon, "The 'Comparative Method' in Biblical Interpretation—Principles

으로 고대 이스라엘 종교에 대한 해석이 주목을 받기 위해서는 이 종교가 유래한 고대 근동의 환경을 반드시 고려해야 한다. 그런 비교 연구를 통해 얻을 수 있는 이익은 단지 이스라엘이 메소포타미아, 이집트, 또는 시리아-팔레스타인 종교와 얼마나 비슷한지를 보여주는 것으로 그치지 않는다. 이러한 접근법의 핵심은 이스라엘이 동시대의 타문화와 어떻게 교류했고, 차용했으며, 대항했는지를 보여주는 것이다. 이런 전체적인 그림은 이스라엘의 하나님에 대한 우리의 이해, 그리고 이스라엘이 하나님과의 관계를 제의적으로 어떻게 표현했는지에 대한 우리의 이해를 지속적으로 조명해주고 형성해갈 것이다..

구약신학과의 관계

이스라엘 종교사와 구약신학의 관계를 어떻게 규명할 것인가라는 문제로 두 분야는 계속 골치를 앓아왔다. J. P. 가블러(J. P. Gabler)[119] 이후 성서학자들은 이 문제를 두고 고심했으며 우리는 그런 고민을 게르하르트 폰 라트(Gerhard von Rad)의 기념비적인 작품에서 확실히 감지할 수 있다. 그는 자신의 『구약신학』(*Old Testament Theology*) 첫 100페이

and Problems," *Congress Volume: Göttingen, 1977,* VTSup 29 (Leiden: Brill, 1978), 320–56.

119 J. P. Gabler, "An Oration on the Proper Distinction between Biblical and Dogmatic Theology and the Specific Objectives of Each," in *The Flowering of Old Testament Theology: A Reader in Twentieth-Century Old Testament Theology, 1930–1990,* ed. B. C. Ollenburger, E. A. Martens, and G. F. Hasel, SBTS 1 (Winona Lake, Ind.: Eisenbrauns, 1992), 489–502.

지를 이스라엘 초기 신앙 역사 연구에 할애한다.[120] 그러나 그의 접근법은 자신의 저작 내에 긴장을 조성한다. 이 개론이 정확히 어떻게 그의 신학적 주해와 연결되는지 확실치 않기 때문이다. 에르하르트 게르슈텐베르거(Erhard Gerstenberger)가 이 두 분야를 통합하기 위해 "다원주의적 신의 실재"(pluralistic divine reality)로 비약하려 했던 최근의 시도는 지지할 수 없다. 그는 여러 세대에 걸쳐 유효했던 절대적이고 초시간적인 진리에 대한 모든 주장을 포기하고, 그 대신 서로 다른 집단들의 독자적인 신학 양태를 "절대자를 향한 표지석"으로 받아들이고자 한다.[121]

종교사에 대한 관심의 부활로 인해 문제는 더 심각해졌다. 이제는 두 분야가 공생관계를 유지해야만 하기 때문이다. 어떤 이들은 근본적인 분기, 즉 두 영역 간의 분리가 요청된다고 주장했다.[122] 하지만 혹자는 그들이 역사가에게 실제로는 성취 불가능한 수준의 객관성—신학자의 바람직하지는 않으나 불가피한 주관성에 대비되는—을 상정하는 것이 아닌가 하는 의혹을 갖는다. 문제들은 복잡하다. 내가 여기서 감히 답을 제시하려는 것도 아니다. 다만 향후 연구에 기본적인 틀을 제공할 수 있는 몇 가지 제안을 하려고 한다. 구약신학이 완전히 서술적이야 하는지 또는 어떤 식으로든 신앙고백적이어야 하는지에 대한 많은 논의가 두 학문 분야의 진전에 방해요소가 될 필요는 없다. 1920

120 "A History of Jahwism and of the Sacral Institutions in Israel in Outline," in *Old Testament Theology,* trans. D. M. G. Stalker, 2 vols. (New York: Harper & Row, 1962–65), 1:3–102. 이 문제에 대해 본서 제16장의 R. W. L. Moberly의 논의를 보고 Albertz의 요약을 다음에서 보라. Albertz, *History of Israelite Religion,* 1:2–12.

121 Gerstenberger, "Religion and Institutions of Ancient Israel," 274.

122 여러 예 중 최근의 것을 보라. W. G. Dever, " 'Will the Real Israel Please Stand Up?': Archaeology and Israelite Historiography: Part I," *BASOR* 297 (1995): 61–80, esp. 73–74.

년에 오토 아이스펠트(Otto Eissfeldt)는 이스라엘 종교사와 구약신학을 확실히 구별해야 한다고 주장했다. 그러나 발터 아이히로트(Walter Eichrodt)는 역사 연구의 **신학적** 특성을 강조하면서, 역사 연구가 갖는 인식론적 문제로서의 "주관적인 순간"을 드러내고자 시도한다.[123] 아이히로트는 역사주의(historicism)의 실수, 즉 우리가 역사적-경험주의적 수단을 통해 규범이나 보편적으로 유효한 전제들로 나아갈 수 있다는 가정을 비판한다. 마찬가지로 실증주의(positivism)의 잘못은 학문분야가 철학적 기초를 다 포기할 수 있으며 실제로 "객관적"이 되려면 그렇게 해야만 한다고 가정한 점이다. 대신 아이히로트는 학자들에게 방법론적 자의식을 통해 자신만의 주도적인 개념들을 수용하고, "절대적인 객관성이라는 기분 좋은 낙관주의에서 연구를 시작하지 말라"고 권한다.[124]

결국 두 분야 모두 완전히 서술적일 수는 없다. 이스라엘 종교사는 텍스트를 분석하는 데 있어 고대 이스라엘과 주변 문화에서 나온 고고학, 도상학, 금석학 자료를 바탕으로 삼는 주로 역사적인 시도가 될 것이다. 이 연구에서 신앙을 기반으로 한 신학적 관심사로부터 독립된 접근법을 추구하는 일이 어느 정도는 가능하다. 그러나 이스라엘의 종교사를 연구하는 학자가 스스로에 대해 [신학적 관심사로부터] 독립적이고 서술적이다라고 말하는 것은 잘못된 것이며, 그에게는 아이히로트

123 소논문은 다음에 번역되었다. B. C. Ollenburger, *Flowering of Old Testament Theology*, ed. Ollenburger, Martens, and Hasel: O. Eissfeldt, "The History of Israelite-Jewish Religion and Old Testament Theology," 20–29; 그리고 W. Eichrodt, "Does Old Testament Theology Still Have Independent Significance within Old Testament Scholarship?" 30–39.

124 Eichrodt, "Does Old Testament Theology Still Have Independent Significance?" 34.

의 "역사주의"와 "실증주의"에 대한 경고가 적절하다. 신앙을 기반으로 한 관심사로부터 독립적이라는 말은 모든 형이상학적·이론적 가설에서 벗어난다는 뜻이 아니다! 한편 구약신학자들은 텍스트 분석에도 참여하는데, 이때 고고학, 도상학, 금석학 자료뿐 아니라 다른 텍스트에 비추어 분석을 수행한다. 그리고 역사가처럼 신학자도 결코 완전히 서술적일 수는 없다. 내가 보기에 차이점은 다음과 같은 것이다. 역사가는 신학적 연구로부터 **독립적일 수 있도록 노력해야** 하는 반면, 성서신학자는 역사적 연구로부터 **독립적이어서는 안 된다**는 점이다 신학자는 비신학 분야의 자료와 고찰들을 연구해야 한다. 그러나 아이히로트의 경고는 둘 다에게 적절하다. 모든 기만적인 선입견에서 떠나 순수하게 객관적이고 편견 없는 학자가 되는 것은 오늘날 과학시대가 만들어낸 허구이며 현대 학자에게는 비현실적인 목표다.

이들 학문 분야의 주요 차이점은 구약신학이 그 접근법에 있어 대체로 정경적이라는 것이다. 이 점이 이스라엘 종교사와 아주 다른 점이다. 구약신학은 텍스트의 불연속성 자체에 관심을 두기보다는 그 불연속성의 의미를 해석하여 더 큰 정경적 배경에 응용하는 데 관심을 둔다.[125] 대체로 성서신학은 교회가 수용하는 정경을 받아들이며 종종 신앙고백 공동체 내에서 나름의 역할을 함으로써 현대 교회에 직접적인 영향을 미친다. 종교사 연구 역시 교회에 영향력을 행사해야 하지만 그 영향력은 텍스트의 주석적 분석에 대한 서언 혹은 분석의 동역자로서 보완적인 성격을 띠어야 한다.

125 Sailhamer는 최근에 텍스트에 대한 통시적·고백적·정경적 접근을 (설명하고) 주장했다. J. H. Sailhamer, *Introduction to Old Testament Theology: A Canonical Approach* (Grand Rapids: Zondervan, 1995).

제15장

성서 세계로 열린 창: 사회과학을 히브리 성서에 적용하기

Charles E. Carter
찰스 E. 카터

계몽주의 시대에 비평학이 부상한 이후로 학자들은 인문학적 관점에서 성서 텍스트에 접근하였다.[1] 모든 비평학은 그 신학적 전제가 무엇이든지 간에 전형적으로 고대 이스라엘의 역사, 언어, 종교, 문학 배경을 분석해왔다. 그러나 사회적 배경에서 이스라엘 문화를 분석하는 일, 다시 말해 사회과학의 관점에서 이스라엘의 신앙, 사회 구조, 제도들을 평가하는 작업은 종종 간과되었다. 몇몇 인류학자와 사회학자가 성

1 다음을 보라. N. K. Gottwald's evaluation in "Domain Assumptions and Societal Models in the Study of Pre-Monarchic Israel," in *Congress Volume: Edinburgh, 1974*, VTSup 28 (Leiden: Brill, 1975), 89–100; idem, *The Tribes of Yahweh: A Sociology of the Religion of Liberated Israel, 1250–1050 B.C.E.* (Maryknoll, N.Y.: Orbis, 1979), 5–22; idem, "Sociology of Ancient Israel," *ABD*, 6:79–89; 그리고 idem, "Reconstructing the Social History of Early Israel," *EI* 24 (1993): 77*–82*.

서학계에 진출했지만 사회과학은 30년 전까지만 해도 성서학의 부차적 접근법이었다. 그렇지만 성서는 그 자체에 제사의식이나 제도의 사회적 중요성에 대한 실마리가 되는 "원-사회학적인(proto-sociological)" 관찰들을 포함하고 있다. 성결법전(Holiness Code)의 저자가 제의적 정결에 대한 야웨의 명령을 민족의 정결과 동등하게 언급한 것은 종교적·사회적 영역에서 사회성이 갖는 중요성을 암시한다(레 20:22-26).[2] 마찬가지로 신명기 사가는 예언자가 과거에는 "선견자"나 "하나님의 사람"으로도 불렸다는 부연설명을 통해 예언자의 역할과 기능의 전환에 대해 언급하고 있다(삼상 9:8-9). 이런 유형은 고전 문헌에서도 일시적으로 관찰되는데, 어떤 이들은 헤로도토스(Herodotus)를, 다른 이들은 플라톤이나 아리스토텔레스를 최초의 "사회학자"로 간주한다.[3] 초기 랍비 문헌에서는 종종 고대 이스라엘과 그들 자신의 문화에서 유래한 풍습들의 사회적 기능을 탐구하기도 한다.[4] 그렇지만 이런 사회학적 관찰들은 이스라엘과 유대 문헌을 지배하는 종교적·신학적 해석에 종속되

2 C. E. Carter, "Purity and Distinction in Leviticus 20:22–26"를 보라(1993년 가을 워싱턴 D.C.에서 개최되었던 연례 Society of Biblical Literature 모임에서 발표되었다. 이 글은 온라인에서 볼 수 있다. http:www.BiblicalResource.com/papers/Leviticus. 다음을 보라. M. Douglas, *Purity and Danger: An Analysis of the Concepts of Pollution and Taboo* (London: Routledge & Kegan Paul, 1966). 다음도 보라. D. Smith-Christopher, "The Mixed Marriage Crisis in Ezra 9–10 and Nehemiah 13: A Study of the Sociology of the Post-Exilic Judaean Community," in *Second Temple Studies, vol. 2, Temple and Community in the Persian Period,* ed. T. C. Eskenazi and K. H. Richards, JSOTSup 175 (Sheffield: Sheffield Academic Press, 1994), 242–65.

3 D. C. Benjamin and V. H. Matthews, "Social Sciences and Biblical Studies," *Semeia* 68 (1994): 14; 다음도 보라. G. Lenski and J. Lenski, *Human Societies: An Introduction to Macrosociology*, 5th ed. (New York: McGraw-Hill, 1987), 24.

4 다음의 유용한 연구를 보라. R. R. Wilson, *Sociology and the Old Testament* (Philadelphia: Fortress, 1979), 10.

는 지엽적인 것으로 간주되는 경향이 있다.

이제 본 장의 나머지 부분에서는 사회과학이 발현한 간략한 역사와 그것이 성서 문화에 적용된 예를 살펴보고 이어서 이 새로운 학문 분야가 성서의 세계에 대한 지식에 어떻게 기여했는지를 평가하겠다. 마지막으로 사회과학을 성서에 응용하는 문제에 대해 복음주의자들이 제기할 수 있는 우려 사항들을 분석하고 이스라엘의 삶의 기틀을 연구하는 일에 사회과학을 적합하게 이용할 방법들에 대해 논의함으로써 글을 마치고자 한다.

사회과학의 발생

계몽운동은 계시와 경험에 대한 경험적 분석보다는 인간의 이성을 우선시하며, 일반적으로 사회과학과 행동과학 발전의 원동력이 되었던 것으로 간주된다.[5] 홉스(Hobbes), 로크(Locke), 밀(Mill), 그리고 다른 계몽주의 사상가들이 저술한 철학서들은 인간 사회에 공통 요소가 있으

5 사회행동과학은 인류학, 사회학, 정치학, 고고학, 경제학, 심리학, 문화인류학의 행동 관점 연구, 사회심리학, 그리고 생물학을 가리킨다. 1950년대 이전에는 이 모든 분야가 **사회과학**(social sciences)이라는 이름으로 불렸으며 1950년 이후에는 **행동과학**(behavioral sciences)이란 용어가 선호되었고 오늘날에도 사용된다. 사회과학의 발생과 배경에 관해 더 자세한 논의는 나의 소논문을 보라. "A Discipline in Transition: The Contributions of the Social Sciences to the Study of the Hebrew Bible," in *Community, Identity, and Ideology: Social Science Approaches to the Hebrew Bible*, ed. C. E. Carter and C. L. Meyers (Winona Lake, Ind.: Eisenbrauns, 1996), 3–39. 사회과학의 출현에 있어 계몽주의의 역할을 철저히 다룬 글로는 다음을 보라. M. Harris, *The Rise of Anthropological Theory: A History of Theories of Culture* (New York: Columbia University Press, 1968).

며, 모든 사회는 사회적 복합성의 연속선상에 존재한다는 관점을 제시한다. 이런 사상들이 바로 사회학과 인류학의 기초를 형성하였다. 이 사상들은 또한 사회를 공통의 인문주의적 관점에서 바라보았으며, 인간 문화와 제도에 대한 비교 분석의 기초를 마련해주었다.

사회과학 분야의 영향력 있는 여러 학자들—퇴니즈(Tönies)와 스펜서(Spencer)로부터 W. 로버트슨 스미스(W. Robertson Smith), 뒤르켐(Durkheim), 그리고 베버(Weber)에 이르기까지—은 이런 사상들을 인류학과 사회학이라는 서로 관련된 두 분야로 발전시켰다.[6] 사회 분석의 몇몇 특징적인 노선들이 지난 세기에 등장했다. 이것들은 보통 갈등 모델, 구조-기능 접근, 이념론자 관점, 유물론자 관점으로 분류된다. **갈등 모델**(conflict model) 분석은 여러 사회와 사회단체들이 내외부적인 사회적·경제적·군사적·정치적 압박에 어떻게 반응하는지를 조사한다. 이 모델은 때로 경쟁적인 집단들이 서로의 관심사에 반응할 때의 전략, 즉 자신들의 영향력을 확증하고 자신들의 관심사를 정당화하려는 시도를 탐구 조사한다. 이 모델은 사회가 대립적인 관심사를 가진 집단들과의 상호관계로 인해 유동성을 띠게 될 때, 그 변화에 직면하여 어떻게 균형을 이루어내는지에 관심을 둔다. 사회가 균형을 이루어내지 못할 때, 그 사회는 경쟁력을 잃고 결국 내적으로 붕괴될 수도 있다.[7]

갈등 모델과 대조를 이루는 **구조-기능 접근**(structural-functional

6 M. Weber, A. Causse, W. R. Smith의 소논문은 *Community, Identity, and Ideology*, 40–118에 나온다. 사회과학의 성장과 히브리 성서 연구에 있어 사회과학의 활용상에 대한 심층분석으로 다음의 글을 보라. A. D. H. Mayes, *The Old Testament in Sociological Perspective* (London: Pickering, 1989).

7 갈등 모델에 대한 논의로 다음을 보라. B. Malina, "The Social Sciences and Biblical Interpretation," *Int* 37 (1982): 229–42, 특히 233–35; 그리고 Mayes, *Old Testament in Sociological Perspective*, 18–27와 36–77.

approach)은 사회 내에 존재하는 유일한 기본 단일체를 강조한다. 이 접근은 특정 사회 내에 갈등이 있으며 대립되는 이념이 있음을 부인하지 않는다. 그렇지만 이러한 긴장에도 불구하고 사회에서는 강요가 아닌 합의에 의한 균형이 이루어진다고 주장한다. 구조-기능 접근은 진화론적-결정론적 관점의 대안으로 떠올랐다. 진화론적-결정론적인 접근은 스펜서가 소개했으며, 거의 백 년 동안 사회과학을 지배했다. 구조-기능 접근은 프랑스 구조주의 학파에서 나왔다. 그 기원은 뒤르켐까지 거슬러 올라가며, 1950년대 이래 유럽과 미국의 사회학에서 가장 두드러진 연구방법이었다. 그 명칭이 암시하듯 구조-기능 접근은 보통 사회 내의 제도와 이념의 구조 및 기능을 조사한다. 또한 제도와 이념의 상호작용에서 비롯된 복잡한 관계와 상호관계를 연구한다.[8]

유물론자(materialist) 관점(종종 문화유물론으로 불린다)은 자주 마르크스 이론과 관련되며, 으레 **이념론자**(idealist) 관점과 대조된다.[9] 두 접근법은 사회적·종교적·정치적 이념이 갖는 힘에 대해서는 동의한다. 그러나 이 이념들의 기원, 그것들을 유효하게 만드는 요인들, 그리고 문화 변화에서의 역할에 대해서는 의견을 달리한다. 유물론자 관점에서는 문화의 물질적 실체가 이념을 초래한다고 본다. 반면 이념론자 관점에서는 이념이 특정 사회 구조에 영향을 준다고 강조한다. 이 접근법

8 구조기능 접근에 대해서는 다음을 보라. Malina, "Social Sciences and Biblical Interpretation," 233–35; Lenski and Lenski, *Human Societies*, 25–26; Mayes, *Old Testament in Sociological Perspective*, 27–35와 78–117; 그리고 Harris, *Rise of Anthropological Theory*, 468–74와 514–28.

9 **문화유물론**(cultural materialism)이란 용어는 Harris가 처음 소개하였고 그 후 성서학자들과 시리아-팔레스타인 고고학자들이 적합하게 이용했다. Harris의 글을 보라. M. Harris, *Cultural Materialism: The Struggle for a Science of Culture* (New York: Vintage, 1980).

들의 특성을 보여주는 좋은 예는 이스라엘의 음식 규례의 등장과 중요성이다. 유물론자 관점에서 저술한 마빈 해리스(Marvin Harris)는 돼지고기 금기가 시리아-팔레스타인의 경제적·환경적 제약의 결과라고 주장한다. 돼지는 물, 음식, 그늘(shade)과 같은 천연자원을 두고 인간과 경쟁한다고 그는 주장한다. 비용—경제적, 인적 자본 면에서—이 너무 많이 들기 때문에 돼지와 인간 둘 다를 제한된 자원의 환경에서 동시에 번성시킬 수는 없었다. 그래서 인간 문화를 보호하고 생존을 확보하기 위해 돼지고기 금기법이 나오게 되었다고 한다.

이념론자(idealist) 관점에서 저술한 매리 더글러스(Mary Douglas)는 음식 제한이 질서와 정결에 관한 종합적 개념에서 비롯되었다고 주장한다. 그녀의 견해에 따르면 여러 제사장문서(Priestly writings)는 "정상"(normalcy)이란 항목을 제정한다. 정상적인 질서에 위배되는 동물이나 관습은 제자리에 있지 않기 때문에 결국 부정한 것으로 여긴다.[10] 여러 사회가설은 본질적으로 이념적임에 틀림없다.[11] 그럼에도 종종 간과되는 사실은 초기 인류학자와 사회학자 일부가 사회 구조, 문화적 관습, 이념의 발전에서 물질적 실체의 영향을 인식했다는 점이다. 따라서 W. 로버트슨 스미스는 제사의식의 유물론적 기원과 중요성에 주의를 기울일 것을 요청했다. 그리고 L. 월리스(L. Wallis)와 A. 코스(A. Causse)는 예언자가 사회 정의를 강조한 것은 계급 구분, 혹은 압제의 물리적

10 이 주제에 관한 Harris(135–51)와 Douglas(119–34)의 글을 *Community, Identity, and Ideology*에서 보라.

11 G. Herion, "The Impact of Modern and Social Science Assumptions on the Reconstruction of Israelite History," *JSOT* 34 (1986): 3–33; 다음 제목으로 재출판되었다. *Community, Identity, and Ideology,* 230–57.

영향에 기인한 것이라고 각각 주장하였다.[12]

사회학과 히브리 성서: 개요

고대 이스라엘의 사회 배경에 관한 20세기의 가장 영향력 있는 저서는 당연히 막스 베버(Max Weber)의 『고대 유대교』(*Ancient Judaism*)다.[13] 고대 이스라엘에 대한 그의 분석은 히브리 성서에 대한 가장 최근의 사회과학 연구에까지 영향을 끼쳤다. 고대 이스라엘 사회와 종교의 형성에서 언약이 갖는 중심적 역할에 대한 그의 이해, 이스라엘의 사회구조에 대한 그의 분석(*bêt 'āb, mišpāhâ, šebet* 개념을 바탕으로), 전쟁 신으로서의 야웨에 대한 그의 평가, 율법의 역할과 레위인의 사회적 배경에 대한 그의 분석, 카리스마적 지도자로서의 사사들에 대한 묘사, 예언자 전통의 기원과 성장에 대한 분석, 그리고 종파적 유대교의 기원에 대한 그의 연구는 심지어 새로운 자료의 발견으로 인해 그의 견해가 수정되어야 하는 상황에서도 계속해서 논의의 대상이 되고 있다. 베버의 연구는

12 W. R. Smith, *Lectures on the Religion of the Semites: First Series: The Fundamental Institutions* (Edinburgh: Black, 1889), 437ff. 다음에서 나의 논의를 보라. "Discipline in Transition," 13–15; 그리고 T. O. Beidelman, *W. Robertson Smith and the Sociological Study of Religion* (Chicago: University of Chicago Press, 1975), 56–57. 다음을 보라. L. Wallis, "Sociological Significance of the Bible," *American Journal of Sociology* 12 (1907): 532–52; 그리고 *A. Causse, Les "pauvres" d'Israël: Prophètes, psalmistes, messianistes* (Strasbourg: Librairie Istra, 1922).

13 그 저서는 처음에 학술지 *Archiv für Sozialwissenschaft und Sozialforschung* (1917–1919)에 연재되었다. 그 뒤 그의 부인이 그 글을 편집했으며, Weber의 사후에 *Das antike Judentum*이라는 제목으로 출판되었고(1921년) 번역되었다. 다음을 보라. H. H. Gerth and D. Martindale, eds. and trans., "Preface," in *Ancient Judaism* (Glencoe, Ill.: Free Press, 1952), ix.

사회학 내에서 갈등 모델을 구현한다. 이런 전통을 따른 성서학자의 연구로는 G. 멘덴홀(G. Mendenhall)의 이스라엘의 기원에 대한 소작농 혁명 모델, 그리고 B. 랭(B. Lang)의 『유일신교와 소수 예언자』(*Monotheism and the Prophetic Minority*)가 있다.[14]

앙토냉 코스(Antonin Causse)는 프랑스 사회학파의 견해와 사회학파에서 가장 탁월한 사상가인 에밀 뒤르켐(Émile Durkheim)과 루시앙 레비-브륄(Lucien Lévy-Bruhl)의 견해를 통해 이스라엘 사회를 분석했다.[15] 그는 뒤르켐의 "집단 심리" 개념과 인간 의식이 원시적·집단적인 단계에서 논리적·개인적인 단계로 발달한다는 레비-브륄의 개념을 고대 이스라엘에 적용했다.[16] 코스의 이스라엘 분석은 처음에는 학술지 *Revue d'histoire et de philosophie religeuses*에 연재되다가 나중에 개정되어 여러 책에 실렸다.[17] 그의 글은 베버의 글처럼 널리 알려지진 않았지

14 G. Mendenhall, "The Hebrew Conquest of Palestine," *BA* 25 (1962): 66–87; reprinted in *Community, Identity, and Ideology*, ed. Carter and Meyers, 152–69. B. Lang, *Monotheism and the Prophetic Minority: An Essay in Biblical History and Sociology*, SWBAS 1 (Sheffield: Almond, 1983).

15 Causse의 사상과 중요성에 대한 다음의 논의를 보라. S. T. Kimbrough Jr., "A Non-Weberian Sociological Approach to Israelite Religion," *JNES* 31 (1972): 197–202; idem, *Israelite Religion in Sociological Perspective: The Work of Antonin Causse, Studies* in Oriental Religions 4 (Wiesbaden: Harrassowitz, 1978); Mayes, *Old Testament in Sociological Perspective*, 78–87.

16 Causse가 Lévy-Bruhl의 구분에 의존한 것은 큰 약점으로 간주된다. "그는 선-논리적 사고와 논리적 사고라는 구분을 고수하여 예배자와 그의 하나님을 제의 공동체로 묶어주는 원시적 집단주의에서 개인 이성주의로의 발전을 진술하기에 이르렀다. 이는 Durkheim이 말하는 사회학 본연의 과업이라는 경계를 넘어선 것이다. 또한 그러한 구분이 인간 사고의 본질에 대한 이해를 반영하는 것이지만, 그것이 적어도 고대 이스라엘에게 있어서는 부적절했다"(Mayes, *Old Testament in Sociological Perspective*, 87).

17 그의 글을 보라. *Les "pauvres" d'Israël; idem, Les dispersés d'Israël: Les origines de la diaspora et son rôle dans la formation du Judaïsme* (Paris: Alcan, 1929); 그리고 그의 가장 중요한 작품인 *Du groupe ethnique à la communauté religieuse: Le problème*

만, 통찰력 면에서는 뒤지지 않는다. 또한 코스의 글을 평가한 여러 학자들이 그 글을 "베버식" 관점으로 여겼지만,[18] 그의 글은 사회학의 구조-기능 접근을 예시한 것이다.

코스의 분석에서 공동 원시 단계는 혈연과 가족의 유대를 강조하는 지파 시대의 특징이며 뒤르켐의 "유기적 연대" 개념과 관련 있다. 이스라엘 사회가 더 복잡해짐에 따라 이 사회적 유대는 중요성을 잃었다. 그뿐 아니라 왕정 시대의 계급 구분과 사회 계층화로 인해 이전의 사회 단일체는 약화되었다. 도심(urban centers)의 권력과 중요성이 증대되면서 마을과 그 지도부의 역할을 대체하게 되었다. 코스는 이 단계에서 예언자 운동의 주도하에 개인주의적 성향으로의 전환이 시작되었다고 주장한다. 이전 공동 연대의 영향은 신명기 역사의 교화적 어조와 기원전 8세기 예언자들의 심판 예언에서 여전히 찾아볼 수 있었다. 그러나 에스겔과 포로기 예언자 시대에는 각자의 행위에 따른 개인의 책임이라는 새로운 개념이 떠올랐다. 이런 개인주의로의 전환은 기원전 5세기 말과 4세기 초에 종파적 유대교가 출현하면서 완성되었다.[19]

sociologique de la religion d'Israël (Paris: Alcan, 1937).

18 Kimbrough는 W. F. Albright와 같은 대학자가 Weber를 Causse의 성서사회학의 원천으로 간주했다고 언급한다(Kimbrough, "Non-Weberian Sociological Approach," 199, 202).

19 Causse의 "From an Ethnic Group to a Religious Community: The Sociological Problem of Judaism"는 다음의 책에 재출판 되었다. *Community, Identity, and Ideology,* 95–118; 다음도 보라. Mayes, *Old Testament in Sociological Perspective,* 85–86. Causse를 추종하고 히브리 성서에 더더욱 엄격한 구조-기능 접근을 적용한 학자들의 수는 인상적이다. Gottwald의 개척적인 연구와 Frick의 저서를 Causse 편에 추가할 수 있겠다. N. K. Gottwald, *The Tribes of Yahweh;* R. R. Wilson, *Prophecy and Society in Ancient Israel* (Philadelphia: Fortress, 1980); 그리고 F. Frick, *The Formation of the State in Ancient Israel: A Survey of Models and Theories,* SWBAS 4 (Decatur, Ga.: Almond, 1985).

사회학적 관점은 조지 멘덴홀(George Mendenhall)과 노만 K. 갓월드(Norman K. Gottwald)의 연구에서 다시 두드러지게 나타났다. 이들이 세부적으로는 아주 다른 연구 방식으로 고대 이스라엘에 접근했지만, 두 사람 모두 아주 중요한 방법론적 의문을 제기했으며, 이전 성서학계를 지배했던 가설들에 대해 이의를 제기했고, 성서에 나오는 이스라엘을 온전히 이해하려면 이스라엘의 사회 상황을 분석해야 한다고 주장하였다. 멘덴홀의 초기 업적은 팔레스타인에서 이스라엘의 출현, 그리고 새로 조직된 이스라엘을 사회적·종교적으로 일관성 있게 만든 문화 전승으로서 야웨의 역할에 관한 것이었다. 그는 19세기 베두인 문화 모델을 이스라엘 사회의 모델로 사용하는 것이 적법한지에 의문을 제기한다. 그는 이전 연구에서 지파 구조를 사회과학 관점에서 접근하지 않았기 때문에 지파 개념이 불충분하게 정의되었다고 설명한다. 또한 이스라엘의 출현은 아마르나 서신에 나타나 있듯이 가나안의 불안정한 상태와 아피루(*'apiru*)가 모세의 지도하에 이집트의 압제에서 벗어난 노예 무리에 합류함에 따라 생긴 복잡한 사회적 추이였다고 주장한다. 그는 아피루 집단과 더불어 모세 집단과 가나안 소작농들은 야웨 신앙을 채택하고 노예제도와 압제를 거부함에 따라 동질성을 공유했다고 생각한다. 그러나 멘덴홀의 공헌은 이스라엘의 기원을 설명한 그의 "소작농 혁명 모델"에 그치는 것이 아니다. 그는 베버의 언약 공동체 개념을 이스라엘 단일체의 기초로 발전시키고, 율법의 사회적·종교적 배경을 연구하였다.

갓월드는 멘덴홀의 소작농 혁명 모델의 기본 개요를 수용한다. 그러나 이념론자 관점보다는 유물론자 관점에서 초기 이스라엘에 접근한다. 갓월드의 획기적 연구인 "영역 가설(Domain Assumptions)과 사회 모델(Societal Models)"은 언어학, 신학, 문학, 역사 연구의 바탕이 되는

"인문주의적" 접근뿐 아니라 성서학자들의 기본 가설들을 비판한다. 그는 이스라엘의 기원 가설을 형성한 배경에는 다음 세 가지 기본적 가정이 있었다고 밝힌다. 사회변화는 먼저 인구 이동에서 기인했으며, 사막 지역에서 일어났고, 독특하거나 임의적이었다는 것이다. 그러나 갓월드는 이런 사회 변화가 일반적으로는 내적인 과정이며, 사막 문화가 이 변화에 끼친 영향은 미미하고, 그런 변화는 다방면적이고 복잡하다고 주장한다. 갓월드의 비평은 성서 고고학과 성서 인류학에 두드러진 변화를 예견했다. 갓월드는 이런 지배적인 가정들에 의문을 제기하고 그 대신 더욱 광범위하고 미묘한 방식으로 사회변화를 규정하는 가정들을 제안하는데, 그는 토착적 발달에 중점을 두는 한편 이스라엘 문화와 문화적 변화를 보다 체계적이고 통전적인 차원에서 연구한다.

멘덴홀과 갓월드는 그들의 개척자적 연구로 호된 비판도 받았고 널리 칭찬도 받았다. 예를 들어 둘 다 한편에서는 정교함이 부족하다는 비판을, 다른 면에서는 너무 포괄적이라는 비판을 받았다.[20] 갓월드의 『야웨의 지파들』(*Tribes of Yahweh*)은 한편으로는 "최악의 탁상공론적 사회학"으로 취급되었는가 하면[21] 다른 한편에서는 성서학계에 가져다 준 잠재적 영향에 있어 율리우스 벨하우젠(Julius Wellhausen)의 『고대 이스라엘 역사 서론』(*Prolegomena to the History of Ancient Israel*)과 W. F. 올브라이트(W. F. Albright)의 『석기 시대에서 기독교 시대까지』(*From the*

20 두 비평 모두 다음 Lemche의 글에 나온다. N. P. Lemche, "On the Use of 'Systems Theory,' 'Macro Theories,' and 'Evolutionistic Thinking,'" *SJOT* 2 (1990): 73–88, 그리고 *Early Israel and Historical Studies on the Israelite Society before the Monarchy* (Leiden: Brill, 1985).

21 A. Rainey의 *Tribes*에 대한 신랄한 서평은 *JAOS* 107 (1987): 541–43에 나온다.

Stone Age to Christianity)에 비견되기도 했다.[22] 갓월드의 초기 저서 특히 『야웨의 지파들』에 드러난 약점이 있다면 그것은 그가 개인적으로 마르크스주의적 변증법에 헌신했다는 점이다. 문화 유물론자의 관점은 때로 이스라엘의 전승에 억지로 짜맞춰진 듯하기 때문에 갓월드는 그 자료가 반드시 믿을 만하지는 않다는 결론을 내리게 되었다. 예를 들어 "고대 이스라엘의 **물질성**(materiality)을 더욱 엄밀하게 파악해야만 이스라엘의 **영성**(spirituality)을 온전히 이해할 수 있다"는 말은 사실이다.[23] 하지만 그가 이스라엘의 문자 사용 능력(literacy)을 이스라엘이 그 유래가 되는 가나안 배경과의 차별성을 과시하기 위해 고안한 사회적 수단으로 해석한 것은 확실히 잘못되었다.[24] 문자 사용 능력은 그런 수단이라기보다는 사회 질서를 고양하고 물자와 자원의 출입을 통제하는 수단이다. 그렇기에 문자 사용 능력은 독립성보다는 사회적 조절능력을 활성화시킨다. 이와 유사하게, 그가 왕정 시대 이전 이스라엘 사회의 중요한 요소를 평등주의(그리고 "반국가통제주의"[anti-statist]를 추가할 수도 있다) 이념으로 본 것은 올바른 고찰일지도 모른다. 그러나 그가 유물론자 모델을 성서의 이스라엘에 일관성 없이 적용한 것은 비판 받을 수 있다. 지파로 이루어진 이스라엘에 평등주의가 존재했다면, 이는 이스라엘이 출현하게 된 사회적 실체들 때문일 것이다. 산지에서의 초기 정착을 특징 짓는 것은 조잡한 도기, 건축 전통, 잉여가 거의 없는 생존형 경제 등이다. 이런 특징을 가진 사회는 사실상 평등주의 사회가 되기 쉽다. 계층화는 실제적으로 잉여가 있을 때만 생겨나는 경향이 있기

22 W. Brueggemann, "*The Tribes of Yahweh: An Essay Review,*" *JAAR* 48 (1980): 441–51.
23 Gottwald, *Tribes,* xxv.
24 Ibid., 409.

때문이다.[25] 평등주의를 지향하고 야웨 신앙 안에 평등주의를 정당화한 것은 아마도 부차적이고 사회적인 영향 때문인 것 같다.

성서 이스라엘의 사회학을 향해

지난 30년간 사회과학을 성서 세계에 적용하려는 관심이 증대됨에 따라 몇몇 눈에 띄는 영역이 나타났다. 다양한 학자들이 성서 자료와 이러한 관심사에 여러 모델과 접근법을 적용하였다. 그러므로 아래 논의에서는 먼저 근본적인 몇 가지 질문을 다룬 후 그 질문들에 대해 기초적인 답변을 제시하는 것이 유용할 것 같다. 중요한 질문은 다음을 포함한다(그러나 다음의 질문에만 국한된 것은 아니다). 어떤 사회적 영향력으로 이스라엘은 팔레스타인 산지에 출현하게 되었는가? 이 시기의 이스라엘 사회는 어떠했는가? 짜임새 없는 지파 연합집단에서 어떻게 왕정 시대가 도래했는가? 이스라엘에서 예언의 역할과 기능을 어떻게 정의해야 하는가? 이스라엘 사회 내에서 여성의 역할과 위치—허용된 방식과 억제된 방식에 있어—를 얼마나 정확하게 복원할 수 있는가? 성서 전승의 사회적 기능은 무엇이며 그 전승은 어느 정도까지 사실적 이스라엘 대(versus) 이상적 이스라엘을 반영하는가? 포로기 이후 사회 조직의 변화는 "이스라엘"이라 불리는 "신의 택함을 받은" 공동체라는 개념에 얼마나 영향을 미쳤으며 이 변화가 신생 유대교에 어떤 영향을 미쳤는가?

25 G. Lenski, *Power and Privilege* (New York: McGraw-Hill, 1966). Lenski는 여기서 사회 계층화에 있어 과잉경제의 영향을 논한다. 특히 제3장 "The Dynamics of Distributive Systems"과 제4장 "The Structure of Distributive Systems," 43–93을 주목하라.

아마도 가장 근본적인 질문으로, 어떤 사회 모델들이 성서 이스라엘에 적합한 유사집단이며 또 이 모델들을 어떻게 적용해야 하는가?

이스라엘의 기원과 왕정 시대의 발전

멘덴홀과 갓월드가 제시한 애초의 질문은 이스라엘의 기원이었다. 그러므로 이 질문이 최근 성서 문화의 사회과학적 분석에 가장 많이 논의 되었다는 것은 전혀 놀랄 일이 아니다. 그러나 놀라운 일은 현 시점까지도 그 논의에 대한 의견의 일치가 이루어지지 않았다는 점이다. 올브라이트의 "정복 모델"(conquest model)은 성서 사사기와 면밀하게 평행을 이루지만 학계에서는 대부분 수용되지 않았다. 그 대신 평화 이주 가설(peaceful infiltration theory)과 소작농 혁명 가설(peasant revolt theory)이 이스라엘의 정착을 설명하는 모델로 가장 널리 수용되고 있다. 이 두 가설은 초기 이스라엘의 종합적인 상황을 알기 위해 고고학 문헌, 성서, 성서외 문헌 자료를 결합하려 하였다. 그러나 이 가설들의 출발점은 아주 다르다. 이스라엘 핑켈슈타인(Israel Finkelstein)이 최근에 수정한 평화 이주 가설은[26] 이스라엘인들이 정착하기 위해 반유목민 생활을 버리고 요르단 동편에서 중앙 산지로 들어갔다고 주장한다. 이 모델은 베두인과 기타 반유목 문화 유사집단의 영향을 많이 받았다. 소작농 혁명 가설은 초기 이스라엘인들이 사실은 가나안 도시국가 체제에 환멸을 느낀 가나안인들이었다고 주장한다. 이들은 아마르나 서신과

26 *The Archaeology of the Israelite Settlement* (Jerusalem: Israel Exploration Society, 1988).

시리아-팔레스타인의 고고학 자료에 반영된 계층화되고 억압적인 가나안 도시국가 체제에 대항하거나 그 체제에서 떠난 자들이었다고 주장한다. 요지는 가나안인들이 보다 개방적인 지파 제도를 위해 도시국가의 발전된 사회 배경을 버림으로써 "지파를 재구성했다"는 것이다.

이 기초적인 소작농 혁명 모델은 몇 차례 수정되었다. 마빈 체이니(Marvin Chaney)는 멘덴홀과 갓월드의 가설을 통합하면서 사회 지표로서 아마르나 서신을 재검토한 후에, 고고학 자료와 아마르나 서신에 기록된 사회적 불안을 여호수아, 사사기 전승과 조화시키려 하였다. 그의 연구를 통해 성서적·사회적 세계에 대해 보다 종합적인 그림을 얻게 되었다. 갓월드의 연구를 비판한 사회학자인 게르하르트 렌스키(Gerhard Lenski)는 갓월드의 이스라엘 사회 재구성이 근본적인 질문에는 대답하지 못했다고 주장한다.[27] 렌스키는 소작농 분규와 혁명은 농업 사회나 반봉건(semifeudal) 사회에서 흔한 일이었지만 성공한 예가 거의 없다고 주장한다. 이와 같이 소작농 혁명이 대부분 실패한다는 가정하에, 그는 성서 사회학자에게 근본적인 질문을 던진다. 이 혁명은 어떻게 성공했는가? 그리고 왜 그렇게 빨리 왕정 시대가 이 평등주의적 지파 사회 조직을 대신하였는가? 렌스키는 이 두 질문에 대해 좀 더 직접적인 해답을 주는 사회 모델은 "개척 모델"(frontier model)이라고 주장한다. 이 모델에서 공화주의 조직—지파 이스라엘이 느슨하게 구현하고 있는 조직—은 이스라엘의 경우처럼 일반적으로 좀 더 중앙집권적인 왕정 구조에 의해 대치되었다.[28]

27 Gottwald의 *Tribes of Yahweh*에 대한 서평은 *RelSRev* 53 (1980): 275–78에 나온다.

28 "Two Models for the Origins of Ancient Israel: Social Revolution or Frontier Development"에 나오는 Lenski의 고찰에 대해 Gottwald는 다음의 책에서 대답한다.

몇몇 학자들은 왕정 시대 이전 이스라엘 사회의 본질과 왕정 시대를 이끈 영향력이 무엇인지를 분석했다. 아브라함 말라마트(Abraham Malamat)는 막스 베버의 이념론적 유형 개념과 사회 발달의 다양한 단계를 "사사"(judges)에게 적용했다. 베버에 따르면 사회는 보통 임시변통 형태에서 지도권이 있는 제도적 형태로 발전한다. 베버는 이 과정을 권위의 "일상화"(routinization)라 칭한다. 그 권위는 "카리스마적" 단계에서 시작한다. 그 단계에서 사회적 압박의 시기에 지도자들이 나타나며, 그들은 제한된 시간 동안 특정 목표를 위해 각자의 기능을 수행한다. 그러나 종종 자연 발생적이고 지도자 중심적이었던 지위가 사회 조직의 일부로 통합되면서 카리스마적 지도자들의 지위는 "일상화"된다. 베버는 이것을 지도력의 "합리적" 단계라 부른다. 말라마트는 이스라엘의 "사사"를 카리스마적 지도자로 보았으며, 블레셋인의 위협으로 카리스마적 단계가 종결되고 그 대신 일상화되고 합리적인 제도인 왕정 시대가 도래했다고 제시한다.

말라마트의 연구 이후, 몇몇 학자들은 다른 모델을 "지파 시대"의 사회 배경 그리고 왕정 시대의 발전에 적용했다. 프랭크 프릭(Frank Frick), 제임스 플래너건(James Flanagan), 이스라엘 핑켈슈타인(Israel Finkelstein), 그리고 로버트 쿠트(Robert Coote)와 키스 위틀램(Keith Whitelam)의 연구는 새로운 합의점을 끌어내는 데 공헌하였다. 이 학자들은 이 시기를 군장사회(a chiefdom) 즉 사회 발달 과정에서 왕정 시

Gottwarld, *The Quest for the Kingdom of God: Studies in Honor of George E. Mendenhall*, ed. H. B. Huffmon et al. (Winona Lake, Ind.: Eisenbrauns, 1983), 5–24. 나는 개척 모델(the frontier model)을 미출판된 원고인 "The Emerging Frontier in the Highlands of Canaan: New Models for an Old Problem"에서 더 자세히 다루었다.

대나 중앙집권 정부 형태가 출현하기에 앞서 생기는 사회 유형으로 본다.[29] 이런 연구를 통합하는 데는 몇 가지 요소가 있다. 그 요소들은 모두 인류학 또는 거시사회학 가설에 기초하고 있고 고고학 자료를 중요하게 사용한다. 또한 그 요소들은 모두 사사기와 사무엘상의 성서 기사를 별 비평 없이 의존한 블레셋 위협 모델보다는 고고학과 같은 외부 자료가 이런 드라마틱한 변화를 더 정확히 묘사한다는 데 동의한다. 이것은 이전 학계로부터 눈에 띄는 도약을 암시한다. 새로운 연구동향은 성서 저자의 관점이 사회학적이 아니라 신학적/이념적이었음을 인정하며, 고대 이스라엘의 사회적 발달을 충분히 이해하기 위해서는 사회과학의 사회 발달 모델을 성서 자료에 적용함으로써 유익을 얻어야 한다고 주장한다. 이러한 관점과 다른 문화에서 차용한 모델을 사용하면 실제적으로 히브리 성서의 모든 사회과학 비평이 통합된다.

이런 각각의 연구는 군장 시대의 다른 요소들을 집중적으로 다룬다. 플래너건은 원래 엘만 서비스(Elman Service)가 발전시킨 사회진화설을 고대 이스라엘에 직접 적용하였다. 그는 이스라엘이 지파 사회나 세분화된 사회에서 군장 시대로, 그리고 결국은 왕정 시대로 진화했다고 제안한다. 그는 사울의 통치와 이후 다윗의 통치 기간을 군장 시대

29 R. Coote and K. Whitelam, "The Emergence of Israel: Social Transformation and State Formation Following the Decline in Late Bronze Age Trade," *Semeia* 37 (1986): 109–47; I. Finkelstein, "The Emergence of the Monarchy in Israel: The Environmental and Socio-Economic Aspects," *JSOT* 44 (1989): 43–74; J. Flanagan, "Chiefs in Israel," *JSOT* 20 (1981): 47–73; Frick, *Formation of the State;* A. Malamat, "Charismatic Leadership in the Book of Judges," in *Magnalia Dei: The Mighty Acts of God: Essays on the Bible and Archaeology in Memory of G. Ernest Wright,* ed. F. M. Cross, W. E. Lemke, and P. D. Miller Jr. (Garden City, N.Y.: Doubleday, 1976), 293–310. 국가 형성에 관한 Frick의 글을 제외하고 이 소논문들은 *Community, Identity, and Ideology*에 재출판되었다.

로 간주하며, 이어지는 연구를 통해 완숙한 왕정 시대로 변화를 가능케 한 원동력이 무엇인지 분석하였다. 그는 홀로그램(hologram)과 그 다면적 이미지 개념을 채용하여, 이스라엘 사회에 대한 분석이 그 사회에 대해 일관성 있는 그림을 제시하기 위해서는 분석이 다층적이어야 하며 다중의 요인들을 설명해야 한다고 주장하였다.[30]

프릭의 연구는 원래 고고학 지향적이다. 그는 이전에 합의된 가설 즉 소석회 수조, 계단식 농업, 철기구가 바로 이스라엘로 하여금 팔레스타인 산지에 정착할 수 있게 만들어준 주요 기술이었다는 가설의 약점을 증명하였다. 말하자면, 이스라엘은 정착을 위해 이런 기술을 발전시킨 것이 아니라, 오히려 기술의 도입으로 인해 변두리 농업지역이 잉여를 산출할 수 있게 되었고 인구 증가의 압박에 대응할 수 있게 되었다는 것이다. 대부분의 경우 잉여가 발생하면 사회가 복잡해진다. 이스라엘의 경우, 농작물 생산 증가는 군장 시대의 도래를 가능하게 해주었으며, 블레셋과 같은 다른 정치집단을 통치하는 일에 비해 그 지역을 통치하는 일이 용이하게 만들어주었다. 프릭은 텔 마소스 유적지에서 전형적인 군장 시대를 나타내는 사회적 차별화에 대한 증거를 찾았다. 그 텔의 북동 지대(A 지역)에서 비슷한 크기, 구조, 유물을 가진 집 열 채가 발견되었다. 다른 자료를 제외하고, 이것은 정착지 사회가 평등사회였음을 암시하는지도 모른다. 그런데 이 유적지의 남쪽에 있는 H 지역에서는 A 지역의 건물보다 두 배가 큰 건물 한 채가 발견되었다. 이 건물에서는 형태와 장식이 더 정교한 도자기가 나왔으며 상아로 된 사자 머리와 같은 수입품과 사치품들도 있었다. 건물 크기나 발견물로 보

30 J. Flanagan, *David's Social Drama: A Hologram of Ancient Israel,* SWBAS 2 (Sheffield: Almond, 1988).

아, 그 건물에 거주한 사람들은 A 지역 주민과는 다른 사회적 지위에 속한 지역 군장의 가족이었다고 볼 수 있다.[31]

쿠트와 위틀램은 후기 청동기 시대 말과 철기 시대 초에 다양한 사회적 압박이 있었으며, 이로 인해 이스라엘이 처음 등장하게 되었고 그 후 군장 시대에서 왕정 시대로 전환되었다고 주장한다. 그들은 이스라엘의 정치적·사회학적 진화를 가장 잘 설명하는 것으로 프랑스 이론가인 페르낭 브로델(Fernand Braudel)의 "장기지속"(*la longue durée*) 견해를 제시한다. 지파 시대와 왕정 시대를 서로 다른 양극 또는 독특한 두 발전상으로 보기보다는, 시리아-팔레스타인에서 일어난 다양한 사회 변화 이면에 있는 **과정들**에 집중하여 그 과정들을 연속선상의 발전으로 본다. 이스라엘의 출현과 왕정 시대 형성에 영향을 준 요소에는 후기 청동기 시대 말에 발생한 이집트 주도권과 무역의 붕괴, 철기 시대 초의 농업 강화, 사회 계층제, 그리고 인구압(population pressure)이 포함된다.

이스라엘 핑켈슈타인 역시 이스라엘의 출현과 왕정 시대로의 전환을 **장기 지속** 관점에서 다룬다. 그의 연구는 중요한 사회과학 가설에 정통했지만, 그가 사회적 모델을 항상 부단하게 또는 방법론적으로 건전하게 적용한 것은 아니었다.[32] 그렇지만 그는 이스라엘 땅의 환경적 특성에 민감했고, 13세기 중엽에서 10세기까지의 인구 양상을 이해하여 이런 자료를 종합적으로 해석할 수 있는 능력이 있었다. 그러므로

31 특히 다음 부분을 보라. "Tel Masos, Agriculture, and the Archaeology of Chiefdoms," in *Formation of the State,* 159–69.

32 나는 나의 논문에서 Finkelstein이 때로는 통찰력 있게 때로는 비판력 없이 사회모델을 이용한 점을 분석했다. "A Social and Demographic Study of Post-Exilic Judah" (Ph.D. diss., Duke University, 1991), 특별히 제3, 5, 6장을 보라.

그의 연구는 초기 이스라엘에 대한 상세 연구에 필독서가 되었다.[33] 핑켈슈타인은 신알트파(neo-Altian)의 평화 이주 모델을 지지하여, 이스라엘이 가나안의 중앙 산지에 정착한 것을 설명하면서 이 정착 과정이 유목민 정착화의 일환이었다고 제안한다.[34] 그는 한때 이스라엘에서만 특징적으로 나타나는 것으로 알려진 네 개의 방을 갖춘 가옥이 유목민 천막 형태를 따른 것이라고 주장한다. 또한 이스베트 사르타와 같은 초기 정착지의 고고학 유물과는 동떨어진 저장 구덩이 같은 고고학적 특징은 유목민 생활과 정착 과정의 첫 단계를 나타낸다고 주장한다. 프릭, 플래너건, 그리고 쿠트와 위틀램처럼 핑켈슈타인은 왕정 시대 이전 대부분을 군장 시대로 간주하며, 유적지 분포와 인구 통계가 사회경제 구조의 증가를 보여주며, 이로 인해 왕정제와 소규모 국가가 설립되고 점점 더 복잡해졌다고 주장한다.

예언과 예언자 전승

신학적 성향을 불문하고 모든 성서학자들은 예언자 전승을 이스라엘

33 특별히 다음을 보라. *Archaeology of the Israelite Settlement;* "Emergence of the Monarchy in Israel."

34 Finkelstein의 연구를 "신알트파"라고 표현함으로써 나는 두 가지에 주목하려 한다. 첫째, 그의 연구는 Alt가 처음 내놓은 이스라엘의 기원에 대한 개요를 따른다는 것이다(다음을 보라. "Die Landnahme der Israeliten in Palästina," in A. Alt, *Kleine Schriften zur Geschichte des Volkes Israel,* 3 vols. [Munich: Beck, 1953–59], 1:89–125; 영어로 다음과 같이 번역되었다. "The Settlement of the Israelites in Palestine," in A. Alt, *Essays on Old Testament History and Religion,* trans. R. A. Wilson [Oxford: Blackwell, 1966], 135–69). 둘째, 그의 연구는 Alt가 손에 넣을 수 없었던, 평화 이주 모델을 확장시킬 수 있는 고고학 연구에서 나온 새 자료에 집중한다는 점이다.

종교가 인간 문명에 끼친 영구적인 공헌 중 하나로 본다. 학계는 주로 예언자직, 예언자의 메시지, 예언서의 문학적·도덕적 영향력에 집중하였다. 한편 사회과학도 예언자 전승에 적용되어 W. 로버트슨 스미스(W. Robertson Smith)의 초기 연구로 시작하여 최근에는 로버트 R. 윌슨(Robert R. Wilson)의 글에도 사회과학적 요소가 발견되며, 몇몇 관심 분야에서는 특별한 성과를 거두었다. 막스 베버는 예언자 전승이 초기 이스라엘의 YHWH(야웨)에 대한 개념(전쟁 신으로)과 언약의 관점에서 나왔다고 보았다.[35] 모든 학자들이 그가 주장한 전쟁 신이라는 개념적 틀을 수용한 것은 아니다. 하지만 실제로 모든 학자들은 예언의 언약적·사회학적 본질에 대해 이야기한다. 또한 베버는 소위 "예언자들의 사회심리학"에 대해 논의하고 예언자들의 사회적 배경을 밝히려 한 초기 학자들 중 하나였다.[36] 다른 관점에서 저술한 루이스 월리스(Louise Wallis)와 앙토냉 코스는 사회 정의를 위한 예언자적 소명이 사사 시대 이후 이스라엘의 사회 발전에 수반된 계층화와 계급투쟁에 기초하고 있다고 보았다.[37] 최근 갓월드는 그의 사회적 재구성에서 물질적·경제적 격차의 증가가 예언자적 이상(ideal)에 영향을 주었다고 강조한다.[38]

최근에는 예언에 대한 사회과학 접근에서 예언자의 사회적 위치와 배경, 예언자적 권위, 그리고 묵시 전승의 발생과 같은 주제를 논할 때 비교문화적 연구법을 적용한다. 로버트 R. 윌슨의 『고대 이스라엘의 예

35 Weber, *Ancient Judaism*, 90–117.

36 Ibid., 267–96.

37 Causse, *Les "pauvres" d'Israël;* Wallis, "Sociological Significance of the Bible."

38 이 점은 그의 글에서 특히 명백하게 나타난다. "Sociology of Ancient Israel," *ABD*, 6:84. Gottwald의 "사회 계층 가설"은 증가하는 계급 구분 개념을 설명한다. 그렇지만 상류계급에 대항하는 예언자적 항의는 포함하지 않는다.

언과 사회』(*Prophecy and Society in Ancient Israel*)에서는 이스라엘 예언자들을 중재자로 보았고, 이스라엘의 예언과 평행관계를 이루는 사회적 현상으로 당대 지파사회에 있었던 샤머니즘과 빙의(spirit possession)를 찾았다. 그는 사회 집단이 "긍정적" 혹은 "부정적"으로 여기는 빙의를 분석하였다. 특히 예언자의 사회적 배경과 예언자로 살아남기 위한 문화적인 지지 수준에 관심을 두었다. 그는 예언자 전승을 두 가지로 파악한다. 하나는 에브라임 전승으로서 사무엘, 엘리야와 엘리사, 호세아와 예레미야가 여기 해당된다. 다른 하나는 유대 전승으로서 나단, 예루살렘의 이사야, 그리고 아모스가 여기 해당된다. 이 전승들은 각자 나름의 독특한 신학관이 있다. 하지만 예언자가 핵심적인 중개자(지배층에 직접적으로 접근할 수 있고 지배층으로부터 승인을 얻는 자), 혹은 주변적인 중개자(접근이 제한되고 지배층에 대항하여 종종 항의를 주도하는 자)의 역할을 한다는 점에서 유사성이 있다.

토머스 오버홀트(Thomas Overholt)와 버키 롱(Burke Long)은 예언자적 권위에 대한 연구에 더 주력하였고 윌슨처럼 성서 예언에 대한 민족지학적 평행관계들을 소개한다. 오버홀트는 예언자 모델의 출처로 미국 원주민의 주술사에 주목하였는데, 그는 19세기 후반의 교령춤 운동(the Ghost Dance movement)과 아메리카 인디언 세네카 부족의 성자 핸섬 레이크(the Seneca holy man Handsome Lake)를 예로 든다.[39] 오버홀트는 롱의 제안, 즉 예언자적 권위는 구두로 전해진 말에만 있는 것이 아

39 T. Overholt, "The Ghost Dance of 1890 and the Nature of the Prophetic Process," *Ethnohistory* 21 (1974): 37–63; idem, "Prophecy: The Problem of Cross-Cultural Comparison," *Semeia* 21 (1982): 55–78; B. O. Long, "Prophetic Authority as Social Reality," in *Canon and Authority*, ed. G. W. Coats and B. O. Long (Philadelphia: Fortress, 1977), 3–20.

니라 예언자의 선포를 들은 공동체에도 있다는 가설에 기초하였다. 그는 권위의 역동성이라는 사상을 발전시켰는데, 말하자면 예언이 단순히 야웨(YHWH)로부터의 전달 기능만 하는 것이 아니라 선포 대상인 청중에 의해 영향을 받기도 한다고 제안한다. 오버홀트는 핸섬 레이크를 예레미야와 비교하면서 예언자는 일반적으로 청중으로부터 평가를 받았으며 이 평가를 통해 예언자가 메시지에 다시 집중할 수 있었다고 주장한다. 그 공동체 일원들은 수정된 메시지를 받았고, 그 메시지를 받음에 따라 예언자의 권위를 입증하였다.

버나드 랭은 유일신교의 이상을 가진 이런 예언자 운동을 소수의 종교 전승으로 여긴다.[40] 랭의 연구는 고대 이스라엘의 종교 전승 내에서 유일신교의 발전 과정에 나타난 각별한 요소들을 밝힌다. 그는 또한 윌리스, 코스, 갓월드와 마찬가지로 소수 예언자의 전승이 가난한 소작농이라는 사회적 배경에서 생성되었다고 본다. 아모스처럼 사회 정의에 관심이 있는 예언자들은 종종 사회 비평가처럼 활동하였다.

폴 핸슨(Paul Hanson)과 스티븐 쿡(Steven Cook)은 묵시 전승의 기원에 대해 서로 반대 되는 설명을 제시한다. 둘 다 포로기의 위기와 귀환이 예언자 운동에서 묵시 문학이 출현하는 데 주요한 동력을 제공했다고 본다. 핸슨은 사회과학의 갈등 전승을 학개서, 제1, 2 스가랴서, 요엘서, 제3이사야서의 시대와 문헌에 적용한다. 그는 예루살렘의 제사장직을 대표로 하는 성직자당과 공권을 박탈당한 환상가 사이에 심각한 갈등이 존재했다고 생각한다.[41] 이에 비해 쿡은 묵시 전승이 소외계층

40 Lang, *Monotheism and the Prophetic Minority.*

41 P. Hanson, *The Dawn of Apocalyptic: The Historical and Sociological Roots of Jewish Apocalyptic Eschatology,* rev. ed. (Philadelphia: Fortress, 1979), 70–79, 258–70; idem,

에서 나올 필요는 없다고 주장한다. 그는 제사장 출신 예언자, 혹은 에스겔, 제1스가랴, 요엘처럼 영향력을 가진 예언자들은 하나님 나라가 급격한 방식으로 침투해 들어오리라는 소망 가운데 묵시적 관점에서 사역을 했다고 지적한다. 쿡은 다양한 역사적·사회적 배경을 가진 천년왕국 신봉 집단에 대한 연구 결과에 기초하여, 제사장 집단이 종말론적 열심을 낼 수 있었을 뿐 아니라 종종 권력과 지도권의 중심 지위에 있었음을 보여준다.[42] 그러므로 묵시 문학, 묵시적 세계관, 그리고 묵시적 공동체를 가장 잘 설명해주는 것은 내부의 갈등이 아니라 제사장적 천년왕국 배경이라고 주장한다.

제의와 문화에서의 성별(Gender)

고대 이스라엘의 사회 배경에서 밝혀져야 할 가장 중요한 영역 중 하나는 이스라엘의 일반 문화와 특별히 이스라엘 종교 내에서 여성의 역할과 지위에 관한 것이다. 이에 대한 연구의 상당 부분이 페미니트스 학계에 의해, 그리고 때로는 히브리 텍스트에 대한 문학적·언어학적 연구, 그리고 고대 근동 문헌의 비교 분석을 통해 이루어져왔는데,[43] 사회

ed., *Visionaries and Their Apocalypses, IRT* 2 (Philadelphia: Fortress; London: SPCK, 1983), 37–60.

42 S. L. Cook, *Prophecy and Apocalypticism: The Postexilic Social Setting (Minneapolis: Augsburg Fortress, 1995), 19–84.* 『예언과 묵시』(새물결플러스 역간).

43 예로 다음을 보라. *Women's Earliest Records from Ancient Egypt to Western Asia,* ed. B. S. Lesko, *BJS* 166 (Atlanta: Scholars Press, 1989); 페미니스트 접근법을 성서 연구에 적용한 저서의 자세한 참고문헌으로 다음을 보라. M. I. Gruber, *Women in the Biblical World: A Study Guide,* vol. 1, *Women in the World of Hebrew Scripture,* ATLA

과학—특히 고고학, 사회학, 인류학—역시 이 주제에 상당한 공헌을 했다. 따라서 고대 이스라엘의 여성에 대한 중요한 연구들은 본질적으로 비교문화적이며 학제적이다. 대부분의 연구는 로즈마리 래드포드 류터(Rosemary Radford Ruether)와 필리스 트리블(Phyllis Trible)의 초기 저서에 기초하였다.[44] 최근 연구로 얻은 두 가지 성과는 남성/여성의 역할과 권위에 대해 보다 명확한 이해를 얻었다는 점과 당시 여성이 어느 정도의 지위를 누렸는지 추정할 수 있게 되었다는 점이다. 분명한 것은 전통적·남성주도적 사회 영역의 경계가 폐쇄적이고 비유동적인 문화에서는 여성들이 종종 사회적으로 허용되는 틀 밖에서 권력과 영향력을 얻으려 한다는 점이다. 그러므로 여성들은 지혜 전승 내에서 상당한 권위를 형성했으며, 미리암, 드보라, 훌다처럼 예언자나 공식적인 제의 수행자로서의 기능을 감당했다.[45] 필리스 버드(Phillis Bird)가 지적하듯 남성 주도적인 성서학계는 종종 전문 호상꾼, 노래하는 자, 예전 진행자와 같은 여성 제의 수행자가 지니는 가치의 중요성을 떨어뜨린다. 이런 점에서 버드는 학자들로 하여금 해석학적 편견이 히브리 성서 기록

Bibliography Series 38 (Philadelphia: ATLA; Lanham, Md.: Scarecrow, 1995).

44 Ruether, *Religion and Sexism: Images of Women in the Jewish and Christian Traditions* (New York: Simon & Schuster, 1974); *Trible, God and the Rhetoric of Sexuality,* OBT (Philadelphia: Fortress, 1978); idem, *Texts of Terror: Literary Feminist Readings of Biblical Narratives,* OBT (Philadelphia: Fortress, 1984).

45 C. Camp, "The Wise Women of 2 Samuel: A Role Model for Women in Early Israel," *CBQ* 43 (1981): 14–29; idem, *Wisdom and the Feminine in the Book of Proverbs, BLS* 11 (Decatur, Ga.: Almond, 1985); P. Trible, "Huldah's Holy Writ: On Women and Biblical Authority," *Touchstone 3* (1985): 6–13; J. Ochshorn, *The Female Experience and the Nature of the Divine* (Bloomington: Indiana University Press, 1981), 182; 그리고 C. E. Carter, "Huldah as Prophet and Legal Authority: A Linguistic and Social-Science Approach" (이 글은 세계성서학회 연례 모임[사회과학과 히브리 성서 해석 분과]에서 발표되었다, San Francisco, Calif., November 1997).

을 왜곡하는 방식을 인식하게 함으로써 고대 이스라엘 여성의 지위에 대한 논의를 계속해나갔다. 왜냐하면 남성들이 고대 문화뿐 아니라 최근까지 현대 학계도 지배하고 있기 때문이다. 고대 이스라엘의 문화적 환경을 더 잘 이해하는 데는 두 가지의 해석층, 곧 히브리 성서 자체의 해석층과 현대 해석가들의 성서 해석층이 필요하다.[46] 더욱이 현대 학문에서는 권력과 영향력을 가진 공인된 제도권만을 탐구의 대상으로 삼는 경향이 있다. 압제 받는 자보다는 제사장 직분에, 사적인 역할보다는 공적인 역할에 관심을 집중한다는 것이다. 제의에서 여성의 역할 문제를 다룰 때 사적인 영역과 피지배층의 전통에까지 관심을 갖는다면 여성의 힘과 영향력이 갖는 의미를 더 잘 파악할 수 있을 것이다.

캐럴 마이어즈(Carol Meyers)는 고대 이스라엘의 가족과 마을 경제 안에서 여성의 위치를 집중 연구하였다.[47] 그녀는 또한 여성의 영향력

46 Bird, "The Place of Women in the Israelite Cultus," in *Ancient Israelite Religion: Essays in Honor of Frank Moore Cross,* ed. P. D. Miller Jr., P. D. Hanson, and S. D. McBride (Philadelphia: Fortress, 1987), 397–419. 다음도 보라. Idem, "Women's Religion in Ancient Israel," in *Women's Records*, 283–98.

47 이스라엘의 여성에 대한 Meyer의 가장 종합적인 연구는 *Discovering Eve: Ancient Israelite Women in Context* (New York: Oxford University Press, 1988)이다. 다음도 보라. Idem, "Gender Roles and Genesis 3:16 Revisited," in *The Word of the Lord Shall Go Forth: Essays in Honor of David Noel Freedman in Celebration of His Sixtieth Birthday,* ed. C. L. Meyers and M. O'Connor (Winona Lake, Ind.: Eisenbrauns, 1983), 337–54; idem, "Procreation, Production and Protection: Male-Female Balance in Early Israel," *JAAR* 51 (1983): 569–73; 다음에 재출판 되었다. *Community, Identity, and Ideology, ed. Carter and Meyers,* 489–514; idem, "Gender Imagery in the Song of Songs," *HAR* 10 (1987): 209–23; 그리고 idem, "An Ethnoarchaeological Analysis of Hannah's Sacrifice," in *Pomegranates and Golden Bells: Studies in Biblical, Jewish, and Near Eastern Ritual, Law, and Literature in Honor of Jacob Milgrom,* ed. D. P. Wright, D. N. Freedman, and A. Hurvitz (Winona Lake Ind.: Eisenbrauns, 1995), 77–91.

을 사적인 영역과 공적인 영역으로 구별하면서 여성들은 공권력을 갖는 지위에서 종종 배제되었지만 가정에서는 종종 상당한 영향력—힘은 아니더라도—을 행사했다고 주장한다. 가족 내에서 여성의 역할은 생산—단지 자녀 출산과 양육뿐 아니라 가축을 돌보고 음식, 옷, 생필품 등을 만드는 일—에 집중되어 있었다. 마이어즈는 이 역할들을 농업사회의 보다 넓은 구성체 내에서 평가한다. 그런 사회에서는 종종 성별에 따라 역할이 분명히 정의되어 있다. 그러나 여성들이 가정, 마을, 친족의 생존에 중대한 공헌을 하기 때문에 다른 문화적 배경에서보다는 여성이 존중받는 편이다.

티크바 프라이머-켄스키(Tikva Frymer-Kensky)는 고대 이스라엘의 제의 영역을 보다 광범위하게 다루었다. 그녀의 연구서인 『여신의 자취를 따라서: 여성, 문화, 이교적 신화의 성서적 변형』(*In the Wake of the Goddesses: Women, Culture, and the Biblical Transformation of Pagan Myth*)에서는 고대 이스라엘 사회가 여성을 제사장직에서 배제시킨 요인들을 검토하였다. 그녀는 메소포타미아 전승에서 여성은 공식적인 제사장직을 수행했으며, 여신들은 기원전 제2천년기 중반까지의 초기 문헌에서 수메르, 아카드, 바빌로니아 만신전의 중요한 구성요소였음을 지적한다.[48] 프라이머-켄스키는 그 시기까지는 여성이 두드러지게 사회적·종교적 기능을 수행할 수 있었지만 이후로 그들의 공적인 역할은 쇠퇴하기 시작했고, 제1천년기가 시작될 무렵에는 메소포타미아 문헌에서 "실제적으로 나타나지 않는다"고 언급한다. 메소포타미아 세계는 "제2천년기 말엽은 천상계나 인간계나 남성의 세계였다. 고대의 여신들은 실질적

48 이 점은 시리아, 이집트, 아나톨리아, 팔레스타인을 포함한 고대 근동의 문화와 신화적 전승에서도 똑같이 나타날 수 있다.

으로 사라져버린 것이다."[49]

프라이머-켄스키에 따르면 이스라엘인들이 점차 유일신교로 옮겨감에 따라 고대 근동 만신전에서 남신과 여신들에게 돌려졌던 기능과 특성들이 야웨 종교로 포섭되었다. 그러나 이스라엘의 사회, 종교 전통은 기본적으로 인근 지역의 전통에 비해 평등주의적인 성향을 띠고 있었다. 따라서 이스라엘은 비록 전적으로 성 중립적인 전통을 인지하거나 채택하지도 않았지만 유일신 신앙으로 인해 성별(gender)이나 성(sexuality)에 대해 보다 통전적인 태도를 갖게 되었다. 그러나 유대교와 기독교가 여성 혐오적인 요소를 내포한 헬레니즘 문화의 영향을 받게 되면서 이런 상황이 변화될 여지가 있었다. 프라이머-켄스키의 연구는 메소포타미아 전통과 그 발전상, 그 전통이 발생한 사회 세계, 그리고 이스라엘의 유일신 사상의 자극으로 초래된 변화들을 자세히 조사한다는 점에서 매력적이다. 그러나 여성에 대한 부정적인 태도를 우선적으로 헬레니즘의 영향으로 돌린 것은 너무 경솔한 듯하다.

포로기와 정체성

페르시아 시대는 얼마 전까지만 해도 다른 시대에 관심이 집중되면서 상대적으로 등한시되다가 최근에 다시 관심의 대상이 되었다.[50] 대부

49 T. Frymer-Kensky, *In the Wake of the Goddesses: Women, Culture, and the Biblical Transformation of Pagan Myth* (New York: Free Press; Toronto: Maxwell Macmillan Canada, 1992), 79–80.

50 이 시기 연구의 최근 발전상에 대한 논의로 나의 다음 글을 보라. "Province of Yehud in the Persian Period: Soundings in Population and Demography," in *Second Temple*

분의 학자들이 에스라서 기사와 상당량의 느헤미야 전승을 대단히 회의적으로 보는 것이 사실이지만, 페르시아 시대가 성서 역사의 전환점이라는 의견이 점차 늘어가고 있다. 실제로 모든 학자들은 히브리 성서 대부분의 편집과 전달이 페르시아 시대에 이루어졌다고 보며, 일부 학자는 그 기원도 페르시아 시대라고 주장한다.[51] 이 시기의 중요성이 재평가되자, 포로기 이후 공동체의 사회적 배경과 이념적 발전상이 아주 중대한 주제로 떠올랐다. 몇몇 학자들은 갈등 전승을 538-332년 사이의 예후드(Yehud) 공동체에 적용했다. 이 전승은 성전 지배층 제사장들과 이사야 56-66장의 환상가 사이에 긴장이 있었다는 핸슨의 주장에서 핵심 요소이며, 또한 포로기 이후 공동체에 대한 요엘 P. 바인베르크(Joel P. Weinberg)의 영향력 있는 "시민-성전-공동체"(Bürger-Tempel-Gemeinde) 모델의 기초이기도 하다(하지만 그의 연구는 확실히 문화적 유물사관을 이용하고 있다).[52] 바인베르크는 예후드 속주가 성전 경제에 입각하여 구성되었으며, 이런 구조는 메소포타미아 전역에서 다양한 시기에 발견된다고 말한다. 그는 예후드가 드문 유형의 시민-성전 공동체라고 말하는데, 왜냐하면 이 공동체의 성전 자체에 부속된 땅이 없었기 때문이다. 하지만 그는 성전 관리들이 점차 성전 업무뿐 아니라 시

Studies, 2:106-45; 그리고 *Emergence of Yehud in the Persian Period: A Social and Demographic Study* (Sheffield: Sheffield Academic Press, 1999).

51 P. R. Davies, *In Search of "Ancient Israel,"* JSOTSup 148 (Sheffield: JSOT Press, 1992); idem, "The Society of Biblical Israel," in *Second Temple Studies,* 2:22-33; Garbini도 페르시아 시대에 히브리 성서 대부분의 집필과 편집이 이루어졌다고 주장한다. G. Garbini, "Hebrew Literature in the Persian Period," in *Second Temple Studies,* 2:180-88.

52 Weinberg의 가장 중요한 소논문들은 다음에 나온다. Weinberg, *The Citizen-Temple Community,* trans. D. L. Smith-Christopher, JSOTSup 151 (Sheffield: JSOT Press, 1992).

정 활동까지도 주도하기 시작했다고 주장한다. 이 모델의 약점 중 하나는 예레미야서와 열왕기하에 나오는 유배자의 수와 에스라 2장=느헤미야 7장에 나오는 귀환자들의 수를 비평 없이 채택했다는 점이다. 이로 인해 그는 기원전 5세기에 속주의 인구가 20만을 초과했다고 제안하는데 인구 통계학상의 증거로는 이 숫자를 지지할 수 없다. 그의 모델이 속주 인구를 상당히 높게 추정한 가설에 부분적으로 의존하고 있음에도 이 모델이 널리 수용되었다는 것은 놀라운 일이다. 그러나 이 모델은 이 시대의 주요 의문점 중 하나인 "골라"(*gôlâ*; 포로) 공동체의 정체성에 대해 다룬다. 바인베르크는 예언서 일부와 에스라-느헤미야서에 암시된 갈등은 귀환자들("골라" 공동체 일원들)이 포로기 동안 팔레스타인에 남아 있던 자들보다 더 많은 권력을 차지하려다 생긴 긴장관계에서 비롯된 것이라고 생각한다. 이런 견해에 따르면 공식 역사(에스라, 느헤미야, 역대기 역사)는 오로지 538년부터 5세기 중엽을 거쳐 5세기 말까지 바빌로니아에서 예후드로 돌아온 포로 공동체의 관점만을 대변하는 것으로 간주될 수 있다.

다니엘 스미스(Daniel Smith)는 포로기의 사회학과 정체성의 중요성에 대한 이해를 높여주었다.[53] 스미스는 포로기 공동체의 사회학과 심리학을 다른 공동체들, 곧 "빼앗기고, 정복당하고, 소외된" 사회에 적용했다. 그는 중요한 반응 형태 네 가지를 파악하였다. 첫째, 사회 집단의 지배 구조가 새로운 실체에 대응하여 변화하는 "구조적 순응", 둘째, 주

53 D. L. Smith, *The Religion of the Landless: The Social Context of the Babylonian Exile* (Bloomington, Ind.: Meyer-Stone, 1989). 다음도 보라. Idem, "The Politics of Ezra: Sociological Indicators of Postexilic Judean Society," in *Second Temple Studies*, vol. 1, *Persian Period*, ed. P. R. Davies, JSOTSup 117 (Sheffield: Sheffield Academic Press, 1991), 73–97.

류 집단이 순응하고 생존하려 시도하는 과정에서 전통적 지도자들과 새로운 지도자들 간에 발생한 세력 다툼으로 인한 "지도력의 분열", 셋째, 공동체와 지도자 간의 경계를 재정립하기 위한 "새로운 예전의 발달", 마지막으로 "대중적 영웅과 저항문학의 발달." 이런 생존 전략으로 "골라"(*gôlâ*) 공동체의 사회적·종교적 구조는 온전히 유지되었다. 그들에게는 "진정한 이스라엘"을 대표한다는 확고한 정체성과 신념이 있었다. 그 때문에 그들의 지도자와 그 땅에 남아 있던 유대인의 토착 공동체 사이에 권력 다툼이 지속되었다.

위에서 언급했듯이 바인베르크의 시민-성전 공동체 가설의 약점은 페르시아 시대 동안 예후드 속주의 영토 분포와 인구에 관해 믿을 만한 자료가 부족하다는 것이다. 나의 연구 조사에 의하면 기원전 538-332년에 속주 전체의 인구는 최소 13,000명에서 최대 21,000명 사이로 바인베르크가 제안한 인구의 10%도 안 되는 수준으로 나타난다. 현 시점에서 이런 수치상의 차이로 바인베르크의 모델을 무효화할 수 있는지는 확실하지 않다. 하지만 이 정보는 속주의 정치, 사회 구조의 본질에 대해 중요한 질문을 제기한다. 그 속주의 인구가 최근의 고고학 재구성에서 제안하는 수만큼 적은 수준이라면, 유대인("이스라엘의 진정한 자손")과 여러 "이방인들" 간의 경계를 유의미하게 재설정할 필요성이 대두된다.

경제 전망: 생존 전략과 생산 양식

위에서 논의한 이스라엘의 일부 사회적 배경, 예를 들어 정의를 부르짖는 예언자의 외침, 생산 경제에서 여성의 역할, 이스라엘과 왕정 시대의 출현 등은 이스라엘의 경제 상황과 직접적으로 관련되어 있다. 고대에 발전된 다양한 사회경제 배경은 두 개의 고유하면서도 상호 보완적인 관점, 곧 **생존 전략** 관점과 **생산 양식** 관점에서 접근할 수 있다. **생존 전략**은 일반적인 용어로서 문화, 집단, 사회가 환경에 순응하고 그 안에서 생존하기 위해 사용하는 방법과 기술을 가리킨다.[54] 이 용어는 가장 단순한 수렵채집 문화로부터 가장 복잡한 산업 사회에 이르기까지 사회를 분류하는데, 기본적인 네 유형과 환경적으로 특화된 세 유형으로 정의된다. 여기에는 수렵채집, 원예, 농업, 산업 유형이 포함된다. 이 중 원예와 농업 유형은 기술의 발전에 따라 단순한 형태와 복잡한 형태로 나뉜다. 예를 들어 땅 파는 막대기가 아닌 호미의 사용은 단순 원예 사회와 구별되는 복잡한 원예 사회임을 알려주는 증거다. 또한 농업 사회는 호미 대신 쟁기를 쓰는 곳에서 발전한다. 그리고 복잡한 농업 사회는 단순 농업 사회에서 사용되는 구리와 청동 도구보다는 철제 도구와 무기를 생산한다. 어업, 해양, 목축 사회는 환경상 특화된 유형으로서, 생태학적으로 변두리 지역(목축 사회처럼)이나 특정한 환경 요소로 인해 특별 생존 전략이 요구되는 지역(어업과 해양 문화)에서 생존할 수 있도록 발달된다. 주어진 환경에서 두 개 또는 그 이상의 생존 전

54 이것은 Lenski와 Nolan이 다음의 책에서 발전시켰다. Lenski and Nolan, *Human Societies,* 78–93. Lenski와 Nolan은 사회 발달에 대한 기본 시간선을 다음과 같이 제안한다. 수렵채집민 사회는 호미니드(hominid) 문명 시기부터 기원전 약 7000년까지 우위를 차지했다; 원예 사회는 기원전 7000년부터 4000년까지 지배적이었다; 농업 사회는 기원전 약 4000년 무렵에 시작되어 기원후 약 1800년까지 확대되었다; 산업화 시대는 19세기 후반부터 지금까지 지속되었다. 나처럼 하나를 더 추가한다면 그것은 바로 정보화 시대로서 이는 아마도 컴퓨터가 도래된 1980년대부터 시작해서 21세기까지 계속되고 있다고 볼 수 있다. 후자에 대해서 다음을 보라. M. G. Dolence and D. M. Norris, *Transforming Higher Education: A Vision for Learning in the 21st Century* (Ann Arbor, Mich.: Society for College and University Planning, 1995).

략이 나타나는 문화는 혼성(hybrid) 문화로 간주한다. 이런 분류로 보아 초기 이스라엘은 혼성 문화 즉 시리아-팔레스타인의 다양한 환경 영역에서 목축과 농업 생존 전략을 적용한 문화였음을 알 수 있다. 이스라엘은 사회적 복합성의 측면에서 보다 거대한 이웃 국가들과 비교될 수는 없지만, 철기구와 무기가 발달한 것으로 보아 이스라엘이 단순한 농업 문화에서 진보된 농업 문화로 옮겨갔음을 알 수 있다.[55]

고대 이스라엘의 경제 배경을 **생산 양식**의 관점에서 분석하는 학자들이라면 문화 분류학에서 사회의 위치는 전체 그림의 일부만 보여줄 뿐이라고 주장할 것이다. 다양한 생존 전략과 기술을 이해하는 것이 중요하지만 이런 요인들만으로는 사회에 존재하는 복잡한 상호 관계를 설명할 수 없다는 것이다. 생산 양식은 마르크스(Marx)와 엥겔스(Engels)가 19세기 후반 유럽의 산업 배경에 적용한 개념이다. 그들은 사회의 정치 부문과 경제 부문의 관계를 바탕으로 문화를 서너 가지 유형으로 나눌 수 있다고 제안하였다. 마르크스는 이 관계를 정치경제라 불렀으며 "생산의 물질적인 힘"과 "생산의 사회적인 힘"의 관계를 강조하였다.[56] 마르크스는 사회를 인간 문화가 지나온 네 단계, 곧 평등주의적이며 계급 없는 사회, 노예 사회, 봉건 사회, 그리고 산업 시대 이후 서구 문화의 전형이 된 자본 사회로 나누었다. 어떤 학자들은 다섯째 단계인 아시아적 생산 양식(the Asiatic Mode of Production; AMP)을 추가

55 이스라엘의 생존 전략, 그리고 이스라엘이 주변 환경에 어떻게 반응했는지 대한 유용한 연구로 다음을 보라. D. Hopkins, *The Highlands of Canaan: Agricultural Life in the Early Iron Age*, SWBAS 3 (Decatur, Ga.: Almond, 1985); idem, "Life on the Land: The Subsistence Struggles of Early Israel," *BA* 50 (1987): 471–88.

56 Gottwald, "A Hypothesis about Social Class," 144–53; idem, "Sociology of Ancient Israel," 82–83.

해야 된다고 주장해왔다. 이런 유형의 사회 질서는 문화적 상류층이 중앙집권 국가를 지배할 때, 마을 경제가 자급자족 상태일 때, 또는 사유지 소유권이 거의 없거나 아예 없을 때에 생긴다. 진화론적 단계에서 이 생산 양식은 계급 없는 사회나 노예 사회 중간쯤에 가장 잘 들어맞을 것이다. 마르크스는 특권 없는 대중이 자신들을 억압하는 지배계급에 대항하여 일어날 때 궁극적으로 계급의 구분이 없는 사회로 돌아갈 것이라고 예견했다. 이러한 가설은 결국 구소련과 중국 또는 그와 유사한 문화적 실험에서 공산 국가의 설립으로 이어졌다.

갓월드에 따르면 정치경제 관점과 생산 양식 관점을 철기 시대 이스라엘에 적용하면 다음과 같은 특징이 두드러진다고 한다. 왕정 시대 이전 단계의 대부분, 즉 지파 사회에서 군장 사회로 전환되는 동안 이스라엘은 평등주의 사회였다. 발굴된 소수 마을에서 나온 물질문화 증거는 계급의 구분이 거의 없는 전원적인 생존수준 문화를 나타낸다.[57] 군장 시대와 그 후의 왕정 시대가 도래함에 따라 경제는 더욱 전문화되었으며, 아시아적 생산 양식 또는 조공 생산 양식으로 전환되었다. 상류층은 소작농에게서 잉여를 흡수하였고, 이 일로 상류 계급과 하층 계급 간의 경제적 차이가 더 증대되었다. 왕정 시대 동안에는 세금과 부채 상환 노역(debt slavery)을 통해 탈취한 잉여는 신흥 국가의 필요를 충당하기 위해 관료체제로 흘러들어갔다. 북왕국의 멸망과 이후 남왕국의 멸망으로 이러한 내적 조공 생산 양식은 외적 조공 생산 양식으로 전환되었으며 소작농에게서 탈취된 자본은 토착 상류층과 이방 권력

57 이것을 증명하는 몇몇 마을이 발굴되었다. Finkelstein의 책을 보라. Finkelstein, *'Izbet Sarta: An Early Iron Age Site near Rosh Ha'ayin, Israel* (Oxford: British Archaeological Reports, 1986); *idem, Archaeology of the Israelite Settlement.*

자에게 돌아갔다. 로마 시대가 되어서야 수정된 노예 생산 양식이 생겨났다.

복음주의 학계와 사회과학 비평

주류 학계에서 사회과학 비평이 점차로 수용되어가던 시기에, 복음주의 학자들은 대체적으로 이 새로운 방법론을 성서 연구에 적용하는 데 뜸을 들였다. 최근까지 히브리 성서와 성서의 문화에 인류학이나 사회학 관점을 적용한 복음주의 연구는 거의 없다.[58] 일부 저명한 복음주의 학자들은 성서에 대한 사회과학적 해석이 부수적이며 그 방법론을 채택한 학자들의 일시적 충동에 따른 "거품"일 뿐이라고 생각한다.

이런 거부적인 태도는 다음의 몇 가지 우려 때문일 것이다. (1) 문화적·종교적 상대주의를 피하고자 하는 소망과 이스라엘의 독특성에 대한 신학적 의무감(commitment); (2) 성서 연구에 비교문화적 평행관계를 적용하는 데 대한 망설임과 고대 이스라엘을 현대 세계관으로 해석하지 않으려는 노력; (3) 사회과학 비평이 성서 해석의 보다 타당한 측면들을 제거해버릴지도 모른다는 우려 등이다. 이런 우려들은 서로 밀접하게 연결되어 있어서 분리하기가 어려우므로 이들을 간략하게나마 한데 묶어 논의하고, 가능한 경우에는 실례를 제시하겠다.

58 이 단락은 미국 복음주의 공동체 내에서 보다 더 확연히 드러나는 우려를 제기한다. 이 공동체에 속한 대부분의 주석가들이 영국의 복음주의적 전통보다 상당히 더 보수적이라는 점에 동의할 것이다. 후자 공동체는 비평학의 이용과 새 비평 방법을 적용하는 데 있어 일반적으로 미국 복음주의자들 보다 더 개방적이다.

1. **문화적·종교적 상대주의를 피하고자 하는 소망과 이스라엘의 독특성에 대한 신학적 의무감.** 아마도 복음주의자들이 사회과학 비평에 대해 가장 크게 우려하는 것은 사회과학이 인간 문화를 연속선상에서 보는 경향이 있다는 점일 것이다. 이런 비교문화 접근법은 이스라엘의 독특성에 대한 성서 저자—그리고 복음주의 학자—의 확신과 현저한 대조를 이룬다.[59] 성서 기사—아브라함의 소명과 언약이든지, 출애굽 사건이든지, 가나안에서 이스라엘의 출현이든지, 예언자적 이상이든지 간에—에서 이스라엘 저자들은 야웨에 대한 그들의 헌신이 이방신과 여신에 대한 이웃나라 사람들의 신앙과 확연히 구별된다고 인식한다. 성서 저자들은 자신들의 말을 이스라엘을 향한 하나님의 말씀이라 확신하는데, 어떤 복음주의자들은 여기에 완전 영감과 성서의 무오성이란 신학 개념을 덧붙였다. 물론 신학적 헌신을 거부하는 의미로 사회과학을 성서에 적용하는 학자들도 있지만, 완전 영감이나 성서의 무오성과 같은 신학적 견해가 반드시 사회학 가설이나 인류학 가설과 상충하는 것은 아니다. 사회과학자는 이스라엘의 신앙이 독특함을 인정하면서도 다른 문화에 그런 개념이 나타나고 있는지 조사할 수 있다. 다른 문화에서 남신이나 여신에게서 받은 특별한 소명이라는 개념이 나타난다면, 사회과학자는 이스라엘의 독특성을 신학적 진실로 보기보다는 문화적인 개념으로 대할 것이다. 복음주의 학자는 성서에 절대적인 진실성이 있다는 신학적 전제에서 연구를 시작한다. 반면 사회과학자는 이스라엘의 신앙을 종교적 이념으로 여기며 연구를 시작할 것이다. 그러므로 예를 들어 사회과학자나 인류학자는 십계명을 신이 준 율법

59 고대 근동 배경에서 이스라엘 문학에 평행하는 것이 있는지를 찾는 것이 복음주의적 학계에서 문학 연구의 출발점이다.

으로만 보지 않고 먼저 사회적·공동체적 관점에서 연구할 것이다. 복음주의자에게 이런 강조점이 그 자체로 문제가 되어서는 안 된다. 실제로 명령에 대한 고대의 영향력을 이해하는 것—그래서 그 명령을 현대에 적용하는 것—은 언약과 율법에 대한 사회과학 연구를 통해 증진될 수 있을 것이다.

주목해야 할 중요한 사항은 단지 복음주의 학자나 보수주의 학자만 이스라엘의 독특성을 주장하거나 혹은 사회과학을 성서학에 이용하는 방법을 엄격히 규제하는 것은 아니라는 점이다. 롤랑 드 보(Roland de Vaux)는 이스라엘의 제사 전통과 고대 근동의 제사 전통을 설명하면서, 가나안과 메소포타미아에서는 신에게 음식을 제공할 목적으로 제사를 드렸으나 이스라엘 제사는 "도덕적" 이해를 지향했다고 말한다. 야웨는 영(spirit)이므로 음식이 필요 없었다(시 50:12-14). 그러나 개리 앤더슨(Gary Anderson)이 보여주었듯이, 야웨의 음식으로서 제사의 개념은 히브리 성서에서 이념적인 이유로 시들해졌을지 모르나 성서 장르와 역사적 시대를 넘나들며 율법과 시 전승에 여전히 그 흔적들이 남아 있다.[60]

2. **성서 연구에 비교문화적 평행관계를 적용하는 데 대한 망설임과 고대 이스라엘을 현대 세계관으로 해석하지 않으려는 노력.** 초기 이스라엘의 본질과 이념의 핵심에 대한 최근의 연구에서는 초기 이스라엘이 성서 기사에 나타난 것보다 더 복잡한 사회였음을 밝혀준다. 지파 집단에서 왕정 시대로 전환하는 성서 줄거리를 따라가면 블레셋의 위협이 사울의 권력 상승과 다윗 왕국으로의 전환에 주동적인 역할을 했

60 G. Anderson, *Sacrifices and Offerings in Ancient Israel: Studies in Their Social and Political Importance,* HSM 41 (Atlanta: Scholars Press, 1987), 14–16.

음이 두드러지게 나타난다. 위에서 지적했듯이 사회과학에서는 이스라엘의 출현과 정치적 발전에 다층적 원인, 즉 후기 청동기 시대의 사회 구조의 붕괴, 쇠퇴하는 경제, 불안정한 정치 상황, 그리고 잉여의 발생과 그에 수반되는 전문화라는 원인이 있음을 제시한다. 이스라엘이 지파 집단에서 군장 시대로, 그 후 소왕국으로 진화한 흔적을 추적하는 이런 **장기지속** 관점이 원래의 성서 기사와 반드시 상충하는 것은 아니지만, 성서 전승을 사회과학 모델들로 보완하도록 요구한다. 다시 말하건대, 중요한 문제는 성서 전승에 관한 사회과학 정보의 관점과 우위성, 그리고 다른 사회에서 발견된 유사점들을 성서 기사에 어느 선까지 적용하는 것이 적절한가 하는 점이다. 여기서 다른 우려 사항도 덧붙일 수 있겠다. 성서 기사를 현대 사회과학 모델로 보완하는 것이 적법한가? 그렇게 하면 하나님의 말씀인 성서에 헌신한다는 정신이 반드시 손상되는 것인가?

유사한 질문이 이스라엘의 종교를 고대 근동 배경에서 찾으려 할 때도 발생한다. 복음주의자들은 오랫동안 종교사학파(Religionsgeschichtliche Schule)를 거부해왔다. 이 가설은 이스라엘 종교를 가장 잘 이해하려면 이스라엘 종교를 메소포타미아, 시리아, 우가리트로부터 영향을 받은 시리아-팔레스타인 종교형태(cultus)로 간주해야 하며, 어느 정도 이집트 문화의 영향도 배제할 수 없는 것으로 보아야 한다고 주장한다. 여기서 다시 첨예하게 충돌하는 주제는 이스라엘 종교의 독특성을 **계시된** 종교이자 진리로 받아들이는 복음주의 신앙과, 종교를 인간의 현상으로 받아들이는 사회과학 분석이다. 이런 긴장 때문에 여러 복음주의 학자들은 이스라엘의 종교 관습을 분석할 때 사회학적 평행관계를 이용하는 것에 어려움을 느낀다. 그러나 일반적으로 고대 근동 문화에서 문학적 평행구절을 이용하는 것은 보편화되어 있다. 다음과 같은 문헌을 이용하기를 주저하는 복음주의 학자는 거의 없다. 메소포타미아와 이스라엘의 예언 활동을 비교하는 데 도움을 주는 마리(Mari) 텍스트,[61] 제사장직에 대해 조명해주는 에마르 문헌들,[62] 성서 히브리어나 이스라엘 시의 평행구로서 우가리트 언어와 우가리트 문헌,[63] 또는 야웨와 이스라엘의 관계를 정의하는 데 유익한 안목을 제공하는 종주-봉신 조약을 기꺼이 참조한다는 것이다.[64] 복음주의 학자들은 사회과학자들과 다른 결론을 도출할 수 있다. 하지만 그들은 이러한 평행 텍스트들을 성서 기사에 적용하는 데 사회과학자들과 비슷한 비평 방법론을 사용한다.

하지만 위의 복음주의 학자들은 아메리카 원주민의 성자(holy men) 관습을 예레미야의 예언 사역과 공동체 내에서의 예언자 권위의 본질에 필적하는 것으로 간주하기에는 마음이 편치 않을 것이다. 그들은 아마도 성서 예언을 "빙의"(spirit possession)나 샤머니즘과 비교하는 것이

61 마리 예언 문헌에 대한 Moran의 결정적인 소논문을 보라. W. L. Moran, "New Evidence from Mari on the History of Prophecy," *Bib 50* (*1969*): 15-56. 다음도 보라. H. Huffmon, "Prophecy in the Mari Letters," *BA* 31 (1968): 101-24.

62 Fleming의 최근 저서(D. Fleming, *The Installation of Baal's High Priestess at Emar,* HSS 42 [Atlanta: Scholars Press, 1992])가 이 점에서 중요한 공헌을 하였다.

63 D. Stuart, *Studies in Early Hebrew Meter,* HSM 13 (Missoula, Mont.: Scholars Press, 1976); M. D. Coogan, ed., *Stories from Ancient Canaan* (Philadelphia: Westminster, 1978); P. C. Craigie, *Ugarit and the Old Testament* (Grand Rapids: Eerdmans, 1983); idem, *Psalms 1–50,* WBC 19 (Waco: Word, 1983). Dahood의 여러 책을 보라. 그가 우가리트 용례를 성서 문학 이해의 기초로 삼은 것은 보편적으로 수용되지 않았지만 잘 알려져 있다. 특히 시편 주석(3 vols., *AB* 16, 17, and 17A [Garden City, N.Y.: Doubleday, 1965-70])과 *Ugaritic-Hebrew Philology: Marginal Notes on Recent Publications,* BibOr 17 (Rome: Pontifical Biblical Institute, 1965)을 보라.

64 다음을 보라. M. Kline, *Treaty of the Great King: The Covenant Structure of Deuteronomy: Studies and Commentary* (Grand Rapids: Eerdmans, 1963); idem, *The Structure of Biblical Authority* (Grand Rapids: Eerdmans, 1972).

적절한지 의문을 제기할 것이다. 이스라엘의 독특성이라는 것도 어떤 학자들에게는 문제가 되는 주제다. 이스라엘 예언이 독특하고 공동체 내에서 예언자의 위치가 고대 근동에서와는 다르다면 이스라엘의 독특성이 인정된다. 반면에 예언자의 역할과 지위가 다른 지파 문화의 영적 지도자들과 사회적으로 유사함(평행관계)을 보여준다면, 이스라엘의 독특성은 사라지고 영력(spiritual power)의 보편성이 강조되는 것이다. 다시 말하지만, 나는 오버홀트와 윌슨(위에서 언급한)이 끌어낸 사회적 평행관계들이 예언에 대한 기존 견해를 대체하기보다는 보완하는 것이라고 생각한다. 그러한 평행관계들은 공동체 안에서 예언자의 권위에 대한 이해를 강화시키며, 특히 엘리야나 예레미야 같은 주변 예언자들이 동족 이스라엘과 유다에 야웨(YHWH)의 말씀을 선포하면서 겪는 어려움을 더 명확히 이해하도록 도와준다.

3. **사회과학 비평이 성서 해석의 보다 타당한 측면들을 제거해버릴지도 모른다는 우려.** 복음주의 공동체에게는 모든 비평학 방법론—고고학적 발굴에서 역사 연구와 문학 연구에 이르기까지—의 궁극적인 목표가 신앙 공동체를 위한 성서 해석에 있다. 이런 이유로 성서 해석자의 근본적인 과업은 텍스트를 확정하고, 성서의 문학적·언어학적·역사적 배경을 이해하고, 더 나아가 해석학적 원칙들을 현재에 적용할 수 있도록 응용하는 것이라고 생각되어왔다. 성서 주석(텍스트의 원래 의미를 확립하는 것)과 해석학(텍스트에 현재의 의미를 제시하는 것)은 모두 **신학적인** 작업이다. 성서는 단순히 고대 문화의 신앙과 이야기를 들려주는 역사 문서가 아니다. 성서는 주의를 기울여 듣고 따르기만 한다면 개인과 교회와 문화까지도 변화시킬 수 있는 살아 있는 문서다. 이런 신앙으로 인해 우리는 당면한 주제, 예를 들어 사회 정의, 종교적 정통성, 사랑의 미덕, 성 평등, 그리고 환경 윤리에 대해 확신을 가지고 말

할 수 있다.

사실 사회과학이 해석 작업에 보탬이 되기보다는 빼앗아가는 것이 더 많을 것이라는 우려는 주류 비평학자들이 사회과학 비평을 신학지향적인 성서학의 **대안**으로 지지함으로써 확대된 것이다. 로버트 오든(Robert Oden)의 『신학 없는 성서』(*The Bible without Theology*)와[65] 필립 데이비스(Philip Davies)의 『"고대 이스라엘"을 찾아서』(*In Search of "Ancient Israel"*)는 바로 그런 입장을 옹호한다. 둘은 각기 다른 방식으로 성서학계가 자신들의 학문을 본성상 편향적일 수밖에 없도록 만드는 신학적 의제들에 너무 오랫동안 영향을 받아왔다고 주장한다. 덧붙여 그들은 비평학이 진정한 객관성을 담보하기 위해서는 신학적 의무감으로부터 벗어나야 한다고 주장한다. 여러 면에서 이것은 성서에 대한 신학 지향적 연구와, 보다 "중립적"인 것으로 간주되는 종교 연구 간의 오랜 긴장에 대해 가해진 최근의 집중공세라 할 수 있다. 이러한 긴장감은 일반대학 및 대학교 내에 신학대학원(seminaries)과는 다르게 신학적으로 독립된 학과들이 증가하는 추세로 이어졌으며 학계에서도 지속적으로 토론의 쟁점이 되었다. 여기서 특기할 사항은 "합법적이고 객관적인 연구방법으로서의 신학적 방법론"이라는 이념이 명백하게 거부당하고, 사회과학 이념이 신학을 대치했다는 것이다. 이것이 복음주의자들에게는 더 큰 위협이었다. 그러나 나는 사회과학이 결코 그 자체로 반(反)신학적이지도 않으며 신학 지향적 해석 과업에 있어서 부수적일 필요도 없다고 믿는다. 실제로 사회과학은 텍스트 본래의 사회적·역사적 배경 **그리고** 현 시대에서 텍스트의 선포가 갖는 의미에 대한 이해를 보강하

65 R. A. Oden Jr., *The Bible without Theology: The Theological Tradition and Alternatives to It,* NVBS (San Francisco: Harper & Row, 1987).

고 증진시킬 수 있다. 우리는 사회적·계급적 차별화의 본질을 이해함으로써 8세기 이스라엘에서 아모스가 사회적 억압과 압제자에 대해 가한 혹독한 비판을 더 잘 이해할 수 있으며, 더 나아가 20, 21세기 문화에서는 [기독교가] 목소리를 내지 못하는 사람들의 대변자가 되어야 할 책임이 있다고 선포할 수 있다. 구약성서 시대의 가부장제를 이해하고, 더 나아가 드보라와 훌다처럼 그런 제약에도 불구하고 권력을 얻은 여성들이 차지한 지위의 중요성을 이해함으로써, 우리는 현대 교회에서 여성들이 리더십의 자리에 오르도록 힘을 실어줄 수 있다.

몇몇 복음주의자들이 사회과학 비평을 최초로 적용한 것은 바로 그런 정신에서였다. 그들 중 한 사람인 고든 웬함(Gordon Wenham)은 레위기와 민수기 주석을 통해 그런 해석을 시도한다.[66] 그는 먼저 인류학에 눈을 돌려 이를 통해 제사, 정결, 제의와 같은 주제들을 조명하였다. 그는 레위기 주석 도처에 매리 더글러스(Mary Douglas)의 『정결과 위험』(Purity and Danger)을 광범위하게 인용하며 긍정적으로 평가하는데, 그는 제의적 정결과 음식물의 정결이라는 개념이 사회적 경계와 질서를 수립할 필요성에서 나왔다는 그녀의 개념을 채용한다. 마찬가지로 그는 부족 사회에 관한 인류학 자료를 인용하여 이스라엘의 희생제사는 단지 주술이 아니라 의미 있는 상징 세계의 일부였음을 보여준다. 그의 연구에서 인상적인 점은 성서 연구에 인류학적 평행자료를 적절하게 사용하는 일과 관련된 복잡한 방법론적 문제들에 민감했다는 점

66 G. J. Wenham, *The Book of Leviticus*, NICOT (Grand Rapids: Eerdmans, 1979); idem, *Numbers: An Introduction and Commentary*, TOTC (Downers Grove, Ill.: InterVarsity, 1981); idem, *Numbers*, Old Testament Guides (Sheffield: Sheffield Academic Press, 1997).

이다.[67]

성서 저자의 세계관에 사회과학적 맥락을 제공한 최근의 저서 두 권도 여기서 언급할 가치가 있다. 둘 중에서 보다 야심찬 작품은 빅터 매튜스(Victor Matthews)와 돈 벤자민(Don Benjamin)의 『고대 이스라엘의 사회 세계, 기원전 1250-587년』(*Social World of Ancient Israel, 1250-587 B.C.E.*)이다.[68] 매튜스와 벤자민은 독자에게 사회과학 관점이 전통적인 해석 방식을 어떤 식으로 확대시키는지를 보여주려 한다. 매튜스와 벤자민은 그들의 연구 조사에 상당한 양의 인류학, 사회학 자료를 수집했다. 그러나 그들은 수집한 자료들을 일관성 있게 적용하지 못하고 사회과학적 가정을 다소 무비판적으로 성서 텍스트에 적용하였다. 이 책은 사회과학 비평과 그것의 장점에 대해 유용한 **입문서**가 될 수는 있지만 지파 시대나 이스라엘과 유다의 왕국 시대를 다룬 진정한 사회과학 역사가 되기에는 부족하며, 심지어 사회과학 방법으로 성서 연구에 접근한 몇몇 획기적인 작품들에도 못 미친다. 이 책에는 갓월드, 윌슨, 또는 프릭의 작품에서 볼 수 있는 폭넓음과 비평적 관점이 결여되어 있다. 하지만 공정하게 말하자면, 이는 아마도 부분적으로는 매튜스와 벤자민이 염두에 둔 독자가 성서학자가 아니라 학식 있는 성도나 학부 신학생이었기 때문일 것이다.

두 번째 책은 빅터 매튜스와 존 월튼(John Walton)의 『IVP성서 배경 주석: 창세기-신명기』(*The IVP Bible Background Commentary: Genesis-Deuteronomy*)이다.[69] 제목이 말해주듯이 이 책은 오경 텍스트의 일반적

67 다음의 예를 보라. Wenham, *Numbers,* TOTC, 32–39, 146–47.

68 Peabody, Mass.: Hendrickson, 1993.

69 Downers Grove, Ill.: InterVarsity, 1997.

배경과 오경이 제시하는 문화적 전통에 관심을 두었다. 위에 언급한 『고대 이스라엘의 사회 세계』처럼 이 책도 학자들보다는 일반 성도를 겨냥한 책이다. 또한 이 책은 성서 텍스트의 사회학적·인류학적 배경에만 관심을 두지 않고 문학, 율법, 종교적 배경도 포함하고 있다. 이 책은 이를 통해 성서학계에 큰 기여를 하였는데, 왜냐하면 성서학의 궁극적인 목표가 성서에 대한 진일보한—딱 들어맞는 해석은 아니더라도—해석이기 때문이다. 매튜스와 월튼은 복음주의권 독자에게 성서 세계와 오경의 문화적 배경에 대해 간략하면서도 유익한 주석을 제공해주었다.

사회과학 비평의 미래

나는 위에서 성서 해석에 사회과학을 사용하기를 거부하는 자들의 비평이 설득력이 없다고 주장하였다. 그들은 종종 새로운 방법론이 성서학에 소개될 때 자유주의 학자나 보수주의 학자들이 보여주곤 했던 학자적 오만이나 혹은 적들에게 둘러싸인 것처럼 느끼는 강박적 심리(siege mentality)를 드러낸다.[70] 그러나 사회과학을 보다 더 생산적으로 활용하기 위해 특정한 제어가 필요하다고 제안하는 자들은 이것과

70 Halpern의 말은 두 가지 태도를 설명한다. "사회과학(방법들)은…텍스트에만 아니라 문화 전체와 관련 없는 모델을 요구한다. 그 방법들은 자연과학에서처럼 보편적이고 비역사적인 도식들을 적용하지만, 실제로는 인문과학처럼 그 구성요소가 결코 분리되거나 고립될 수 없는 유동체(예. 사회 형태)를 다룬다. 그런 도구들로는 역사적 확신에 있어 대변혁을 가져올 수 없다. 19세기 실증주의적 계획의 약속처럼 그들의 약속은 종말론적이다"(B. Halpern, *The First Historians: The Hebrew Bible and History* [New York: Harper & Row, 1988], 5).

는 다른 반응을 보인다. 개리 헤리온(Gary Herion)은 성서학자들이 고대 이스라엘에 현대의 평행요소를 너무 성급하게 적용함으로써 고대 이스라엘 사회를 결정론적으로나 실증주의적으로 해석해서는 안 된다고 경고한다. 그는 또한 실재에 대한 현대적 해석을 우리보다 훨씬 더 엄격하고 배타적인 문화—적어도 히브리 전승에서 공식적으로 나타난 내용에서—를 가진 고대 이스라엘에 역투사하는 문화상대주의를 염려한다. 그러나 헤리온의 경고를 보다 유용하게 만드는 요인은 그가 중간지대, 곧 사회과학을 성서 해석의 진정한 정보자료로 다루는 지점을 추구한다는 사실이다. 이런 이유로 헤리온은 성서학자들이 성서 문화에 부적합할 수도 있는 사회정치적 모델을 성서 문화에 적용하려고 하기 **이전에** 먼저 다른 문화에서 종교가 가지는 사회정치적 기능을 더 완벽히 이해해야 한다고 주장한다. 동시에 그는 성서 문화의 분석에 있어 의도적으로 학제적 접근을 추구한다. 그는 또한 학자들에게 그들 안에 잠재해 있는 "현대적 자시대중심주의(tempocentrism)와 도시적 자민족중심주의(ethnocentrism)"를 인식하고, "단순한 '민속' 또는 원시" 사회에 대해 "좀 더 호의적인 자세를 가질 필요"가 있음을 인지하라고 격려한다. 이러한 민감성이 있어야 그들은 "사회 유형학의 '연속체' 개념"으로 이스라엘 사회에 접근할 수 있게 된다. 마지막으로 그는 학자들이 성서 문화 분석을 위해 적절한 민족지학적 자료를 더 많이 사용하고 사회과학 모델 분석에 좀 더 엄격해지도록 독려한다.[71]

최근 들어 사회과학을 보다 조직적이고 방법론적으로 온건한 기초

71 Herion, "Impact," 22–25 (재출판된 글은 250–54); 성서 문화의 사회과학 연구에 있어 결정론과 실증주의에 대한 다른 논의로 다음을 보라. Malina, "Social Sciences and Biblical Interpretation."

위에서 적용할 수 있게 된 것은 다른 누구보다 노만 갓월드의 영향이었다는 점에서,[72] 방법론에 대한 갓월드의 최근 관심사를 논의하는 것으로 마무리하는 것이 적절할 것 같다. 그는 성서 이스라엘의 역사 재구성이나 사회과학 분석에 관련된 주제를 보다 성숙하게 제시하는 해석은 네 가지 특징을 공유해야 한다고 언급한다. 이 네 가지 요소에 민감할 때 학자들은 사회 과정의 복잡성에 대해 보다 나은 인식을 보여줄 수 있다. 이스라엘 문화에 대한 초기 연구에서는 단일 모델이나 단순화된 모델을 자료에 부과하여 복잡한 내용을 단순한 개념들로 묘사하였다. 이로 인해 위에서 논의한 비난, 즉 이스라엘에 대한 사회과학 연구는 실증적이고 결정론적이며, 종합적이기보다는 "절충적"이라는 비난을 받게 되었다.[73] 갓월드는 이스라엘 문화를 좀 더 종합적으로 조망하기 위해서는 문화적 덮개에 새겨진 다양한 눈금(grid) 속에서 네 가지 독특한 요소를 분별할 수 있어야 한다고 제안한다.[74] **물질적 눈금**은 문화가 처한 자연 지리와 환경의 특징을 다루는 데 필요한 기능과 기술을 조사하기 위한 것이다. **문화적 눈금**은 사회 내에서 언어, 상징, 관행, 풍습을 통하여 생기는 자아인식을 분석하기 위한 것이다. 사회의 **조직체적/정치적 눈금**은 사회 내에서 발달하는 다양한 사회 구조와 관련되어 있으며 여기에는 질서를 세우거나 때때로 경쟁하는 집단의 이익을 증진시키기 위해 권력이 사용되는 방식이 포함된다. **종교적 눈금**은 특정

72 방법론에 대한 이런 관심은 다음의 글에서 확실히 나타난다. "Domain Assumptions and Societal Models." 그리고 *The Tribes of Yahweh*에서 더 발전되었다.

73 이 방면에 대한 광범위한 비평으로 다음의 글을 보라. J. W. Rogerson, "The Use of Sociology in Old Testament Studies," in *Congress Volume: Salamanca, 1983,* ed. J. A. Emerton, VTSup 36 (Leiden: Brill, 1985), 245–56.

74 Gottwald는 그의 새 방법론을 다음에서 제시했다. "Reconstructing the Social History of Early Israel."

문화의 대중적·공식적 혹은 억압된 전통에서의 제의와 신념, 그리고 실행에 초점을 맞춘다. 문화의 이런 측면들은 그 어느 것도 진공 상태에 놓여 있지 않다. 따라서 그것들을 전체적인 사회 배경 안에서 검토하지 않는다면 우리는 왜곡의 가능성에 노출될 수밖에 없다. 그래서 갓월드는 사회과학 모델, 텍스트 자료, 그리고 인공유물 자료를 포함하는 전 영역의 자료를 참조하여 인류학적 "삼각측량"(triangulation)을 시도해야 한다고 주장한다. 그는 이것이 학자들로 하여금 고대 이스라엘—또는 고대의 어떤 문화라도—의 사회 배경을 가장 명료하고 심도 있게 재구성할 수 있게 만들어준다고 주장한다.

사회과학은 히브리 성서 연구에 이미 많은 것을 더해주었다. 지파 문화, 친족 형태, 항의 운동, 사회 집단의 내-외부자 지위에 대한 탄탄한 이해, 그리고 현대 민족지학 연구가 제공하는 사회적 평행자료, 이 두 가지가 없었다면 성서 문화에 대한 우리의 이해는 대단히 빈약해졌을 것이다. 확실히 성서학의 한 분과로서 이 영역은 방법론상으로 더욱 진보해야 하고 보다 더 엄밀해져야 한다. 그러나 확실한 것은 구약에 대한 사회과학적 연구가 더 이상 부수적이고 선택적인 해석 양태가 아니라 성서 주해에 결정적인 요소가 되었다는 점이다. 이 분과가 성장함에 따라 우리는 성서의 문화와 문학에 대해 보다 종합적인 이해를 기대할 수 있게 되었다.

제16장

구약신학

R. W. L. Moberly
R. W. L. 모벌리

최근의 구약신학은 다소 알 수 없는 표정을 짓는다. 구약신학은 **어쩌면** 미소를 띠었을 수도 있다. 확실히 수많은 문헌과 활기찬 논의가 있었으니 말이다. 그러나 그 미소는 불가사의하다.

최근 문헌 개관

아마도 애초의 문제는 정확히 무엇을 찾아야 할지 불확실하다는 점일 것이다. "구약신학"(또는 이와 유사한 것)이란 제목이 붙은 책들을 검색해보면 호기심을 유발하는 상황을 접할 수 있다. 최근에 출간된 책들은 수없이 많으나 거의 모든 책이 새로운 통찰을 전개하기보다는 이 분과를 쉽게 이해시키는 일에 관심을 두고 있다. 예를 들어 발터 침멀리(Walther Zimmerli)의 『구약신학 개요』(*Old Testament Theology in Outline*)는 강의안 같고, 클라우스 베스터만(Claus Westermann)의 『구약신학의 제요소』(*Elements of Old Testament Theology*)는 비전문가를 염두에 둔 것이 확실하다. 이 두 권의 책은 그 자체로 구약의 신학적 내용을 전형적인 독일 방식으로 제시한 훌륭한 입문서다.[1] 로널드 E. 클레멘츠(Ronald E. Clements)는 『구약 정경 신학: 새 접근』(*Old Testament Theology: A Fresh Approach*)에서 구약신학이 기본적으로 내포하고 있는 것을 알기 쉽게 진술하고 있다.[2] 존 골딩게이(John Goldingay)는 『신학적 다양성과 구약의 권위』(*Theological Diversity and the Authority of the Old Testament*)에서 구약성서의 내용을 신학적으로 새롭게 구성하는 일에 최신 논쟁들을 명쾌하게 연결시키고 있다.[3] 특히 골딩게이는 학자들이 때때로 논의에서 등한시하는 명백한 문제들("모순점들"을 어떻게 다룰 것인가? 우리에게는 어떤 견해는 확증하고 어떤 견해는 비판할 수 있는 권한이 있는가?)을 논의하고 있기 때문에 그의 방법은 학생들과 비전문가들을 이 주제로 인도하는 좋은 길이다.[4]

1 W. Zimmerli, *Old Testament Theology in Outline,* trans. D. E. Green (Edinburgh: Clark; Atlanta: John Knox, 1978); C. Westermann, *Elements of Old Testament Theology,* trans. D. W. Stott (Atlanta: John Knox, 1982).

2 R. E. Clements, *Old Testament Theology: A Fresh Approach* (Basingstoke: Marshall, Morgan & Scott; Atlanta: John Knox, 1978).

3 J. Goldingay, *Theological Diversity and the Authority of the Old Testament* (Grand Rapids: Eerdmans, 1987).

4 다른 여러 단편들은 구약신학을 현 시대의 종교에 연결시킨다. 예를 들어 가톨릭 관점에서 쓴 책으로는 N. Lohfink, *Great Themes from the Old Testament* (Chicago: Franciscan Herald; Edinburgh: Clark, 1982); 또는 복음주의 개신교 관점에서 쓴 책으로는 W. J. Dumbrell, *Covenant and Creation: An Old Testament Covenantal Theology* (Exeter: Paternoster; Flemington Markets, N.S.W.: Lancer, 1984)가 있는데, 미국에서 다음의 제목으로 출판되었다. *Covenant and Creation: A Theology of the Old Testament Covenants* [Nashville: Nelson, 1984; reprinted, Grand Rapids: Baker, 1993]); 그리고 입문 수준에서는 W. Dyrness, *Themes in Old Testament Theology* (Exeter: Paternoster;

좀 더 두꺼운 책으로는 호르스트 디트리히 프로이스(Horst Dietrich Preuss)가 최근에 두 권으로 된 『구약신학』을 출간했다.[5] 이 책은 유용한 자료를 포함하고 있으며 선택(election)이란 주제에 입각하여 정리되어 있기는 하지만, 현대 신학 분과의 획기적인 두 연구서인 발터 아이히로트(Walther Eichrodt)의 『구약신학』과 게르하르트 폰 라트(Gerhard von Rad)의 『구약신학』보다[6] 개념적으로 진보하지 못했고 오히려 한 걸음 뒤로 물러선 것 같다. 프로이스는 최근 구약학계를 뒤흔들고 활기차게 만든 통찰들을 실제적으로 이용하지 않기 때문에 독자들을 구약신학의 현재나 미래보다는 과거로 인도하는 듯하다. 실제로 과거의 범주를 이용한 연구를 원한다면 한스 우르스 폰 발타자르(Hans Urs von Balthasar)의 『신학: 옛 언약』(*Theology: The Old Covenant*)에서 훌륭한 신학적 통찰을 찾을 수 있다.[7] 폰 발타자르는 20세기의 가장 저명한 가톨릭 신학자 중 하나다. 그러나 성서 전문가는 아니어서 그의 연구는 구약학자들에 의해 거의 전적으로 외면당해왔다.[8]

Downers Grove, Ill.: InterVarsity, 1979).

5 H. D. Preuss, *Theologie des Alten Testaments,* 2 vols. (Stuttgart: Kohlhammer, 1991–92); 영어판: *Old Testament Theology*, trans. L. G. Perdue, 2 vols. (Edinburgh: Clark; Louisville: Westminster/John Knox, 1995–96).

6 W. Eichrodt, *Theology of the Old Testament*, trans. J. A. Baker, 2 vols., OTL (London: SCM; Philadelphia: Westminster, 1961–67); G. von Rad, *Old Testament Theology*, trans. D. M. G. Stalker, 2 vols. (Edinburgh: Oliver & Boyd; New York: Harper, 1962–65).

7 H. U. von Balthasar, *The Glory of the Lord: A Theological Aesthetics,* vol. 6, *Theology: The Old Covenant*, trans. B. McNeil and E. Leiva-Merikakis, ed. J. Riches (Edinburgh: Clark; San Francisco: Ignatius, 1991). 이 책은 신학적 미학의 본질에 관한 7권으로 된 걸작 중 제6권에 해당한다. 이것은 Von Balthasar의 광범위한 신학적 논지의 한 부분이지만 그 자체로도 한 권의 구약신학으로 평가받을 수 있으며, 많은 유익을 준다.

8 아래에 명기된 구약신학 책들에서조차 Von Balthasar는 언급되지 않았다.

미국에서는 구약의 신학적 해석에 신선한 통찰력을 새롭게 제공한 두 명의 선구자가 중요한 저서를 출간했다.[9] 브레버드 차일즈(Brevard Childs)의 『구약 정경 신학』(*Old Testament Theology in a Canonical Context*)은 의외로 얇은 책이며, 접근법에 있어서는 그의 보다 방대한 저서 『신구약 성서신학』(*Biblical Theology of the Old and New Testaments*)과 풀리지 않는 긴장관계 속에 있다.[10] 월터 브루그만(Walther Brueggemann)의 최근 저서 『구약신학』은 차일즈와는 추구하는 방향이 다르며, 어떤 의미에서는 자신의 이전 저서와도 다른 방향으로 전개된다.[11] 차일즈와 브루그만에 대해서는 아래에서 더 자세히 논의하겠다.

구약신학에서 가장 흥미로운 저서들 중 상당수는 명시적인 **신학 이론**(theologies)의 맥락을 벗어난 것들이다. 첫째, 성서신학을 배경으로 한 구약신학에 대한 관심이 재개되었다.[12] 예를 들어 단행본 시리

9 Knierim의 저서도 언급해야 하겠다. R. P. Knierim, *The Task of Old Testament Theology* (Grand Rapids: Eerdmans, 1995). 이 책은 방법과 내용에 대해 시사하는 바가 많고 그 주제들을 노련하게 다루었다.

10 B. S. Childs, *Old Testament Theology in a Canonical Context* (London: SCM; Philadelphia: Fortress, 1985); idem, *Biblical Theology of the Old and New Testaments: Theological Reflection on the Christian Bible* (London: SCM; Minneapolis: Fortress, 1992). Childs 저서의 미해결된 긴장에 대해서는 본고 아래에서 "브레버드 차일즈" 부분을 보라.

11 W. Brueggemann, *Theology of the Old Testament: Testimony, Dispute, Advocacy* (Minneapolis: Fortress, 1997).

12 유감스럽게도 **성서신학**(biblical theology)이란 용어는 거의 정의되지 않았다. 구약학자들은 이 용어를 "구약신학"의 동의어로 쓰는 경향이 있다(본고 아래에서 "용어를 통한 주제의 본질 재고" 부분에서 Trible과 Collins의 인용을 보라. 반면 신약학자들은 성서신학을 "신약신학"의 동의어로 쓰는 경향이 있다. 기독교 정경 전체는 기독론 형태에서 기본적인 신학 주제들을 제시한다. 이런 주제들은 대개 각기 구약신학과 신약신학에서는 보통 등한시되거나 소외되는 주제인 신구약의 관계와 관련되어 있다. 이 점에 대해 다음을 보라. D. L. Baker, *Two Testaments, One Bible: A Study of the Theological Relationship between the Old and New Testaments* (Leicester: Apollos; Downers Grove,

즈인 "Overtures to Biblical Theology"에서는 월터 브루그만의 『땅』(*The Land*), 필리스 트리블의 『공포 텍스트』(*Texts of Terror*), 테런스 프레타임의 『하나님의 고통』(*The Suffering of God*), 롤프 렌토르프의 『정경과 신학』(*Canon and Theology*), 그리고 나의 『구약성서의 구약성서』(*The Old Testament of the Old Testament*) 등의 책들을 출간했다.[13] 네 종의 최신 학술지(*Biblical Theology Bulletin, Horizons in Biblical Theology, Ex Auditu,* 그리고 *Jahrbuch für biblische Theologie*)는 하나같이 해석학과 주석에 집중하면서 다양한 방법으로 당대의 미국과 독일 접근법의 차이점을 잘 나타내고 있다.

둘째, 단행본과 소논문이 홍수같이 쏟아져 나왔다. 선별이 쉽지 않기 때문에, 구약성서가 기독교 신앙에서 갖는 의미에 대해 저자가 명백한 관심을 보이는 것을 특징으로 하는 세 가지 범주에 대해서만 간략히 일별하고자 한다. 첫째, 윤리학은 신학과 별개로 취급할 수 있지만 성서는 항상 둘을 연결시킨다. 따라서 구약 윤리를 해석하려는 최근의 시도들에서도 동일한 현상을 볼 수 있다. 예를 들어 크리스토퍼 J. H. 라이트(Christopher J. H. Wright)의 『하나님의 백성으로의 삶』(*Living as the*

Ill.: InterVarsity, 1976; 2d ed. 1991); H. G. Reventlow, *Problems of Biblical Theology in the Twentieth Century*, trans. J. Bowden (London: SCM; Philadelphia: Fortress, 1986); M. Oeming, *Gesamtbiblische Theologien der Gegenwart* (Stuttgart: Kohlhammer, 1985; 2d ed. 1987); 그리고 나의 *The Old Testament of the Old Testament: Patriarchal Narratives and Mosaic Yahwism,* OBT (Minneapolis: Fortress, 1992)에서 제 4, 5장을 보라.

13 Brueggemann, *The Land: Place as Gift, Promise, and Challenge in Biblical Faith* (Philadelphia: Fortress, 1977); Trible, *Texts of Terror: Literary-Feminist Readings of Biblical Narratives* (Philadelphia: Fortress, 1984); Fretheim, *The Suffering of God: An Old Testament Perspective* (Philadelphia: Fortress, 1984); Rendtorff, *Canon and Theology: Overtures to an Old Testament Theology*, trans. and ed. M. Kohl (Minneapolis: Fortress, 1993).

People of God)과 『하나님 나라의 하나님 백성』(*God's People in God's Land*), 브루스 C. 버치(Bruce C. Birch)의 『공의가 흐르게 하라』(*Let Justice Roll Down: The Old Testament, Ethics, and Christian Life*); 그리고 발데마르 잔첸(Waldemar Janzen)의 『구약윤리』(*Old Testament Ethics*)가 있다.[14] 둘째, 기도에 대한 관심을 나타낸 책으로는 그라프 레벤틀로브(Graf Reventlow)의 『구약의 기도』(*Gebet im alten Testament*), 패트릭 D. 밀러(Patrick D. Miller)의 『그들은 주께 부르짖었다』(*They Cried to the Lord*), 그리고 새뮤얼 발렌타인(Samuel Balentine)의 『히브리 성서의 기도』(*Prayer in the Hebrew Bible*)가 있다.[15] 시편 연구서는 많지만 이처럼 시편의 기도를 연구한 책은 거의 없다. 셋째, 영성의 일반 영역에 관련된 두 저서가 있다. 로버트 데이비드슨(Robert Davidson)의 『의심의 용기』(*The Courage to Doubt*)는 이스라엘의 하나님에 대한 의심이라는 주제에 입각하여 정리된 구약신학의 축소판과 같다.[16] 의심을 품는 것은 신앙의 본질에 대한 구약성서의 견해와도 일관되는 것이며(탄원시에 가장 명백히 나타나

14 C. J. H. Wright, *Living as the People of God: The Relevance of Old Testament Ethics* (Leicester: InterVarsity, 1983); 미국에서는 다음의 제목으로 출판되었다. *An Eye for an Eye: The Place of Old Testament Ethics Today* (Downers Grove, Ill.: InterVarsity, 1983); idem, *God's People in God's Land: Family, Land, and Property in the Old Testament* (Exeter: Paternoster; Grand Rapids: Eerdmans, 1990); B. C. Birch, *Let Justice Roll Down: The Old Testament, Ethics, and Christian Life* (Louisville: Westminster/John Knox, 1991); W. Janzen, *Old Testament Ethics: A Paradigmatic Approach* (Louisville: Westminster/John Knox, 1994).

15 H. G. Reventlow, *Gebet im alten Testament* (Stuttgart: Kohlhammer, 1986); P. D. Miller, *They Cried to the Lord: The Form and Theology of Biblical Prayer* (Minneapolis: Fortress, 1994); S. Balentine, *Prayer in the Hebrew Bible: The Drama of Divine-Human Dialogue,* OBT (Minneapolis: Fortress, 1993).

16 R. Davidson, *The Courage to Doubt: Exploring an Old Testament Theme* (London: SCM; Philadelphia: Trinity Press International, 1983).

며 브루그만이 이 연구에 여러 공헌을 하였다)[17] 오늘날 신앙생활에서도 재현되는 문제다. 데이비드슨의 사려 깊은 연구는 학문성과 목회적 지혜를 겸비하고 있다. 마찬가지로 데릭 셰리프스(Deryck Sheriffs)도 그의 저서 『주님의 우정』(*The Friendship of the LORD*)에서 고대 근동 문헌으로서의 구약성서에 대한 연구를 "오늘날 우리가 어떻게 하나님과 동행할 수 있는가"라는 질문에 명시적이고 세련된 방식으로 연결시킨다.[18]

구약신학이 기독교 신앙에 기여한 셋째 마당은 주석서 분야다. 세 가지 중요한 주석 시리즈가 목회자와 교사를 겨냥하여 출판되었다. Interpretation 시리즈와 *Expositor's Bible Commentary*는 일반 개신교와 특히 복음주의적 관점을 가진 미국 구약신학자들의 인명사전이나 마찬가지이며, International Theological Commentary 시리즈는 보다 국제적이다.[19]

17 예를 들어 W. Brueggemann, *The Message of the Psalms* (Minneapolis: Augsburg, 1984). 시편에 관한 글을 모아 출간한 다음 책을 보라. *The Psalms and the Life of Faith*, ed. P. D. Miller (Minneapolis: Augsburg Fortress, 1995), 특히 제1-5장; 자세한 것은 아래를 보라.

18 D. Sheriffs, *The Friendship of the LORD: An Old Testament Spirituality* (Carlisle: Paternoster, 1996).

19 Interpretation: A Bible Commentary for Teaching and Preaching, ed. J. L. Mays, P. D. Miller, P. J. Achtemeier (Atlanta and Louisville: John Knox, 1982 –); *Expositor's Bible Commentary*, ed. F. E. Gaebelein (Grand Rapids: Zondervan, 1979 – 92); *International Theological Commentary*, ed. F. C. Holmgren and G. A. F. Knight (Grand Rapids: Eerdmans; Edinburgh: Handsel, 1983 –).

최신 구약신학 개요들 살펴보기

본고의 지면 전체를 단순히 최근 문헌들을 나열하고 반복되는 논쟁거리를 논의하는 데만 할애한다면 작업은 용이할지 모르나 그런 작업은 사실상 불필요하다. 왜냐하면 (아주 최신 자료를 제외하고는) 학술 문헌에 대한 안내서가 이미 나와 있고 그 책들에서 논쟁의 개요를 찾아볼 수 있기 때문이다. 대표적인 것으로는 『구약신학의 개화』(*The Flowering of Old Testament Theology: A Reader in Twentieth-Century Theology*, 1930-1990)가 있다.[20] 이 책에는 편집자가 쓴 개괄적 평론 외에 그 기간 동안 구약신학에 공헌한 주요 학자들의 글에서 발췌한 내용, 각 학자들에 대한 참고문헌과 간략한 신학적 개요가 들어 있다.

편집상의 결정들에 대해 불만을 표하기에 앞서 나는 이 책의 선별 원칙에 대해 의아한 점이 있다. 한편으로 뛰어난 유대 사상가인 마르틴 부버(Martin Buber)와 아브라함 헤셸(Abraham Heschel)에 대한 언급이 없다. 아마도 그들의 주된 연구 분야가 성서학이 아니었기 때문일 것이다. 그러나 그들은 성서 자료에 대해 심도 있게 연구했으며 다른 곳에서는 찾아볼 수 없는 통찰들을 제공한다. 그들의 결점이 무엇이든 간에 그들이 시사해준 바가 결코 적지 않다.[21] 다른 한편으로 칼 바르트

20 Ed. B. C. Ollenburger, E. A. Martens, and G. F. Hasel, SBTS 1 (Winona Lake, Ind.: Eisenbrauns, 1992).

21 예를 들어 M. Buber, *Two Types of Faith,* trans. N. P. Goldhawk (London: Routledge & Paul; New York: Macmillan, 1951); A. J. Heschel, *The Prophets*, 2 vols. (New York: Harper & Row; Burning Bush, Jewish Publication Society, 1962). Heschel의 고전적 작품인 *The Sabbath: Its Meaning for Modern Man* (1951; reprinted, New York: Noonday, 1990)는 성서 자료를 유대 사상과 관습에 꼼꼼히 상황화하여 그 자료에 있는 여러 내부 논리를 끌어내었다.

(Karl Barth)가 없는 점이 눈에 띈다. 바르트가 중요한 인물인 이유는 폰 라트나 차일즈 같은 구약 전문가들에게 끼친 그의 영향력 때문만은 아니다.[22] 바르트 자신이 구약성서에 대해 뛰어난 신학적 해석을 내릴 수 있는 학자였다. 예를 들어 구약 전체에서 가장 까다로운 이야기 중 하나인 열왕기상 13장에 대한 그의 해석은 독창적이다. 다른 예로 창세기 1-3장 해석에서는 수많은 제안을 통해 주석가 대부분이 등한시하는 신학적 문제들을 규명하고 있다(그렇게까지 길게 쓰지 않았으면 하는 아쉬움은 남는다).[23] 역설적으로 들릴지도 모르지만, 요지는 구약신학을 구약학자들에게만 제한하는 것은 잘못일 수 있다는 것이다. 아래에서 논의되겠지만, 구약신학은 무엇이며 또 무엇이어야 하는가라는 본질적인 문제가 최근 논쟁의 중심이 되는 상황에서 구약신학 관련 논의를 구약 전문가(재검토가 요청되는 그러한 전제들을 대변하는 집단)에 국한시킨다는 것은 사실상 답변을 예단하는 것이다. 이런 맹점에도 불구하고 『구약신학의 개화』는 모든 학생에게 일차자료로 간주되어야 한다.

둘째, 프레데릭 프루스너(Frederick Prussner)의 논문을 존 H. 헤이즈(John H. Hayes)가 개정하고 갱신한 『구약신학: 역사와 발전』(*Old Testament Theology: Its History and Development*)이 있다.[24] 이 책은 마지막

22 Von Rad에 대해 다음을 보라. R. Rendtorff, "'Where Were You When I Laid the Foundation of the Earth?' Creation and Salvation History," in his *Canon and Theology: Overtures to an Old Testament Theology*, trans. and ed. M. Kohl, OBT (Minneapolis: Fortress, 1993), 92 - 113. Childs에 대해서는 다음을 보라. C. S. Scalise, "Canonical Hermeneutics: Childs and Barth," *Scottish Journal of Theology* 47 (1994): 61 - 88.

23 왕상 13장에 대해 다음을 보라. *Church Dogmatics*, vol. 2.2, trans. G. W. Bromiley et al. (Edinburgh: Clark, 1957), 393 - 409; 창세기 1-3장에 대해 다음을 보라. Ibid., vol. 3.1, trans. J. W. Edwards et al. (Edinburgh: Clark, 1958), 94 - 329.

24 J. H. Hayes and F. C. Prussner, *Old Testament Theology: Its History and Development* (London: SCM; Atlanta: John Knox, 1985).

25페이지에 실린 "구약신학 최근 문제"(이것도 그리 '최근'은 아니다)를 제외하고는 논의를 『구약신학의 개화』에서처럼 현대까지 이어가지는 않는다. 하지만 이 책은 최근 구약신학을 특징 짓는 자기이해의 추구에 대한 설득력 있는 증언이다. 여기서는 구약신학 역사의 출발점으로 1787년 가블러(Gabler)의 강의라는[25] 전통적인 입장보다 더 거슬러 올라가서 종교개혁과 종교개혁 이후 스콜라철학, 경건주의, 그리고 합리주의까지도 추적하고 있다. 인간사의 다른 모든 중요한 사안들과 마찬가지로, 우리가 현재의 역사적 뿌리를 알지 못하고서 미래에 어느 정도까지 진정한 진보를 이룰 수 있을지는 미지수다. 그러나 결정적으로 중요한 의미를 갖는 것은 역사 발전에 대한 해석이기 때문에, 우리는 역사가 한 가지 이상의 방법으로 이해될 수 있음을 기억해야 한다. 특히 차일즈(Childs)는 다른 많은 학자들과는 다른 중요한 해석을 내놓았는데, 그의 해석은 그가 속한 학문 분과 전체에 대한 재개념화의 일부다.[26]

셋째, 구약신학이라는 분야를 개괄한 다양한 단행본들이 있다. 이 책들은 논쟁이 되는 이슈들에 대한 논의와 간략한 참고문헌을 실었다. 네 권의 저서에 주목할 필요가 있다.[27] 첫째, 게르하르트 하젤(Gerhard

25 Gabler의 연설 텍스트는 다음에 나온다. *Flowering of Old Testament Theology*, ed. Ollenburger, Martens, and Hasel, 489–502.

26 Childs, *Old Testament Theology*, 제1장. 이 부분은 Childs가 다른 책에서 논의한 것과 병행하여 읽어야 한다. 특히 *Introduction to the Old Testament as Scripture* (London: SCM; Philadelphia: Fortress, 1979), 제1부; *The New Testament as Canon: An Introduction* (London: SCM; Philadelphia: Fortress, 1984), 제1부; *Biblical Theology of the Old and New Testaments*, 3–94를 보라. 아래 논의를 더 보라.

27 다른 책도 있다. 예를 들면 J. Hogenhaven, *Problems and Prospects of Old Testament Theology, Biblical Seminar 6* (Sheffield: JSOT Press, 1987) 이 책은 흥미로운 책이다. 문제에 대한 최초의 분석은 가치가 높다. 그러나 미래를 위한 긍정적인 제안들은 그가 지

Hasel)의 『구약신학: 최근 논의』(*Old Testament Theology: Basic Issues in the Current Debate*)는 여러 차례 개정되고 갱신된 책으로, 주제를 폭 넓게 다루었으며 당연히 잘 알려진 자료다.[28] 둘째, 헤닝 그라프 레벤틀로브(Henning Graf Reventlow)의 『20세기 구약신학의 문제』(*Problems of Old Testament Theology in the Twentieth Century*)는 가독성이 그리 뛰어난 책은 아니다. 그럼에도 상당한 도움을 주며, 하젤보다 최신 자료를 다루는 것은 아니지만 하젤과 중복되지 않는 자료들을 포함하고 있다.[29] 셋째, 리오 퍼듀(Leo Perdue)의 『역사의 붕괴: 구약신학 재구성』(*The Collapse of History: Reconstructing Old Testament Theology*)은 하젤과 레벤틀로브의 책에 비견될 수 있는데, 그는 앞의 두 저자보다는 더 광범위한 신학적 동향들에 초점을 맞추었으며, 그러한 동향들이 몇몇 구약학자들에게서 어떻게 표현되었는지에 관심을 가지고 그들의 입장에 대해 상세히 설명하고 있다.[30]

마지막으로, 새롭게 출판된 제임스 바(James Barr)의 중요하고 권위 있는 저작인 『성서신학의 개념: 구약의 관점』(*The Concept of Biblical Theology: An Old Testament Perspective*)은[31] 다루는 범위에 있어 위에 언급한 세 권의 책을 능가하며, 특히 최근 독일 신학계의 공헌에 대한 평가에 강점을 가지고 있다. 제임스 바는 오래된 주제들을 새롭고 날카롭게

적했던 바로 그 문제들을 단순히 반복한 것이다.

28 G. Hasel, *Old Testament Theology: Basic Issues in the Current Debate* (Grand Rapids: Eerdmans, 1972; 이후의 개정판은 1975, 1982, 1991년에 출판되었다).

29 H. G. Reventlow, *Problems of Old Testament Theology in the Twentieth Century*, trans. J. Bowden (London: SCM; Philadelphia: Fortress, 1985).

30 L. Perdue, *The Collapse of History: Reconstructing Old Testament Theology*, OBT (Minneapolis: Fortress, 1994).

31 London: SCM, 1999.

재고하였다. 그의 책은 명실공히 이 분야 **최고의** 연구라고 할 수 있다. 하지만 그의 책은 기대했던 만큼 명쾌하지는 않으며, 다소 장황하고 반복적이다. 그의 책은 전통적인 접근법들이 기본적으로 만족할 만한 것들이었다고 전제하고, 최근 일부 학자들이 어떤 이유에서 이 분야를 재개념화하려 하는지에 대해 공감을 보여주지 못한다. 특히 그는 차일즈와 브루그만을 자극했던 관심사들을 이해하지 못했으며, 각각의 경우에 몇 그루의 나무는 보았으나 숲은 보지 못했다. 신학을 구성하는 것이 무엇인지에 대한 제임스 바 자신의 견해에 대해서도 논쟁의 여지가 있다(아래를 보라).

위의 개관적인 책들에 대해서 두 가지를 언급하고자 한다. 첫째, 이 책들은 이미 구약신학을 어느 정도 접한 독자들에게는 매우 유용하지만 초급자에게는 적당하지 않다. 그들에게는 폰 라트나 차일즈의 접근이 가지고 있을지도 모르는 잠재적인 문제점을 논의하는 책 수십 혹은 수백 페이지를 읽는 것보다 차라리 폰 라트나 차일즈의 책 서너 페이지를 읽는 것이 훨씬 더 흥미 있고 가치 있는 일일 것이다.[32] 개인적으로 이 주제를 이해하기 위해 간략한 개요를 원한다면, 단행본보다는 소논문을 읽는 편이 훨씬 더 낫다. 여러 소논문 중에서 로버트 L. 허바드(Robert L. Hubbard Jr.)의 "오늘날의 구약신학"(Doing Old Testament Theology Today)은 명료한 설명을 담은 표준적인 작품이다. 반면 존 J. 콜린스(John J. Collins)의 "비평적인 성서신학이 가능한가?"(Is a Critical

32 물론 Von Rad와 Childs의 글도 다음에 나온다. *Flowering of Old Testament Theology*, ed. Ollenburger, Martens, and Hasel. 대안적으로 또는 덧붙여서 나는 다음을 제안하고 싶다. von Rad, *Jeremiah* (Old Testament Theology, 2:191–219)와 Childs, "How God Is Known" (Old Testament Theology, 28–42).

Biblical Theology Possible?)는 구약신학이 붙잡고 씨름해야 할, 그리고 (나의 견해로는) 넘어서야 할 전제들을 날카롭게 기술한 글이다.[33] 둘째, 이 단행본들은 모두 "대화에 관한 대화", 다시 말해 성서 텍스트를 주제로 한 논의에 대한 논의다(물론 본서도 마찬가지다). 성서 텍스트에 대한 주해도 없고 우리를 납득시킬 만한 인상적인 해석도 없다. 일차 텍스트를 직접 다루지 않는 논의는 특히 비전문가에게 있어 그 취지와 의미가 금세 사라지기 마련이다.

용어를 통한 주제의 본질 재고

여기까지는 그렇다고 치자. 문제는 "구약신학"에 관한 이 모든 논의에서 우리가 무엇을 논의하고 있는지에 대해 기본적인 합의가 이루어진 것처럼 착각할 수 있다는 것이다. 사실은 전혀 그렇지 않다. 필리스 트리블(Phyllis Trible)이 진술했듯이, "성서신학자들이라는 집단은 경계가 분명하게 한정된 공동체임에도 불구하고 자신들의 분야에 대한 정의, 방법, 구성, 주제, 관점 또는 목적에 대해 결코 일치를 본 적이 없다."[34] 그러니 이제 남은 것은 별로 없다! 더 심각한 것은, 다른 구약학 분과들

33 R. L. Hubbard Jr., "Doing Old Testament Theology Today," in *Studies in Old Testament Theology*, ed. R. L. Hubbard Jr., R. K. Johnston, and R. P. Meye (Dallas: Word, 1992), 31–46; J. J. Collins, "Is a Critical Biblical Theology Possible?" in *The Hebrew Bible and Its Interpreters*, ed. W. H. Propp, B. Halpern, and D. N. Freedman (Winona Lake, Ind.: Eisenbrauns, 1990), 1–17.

34 P. Trible, "Five Loaves and Two Fishes: Feminist Hermeneutics and Biblical Theology," *TS* 50 (1989): 279–95; 다음에 재출판 되었다. *Flowering of Old Testament Theology*, ed. Ollenburger, Martens, and Hasel (인용은 p. 451부터); 다음에 재출판 되었다.

이 겨냥하고 그리로 수렴해야 할 표적으로서의 구약신학이 서야 할 자리가 어디인지 아직도 논의 중이라는 것이다. 존 J. 콜린스는 다음과 같이 말한다.

> 성서신학은 쇠퇴하고 있는 주제다. 쇠퇴의 증거는 성서신학이 영구적인 위기 상태에 교착된 것처럼 보인다는 사실이나, 아이히로트나 폰 라트의 위대한 저작을 대체할 새로운 합의가 없다는 사실도 아니다. 쇠퇴의 증거는 점점 더 많은 학자들이 신학을 더 이상 성서학 연구의 궁극적인 목표로나 심지어 성서학 연구에 필요한 하나의 차원으로조차 대하지 않는다는 사실에서 명백히 나타난다. 현재 성서학계를 주도하는 분야는 문학비평과 사회학비평이다. 이제 신학은 일반 학계에서도 학문의 여왕이 아닐 뿐 아니라, 성서학에서의 지위조차도 확실하지 않다.[35]

근본적인 문제를 파악하기 위해서는 아마도 "구약신학"이라는 용어 자체를 숙고해야 할 것이다. "구약"이라는 용어는 가치판단을 담고 있는 반면에 "신학"이라는 용어는 명쾌하게 규정하기가 어렵다. 한편으로는 "구약"이라는 용어가 명백하게 기독교에서 히브리 성서를 가리키는 표현이라는 사실에 관심이 집중되고 있다. 특히 "구"는 "신"과 상호 관계가 있다. 즉 "신약" 없는 "구약"은 없다는 것이다. 최근까지 이런 진술은 언급할 가치도 없는 것으로 간주되었는데, 왜냐하면 기독교적 용어가 **유일한** 용어라는 문화적 전제가 남아 있었기 때문이다. 최근에는 종

The Promise and Practice of Biblical Theology, ed. J. Reumann (Minneapolis: Augsburg Fortress, 1991), 51–70.

35 Collins, "Is a Critical Biblical Theology Possible?" 1.

교적·문화적 다원성에 대한 인식이 증가함에 따라 기독교적 전제에도 최소한의 명분이 필요해졌다. 최근 성서학계의 두드러진 특징 중 하나는 유대인 학자들의 공헌이다. 유대인의 관점에서는[36] 히브리 성서가 (서구의 전통적 용례를 따르거나 그리스도인의 감수성을 고려한 경우를 제외하고는) "구약"이 아니라 타나크(Tanakh), 미크라(Miqra), 또는 간단히 "성서"다.[37] 이제는 "구약"이 엄밀히 말하면 성서 텍스트에 대한 기독교적 용어이기 때문에 그 자체로 유대인의 감수성에 대한 모독이며, 따라서 다문화 배경에서는 사용하지 말아야 한다는 주장이 점점 일반적이 되어가고 있다.[38]

36 물론 이것은 기독교 신앙을 갖고 있는 유대인들에게는 적용되지 않는다. 그들이 유대 종교와 문화의 뿌리에 부여하는 지속적인 중요성이 무엇이든지 간에 하나님과 인간에게 결정적인 열쇠는 토라가 아니라 궁극적으로는 그리스도 예수다.

37 타나크는 구약의 세 구성 부분인 Torah(오경), Nebi'im(예언서), Ketubim(성문서)의 머리글자다. 미크라는 공공 예배에서 읽히는 것을 뜻한다(히브리어 *qārā*, "소리 내다, 읽다"에서). 유대 학자들이 책의 제목에 성서란 단어를 쓸 때 그들은 그 단어를 그들 전통대로 이해하는 것이다. 즉 기독교 신약성서는 고려하지 않고 히브리 성서의 내용만을 의미한다. 예로 다음을 보라. R. Alter, *The Art of Biblical Narrative* (London: Allen & Unwin; New York: Basic Books, 1981); M. Sternberg, *The Poetics of Biblical Narrative,* ILBS (Bloomington: Indiana University Press, 1985); S. Bar-Efrat, *Narrative Art in the Bible,* trans. D. Shefer-Vanson, JSOTSup 70 (Sheffield: Almond, 1989); H. C. Brichto, *Toward a Grammar of Biblical Poetics* (New York: Oxford University Press, 1992).

38 예로 다음을 보라. P. van Buren, "On Reading Someone Else's Mail," in *Die Hebräische Bibel und ihre zweifache Nachgeschichte: Festschrift für Rolf Rendtorff zum 65. Geburtstag,* ed. E. Blum, C. Macholz, and E. W. Stegemann (Neukirchen-Vluyn: Neukirchener Verlag, 1990), 595–606. "구약"을 대체할 수 있는 용어는 확실하지 않다. "히브리 성서"는 널리 지지를 받고 있다. 하지만 그 용어의 분명한 문제는 그 책의 일부가 아람어라는 것과 더 심각하게는 70인역에 있다(70인역에 대한 연구는 "히브리 성서"의 하부로 거의 분류되지 않는다). 더구나 **성서**란 용어는 여전히 궁극적으로는 유대교나 기독교의 정경으로서 인식되는 데 그 가치가 있다(즉 종교적 기초 위에서의 선택 절차). 그리고 그 뜻은 유대교 배경이나 기독교 배경에 따라 다양하다. 최근 중요한 논의로 다음을 보라. C. R. Seitz, "Old Testament or Hebrew Bible? Some Theological

나는 이런 문제들을 『구약성서의 구약성서』에서 다루었다. 그 책에서 나는 히브리 성서를 구약으로 보는 기독교적 접근의 문제는 토라의 중심부에 존재하는 유사한 문제와 평행관계를 이룬다고 주장했다. 떨기나무에서 하나님은 모세에게 자신을[39] YHWH로 계시하시는데, 이는 창세기 12-50장에서 족장들이 하나님에 대해 가졌던 지식과의 관계에서 새로운 시작을 의미하며, 우리는 이것을 그리스도 안에서의 새로운 시작이 구약에 대해 갖는 관계에 비견할 수 있다. 구약이 그리스도인들에게 제기하는 문제, 곧 "우리는 한 분 하나님을 서로 다르게 알고 있으며 예수는 토라를 상대화하는데 우리는 어떻게 구약을 사용할 수 있는가?"라는 질문은 사실상 족장 전승이 오경 저자들에게 묻는 질문이다. 족장 시대의 배경은 토라 이전이어서 족장들은 토라를 지키지 않았기 때문이다. 그렇다면 토라를 지키는 자들은 족장 이야기를 어떻게 이해하고 사용해야 하는가? 그리스도인들이 구약을 전용하기 위해 사용하는 약속과 성취 그리고 모형론이라는 동일한 해석학적 가설들을 오경의 모세적 야웨문서 저자들도 족장 전승을 전용하기 위해 사용했다. 결론적으로 "구약/신약"이라는 용어는 기독론적이며, 기독교가 히브리 성서에 대해 가지는 관계에 대한 기독교의 기본 전제들(곧 이스라엘에게 확실히 계시되고 그리스도 안에서 분명히 알려진 한 분 하나님)을 구현한다고 말할 수 있다. 더 나아가 유사한 현상이 토라의 중심부에서

Considerations," in *Word without End: The Old Testament as Abiding Theological Witness* (Grand Rapids: Eerdmans, 1998), 61–74.

39 하나님을 남성 대명사로 표현하는 것이 타당한지에 대한 논의가 활발했던 시기에 나는 (문법적 성과 생물학적인 성을 혼동하지 않는 것은 별개로 하고) 남성 용어를 하나님에게 적용할 때는 전통적으로 인간과 관련해서 쓸 때와는 다른 중요성이 있음을 강조하기 위해 대문자 형태를 사용하였다. 그런 대문자 형태가 경의를 표하는 고대의 어법이라는 것은 예기치 못한 보너스 같다.

나타날 수 있다는 사실은 "구약"이라는 개념을 유대인들이 보다 쉽게 접근할 수 있는 방식으로 이해할 수 있는 길을 열어준다.[40]

"신학"의 의미

신학이란 용어는 모호하며 아쉽게도 명백히 정의되지 않았다. 종종 "구약신학"은 "이스라엘 종교의 역사"와 단순히 대조될 뿐이다. 둘의 차이점을 명확히 구분하는 것은 거의 불가능하다(그리고 대부분의 도서관 책꽂이에는 이 두 영역의 책들이 섞여 있다). 따라서 나는 (상당히 복잡한 주제를 극도로 단순화하여) 두 가지 근본적인 차이점을 말하고자 한다.

첫째, 우리는 성서 텍스트가 말하는 하나님이 오늘날 그리스도인들이 예수 그리스도를 통해 알고 예배하는 한 분 하나님이라고 믿음으로 시인할 수 있는가라는 문제가 있다. 다시 말해 **종교적 진실**이 걸린 문제라는 것이다. 어떤 면에서 (아무리 많은 조건을 추가한다 하더라도) 구약의 내용이 하나님과 인간에 대해 참된 것이라는 신앙은 (이스라엘 종교사와 구별되는) 구약신학을 수행하는 자와 그렇지 않은 자를 구분하는 기초가 된다. 만일 진실성에 대한 질문에 답하기를 유보하거나 부인한다면, 고대 이스라엘 텍스트에 담긴 종교적 내용을 다루는 어떤 기사라

40 초기 기독교 시대처럼 하나님과 인류에 대한 기독교 신앙이 소수인 문화에서 어떻게 기독교 신앙을 가장 잘 확증할 수 있는지에 대한 암묵적이고 광범위한 이슈가 많이 있다. 적어도 확실히 해둘 것은 그리스도인들이 다른 견해를 가진 자들에게서 기꺼이 배우려고 해야 하지만 문화적 다원주의(어쩌면 제국주의적 문화 동질성을 위해 위장한 것인지도 모르는)의 제단 위에 정체성과 고결성을 제물로 바치는 것으로는 아무것도 얻을 것이 없다는 점이다.

도 (그 기사가 텍스트 내의 규범적인 신앙에 얼마나 집중하든지 간에) 원칙적으로는 고대 이집트, 바빌로니아, 그리스, 페르시아, 또는 아라비아의 종교적 신앙에 관한 기사와 본질적으로 다르지 않다. 이 모두가 해석자에게 지속적인 규범적 중요성을 갖지 않는 신앙 체계에 대한 기사에 불과하거나, 또는 지속적인 중요성이 자의적 선택에 달린 문제에 불과할지도 모른다. 반대로 이스라엘 종교의 발전상을 담은 일부 기사는, 저자들이 실재(그 초기 역사적 구현을 그들이 묘사하고 있는)에 대한 증언에 지속적인 진실성이 있는 것으로 믿었다는 바로 그 이유에서, 고도로 신학적인 내용을 내포하고 있는지도 모른다.

확실히 구약신학을 저술한 대부분의 학자들은 어떤 의미에서는 구약이 말하는 내용에 지속적인 진실성이 있다고 가정한다. 그러나 종종 그들은 논증 없이 가정만 한다. 구약신학을 전개하는 것이 가능한가라는 질문이 제기된다면, 우리는 기독교적 가설들의 근거를 해명해주어야 하며, 성서 텍스트를 취급하는 과정에서 일관성과 통일성을 보여줘야 한다. (본고 여기저기에서 이와 유사한 우려들이 필요한 수정을 거쳐 유대인 학자들에게도 적용되었다.)

둘째, 가장 중요하면서 고도로 난해한 문제는 성서의 진실성이 의미 있게 주장되고 토론될 수 있는 기준을 수립하는 문제다. 우리는 어떻게 실재의 본질이나 하나님과 인간, 그리고 삶과 죽음에 대한 주장들을 적절한 방식으로 이해하고, 평가하고, 응수할 것인가? 기독교 신앙은 이와 관련하여 다양한 기준들을 가지고 있지만, 그것들은 성서학계에서 거의 이용되지도 않고 이해받지도 못하는 실정이다. 그런 기준들은 너무 자주 기독교 신학의 신조와 교의로만 생각되었으며(부분적으로는 옳은 생각이다), 구약(과 신약) 연구에서 배제되어야 할 시대착오적이고 무기력한 것들로 여겨졌다(창 1장의 저자가 삼위일체를 염두에 두지 않았을 것이라는 사실을 깨닫는 데는 일반적인 수준의 역사 지식만으로도 충분하다).

한 가지 근본적인 난제는 하나님의 본질과 관련이 있다. 하나님은 우리에게 친숙한 이 세상의 사람이나 물체가 아니다. 그렇다면 우리는 어떻게 그를 **아는가**? 누군가가 하나님에 대해 이야기할 때, 그가 스스로 무엇에 대해 말하고 있는지 제대로 알고 있다는 사실을 우리는 어떻게 확인할 수 있는가? 과학적 지식과 방법론이 지식과 인식론의 표준으로 받아들여지는 현대 문명의 연장선상에서 몇 가지 운명적인 현상들이 나타났다. 한편으로 하나님은 과학적 탐구의 대상이 될 수 없기 때문에 관심의 초점이 그런 탐구의 대상이 될 수 있는 인간의 영역으로 전환되었다. 하나님에 대한 인간의 언어, 사상, 감정은 모두 분석과 분류가 가능했기 때문이다. 다른 한편으로 지식의 범주에는 과학적으로 입증 가능한 것들만 포함되었고, 종교적 주장은 그 지위가 강등되었다. 신앙은 지식에 비해 열등한 대안물로 전락했으며, 그 역할이 다소 의심스러운 지위에 있는 대상들에게로 한정되었다. 무엇보다도 이런 요인들이 신학을 진지하게 탐구하고자 하는 자들을 불확실성의 세계에 빠뜨리곤 하는데, 그들은 하나님에 대해 말하고자 하나 실상은 하나님에 대한 인간의 신앙을 분석하게 된다. 이러한 신앙은 그 지위가 종종 불투명한데, 왜냐하면 위와 같은 상태에서는 성서 해석이 특히 그리스도인의 실제 삶으로부터, 그리고 교의학, 조직신학, 철학신학이라는 보다 광범위한 맥락으로부터 분리되어버리기 때문이다.

성서 텍스트에 지속적으로 (때로는 충분히 고려되지 않은 채로) 투영되던 기독교적 전제들을 공격하는 움직임이 최근 논쟁에서 재개되었다. 예를 들어 존 J. 콜린스(John J. Collins)는 (19세기의 전형적인 의제에서처럼) 성서 텍스트에 대한 엄격한 서술적 접근의 중요성을 강조하는 동시에 진실성의 질문을 성서적 의제에서 제거한다. (왜냐하면 본래 역사적 의제에 동반되었던 자유주의 신교도의 준비된 평가는 더 이상 당연한 것으로 여겨질 수 없으며, 서술적 의제 내에서 정당화될 수 있는 다른 대안을 그가 갖고 있지 않기 때문이다.)

> 또한 성서 텍스트는 형이상학적 진실성에 대한 제안으로, 실재의 역할을 설명하려는 시도로 간주되어야 한다.…여기서 제기되는 질문은 이런 성서 기사 중 어떤 것이라도 설명적 가치를 가질 수 있는가, 혹은 성서의 세계관 중 어떤 것이라도 유용한 동시에 참되다고 말해질 수 있는가 하는 것이다. 문제는 형이상학적 진실성을 평가할 수 있는 척도가 없다는 점이다.…형이상학 체계의 상대적 적합성에 대해 판결을 내리는 것은 성서신학자들의 권한 밖의 일이다. 그들의 임무는 어떤 주장들이 제기되는지, 그 주장들의 근거는 무엇인지 그리고 그러한 주장들이 수행하는 다양한 기능이 무엇인지를 명료하게 설명하는 것이다.[41]

문학 연구에서 유행하는 한 가지 대안적인 방법은 텍스트에 묘사된 하나님의 진실성에 관한 질문들에 대한 답변을 유보하고 그 대신 텍스트를 이념적인 산물로 대하는 것이다. 하지만 이를 위해서는 텍스트를 동시대의 이념이라는 측면에서 재해석해야 한다. 다시 말해 텍스트에 대한 해석은 불가피하게 해석 자체를 넘어 의미의 틀과 관련되는 것으로 간주되는데, 유감스럽게도 그 틀은 기독교 (또는 유대교) 신학의 틀이 아니라는 것이다.[42] 예를 들어 데이비드 클라인즈(David Clines)는 다

41 Collins, "Is a Critical Biblical Theology Possible?" 14.

42 신학적 관심사가 반드시 부족하지는 않다. Patrick은 다음의 흥미로운 책을 썼다.

음과 같이 기술한다.

> 오경에서 하나님에 관한 그림을 완성하는 데 사용할 수 있는 정보로는 세 종류가 있는 것 같다. 첫째, 등장인물인 하나님이 스스로에 대해 말하는 내용이다.…[이것은] 어떤 독자에게는 아주 믿을 만한 정보일 수 있다. 왜냐하면 여기서 말하는 자가 다름 아닌 하나님 자신인 것처럼 보이기 때문이다. 그러나 여기서 우리가 기억해야 할 점은 내러티브가 "여호와께서…선포하셨다, '여호와, 여호와, 은혜롭고 자비하고 노하기를 더디 하고 인자와 성실이 많은 하나님'"(출 34:6)이라고 말할 때 이런 자기묘사가 하나님 자신의 말이 아니라(**하나님**이 어떤 언어로 말씀하신다는 것인가?) 해설자가 (히브리어로) 한 말을 담고 있다는 사실이다. 이것은 내레이터와 그의 배후에 있는 저자가 하나님이라는 등장인물의 입을 빌려 표현한 것에 불과하다. 물론 자기묘사를 담고 있는 문장들이 하나님의 성품에 대한 종합적인 그림을 완성하는 데 도움을 줄 수는 있다. 하지만 하나님의 입을 빌려 선포된 말이 내레이터가 자신의 입으로 직접 하나님의 동기와 행동을 묘사하는 표현들에 비해 우선적인 지위를 갖는 것은 아니다.[43]

D. Patrick, *The Rendering of God in the Old Testament,* OBT (Philadelphia: Fortress, 1981). 여기에서 그는 하나님을 성서의 "등장인물"(character)로 묘사하고 다음과 같이 주장한다. "성서에 묘사된 하나님은 우리에게 그의 실체를 확신시키는 능력을 가졌다고 나는 믿는다. 하나님을 상상의 인물로 받아들이려면 우리는 결국 하나님이 실제로 존재한다고 인식해야만 한다"(14; cf. xxiii, 제8장과 제9장). 성서의 하나님 묘사가 사람들에게 실체로 전화되는 한 상상의 힘은 중요한 요소다. 그러나 Patrick의 주장 그대로는 하나님의 실존에 대한 존재론적 주장을 변칙적으로 개정하는 것이며, 그 자체로 불합리할 뿐이다.

43 D. J. A. Clines, "God in the Pentateuch: Reading against the Grain," in *Interested Parties: The Ideology of Writers and Readers of the Hebrew Bible*, JSOTSup 205 (Sheffield: Sheffield Academic Press, 1995), 187–211 (quotation from p. 187). 이 글은 Clines가 이전에 쓴 다음의 글을 개정한 것이다. "Images of Yahweh: God in the Pentateuch," in

물론 텍스트가 말하는 내용이 하나님이라는 등장인물의 입을 빌려 표현한 것에 **불과하다**는 주장에는 의심의 여지가 있다. 문학이라는 측면에서 볼 때 말은 텍스트가 말하는 내용**이다**. 그러나 그 말이 동시에 그것 **이상**인지는 실재의 본질에 대한 근본적인 질문과 관련되어 있으며, 이 질문은 성서 텍스트를 진리주장이 비판적으로 확증되어 있는 보다 넓은 문맥(즉 유대교 신앙이나 기독교 신앙에 기반을 둔 지속적인 삶)과 연결함으로써만 명확하게 해결될 수 있다.[44]

성서가 증언하는 실재에 관한 그런 질문들은 특히 구약성서와 관련하여 더 큰 어려움을 초래한다. 한편으로, 하나님을 믿는 기독교 신앙의 주된 초점은 예수 그리스도다. 이것은 자연히 기독교 이전 이스라엘의 신앙 및 구약성서에서 토라가 갖는 중심성의 본질과 가치에 의문을 제기한다. 다른 한편으로, 구약성서는 그리스도인들이 [그들이 믿는] 하나님이 실제로 말하고 행한 것이라고 받아들이기 어려운 말과 행위를 하나님께 돌린다.[45] 하지만 이런 어려움들이 존재한다는 사실은, 구

Studies in Old Testament Theology, ed. Hubbard, Johnston, and Meyer, 79–98.

44 Clines는 그의 말하는 방식이 분명한 대답을 이끌어낸다는 것을 인식한다—"여기에 심각한 질문 즉 책의 등장인물인 하나님과 '실제의 하나님'의 관계가 무엇인가라는 질문이 있다는 것은 의심의 여지가 없다"—그러나 그는 질문에 대해 "그 둘의 차이를 체계적으로 나타낸 후에야 그것을 논할 수 있다. 그것 외에 그 관계 문제를 어떻게 접근할 수 있겠는가?"라고만 말한다("God in the Pentateuch," 191 = "Images of Yahweh," 82). 그의 수사학적 질문은 그의 체계적 구분의 편향적인 특성을 보여줄 뿐 아니라 성서가 하나님에 대해 말하는 내용을 검토하고 평가하는 기독교 신학 내에 여러 기준이 있다는 사실을 모호하게 만든다. 최근 다른 글에서 그는 유물론적 이념 비평이 성서를 평가할 수 있는 (일반적으로 필요성이 제기되곤 하는) 기준을 마련해준다고 주장한다: "Biblical Interpretation in an International Perspective," *BibInt* 1 (1993): 67–87, 특히 84–86.

45 이것은 가나안의 모든 거민을 죽이라는 하나님의 명령(신 7장; 수 1-11장) 그리고 **항상** 아말렉을 진멸하라는 명령(출 17:8–16; 신 25:17–19; 삼상 15:1–3)에 적용된다. 전자에 대해서는 나의 다음 글을 보라. "Toward an Interpretation of the Shema,"

약이 하나님에 대해 말하는 내용의 진실성을 평가하는 척도라는 문제가 우리의 전면적이고 명시적인 관여를 요청할 만큼 대단히 중요한 사안이라는 점을 보여준다.

구약신학이 나아갈 길

브레버드 차일즈

그렇다면 앞으로 구약신학이 나아갈 길은 어떤 것인가? 나는 여기서 구약학계의 현황과 미래를 기술하고자 하는 것이 아니다.[46] 오히려 나는 현 시대 기독교 신앙의 명백한 관심사에 집중하고자 하는데, 이를 위해 그런 관심사를 이런저런 방식으로 예시해준 탁월한 두 학자의 연구를 살펴보고자 한다.[47]

in *Theological Exegesis: Essays in Honor of Brevard S. Childs*, ed. C. Seitz and K. Greene-McCreight (Grand Rapids: Eerdmans, 1999), 124–44.

46 이런 노선들에 대한 간략한 글로서 다음을 보라. B. Childs, "Old Testament Theology," in *Old Testament Interpretation: Past, Present, and Future: Essays in Honor of Gene M. Tucker*, ed. J. L. Mays, D. L. Petersen, and K. H. Richards (Nashville: Abingdon, 1995), 293–301.

47 Childs와 Brueggemann에 집중한다는 것은 좋든 나쁘든 다른 학자들의 공헌은 생략된다는 것을 의미한다. 유대인 관점에서 최근에 가장 활기를 띤 책의 일부는 J. D. Levenson이 지은 것이다. Levenson의 접근은 종교 역사가의 접근이지만 그런 연구를 역사적으로, 그리고 지속적으로 유대 신앙의 배경에 통합하려는 그의 노력은 그가 하는 일(Childs의 기독교적 접근과 유사한 의미심장한 방법으로)에 진정으로 신학적인 측면을 부여한다. 특히 다음의 책들을 보라. *Creation and the Persistence of Evil: The Jewish Drama of Divine Omnipotence* (San Francisco: Harper & Row, 1988). 『하나님의 창조와 악의 잔존』(새물결플러스 역간). 이 책은 창조 교리를 도전적으로 재형성한다. 그리고 *The Death and Resurrection of the Beloved Son: The Transformation of Child*

다른 누구보다 논의에 크게 기여한 학자는 브레버드 차일즈였다.[48] 차일즈의 주된 관심은 우리가 어떻게 하면 고대 히브리 텍스트를 기독교 경전으로, 즉 기독교인들이 대대로 (정경의 형태로) **수용**하고 삶에서 구현해야 할 텍스트로 책임감 있게 받아들이고 적용할 수 있는가라는 물음에 답하는 것이었다. 이를 위해 차일즈는 일반적인 텍스트 접근법, 다시 말해 학자들이 일차적으로 고대 역사학 방법론의 일반적인 기준들을 적용하여 케이크를 만든 뒤에, 기호에 따라 그 위에 약간의 "신학적" 크림을 발라서 마무리하는 접근법을 근본적으로 재고하려 했다. 왜냐하면 그리스도인들이 자신들의 기독교적 관점들을 우선 유보한 후 나중에 다시 도입해옴으로써만 텍스트를 성서로서 대할 수 있다고 가정하는 것은 신학적 전용이라는 전체 과업을 애초에 불가능하게 만들기 때문이다. 여기서는 기독교적 관점이라는 것이 근본적이거나 일관적인 것이 아니라 단지 주변적일 뿐이다. 차일즈의 주장은 성서학을 기독교 신앙과 신학이라는 광범위한 맥락에 재결합시킴으로써 성서학 분과 전체를 재개념화하자는 것이었다. 사실 성서학은(적어도 이론상으로는)[49] 텍스트를 시대착오적인 교회 교의의 족쇄에서 해방시킴으로

Sacrifice in Judaism and Christianity (New Haven: Yale University Press, 1993)은 사실상 선택 신학을 제공한다. 또한 Christopher Seitz의 신학, 해석학, 주해에 관한 최근의 글(*Word without End*)은 Seitz가 이후의 논의에 아주 두드러진 공헌자가 될 것임을 보여준다.

48 각주 26번을 보라.

49 기독교 학자들조차 대체로 히브리 성서 연구에 대한 기독교적 가설들을 포기하는 때에 Levenson은 최근에 그 가설들의 영향이 지속적이라고 주장했다. 이의가 제기되지 않은 가설들은 종종 그 가설에 공감하지 않는 자들에게 가장 잘 알려져 있다. 그러나 주목해야 하는 점은 Levenson이 성서를 믿음에 연결시키는 것을 결코 반대하지는 않으며 그 이유는 그것이 그의 유대 배경에서 그 자신의 관심사이기 때문이라는 것이다. 그의 비평은 다소 성서의 실제적 연구 방법에 대해 적절하게 자기비판적이지 못했다. 다음을 보라. "The Hebrew Bible, the Old Testament, and Historical Criticism" (1–32)

써 텍스트를 있는 그대로 그리고 본래의 목소리대로 이해하기를 추구하는 비평적 역사 인식이라는 미명 하에 기독교 신앙과 신학의 맥락에서 분리됐었다.[50] 이와 동시에 차일즈는 역사 지향적 비평의 많은 진정한 통찰들을 수용해야 하며, 성서와 기독교 신학을 통합하고자 하는 많은 사람들이 하는 것처럼 그 통찰들을 부정해서는 안 된다고 끊임없이 주장해왔다. 우리에게 수용된 정경 형태의 성서 자료에 집중하는 일은 텍스트와 신학의 관계를 재고하는 과업에 결정적인 역할을 한다. 왜냐하면 성서 텍스트의 형태를 정하는 일은 텍스트의 최초 청중이나 수신자가 아닌 후대의 독자들로 하여금 텍스트의 지속적인 중요성을 깨닫고 적용할 수 있게 만들어주는 과정에 필수적이기 때문이다. 주어진 텍스트의 형태를 무시하고 텍스트 배후에 놓인 뭔가 더 "근원적인" 것(예언자 개인, 종교사의 추이)을 재구성하고자 시도하는 것은 신앙 공동체가 그 텍스트를 책임 있게 사용하고 적용하는 일에 도움을 주기보다는 오히려 상황을 악화시킨다.

차일즈의 연구는 많은 문제점을 안고 있다. 차일즈는 자신이 생각하는 바를 항상 명쾌하게 드러내지는 않았다. **정경**과 같은 핵심 용어의

그리고 "Why Jews Are Not Interested in Biblical Theology" (33–61) in *The Hebrew Bible, the Old Testament, and Historical Criticism* (Louisville: Westminster/John Knox, 1993).

50 18, 19세기 논쟁의 선전문구는 오늘날에도 되풀이된다. "성서의 역사비평 연구는…후대 신앙의 교의 체제의 지시대로 읽는 것보다는 성서를 그 텍스트가 나온 시기의 배경에 맞춰 읽도록 해준다.…성서의 비평적 접근은 교회가 유배해간 책에서 문학적이고 심미적인 특성을 해방시켰다. 히브리 성서는 기독교 집단 내에서 그 책에 부과된 기독론적 속박으로부터 풀려났다"(R. P. Carroll, *Wolf in the Sheepfold: The Bible as a Problem for Christianity* [London: SPCK, 1991]; 미국에서는 다음의 제목으로 출판되었다. *The Bible as a Problem for Christianity* [Philadelphia: Trinity Press International, 1991], *21–22, 24*).

사용도 때때로 부정확하다. 그의 일부 주장은 다른 주장보다 더 강경했다. 때로 그는 자신의 이전 제안이 부적절했음을 깨닫기도 했다(물론 수세기에 걸친 논쟁들과 합의사항들을 근본적으로 재검토하는 마당에 처음부터 모든 것을 제대로 해나가리라고는 거의 기대할 수 없겠지만 말이다). 더욱이 그의 저서 『구약신학』과 『신구약 성서신학』을 비교해보면 방법론적 측면, 특히 전승사와 수용된 텍스트 간의 관계에 관하여 상당한 불확실성이 존재한다는 인상을 받는다.[51] 차일즈의 연구를 평가하는 문헌들에서 이런 문제점들이 상당 부분 다루어지고 있다. 그러나 차일즈를 비판하는 학자들은 지나칠 정도로 텍스트의 최종 형태에 대한 질문에만 집중한 채, "수용된 텍스트"와 "기독교 신앙"과 "신학" 간의 관계는 등한시함으로써 나무만 보고 숲은 보지 못하는 우를 범하고 있다.[52] 마크 브레트(Mark Brett)의 『성서 비평은 위기에 처했는가?』(*Biblical Criticism in Crisis?*)처럼 차일즈를 본격적으로 해석하고 비평하는 작품조차도 차일즈의 핵심적인 관심사를 간파하지 못했다.[53] 궁극적으로 차일즈의 접

51 다음의 훌륭한 소고를 보라. F. Watson, "Old Testament Theology as a Christian Theological Enterprise," in *Text and Truth: Redefining Biblical Theology* (Edinburgh: Clark; Grand Rapids: Eerdmans, 1997), 특히 209–19.

52 이것은 특히 다음에 적용된다. J. Barton, *Reading the Old Testament: Method in Biblical Study* (London: Darton, Longman & Todd; Philadelphia: Westminster, 1984; 2d ed., Louisville: Westminster/John Knox, 1996), 제6 장과 제7장; 그리고 J. Barr, *Holy Scripture: Canon, Authority, Criticism* (Oxford: Clarendon; Philadelphia: Westminster, 1983); 그리고 상황은 그의 최근 글에서도 개선되지 않았다. Ibid., *Concept of Biblical Theology*.

53 M. Brett, *Biblical Criticism in Crisis? The Impact of the Canonical Approach on Old Testament Studies* (Cambridge: Cambridge University Press, 1991). 이제 다음도 보라. P. R. Noble, *The Canonical Approach: A Critical Reconstruction of the Hermeneutics of Brevard S. Childs,* Biblical Interpretation Series 16 (Leiden and New York: Brill, 1995). 이 책은 Childs의 접근법에 대해 훌륭한 통찰들을 보여준다.

근법이 다양한 접근법 중 하나로서 다른 방법론들과 병행적으로 사용될 수 있다고 주장하는 것은[54] 다음과 같은 그의 요점을 이해하지 못한 것이다. "구약신학"은 기독교 신앙과 신학 내에서 성서 텍스트가 근본적 위치를 명백하게 유지할 때만 의미 있는 개념이 될 수 있다는 것이 그의 요지다. 이런 조건이 충족되지 않으면 "구약"은 존재하지 않으며(타나크, 혹은 고대 이스라엘의 텍스트가 존재할 뿐이다), 이스라엘과 그리스도 안에서의 하나님의 자기계시에 근거한 오늘날의 살아 있는 실재로서의 "신학"도 존재하지 않는다(결국 현대 독자들에게 자의적인 흥미와 의미를 제공하는 고대 종교 사상에 대한 설명들만 존재할 뿐이다). 기독교 경전으로서 성서 텍스트의 지위가 확고해진다면 텍스트에 대한 사회비평 접근, 페미니스트 접근, 서사학 접근, 그리고 다른 접근법들도 텍스트를 현 시대에 적용하는 데 유의미한 역할을 할 수도 있다. 만일 그런 연결고리가 사라진다면, 성서 텍스트는 "여느" 텍스트와 동일한 것으로 전락하고 말 것이며, 또한 성서 텍스트가 거기에 투자되는 시간과 자원 그리고 연구 결과에 대한 기대치 측면에서 왜 그런 특권적인 지위를 누려야 하는지 이해시키기가 어려워진다.

이처럼 차일즈의 접근법은 오늘날의 무수한 접근법들과는 다른 방식으로 구약신학 분야의 본질을 정의하기 위한 기초가 된다. 물론 그런 이유에서 차일즈가 옳다는 말은 아니다. 다만 차일즈가 강조한 성서와 신학의 문제가 최소한 기독교 신앙의 일관적인 개념적 틀 안에서 상호의존적이 되고 하나님과 인류에 관한 진실에 관심을 갖는 것처럼 보이는 정도로까지 해결되지 않는다면, 구약신학(과 신약신학)은 지속적

54 Brett, *Biblical Criticism in Crisis?* 156–67.

으로 축소될 뿐이며 그 앞에 펼쳐진 미래는 없다는 뜻이다. 물론 축소된다 해도 완전히 소멸하는 것은 아니고 고대 근동 종교와 문화 내에서 미미한 위치를 점유하는 한편 서구 문학과 문화계 내에서는 그보다는 조금 나은 위치를 점유하게 될 것이다. 그러나 어느 편이든 간에 그것은 현존하는 실재로서의 하나님에 관한 지식으로부터 분리된 과거의 신념들에 대한 증거(곧 종교사로서의 신학)일 뿐이다.

이런 선명한 대안을 흐리게 만들 수 있는 한 가지 방법은 "고전 문학"(a classic)—인간의 상황에 대한 값진 통찰을 담고 있으며, 고도의 문학성과 영속적이고 창의적인 호소력을 지닌 작품—이라는 범주에 호소하는 것이다.[55] 구약은 적어도 고전이며, 많은 사람에게 구약은 이런 방식—텍스트를 성서라는 보다 까다로운 범주로 받아들이기 위한 예비단계일 수도 있는 방식—으로 작용한다. 그러나 여기에는 적어도 두 가지 문제가 있다.[56] 첫째, 그런 텍스트의 "신학"에는 미래가 없으며 필요성도 없다. 왜냐하면 그런 "신학"은 종교사 연구로서는 의미가 있을지 몰라도 오늘날 하나님과 현대 인류에 관한 진리를 그 진리에 대한 유일한 증거인 성서 텍스트에 비추어 이해하는 일에 관심을 가진 살아 있는 신앙 공동체를 떠나서는 아무 의미가 없기 때문이다. 성서를 고전 문화의 일부로 다루는 연구 방식은 많은 관심의 대상이 되었다. 이는 아마도 로버트 알터(Robert Alter)가 훌륭하게 수행한 방식과 유사할 듯한데,[57] 그

55 예로 다음을 보라. D. Tracy, *The Analogical Imagination* (New York: Crossroad, 1981); K. Stendahl, "The Bible as a Classic and the Bible as Holy Scripture," *JBL* 103 (1984): 3–10; W. C. Smith, *What Is Scripture?* (London: SCM; Minneapolis: Fortress, 1993), 182–95.

56 Childs 자신은 고전 개념이 가질 수도 있는 장점과 단점을 살펴보지도 않고 다소 노골적으로 그 개념을 버렸다(*Biblical Theology*, 72–73).

57 특히 Alter, *Art of Biblical Narrative*.

보다는 서구 문화 내에서 성서를 해석하고 이용하는 방식에 점점 더 초점을 맞춘 듯하다. 둘째, 현대 문화의 다원주의는 고전이란 개념 자체를 의심스럽게 여긴다. 왜냐하면 그 개념이 엄밀히 말하자면 이미 사라지고 있는 현재의 자기이해와 정체성에 대해서 과거가 가지는 영속적인 가치에 대한 합의된 인식과 지각에 바탕을 두기 때문이다. 구약을 과거에 기초한 살아 있는 믿음의 증거로 받아들이는 것이 불가능하다면, 히브리 성서를 문화적 유물(게다가 아쉽게도 계급적·성차별적·타율적 유물)로 대하는 것이 더 좋은 결과를 가져올 것 같지는 않다.

차일즈의 제안을 (적어도 개략적으로라도) 구약신학의 미래를 위한 토대로 받아들이는 것이 곧 그의 제안에 문제가 있다는 사실을 부인하는 것은 아니다. 내가 보기에 가장 심각한 취약점은 두 가지다. 첫째, 최근의 글에서 차일즈는 학자들의 논쟁에 참여하고 그것을 분석하는 데 너무 집중한 나머지 성서 텍스트에 대해 설득력 있고 인상적인 주해와 해석을 제시하지 못했다. 기독교적 틀이 그 결과물에서 유용한 것으로 드러나기까지 그 틀은 설득력이 없거나 과도하게 추상적인 채로 남을 위험이 있다. 차일즈는 그의 책 『성서신학』에서 "그리스도를 시인하는 자들로서 이미 주님(the Lord)으로 밝혀진 그분(the One)의 본질과 뜻을 이해하려 애쓰는 자들, 기독교 성서의 진정한 주해자는 해석자라기보다는 해석된 자가 되기를 고대하는 자들이다"라고 말한다. 차일즈는 또한 "성서의 언어는 기독교의 진리를 보다 온전히 이해하고자 하는 관점에서 읽을 때 새롭고 창조적인 방식으로 공명하는 능력"을 가진다고 말한다.[58] 이것은 해석이라는 과업의 본질을 보여주는 탁월한 진술

58 Childs, *Biblical Theology*, 86, 87.

이다. 그런데 차일즈는 성서에서 가장 기억에 남고 영향력 있는 이야기 중 하나인 창세기 22장을 택하여 주해 사례연구를 진행했는데, 그 결과가 흥미 없는 것은 아니었지만, 그 자신의 원칙을 거의 보여주지 못했다. 차일즈의 해석을 폰 라트의 해석과 대비시켜보면 약간은 아이러니한 모습을 볼 수 있다. 폰 라트는 아브라함을 기독론적, 십자가 지향적으로 해석하여 그가 "하나님께 버려지는 곳으로 가는 여정, 곧 하나님이 자기를 시험하고 있음을 알지 못한 채 걷는 여정" 가운데 있는 것으로 보았는데, 이런 해석은 그 자체로 문제가 없는 것은 아니지만, 사실상 차일즈가 표방하는 원칙들을 확실히 보여주고 있다.[59]

둘째, 차일즈는 성서가 말하는 내용의 진실성을 평가하는 기준을 제공하는 일에 취약하다. 요지는 그리스도 안에서의 하나님에 관한 진리를 그 진리 자체가 아닌 다른 것을 기준으로 삼아 수립하면 안 된다는 것이다. 차일즈는 이런 방법을 부적절한 것으로 옳게 간주하여 거부했을 것인데, 왜냐하면 (복잡한 문제들을 너무 단순화하는 위험을 무릅쓰자면) 만일 궁극적인 실재 너머에 그것을 규명해주는 진실이 있다면 그것은 더 이상 궁극적인 실재가 아니기 때문이다. 그보다 필요한 것은 성서의 정경에 이미 내재하는 평가 과정들을 식별한 후에 거기서 동시대 신학을 위해 광범위한 잠재적 의미를 끌어내는 것이다. 차일즈는 주로 정경 텍스트의 지위를 그에 대한 가능한 원역사와의 관계에서 정립시

59 G. von Rad, *Genesis*, trans. J. H. Marks, 2d ed., OTL (London: SCM; Philadelphia: Westminster, 1972), 244. 나는 von Rad의 글을 분석했고 다음의 글들에서 창 22장의 기독교식 접근을 나름대로 예시하려 했다. "Christ as the Key to Scripture: Genesis 22 Reconsidered," in *He Swore an Oath: Biblical Themes from Genesis 12–50*, ed. R. S. Hess, G. J. Wenham, and P. E. Satterthwaite (Carlisle: Paternoster; Grand Rapids: Baker, 1994), 143–73; 그리고 더 충분하게는 *The Bible, Theology, and Faith: A Study of Abraham and Jesus* (Cambridge: Cambridge University Press, 2000)에서.

키기 위해 그런 시도를 하지만, 정경 텍스트가 이 시대 신앙의 역동성과 관련하여 어떤 기능을 수행해야 할지에 대해서는 거의 관심을 두지 않는다. 예를 들어 하나님을 아는 지식과 관련하여 더 유효한 주장과 덜 유효한 주장을 구분하는 문제나, 또는 하나님에 관해 적절한 언어를 사용하는 문제에 대해서는 별로 논하지 않는다. 차일즈는 성서 전체가 하나님을 아는 지식의 규범이라고 주장하지만, 그 규범이 어떻게 기능하는가라는 문제는 불분명한 채로 방치한다.

이러한 무관심의 일부 원인은 아마도 그가 "정경 안의 정경"이라는 사상에 반발했다는 점에서 찾아야 할 것이다. 그러나 "정경 안의 정경"을 비난하기 위해 다음과 같은 사실들, 곧 해석학적 결정은 내려져야만 한다는 사실, 성서의 어떤 부분은 다른 부분보다 더 중요하다는 사실, 그리고 그리스도 안에서 주어진 하나님의 자기계시로 인해 이전에 이스라엘에게 주어진 하나님의 자기계시가 가졌던 지속적인 의미가 변화되었다는 사실을 모호하게 만들어서는 안 된다. 그러나 해석자들이 너무나 자주 "정경 안의 정경"이라는 미심쩍은 형태를 활용하여 미리 정해진 규범(그 자체로 종종 편협하게 생각되는)과 명확히 일치하지 않는 성서 일부를 경시하거나 헐뜯는 데 사용한다는 점을 언급할 필요가 있다.[60]

차일즈의 염려를 명백히 보여주는 예는 노만 갓월드(Norman Gottwald)의 『야웨의 지파들』(*The Tribes of Yahweh*)이라는 책에서 영향을 받은 최근의 구약신학 관련 저서들에 나타난다.[61] 갓월드는 이 책에서

60 물론 최악의 경우 해석은 우리의 전제와 기호에 부합하는 성서의 일부분들만을 취급하는 이기적인 원칙으로 퇴보할 수 있다.

61 N. K. Gottwald, *The Tribes of Yahweh: A Sociology of the Religion of Liberated Israel,*

이스라엘이 그들의 역사에서 (갓월드의 재구성에 의하면) 가장 이른 시기에 "계급적"이고 "압제적"이던 가나안 사회에 반하여 "평등주의적"이고 "자유로운" 사회를 형성했다는 주장을 규범적인 것으로 받아들인다.[62] 평등주의는 자유를 의미하므로 선한 것이고 계급제도는 압제를 의미하므로 악한 것이다(이 용어들은 유물론적 분석과 신마르크스주의 수사학을 통해 광범위하게 면밀히 검토되고 있다). 이리하여 갓월드는 다윗-솔로몬 왕정 시대가 본질적으로 계급주의 시대이므로 이 시대를 탐탁하게 여기지 않는다(왕정 시대가 블레셋에 대항하기 위해 군사적으로 필요한 시기임을 인정하면서도 말이다).[63] 구약이 다윗을 시내산 전승과 연결시키기 때문에 다윗에 대한 의구심은 동일하게 시온에까지 확장된다.

브루스 C. 버치(Bruce C. Birch)는 자신이 "성서 텍스트의 일부만을 권위 있는 것으로 선별하는 일을 막아주는" "정경적" 접근을 따른다고 공언하면서도,[64] 솔로몬과 예루살렘 성전에 대해 지속적으로 부정적인 평가를 내린다.

> 솔로몬 치하의 이스라엘은 이 세상에서 대안 공동체로 살아가기를 포기하고(비록 일부가 이 전승의 명맥을 이어가지만), 그 대신 주변의 가나안 문화에서 왕족 이념과 경영 모델을 받아들인다.…솔로몬의 치세하에 언약적 정의를 따르는 정치는 힘의 정치로 대치된다.…야웨의 언약 종교에 대한 솔로몬의 공격을 가장 잘 보여주는 본보기가 예루살렘 성전이다.…근본

1250–1050 B.C.E. (Maryknoll, N.Y.: Orbis, 1979; London: SCM, 1980).

62 Ibid. 예를 들어 464–65, 692.

63 Ibid., 415, 417.

64 Birch, *Let Justice Roll Down*, 45.

적으로 자유로운 언약의 하나님을 "틀 안에 가두는 일"(domestication) 또한 국가 종교를 창시하면서 이루어지는데, 거기서 하나님의 관심사는 왕의 관심사와 불가분리의 관계인 것으로 간주된다.…이 세상이 주도하는 공동체의 패턴이 언약을 양보하지 않고서도 어느 정도까지는 수용될 수 있다고 믿고 싶은 유혹은 언제나 존재한다.[65]

그렇다면 구약에서 이스라엘 역사의 정점 가운데 하나로 분명하게 제시되는 열왕기상 8장의 성전 낙성식을 어떻게 이해해야 하는지 우리는 알 수가 없다.

버치의 말에서 분명한 것은 그에게 동기를 부여한 관심사가 구약 안에서 기독교회의 모델이 될 수 있는 "대안 공동체"를 찾는 데 있다는 점이다. 또한 갓월드도 유사한 관심사에서 동기부여를 받는다. 그러나 구약이 일반적으로 다윗 왕권과 예루살렘을 긍정적으로(비판이 없는 것은 아니지만) 묘사하는 점은 "대안 공동체" 개념이 시내산 언약 전승에 기원한다고 추정하는 버치의 개념과 잘 들어맞지 않기 때문에, 그는 바람직한 공동체가 수용했을 법한 가능한 형태에 대한 자신의 개념을 재조정하는 대신 그의 개념에 들어맞지 않는 성서 자료를 재해석하거나 가치를 격하시킨다. 버치에게 성서 텍스트에 대한 그의 접근법에 내재하는 긴장, 더 정확히는 모순에 대한 자기비판적 성찰이 전혀 없다는 점은 분명하다. 차일즈가 정경 전체의 규범적 본질을 강조하는 이유가 성서 텍스트를 시대의 풍조에 따라 너무 안이하게 아전인수 격으로 사용하는 것을 막는 안전 안전장치를 제공하기 위함이었음을 더 분명히

65 Ibid., 221–22, 223, 225, 226, 228.

깨닫게 된다.

월터 브루그만

월터 브루그만은 최근 구약신학계에서 가장 많은 저작을 내놓는 학자 중 하나다. 그는 지속적으로 성서 텍스트를 오늘날 그리스도인의 삶과 연결시키는 일에 관심을 두었다. 주도적인 구약학자 중 누가 『해석과 순종: 신실하게 읽고 신실하게 살기』(*Interpretation and Obedience: From Faithful Reading to Faithful Living*)와 같은 제목의 글을 쓰겠는가?[66] 브루그만의 독서 폭은 놀랄 만하여 사회학, 심리학, 문학 이론, 그리고 광범위한 포스트모던 논의에까지 접근하여 통찰을 얻었다. 최근에 출간된 다음 세 권의 논문집은 그의 특징적인 방법론과 관심사가 무엇인지 여실히 보여준다. 『구약신학』(*Old Testament Theology: Essays on Structure, Theme, and Text*), 『사회학적으로 구약 읽기』(*A Social Reading of the Old Testament*), 그리고 『시편과 믿음의 삶』(*The Psalms and the Life of Faith*)이다.[67] 이제 여기에 본격적인 구약신학 연구서인 『구약의 신학』(*Theology of the Old Testament: Testimony, Dispute, Advocacy*)을 추가할 수 있

66 W. Brueggemann, *Interpretation and Obedience: From Faithful Reading to Faithful Living* (Minneapolis: Fortress, 1991).

67 W. Brueggemann, *Old Testament Theology: Essays on Structure, Theme, and Text,* ed. P. D. Miller (Minneapolis: Fortress, 1992); idem, *A Social Reading of the Old Testament: Prophetic Approaches to Israel's Communal Life,* ed. P. D. Miller (Minneapolis: Fortress, 1994); idem, *The Psalms and the Life of Faith,* ed. P. D. Miller (Minneapolis: Fortress, 1995).

겠다.[68] 흥미롭게도 가장 최근에 출판된 이 책은 사전에 소개된 두 소논문 "구약신학의 형태 I: 제도의 정당화"(*A Shape for Old Testament Theology, I: Structure Legitimation*)와 "구약신학의 형태 II: 고통 껴안기"(*A Shape for Old Testament Theology, II: Embrace of Pain*)에 제시된 관점으로부터 방향을 선회했다.[69] 브루그만도 차일즈처럼 어떤 면에서는 그의 추종자나 비방자가 인정하는 것보다 자신의 생각에 대해 단호하지는 못하다는 인상을 받게 된다.

위의 소논문들에서 브루그만은 "제도의 정당화"와 "고통 껴안기" 사이에 건설적인(필연적이고 확고하고 삶을 향상시키는) 긴장감이 존재한다고 주장한다. 전자는 삶과 신앙의 영역에서 공적으로 구성되고 제도적으로 체현된 도덕성, 합리성, 정합성에 대한 인식과 관계가 있다. 후자는 많은 사람들이 실제적으로 경험하는 고통과 갈등, 즉 도덕성과 질서라는 공공 체계로 인해 자주 발생하는 고통, 그리고 그런 공공 체계를 비판하고 반대하는 고통의 문제를 다룬다. 브루그만은 전자를 창조에 바탕을 두고 질서에 관심을 둔 고대 세계의 "일반 신학"으로 보는 한편 후자는 정의에 관심을 둔 이스라엘 특유의 예언자 증언으로 간주한다. 그는 또한 다윗/시온/창조/지혜 전승을 전자의 관점에서 조율하고, 모세/예언자/욥/탄원시 전승을 후자의 관점에서 조율한다.

브루그만의 글이 갖는 매력은 상당 부분 그의 강력한 목회적 관심

68 W. Brueggemann, *Theology of the Old Testament: Testimony, Dispute, Advocacy* (Minneapolis: Fortress, 1997).

69 소논문들은 원래 다음에 실렸었다. *CBQ* 47 (1985): 28–46, 395–415; 그리고 다음에 재출간되었다. Brueggemann, *Old Testament Theology*, 1–21, 22–44. 31, 395–402, 그리고 407–15페이지는 다음 책에 발췌되었다. *Flowering of Old Testament Theology*, ed. Ollenburger, Martens, and Hasel, 409–26.

에 기인한다. 그리스도인이라면 어느 누구도 이런 목회적 관심에 의견을 달리할 수 없다. "우리가 고통이라고 생각하는 것은 아마도 삶의 의문과 믿음의 본질을 가장 잘 드러내는 요소일 것이다. 이것은 우리가 고난을 삶에 잠재적인 의미를 갖는 것으로 포용하는 일과 관련 있으며, 또한 고통당하는 자와 고통을 안고 살아가는 자들—가난한 자, 무능한 자, 병자, 그 외 다른 소외계층 사람들—을 사회적으로 존중하는 일과도 관련이 있다."[70] 그러나 명백한 난점도 있다. 브루그만은 한편으로는 이 두 가지 주요 전통이 각각 유효하고 필연적이며, 따라서 서로 긴장 관계를 유지해야 한다는 원칙적인 설명을 제시한다. "구약의 주된 원동력은 제도화에 대한 찬양과 제도화에 대한 승인된 비평 간의 갈등이다."[71] "고통을 포용하는 행위는 제도를 정당화하는 것과 **항상 긴장 상태에** 있어야 하며 그것을 대신하지 않아야 한다. 이 긴장이 바로 성서적 신앙의 독특한 내용이며 인간 경험의 특징이다. 그러나 단순히 신학을 위한 규범으로서만 제도의 정당화 대신에 고통 껴안기를 택하는 것은 낭만주의에 불과할 것이다."[72]

그러나 다른 한편으로 브루그만은 이 소논문들에서 실제로는 그 관계를 적법한 양극 간의 본유적인 긴장으로가 아니라 지속적인 문제(제도의 정당화)와 매번 갱신되는 그에 대한 하나의 해결책(고통 껴안기)으로 다루려 한다. 여기서 결정적인 것은 명백한 의심의 해석학이다. 이 해석은 종교를 이념으로 다룬 마르크스의 고전적 비평을 통해 알려졌고, 제2차 세계대전 이후 독일의 프랑크푸르트 학파에 의해 다듬어졌

70 Brueggemann, "Shape I," in *Old Testament Theology*, 19.
71 Ibid., 17.
72 Brueggemann, "Shape II," in ibid., 26.

다. 마르크스의 고전적 공식에서 이념(신학이 이것과 동일시되기 십상이다)은 사회 지배층의 권력이 가진 본질을 모호하게 만들어주고 그 권력을 영속화함으로써 지배층의 이익을 증진시킨다. 이런 권력의 영속화는 힘없는 자들, 즉 상황을 바꾸기 위해 뭔가를 하기보다는 이념에 속아 자신들의 무력함을 묵인하는 자들을 희생시킴으로써 이루어진다.

> 도덕적 합리성에 대한 모든 신학적 주장은 주권에 대한 정치적 주장과 전체주의적 정치행위에 곧바로 연결된다. 그런 연결이 반드시 요청되는 것은 아니지만 결국 매번 그렇게 된다. 창조신학은 제국주의의 선전문구와 이념이 되기 십상이다. 그렇다면 우리가 삶의 질서를 예찬할 때 우리가 동의하는 것은 사실상 정치 질서다. 실제로 그것은 제도화된 질서가 되어서 우리는 그것으로부터 유익을 얻고 (만일 가능하다면) 그것을 통해 우리의 관심사를 유지하게 된다. 정치 질서는 우주 질서에서 유래하고, 우주 질서를 반영하며, 우주 질서를 따르고자 하는 것일 수도 있다. 그러나 이런 순서는 너무나 쉽게, 그리고 너무나 자주 뒤바뀌어 우주 질서가 정치 질서를 정당화하는 근거가 되며, 결과적으로 하나님의 질서와 우리의 질서를 조화시키기가 용이해진다(종종 이런 조화가 존재론적인 것이라고 간주된다). 시작은 **초월**에 관한 진술이었으나 결국은 **자기합리화**, 즉 현재의 질서를 주도하는 자들과 현재의 질서를 유지함으로써 이익을 얻는 자들이 만들어낸 전형적인 자기합리화로 전락해버린 것이다.[73]

일단 우리가 마르크스식 비평의 영향력을 감지한 이상 우리는 그것

73 Brueggemann, "Shape I," 16–17.

을 가볍게 넘길 수 없고 또 그렇게 해서도 안 된다. 왜냐하면 그런 비평은 히브리 예언을 특징짓는 많은 요소들을 세속화된 형태로 제시하기 때문이다(마르크스의 유대적 배경을 고려하면 그리 놀라운 일도 아니다). 하지만 중요한 것은 적절한 (자기)비평적 의심의 해석학이 본질적으로 가난한 자와 소외된 자들을 억압하는 구조적·계급적 질서에 대한 무차별적이고 무분별한 관심사로 변모해서는 안 된다는 점이다. 하나님의 명령에 의해 세워진 제도 질서에 대해 기독교가 제시하는 성서적이고 역사적인 해석은 권력을 **봉사**의 수단으로 여기는 것임을 항상 염두에 두어야 한다.

그의 최근 저작인 『구약의 신학』(*Theology of the Old Testament*)에서 브루그만은 신학의 변증적 구조를 고수하지만, 최소한 두 가지 점에서 이전 글과는 달라졌다.[74] 첫째, 그 글의 기본 구조는 이스라엘의 "핵심 증언" 곧 하나님의 본성에 대한 긍정적이고 근본적인 시인과, "반대 증언" 곧 하나님의 본성에 내재한 당혹스럽고 난해한 측면에 대한 시인 간의 변증 관계를 통해 드러난다. 둘째, 다윗과 시온 전승에 대한 의구심이 전체 구도에서 차지하는 역할은 그리 크지 않으며, 그런 의구심이 하나님의 언어를 인간의 이념이나 이기심으로 격하시키도록 허락해서는 안 된다는 일관되고 명확한 우려가 드러나 있다.

따라서 브루그만은 예를 들어 시편 96:10("열방 중에서 외치라, '야웨는 왕이시다!'라고")에 대한 논의에서 다음과 같이 말한다. "선포의 장소는 예루살렘 성전이며, 이는 다윗-솔로몬 체제에 대한 관심이 야웨가 왕이시라는 선언에 그림자처럼 드리워져 있음을 보여준다. 다시 말해

74 다음의 의견은 나의 서평에서 부연된다. *Ashland Theological Journal* 30 (1998): 100–104.

야웨가 왕이시라는 선언은 그 의도가 분명히 신학적이면서도 결코 사회경제-정치-군사적 관심에서 자유롭지 못하다는 것이다." 브루그만은 계속 말을 이어간다. "시편 96:10의 선언에 이념적 요소가 있다는 사실을 인정한다고 해서 거기 담긴 신학적 주장이 유기되거나 권위를 잃는 것은 아니다. 그런 관심사를 인정하는 것이 반드시 주권에 대한 야웨의 주장을 이스라엘의 이해관계로 축소시키거나 동일시하는 것은 아니다. 왜냐하면 그럼에도 야웨는 이스라엘의 정치적 이해관계와는 결이 다른 정의와 성결에 전념하는 하나님이기 때문이다."[75]

그러나 브루그만의 『신학』에는 논쟁의 여지가 될 만한 다른 영역들이 있다. 무엇보다 중요한 것은 브루그만이 상세히 설명하는 것처럼 하나님에 대한 이스라엘의 증언이 가지는 지위에 관한 것이다. 그는 언어와 수사학의 중요성을 (올바르게) 강조하면서, 하나님에 대한 이스라엘의 언어("증언")를 너무 안이하게 다른 형태로 전환해서는 안 된다고 경고한다. 한편으로 그는 이미 폰 라트로 인해 익숙해진(하지만 여전히 논쟁이 되고 있는) 이스라엘 역사와 종교에 대한 역사비평적 재구성으로부터 그런 증언을 단절시켰다. 그리고 놀랍게도 다른 한편으로 브루그만은 그런 증언을 하나님의 실재에 대한 존재론적 주장으로부터도 단절시킨다. 그는 이 점에 대해 아주 확고한 입장을 표명한다. "하나님이 수사학이라는 위험한 수단을 통해 인간에게 알려졌다는 것(그리고 하나님이 '존재하기' 때문에 존재한다)은 구약의 특징이며 특히 유대교적인 것이라고 나는 주장한다.…**나는 구약신학의 하나님이 그처럼 텍스트의 수사학 안에, 수사학과 함께, 그리고 수사학 아래 살아 계시는 것이며, 결**

75 Brueggemann, *Theology of the Old Testament*, 493.

코 다른 곳에나 다른 방식으로는 존재하시는 것이 아니라고 최선을 다해 끊임없이 주장할 것이다."[76] 그가 부과하는 한 가지 조건은 "야웨에 대한 어떤 신실한 발언이라도 그것은 동시에 야웨의 동반자(partner)에 대한 발언이어야 한다"는 것이다. 다시 말해 이스라엘의 하나님에 관한 언어는 필연적으로 "삶 가운데서 야웨를 드러내고 구성하고 중재하는 사회적 관습"을 내포하고 수반한다. 그리고 이 사회적 관습은 "이 세상에서의 야웨의 삶의 핵심이자 야웨와 함께하는 이스라엘의 삶의 핵심으로서의 정의"를 실천하는 것을 의미한다.[77]

브루그만은 성서 자료에서 중심적인 위치를 차지함에도 현대 성서학계에서는 일반적으로 무시되어온 한 가지 주제를 언급한다. 언어가 하나님에 대해 유효하기 위해서는 특별히 고단한 형태의 삶에 대한 인간의 참여로부터 분리되어서는 안 된다는 것이다. 하지만 그의 접근방식은 사람들을 심히 불편하게 만든다. 왜냐하면 브루그만은 고전적·교회적 기독교 신학을 구약신학이 (18, 19세기의 수사학에서와 비슷한 방식으로) 그것으로부터 벗어나야 할 경직되고, 억압적이고, 위축시키는 올무로 제시하기 때문이다. 그는 고전적·교회적 기독교 신학이라는 학문적 배경이 하나님에 대한 언어를 우상숭배적이기보다는 진실하게 만들어주는 것도 아니며, 교묘하기보다는 신실하게 만들어주는 것도 아니고, 그렇다고 해서 그 신학이 하나님에 대한 언어가 인간의 삶에 올바로 연결될 수 있도록 도와주는 것도 아니라고 생각했다.[78] 여기서 우리는 최

76 Ibid., 66 (강조는 원저자의 것임).

77 bid., 409, 574, 735.

78 그는 "고전 신학"을 퉁명스럽게만 언급한다. 예를 들어 ibid., 82, 230, 332, 559, 563. 그러나 위대한 신학자들은 Brueggemann이 암시하는 듯한 그런 허수아비들은 아니다.

근 미국 기독교 역사를 특징짓는 "성서와 신학교 통제를 위한 투쟁"에 대한 브루그만의 깊은 실망감을 느낄 수 있다. 그의 생각에 이 투쟁에서는 정통성에 대한 호소가 성서 텍스트에 대한 진정한 참여나 다른 사람들과의 접촉을 미연에 방지하는 도구로 사용되었으며, 권력 투쟁이 정의를 대신했다.[79] 그러나 설사 최근의 그런 일련의 사태에 대한 브루그만의 판단이 전적으로 옳다 하더라도(내가 판단할 문제는 아니지만), 일부 잘못된 행태를 근거로 고전적·교회적 기독교 신학 전체를 폄하하는 것은 어리석은 일일 뿐이다. 우리가 항상 기억해야 할 사실은 남용이 올바른 사용을 무가치하게 만드는 것은 아니라는 점이다. 또한 기독교 신학의 잘못된 사용에 대한 올바른 대처는 올바른 사용이지, 그 신학을 희화화하거나 내버리는 것이 아니다.

브루그만의 접근법이 초래할지도 모르는 문제점들은 그가 참 예언과 거짓 예언에 관한 문제를 아주 간략하게 다룬다는 사실에서도 확실히 드러난다. 이것은 최고의 중요성을 가진 이슈로 다루어져야 한다. 왜냐하면 여기서 성서 저자들은 (비가시적인) 하나님의 실재에 대한 주장이 어떻게 하면 공공의 장에서 적절하게 가시적인 형태로 입증될 수 있을까라는 핵심적인 질문에 집중하고 있기 때문이다. 브루그만은 "예언자의 중재는 입증 불가능한 권위를 주장한다. 다시 말해 그런 주장들은 상당히 개인적이고 주관적인 경험에 대한 보고라는 것이다. 인간이 신들의 어전회의에 참여했었다는 객관적인 증거는 없다.…학자들은 그런 주제에는 객관적이 기준이 없다는 데 동의한다"[80]라고 말한다. 누구를 "진정한" 예언자로 인정해야 하는지에 대한 결정이 정경화의 과정

79 Ibid., 106.
80 Ibid., 631.

을 통해 내려졌다면, 이는 단지 "이념적 투쟁"의 결과일 뿐이다.[81] 도덕적이고 영적인 분별력(신학적 해석학의 기본적이고 항구적인 형태)이라는 고전적 개념과 학문이 요청되는 중요한 시점에 브루그만은 "객관성"(공적이고, 해명할 수 있고, 논의가 가능한)과 "주관성"(사적이고, 해명할 수 없고, 논의가 불가능한)이라는 명백한 이분법을 가지고 순수한 실증주의 개념으로 빠져든다. 여기서는 하나님을 만나는 것이 전적으로 주관적인 일이다(그래서 실제적인 의미를 갖지 못한다). 달리 말하자면, 하나님에 대한 이스라엘의 증언이 갖는 환원 불가능한 본질과 그 증언이 인간의 정의 실천과 갖는 관계에 대해 브루그만이 뭐라고 주장하든 간에, 그의 설명은 구약의 근간, 곧 하나님의 실재와 인류 사이를 이어주는 교각을 파괴해버리는 경향이 있다. 왜냐하면 그의 설명에는 기본적인 신학적 주제들을 명료하게 표현하는 능력이 결여되어 있기 때문이다. 이러한 견해에서는 하나님에 대한 성서의 증언이 정의의 실현을 위한 복잡한 규범으로 전락할 위험과 함께, 그 증언이 더 이상 무한히 자애롭고 정의로운 실재(유대인과 그리스도인이 서로 다른 방식으로 자신들의 신앙과 상관이 있다고 생각해온)에 대한 계시도 아니고 그 실재에 대한 참여도 아니게 되어버릴 위험이 있다.[82]

81 Ibid.

82 Brueggemann의 가설의 장점과 약점을 평가한 다른 글로 다음을 보라. N. K. Gottwald, "Rhetorical, Historical, and Ontological Counterpoints in Doing Old Testament Theology" (11–23); 그리고 T. E. Fretheim, "Some Reflections on Brueggemann's God" (24–37), in *God in the Fray: A Tribute to Walter Brueggemann*, ed. T. Linafelt and T. K. Beal (Minneapolis: Fortress, 1998). 이 소논문 모음집은 Brueggemann의 *Theology of the Old Testament*의 자매편으로 예정되었다.

결론

차일즈와 브루그만은 많은 유의미한 제안들을 가지고 있으면서도 서로 진정한 대화를 나누기보다는 각자가 자신의 접근법을 상호 배타적인 대안으로 제시하는 경향이 있어서 안타깝다. 차일즈는 그의 『구약 정경 신학』(*Old Testament Theology in a Canonical Context*)에서 브루그만에 대해 (참고문헌에서를 제외하고는) 논의하지 않았았을 뿐 아니라 아예 언급조차 않는다.[83] 또한 『신구약 성서신학』(*Biblical Theology of the Old and New Testaments*)에서는 아주 통명스럽게 브루그만에 대해 한 페이지도 안 되는 분량만을 할애하는데, 차일즈는 그를 "기독교회의 고백적인 신학자가 되기 위해 진실로 고군분투하는 인물이며, [차일즈가 그를 분류한 대로] 계몽주의를 옹호하는 가장 웅변적인 지지자로 분류된다면 아마 질겁할 사람"이라고 소개한다. 유감스럽게도 브루그만도 받은 대로 돌려준다. 그는 차일즈를 "심각한 환원주의자"라고 폄하하며, 성서를 "신앙의 규범" 내에서 재상황화하자는 차일즈의 호소를 "텍스트와 그에 대한 가능한 해석을 교회의 지배에 종속시킨 트리엔트 공의회의 성향을 부적절하게 포용한 것"으로 풍자한다.[84] 성서 텍스트에 대해 학자적인 개방성을 보여주어야 한다고 주장할 뿐 아니라 그것을 몸소 증명해 보이기까지 하는 저명한 학자들이, 서로의 글을 읽을 때는 시야가 불투명해지는 것은 아주 실망스러운 일이다. 나의 생각에 차일즈의 연구는 보다 심오하고 지대한 영향을 미치며 이 분야에 가장 지속적인 중요성

83 Childs, *Biblical Theology*, 73.

84 Brueggemann, *Theology of the Old Testament*, 92. 놀랍게도 Childs를 존재론을 향해 신헬레니즘적 욕망에 현혹된 사람으로 묘사한 것과 비교하라(p. 714).

을 지니게 될 것이다. 하지만 브루그만이 텍스트를 현 시대의 삶에 끌어들인 것도 신학적 과업에 반드시 필요한 요소다. 이 두 사람을 단순히 하나로 묶을 수는 없겠지만 둘 다에게서 배울 수는 있을 것이다.

결론적으로, 구약신학이 참으로 신학적인 연구 분야라는 사실을 우리가 다시 깨닫기만 한다면, 우리 앞에는 풍성한 미래가 약속되어 있다. 물론 이것은 아주 부담스러운 과업임에 틀림없다. 왜냐하면 구약학자는 고전적인 구약 연구 분야뿐만 아니라 역사적 형태의 기독교 신학이나 현존하는 형태의 기독교 신학의 본질에 대해서도 정통해야 하며, 또 그것들을 설득력 있게 통합할 수 있어야 하기 때문이다. 그러나 만일 구약성서의 증언이 하나님께 대한 변혁적인 개입—은혜로운 동시에 혹독하고, 개인적인 동시에 공동체적이고, 친숙한 동시에 생소하며, 예수의 삶과 죽음과 부활에서 가장 심오하게 실현되는 개입—을 수반한다는 것을 구약신학이 명확히 밝히지 못한다면, 구약신학은 그 과업을 이루지 못할 것이다.

현대 구약성서 연구

1쇄 발행 2019년 2월 28일

편집자 데이비드 W. 베이커, 빌 T. 아놀드
옮긴이 강소라
펴낸이 김요한
펴낸곳 새물결플러스

편 집 왕희광 정인철 박규준 노재현 한바울 정혜인
이형일 서종원 나유영 노동래
디자인 이성아 이재희 박슬기 이새봄
마케팅 박성민 이윤범
총 무 김명화 이성순
영 상 최정호 조용석 곽상원
아카데미 차상희

홈페이지 www.holywaveplus.com
이메일 hwpbooks@hwpbooks.com
출판등록 2008년 8월 21일 제2008-24호
주 소 (우) 07214 서울특별시 영등포구 양평로 11, 4층(당산동5가)
전 화 02) 2652-3161
팩 스 02) 2652-3191

ISBN 979-11-6129-104-8 93230

책값은 뒤표지에 있습니다.

이 도서의 국립중앙도서관 출판예정도서목록(CIP)은 서지정보유통지원시스템 홈페이지(seoji.nl.go.kr)와 국가자료공동목록시스템(nl.go.kr/kolisnet)에서 이용하실 수 있습니다. CIP2019007656